KODEX
DES ÖSTERREICHISCHEN RECHTS

Herausgeber: em. o. Univ.-Prof. Dr. Werner Doralt
Redaktion: Dr. Veronika Doralt

VERWALTUNGS- VERFAHRENS- GESETZE

bearbeitet von

MR Mag. Christoph LANNER
Bundeskanzleramt

Rubbeln Sie Ihren persönlichen Code frei und laden
Sie diesen Kodexband kostenlos in die Kodex App!

1021855

HIER

RUBBELN!

W0235601

Der Code kann bis zum Erscheinen der Neuauflage eingelöst werden.
Beachten Sie bitte, dass das Aufrubbeln des Feldes
zum Kauf des Buches verpflichtet!

Benützungsanleitung: Die Novellen sind nach dem Muster der Wiederverlautbarung in Kursivdruck jeweils am Ende eines Paragraphen, eines Absatzes oder einer Ziffer durch Angabe des Bundesgesetzblattes in Klammer ausgewiesen. Soweit nach Meinung des Bearbeiters ein Bedarf nach einem genauen Novellenausweis besteht, ist der geänderte Text zusätzlich durch Anführungszeichen hervorgehoben.

KODEX

DES ÖSTERREICHISCHEN RECHTS

VERFASSUNGSRECHT	STEUERGESETZE
PARLAMENTSRECHT	STEUER-ERLÄSSE I - V
EUROPARECHT (EU-VERFASSUNGSRECHT)	EU-STEUERRECHT
VÖLKERRECHT	EStG – RICHTLINIENKOMMENTAR
SCHIEDSVERFAHREN	LSt – RICHTLINIENKOMMENTAR
EINFÜHRUNGSGESETZE ABGB und B-VG	KStG – RICHTLINIENKOMMENTAR
BÜRGERLICHES RECHT	UmGrStG – RICHTLINIENKOMMENTAR
UNTERNEHMENSRECHT	UStG – RICHTLINIENKOMMENTAR
ZIVILGERICHTLICHES VERFAHREN	DOPPELBESTEUERUNGSABKOMMEN
INTERNATIONALES PRIVATRECHT	ZOLLRECHT UND VERBRAUCHSTEUERN
FAMILIENRECHT	RECHNUNGSLEGUNG UND PRÜFUNG
STRAFRECHT	INTERNATIONALE RECHNUNGSLEGUNG
IT-STRAFRECHT	VERKEHRSRECHT
GERICHTSORGANISATION	WEHRRECHT
ANWALTS- UND GERICHTSTARIFE	ÄRZTERECHT
JUSTIZGESETZE	GESUNDHEITSBERUFE I + II
WOHNUNGSGESETZE	KRANKENANSTALTENGESETZE
FINANZMARKTRECHT I	LEBENSMITTELRECHT
FINANZMARKTRECHT II	VETERINÄRRECHT
FINANZMARKTRECHT III	UMWELTRECHT
FINANZMARKTRECHT IV	EU-UMWELTRECHT
VERSICHERUNGSRECHT I + II	EU-CHEMIKALIENRECHT
COMPLIANCE FÜR UNTERNEHMEN	CHEMIKALIENGESETZE
WIRTSCHAFTSGESETZE I + II	WASSERRECHT
WETTBEWERBS- und KARTELLRECHT	ABFALLRECHT
UNLAUTERER WETTBEWERB	SCHULGESETZE
TELEKOMMUNIKATION	UNIVERSITÄTSRECHT
DATENSCHUTZ	INNERE VERWALTNG
IP-/IT-RECHT	BESONDERES VERWALTUNGSRECHT
VERGABEGESETZE	ASYL- UND FREMDENRECHT
ARBEITSRECHT	POLIZEIRECHT
EU-ARBEITSRECHT	VERWALTUNGSVERFAHRENSGESETZE
ARBEITNEHMERSCHUTZ	LANDESRECHT TIROL I + II
SOZIALVERSICHERUNG I + II	LANDESRECHT VORARLBERG
SV DURCHFÜHRUNGSVORSCHRIFTEN	

ISBN: 978-3-7007-7851-6

LexisNexis Verlag ARD ORAC GmbH & CoKG, 1030 Wien, Marxergasse 25
Druck: CZECH PRINT CENTER a.s.

Vorwort

Die 58. Auflage des Kodex Verwaltungsverfahrensgesetze entspricht in ihrem Aufbau der Vorauflage.

Neu aufgenommen wurde:
* die Geschäftsordnung des Verwaltungsgerichtshofes 2021 BGBl II 2021/254 (14/1/1).

Geändert wurden:
* das Verwaltungsgerichtshofgesetz 1985 (14/1) durch das Bundesgesetz BGBl I 2021/72;
* das Bundesverwaltungsgerichtsgesetz (13/1) und das Verwaltungsgerichtshofgesetz 1985 (14/1) durch das Bundesgesetz BGBl I 2021/87;
* das Verwaltungsrechtliche COVID-19-Begleitgesetz (2/4) durch das Bundesgesetz BGBl I 2021/107;
* das Verwaltungsgerichtsverfahrensgesetz (13/2) und das Verwaltungsgerichtshofgesetz 1985 (14/1) durch das Bundesgesetz BGBl I 2021/109.

Mit Erkenntnis vom 7. Oktober 2020, G 164/2020-14, G 316/2020-12, G 317/2020-11, hat der Verfassungsgerichtshof die Wortfolge „oder durch Haft" in § 5 Abs 1 Verwaltungsvollstreckungsgesetz 1991 (4) die Zeichen- und Wortfolge „, an Haft die Dauer von vier Wochen" in § 5 Abs 3 Verwaltungsvollstreckungsgesetz 1991 und § 6 Abs 2 Verwaltungsvollstreckungsgesetz 1991 als verfassungswidrig aufgehoben; die Aufhebungen treten mit Ablauf des 31. Dezember 2021 in Kraft (siehe die K BGBl I 2020/118).

Wenn Ihnen im Kodex Verwaltungsverfahrensgesetze Fehler auffallen oder wenn Sie Wünsche oder Verbesserungsvorschläge haben, teilen Sie mir diese bitte telefonisch unter der Nummer +43 1 531 15-643925, im Postweg unter der Adresse Bundeskanzleramt, Ballhausplatz 2, 1010 Wien oder mit E-Mail unter der Adresse *christoph.lanner@bka.gv.at* mit. Für solche Hinweise und Anregungen bin ich dankbar.

Wien, im August 2021   *Christoph Lanner*

Inhaltsverzeichnis

Abkürzungsverzeichnis

Abs	Absatz
AgrVG	Agrarverfahrensgesetz BGBl 1950/173 (WV) idF BGBl I 1999/191 (BG) zuletzt idF BGBl I 2013/189
AnhO	Anhalteordnung BGBl II 1999/128 idF BGBl II 2005/439
Anl	Anlage
ARHV BRD	Vertrag zwischen der Republik Österreich und der Bundesrepublik Deutschland über Amts- und Rechtshilfe in Verwaltungssachen BGBl 1990/526
Art	Artikel
AuskPflG	Auskunftspflichtgesetz BGBl 1987/287 zuletzt idF BGBl I 1998/158
AVG	Allgemeines Verwaltungsverfahrensgesetz 1991 BGBl 1991/51 (WV) idF BGBl I 1999/191 (BG) zuletzt idF BGBl I 2018/58
BeglV	Beglaubigungsverordnung BGBl II 1999/494 idF BGBl II 2008/151
BG	Bundesgesetz
BGBl	Bundesgesetzblatt
BKommGebV	Bundes-Kommissionsgebührenverordnung 2007 BGBl II 2007/262 idF BGBl II 2013/403
BM	Bundesminister (-ium, -ien)
B-VG	Bundes-Verfassungsgesetz BGBl 1930/1 (WV) zuletzt idF BGBl I 2021/107
BVwAbgV	Bundesverwaltungsabgabenverordnung 1983 BGBl 1983/24 idF BGBl 1983/181 (DFB) und BGBl II 2005/103 (VFB) zuletzt idF BGBl I 2008/5
BVwG-EV	BVwG-Entschädigungsverordnung BGBl II 2013/516
BVwG-EVV	BVwG-elektronischer-Verkehr-Verordnung BGBl II 2013/515 zuletzt idF BGBl II 2016/222
BVwGG	Bundesverwaltungsgerichtsgesetz BGBl I 2013/10 zuletzt idF BGBl I 2021/87
bzw	beziehungsweise
COVID-19-VwBG	Verwaltungsrechtliches COVID-19-Begleitgesetz BGBl I 2020/16 zuletzt idF BGBl I 2021/107
DFB	Druckfehlerberichtigung
DVG	Dienstrechtsverfahrensgesetz 1984 BGBl 1984/29 (WV) idF BGBl I 2018/61 (BG) zuletzt idF BGBl I 2020/153
DVPV	Dienstrechtsverfahrens- und Personalstellenverordnung (-en)
DVV	Dienstrechtsverfahrensverordnung 1981 BGBl 1981/162 zuletzt idF BGBl I 2016/64
EEA-VStS-G	Bundesgesetz über die Europäische Ermittlungsanordnung in Verwaltungsstrafsachen BGBl I 2018/50 idF BGBl I 2019/14
E-Gov-BerAbgrV	E-Government-Bereichsabgrenzungsverordnung BGBl II 2004/289 idF BGBl II 2013/213
E-GovG	E-Government-Gesetz BGBl I 2004/10 (Art 1) zuletzt idF BGBl I 2020/169
EGVG	Einführungsgesetz zu den Verwaltungsverfahrensgesetzen 2008 BGBl I 2008/87 (WV) zuletzt idF BGBl I 2018/61 (BG)
EintrV	Verordnung des Bundeskanzleramtes über den Vorgang bei der Eintreibung von Geldleistungen im Verwaltungsvollstreckungsverfahren BGBl 1949/159

ERegV	Ergänzungsregisterverordnung 2009 BGBl II 2009/331 idF BGBl II 2020/317
EuFrÜbk	Europäisches Übereinkommen über die Berechnung von Fristen BGBl 1983/254
EU-VStVG	EU-Verwaltungsstrafvollstreckungsgesetz BGBl I 2008/3 (Art 1) idF BGBl I 2013/33
EuZustÜbk	Europäisches Übereinkommen über die Zustellung von Schriftstücken in Verwaltungssachen im Ausland BGBl 1983/67 idF BGBl III 2005/53 (VFB)
f	und der (die, das) folgende
ff	und die folgenden
Form	Formular
gem	gemäß
GO	Geschäftsordnung
GO-VfGH	Geschäftsordnung des Verfassungsgerichtshofes BGBl 1946/202 zuletzt idF BGBl II 2020/333
GO-VwGH	Geschäftsordnung des Verwaltungsgerichtshofes 2021 BGBl II 2021/254
idF	in der Fassung
idgF	in der geltenden Fassung
iSd	im Sinne des (der)
iVm	in Verbindung mit
lit	litera (-ae)
OrgStVfgV	Organstrafverfügungenverordnung BGBl II 1999/510 idF BGBl II 2013/401
RStDG	Richter- und Staatsanwaltschaftsdienstgesetz BGBl 1961/305 zuletzt idF BGBl I 2021/94
StZRegBehV	Stammzahlenregisterbehördenverordnung 2009 BGBl II 2009/330
TP	Tarifpost
V	Verordnung
v	vom, von
VFB	Verlautbarungsfehlerberichtigung
VfGG	Verfassungsgerichtshofgesetz 1953 BGBl 1953/85 (WV) idF BGBl I 1999/191 (BG) zuletzt idF BGBl I 2020/24
VfGH	Verfassungsgerichtshof
VfGH-EVGO	Geschäftsordnung des Verfassungsgerichtshofs über die elektronische Durchführung von Verfahren BGBl II 2013/218 idF BGBl II 2016/235
VfGH-EVV	Verordnung des Präsidenten des Verfassungsgerichtshofes über die elektronische Einbringung bzw Übermittlung von Schriftsätzen, von Beilagen zu Schriftsätzen, von Ausfertigungen von Erledigungen des Verfassungsgerichtshofes und von Kopien von Schriftsätzen und Beilagen BGBl II 2013/82 idF BGBl II 2016/221
vgl	vergleiche
VoGrG	Volksgruppengesetz BGBl 1976/396 zuletzt idF BGBl I 2013/84

VorlSV	Vorläufige-Sicherheiten-Verordnung BGBl II 1999/509 idF BGBl II 2013/402
VStG	Verwaltungsstrafgesetz 1991 BGBl 1991/52 (WV) idF BGBl I 1999/191 (BG) zuletzt idF BGBl I 2018/58
VVG	Verwaltungsvollstreckungsgesetz 1991 BGBl 1991/53 (WV) idF BGBl I 1999/191 (BG) zuletzt idF BGBl I 2020/118 (VfGH)
VwFormV	Verwaltungsformularverordnung BGBl II 2013/400 idF BGBl II 2015/405
VwG-AufwErsV	VwG-Aufwandersatzverordnung BGBl II 2013/517
VwGbk-ÜG	Verwaltungsgerichtsbarkeits-Übergangsgesetz BGBl I 2013/33 (Art 2) idF BGBl I 2013/122
VwGG	Verwaltungsgerichtshofgesetz 1985 BGBl 1985/10 (WV) idF BGBl I 1999/191 (BG) zuletzt idF BGBl I 2021/109
VwGH	Verwaltungsgerichtshof
VwGH-AufwErsV	VwGH-Aufwandersatzverordnung 2014 BGBl II 2013/518 idF BGBl II 2014/8
VwGH-EVV	VwGH-elektronischer-Verkehr-Verordnung BGBl II 2014/360 zuletzt idF BGBl II 2020/12
VwGVG	Verwaltungsgerichtsverfahrensgesetz BGBl I 2013/33 (Art 1) zuletzt idF BGBl I 2021/109
WV	Wiederverlautbarung
Z	Zahl (Ziffer)
zB	zum Beispiel
ZustDV	Zustelldiensteverordnung BGBl II 2005/233 zuletzt idF BGBl II 2019/375
ZustFormV	Zustellformularverordnung BGBl 1982/600 zuletzt idF BGBl II 2019/374
ZustG	Zustellgesetz BGBl 1982/200 zuletzt idF BGBl I 2020/42

Einführungsgesetz zu den Verwaltungsverfahrensgesetzen 2008

BGBl I 2008/87 (WV) idF

1 BGBl I 2009/20
2 BGBl I 2012/12
3 BGBl I 2012/35
4 BGBl I 2012/50
5 BGBl I 2012/53 (VFB)

6 BGBl I 2012/87
7 BGBl I 2013/33
8 BGBl I 2018/57
9 BGBl I 2018/61 (BG)

STICHWORTVERZEICHNIS

**Einführungsgesetz zu den
Verwaltungsverfahrensgesetzen 2008 – EGVG**

Artikel I

(1) Die Verwaltungsverfahrensgesetze „(Allgemeines Verwaltungsverfahrensgesetz 1991 – AVG, Verwaltungsstrafgesetz 1991 – VStG und Verwaltungsvollstreckungsgesetz 1991 – VVG)" regeln das Verfahren der nachstehend bezeichneten Verwaltungsorgane, soweit sie behördliche Aufgaben besorgen und im Folgenden nicht anderes bestimmt ist. *(BGBl I 2009/20)*

(2) Von den Verwaltungsverfahrensgesetzen sind anzuwenden:

1. das AVG auf das behördliche Verfahren der Verwaltungsbehörden;

2. das VStG auf das Strafverfahren der Verwaltungsbehörden mit Ausnahme der Finanzstrafbehörden des Bundes;

3. das VVG auf das Vollstreckungsverfahren der Behörden der allgemeinen staatlichen Verwaltung, der Organe der Städte mit eigenem Statut und der Landespolizeidirektionen. *(BGBl I 2013/33)*

„(3)" Soweit nicht ausdrücklich anderes bestimmt ist, sind die Verwaltungsverfahrensgesetze nicht anzuwenden:

1. in den Angelegenheiten der öffentlichen Abgaben und Beiträge, die von den Abgabenbehörden erhoben werden, mit Ausnahme der Verwaltungsabgaben nach § 78 AVG;

1a. in den Angelegenheiten des Patentwesens sowie des Schutzes von Mustern, Marken und anderen Warenbezeichnungen mit Ausnahme des in diesen Angelegenheiten durchzuführenden Strafverfahrens; *(BGBl I 2013/33)*

1b. in den Angelegenheiten der Bodenreform mit Ausnahme des in diesen Angelegenheiten durchzuführenden Strafverfahrens; *(BGBl I 2013/33)*

2. in den Angelegenheiten des Familienlastenausgleiches mit Ausnahme des in diesen Angelegenheiten durchzuführenden Strafverfahrens;

3. in den Angelegenheiten des öffentlich-rechtlichen Dienst-, Ruhe- und Versorgungsverhältnisses zum Bund, zu den Ländern, zu den Gemeinden und Gemeindeverbänden sowie zu den sonstigen Körperschaften, Fonds und Anstalten des öffentlichen Rechts;

4. in den Angelegenheiten der Durchführung der Wahl des Bundespräsidenten, von Wahlen zu den allgemeinen Vertretungskörpern und zum Europäischen Parlament, der Wahl des Bürgermeisters durch die zur Wahl des Gemeinderates Berechtigten und von Wahlen der Organe der gesetzlichen beruflichen Vertretungen, in den Angelegenheiten der Durchführung von Volksbegehren, Volksabstimmungen und Volksbefragungen auf Grund der Bundesverfassung oder einer Landesverfassung und von Europäischen Bürgerinitiativen sowie in den Angelegenheiten der unmittelbaren Mitwirkung der zum Gemeinderat Wahlberechtigten an der Besorgung der Angelegenheiten des eigenen Wirkungsbereiches der Gemeinde mit Ausnahme des in allen diesen Angelegenheiten durchzuführenden Strafverfahrens; *(BGBl I 2012/12)*

5. in den Angelegenheiten des Disziplinarrechts;

6. auf die Durchführung von Prüfungen, die der Beurteilung der Kenntnisse von Personen auf bestimmten Sachgebieten dienen, soweit es sich nicht um die Zulassung zur Prüfung handelt. *(BGBl I 2009/20; BGBl I 2013/33)*

Artikel II

(1) Wo in diesem Bundesgesetz, im AVG oder im VStG von Behörden gesprochen wird, sind darunter die Verwaltungsbehörden zu verstehen, für deren Verfahren diese Bundesgesetze gemäß Art. I Abs. 2 Z 1 bzw. Z 2 gelten. *(BGBl I 2013/33)*

(2) Verwaltungsvorschriften im Sinne der Verwaltungsverfahrensgesetze sind alle die verschiedenen Gebiete der Verwaltung regelnden, von den im Abs. 1 bezeichneten Behörden zu vollziehenden Gesetze – dieses Bundesgesetz inbegriffen –, Verordnungen, Staatsverträge und unmittelbar geltenden Vorschriften des „Unionsrechts". *(BGBl I 2012/12)*

(3) Verwaltungsübertretungen im Sinne des VStG sind die von den in Art. I Abs. 2 Z 2 genannten Behörden zu ahndenden Übertretungen. *(BGBl I 2013/33)*

Artikel III

(1) Wer

1. in Angelegenheiten, in denen er nicht zur berufsmäßigen Parteienvertretung befugt ist, gewerbsmäßig für den Gebrauch vor inländischen oder ausländischen Gerichten oder Verwaltungsbehörden schriftliche Anbringen oder Urkunden verfasst, einschlägige Auskünfte erteilt, vor inländischen Gerichten oder Verwaltungsbehörden Parteien vertritt oder sich zu einer dieser Tätigkeiten in schriftlichen oder mündlichen Kundgebungen anbietet (Winkelschreiberei) oder

2. sich die Beförderung durch eine dem öffentlichen Verkehr dienende Einrichtung verschafft, ohne das nach den Tarifbestimmungen und Beförderungsbedingungen dieser Einrichtungen festgesetzte Entgelt ordnungsgemäß zu entrichten, und bei der Betretung im Beförderungsmittel auf Aufforderung den Fahrpreis und einen allfälligen in den Tarifbestimmungen oder Beförderungsbedingungen vorgesehenen Zuschlag entweder nicht unverzüglich oder, wenn seine Identität feststeht,

nicht binnen zwei Wochen zahlt, oder *(BGBl I 2018/57)*

3. „einen anderen aus dem Grund der Rasse, der Hautfarbe, der nationalen oder ethnischen Herkunft, des religiösen Bekenntnisses oder einer Behinderung diskriminiert oder ihn" hindert, Orte zu betreten oder Dienstleistungen in Anspruch zu nehmen, die für den allgemeinen öffentlichen Gebrauch bestimmt sind, oder *(BGBl I 2012/50)*

4. nationalsozialistisches Gedankengut im Sinne des Verbotsgesetzes, StGBl. Nr. 13/1945, in der Fassung des Bundesverfassungsgesetzes BGBl. Nr. 25/1947, verbreitet,

„begeht, in den Fällen der Z 3 oder 4 dann, wenn die Tat nicht nach anderen Verwaltungsstrafbestimmungen mit strengerer Strafe bedroht ist, eine Verwaltungsübertretung und ist von der Bezirksverwaltungsbehörde, in den Fällen der Z 2 und 4 für das Gebiet einer Gemeinde, für das die Landespolizeidirektion zugleich Sicherheitsbehörde erster Instanz ist, von der Landespolizeidirektion, in den Fällen der Z 1 und 2 mit einer Geldstrafe von bis zu 218 Euro, im Fall der Z 3 mit einer Geldstrafe von bis zu 1 090 Euro und im Fall der Z 4 mit einer Geldstrafe von bis zu 2 180 Euro zu bestrafen. Im Fall der Z 4 ist der Versuch strafbar und können Gegenstände, mit denen die strafbare Handlung begangen wurde, für verfallen erklärt werden." *(BGBl I 2013/33)*

(2) Die Organe der Bundespolizei haben bei der Vollziehung des Abs. 1 als Hilfsorgane der zuständigen Bezirksverwaltungsbehörde einzuschreiten.

(3) Abs. 1 Z 1 ist nicht anzuwenden, soweit besondere Vorschriften gegen die unbefugte Parteienvertretung bestehen.

„(4)" Ist ein gerichtliches Strafverfahren wegen einer Tat nach Abs. 1 Z 4 anders als durch Rücktritt von der Verfolgung (Diversion) oder durch rechtskräftigen Schuldspruch beendet worden, so ist dies der Behörde mitzuteilen. Die Mitteilung obliegt im Fall der Einstellung des Ermittlungsverfahrens der Staatsanwaltschaft, in allen anderen Fällen dem Gericht. *(BGBl I 2013/33; BGBl I 2018/57)*

„(5)" Die Zeit von der Erstattung der Strafanzeige wegen einer Tat nach Abs. 1 Z 4 bis zum Einlangen der Mitteilung gemäß „Abs. 4" bei der Behörde ist in die Verjährungsfrist (§ 31 Abs. 1 VStG) nicht einzurechnen. *(BGBl I 2013/33; BGBl I 2018/57)*

Artikel IV

Mit der Vollziehung dieses Bundesgesetzes ist die Bundesregierung betraut.

Artikel V

„(1)" Art. I Abs. 4 in der Fassung des Bundesgesetzes BGBl. I Nr. 20/2009 tritt mit 1. Jänner 2010 in Kraft. *(BGBl I 2012/12)*

(2) Art. I Abs. 4 Z 4 und Art. II Abs. 2 in der Fassung des Bundesgesetzes BGBl. I Nr. 12/2012 treten mit 1. April 2012 in Kraft. *(BGBl I 2012/12)*

(3) Art. I Abs. 2 Z 39 in der Fassung des 2. Stabilitätsgesetzes 2012, BGBl. I Nr. 35/2012, tritt mit 1. Juli 2012 in Kraft. *(BGBl I 2012/35)*

(4) Art. I Abs. 2 Z 7 und 42 sowie Art. III Abs. 1 erster Satz und Abs. 5 in der Fassung des Bundesgesetzes BGBl. I Nr. 50/2012 treten mit 1. September 2012 in Kraft; gleichzeitig treten Art. I Abs. 2 Z 6 und 11 außer Kraft. *(BGBl I 2012/50)*

(5) Art. I Abs. 2 Z 30 in der Fassung des Bundesgesetzes BGBl. I Nr. 87/2012 ist nicht in Kraft getreten. *(BGBl I 2018/57)*

(6) In der Fassung des Art. 5 des Bundesgesetzes BGBl. I Nr. 33/2013 treten in Kraft:

1. Art. I Abs. 2 Z 38 mit 1. September 2012;

2. Art. III Abs. 1, 5 und 6 mit Ablauf des Monats der Kundmachung dieses Bundesgesetzes;[1]

3. Art. I Abs. 2 und Abs. 3 neu und Art. II Abs. 1 und 3 mit 1. Jänner 2014; gleichzeitig tritt Art. I Abs. 3 außer Kraft.
(BGBl I 2013/33)

(7) Für Bestimmungen in Bundes- oder Landesgesetzen, in denen mit Ablauf des 31. Dezember 2013 die Anwendung eines Verwaltungsverfahrensgesetzes in anderen als den in Art. I Abs. 3 genannten Angelegenheiten für das behördliche Verfahren der Verwaltungsbehörden angeordnet ist, gilt:

1. Ordnen diese Bestimmungen die Anwendung eines Verwaltungsverfahrensgesetzes in seiner Gesamtheit, allenfalls auch in einer bestimmten Fassung, an und fallen sie nicht unter Z 3, so treten sie außer Kraft.

2. Ordnen sie die Anwendung eines Verwaltungsverfahrensgesetzes insoweit an, als in dem Gesetz, in dem sie enthalten sind, nicht anderes bestimmt ist, und fallen sie nicht unter Z 3, so treten sie außer Kraft. Die gesetzlichen Bestimmungen, die anderes bestimmen als das Verwaltungsverfahrensgesetz, bleiben unberührt.

3. Ordnen sie die Anwendung eines Verwaltungsverfahrensgesetzes mit Ausnahme bestimmter ausdrücklich genannter Bestimmungen dieses Verwaltungsverfahrensgesetzes an, bleiben sie unberührt.
(BGBl I 2013/33)

(8) Art. III Abs. 1 Z 2, Abs. 4 (neu) und Abs. 5 (neu) in der Fassung des Bundesgesetzes BGBl. I Nr. 57/2018 treten mit Ablauf des Monats der Kundmachung dieses Bundesgesetzes in Kraft.[2]

1. EGVG

—4—## Artikel V

Gleichzeitig tritt Art. III Abs. 4 außer Kraft.
(BGBl I 2018/57)

(BGBl I 2009/20)

---

[1] *Die Kundmachung des Verwaltungsgerichtsbarkeits-Ausführungsgesetzes 2013, BGBl I 2013/33, im Bundesgesetzblatt erfolgte am 13. Februar 2013.*
[2] *Die Kundmachung des BG BGBl I 2018/57 im Bundesgesetzblatt erfolgte am 14. August 2018.*

Kodex Verwaltungsverfahrensgesetze 1. 9. 2021

2. AVG

Gliederung

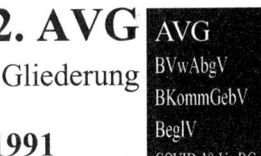

Allgemeines Verwaltungsverfahrensgesetz 1991

BGBl 1991/51 (WV) idF

1 BGBl 1992/866
2 BGBl 1994/686 (VfGH)
3 BGBl 1995/471
4 BGBl I 1998/158
5 BGBl I 1998/164 (DFB)
6 BGBl I 1999/164
7 BGBl I 1999/191 (BG)
8 BGBl I 1999/194 (DFB)
9 BGBl I 2000/29
10 BGBl I 2001/126 (VfGH)
11 BGBl I 2001/137
12 BGBl I 2002/65

13 BGBl I 2002/117
14 BGBl I 2004/10
15 BGBl I 2008/4
16 BGBl I 2008/5
17 BGBl I 2009/20
18 BGBl I 2009/135
19 BGBl I 2010/111
20 BGBl I 2011/100
21 BGBl I 2013/33
22 BGBl I 2013/161
23 BGBl I 2018/57
24 BGBl I 2018/58

GLIEDERUNG

Inkrafttreten § 82

Anlage 2: Übergangsrecht zum AVG 1950
(AVG-Übergangsrecht 1991) *(aufgehoben, BGBl
I 2008/5)*

STICHWORTVERZEICHNIS

— 7 —

2. AVG

Stichwortverzeichnis

AVG
BVwAbgV
BKommGebV
BeglV
COVID-19-VwBG

Stichwortverzeichnis

2. AVG
Stichwortverzeichnis

AVG
BVwAbgV
BKommGebV
BeglV
COVID-19-VwBG

2. AVG

Stichwortverzeichnis

Stichwortverzeichnis

AVG
BVwAbgV
BKommGebV
BeglV
COVID-19-VwBG

Kundmachung des Bundeskanzlers, mit der das Allgemeine Verwaltungsverfahrensgesetz wiederverlautbart wird

ABSCHNITT A

Artikel I

Auf Grund des Art. 49 a B-VG wird in der Anlage 1 das Allgemeine Verwaltungsverfahrensgesetz, BGBl. Nr. 172/1950, wiederverlautbart.

Artikel II – VI

(nicht abgedruckt)

ABSCHNITT B

Artikel VII

Auf Grund des Art. 49 a B-VG wird in der Anlage 2 [„Übergangsrecht zum AVG 1950 (AVG-Übergangsrecht 1991)"] Art. IV Abs. 2 des Bundesgesetzes BGBl. Nr. 357/1990, wiederverlaufbart.

Art VIII

(nicht abgedruckt)

Anlage 1

Allgemeines Verwaltungsverfahrensgesetz 1991 – AVG

I. Teil

Allgemeine Bestimmungen

1. Abschnitt

Behörden

Zuständigkeit

§ 1. Die sachliche und örtliche Zuständigkeit der Behörden richtet sich nach den Vorschriften über ihren Wirkungsbereich und nach den Verwaltungsvorschriften.

§ 2. Enthalten die in § 1 erwähnten Vorschriften über die sachliche Zuständigkeit keine Bestimmungen, so sind in den Angelegenheiten der Bundesverwaltung „ "** die Bezirksverwaltungsbehörden „ "* „ "*** sachlich zuständig. *(*BGBl I 2008/5; **BGBl I 2013/33)*

§ 3. Soweit die in § 1 erwähnten Vorschriften über die örtliche Zuständigkeit nichts bestimmen, richtet sich diese

1. in Sachen, die sich auf ein unbewegliches Gut beziehen: nach der Lage des Gutes;

2. in Sachen, die sich auf den „Betrieb eines Unternehmens oder einer sonstigen dauernden Tätigkeit" beziehen: nach dem Ort, an dem das Unternehmen betrieben oder die Tätigkeit ausgeübt wird oder werden soll; *(BGBl I 2011/100)*

3. in sonstigen Sachen: zunächst nach dem Hauptwohnsitz (Sitz) des Beteiligten, und zwar im Zweifelsfall des belangten oder verpflichteten Teiles, dann nach seinem Aufenthalt, dann nach seinem letzten Hauptwohnsitz (Sitz) im Inland, schließlich nach seinem letzten Aufenthalt im Inland, wenn aber keiner dieser Zuständigkeitsgründe in Betracht kommen kann oder Gefahr im Verzug ist, nach dem Anlaß zum Einschreiten; kann jedoch auch danach die Zuständigkeit nicht bestimmt werden, so ist die sachlich in Betracht kommende oberste Behörde zuständig. *(BGBl I 1998/158)*

§ 4. (1) Ist gemäß den in § 1 erwähnten Vorschriften die örtliche Zuständigkeit mehrerer Behörden gegeben und für diesen Fall nicht anders bestimmt oder begründen die in § 3 Z 1 und 2 angeführten Umstände die örtliche Zuständigkeit mehrerer Behörden, so haben diese Behörden einvernehmlich vorzugehen.

(2) Gelangen sie in der Sache zu keinem Einvernehmen, so geht die Zuständigkeit auf die sachlich in Betracht kommende Oberbehörde und, wenn danach verschiedene Behörden berufen sind und auch diese sich nicht zu einigen vermögen, auf die sachlich in Betracht kommende gemeinsame Oberbehörde über.

(3) Bei Gefahr im Verzug hat jede der in Abs. 1 bezeichneten Behörden in ihrem Amtsbereich die notwendigen Amtshandlungen unter gleichzeitiger Verständigung der anderen Behörden vorzunehmen.

§ 5. (1) Über Zuständigkeitsstreite zwischen Behörden entscheidet die sachlich in Betracht kommende gemeinsame Oberbehörde.

(2) § 4 Abs. 3 gilt auch in diesem Fall.

§ 6. (1) Die Behörde hat ihre sachliche und örtliche Zuständigkeit von Amts wegen wahrzunehmen; langen bei ihr Anbringen ein, zu deren Behandlung sie nicht zuständig ist, so hat sie diese ohne unnötigen Aufschub auf Gefahr des Einschreiters an die zuständige Stelle weiterzuleiten oder den Einschreiter an diese zu weisen.

(2) Durch Vereinbarung der Parteien kann die Zuständigkeit der Behörde weder begründet noch geändert werden.

Befangenheit von Verwaltungsorganen

§ 7. (1) Verwaltungsorgane haben sich der Ausübung ihres Amtes zu enthalten und ihre Vertretung zu veranlassen:

— 15 —

2. AVG

§§ 7 – 13

AVG
BVwAbgV
BKommGebV
BeglV
COVID-19-VwBG

1. in Sachen, an denen sie selbst, einer ihrer Angehörigen (§ 36a) oder „eine von ihnen vertretene schutzberechtigte Person" beteiligt sind; *(BGBl I 2018/58)*

2. in Sachen, in denen sie als Bevollmächtigte einer Partei bestellt waren oder noch bestellt sind;

3. wenn sonstige wichtige Gründe vorliegen, die geeignet sind, ihre volle Unbefangenheit in Zweifel zu ziehen;

4. im Berufungsverfahren, wenn sie an der Erlassung des angefochtenen Bescheides oder der Berufungsvorentscheidung (§ 64a) mitgewirkt haben. *(BGBl I 2008/5)*

(2) Bei Gefahr im Verzug hat, wenn die Vertretung durch ein anderes Verwaltungsorgan nicht sogleich bewirkt werden kann, auch das befangene Organ die unaufschiebbaren Amtshandlungen selbst vorzunehmen.

2. Abschnitt

Beteiligte und deren Vertreter

Beteiligte; Parteien

§ 8. Personen, die eine Tätigkeit der Behörde in Anspruch nehmen oder auf die sich die Tätigkeit der Behörde bezieht, sind Beteiligte und, insoweit sie an der Sache vermöge eines Rechtsanspruches oder eines rechtlichen Interesses beteiligt sind, Parteien.

Rechts- und Handlungsfähigkeit

§ 9. Insoweit die persönliche Rechts- und Handlungsfähigkeit von Beteiligten in Frage kommt, ist sie von der Behörde, wenn in den Verwaltungsvorschriften nicht anderes bestimmt ist, nach den Vorschriften des bürgerlichen Rechts zu beurteilen.

Vertreter

§ 10. (1) „Die Beteiligten und ihre gesetzlichen Vertreter können sich, sofern nicht ihr persönliches Erscheinen ausdrücklich gefordert wird, durch natürliche Personen, die volljährig und handlungsfähig sind und für die in keinem Bereich ein gerichtlicher Erwachsenenvertreter bestellt oder eine gewählte oder gesetzliche Erwachsenenvertretung oder Vorsorgevollmacht wirksam ist, durch juristische Personen oder durch eingetragene Personengesellschaften vertreten lassen." Bevollmächtigte haben sich durch eine schriftliche, auf Namen oder Firma lautende Vollmacht auszuweisen. Vor der Behörde kann eine Vollmacht auch mündlich erteilt werden; zu ihrer Beurkundung genügt ein Aktenvermerk. Schreitet eine zur berufsmäßigen Parteienvertretung befugte Person ein, so ersetzt die Berufung auf die ihr erteilte Vollmacht deren urkundlichen Nachweis. *(BGBl I 1998/158; BGBl I 2018/58)*

(2) Inhalt und Umfang der Vertretungsbefugnis richten sich nach den Bestimmungen der Vollmacht; hierüber auftauchende Zweifel sind nach den Vorschriften des bürgerlichen Rechts zu beurteilen. Die Behörde hat die Behebung etwaiger Mängel unter sinngemäßer Anwendung des § 13 Abs. 3 von Amts wegen zu veranlassen.

(3) Als Bevollmächtigte sind solche Personen nicht zuzulassen, die unbefugt die Vertretung anderer zu Erwerbszwecken betreiben.

(4) Die Behörde kann von einer ausdrücklichen Vollmacht absehen, wenn es sich um die Vertretung durch amtsbekannte „Angehörige (§ 36a)", Haushaltsangehörige, Angestellte oder durch amtsbekannte Funktionäre von beruflichen oder anderen Organisationen handelt und Zweifel über Bestand und Umfang der Vertretungsbefugnis nicht obwalten. *(BGBl I 2011/100)*

(5) Die Beteiligten können sich eines Rechtsbeistandes bedienen und auch in seiner Begleitung vor der Behörde erscheinen.

(6) Die Bestellung eines Bevollmächtigten schließt nicht aus, daß der Vollmachtgeber im eigenen Namen Erklärungen abgibt.

§ 11. Soll von Amts wegen oder auf Antrag gegen einen „schutzberechtigten"** Beteiligten, der eines gesetzlichen Vertreters entbehrt, oder gegen eine Person, deren Aufenthalt unbekannt ist, eine Amtshandlung vorgenommen werden, so kann die Behörde, wenn die Wichtigkeit der Sache es erfordert, „die Betrauung einer Person mit der Obsorge oder die Bestellung eines „gerichtlichen Erwachsenenvertreters"** oder Kurators beim zuständigen Gericht (§ 109 JN)"* veranlassen. *(*BGBl I 2008/5; **BGBl I 2018/58)*

§ 12. Die Vorschriften dieses Bundesgesetzes über die Beteiligten sind auch auf deren gesetzliche Vertreter und Bevollmächtigte zu beziehen.

3. Abschnitt

Verkehr zwischen Behörden und Beteiligten

Anbringen

§ 13. (1) Soweit in den Verwaltungsvorschriften nicht anderes bestimmt ist, können Anträge, Gesuche, Anzeigen, Beschwerden und sonstige Mitteilungen bei der Behörde schriftlich, mündlich oder telefonisch eingebracht werden. Rechtsmittel und Anbringen, die an eine Frist gebunden sind oder durch die der Lauf einer Frist bestimmt wird, sind schriftlich einzubringen. Erscheint die telefonische Einbringung eines Anbringens der Natur der Sache nach nicht tunlich, so kann die Behörde dem Einschreiter auftragen, es

§ 14 (1)
§ 16 (1)

innerhalb einer angemessenen Frist schriftlich oder mündlich einzubringen. *(BGBl I 2008/5)*

(2) Schriftliche Anbringen können der Behörde in jeder technisch möglichen Form übermittelt werden, mit E-Mail jedoch nur insoweit, als für den elektronischen Verkehr zwischen der Behörde und den Beteiligten nicht besondere Übermittlungsformen vorgesehen sind. Etwaige technische Voraussetzungen oder organisatorische Beschränkungen des elektronischen Verkehrs zwischen der Behörde und den Beteiligten sind im Internet bekanntzumachen. *(BGBl I 2008/5)*

§63 (2)

(3) Mängel schriftlicher Anbringen ermächtigen die Behörde nicht zur Zurückweisung. Die Behörde hat vielmehr von Amts wegen unverzüglich deren Behebung zu veranlassen und kann dem Einschreiter die Behebung des Mangels innerhalb einer angemessenen Frist mit der Wirkung auftragen, dass das Anbringen nach fruchtlosem Ablauf dieser Frist zurückgewiesen wird. Wird der Mangel rechtzeitig behoben, so gilt das Anbringen als ursprünglich richtig eingebracht. *(BGBl I 2008/5)*

(4) Bei Zweifeln über die Identität des Einschreiters oder die Authentizität eines Anbringens gilt Abs. 3 mit der Maßgabe sinngemäß, dass das Anbringen nach fruchtlosem Ablauf der Frist als zurückgezogen gilt. *(BGBl I 2008/5)*

(5) Die Behörde ist nur während der Amtsstunden verpflichtet, schriftliche Anbringen entgegenzunehmen oder Empfangsgeräte empfangsbereit zu halten, und, außer bei Gefahr im Verzug, nur während der für den Parteienverkehr bestimmten Zeit verpflichtet, mündliche oder telefonische Anbringen entgegenzunehmen. Die Amtsstunden und die für den Parteienverkehr bestimmte Zeit sind im Internet und „ “ an der Amtstafel bekanntzumachen. *(BGBl I 2008/5; BGBl I 2011/100)*

(6) Die Behörde ist nicht verpflichtet, Anbringen, die sich auf keine bestimmte Angelegenheit beziehen, in Behandlung zu nehmen. *(BGBl I 2008/5)*

(7) Anbringen können in jeder Lage des Verfahrens zurückgezogen werden.

(8) Der verfahrenseinleitende Antrag kann in jeder Lage des Verfahrens „bis zu einer allfälligen Schließung des Ermittlungsverfahrens (§ 39 Abs. 3)“ geändert werden. Durch die Antragsänderung darf die Sache ihrem Wesen nach nicht geändert und die sachliche und örtliche Zuständigkeit nicht berührt werden. *(BGBl I 2018/57)*

(9) *(aufgehoben, BGBl I 2004/10)*

(BGBl I 1998/158)

Rechtsbelehrung

§ 13a. Die Behörde hat Personen, die nicht durch berufsmäßige Parteienvertreter vertreten sind, die zur Vornahme ihrer Verfahrenshandlungen nötigen Anleitungen in der Regel mündlich zu geben und sie über die mit diesen Handlungen oder Unterlassungen unmittelbar verbundenen Rechtsfolgen zu belehren.

Niederschriften   §47

§ 14. (1) Mündliche Anbringen von Beteiligten sind erforderlichenfalls ihrem wesentlichen Inhalt nach in einer Niederschrift festzuhalten. Niederschriften über Verhandlungen (Verhandlungsschriften) sind derart abzufassen, daß bei Weglassung alles nicht zur Sache Gehörigen der Verlauf und Inhalt der Verhandlung richtig und verständlich wiedergegeben wird.

(2) Jede Niederschrift hat außerdem zu enthalten:

1. Ort, Zeit und Gegenstand der Amtshandlung und, wenn schon frühere darauf bezügliche Amtshandlungen vorliegen, erforderlichenfalls eine kurze Darstellung des Standes der Sache;

2. „die“ Bezeichnung der Behörde und die Namen des Leiters der Amtshandlung und der sonst mitwirkenden amtlichen Organe, der anwesenden Beteiligten und ihrer Vertreter sowie der etwa vernommenen Zeugen und Sachverständigen „..“ *(BGBl I 2008/5)*

3. *(aufgehoben, BGBl I 2008/5)*

(3) Die Niederschrift ist den vernommenen oder sonst beigezogenen Personen, wenn sie nicht darauf verzichten, zur Durchsicht vorzulegen oder vorzulesen; wenn ein „Schallträger verwendet (Abs. 7) oder die Niederschrift elektronisch erstellt wird“, kann ihr Inhalt auch auf andere Weise wiedergegeben werden. Der Leiter der Amtshandlung kann auch ohne Verzicht von einer Wiedergabe absehen; die beigezogenen Personen können diesfalls bis zum Schluß der Amtshandlung die Zustellung einer Ausfertigung verlangen und binnen zwei Wochen ab Zustellung Einwendungen wegen behaupteter Unvollständigkeit oder Unrichtigkeit der Niederschrift erheben. *(BGBl I 2008/5)*

(4) In dem einmal Niedergeschriebenen darf nichts Erhebliches ausgelöscht, zugesetzt oder verändert werden. Durchgestrichene Stellen sollen noch lesbar bleiben. Erhebliche Zusätze oder Einwendungen der beigezogenen Personen wegen behaupteter Unvollständigkeit oder Unrichtigkeit der Niederschrift sind in einen Nachtrag aufzunehmen und gesondert zu unterfertigen.

(5) Die Niederschrift ist vom Leiter der Amtshandlung und den beigezogenen Personen zu unterschreiben; bei Amtshandlungen, denen mehr als drei Beteiligte beigezogen wurden, genügt es jedoch, wenn die Niederschrift von der Partei, die den verfahrenseinleitenden Antrag gestellt hat, und zwei weiteren Beteiligten, in Abwesenheit dieser Partei von mindestens drei Beteiligten, sowie von den sonstigen beigezogenen Personen

— 17 —

2. AVG
§§ 14 – 18

AVG
BVwAbgV
BKommGebV
BeglV
COVID-19-VwBG

unterschrieben wird. Kann dem nicht entsprochen werden, so sind die dafür maßgeblichen Gründe in der Niederschrift festzuhalten. Wird die Niederschrift elektronisch erstellt, so kann an die Stelle der Unterschriften des Leiters der Amtshandlung und der beigezogenen Personen ein Verfahren zum Nachweis der Identität (§ 2 Z 1 E-GovG) des Leiters der Amtshandlung und der Authentizität (§ 2 Z 5 E-GovG) der Niederschrift treten. *(BGBl I 2008/5)*

(6) Den beigezogenen Personen ist auf Verlangen eine Ausfertigung der Niederschrift auszufolgen oder zuzustellen.

(7) Die Niederschrift oder Teile davon können unter Verwendung eines „Schallträgers" oder in Kurzschrift aufgenommen werden. Die Angaben gemäß Abs. 2, die Feststellung, daß für die übrigen Teile der Niederschrift ein „Schallträger" verwendet wird, und die Tatsache der Verkündung eines mündlichen Bescheides sind in Vollschrift festzuhalten. Die Aufzeichnung und die in Kurzschrift aufgenommenen Teile der Niederschrift sind unverzüglich in Vollschrift zu übertragen. Die beigezogenen Personen können bis zum Schluß der Amtshandlung die Zustellung einer Ausfertigung der Übertragung verlangen und binnen zwei Wochen ab Zustellung Einwendungen wegen behaupteter Unvollständigkeit oder Unrichtigkeit der Übertragung erheben. Wird eine solche Zustellung beantragt, so darf die Aufzeichnung frühestens einen Monat nach Ablauf der Einwendungsfrist, ansonsten frühestens einen Monat nach erfolgter Übertragung gelöscht werden. *(BGBl I 2008/5)*

(8) *(aufgehoben, BGBl I 2004/10)*

(BGBl I 1998/158)

§ 15. Soweit nicht Einwendungen erhoben wurden, liefert eine gemäß § 14 aufgenommene Niederschrift über den Verlauf und den Gegenstand der betreffenden Amtshandlung vollen Beweis. Der Gegenbeweis der Unrichtigkeit des bezeugten Vorganges bleibt zulässig.

Aktenvermerke $§ 47$

§ 16. (1) Amtliche Wahrnehmungen, mündliche oder telefonische Anbringen oder sonstige Mitteilungen an die Behörde, mündliche oder telefonische Belehrungen, Aufforderungen, Anordnungen und sonstige Äußerungen, schließlich Umstände, die nur für den inneren Dienst der Behörde in Betracht kommen, sind, wenn nicht anderes bestimmt ist und kein Anlaß zur Aufnahme einer Niederschrift besteht, erforderlichenfalls in einem Aktenvermerk kurz festzuhalten.

(2) Der Aktenvermerk ist vom Amtsorgan unter Beisetzung des Datums zu unterschreiben; wurde der Aktenvermerk elektronisch erstellt, kann an die Stelle dieser Unterschrift ein Verfahren zum

Nachweis der Identität (§ 2 Z 1 E-GovG) des Amtsorgans und der Authentizität (§ 2 Z 5 E-GovG) des Aktenvermerks treten.

(BGBl I 2008/5)

Akteneinsicht

§ 17. (1) Soweit in den Verwaltungsvorschriften nicht anderes bestimmt ist, können die Parteien bei der Behörde in die ihre Sache betreffenden Akten Einsicht nehmen und sich von Akten oder Aktenteilen an Ort und Stelle Abschriften selbst anfertigen oder auf ihre Kosten Kopien oder Ausdrucke erstellen lassen. Soweit die Behörde die die Sache betreffenden Akten elektronisch führt, kann der Partei auf Verlangen die Akteneinsicht in jeder technisch möglichen Form gewährt werden. *(BGBl I 2008/5)*

(2) Allen an einem Verfahren beteiligten Parteien muß auf Verlangen die Akteneinsicht in gleichem Umfang gewährt werden.

(3) Von der Akteneinsicht sind Aktenbestandteile ausgenommen, insoweit deren Einsichtnahme eine Schädigung berechtigter Interessen einer Partei oder dritter Personen oder eine Gefährdung der Aufgaben der Behörde herbeiführen oder den Zweck des Verfahrens beeinträchtigen würde.

(4) Die Verweigerung der Akteneinsicht gegenüber der Partei eines anhängigen Verfahrens erfolgt durch Verfahrensanordnung. *(BGBl I 2013/33)*

Blinde und hochgradig sehbehinderte Beteiligte

§ 17a. Blinden oder hochgradig sehbehinderten Beteiligten, die eines Vertreters entbehren, hat die Behörde auf Verlangen den Inhalt von Akten oder Aktenteilen durch Verlesung oder nach Maßgabe der vorhandenen technischen Möglichkeiten in sonst geeigneter Weise zur Kenntnis zu bringen.

(BGBl I 1999/164)

Erledigungen

§ 18. (1) Die Behörde hat die Sache möglichst zweckmäßig, rasch, einfach und kostensparend zu erledigen und den wesentlichen Inhalt der Amtshandlung erforderlichenfalls in einer Niederschrift oder einem Aktenvermerk festzuhalten.

(2) Erledigungen haben jedenfalls schriftlich zu ergehen, wenn dies in den Verwaltungsvorschriften ausdrücklich angeordnet ist oder von der Partei verlangt wird.

(3) Schriftliche Erledigungen sind vom Genehmigungsberechtigten mit seiner Unterschrift zu genehmigen; wurde die Erledigung elektronisch erstellt, kann an die Stelle dieser Unterschrift ein Verfahren zum Nachweis der Identität (§ 2 Z 1

E-GovG) des Genehmigenden und der Authentizität (§ 2 Z 5 E-GovG) der Erledigung treten.

(4) Jede schriftliche <u>Ausfertigung</u> hat die Bezeichnung der Behörde, das Datum der Genehmigung und den Namen des Genehmigenden zu enthalten. Ausfertigungen in Form von elektronischen Dokumenten müssen mit einer Amtssignatur (§ 19 E-GovG) versehen sein; Ausfertigungen in Form von Ausdrucken von mit einer Amtssignatur versehenen elektronischen Dokumenten oder von Kopien solcher Ausdrucke brauchen keine weiteren Voraussetzungen zu erfüllen. Sonstige Ausfertigungen haben die Unterschrift des Genehmigenden zu enthalten; an die Stelle dieser Unterschrift kann die Beglaubigung der Kanzlei treten, dass die Ausfertigung mit der Erledigung übereinstimmt und die Erledigung gemäß Abs. 3 genehmigt worden ist. Das Nähere über die Beglaubigung wird durch Verordnung geregelt.

(5) Für Bescheide gilt der III. Teil, für Ladungsbescheide überdies § 19.

(BGBl I 2008/5)

Ladungen

§ 19. (1) Die Behörde ist berechtigt, Personen, die in ihrem Amtsbereich ihren Aufenthalt (Sitz) haben und deren Erscheinen nötig ist, vorzuladen. „ “ *(BGBl I 2013/33)*

(2) In der Ladung ist außer Ort und Zeit der Amtshandlung auch anzugeben, was den Gegenstand der Amtshandlung bildet, in welcher Eigenschaft der Geladene vor der Behörde erscheinen soll (als Beteiligter, Zeuge usw.) und welche Behelfe und Beweismittel mitzubringen sind. In der Ladung ist ferner bekanntzugeben, ob der Geladene persönlich zu erscheinen hat oder ob die Entsendung eines Vertreters genügt und welche Folgen an ein Ausbleiben geknüpft sind.

(3) Wer nicht durch Krankheit, „Behinderung“ oder sonstige begründete Hindernisse vom Erscheinen abgehalten ist, hat die Verpflichtung, der Ladung Folge zu leisten und kann zur Erfüllung dieser Pflicht durch Zwangsstrafen verhalten oder vorgeführt werden. Die Anwendung dieser Zwangsmittel ist nur zulässig, wenn sie in der Ladung angedroht waren und die Ladung zu eigenen Handen zugestellt war; sie obliegt den Vollstreckungsbehörden. *(BGBl I 2008/5)*

(4) Eine <u>einfache Ladung</u> erfolgt durch Verfahrensanordnung. *(BGBl I 2013/33)*

§ 20. „“ Steht die zu ladende Person in einem öffentlichen Amt oder Dienst oder im Dienst eines dem öffentlichen Verkehr dienenden Unternehmens und muß voraussichtlich zur Wahrung der Sicherheit oder anderer öffentlicher Interessen eine Stellvertretung während der Verhinderung dieser Person eintreten, so ist gleichzeitig deren

vorgesetzte Stelle von der Ladung zu benachrichtigen. *(BGBl I 1998/158)*

(2) *(aufgehoben, BGBl I 1998/158)*

4. Abschnitt
Zustellungen

§ 21. Zustellungen sind nach dem Zustellgesetz vorzunehmen.

§ 22. Wenn wichtige Gründe hiefür vorliegen, ist eine schriftliche Ausfertigung mit Zustellnachweis zuzustellen. Bei Vorliegen besonders wichtiger Gründe oder wenn es gesetzlich vorgesehen ist, ist die Zustellung zu eigenen Handen des Empfängers zu bewirken.

§§ 23 bis 31. *(Entfallen; Art. III Abs. 2 der Kundmachung)*

5. Abschnitt
Fristen

§ 32. (1) Bei der Berechnung von Fristen, die nach Tagen bestimmt sind, wird der Tag nicht mitgerechnet, in den der Zeitpunkt oder das Ereignis fällt, wonach sich der Anfang der Frist richten soll.

(2) Nach Wochen, Monaten oder Jahren bestimmte Fristen enden mit dem Ablauf desjenigen Tages der letzten Woche oder des letzten Monats, der durch seine Benennung oder Zahl dem Tag entspricht, an dem die Frist begonnen hat. Fehlt dieser Tag im letzten Monat, so endet die Frist mit Ablauf des letzten Tages dieses Monats.

§ 33. (1) Beginn und Lauf einer Frist werden durch Samstage, Sonntage oder gesetzliche Feiertage nicht behindert. *(BGBl I 2013/33)*

(2) Fällt das Ende einer Frist auf einen Samstag, Sonntag, gesetzlichen Feiertag, Karfreitag oder 24. Dezember, so ist der nächste Tag, der nicht einer der vorgenannten Tage ist, als letzter Tag der Frist anzusehen. *(BGBl I 2013/33)*

(3) Die Tage von der Übergabe an einen Zustelldienst im Sinne des § 2 Z 7 des Zustellgesetzes zur Übermittlung an die Behörde bis zum Einlangen bei dieser (Postlauf) werden in die Frist nicht eingerechnet. *(BGBl I 2008/5)*

(4) Durch Gesetz oder Verordnung festgesetzte Fristen können, wenn nicht ausdrücklich anderes bestimmt ist, nicht geändert werden.

— 19 —

2. AVG

§§ 34 – 38

AVG
BVwAbgV
BKommGebV
BeglV
COVID-19-VwBG

6. Abschnitt

Ordnungs- und Mutwillensstrafen

Ordnungsstrafen

§ 34. (1) Das Verwaltungsorgan, das eine Verhandlung, Vernehmung, einen Augenschein oder eine Beweisaufnahme leitet, hat für die Aufrechterhaltung der Ordnung und für die Wahrung des Anstandes zu sorgen.

(2) Personen, die die Amtshandlung stören oder durch ungeziemendes Benehmen den Anstand verletzen, sind zu ermahnen; bleibt die Ermahnung erfolglos, so kann ihnen nach vorausgegangener Androhung das Wort entzogen, ihre Entfernung verfügt und ihnen die Bestellung eines Bevollmächtigten aufgetragen werden oder gegen sie eine Ordnungsstrafe bis „726 Euro" verhängt werden. *(BGBl I 2001/137)*

(3) Die gleichen Ordnungsstrafen können von der Behörde gegen Personen verhängt werden, die sich in schriftlichen Eingaben einer beleidigenden Schreibweise bedienen.

(4) Gegen öffentliche Organe und gegen Bevollmächtigte, die zur berufsmäßigen Parteienvertretung befugt sind, ist, wenn sie einem Disziplinarrecht unterstehen, keine Ordnungsstrafe zu verhängen, sondern lediglich die Anzeige an die Disziplinarbehörde zu erstatten.

(5) Die Verhängung einer Ordnungsstrafe schließt die strafgerichtliche Verfolgung wegen derselben Handlung nicht aus.

Mutwillensstrafen

§ 35. Gegen Personen, die offenbar mutwillig die Tätigkeit der Behörde in Anspruch nehmen oder in der Absicht einer Verschleppung der Angelegenheit unrichtige Angaben machen, kann die Behörde eine Mutwillensstrafe bis „726 Euro" verhängen. *(BGBl I 2001/137)*

Widmung und Vollzug der Ordnungs- und Mutwillensstrafen

§ 36. „" Die Ordnungs- und Mutwillensstrafen fließen der Gebietskörperschaft zu, die den Aufwand der Behörde zu tragen hat. Die Bestimmungen des Verwaltungsstrafgesetzes über den Strafvollzug sind sinngemäß anzuwenden. *(BGBl I 2008/4)*

(2) *(aufgehoben, BGBl I 2008/4)*

7. Abschnitt

Begriffsbestimmungen

Angehörige

§ 36a. (1) Angehörige im Sinne dieses Bundesgesetzes sind

1. der Ehegatte,

2. die Verwandten in gerader Linie und die Verwandten zweiten, dritten und vierten Grades in der Seitenlinie,

3. die Verschwägerten in gerader Linie und die Verschwägerten zweiten Grades in der Seitenlinie,

4. die Wahleltern und Wahlkinder und die Pflegeeltern und Pflegekinder „," *(BGBl I 2009/135)*

5. Personen, die miteinander in Lebensgemeinschaft leben, sowie Kinder und Enkel einer dieser Personen im Verhältnis zur anderen Person „sowie" *(BGBl I 2009/135)*

6. der eingetragene Partner. *(BGBl I 2009/135)*

(2) Abs. 1 Z 3 gilt für eingetragene Partner sinngemäß. *(BGBl I 2018/57)*

(3) Die durch eine Ehe, Lebensgemeinschaft oder eingetragene Partnerschaft begründete Eigenschaft einer Person als Angehöriger bleibt aufrecht, auch wenn die Ehe, die Lebensgemeinschaft oder die eingetragene Partnerschaft nicht mehr besteht. *(BGBl I 2018/57)*

(BGBl I 2008/5)

II. Teil

Ermittlungsverfahren

1. Abschnitt

Zweck und Gang des Ermittlungsverfahrens

Allgemeine Grundsätze

§ 37. Zweck des Ermittlungsverfahrens ist, den für die Erledigung einer Verwaltungssache maßgebenden Sachverhalt festzustellen und den Parteien Gelegenheit zur Geltendmachung ihrer Rechte und rechtlichen Interessen zu geben. „Nach einer Antragsänderung (§ 13 Abs. 8) hat die Behörde das Ermittlungsverfahren insoweit zu ergänzen, als dies im Hinblick auf seinen Zweck notwendig ist." *(BGBl I 1998/158)* §63 (2)

§ 38. Sofern die Gesetze nicht anderes bestimmen, ist die Behörde berechtigt, im Ermittlungsverfahren auftauchende Vorfragen, die als Hauptfragen von anderen Verwaltungsbehörden oder von den Gerichten zu entscheiden wären, nach der über die maßgebenden Verhältnisse gewonnenen eigenen Anschauung zu beurteilen und diese Beurteilung ihrem Bescheid zugrunde zu legen. Sie kann aber auch das Verfahren bis zur rechtskräftigen Entscheidung der Vorfrage aussetzen, wenn die Vorfrage schon den Gegenstand eines anhängigen Verfahrens „bei der zuständigen Verwaltungsbehörde bzw. beim zuständigen Gericht" bildet oder ein solches Verfahren gleichzeitig anhängig gemacht wird. *(BGBl I 2013/33)*

§ 38a. (1) Hat die Behörde dem Gerichtshof der Europäischen Union eine Frage zur Vorabentscheidung nach Art. 267 des Vertrags über die Arbeitsweise der Europäischen Union vorgelegt, so dürfen bis zum Einlangen der Vorabentscheidung nur solche Handlungen vorgenommen oder Entscheidungen und Verfügungen getroffen werden, die durch die Vorabentscheidung nicht beeinflusst werden können oder die die Frage nicht abschließend regeln und keinen Aufschub gestatten. *(BGBl I 2011/100)*

(2) Erachtet die Behörde die noch nicht ergangene Vorabentscheidung für ihre Entscheidung in der Sache als nicht mehr erforderlich, so hat sie ihren Antrag unverzüglich zurückzuziehen.

(BGBl 1995/471)

§ 39. (1) Für die Durchführung des Ermittlungsverfahrens sind die Verwaltungsvorschriften maßgebend.

(2) Soweit die Verwaltungsvorschriften hierüber keine Anordnungen enthalten, hat die Behörde von Amts wegen vorzugehen und unter Beobachtung der in diesem Teil enthaltenen Vorschriften den Gang des Ermittlungsverfahrens zu bestimmen. Sie kann insbesondere von Amts wegen oder auf Antrag eine mündliche Verhandlung durchführen und mehrere Verwaltungssachen zur gemeinsamen Verhandlung und Entscheidung verbinden oder sie wieder trennen. Die Behörde hat sich bei allen diesen Verfahrensanordnungen von Rücksichten auf möglichste Zweckmäßigkeit, Raschheit, Einfachheit und Kostenersparnis leiten zu lassen. *(BGBl I 1998/158)*

(2a) Jede Partei hat ihr Vorbringen so rechtzeitig und vollständig zu erstatten, dass das Verfahren möglichst rasch durchgeführt werden kann (Verfahrensförderungspflicht). *(BGBl I 2018/57)*

„(2b) Sind nach den Verwaltungsvorschriften für ein Vorhaben mehrere Bewilligungen, Genehmigungen oder bescheidmäßige Feststellungen erforderlich und werden diese unter einem beantragt, so hat die Behörde die Verfahren zur gemeinsamen Verhandlung und Entscheidung zu verbinden und mit den von anderen Behörden geführten Verfahren zu koordinieren. Eine getrennte Verfahrensführung ist zulässig, wenn diese im Interesse der Zweckmäßigkeit, Raschheit, Einfachheit und Kostenersparnis gelegen ist. *(BGBl I 2002/65; BGBl I 2018/57)*

(3) Wenn die Sache zur Entscheidung reif ist, kann die Behörde das Ermittlungsverfahren durch Verfahrensanordnung für geschlossen erklären. Die Erklärung hat nach Möglichkeit in der mündlichen Verhandlung, in allen anderen Fällen schriftlich zu ergehen. *(BGBl I 2018/57)*

(4) Das Ermittlungsverfahren ist auf Antrag fortzusetzen, wenn eine Partei glaubhaft macht, dass Tatsachen oder Beweismittel ohne ihr Verschulden nicht geltend gemacht werden konnten und allein oder in Verbindung mit dem sonstigen Ergebnis des Ermittlungsverfahrens voraussichtlich einen im Hauptinhalt des Spruches anders lautenden Bescheid herbeiführen würden. Die Entscheidung über den Antrag erfolgt durch Verfahrensanordnung. Die Behörde kann das Ermittlungsverfahren jederzeit von Amts wegen fortsetzen. *(BGBl I 2018/57)*

(5) Soweit in den Verwaltungsvorschriften nicht anderes bestimmt ist, gilt das Ermittlungsverfahren als nicht geschlossen, wenn der Bescheid nicht binnen acht Wochen ab jenem Zeitpunkt, zu dem erstmals einer Partei gegenüber das Ermittlungsverfahren für geschlossen erklärt worden ist, gegenüber einer Partei erlassen wird. *(BGBl I 2018/57)*

Dolmetscher und Übersetzer

§ 39a. (1) Ist eine Partei oder eine zu vernehmende Person der deutschen Sprache nicht hinreichend kundig, „stumm, gehörlos oder hochgradig hörbehindert"**, so ist erforderlichenfalls der der Behörde beigegebene oder zur Verfügung stehende Dolmetscher (Amtsdolmetscher) beizuziehen. „Die §§ 52 Abs. 2 bis 4 und 53 sind anzuwenden."* (**BGBl 1995/471; **BGBl I 2008/5*)

(2) Als Dolmetscher im Sinne dieses Bundesgesetzes gelten auch die Übersetzer.

Mündliche Verhandlung

§ 40. (1) Mündliche Verhandlungen sind unter Zuziehung aller bekannten Beteiligten sowie der erforderlichen Zeugen und Sachverständigen vorzunehmen und, sofern sie mit einem Augenschein verbunden sind, womöglich an Ort und Stelle, sonst am Sitz der Behörde oder an dem Ort abzuhalten, der nach der Sachlage am zweckmäßigsten erscheint. Bei der Auswahl des Verhandlungsortes ist, sofern die mündliche Verhandlung nicht mit einem Augenschein verbunden ist, darauf zu achten, daß dieser für körperbehinderte Beteiligte gefahrlos und tunlichst ohne fremde Hilfe zugänglich ist. „In verbundenen Verfahren „(§ 39 Abs. 2b)*** abzuhaltende mündliche Verhandlungen sind von der Behörde tunlichst gemeinsam durchzuführen."* *(BGBl I 1999/164; *BGBl I 2002/65; **BGBl I 2018/57)*

(2) Die Behörde hat darüber zu wachen, daß die Vornahme eines Augenscheins nicht zur

— 21 —

2. AVG

§§ 40 – 43

AVG
BVwAbgV
BKommGebV
BeglV
COVID-19-VwBG

Verletzung eines Kunst-, Betriebs- oder Geschäftsgeheimnisses mißbraucht werde.

§ 41. (1) Die Anberaumung einer mündlichen Verhandlung hat durch persönliche Verständigung der bekannten Beteiligten zu erfolgen. Wenn noch andere Personen als Beteiligte in Betracht kommen, ist die Verhandlung überdies „an der Amtstafel"* der Gemeinde „, durch Verlautbarung in der für amtliche Kundmachungen der Behörde bestimmten Zeitung oder durch Verlautbarung im elektronischen Amtsblatt der Behörde"** kundzumachen. *(BGBl I 1998/158; *BGBl I 2011/100; **BGBl I 2013/33)* §19(2)

(2) Die Verhandlung ist so anzuberaumen, dass die Teilnehmer rechtzeitig und vorbereitet erscheinen können. Die Verständigung (Kundmachung) über die Anberaumung der Verhandlung hat die für Ladungen vorgeschriebenen Angaben einschließlich des Hinweises auf die gemäß § 42 eintretenden Folgen zu enthalten. Sie kann unter Hinweis auf die gemäß § 39 Abs. 4 eintretenden Folgen die Aufforderung an die Parteien enthalten, binnen einer angemessenen, vier Wochen möglichst nicht übersteigenden Frist alle ihnen bekannten Tatsachen und Beweismittel geltend zu machen. Falls für Zwecke der Verhandlung Pläne oder sonstige Behelfe zur Einsicht der Beteiligten aufzulegen sind, ist dies bei der Anberaumung der Verhandlung unter Angabe von Zeit und Ort der Einsichtnahme bekanntzugeben. *(BGBl I 2018/57)*

§ 42. (1) „Wurde eine mündliche Verhandlung gemäß § 41 Abs. 1 zweiter Satz und in einer in den Verwaltungsvorschriften vorgesehenen besonderen Form kundgemacht, so hat dies zur Folge, dass eine Person ihre Stellung als Partei verliert, soweit sie nicht spätestens am Tag vor Beginn der Verhandlung während der Amtsstunden bei der Behörde oder während der Verhandlung Einwendungen erhebt."* Wenn die Verwaltungsvorschriften über die Form der Kundmachung nichts bestimmen, so tritt die im ersten Satz bezeichnete Rechtsfolge ein, wenn die mündliche Verhandlung gemäß § 41 Abs. 1 zweiter Satz „,** *(BGBl I 2004/10; *BGBl I 2008/5; **BGBl I 2013/33)*

(1a) Die Kundmachung im Internet unter der Adresse der Behörde gilt als geeignet, wenn sich aus einer dauerhaften Kundmachung an der Amtstafel der Behörde ergibt, dass solche Kundmachungen im Internet erfolgen können und unter welcher Adresse sie erfolgen. Sonstige Formen der Kundmachung sind geeignet, wenn sie sicherstellen, dass ein Beteiligter von der Verhandlung voraussichtlich Kenntnis erlangt. *(BGBl I 2013/33)*

(2) Wurde eine mündliche Verhandlung nicht gemäß Abs. 1 kundgemacht, so erstreckt sich die darin bezeichnete Rechtsfolge nur auf jene Beteiligten, die rechtzeitig die Verständigung von der Anberaumung der Verhandlung erhalten haben.

(3) Eine Person, die glaubhaft macht, daß sie durch ein unvorhergesehenes oder unabwendbares Ereignis verhindert war, rechtzeitig Einwendungen zu erheben, und die kein Verschulden oder nur ein minderer Grad des Versehens trifft, kann binnen zwei Wochen nach dem Wegfall des Hindernisses, jedoch spätestens bis zum Zeitpunkt der rechtskräftigen Entscheidung der Sache bei der Behörde Einwendungen erheben. Solche Einwendungen gelten als rechtzeitig erhoben und sind von jener Behörde zu berücksichtigen, bei der das Verfahren anhängig ist.

(4) Versäumt derjenige, über dessen Antrag das Verfahren eingeleitet wurde, die Verhandlung, so kann sie entweder in seiner Abwesenheit durchgeführt oder auf seine Kosten auf einen anderen Termin verlegt werden.

(BGBl I 1998/158)

§ 43. (1) Das mit der Leitung der mündlichen Verhandlung betraute Organ (Verhandlungsleiter) hat sich von der Identität der Erschienenen zu überzeugen und ihre Stellung als Parteien oder sonst Beteiligte und die etwaige Vertretungsbefugnis zu prüfen.

(2) Der Verhandlungsleiter eröffnet die Verhandlung und legt ihren Gegenstand dar. Er kann die Verhandlung in Abschnitte gliedern und einen Zeitplan erstellen. Er bestimmt die Reihenfolge, in der die Beteiligten zu hören, die Beweise aufzunehmen und die Ergebnisse früher aufgenommener Beweise oder Erhebungen vorzutragen und zu erörtern sind. Er entscheidet über die Beweisanträge und hat offenbar unerhebliche Anträge zurückzuweisen. Ihm steht auch die Befugnis zu, die Verhandlung nach Bedarf zu unterbrechen oder zu vertagen und den Zeitpunkt für die Fortsetzung der Verhandlung mündlich zu bestimmen.

(3) Der Verhandlungsleiter hat die Verhandlung unter steter Bedachtnahme auf ihren Zweck zügig so zu führen, daß den Parteien das Recht auf Gehör gewahrt, anderen Beteiligten aber Gelegenheit geboten wird, bei der Feststellung des Sachverhalts mitzuwirken. An der Sache nicht beteiligte Personen dürfen in der Verhandlung nicht das Wort ergreifen.

(4) Jeder Partei muß insbesondere Gelegenheit geboten werden, alle zur Sache gehörenden Gesichtspunkte vorzubringen und unter Beweis zu stellen, Fragen an die anwesenden Zeugen und Sachverständigen zu stellen, sich über die von anderen Beteiligten, den Zeugen und Sachverständigen vorgebrachten oder die als offenkundig behandelten Tatsachen sowie über die von anderen gestellten Anträge und über das Ergebnis amtlicher Erhebungen zu äußern.

(5) Stehen einander zwei oder mehrere Parteien mit einander widersprechenden Ansprüchen gegenüber, so hat der Verhandlungsleiter auf das Zustandekommen eines Ausgleichs dieser Ansprüche mit den öffentlichen und den von anderen Beteiligten geltend gemachten Interessen hinzuwirken.

(BGBl I 1998/158)

§ 44. (1) Über jede mündliche Verhandlung ist eine Verhandlungsschrift nach den §§ 14 und 15 aufzunehmen.

(2) Schriftliche Äußerungen und Mitteilungen von Beteiligten, Niederschriften über Beweise, die bis zum Schluß der mündlichen Verhandlung, aber außerhalb dieser aufgenommen wurden, Berichte und schriftliche Sachverständigengutachten sind der Verhandlungsschrift anzuschließen. Dies ist in der Verhandlungsschrift zu vermerken. Teilnehmer an der mündlichen Verhandlung dürfen ihre Erklärungen jedoch nicht schriftlich abgeben.

(3) Sobald die zulässigen Vorbringen aller Beteiligten aufgenommen sind und die Beweisaufnahme beendet ist, hat der Verhandlungsleiter die Verhandlung, gegebenenfalls nach Wiedergabe der Verhandlungsschrift (§ 14 Abs. 3) und nach mündlicher Verkündung des Bescheides (§ 62 Abs. 2), für geschlossen zu erklären.

(BGBl I 1998/158)

Großverfahren

§ 44a. (1) Sind an einer Verwaltungssache oder an verbundenen Verwaltungssachen voraussichtlich insgesamt mehr als 100 Personen beteiligt, so kann die Behörde den Antrag oder die Anträge durch Edikt kundmachen.

(2) Das Edikt hat zu enthalten:

1. den Gegenstand des Antrages und eine Beschreibung des Vorhabens;

2. eine Frist von mindestens sechs Wochen, innerhalb derer bei der Behörde schriftlich Einwendungen erhoben werden können;

3. den Hinweis auf die Rechtsfolgen des § 44b;

4. den Hinweis, daß die Kundmachungen und Zustellungen im Verfahren durch Edikt vorgenommen werden können.

(3) Das Edikt ist im redaktionellen Teil zweier im Bundesland weitverbreiteter Tageszeitungen und im „Amtsblatt zur Wiener Zeitung"[1) zu verlautbaren. Ist in den Verwaltungsvorschriften für die Kundmachung der mündlichen Verhandlung eine besondere Form vorgesehen, so ist der Inhalt des Edikts darüber hinaus in dieser Form kundzumachen; im übrigen kann die Behörde jede geeignete Form der Kundmachung wählen. „ " In der Zeit vom 15. Juli bis 25. August und vom

24. Dezember bis 6. Jänner ist die Kundmachung durch Edikt nicht zulässig. *(BGBl I 2013/33)*

(BGBl I 1998/158)

[1) *Hervorhebung im Original.*

§ 44b. (1) Wurde ein Antrag durch Edikt kundgemacht, so hat dies zur Folge, daß Personen ihre Stellung als Partei verlieren, soweit sie nicht rechtzeitig bei der Behörde schriftlich Einwendungen erheben. § 42 Abs. 3 ist sinngemäß anzuwenden.

(2) Der Antrag, die Antragsunterlagen und die vorliegenden Gutachten der Sachverständigen sind, soweit sie nicht von der Akteneinsicht ausgenommen sind, während der Einwendungsfrist bei der Behörde und bei der Gemeinde zur öffentlichen Einsicht aufzulegen. „Die Beteiligten können sich hievon Abschriften selbst anfertigen oder auf ihre Kosten Kopien oder Ausdrucke erstellen lassen. Soweit die Behörde die die Sache betreffenden Akten elektronisch führt, kann den Beteiligten auf Verlangen die Akteneinsicht in jeder technisch möglichen Form gewährt werden."* Erforderlichenfalls hat die Behörde der Gemeinde eine ausreichende Anzahl von „Kopien oder Ausdrucken"** zur Verfügung zu stellen. (* *BGBl I 2008/5; ** BGBl I 2009/20*)

(BGBl I 1998/158)

§ 44c. (1) Die Behörde kann unter den in § 44a Abs. 1 genannten Voraussetzungen eine öffentliche Erörterung des Vorhabens durchführen. Ort, Zeit und Gegenstand der Erörterung sind gemäß § 44a Abs. 3 zu verlautbaren.

(2) Zur öffentlichen Erörterung können Sachverständige beigezogen werden. Es ist jedermann gestattet, Fragen zu stellen und sich zum Vorhaben zu äußern.

(3) Über die öffentliche Erörterung ist eine Niederschrift nicht zu erstellen.

(BGBl I 1998/158)

§ 44d. (1) Die Behörde kann eine mündliche Verhandlung gemäß § 44a Abs. 3 durch Edikt anberaumen, wenn der Antrag gemäß § 44a Abs. 1 kundgemacht worden ist oder gleichzeitig kundgemacht wird.

(2) Das Edikt hat zu enthalten:

1. den Gegenstand der Verhandlung, eine Beschreibung des Vorhabens und einen etwaigen Zeitplan;

2. Ort und Zeit der Verhandlung.

(BGBl I 1998/158)

§ 44e. (1) Die durch Edikt anberaumte mündliche Verhandlung ist öffentlich.

— 23 —

2. AVG
§§ 44e – 49

AVG
BVwAbgV
BKommGebV
BeglV
COVID-19-VwBG

(2) „§ 25 Abs. 1 bis 4 des Verwaltungsgerichtsverfahrensgesetzes – VwGVG, BGBl. I Nr. 33/2013," ist sinngemäß anzuwenden. *(BGBl I 2013/33)*

(3) Die Verhandlungsschrift ist spätestens eine Woche nach Schluß der mündlichen Verhandlung bei der Behörde und bei der Gemeinde während der Amtsstunden mindestens drei Wochen zur öffentlichen Einsicht aufzulegen. Wurde eine Aufzeichnung oder ein Stenogramm in Vollschrift übertragen, so können die Beteiligten während der Einsichtsfrist bei der Behörde Einwendungen wegen behaupteter Unvollständigkeit oder Unrichtigkeit der Übertragung erheben. Die Beteiligten können sich von der Verhandlungsschrift Abschriften selbst anfertigen oder auf ihre Kosten „Kopien oder Ausdrucke erstellen"* lassen. Erforderlichenfalls hat die Behörde der Gemeinde eine ausreichende Anzahl von „Kopien oder Ausdrucken"** zur Verfügung zu stellen. Nach Maßgabe der vorhandenen technischen Möglichkeiten hat die Behörde die Verhandlungsschrift im Internet bereitzustellen. *(*BGBl I 2008/5; **BGBl I 2009/20)*

(BGBl I 1998/158)

§ 44f. (1) Ist der Antrag gemäß § 44a Abs. 1 kundgemacht worden, so kann die Behörde Schriftstücke durch Edikt zustellen. Hiezu hat sie gemäß § 44a Abs. 3 zu verlautbaren, daß ein Schriftstück bestimmten Inhalts „zur" öffentlichen Einsicht aufliegt; auf die Bestimmungen des Abs. 2 ist hinzuweisen. Mit Ablauf von zwei Wochen nach dieser Verlautbarung gilt das Schriftstück als zugestellt. *(BGBl I 1999/194 (DFB))*

(2) Die Behörde hat das Schriftstück während der Amtsstunden mindestens acht Wochen zur öffentlichen Einsicht aufzulegen. Sie hat den Beteiligten auf Verlangen Ausfertigungen des Schriftstückes auszufolgen und den Parteien auf Verlangen unverzüglich zuzusenden. Nach Maßgabe der vorhandenen technischen Möglichkeiten hat sie das Schriftstück im Internet bereitzustellen.

(BGBl I 1998/158)

§ 44g. Die Kosten der Verlautbarung des Edikts im „Amtsblatt zur Wiener Zeitung" sind von Amts wegen zu tragen.

(BGBl I 1998/158)

2. Abschnitt
Beweise

Allgemeine Grundsätze über den Beweis

§ 45. (1) Tatsachen, die bei der Behörde offenkundig sind, und solche, für deren Vorhandensein das Gesetz eine Vermutung aufstellt, bedürfen keines Beweises.

(2) Im übrigen hat die Behörde unter sorgfältiger Berücksichtigung der Ergebnisse des Ermittlungsverfahrens nach freier Überzeugung zu beurteilen, ob eine Tatsache als erwiesen anzunehmen ist oder nicht.

(3) Den Parteien ist Gelegenheit zu geben, vom Ergebnis der Beweisaufnahme Kenntnis und dazu Stellung zu nehmen.

§ 46. Als Beweismittel kommt alles in Betracht, was zur Feststellung des maßgebenden Sachverhaltes geeignet und nach Lage des einzelnen Falles zweckdienlich ist.

Urkunden

§ 47. Die Beweiskraft von öffentlichen Urkunden und Privaturkunden ist von der Behörde nach den §§ 292 bis 294, 296, 310 und 311 ZPO zu beurteilen. Dabei gilt § 292 Abs. 1 erster Satz ZPO jedoch mit der Maßgabe, daß inländische öffentliche Urkunden den Beweis auch über jene Tatsachen und Rechtsverhältnisse liefern, die die Voraussetzung für ihre Ausstellung bildeten und in der Urkunde ausdrücklich genannt sind; wenn die Behörde im Hinblick auf die besonderen Umstände des Einzelfalles dagegen Bedenken hat, daß die Urkunde diesen Beweis liefert, so kann sie der Partei auftragen, den Beweis auf andere Weise zu führen.

(BGBl 1995/471)

Zeugen

§ 48. Als Zeugen dürfen nicht vernommen werden:

1. Personen, die zur Mitteilung ihrer Wahrnehmungen unfähig sind oder die zur Zeit, auf die sich ihre Aussage beziehen soll, zur Wahrnehmung der zu beweisenden Tatsache unfähig waren;

2. Geistliche darüber, was ihnen in der Beichte oder sonst unter dem Siegel geistlicher Amtsverschwiegenheit anvertraut wurde;

3. mit Aufgaben der Bundes-, Landes- und Gemeindeverwaltung betraute Organe sowie Organe anderer Körperschaften des öffentlichen Rechts, wenn der Gegenstand ihrer Aussage der Amtsverschwiegenheit unterliegt und sie von der Pflicht zur Amtsverschwiegenheit nicht entbunden worden sind. *(BGBl I 2008/5)*

§ 49. (1) Die Aussage darf von einem Zeugen verweigert werden:

1. über Fragen, deren Beantwortung dem Zeugen, einem seiner Angehörigen (§ 36a), einer mit seiner Obsorge betrauten Person, seinem „Erwach-

senenvertreter, seinem Vorsorgebevollmächtigten nach Wirksamwerden der Vorsorgevollmacht oder der von ihm in einer dieser Eigenschaften vertretenen Person" einen unmittelbaren Vermögensnachteil oder die Gefahr einer strafrechtlichen Verfolgung zuziehen oder zur Unehre gereichen würde; *(BGBl I 2018/58)*

2. über Fragen, die er nicht beantworten könnte, ohne eine ihm obliegende gesetzlich anerkannte Pflicht zur Verschwiegenheit, von der er nicht gültig entbunden wurde, zu verletzen oder ein Kunst-, Betriebs- oder Geschäftsgeheimnis zu offenbaren;

3. über Fragen, wie er sein Wahl- oder Stimmrecht ausgeübt hat, wenn dessen Ausübung gesetzlich für geheim erklärt ist. *(BGBl I 2008/5)*

(2) Die zur berufsmäßigen Parteienvertretung befugten Personen können die Zeugenaussage auch darüber verweigern, was ihnen in ihrer Eigenschaft als Vertreter einer Partei von dieser anvertraut wurde.

(3) Wegen der Gefahr eines Vermögensnachteils darf die Aussage über Geburten, Eheschließungen und Sterbefälle der in Abs. 1 Z 1 bezeichneten Personen nicht verweigert werden.

(4) Will ein Zeuge die Aussage verweigern, so hat er die Gründe seiner Weigerung glaubhaft zu machen.

(5) Einem Zeugen, der einer Ladung (§§ 19 und 20) ohne genügende Entschuldigung nicht Folge leistet oder die Aussage ohne Angabe von Gründen verweigert oder auf seiner Weigerung beharrt, obwohl die vorgebrachten Gründe als nicht gerechtfertigt (Abs. 1 bis 3) erkannt wurden, kann die Verpflichtung zum Ersatz aller durch seine Säumnis oder Weigerung verursachten Kosten auferlegt werden; im Fall der ungerechtfertigten Aussageverweigerung kann über ihn eine Ordnungsstrafe (§ 34) verhängt werden.

§ 50. Jeder Zeuge ist zu Beginn seiner Vernehmung über die für die Vernehmung maßgebenden persönlichen Verhältnisse zu befragen und zu ermahnen, die Wahrheit anzugeben und nichts zu verschweigen. Er ist auch auf die gesetzlichen Gründe für die Verweigerung der Aussage, auf die Folgen einer ungerechtfertigten Verweigerung der Aussage und die strafrechtlichen Folgen einer falschen Aussage aufmerksam zu machen.

Vernehmung von Beteiligten

§ 51. Die §§ 48 und 49 sind auch auf die Vernehmung von Beteiligten zum Zweck der Beweisführung anzuwenden, doch gilt der Weigerungsgrund des § 49 Abs. 1 Z 1 wegen Gefahr eines Vermögensnachteils nicht.

Audiovisuelle Vernehmungen

§ 51a. Nach Maßgabe der technischen Möglichkeiten kann eine Vernehmung unter Verwendung technischer Einrichtungen zur Wort- und Bildübertragung durchgeführt werden, es sei denn, das persönliche Erscheinen vor der Behörde ist unter Berücksichtigung der Verfahrensökonomie zweckmäßiger oder aus besonderen Gründen erforderlich.

(BGBl I 2018/57)

§§ 51b bis 51d. *(aufgehoben samt Überschrift, BGBl I 2013/33)*

Sachverständige §7

§ 52. (1) Wird die Aufnahme eines Beweises durch Sachverständige notwendig, so sind die der Behörde beigegebenen oder zur Verfügung stehenden amtlichen Sachverständigen (Amtssachverständige) beizuziehen.

(2) Wenn Amtssachverständige nicht zur Verfügung stehen oder es mit Rücksicht auf die Besonderheit des Falles geboten ist, kann die Behörde aber ausnahmsweise andere geeignete Personen als Sachverständige (nichtamtliche Sachverständige) heranziehen. *(BGBl 1995/471)*

(3) Liegen die Voraussetzungen des Abs. 2 nicht vor, so kann die Behörde dennoch nichtamtliche Sachverständige heranziehen, wenn davon eine wesentliche Beschleunigung des Verfahrens zu erwarten ist. Die Heranziehung ist jedoch nur zulässig, wenn sie von demjenigen, über dessen Ansuchen das Verfahren eingeleitet wurde, angeregt wird und die daraus entstehenden Kosten einen von dieser Partei bestimmten Betrag voraussichtlich nicht überschreiten. *(BGBl 1995/471)*

(4) Der Bestellung zum nichtamtlichen Sachverständigen hat Folge zu leisten, wer zur Erstattung von Gutachten der erforderten Art öffentlich bestellt ist oder wer die Wissenschaft, die Kunst oder das Gewerbe, deren Kenntnis die Voraussetzung der geforderten Begutachtung ist, öffentlich als Erwerb ausübt oder zu deren Ausübung öffentlich angestellt oder ermächtigt ist. Nichtamtliche Sachverständige sind zu beeiden, wenn sie nicht schon für die Erstattung von Gutachten der erforderten Art im allgemeinen beeidet sind. Die §§ 49 und 50 gelten auch für nichtamtliche Sachverständige. *(BGBl 1995/471)*

§ 53. (1) Auf Amtssachverständige ist § 7 anzuwenden. Andere Sachverständige sind ausgeschlossen, wenn einer der Gründe des § 7 Abs. 1 „Z 1, 2 und 4" zutrifft; außerdem können sie von einer Partei abgelehnt werden, wenn diese Umstände glaubhaft macht, die die Unbefangenheit oder Fachkunde des Sachverständigen in Zweifel stellen. Die Ablehnung kann vor der Vernehmung

— 25 —

2. AVG
§§ 53 – 57

AVG
BVwAbgV
BKommGebV
BeglV
COVID-19-VwBG

des Sachverständigen, später aber nur dann erfolgen, wenn die Partei glaubhaft macht, daß sie den Ablehnungsgrund vorher nicht erfahren oder wegen eines für sie unüberwindbaren Hindernisses nicht rechtzeitig geltend machen konnte. *(BGBl I 2009/20)*

(2) Die Entscheidung über den Ablehnungsantrag erfolgt durch Verfahrensanordnung. *(BGBl I 2013/33)*

Gebühren der nichtamtlichen Sachverständigen

§ 53a. (1) „Nichtamtliche Sachverständige haben für ihre Tätigkeit im Verfahren Anspruch auf Gebühren, die durch Verordnung der Bundesregierung in Pauschalbeträgen (nach Tarifen) festzusetzen sind. Soweit keine solchen Pauschalbeträge (Tarife) festgesetzt sind, sind auf den Umfang der Gebühr die §§ 24 bis 37, 43 bis 49 und 51 des Gebührenanspruchsgesetzes – GebAG, BGBl. Nr. 136/1975, sinngemäß anzuwenden." Die Gebühr ist gemäß § 38 des Gebührenanspruchsgesetzes 1975 bei der Behörde geltend zu machen, die den Sachverständigen herangezogen hat. *(BGBl I 2013/161)*

(2) „Die Gebühr ist von der Behörde, die den Sachverständigen herangezogen hat, mit Bescheid zu bestimmen."** Vor der Gebührenbestimmung kann der Sachverständige aufgefordert werden, sich über Umstände, die für die Gebührenberechnung bedeutsam sind, zu äußern und, unter Setzung einer bestimmten Frist, noch fehlende Bestätigungen vorzulegen. „Die Gebührenbeträge sind auf volle 10 Cent aufzurunden."* *(*BGBl I 2001/137; **BGBl I 2013/33)*

(3) Die Gebühr ist dem nichtamtlichen Sachverständigen kostenfrei zu zahlen. Bestimmt die Behörde eine höhere Gebühr, als dem nichtamtlichen Sachverständigen gezahlt wurde, so ist der Mehrbetrag dem nichtamtlichen Sachverständigen kostenfrei nachzuzahlen. Bestimmt die Behörde eine niedrigere Gebühr oder übersteigt der dem nichtamtlichen Sachverständigen gezahlte Vorschuss die von ihr bestimmte Gebühr, so ist der nichtamtliche Sachverständige zur Rückzahlung des zu viel gezahlten Betrages zu verpflichten. *(BGBl I 2013/33)*

(4) *(aufgehoben, BGBl I 2013/33)*

(BGBl I 1998/158)

Gebühren der nichtamtlichen Dolmetscher

§ 53b. Nichtamtliche Dolmetscher haben für ihre Tätigkeit im Verfahren Anspruch auf Gebühren, die durch Verordnung der Bundesregierung in Pauschalbeträgen (nach Tarifen) festzusetzen sind. Soweit keine solchen Pauschalbeträge (Tarife) festgesetzt sind, sind auf den Umfang der Gebühr die §§ 24 bis 34, 36 und 37 Abs. 2 des

Gebührenanspruchsgesetzes – GebAG, BGBl. Nr. 136/1975, mit den in § 53 Abs. 1 GebAG genannten Besonderheiten und § 54 GebAG sinngemäß anzuwenden. Unter nichtamtlichen Dolmetschern im Sinne dieses Bundesgesetzes sind auch die nichtamtlichen Übersetzer zu verstehen. § 53a Abs. 1 letzter Satz und „Abs. 2 und 3"* ist sinngemäß anzuwenden. *(*BGBl I 2013/33)*

(BGBl I 2013/161)

Augenschein

§ 54. Zur Aufklärung der Sache kann die Behörde auf Antrag oder von Amts wegen auch einen Augenschein, nötigenfalls mit Zuziehung von Sachverständigen, vornehmen. §63(2)

Mittelbare Beweisaufnahmen und Erhebungen

§ 55. (1) Die Behörde kann Beweisaufnahmen auch durch ersuchte oder beauftragte Verwaltungsbehörden oder einzelne dazu bestimmte amtliche Organe vornehmen lassen oder durch sonstige Erhebungen ersetzen oder ergänzen. Insbesondere können Amtssachverständige außer dem Fall einer mündlichen Verhandlung mit der selbständigen Vornahme eines Augenscheines betraut werden.

(2) Die Gerichte dürfen um die Aufnahme von Beweisen nur in den gesetzlich besonders bestimmten Fällen ersucht werden.

III. Teil

Bescheide

Erlassung von Bescheiden

§ 56. Der Erlassung eines Bescheides „ " hat, wenn es sich nicht um eine Ladung (§ 19) oder einen Bescheid nach § 57 handelt, die Feststellung des maßgebenden Sachverhaltes, soweit er nicht von vornherein klar gegeben ist, nach den §§ 37 und 39 voranzugehen. *(BGBl I 1998/158)* §37

§ 57. (1) Wenn es sich um die Vorschreibung von Geldleistungen nach einem gesetzlich, statutarisch oder tarifmäßig feststehenden Maßstab oder bei Gefahr im Verzug um unaufschiebbare Maßnahmen handelt, ist die Behörde berechtigt, einen Bescheid auch ohne vorausgegangenes Ermittlungsverfahren zu erlassen.

(2) Gegen einen nach Abs. 1 erlassenen Bescheid kann bei der Behörde, die den Bescheid erlassen hat, binnen zwei Wochen Vorstellung erhoben werden. Die Vorstellung hat nur dann aufschiebende Wirkung, wenn sie gegen die Vorschreibung einer Geldleistung gerichtet ist.

(3) Die Behörde hat binnen zwei Wochen nach Einlangen der Vorstellung das Ermittlungsverfahren einzuleiten, widrigenfalls der angefochtene

Bescheid von Gesetzes wegen außer Kraft tritt. Auf Verlangen der Partei ist das Außerkrafttreten des Bescheides schriftlich zu bestätigen.

Inhalt und Form der Bescheide

§18(4)

§ 58. (1) Jeder Bescheid ist ausdrücklich als solcher zu bezeichnen und hat den Spruch und die Rechtsmittelbelehrung zu enthalten.

(2) Bescheide sind zu begründen, wenn dem Standpunkt der Partei nicht vollinhaltlich Rechnung getragen oder über Einwendungen oder Anträge von Beteiligten abgesprochen wird.

(3) Im übrigen gilt auch für Bescheide § 18 Abs. 4.

§ 58a. In verbundenen Verfahren „(§ 39 Abs. 2b)" hat die Behörde über die nach den Verwaltungsvorschriften erforderlichen Bewilligungen oder Genehmigungen in einem Bescheid zu entscheiden. Der Spruch des Bescheides ist nach den jeweils angewendeten Verwaltungsvorschriften in Spruchpunkte zu gliedern. Die Behörde kann über einzelne oder mehrere Bewilligungen oder Genehmigungen gesondert absprechen, wenn dies zweckmäßig erscheint. *(BGBl I 2018/57)*

(BGBl I 2002/65)

§ 59. (1) „Der Spruch hat die in Verhandlung stehende Angelegenheit und alle die Hauptfrage betreffenden Parteianträge, ferner die allfällige Kostenfrage in möglichst gedrängter, deutlicher Fassung und unter Anführung der angewendeten Gesetzesbestimmungen, und zwar in der Regel zur Gänze, zu erledigen. Mit Erledigung des verfahrenseinleitenden Antrages gelten Einwendungen als miterledigt." Läßt der Gegenstand der Verhandlung eine Trennung nach mehreren Punkten zu, so kann, wenn dies zweckmäßig erscheint, über jeden dieser Punkte, sobald er spruchreif ist, gesondert abgesprochen werden. *(BGBl I 1998/158)*

(2) Wird die Verbindlichkeit zu einer Leistung oder zur Herstellung eines bestimmten Zustandes ausgesprochen, so ist im Spruch zugleich auch eine angemessene Frist zur Ausführung der Leistung oder Herstellung zu bestimmen.

§ 60. In der Begründung sind die Ergebnisse des Ermittlungsverfahrens, die bei der Beweiswürdigung maßgebenden Erwägungen und die darauf gestützte Beurteilung der Rechtsfrage klar und übersichtlich zusammenzufassen.

§ 61. (1) Die Rechtsmittelbelehrung hat anzugeben, ob gegen den Bescheid ein Rechtsmittel erhoben werden kann, bejahendenfalls welchen Inhalt und welche Form dieses Rechtsmittel haben muss und bei welcher Behörde und innerhalb welcher Frist es einzubringen ist. *(BGBl I 2013/33)*

(2) Enthält ein Bescheid keine Rechtsmittelbelehrung oder fälschlich die Erklärung, daß kein Rechtsmittel zulässig sei oder ist keine oder eine kürzere als die gesetzliche Rechtsmittelfrist angegeben, so gilt das Rechtsmittel als rechtzeitig eingebracht, wenn es innerhalb der gesetzlichen Frist eingebracht wurde.

(3) Ist in dem Bescheid eine längere als die gesetzliche Frist angegeben, so gilt das innerhalb der angegebenen Frist eingebrachte Rechtsmittel als rechtzeitig.

(4) Enthält der Bescheid keine oder eine unrichtige Angabe über die Behörde, bei der das Rechtsmittel einzubringen ist, so ist das Rechtsmittel auch dann richtig eingebracht, wenn es bei der Behörde, die den Bescheid „erlassen" hat, oder bei der angegebenen Behörde eingebracht wurde. *(BGBl I 2013/33)*

(5) *(aufgehoben, BGBl I 1998/158)*

§ 61a. *(aufgehoben, BGBl I 2013/33)*

§ 62. (1) Wenn in den Verwaltungsvorschriften nicht anderes bestimmt ist, können Bescheide sowohl schriftlich als auch mündlich erlassen werden.

(2) Der Inhalt und die Verkündung eines mündlichen Bescheides ist, wenn die Verkündung bei einer mündlichen Verhandlung erfolgt, am Schluß der Verhandlungsschrift, in anderen Fällen in einer besonderen Niederschrift zu beurkunden.

(3) Eine schriftliche Ausfertigung des mündlich verkündeten Bescheides ist den bei der Verkündung nicht anwesenden und jenen Parteien zuzustellen, die spätestens drei Tage nach der Verkündung eine Ausfertigung verlangen; über dieses Recht ist die Partei bei Verkündung des mündlichen Bescheides zu belehren.

(4) Schreib- und Rechenfehler oder diesen gleichzuhaltende, offenbar auf einem Versehen oder offenbar ausschließlich auf technisch mangelhaftem Betrieb einer automationsunterstützten Datenverarbeitungsanlage beruhende Unrichtigkeiten in Bescheiden kann die Behörde jederzeit von Amts wegen berichtigen.

IV. Teil

Rechtsschutz

1. Abschnitt

Berufung

§ 63. (1) Der Instanzenzug in den Angelegenheiten des eigenen Wirkungsbereiches der Gemeinde und das Recht zur Erhebung der Berufung

— 27 —

2. AVG
§§ 63 – 68

AVG
BVwAbgV
BKommGebV
BeglV
COVID-19-VwBG

richten sich nach den Verwaltungsvorschriften. Gegen die Bewilligung oder die Verfügung der Wiederaufnahme und gegen die Bewilligung der Wiedereinsetzung ist eine Berufung nicht zulässig. *(BGBl I 2013/33)*

(2) Gegen „Verfahrensanordnungen"* ist eine abgesonderte Berufung nicht zulässig. Sie können erst in der Berufung gegen den die „Sache"** erledigenden Bescheid angefochten werden. *(*BGBl I 1998/158; **BGBl I 2013/33)*

(3) Die Berufung hat den Bescheid zu bezeichnen, gegen den sie sich richtet, und einen begründeten Berufungsantrag zu enthalten.

(4) Eine Berufung ist nicht mehr zulässig, wenn die Partei nach der Zustellung oder Verkündung des Bescheides ausdrücklich auf die Berufung verzichtet hat.

(5) Die Berufung ist von der Partei binnen zwei Wochen bei der Behörde einzubringen, die den Bescheid in erster Instanz erlassen hat. Die Frist beginnt für jede Partei mit der an sie erfolgten Zustellung der schriftlichen Ausfertigung des Bescheides, im Fall bloß mündlicher Verkündung mit dieser. Wird eine Berufung innerhalb dieser Frist bei der Berufungsbehörde eingebracht, so gilt dies als rechtzeitige Einbringung; die Berufungsbehörde hat die bei ihr eingebrachte Berufung unverzüglich an die Behörde erster Instanz weiterzuleiten. *(BGBl 1995/471)*

§ 64. (1) Eine rechtzeitig eingebrachte und zulässige Berufung hat aufschiebende Wirkung. *(BGBl I 2013/33)*

(2) „Die Behörde kann die aufschiebende Wirkung mit Bescheid ausschließen, wenn nach Abwägung der berührten öffentlichen Interessen und Interessen anderer Parteien der vorzeitige Vollzug des angefochtenen Bescheides oder die Ausübung der durch den angefochtenen Bescheid eingeräumten Berechtigung wegen Gefahr im Verzug dringend geboten ist." Ein solcher Ausspruch ist tunlichst schon in den über die Hauptsache ergehenden Bescheid aufzunehmen. *(BGBl I 2013/33)*

§ 64a. (1) Die Behörde kann die Berufung binnen zwei Monaten nach Einlangen bei der Behörde erster Instanz durch Berufungsvorentscheidung erledigen. Sie kann die Berufung nach Vornahme notwendiger Ergänzungen des Ermittlungsverfahrens als unzulässig oder verspätet zurückweisen, den Bescheid aufheben oder nach jeder Richtung abändern.

(2) Jede Partei kann binnen zwei Wochen nach Zustellung der Berufungsvorentscheidung bei der Behörde den Antrag stellen, daß die Berufung der Berufungsbehörde zur Entscheidung vorgelegt wird (Vorlageantrag).

(3) Mit Einlangen des Vorlageantrages tritt die Berufungsvorentscheidung außer Kraft. Die Behörde hat die Parteien vom Außerkrafttreten der Berufungsvorentscheidung zu verständigen. Verspätete oder unzulässige Vorlageanträge sind von ihr zurückzuweisen.

(BGBl I 1998/158)

§ 65. Werden in einer Berufung neue Tatsachen oder Beweise, die der Behörde erheblich scheinen, vorgebracht, so hat sie hievon unverzüglich den etwaigen Berufungsgegnern Mitteilung zu machen und ihnen Gelegenheit zu geben, binnen angemessener, zwei Wochen nicht übersteigender Frist vom Inhalt der Berufung Kenntnis zu nehmen und sich dazu zu äußern.

§ 66. (1) Notwendige Ergänzungen des Ermittlungsverfahrens hat die Berufungsbehörde durch „eine im Instanzenzug untergeordnete Behörde" durchführen zu lassen oder selbst vorzunehmen. *(BGBl I 1998/158)*

(2) Ist der der Berufungsbehörde vorliegende Sachverhalt so mangelhaft, daß die Durchführung oder Wiederholung einer mündlichen Verhandlung unvermeidlich erscheint, so kann die Berufungsbehörde den angefochtenen Bescheid beheben und die Angelegenheit zur neuerlichen Verhandlung und Erlassung eines neuen Bescheides „an eine im Instanzenzug untergeordnete Behörde zurückverweisen". *(BGBl I 1998/158)*

(3) Die Berufungsbehörde kann jedoch die mündliche Verhandlung und unmittelbare Beweisaufnahme auch selbst durchführen, wenn hiemit eine Ersparnis an Zeit und Kosten verbunden ist.

(4) Außer dem im Abs. 2 erwähnten Fall hat die Berufungsbehörde, sofern die Berufung nicht als unzulässig oder verspätet zurückzuweisen ist, immer in der Sache selbst zu entscheiden. Sie ist berechtigt, sowohl im Spruch als auch hinsichtlich der Begründung (§ 60) ihre Anschauung an die Stelle jener der Unterbehörde zu setzen und demgemäß den angefochtenen Bescheid nach jeder Richtung abzuändern.

§ 67. Der III. Teil gilt auch für die Bescheide der Berufungsbehörde, doch ist der Spruch auch dann zu begründen, wenn dem Berufungsantrag stattgegeben wird.

§§ 67a bis 67h. *(aufgehoben, BGBl I 2013/33)*

2. Abschnitt

Sonstige Abänderung von Bescheiden

Abänderung und Behebung von Amts wegen

§ 68. (1) Anbringen von Beteiligten, die außer den Fällen der §§ 69 und 71 die Abänderung eines der Berufung nicht oder nicht mehr unterliegenden Bescheides begehren, sind, wenn die Behörde nicht den Anlaß zu einer Verfügung gemäß den Abs. 2 bis 4 findet, wegen entschiedener Sache zurückzuweisen.

(2) Von Amts wegen können Bescheide, aus denen niemandem ein Recht erwachsen ist, sowohl von der Behörde „ “, die „ “ den Bescheid erlassen hat, als auch in Ausübung des Aufsichtsrechtes von der sachlich in Betracht kommenden Oberbehörde aufgehoben oder abgeändert werden. *(BGBl 1995/471; BGBl I 2013/33)*

(3) Andere Bescheide kann „die Behörde, die den Bescheid in letzter Instanz erlassen hat, oder die sachlich in Betracht kommende Oberbehörde im öffentlichen Interesse" insoweit abändern, als dies zur Beseitigung von das Leben oder die Gesundheit von Menschen gefährdenden Mißständen oder zur Abwehr schwerer volkswirtschaftlicher Schädigungen notwendig und unvermeidlich ist. In allen Fällen hat die Behörde mit möglichster Schonung erworbener Rechte vorzugehen. *(BGBl I 2013/33)*

(4) Außerdem können Bescheide von Amts wegen in Ausübung des Aufsichtsrechtes von der sachlich in Betracht kommenden Oberbehörde als nichtig erklärt werden, wenn der Bescheid

1. von einer unzuständigen Behörde oder von einer nicht richtig zusammengesetzten Kollegialbehörde erlassen wurde,

2. einen strafgesetzwidrigen Erfolg herbeiführen würde,

3. tatsächlich undurchführbar ist oder

4. an einem durch gesetzliche Vorschrift ausdrücklich mit Nichtigkeit bedrohten Fehler leidet.

(5) Nach Ablauf von drei Jahren nach dem in § 63 Abs. 5 bezeichneten Zeitpunkt ist eine Nichtigerklärung aus den Gründen des Abs. 4 Z 1 nicht mehr zulässig.

(6) Die der Behörde in den Verwaltungsvorschriften eingeräumten Befugnisse zur Zurücknahme oder Einschränkung einer Berechtigung außerhalb eines Berufungsverfahrens bleiben unberührt.

(7) Auf die Ausübung des der Behörde gemäß den Abs. 2 bis 4 zustehenden Abänderungs- und Behebungsrechts steht niemandem ein Anspruch zu. Mutwillige Aufsichtsbeschwerden und Abänderungsanträge sind nach § 35 zu ahnden.

Wiederaufnahme des Verfahrens

§ 69. (1) Dem Antrag einer Partei auf Wiederaufnahme eines durch Bescheid abgeschlossenen Verfahrens ist stattzugeben, wenn ein Rechtsmittel gegen den Bescheid nicht oder nicht mehr zulässig ist und:

1. der Bescheid durch Fälschung einer Urkunde, falsches Zeugnis oder eine andere gerichtlich

strafbare Handlung herbeigeführt oder sonstwie erschlichen worden ist oder

2. neue Tatsachen oder Beweismittel hervorkommen, die im Verfahren ohne Verschulden der Partei nicht geltend gemacht werden konnten und allein oder in Verbindung mit dem sonstigen Ergebnis des Verfahrens voraussichtlich einen im Hauptinhalt des Spruches anders lautenden Bescheid herbeigeführt hätten, oder

3. der Bescheid gemäß § 38 von Vorfragen abhängig war und nachträglich über eine solche Vorfrage „von der zuständigen Verwaltungsbehörde bzw. vom zuständigen Gericht" in wesentlichen Punkten anders entschieden wurde „;" *(BGBl I 2013/33)*

4. nachträglich ein Bescheid oder eine gerichtliche Entscheidung bekannt wird, der bzw. die einer Aufhebung oder Abänderung auf Antrag einer Partei nicht unterliegt und die im Verfahren die Einwendung der entschiedenen Sache begründet hätte. *(BGBl I 2013/33)*

(2) Der Antrag auf Wiederaufnahme ist binnen zwei Wochen bei der Behörde einzubringen, die den Bescheid in erster Instanz erlassen hat. Die Frist beginnt mit dem Zeitpunkt, in dem der Antragsteller vom Wiederaufnahmegrund Kenntnis erlangt hat, wenn dies jedoch nach der Verkündung des mündlichen Bescheides und vor Zustellung der schriftlichen Ausfertigung geschehen ist, erst mit diesem Zeitpunkt. Nach Ablauf von drei Jahren nach Erlassung des Bescheides kann der Antrag auf Wiederaufnahme nicht mehr gestellt werden. Die Umstände, aus welchen sich die Einhaltung der gesetzlichen Frist ergibt, sind vom Antragsteller glaubhaft zu machen. *(BGBl I 1998/158)*

(3) Unter den Voraussetzungen des Abs. 1 kann die Wiederaufnahme des Verfahrens auch von Amts wegen verfügt werden. Nach Ablauf von drei Jahren nach Erlassung des Bescheides kann die Wiederaufnahme auch von Amts wegen nur mehr aus den Gründen des Abs. 1 Z 1 stattfinden.

(4) Die Entscheidung über die Wiederaufnahme steht der Behörde zu, die den Bescheid in letzter Instanz erlassen hat. *(BGBl I 2013/33)*

§ 70. (1) In dem die Wiederaufnahme bewilligenden oder verfügenden Bescheid ist, sofern nicht schon auf Grund der vorliegenden Akten ein neuer Bescheid erlassen werden kann, auszusprechen, inwieweit und in welcher Instanz das Verfahren wieder aufzunehmen ist.

(2) Frühere Erhebungen und Beweisaufnahmen, die durch die Wiederaufnahmsgründe nicht betroffen werden, sind keinesfalls zu wiederholen.

(3) *(aufgehoben, BGBl I 2013/33)*

— 29 —

2. AVG
§§ 71 – 75

AVG
BVwAbgV
BKommGebV
BeglV
COVID-19-VwBG

Wiedereinsetzung in den vorigen Stand

§ 71. (1) Gegen die Versäumung einer Frist oder einer mündlichen Verhandlung ist auf Antrag der Partei, die durch die Versäumung einen Rechtsnachteil erleidet, die Wiedereinsetzung in den vorigen Stand zu bewilligen, wenn:

1. die Partei glaubhaft macht, daß sie durch ein unvorhergesehenes oder unabwendbares Ereignis verhindert war, die Frist einzuhalten oder zur Verhandlung zu erscheinen und sie kein Verschulden oder nur ein minderer Grad des Versehens trifft, oder

2. die Partei die Rechtsmittelfrist versäumt hat, weil der Bescheid keine Rechtsmittelbelehrung, keine Rechtsmittelfrist oder fälschlich die Angabe enthält, daß kein Rechtsmittel zulässig sei. *(BGBl I 1998/158)*

(2) Der Antrag auf Wiedereinsetzung muß binnen zwei Wochen nach dem Wegfall des Hindernisses oder nach dem Zeitpunkt, in dem die Partei von der Zulässigkeit der Berufung Kenntnis erlangt hat, gestellt werden.

(3) Im Fall der Versäumung einer Frist hat die Partei die versäumte Handlung gleichzeitig mit dem Wiedereinsetzungsantrag nachzuholen.

(4) Zur Entscheidung über den Antrag auf Wiedereinsetzung ist die Behörde berufen, bei der die versäumte Handlung vorzunehmen war oder die die versäumte Verhandlung angeordnet oder die unrichtige Rechtsmittelbelehrung erteilt hat.

(5) Gegen die Versäumung der Frist zur Stellung des Wiedereinsetzungsantrages findet keine Wiedereinsetzung in den vorigen Stand statt.

(6) Die Behörde kann dem Antrag auf Wiedereinsetzung aufschiebende Wirkung zuerkennen. „ " *(BGBl 1995/471; BGBl I 2013/33)*

(7) Der Wiedereinsetzungsantrag kann nicht auf Umstände gestützt werden, die die Behörde schon früher für unzureichend befunden hat, um die Verlängerung der versäumten Frist oder die Verlegung der versäumten Verhandlung zu bewilligen.

§ 72. (1) Durch die Bewilligung der Wiedereinsetzung tritt das Verfahren in die Lage zurück, in der es sich vor dem Eintritt der Versäumung befunden hat.

(2) Durch den Antrag auf Wiedereinsetzung gegen die Versäumung der mündlichen Verhandlung wird die Frist zur Anfechtung des infolge der Versäumung erlassenen Bescheides nicht verlängert.

(3) Hat eine Partei Wiedereinsetzung gegen die Versäumung der mündlichen Verhandlung beantragt und gegen den Bescheid Berufung eingelegt, so ist auf die Erledigung der Berufung erst einzugehen, wenn der Antrag auf Wiedereinsetzung abgewiesen worden ist.

(4) *(aufgehoben, BGBl I 2013/33)*

3. Abschnitt

Entscheidungspflicht

§ 73. (1) Die Behörden sind verpflichtet, wenn in den Verwaltungsvorschriften nicht anderes bestimmt ist, über Anträge von Parteien (§ 8) und Berufungen ohne unnötigen Aufschub, spätestens aber sechs Monate nach deren Einlangen den Bescheid zu erlassen. „Sofern sich in verbundenen Verfahren „(§ 39 Abs. 2b)"** aus den anzuwendenden Rechtsvorschriften unterschiedliche Entscheidungsfristen ergeben, ist die zuletzt ablaufende maßgeblich."* *(*BGBl I 2002/65; **BGBl I 2018/57)*

(2) „Wird ein Bescheid, gegen den Berufung erhoben werden kann, nicht innerhalb der Entscheidungsfrist erlassen, so geht auf schriftlichen Antrag der Partei die Zuständigkeit zur Entscheidung auf die Berufungsbehörde über (Devolutionsantrag). Der Devolutionsantrag ist bei der Berufungsbehörde einzubringen." Er ist abzuweisen, wenn die Verzögerung nicht auf ein überwiegendes Verschulden der Behörde zurückzuführen ist. *(BGBl I 2013/33)*

(3) Für die „Berufungsbehörde" beginnt die Entscheidungsfrist mit dem Tag des Einlangens des Devolutionsantrages zu laufen. *(BGBl I 2013/33)*

(BGBl I 1998/158)

V. Teil

Kosten

Kosten der Beteiligten

§ 74. (1) Jeder Beteiligte hat die ihm im Verwaltungsverfahren erwachsenden Kosten selbst zu bestreiten.

(2) Inwiefern einem Beteiligten ein Kostenersatzanspruch gegen einen anderen Beteiligten zusteht, bestimmen die Verwaltungsvorschriften. Der Kostenersatzanspruch ist so zeitgerecht zu stellen, daß der Ausspruch über die Kosten in den Bescheid aufgenommen werden kann. Die Höhe der zu ersetzenden Kosten wird von der Behörde bestimmt und kann von dieser auch in einem „Pauschalbetrag" festgesetzt werden. *(BGBl I 2008/5)*

Kosten der Behörden

§ 75. (1) Sofern sich aus den §§ 76 bis 78 nicht anderes ergibt, sind die Kosten für die Tätigkeit der Behörden im Verwaltungsverfahren von Amts wegen zu tragen.

(2) Die Heranziehung der Beteiligten zu anderen als den in den §§ 76 bis 78 vorgesehenen Leistungen, unter welchem Titel immer, ist unzulässig.

(3) Die gesetzlichen Bestimmungen über die Stempel- und Rechtsgebühren des Bundes bleiben unberührt.

§ 76. (1) Erwachsen der Behörde bei einer Amtshandlung Barauslagen, so hat dafür, sofern nach den Verwaltungsvorschriften nicht auch diese Auslagen von Amts wegen zu tragen sind, die Partei aufzukommen, die den verfahrenseinleitenden Antrag gestellt hat. Als Barauslagen gelten auch die Gebühren, die den Sachverständigen und Dolmetschern zustehen. Kosten, die der Behörde aus ihrer Verpflichtung nach § 17a erwachsen, sowie die einem Gehörlosendolmetscher zustehenden Gebühren gelten nicht als Barauslagen. Im Falle des § 52 Abs. 3 hat die Partei für die Gebühren, die den nichtamtlichen Sachverständigen zustehen, nur soweit aufzukommen, als sie den von ihr bestimmten Betrag nicht überschreiten. *(BGBl I 1999/164)*

(2) Wurde jedoch die Amtshandlung durch das Verschulden eines anderen Beteiligten verursacht, so sind die Auslagen von diesem zu tragen. Wurde die Amtshandlung von Amts wegen angeordnet, so belasten die Auslagen den Beteiligten dann, wenn sie durch sein Verschulden herbeigeführt worden sind.

(3) Treffen die Voraussetzungen der vorangehenden Absätze auf mehrere Beteiligte zu, so sind die Auslagen auf die einzelnen Beteiligten angemessen zu verteilen.

(4) Ist eine Amtshandlung nicht ohne größere Barauslagen durchführbar, so kann die Partei, die den verfahrenseinleitenden Antrag gestellt hat, zum Erlag eines entsprechenden Vorschusses verhalten werden. *(BGBl I 2001/137)*

(5) Die Kosten, die der Behörde aus ihrer Verpflichtung nach § 17a erwachsen, sowie die den Sachverständigen und Dolmetschern zustehenden Gebühren sind – falls hiefür nicht die Beteiligten des Verfahrens aufzukommen haben – von jenem Rechtsträger zu tragen, in dessen Namen die Behörde in der Angelegenheit gehandelt hat. *(BGBl I 1999/164)*

§ 76a. *(aufgehoben, BGBl I 2013/33)*

§ 77. (1) Für Amtshandlungen der Behörden außerhalb des Amtes können Kommissionsgebühren eingehoben werden. Hinsichtlich der Verpflichtung zur Entrichtung dieser Gebühren ist § 76 sinngemäß anzuwenden.

(2) Die Kommissionsgebühren sind in „Pauschalbeträgen" (nach Tarifen) oder, soweit keine „Pauschalbeträge" (Tarife) festgesetzt sind, als Barauslagen nach § 76 aufzurechnen. Die „Pauschalbeträge" (Tarife) sind nach der für die Amtshandlung aufgewendeten Zeit, nach der Entfernung des Ortes der Amtshandlung vom Amt oder nach der Zahl der notwendigen Amtsorgane festzusetzen. *(BGBl I 2008/5)*

(3) Die Festsetzung der „Pauschalbeträge" (Tarife) erfolgt durch Verordnung der Bundesregierung, für die Behörden der Länder „ " und Gemeinden durch Verordnung der Landesregierung. *(BGBl I 2008/5)*

(4) Die Kommissionsgebühren sind von der Behörde, die die Amtshandlung vorgenommen hat, einzuheben und fließen der Gebietskörperschaft zu, die den Aufwand dieser Behörde zu tragen hat.

(5) Entsenden andere am Verfahren beteiligte Verwaltungsbehörden Amtsorgane, so sind von der die Amtshandlung führenden Behörde Kommissionsgebühren nach den für die entsendeten Organe geltenden Tarifen als Barauslagen einzuheben und dem Rechtsträger, dem die entsendeten Verwaltungsorgane zugehören, zu übermitteln.

(6) § 76 Abs. 4 gilt auch für die Kommissionsgebühren.

§ 78. (1) Den Parteien können in den Angelegenheiten der Bundesverwaltung (unmittelbare oder mittelbare Bundesverwaltung, übertragener Wirkungsbereich der Gemeinden in Bundesangelegenheiten) für die Verleihung von Berechtigungen oder sonstige wesentlich in ihrem Privatinteresse liegende Amtshandlungen der Behörden Bundesverwaltungsabgaben auferlegt werden, sofern die Freiheit von derlei Abgaben nicht ausdrücklich durch Gesetz festgesetzt ist. Wenn ein im Verwaltungsverfahren als Partei auftretender Rechtsträger zur Vollziehung der Gesetze berufen ist, so unterliegt er insoweit der Verpflichtung zur Entrichtung von Bundesverwaltungsabgaben nicht, als die Amtshandlung eine unmittelbare Voraussetzung der dem Rechtsträger obliegenden Vollziehung der Gesetze bildet. Die Gebietskörperschaften unterliegen ferner der Verpflichtung zur Entrichtung einer Bundesverwaltungsabgabe nicht, wenn diese der als Partei einschreitenden Gebietskörperschaft zufließen würde.

(2) Für das Ausmaß der Bundesverwaltungsabgaben sind, abgesehen von den durch Gesetz besonders geregelten Fällen, durch Verordnung der Bundesregierung zu erlassende Tarife maßgebend, in denen die Abgaben mit festen Ansätzen, die nach objektiven Merkmalen abgestuft sein können, bis zum Höchstbetrag von „1 090 Euro" im einzelnen Fall festzusetzen sind. *(BGBl 1992/866; BGBl I 2002/117)*

(3) Das Ausmaß der Verwaltungsabgaben in den Angelegenheiten der Landes- „ " und Gemeindeverwaltung richtet sich nach den auf Grund des Finanz-Verfassungsgesetzes und des Finanzaus-

— 31 —

2. AVG

§§ 78 – 82

AVG
BVwAbgV
BKommGebV
BeglV
COVID-19-VwBG

gleichsgesetzes bestehenden landesgesetzlichen Vorschriften. *(BGBl I 2008/5)*

(4) Die Bundesverwaltungsabgaben sind von der „ " Behörde einzuheben und fließen der Gebietskörperschaft zu, die „deren Aufwand" zu tragen hat. *(BGBl I 2013/33)*

(5) Die Art der Einhebung ist für die Bundesbehörden durch Verordnung der Bundesregierung, für die Behörden der Länder „ " und Gemeinden durch Verordnung der Landesregierung zu regeln. *(BGBl I 2008/5)*

§ 78a. Von den Bundesverwaltungsabgaben befreit sind

1. die Erteilung von Rechtsbelehrungen und die Erstellung von Kopien oder Ausdrucken von Akten oder Aktenteilen,

2. die Bestimmung der Gebühren der Zeugen, Beteiligten, nichtamtlichen Sachverständigen und nichtamtlichen Dolmetscher und

3. Amtshandlungen, die durch Katastrophenschäden (insbesondere Hochwasser-, Erdrutsch-, Vermurungs- und Lawinenschäden) veranlasst worden sind.

(BGBl I 2008/5)

§ 79. Die in den §§ 76 bis 78 vorgesehenen Leistungen sind nur insoweit einzuheben, als dadurch der notwendige Unterhalt des Beteiligten und der Personen, für die er nach dem Gesetz zu sorgen hat, nicht gefährdet wird.

§ 79a. *(aufgehoben samt Überschrift, BGBl I 2013/33)*

VI. Teil

Schlußbestimmungen

Verweisungen

§ 80. Soweit in diesem Bundesgesetz auf Bestimmungen anderer Bundesgesetze verwiesen wird, sind diese in ihrer jeweils geltenden Fassung anzuwenden.

(BGBl I 1998/158)

Sprachliche Gleichbehandlung

§ 80a. Soweit sich die in diesem Bundesgesetz verwendeten Bezeichnungen auf natürliche Personen beziehen, gilt die gewählte Form für beide Geschlechter. Bei der Anwendung dieser Bezeichnungen auf bestimmte natürliche Personen ist die jeweils geschlechtsspezifische Form zu verwenden.

(BGBl I 2008/5)

Vollziehung

§ 81. Mit der Vollziehung dieses Bundesgesetzes ist die Bundesregierung betraut.

(BGBl I 2011/100)

Inkrafttreten

„**§ 82.**" (1) § 78 Abs. 2 in der Fassung des Bundesgesetzes BGBl. Nr. 866/1992 tritt mit 1. Jänner 1993 in Kraft. *(BGBl 1992/866)*

(2) § 18 Abs. 3 fünfter bis neunter Satz, § 18 Abs. 4 zweiter Satz, § 38a, § 39a Abs. 1 zweiter Satz, § 47, § 51a, § 52 Abs. 2 bis 4, § 53a Abs. 1, § 63 Abs. 5, § 64a Abs. 1, § 67c Abs. 3 sowie die Neubezeichnung der Abs. 4 und 5, § 67d Abs. 2, § 67g, § 67h samt Überschrift, § 68 Abs. 2, § 70 Abs. 3, § 71 Abs. 6, § 73 Abs. 1 und 3, § 76 Abs. 1 zweiter und dritter Satz, § 76 Abs. 3, § 76a, die Überschrift vor § 79b, die Neubezeichnung des § 79b Abs. 1 sowie die Überschrift vor § 80 in der Fassung des Bundesgesetzes BGBl. Nr. 471/1995 treten mit 1. Juli 1995 in Kraft. *(BGBl 1995/471)*

(3) § 79a in der Fassung des Bundesgesetzes BGBl. Nr. 471/1995 tritt mit 1. Jänner 1996 in Kraft. Verordnungen auf Grund des § 79a in der Fassung des Bundesgesetzes BGBl. Nr. 471/1995 können bereits ab dem auf seine Kundmachung folgenden Tag erlassen werden; sie dürfen jedoch frühestens mit dem 1. Jänner 1996 in Kraft gesetzt werden. *(BGBl 1995/471)*

(4) § 63 Abs. 5 in der Fassung des Bundesgesetzes BGBl. Nr. 471/1995 gilt für Bescheide, die nach dem 30. Juni 1995 erlassen werden. § 67c Abs. 3 in der Fassung des Bundesgesetzes BGBl. Nr. 471/1995 gilt für Verwaltungsakte, die nach dem 30. Juni 1995 gesetzt werden. *(BGBl 1995/471)*

(5) *(aufgehoben, BGBl I 2001/137)*

(6) Die §§ 3 Z 3, 10 Abs. 1, 13 samt Überschrift, 14 samt Überschrift, 18 Abs. 3 und 4, 20, 34 Abs. 2, 35, 36 Abs. 2, 37 zweiter Satz, 39 Abs. 2 und 3, 41 Abs. 1, 42, 43, 44, 44a bis 44g samt Überschrift, 51a bis 51d samt Überschrift, 53a samt Überschrift, 53b samt Überschrift, 56, 59 Abs. 1 erster und zweiter Satz, 61 Abs. 1 zweiter Satz, „ " 61a, 63 Abs. 2, 64a, 66 Abs. 1 und 2, 67a samt Überschrift, 67b samt Überschrift, der neu bezeichnete § 67c Abs. 3, § 67d samt Überschrift, die Überschrift zu § 67e, die Überschrift zu § 67f, die §§ 67g samt Überschrift, 69 Abs. 2, 71 Abs. 1 Z 2, 71 Abs. 6 zweiter Satz, 73, 76 Abs. 1 erster Satz und 76a in der Fassung des Bundesgesetzes BGBl. I Nr. 158/1998 treten mit 1. Jänner 1999 in Kraft. Die §§ 61 Abs. 5, 67c Abs. 3 und 5, 67f Abs. 3, 67h samt Überschrift sowie die Telekopie-Verordnung, BGBl. Nr. 110/1991, treten mit Ablauf des 31. Dezember

1998 außer Kraft. *(BGBl I 1998/158; BGBl I 2011/100)*

(7) Alle in Vorschriften des Bundes und der Länder enthaltenen Bestimmungen, die von den §§ 13 Abs. 3 bis 8, 14, 18 Abs. 3 und 4, 37 zweiter Satz, 39 Abs. 2 und 3, 42, 43, 44, 44a bis 44g, 59 Abs. 1 erster und zweiter Satz, 61 Abs. 1 zweiter Satz, 63 Abs. 2, 64a, 66 Abs. 1 und 2, 69 Abs. 2, 71 Abs. 1 Z 2, 73 Abs. 2 und 3 und 76 Abs. 1 erster Satz in der Fassung des Bundesgesetzes BGBl. I Nr. 158/1998 abweichen, treten mit Ablauf des 31. Dezember 1998 außer Kraft. Dies gilt nicht, wenn diese Bestimmungen nach dem 30. Juni 1998 kundgemacht worden sind. *(BGBl I 1998/158)*

(8) In am 1. Jänner 1999 anhängigen Verfahren gilt § 44f mit der Maßgabe, daß die Behörde ein Schriftstück an mehr als 100 Personen auch dann durch Edikt zustellen kann, wenn diese persönlich verständigt worden sind, daß die Kundmachungen und Zustellungen im Verfahren künftig durch Edikt vorgenommen werden können. *(BGBl I 1998/158)*

(9) § 78 Abs. 2 in der Fassung des Bundesgesetzes BGBl. I Nr. 29/2000 tritt mit 1. Juni 2000 in Kraft. *(BGBl I 2000/29)*

(10) § 13 Abs. 5, § 16 Abs. 2 letzter Satz, § 18 Abs. 3 letzter Satz, § 34 Abs. 2, § 35, § 51b Z 1 letzter Satz und Z 2 zweiter Satz, § 53a Abs. 2 erster und letzter Satz, § 67d, § 76 Abs. 4 und § 79a Abs. 4 Z 3 in der Fassung des Bundesgesetzes BGBl. I Nr. 137/2001 treten mit 1. Jänner 2002 in Kraft. *(BGBl I 2001/137)*

(11) Für den Übergang zu der durch das Verwaltungsreformgesetz 2001, BGBl. I Nr. 65/2002, geschaffenen Rechtslage gilt:

1. § 13 Abs. 4a und 9, § 14 Abs. 8, § 17 Abs. 1 letzter Satz, § 39 Abs. 2a, § 40 Abs. 1 letzter Satz, § 58a, § 67a Abs. 1, § 73 Abs. 1 letzter Satz in der Fassung des Verwaltungsreformgesetzes 2001 treten mit 1. Jänner 2002, jedoch vor dem der Kundmachung des genannten Bundesgesetzes folgenden Tag, in Kraft. Die §§ 39 Abs. 2a, 40 Abs. 1 letzter Satz, 58a und 73 Abs. 1 letzter Satz in der Fassung des Verwaltungsreformgesetzes 2001 sind auf Verfahren, die zum In-Kraft-Tretens-Zeitpunkt anhängig sind, nicht anzuwenden.

2. § 67h in der Fassung des Verwaltungsreformgesetzes 2001 tritt mit 1. Juli 2002, jedoch nicht vor dem vierten der Kundmachung des genannten Gesetzes folgenden Monatsersten, in Kraft. Er ist auf Verfahren, die zum In-Kraft-Tretens-Zeitpunkt anhängig sind, nicht anzuwenden.

3. § 36 Abs. 2 in der Fassung des Verwaltungsreformgesetzes 2001 tritt mit dem der Kundmachung des genannten Bundesgesetzes folgenden Monatsersten, spätestens jedoch mit 1. November 2002 in Kraft.[1)]
(BGBl I 2002/65)

(12) § 78 Abs. 2 in der Fassung des Bundesgesetzes BGBl. I Nr. 117/2002 tritt mit 1. Jänner 2003 in Kraft. § 67a Abs. 1 in der Fassung des Bundesgesetzes BGBl. I Nr. 117/2002 tritt mit 1. Jänner 2003 in Kraft, ist jedoch auf in diesem Zeitpunkt beim unabhängigen Verwaltungssenat im Land anhängige Verfahren nicht anzuwenden. *(BGBl I 2002/117)*

(13) § 13 Abs. 1, 4 und 5, § 14 Abs. 2 Z 3 und Abs. 5 erster Satz, § 16 Abs. 1 und 2, § 17 Abs. 1 letzter Satz, § 18 samt Überschrift, § 33 Abs. 3 sowie § 42 Abs. 1 erster Satz, in der Fassung des Bundesgesetzes BGBl. I Nr. 10/2004, treten mit 1. März 2004 in Kraft. Zugleich treten § 13 Abs. 9 sowie § 14 Abs. 8, in der zu diesem Zeitpunkt geltenden Fassung, außer Kraft; § 13 Abs. 4a tritt mit Ablauf des 30. Juni 2004 außer Kraft. *(BGBl I 2004/10)*

(13a) In der Fassung des Bundesgesetzes BGBl. I Nr. 4/2008 treten in Kraft:

1. § 36 mit Ablauf des Tages der Kundmachung dieses Bundesgesetzes;[2)]

2. § 67a, § 67c Abs. 1 und § 67h Abs. 1 mit 1. Juli 2008.
(BGBl I 2008/4)

(14) § 2, § 7 Abs. 1, § 10 Abs. 1, § 11, § 13 Abs. 1 bis 6, § 14 Abs. 2 Z 2, Abs. 3 erster Satz, Abs. 5 und Abs. 7 erster und zweiter Satz, § 16 samt Überschrift, § 17 Abs. 1, § 18 samt Überschrift, § 19 Abs. 3, § 33 Abs. 3, der 7. Abschnitt des I. Teiles, § 39a Abs. 1 erster Satz, § 42 Abs. 1 erster Satz, § 44b Abs. 2, § 44e Abs. 3 dritter Satz, § 48 Z 3, § 49 Abs. 1, § 67h Abs. 2, § 74 Abs. 2, § 77 Abs. 2 und 3, § 78 Abs. 3 und 5, § 78a, § 80a samt Überschrift und § 82a in der Fassung des Bundesgesetzes BGBl. I Nr. 5/2008 treten mit 1. Jänner 2008 in Kraft. *(BGBl I 2008/5)*

(15) Mit Ablauf des 31. Dezember 2007 treten außer Kraft:

1. § 14 Abs. 2 Z 3;

2. das AVG-Übergangsrecht 1991, Anlage 2 zur Kundmachung BGBl. Nr. 51/1991;

3. § 2 Abs. 3 der Bundesverwaltungsabgabenverordnung 1983, BGBl. Nr. 24.
(BGBl I 2008/5)

(16) § 13 Abs. 5 letzter Satz tritt mit Ablauf des 31. Dezember 2010 außer Kraft. *(BGBl I 2008/5)*

(17) § 10 Abs. 4 sowie § 36a Abs. 1 Z 4 bis 6 und Abs. 3 in der Fassung des Bundesgesetzes BGBl. I Nr. 135/2009 treten mit 1. Jänner 2010 in Kraft. *(BGBl I 2009/135)*

(18) § 44a Abs. 3 in der Fassung des Budgetbegleitgesetzes 2011, BGBl. I Nr. 111/2010, tritt mit 1. Jänner 2011 in Kraft. *(BGBl I 2010/111)*

(19) § 3 Z 2, § 10 Abs. 4, § 13 Abs. 5, § 38a Abs. 1, § 41 Abs. 1, § 61a Z 3 und 4, § 81 samt Überschrift und § 82 Abs. 6 erster Satz in der

— 33 —

2. AVG
§§ 82 – 82a, Anlage 2

AVG
BVwAbgV
BKommGebV
BeglV
COVID-19-VwBG

Fassung des Bundesgesetzes BGBl. I Nr. 100/2011 treten mit 1. Jänner 2012 in Kraft. *(BGBl I 2011/100)*

(20) In der Fassung des Bundesgesetzes BGBl. I Nr. 33/2013 treten in Kraft:

1. § 33 Abs. 1 und 2, § 38 zweiter Satz, § 41 Abs. 1 zweiter Satz, § 42 Abs. 1a und § 69 Abs. 1 Z 3 in der Fassung der Z 28 mit Ablauf des Monats der Kundmachung dieses Bundesgesetzes; gleichzeitig treten § 42 Abs. 1 letzter Satz, § 44a Abs. 3 dritter Satz und § 82a außer Kraft;[3]

2. § 2, § 17 Abs. 4, § 19 Abs. 4, § 44e Abs. 2, § 53 Abs. 2, § 53a Abs. 2 erster Satz und Abs. 3, § 53b letzter Satz, § 61 Abs. 1 und 4, § 63 Abs. 1 und 2, § 64, die Abschnittsbezeichnung „**2. Abschnitt:**", § 68 Abs. 2 und 3, § 69 Abs. 1 Z 3 und 4 in der Fassung der Z 29, § 69 Abs. 4, die Abschnittsbezeichnung „**3. Abschnitt:**", § 73 Abs. 2 und 3 und § 78 Abs. 4 mit 1. Jänner 2014; gleichzeitig treten § 19 Abs. 1 zweiter Satz, die §§ 51a bis 51d samt Überschrift, § 53a Abs. 4, § 61a, der 2. Abschnitt des IV. Teiles samt Überschrift, § 70 Abs. 3, § 71 Abs. 6 zweiter Satz, § 72 Abs. 4, § 76a und § 79a samt Überschrift außer Kraft.
(BGBl I 2013/33)

(21) § 53a Abs. 1 und § 53b in der Fassung des Bundesgesetzes BGBl. I Nr. 161/2013 treten mit Ablauf des Monats der Kundmachung dieses Bundesgesetzes in Kraft.[4] *(BGBl I 2013/161)*

(22) § 13 Abs. 8, § 36a Abs. 2 und 3, § 39 Abs. 2a bis 5, § 40 Abs. 1, § 41 Abs. 2, § 51a

samt Überschrift, § 58a und § 73 Abs. 1 in der Fassung des Bundesgesetzes BGBl. I Nr. 57/2018 treten mit Ablauf des Tages der Kundmachung in Kraft.[5] *(BGBl I 2018/57)*

(23) § 7 Abs. 1 Z 1, § 10 Abs. 1, § 11 und § 49 Abs. 1 Z 1 in der Fassung des Bundesgesetzes BGBl. I Nr. 58/2018 treten mit 1. August 2018 in Kraft. *(BGBl I 2018/58)*

(BGBl I 1998/158)

---

[1] *Die Kundmachung des Verwaltungsreformgesetzes 2001, BGBl I 2002/65, im Bundesgesetzblatt erfolgte am 19. April 2002.*
[2] *Die Kundmachung des Asylgerichtshof-Einrichtungsgesetzes, BGBl I 2008/4, im Bundesgesetzblatt erfolgte am 4. Jänner 2008.*
[3] *Die Kundmachung des Verwaltungsgerichtsbarkeits-Ausführungsgesetzes 2013, BGBl I 2013/33, im Bundesgesetzblatt erfolgte am 13. Februar 2013.*
[4] *Die Kundmachung des Verwaltungsgerichtsbarkeits-Anpassungsgesetzes – Inneres, BGBl I 2013/161, im Bundesgesetzblatt erfolgte am 31. Juli 2013.*
[5] *Die Kundmachung des BG BGBl I 2018/57 im Bundesgesetzblatt erfolgte am 14. August 2018.*

§ 82a. *(aufgehoben, BGBl I 2013/33)*

Anlage 2

**Übergangsrecht zum AVG 1950
(AVG-Übergangsrecht 1991)**

(aufgehoben, BGBl I 2008/5)

2/1. BVwAbgV

Gliederung, Stichwortverzeichnis

Bundesverwaltungsabgabenverordnung 1983

BGBl 1983/24 idF

1 BGBl 1983/181 (DFB)
2 BGBl 1984/235
3 BGBl 1990/740
4 BGBl 1992/151
5 BGBl 1994/284
6 BGBl II 1997/190
7 BGBl II 1997/319
8 BGBl II 1999/226

9 BGBl II 2000/146
10 BGBl II 2001/462
11 BGBl II 2002/101
12 BGBl II 2002/460
13 BGBl II 2005/11
14 BGBl II 2005/103 (VFB)
15 BGBl II 2006/371
16 BGBl I 2008/5

GLIEDERUNG

STICHWORTVERZEICHNIS

Stichwortverzeichnis

— 37 —

2/1. BVwAbgV

Stichwortverzeichnis, §§ 1 – 6

AVG
BVwAbgV
BKommGebV
BeglV
COVID-19-VwBG

**„Verordnung der Bundesregierung über die
Verwaltungsabgaben in den Angelegenheiten
der Bundesverwaltung und über die Art ihrer
Einhebung bei den Bundesbehörden
(Bundesverwaltungsabgabenverordnung 1983
– BVwAbgV)"**

(BGBl II 1997/190)

Auf Grund des § 78 des Allgemeinen Verwaltungsverfahrensgesetzes 1950, BGBl. Nr. 172, in
der Fassung des Bundesgesetzes BGBl. Nr.
45/1968 wird verordnet:

I. Allgemeine Bestimmungen

§ 1. (1) Die Parteien haben für jede Verleihung
einer Berechtigung oder für sonstige wesentlich
in ihrem Privatinteresse liegende Amtshandlungen, die von Behörden im Sinne des Art. VI
Abs. 1 des Einführungsgesetzes zu den Verwaltungsverfahrensgesetzen oder infolge Säumnis
einer solchen Behörde vom Verwaltungsgerichtshof vorgenommen wurden, in den Angelegenheiten der Bundesverwaltung – abgesehen von den
durch Gesetz besonders geregelten Fällen – die
gemäß dem Abschnitt II festgesetzten Verwaltungsabgaben zu entrichten.

(2) Im Verwaltungsstrafverfahren und im Verwaltungsvollstreckungsverfahren sind keine
Verwaltungsabgaben zu entrichten.

§ 2. (1) Die Pflicht zur Entrichtung der Verwaltungsabgabe tritt in dem Zeitpunkt ein, in dem
die Berechtigung rechtskräftig verliehen ist oder
die Amtshandlung vorgenommen wird.

(2) Soweit eine Verwaltungsabgabenschuld
nicht besteht oder nachträglich weggefallen ist,
sind hierauf entrichtete Beträge zu erstatten.

(3) *(aufgehoben, BGBl I 2008/5)*

§ 3. (1) Ergeht im Zusammenhang mit der
Verleihung einer Berechtigung oder mit einer
sonstigen Amtshandlung, für die eine Verwaltungsabgabe zu entrichten ist, ein Bescheid nach
§ 56 oder § 57 des Allgemeinen Verwaltungsverfahrensgesetzes 1950, so ist die Vorschreibung
der Verwaltungsabgabe in dessen Spruch aufzu-

nehmen. Dies gilt auch für Bescheide der Beru-
fungsbehörden, wenn der Anlaß für die Entrichtung der Verwaltungsabgabe erst durch ihren
Bescheid gegeben wird.

(2) Liegt der Fall des Abs. 1 nicht vor, so ist
die Verwaltungsabgabe, wenn sie nicht ohne
weiteres entrichtet wird, durch einen abgesonderten Bescheid nach § 57 des Allgemeinen Verwaltungsverfahrensgesetzes 1950 vorzuschreiben.
Wird gegen einen solchen Bescheid Vorstellung
erhoben und darauf ein neuer Bescheid gemäß
§ 56 erlassen, so richtet sich der Instanzenzug –
unbeschadet der Bestimmungen des Art. 3 des
Verwaltungsentlastungsgesetzes, BGBl. Nr.
277/1925, – nach den für die betreffende Angelegenheit geltenden Vorschriften.

II. Ausmaß der Verwaltungsabgaben

§ 4. Für das Ausmaß der Verwaltungsabgaben
ist der angeschlossene, einen Bestandteil dieser
Verordnung bildende Tarif maßgebend.

§ 5. Eine im besonderen Teil des Tarifes vorgesehene Verwaltungsabgabe ist auch dann zu entrichten, wenn die bei der in Betracht kommenden
Tarifpost angegebenen Rechtsvorschriften zwar
geändert wurden, die abgabenpflichtige Amtshandlung jedoch ihrem Wesen und Inhalt nach unverändert geblieben ist.

III. Art der Einhebung der
Verwaltungsabgaben bei den Bundesbehörden

§ 6. Die Verwaltungsabgaben sind bei den
Bundesbehörden durch Barzahlung, durch Einzahlung mit Erlagschein, mittels Bankomat- oder
Kreditkarte oder durch andere bargeldlose elektronische Zahlungsformen zu entrichten. Die über
die Barzahlung und Einzahlung mit Erlagschein
hinausgehenden zulässigen Entrichtungsarten sind
bei der Behörde, bei der die Verwaltungsabgaben
zu entrichten sind, nach Maßgabe der technisch-
organisatorischen Voraussetzungen zu bestimmen
und entsprechend bekannt zu machen. Die Behörde hat die Höhe der entrichteten Verwaltungsab-

gaben im bezughabenden Verwaltungsakt in nachprüfbarer Weise festzuhalten. *(BGBl II 2001/462)*

IV. Schlußbestimmungen

§ 7. (1) Diese Verordnung tritt mit 1. März 1983 in Kraft.

(2) Die Bundes-Verwaltungsabgabenverordnung 1968, BGBl. Nr. 53, in der Fassung der Verordnungen BGBl. Nr. 3/1972, 200/1973, 575/1975 und 80/1979 tritt außer Kraft.

(3) Die Tarifposten 324 und 380a bis 380g in der Fassung der Verordnung BGBl. II Nr. 319/1997 treten mit 1. November 1997 in Kraft. Zugleich treten die Tarifposten 320 bis 323 außer Kraft; sie sind jedoch weiter anzuwenden, soweit die entsprechenden Bestimmungen des Kraftfahrgesetzes 1967 noch anzuwenden sind. *(BGBl II 1997/319)*

(4) § 6 Abs. 1 und Abs. 2 letzter Teilsatz in der Fassung der Verordnung BGBl. II Nr. 226/1999 treten mit 1. Juli 1999 in Kraft. *(BGBl II 1999/226)*

(5) Die festen Abgabenansätze des Tarifes der Bundesverwaltungsabgabenverordnung 1983 in der Fassung der Verordnung BGBl. II Nr. 146/2000 treten mit 1. Juni 2000 in Kraft. Abschnitt XIXa. tritt mit 1. Juli 2000 in Kraft. *(BGBl II 2000/146)*

(6) § 6 und die festen Abgabenansätze des Tarifes der Bundesverwaltungsabgabenverordnung 1983, jeweils in der Fassung der Verordnung BGBl. II Nr. 462/2001, treten mit 1. Jänner 2002 in Kraft. *(BGBl II 2001/462)*

(7) Die Tarifpost 17 in der Fassung der Verordnung BGBl. II Nr. 101/2002 tritt mit 1. März 2002 in Kraft. *(BGBl II 2002/101)*

(8) § 2 Abs. 3 gilt auch für Amtshandlungen, die vor dem In-Kraft-Treten der Verordnung BGBl. II Nr. 460/2002 beantragt wurden. Die Tarifposten 15, 16, 16a und 453 in der Fassung der Verordnung BGBl. II Nr. 460/2002 treten mit 1. Jänner 2003 in Kraft. *(BGBl II 2002/460)*

(9) § 2 Abs. 3 in der Fassung des BGBl. II Nr. 11/2005 gilt auch für Amtshandlungen, die vor dem In-Kraft-Treten der Verordnung BGBl. II Nr. 11/2005 beantragt wurden. § 2 Abs. 3 in der Fassung des BGBl. II Nr. 460/2002 ist auf Amtshandlungen anzuwenden, die durch einen vor dem 1. Februar 2003 eingelangten Antrag veranlasst wurden. *(BGBl II 2005/11)*

TARIF
über das Ausmaß der Verwaltungsabgaben in den Angelegenheiten der Bundesverwaltung

A. Allgemeiner Teil

Euro

1. Bescheide, durch die auf Parteiansuchen eine Berechtigung verliehen oder eine Bewilligung erteilt oder eine Berechtigung oder Bewilligung verlängert wird, sofern die Amtshandlung nicht unter eine andere Tarifpost des besonderen Teiles dieses Tarifes fällt 6,50

2. Sonstige Bescheide oder Amtshandlungen, die wesentlich im Privatinteresse der Partei liegen, soweit nicht eine andere Tarifpost Anwendung findet 6,50

3. Ausstellung von Bescheinigungen, Legitimationen, Zeugnissen und sonstigen Bestätigungen (jedoch nicht auch von einfachen kanzleimäßigen Übernahmsbestätigungen, wie Präsentationsrubriken oder dergleichen), sofern die Amtshandlung wesentlich im Privatinteresse der Partei gelegen ist und nicht unter eine andere Tarifpost fällt 2,10

4. Aufnahme von Niederschriften von mündlichen, wesentlich im Privatinteresse der Partei liegenden Anbringen, für jeden Bogen der Niederschrift 2,10

5. Herstellung von Abschriften und Duplikaten, wenn sie von der Behörde ausgestellt werden, sofern die Amtshandlung wesentlich im Privatinteresse der Partei gelegen ist und nicht unter eine andere Tarifpost des besonderen Teiles dieses Tarifes fällt, für jeden Bogen der Abschrift (des Duplikates) 2,10

6. Durchführung von Beglaubigungen und Überbeglaubigungen, sofern die Amtshandlung wesentlich im Privatinteresse der Partei gelegen ist 3,20

7. Vidierungen, sofern die Amtshandlung wesentlich im Privatinteresse der Partei gelegen ist 3,20

B. Besonderer Teil
I. Paßwesen, Fremdenpolizeiwesen, Meldewesen, Personenstandsangelegenheiten, Namens- und Vereinswesen

8. Ausstellung eines gewöhnlichen Reisepasses (§ 4 Abs. 1 lit. a Paßgesetz 1969, BGBl. Nr. 422), eines Fremdenpasses (§ 4 Abs. 1 lit. d Paßgesetz 1969) oder eines Reisedokumentes gemäß Art. 28 der Konvention über die Rechtsstellung der Flüchtlinge, BGBl. Nr. 55/1955, jeweils unabhängig von der Anzahl der allenfalls miteinzutragenden Kinder 8,70

9. Ausstellung eines Sammelreisepasses (§ 30 Abs. 1 lit. b Paßgesetz 1969)
a) für jede in den Sammelreisepaß aufzunehmende Person 1,80

— 39 —

2/1. BVwAbgV

TP 9 – 23

AVG
BVwAbgV
BKommGebV
BeglV
COVID-19-VwBG

Euro

b) mindestens jedoch 7,60

10. Ausstellung oder Verlängerung der Gültigkeitsdauer eines Personalausweises (§ 30 Abs. 1 lit. a Paßgesetz 1969)

a) Ausstellung 2,10

b) Verlängerung der Gültigkeitsdauer 1

11. Verlängerung der Gültigkeitsdauer oder Änderung von Reisepässen (§ 14 Abs. 2 und § 16 Abs. 1 Paßgesetz 1969 sowie Z 2, 4, 5 und 6 des Anhanges zur Konvention über die Rechtsstellung der Flüchtlinge)

a) Verlängerung der Gültigkeitsdauer eines gewöhnlichen Reisepasses, eines Fremdenpasses oder eines Reisedokumentes gemäß Art. 28 der Konvention über die Rechtsstellung der Flüchtlinge, jeweils unabhängig von der Anzahl der allenfalls miteingetragenen Kinder 3,20

b) Erweiterung des räumlichen Geltungsbereiches eines gewöhnlichen Reisepasses, eines Fremdenpasses oder eines Reisedokumentes gemäß Art. 28 der Konvention über die Rechtsstellung der Flüchtlinge, jeweils unabhängig von der Anzahl der allenfalls miteingetragenen Kinder 1,80

c) Nachträgliche Miteintragung von Kindern in einen gewöhnlichen Reisepaß, Fremdenpaß oder in ein Reisedokument gemäß Art. 28 der Konvention über die Rechtsstellung der Flüchtlinge, jeweils unabhängig von der Anzahl der einzutragenden Kinder 1,80

12. Bewilligung zum Überschreiten der Grenze im Reiseverkehr in grenznahe Gebiete (§ 36 Abs. 1 Paßgesetz 1969)

a) Bewilligung zum einmaligen Grenzübertritt 1

b) Bewilligung zum mehrmaligen Grenzübertritt

1. bei einer Gültigkeitsdauer bis zu einem halben Jahr 2,10

2. bei einer Gültigkeitsdauer von mehr als einem halben Jahr 3,20

c) Bewilligung zum mehrmaligen Grenzübertritt im Ausflugsverkehr für mehrere Personen (Sammelausflugsschein) je Person 1,80

13. Erteilung eines Sichtvermerkes (§ 23 Abs. 1 Paßgesetz 1969) 3,20

14. Erteilung einer Verlängerung der Aufenthaltsberechtigung (§ 2 Abs. 1 Fremdenpolizeigesetz, BGBl. Nr. 75/1954) 3,20

Euro

15. Aufschub einer Vollstreckung eines Aufenthaltsverbotes (§ 40 FrG 1997) 16,30
(BGBl II 2002/460)

16. Erteilung einer Bewilligung nach § 41 FrG 1997 (Wiedereinreisebewilligung) 16,30
(BGBl II 2002/460)

16a. Erteilung eines Niederlassungsnachweises (§ 24 FrG 1997) 38,00
(BGBl II 2002/460)

17. Erteilung

a) einer Meldeauskunft unter Inanspruchnahme des lokalen Melderegisters (§ 18 in Verbindung mit § 14 Meldegesetz 1991) 2,10

b) einer Meldebestätigung gemäß § 19 Abs. 1 und Abs. 2 erster Satz, Meldegesetz 1991 2,10

c) einer Auskunft gemäß § 20 Abs. 1 Meldegesetz 1991

aa) für die erste in die Auskunft aufzunehmende Person 5,45

bb) für jede weitere in die Auskunft aufzunehmende Person 2,10
(BGBl II 2002/101)

18. Beurkundung eines im Ausland oder auf hoher See eingetretenen Personenstandsfalles (§ 2 Abs. 2 und 3 Personenstandsgesetz – PStG, BGBl. Nr. 60/1983) 3,20
(BGBl 1984/235)

19. Berücksichtigung einer abweichenden Schreibweise des Familiennamens oder Vornamens (§ 11 PStG) 3,20
(BGBl 1984/235)

20. Ausstellung einer Personenstandsurkunde (§ 31 PStG) 2,10
(BGBl 1984/235)

21. Erteilung von Abschriften aus einem Personenstandsbuch oder einer Altmatrik mit Ausnahme von Abschriften aus dem früheren Familienbuch (§ 36 PStG) 2,10
(BGBl 1984/235)

22. Erteilung von Abschriften aus dem früheren Familienbuch (§ 61 Personenstandsgesetz, dRGBl. 1937 I S. 1146) 3,20
(BGBl 1984/235)

23. Einsichtgewährung in ein Personenstandsbuch oder eine Altmatrik (§ 37 PStG)

a) für einen Jahrgang 1,80

	Euro
b) bei gleichzeitiger Einsicht mehrerer Personenstandsbücher oder Altmatriken jedoch höchstens	3,20

(BGBl 1984/235)

24. Erteilung von wöchentlichen Verzeichnissen der beurkundeten Personenstandsfälle (§ 37 Abs. 4 PStG) 1,80

Die Verwaltungsabgabe beträgt S 5, wenn das wöchentliche Verzeichnis keinen beurkundeten Personenstandsfall enthält.

(BGBl 1984/235)

25. Ermittlung der Ehefähigkeit (§§ 42 ff. PStG) bei Abtretung der Unterlagen an eine andere Personenstandsbehörde (§ 46 Abs. 3 PStG) 5,45

(BGBl 1984/235)

26. Ausstellung eines Ehefähigkeitszeugnisses (§ 45 PStG) 7,60

(BGBl 1984/235)

27. Trauung durch den Standesbeamten (§ 47 PStG) im Amtsraum
a) während der Dienststunden 5,45
b) außerhalb der Dienststunden 10,90

(BGBl 1984/235)

28. Trauung durch den Standesbeamten (§ 47 PStG) außerhalb der Amtsräume

a) bei lebensgefährlicher Erkrankung eines Verlobten 5,45
b) in allen anderen Fällen 54,50

(BGBl 1984/235)

29. Beurkundung und Beglaubigung von Erklärungen (§ 53 PStG), ausgenommen Erklärungen über die Anerkennung der Vaterschaft zu einem unehelichen Kind 3,20

(BGBl 1990/740)

30. Entgegennahme von Erklärungen (§ 54 PStG), ausgenommen Erklärungen über die Anerkennung der Vaterschaft zu einem unehelichen Kind 3,20

(BGBl 1990/740)

31. Ausstellung einer Bestätigung (§ 55 PStG) 2,10

(BGBl 1984/235)

32. Änderung des Familien- oder Vornamens (§§ 1 und 11 des Gesetzes über die Änderung von Familiennamen und Vornamen dRGBl. 1938 I S 9) 163

Die Verwaltungsabgabe beträgt S 500, wenn die Partei oder deren für die Namensführung maßgebliche Vorfahren ursprünglich einen deutschen Familiennamen besessen haben, dieser Familienname aber vor Erlangung der österreichischen Staatsbürgerschaft durch die Partei geändert wurde und nunmehr in den ursprünglichen deutschen Namen rückgeführt wird.

33. *(aufgehoben, BGBl 1990/740)*

II. Waffen-, Schieß- und Sprengmittelwesen

	Euro
34. Bewilligung einer Ausnahme	
1. vom Verbot des Besitzes von Waffen, Munition oder Knallpatronen durch Jugendliche (§ 11 Abs. 2 des Waffengesetzes 1996 – WaffG, BGBl. I Nr. 12/1997)	43
2. von Verboten des § 18 Abs. 1 WaffG (§ 18 Abs. 2 WaffG)	109

(BGBl II 1997/190)

34a. Ausstellung
1. einer Waffenbesitzkarte (§ 21 Abs. 1 WaffG) 43
a) sofern der Besitz von mehr als zwei Schußwaffen erlaubt wird (§ 23 Abs. 2 WaffG), zusätzlich 43
b) sofern dadurch eine Ausnahme von den Verboten des § 17 Abs. 1 oder 2 WaffG bewilligt wird (§ 17 Abs. 3 WaffG), zusätzlich 43
2. eines Waffenpasses (§ 21 Abs. 2 WaffG) 87
a) sofern der Besitz von mehr als zwei Schußwaffen erlaubt wird (§ 23 Abs. 2 WaffG), zusätzlich 87
b) sofern dadurch eine Ausnahme von den Verboten des § 17 Abs. 1 oder 2 WaffG bewilligt wird (§ 17 Abs. 3 WaffG), zusätzlich 87
3. einer Bestätigung über die Ablieferung oder Einziehung eines Waffenpasses, einer Waffenbesitzkarte oder eines Europäischen Feuerwaffenpasses (§ 27 Abs. 2 WaffG) 21,80

(BGBl II 1997/190)

34b. Einwilligung zum Erwerb genehmigungspflichtiger Schußwaffen oder Munition (§ 28 Abs. 6 WaffG) 43

(BGBl II 1997/190)

34c. Ausstellung
1. eines Waffenpasses für meldepflichtige oder sonstige Schußwaffen (§ 35 Abs. 3 WaffG) 87
2. eines Europäischen Feuerwaffenpasses (§ 36 Abs. 2 WaffG) 43
3. eines Erlaubnisscheines zum Verbringen von Schußwaffen oder Munition in

— 41 —

2/1. BVwAbgV

TP 34c – 38

AVG
BVwAbgV
BKommGebV
BeglV
COVID-19-VwBG

Euro

einen anderen Mitgliedstaat der Europäischen Union (§ 37 Abs. 1 WaffG) 43

4. einer Einwilligungserklärung für das Verbringen von Schußwaffen oder Munition aus einem Mitgliedstaat der Europäischen Union in das Bundesgebiet (§ 37 Abs. 3 WaffG) 43

(BGBl II 1997/190)

34d. Genehmigung des Verbringens von Schußwaffen oder Munition zu einem Gewerbetreibenden, der in einem anderen Mitgliedstaat der Europäischen Union ansässig ist (§ 37 Abs. 2 WaffG) 87

(BGBl II 1997/190)

34e. Bewilligung zum Führen einer gemäß § 38 WaffG mitgebrachten oder gemäß § 39 WaffG eingeführten Schußwaffe (§ 40 Abs. 1 WaffG) 43

(BGBl II 1997/190)

34f. Bestimmung einer Schußwaffe (§ 44 WaffG) 43

(BGBl II 1997/190)

35. Bewilligung zur Ein-, Aus- und Durchfuhr von Kriegsmaterial (§ 3 Abs. 1 des Bundesgesetzes über die Ein-, Aus- und Durchfuhr von Kriegsmaterial, BGBl. Nr. 540/1977, in der Fassung der Bundesgesetze BGBl. Nr. 358/1982 und 30a/1991 und des Bundesverfassungsgesetzes BGBl. I Nr. 38/1997) 163

(BGBl II 1997/190)

36. Erteilung einer Berechtigung nach den §§ 6, 10 und 31 Schieß- und Sprengmittelgesetz, BGBl. Nr. 196/1935, in der Fassung des GBlÖ Nr. 483/1938

a) Erteilung einer Erzeugungsbefugnis 130

b) Erteilung einer Verschleißbefugnis 32,70

c) Ausstellung eines Sprengmittelbezugsbuches 21,80

d) Ausstellung eines Sprengmittelbezugsscheines 2,10

37. Genehmigung von Betriebsanlagen und Verbrauchslagern nach den §§ 16 und 34 Schieß- und Sprengmittelgesetz

a) Genehmigung einer Erzeugungsanlage sowie der Änderung einer bestehenden Erzeugungsanlage oder ihres Betriebsvorganges 130

b) Genehmigung von Verschleißräumen und Verschleißlagern sowie der Änderung bestehender Verschleißräume und Verschleißlager 65

c) Genehmigung eines Verbrauchslagers 32,70

Euro

38. Anbringen von Beschußzeichen an Handfeuerwaffen gemäß § 15 Beschußgesetz, BGBl. Nr. 141/1951, in der Fassung des Bundesgesetzes BGBl. Nr. 233/1984:

A. Nach V o r b e s c h u ß (§ 5 Abs. 2 Beschußgesetz):

1. je Lauf von Flinten und mehrläufigen Gewehren 5,45

2. bei Nachholung des Vorbeschusses an fertigen Flinten und Gewehren, je Lauf 3,20

B. Nach E n d b e s c h u ß (§ 5 Abs. 1 Beschußgesetz) in den Beschußämtern:

1. Langwaffen:

a) je Büchsenlauf 10,90

b) je Flintenlauf 8,70

2. Kurzwaffen:

a) je Pistole (ein- oder mehrläufig) .....
.... 7,60

b) je Revolver 8,70

3. Sonstige Schießgeräte:

a) je Viehbetäubungs- oder -tötungsapparat, je Bolzensetzapparat u. dgl. 6,50

b) je Böllerkanone oder je Prangerstutzen uä. 10,90

4. Vorderladerwaffen:

a) je Langwaffe pro Lauf 10,90

b) je Pistole (ein- oder mehrläufig) .....
.... 9,80

c) je Revolver 17,40

5. Höchstbeanspruchte Waffenteile .... die gleichen Sätze wie für das Anbringen der Beschußzeichen an vollständigen Waffen

C. Nach E n d b e s c h u ß (§ 5 Abs. 1 Beschußgesetz) in Nebenstellen mit von der Partei beigestellten Hilfspersonen und Hilfsmitteln:

1. Langwaffen:

a) je Büchsenlauf 3,20

b) je Flintenlauf 3,20

2. Kurzwaffen:

a) je Pistole (ein- oder mehrläufig) .....
.... 3,20

b) je Revolver 3,20

3. Sonstige Schießgeräte:

a) je Viehbetäubungs- oder -tötungsapparat, je Bolzensetzapparat u. dgl. 3,20

b) je Böllerkanone oder je Prangerstutzen 4,35

4. Vorderladerwaffen:

	Euro
a) je Langwaffe pro Lauf	4,35
b) je Pistole (ein- oder mehrläufig)	3,20
c) je Revolver	5,45

5. Höchstbeanspruchte Waffenteile ... die gleichen Sätze wie für das Anbringen der Beschußzeichen an vollständigen Waffen

D. Nach v e r s t ä r k t e m B e s c h u ß (§ 11 Abs. 1 Beschußgesetz):

1. Langwaffen:

	Euro
a) je Büchsenlauf	14,10
b) je Flintenlauf	11,90

2. Kurzwaffen:

	Euro
a) je Pistole (ein- oder mehrläufig)	10,90
b) je Revolver	10,90

3. Sonstige Schießgeräte:

je Viehbetäubungs- oder -tötungsapparat, je Bolzensetzapparat u. dgl. ... 9,80

E. Für das Anbringen der Protokollzahl als R ü c k g a b e z e i c h e n bei Waffen, die den amtlichen Beschuß nicht bestanden haben (§ 7 Abs. 1 Beschußgesetz) ... 3,20

F. 1. Für die Erteilung der Genehmigung zur Verwendung des Beschußzeichens für Typenprüfung (§ 12 Abs. 1 der 7. Beschußverordnung, BGBl. Nr. 26/1985) ... 490

2. Für die Ausstellung der Bestätigung über die Durchführung der Kontrollprüfung (§ 13 Abs. 4 der 7. Beschußverordnung) ... 87

(BGBl 1990/740)

39. A. Für die Erteilung der Genehmigung zur Verwendung des Patronentypenprüfzeichens (§ 10 Abs. 2 der 6. Beschußverordnung, BGBl. Nr. 189/1980):

1. Kugelpatronen:

a) bei der Überprüfung mit der Mindestanzahl (§ 7 Abs. 2 der 6. Beschußverordnung) je Kaliber ... 65

b) bei der Überprüfung eines Loses (§ 6 Abs. 2 der 6. Beschußverordnung) je Kaliber ... 327

2. Schrotpatronen:

a) bei der Überprüfung mit der Mindestanzahl (§ 7 Abs. 2 der 6. Beschußverordnung) je Kaliber ... 43

b) bei der Überprüfung eines Loses (§ 6 Abs. 2 der 6. Beschußverordnung) je Kaliber ... 185

B. Für die Erteilung der Genehmigung zur Durchführung der Fabrikationskontrolle (§ 18 Abs. 3 der 6. Beschußverordnung):

1. Kugelpatronen:

bei der Kontrolle der Prüfeinrichtungen (§ 18 Abs. 2 der 6. Beschußverordnung) je Kaliber ... 272

2. Schrotpatronen:

bei der Kontrolle der Prüfeinrichtungen (§ 18 Abs. 2 der 6. Beschußverordnung) je Kaliber ... 196

C. Für die Ausstellung der Bestätigung über die Durchführung der Inspektionskontrolle (§ 21 Abs. 3 der 6. Beschußverordnung):

1. Kugelpatronen:

a) bei der Inspektionskontrolle gemäß § 21 Abs. 1 Z 1 der 6. Beschußverordnung je Kaliber ... 250

b) bei der Inspektionskontrolle gemäß § 21 Abs. 1 Z 2 der 6. Beschußverordnung je Kaliber ... 174

c) bei der Inspektionskontrolle gemäß § 21 Abs. 1 Z 2 der 6. Beschußverordnung, bei vorhergegangener Patronentypenprüfung mit der Mindestanzahl, je Kaliber ... 54,50

2. Schrotpatronen:

a) bei der Inspektionskontrolle gemäß § 21 Abs. 1 Z 1 der 6. Beschußverordnung je Kaliber ... 141

b) bei der Inspektionskontrolle gemäß § 21 Abs. 1 Z 2 der 6. Beschußverordnung je Kaliber ... 109

c) bei der Inspektionskontrolle gemäß § 21 Abs. 1 Z 2 der 6. Beschußverordnung, bei vorhergegangener Patronentypenprüfung mit der Mindestanzahl, je Kaliber ... 32,70

(BGBl 1990/740)

III. Unterrichtswesen

40. Bewilligung zur Führung einer gesetzlich geregelten Schulartbezeichnung (§ 11 Privatschulgesetz, BGBl. Nr. 244/1962) ... 32,70

41. Genehmigung eines Organisationsstatutes gemäß § 14 Abs. 2 lit. b Privatschulgesetz ... 54,50

42. Verleihung des Öffentlichkeitsrechtes an eine Privatschule (§ 14 Privatschulgesetz) oder an eine land- und forstwirtschaftliche Privatschule

a) für jedes Schuljahr ... 21,80

— 43 —

2/1. **BVwAbgV**

TP 42 − 62

AVG
BVwAbgV
BKommGebV
BeglV
COVID-19-VwBG

Euro

b) für die Dauer der Erfüllung der gesetzlichen Bedingungen 54,50

Bei Verleihung des Öffentlichkeitsrechtes für unmittelbar aufeinanderfolgende Schuljahre ist die Verwaltungsabgabe insgesamt nur bis zum Höchstbetrag von S 500 zu entrichten.

43. Bewilligung eines Schulversuches an Privatschulen 32,70

IV. Wirtschaftliches Assoziationswesen

44. Erteilung der Konzession zum Betrieb der Vertragsversicherung (§§ 4 und 5 des Versicherungsaufsichtsgesetzes, BGBl. Nr. 569/1978)

a) an einen kleinen Versicherungsverein auf Gegenseitigkeit im Sinne des § 62 des Versicherungsaufsichtsgesetzes 25

b) an ein anderes Versicherungsunternehmen 490

45. Genehmigung des Geschäftsplanes (§ 8 des Versicherungsaufsichtsgesetzes) und der Änderung des Geschäftsplanes (§ 10 des Versicherungsaufsichtsgesetzes)

a) eines kleinen Versicherungsvereines auf Gegenseitigkeit im Sinne des § 62 des Versicherungsaufsichtsgesetzes 6,50

b) eines anderen Versicherungsunternehmens 32,70

46. Zulassung einer ausländischen Gesellschaft m. b. H. (§ 109 des Gesetzes über Gesellschaften mit beschränkter Haftung, RGBl. Nr. 58/1906) oder einer Aktiengesellschaft (§ 254 des Aktiengesetzes 1965, BGBl. Nr. 98) zum inländischen Geschäftsbetrieb 490

47. Bewilligung zur Ausgabe von Schuldverschreibungen (§ 1 des Wertpapier-Emissionsgesetzes, BGBl. Nr. 65/1979) 490

48. Genehmigung der besonderen Geschäfte nach § 93 Gesetz über die Erwerbs- und Wirtschaftsgenossenschaften, RGBl. Nr. 70/1873, soweit sie nicht bereits unter „Tarifpost 47" fällt 49

(BGBl 1983/181 (DFB))

49. Gewährung der Nachsicht des Nachweises der Zugehörigkeit an einem Revisionsverband an eine Genossenschaft (§ 2 Genossenschaftsnovelle 1934, BGBl. II Nr. 195) 130

„V. Geld-, Kredit-, Bausparkassen-, Pensionskassen- und Glücksspielwesen"

(BGBl 1990/740)

Euro

50. Erteilung der Konzession zum Betrieb von Bankgeschäften (§ 4 Abs. 1 des Kreditwesengesetzes, BGBl. Nr. 63/1979) 490

51. Bewilligung nach den §§ 8, 8 a, 14 a Abs. 7 und 15 Abs. 3 des Kreditwesengesetzes 218

(BGBl 1990/740)

52. Genehmigung der Fondsbestimmungen nach § 21 Abs. 1 Investmentfondsgesetz, BGBl. Nr. 192/1963, der Bestellung der Depotbank nach § 22 Investmentfondsgesetz und Genehmigung nach § 15 Abs. 2 Investmentfondsgesetz 327

(BGBl 1990/740)

53. und 54. *(aufgehoben, BGBl 1990/740)*

55. Erteilung einer Konzession zum Betrieb von Pensionskassengeschäften (§ 8 Abs. 1 Pensionskassengesetz) 490

(BGBl 1990/740)

56. Genehmigung des Geschäftsplanes und der Änderung des Geschäftsplanes einer Pensionskasse (§ 20 Abs. 4 Pensionskassengesetz) 32,70

(BGBl 1990/740)

57. Bewilligung zur Verschmelzung oder Umwandlung einer Pensionskasse (§ 40 Pensionskassengesetz) 218

(BGBl 1990/740)

58. Erlaubnis zum Betrieb einer Bausparkasse (§ 112 in Verbindung mit § 5 des Gesetzes über die Beaufsichtigung der privaten Versicherungsunternehmungen und Bausparkassen, dRGBl. 1931 I S 315) 490

59. Genehmigung der Änderung des Geschäftsplanes einer Bausparkasse (§ 112 in Verbindung mit § 13 des Gesetzes über die Beaufsichtigung der privaten Versicherungsunternehmungen und Bausparkassen) 218

60. Bewilligung von sonstigen Ausspielungen (§ 36 Glücksspielgesetz, BGBl. Nr. 620/1989)

a) Juxausspielungen 2,10

b) Glückshäfen 3,20

c) Tombolaspiele 21,80

d) sonstige Nummernlotterien 54,50

(BGBl 1990/740)

61. Bewilligung zum Betrieb einer Spielbank (§ 21 Glücksspielgesetz) 490

62. Genehmigung der Besuchs- und Spielordnung einer Spielbank (§ 26

	Euro		Euro

Abs. 2 Glücksspielgesetz) 109
(BGBl 1990/740)

63. Bewilligung von Beteiligungen nach § 24 Glücksspielgesetz 218
(BGBl 1990/740)

64. Feststellung gemäß § 50 Abs. 1 Glücksspielgesetz 54,50
(BGBl 1990/740)

VI. Gesundheitswesen und Lebensmittelkontrolle

65. Erteilung der Niederlassungsbewilligung für eine Hebamme (§ 2 Hebammengesetz 1963, BGBl. Nr. 3/1964) 13

66. Genehmigung zur Niederlassung als selbständiger Dentist (§ 7 Abs. 1 bis 4 Dentistengesetz, BGBl. Nr. 90/1949, in der Fassung der Dentistengesetznovelle 1955, BGBl. Nr. 139) 65

67. Genehmigung der Verlegung der Berufstätigkeit als selbständiger Dentist (§ 7 Abs. 5 Dentistengesetz)

a) außerhalb des bisherigen Niederlassungsortes 32,70

b) innerhalb des bisherigen Niederlassungsortes 13

68. Erteilung einer Genehmigung zur Berufstätigkeit als selbständiger Dentist an einem zweiten Niederlassungsort (§ 7a Dentistengesetz) 32,70

69. Anerkennung der Gleichwertigkeit ausländischer Zeugnisse gemäß § 15 Abs. 3, § 21 und § 42 Abs. 1 des Bundesgesetzes betreffend die Regelung des Krankenpflegefachdienstes, der medizinisch-technischen Dienste und der Sanitätshilfsdienste, BGBl. Nr. 102/1961 3,20

70. Entscheidung über die Kenntnisse in der deutschen Sprache gemäß § 52 Abs. 1 des Bundesgesetzes BGBl. Nr. 102/1961 in der Fassung des Bundesgesetzes BGBl. Nr. 257/1967 3,20

71. Konzession zum Betrieb einer öffentlichen Apotheke, die nicht auf einem Realrecht beruht (§ 9 Apothekengesetz, RGBl. Nr. 5/1907) 327

72. Bewilligung zum Offenhalten einer Apotheke an Stelle der Dienstbereitschaft und umgekehrt nach § 8 Abs. 4 des Apothekengesetzes 7,60

73. Konzession zum Betrieb einer Anstalts-Apotheke (§ 35 Apothekengesetz) 130

74. Genehmigung der Betriebsanlage einer Apotheke und der Änderung oder Erweiterung einer solchen (§ 6 Apothekengesetz) 65

75. Genehmigung der Verlegung einer Apotheke innerhalb des festgesetzten Standortes (§ 14 Apothekengesetz) 130

76. Genehmigung der Erweiterung des Standortes einer Apotheke (§ 9 Apothekengesetz) 218

77. Genehmigung eines Pachtvertrages, den der Inhaber einer Apotheke gemäß § 1 Abs. 2 Z 4 Apothekenverpachtungsgesetz abschließt (§ 3 Apothekenverpachtungsgesetz, dRGBl. 1935 I S 1445) 109

78. Genehmigung eines Pachtvertrages für eine auf Rechnung der Witwe oder der minderjährigen Kinder des verstorbenen Inhabers weitergeführten Apotheke nach § 1 Abs. 1 Apothekenverpachtungsgesetz 76

79. Genehmigung des Verwalters nach § 8 Abs. 1 des Apothekenverpachtungsgesetzes 76

80. Genehmigung der Bestellung

a) eines verantwortlichen Leiters einer Apotheke (§§ 17 Abs. 1 und 37 Abs. 1 Apothekengesetz) 109

b) eines Stellvertreters des Konzessionsinhabers oder des verantwortlichen Leiters für die Dauer von mehr als sechs Wochen (§ 17 Abs. 4 Apothekengesetz) 54,50

sofern es sich nicht um eine durch die Witwe, durch Deszendenten oder für Rechnung der Masse während einer Konkurs- oder Verlassenschaftsabhandlung fortbetriebene Apotheke handelt.

81. Bewilligung zur Errichtung

a) einer Filial(Saison)Apotheke oder einer Dispensieranstalt (§§ 24, 25 und 26 Apothekengesetz) 130

b) einer ärztlichen Hausapotheke (§ 29 Apothekengesetz) 65

82. Genehmigung zur Führung einer Realapotheke (§ 22 Abs. 1 Apothekengesetz) 327

83. Genehmigung der Verpachtung oder der Bestellung eines verantwortlichen Leiters einer Realapotheke (§ 22 Abs. 2 Apothekengesetz) 130

84. Bewilligung zur Herstellung, Verarbeitung, zum Erwerbe und Besitze von Suchtgiften für Erzeuger und Großhändler (§ 3 Abs. 1 Z 1 Suchtgiftgesetz 1951, BGBl. Nr. 234; 2 Suchtgiftverordnung 1979, BGBl. Nr. 390) 218

85. Ausstellung einer Bestätigung über die Berechtigung privater wissenschaftlicher Institute zum Bezug von Suchtgiften (§ 3 Abs. 1 Z 2 Suchtgiftgesetz 1951; § 3 Abs. 2 Suchtgiftverordnung 1979) 13

— 45 —

2/1. BVwAbgV

TP 86 – 109

AVG
BVwAbgV
BKommGebV
BeglV
COVID-19-VwBG

Euro | | Euro

86. Besondere Bewilligung zur Ein- und Ausfuhr von Suchtgiften (§ 18 Abs. 1 Suchtgiftverordnung 1979)

a) bis 100 kg 13

b) über 100 kg 27,20

87. Ausstellung eines Giftbezugsscheines (§ 29 Abs. 1 Z 1 Chemikaliengesetz, BGBl. Nr. 326/1987, § 2 Giftverordnung 1989, BGBl. Nr. 212) 3,20

(BGBl 1990/740)

88. Ausstellung einer Giftbezugslizenz (§ 29 Abs. 1 Z 2 Chemikaliengesetz, § 2 Giftverordnung 1989) 32,70

(BGBl 1990/740)

89. bis 91 *(aufgehoben, BGBl 1990/740)*

92. Zulassung einer pharmazeutischen Spezialität (§§ 1 und 7 Verordnung BGBl. Nr. 99/1947) 27,20

93. Zulassung von gesundheitsbezogenen Angaben (§ 9 Abs. 3 LMG 1975, BGBl. Nr. 86) 16,30

94. Zulassung von Zusatzstoffen (§ 12 Abs. 2 LMG 1975) 16,30

95. Zulassung von Stoffen zur Herstellung von Gebrauchsgegenständen (§ 30 Abs. 2 LMG 1975) 16,30

96. Erweiterung des Betriebsumfanges einer Erwerbszwecken dienenden Privatuntersuchungsanstalt (§ 50 LMG 1975) 98

97. Räumliche Erweiterung einer Erwerbszwecken dienenden Privatuntersuchungsanstalt (§ 50 LMG 1975) 98

98. Standortverlegung einer Erwerbszwecken dienenden Privatuntersuchungsanstalt (§ 50 LMG 1975) 98

99. Bewilligung des Wechsels in der Person des Leiters einer Erwerbszwecken dienenden Privatuntersuchungsanstalt (§ 50 LMG 1975) 98

100. Bewilligung zur Durchführung von entgeltlichen Untersuchungen und Erstattung von Gutachten (§ 50 LMG 1975) 196

101. Bewilligung zur verantwortlichen Vornahme der Plasmapherese (§ 1 Abs. 3 des Plasmapheresegesetzes, BGBl. Nr. 427/1975) 196

102. Erteilung einer Betriebsbewilligung für eine Plasmapheresestelle (§ 3 des Plasmapheresegesetzes) 196

103. Erteilung einer Bewilligung zur Ausübung des ärztlichen Berufes als praktischer Arzt oder Facharzt in Österreich (§ 11 der Ärzte-Ausbildungsordnung, BGBl. Nr. 36/1974) 98

104. Ausstellung einer Unbedenklichkeitsbescheinigung (§ 22 Heilvorkommen- und Kurortegesetz, BGBl. Nr. 272/1958) 65

105. Bewilligung der Errichtung oder des Betriebes von Hallenbädern und künstlichen Freibeckenbädern (§ 3 Abs. 1, § 4 Abs. 1 Bäderhygienegesetz, BGBl. Nr. 254/1976)

a) bei Anlagen mit einer Beckengröße bis „130 m²" 65

(BGBl 1983/181 (DFB))

b) bei Anlagen mit einer Beckengröße über „130 m²" 130

(BGBl 1983/181 (DFB))

106. Bewilligung des Betriebes von Bädern an Oberflächengewässern oder von Sauna-Anlagen (§ 5 Abs. 1 Bäderhygienegesetz) 65

107. Bewilligung der Änderung oder Erweiterung von Bädern oder Sauna-Anlagen (§ 6 des Bäderhygienegesetzes) .... die Hälfte der im Falle der Bewilligung zu entrichtenden Abgabe

108. Genehmigung gemäß § 2 der Süßstoffverordnung (dRGBl. 1939 I S 336) 16,30

VII. Strahlenschutz und Umgang mit Kernmaterial

109. Bewilligung der Errichtung oder des Betriebes von Anlagen für den Umgang mit radioaktiven Stoffen (§ 5 Abs. 1, § 6 und § 7 Abs. 1 Strahlenschutzgesetz, BGBl. Nr. 227/1969) und des sonstigen Umganges mit radioaktiven Stoffen (§ 10 Strahlenschutzgesetz):

1. Sofern es sich um umschlossene radioaktive Stoffe handelt,

a) bis einschließlich 0,2 Curie Gesamtaktivität 16,30

b) bis einschließlich 20 Curie Gesamtaktivität 32,70

c) bis einschließlich 200 Curie Gesamtaktivität 81,50

d) über 200 Curie Gesamtaktivität 163

2. Sofern es sich um offene radioaktive Stoffe handelt,

a) bei Arbeitsplätzen der Type C 32,70

	Euro
b) bei Arbeitsplätzen der Type B	109
c) bei Arbeitsplätzen der Type A	272

3. Sofern es sich um Kernanlagen handelt:

a) bei Kernreaktoren

aa) bis einschließlich 20 Kilowatt thermischer Leistung (20 kW th)	272
bb) bis einschließlich 20 Megawatt thermischer Leistung (20 MW th)	435
cc) über 20 Megawatt thermischer Leistung (20 MW th)	490
b) bei sonstigen Kernanlagen	435

110. Bewilligung der Errichtung oder des Betriebes von Anlagen für Strahleneinrichtungen (§ 5 Abs. 1, § 6 und § 7 Abs. 1 Strahlenschutzgesetz) und des sonstigen Betriebes von Strahleneinrichtungen (§ 10 Strahlenschutzgesetz):

1. Sofern es sich um Röntgeneinrichtungen handelt, je Röntgeneinrichtung	32,70

2. Sofern es sich um Teilchenbeschleuniger oder Neutronengeneratoren handelt,

a) bis einschließlich 10 Megaelektronenvolt (10 MeV)	81,50
b) bis einschließlich 50 Megaelektronenvolt (50 MeV)	272
c) über 50 Megaelektronenvolt (50 MeV)	435

111. Bewilligung der Änderung oder Erweiterung von Anlagen für den Umgang mit radioaktiven Stoffen oder für Strahleneinrichtungen (§ 8 Strahlenschutzgesetz) ....

.... 50 vH der Gebührensätze der Tarifposten 109 und 110

112. Verlängerung von Fristen (§ 12 Abs. 5 Strahlenschutzgesetz) ....

.... 25 vH der Gebührensätze der Tarifposten 109 und 110

113. Zulassung von Bauarten

a) gemäß § 19 Strahlenschutzgesetz	163
b) gemäß § 20 Strahlenschutzgesetz	327

114. Bewilligung zum Umgang mit Kernmaterial (§ 7 Abs. 1 Sicherheitskontrollgesetz BGBl. Nr. 408/1972) bei Mengen von

A. Plutonium oder Uran – 233:

1. mehr als 5 g bis 500 g	163

	Euro
2. mehr als 500 g, aber weniger als 2 kg	272
3. ab 2 kg	435

B. Uran – 235:

1. in Uran, dessen Uran 235-Gehalt auf 20 oder mehr Prozent angereichert wurde,

a) mehr als 10 g bis 1 kg	163
b) mehr als 1 kg, aber weniger als 5 kg	272
c) ab 5 kg	435

2. in Uran, dessen Uran 235-Gehalt auf 10 oder weniger als 20 Prozent angereichert wurde,

a) mehr als 100 g, aber weniger als 10 kg	163
b) ab 10 kg	272

3. in Uran, dessen Uran 235-Gehalt über den in natürlichem Uran, aber auf weniger als 10 Prozent angereichert wurde, ab 10 kg	163

115. Bewilligung der Änderung der bescheidmäßig vorgeschriebenen sicherungstechnischen Einrichtung oder Erweiterung von Anlagen für den Umgang mit Kernmaterial ....

.... 50 vH der Ansätze der Tarifpost 114

116. Verlängerung von in Bewilligungsbescheiden gesetzten Fristen ....

.... 25 vH der Ansätze der Tarifpost 114

VIII. Veterinärwesen

117. *(aufgehoben, BGBl 1990/740)*

118. Genehmigung der Ausfolgung eines vom Wasenmeister oder von Organen einer Tierkörperverwertungsanstalt eingefangenen Hundes (§ 41 Tierseuchengesetz)	9,80
119. Viermonatige amtstierärztliche Beobachtung eines vom Wasenmeister oder von Organen einer Tierkörperverwertungsanstalt eingefangenen und dann ausgefolgten Hundes (§ 41 Tierseuchengesetz)	65
120. Amtstierärztliche Bescheinigung für Hunde und Katzen, die zu Tierausstellungen, Tierschauen u. dgl. oder in das Ausland verbracht werden (§ 9 Tierseuchengesetz), je Tier	9,80

IX. Wasserrecht

121. Bewilligung der Benutzung der Gewässer zur Holztrift nach den wasser-

— 47 —

2/1. BVwAbgV
TP 121 – 131

AVG
BVwAbgV
BKommGebV
BeglV
COVID-19-VwBG

Euro

rechtlichen Vorschriften (§ 7 Wasserrechtsgesetz 1959, BGBl. Nr. 215)

a) bis zu 200 fm 1

b) über 200 fm bis 1 000 fm 10,90

c) über 1 000 fm bis 5 000 fm 54,50

d) über 5 000 fm 109

122. Wasserrechtliche Bewilligung für
eine Anlage zur Ausnutzung der motori-
schen Kraft des Wassers (§ 9 Wasserrechtsgesetz 1959)

a) bis 25 kW 27,20

b) über 25 bis 200 kW 65

c) über 200 bis 2 000 kW 109

d) über 2 000 kW 327

123. Wasserrechtliche Bewilligung für
Nutzwasserentnahmen (§§ 9 und 10
Wasserrechtsgesetz 1959) sowie für Ein-
wirkungen auf die Beschaffenheit von
Gewässern (§ 32 Wasserrechtsgesetz
1959) mit einer bewilligten täglichen
Wassermenge

a) bis 50 m³ 16,30

b) über 50 bis 200 m³ 43

c) über 200 bis 1 000 m³ 109

d) darüber 327

124. Wasserrechtliche Bewilligung für
eine über den Gemeingebrauch hinausgehende Gewinnung von Erde, Sand,
Schotter und Steinen aus öffentlichen
Gewässern oder öffentlichem Wassergut
(§ 9 Wasserrechtsgesetz 1959) bei einer
bewilligten Menge

a) bis 50 m³ 6,50

b) über 50 bis 500 m³ 32,70

c) über 500 bis 3 000 m³ 65

d) über 3 000 bis 10 000 m³ 218

e) darüber 435

125. Bewilligung für eine Staubecken-
anlage (§ 9 Wasserrechtsgesetz 1959) 218

126. Bewilligung für eine Talsperre
(§ 9 Wasserrechtsgesetz 1959) 490

127. Bewilligung zur Errichtung von
Anlagen für die Lagerung oder Leitung
wassergefährdender Stoffe gemäß § 31a
Abs. 1 Wasserrechtsgesetz 1959, wenn
nicht nach den Tarifposten 147, 429 oder
430 eine Verwaltungsabgabe zu entrichten
ist 13

128. Wasserrechtliche Bewilligung

a) für eine nach § 31a Abs. 2 oder § 32
des Wasserrechtsgesetzes 1959 in der
Fassung des Bundesgesetzes BGBl. Nr.
207/1969 bewilligungspflichtige Gewinnung von Sand und Kies ....

Euro

.... nach derselben
Abstufung wie in
Tarifpost 124

b) für eine nach § 38 Wasserrechtsgesetz 1959 genehmigungspflichtige Anlage
zur Gewinnung von Erde, Sand, Schotter
und Steinen ....

.... wie lit. a

c) für eine sonstige nach § 38 Wasserrechtsgesetz 1959 genehmigungspflichtige
Anlage 16,30

129. Erstreckung der Baufrist (§ 112
Wasserrechtsgesetz 1959) für eine Anlage
der in den „Tarifposten 122 und 123 sowie 125 bis 128" bezeichneten Art,

a) wenn hiedurch die Gesamtfrist 10
Jahre nicht überschreitet ....

.... die Hälfte der
im Falle der Bewilligung
zu entrichtenden Abgaben

b) wenn hiedurch die Gesamtfrist 10
Jahre überschreitet ....

.... die gleiche
Abgabe wie im Falle
der Bewilligung

(BGBl 1983/181 (DFB))

130. a) Erklärung als bevorzugter
Wasserbau gemäß § 100 Abs. 2 Wasserrechtsgesetz 1959 435

b) Erstreckung der Gültigkeit einer Er-
klärung nach lit. a 163

131. Eintragung in das Wasserbuch
(§ 125 Wasserrechtsgesetz 1959)

a) eines Wasserkraftnutzungsrechtes

....

.... wie Tarifpost 122

b) eines Nutzwasserversorgungsrechtes
oder eines Abwasserrechtes ....

.... wie Tarifpost 123

c) eines sonstigen Wasserbenutzungs-
rechtes bei Herstellungskosten

1. bis 10 000 S 6,50

2. über 10 000 bis 100 000 S 21,80

3. über 100 000 bis 1 000 000 S 65

4. über 1 000 000 S 327

d) von Änderungen eines Wasserbenut-
zungsrechtes

1. Änderung oder Erweiterung des
Wasserrechtes

aa) innerhalb derselben Tarifpostenstu-
fe ....

.... die halbe Gebühr

Euro

bb) bei Überschreitung der Tarifposten-
stufe ....
.... die Differenz
zwischen den Stufen

2. Einschränkung oder Erlöschen des
Wasserrechtes sowie Wechsel der Wasser-
berechtigung .... frei

X. Angelegenheiten des Gewerbes und der Industrie

132. Feststellungsbescheid über das
Vorliegen der gesetzlichen Voraussetzungen für die Ausübung eines Anmeldungsgewerbes (§ 340 Abs. 1 GewO 1973)

a) bei juristischen Personen und Personengesellschaften des Handelsrechtes 54,50

b) sonst 27,20
Bei Anwendung des § 340 Abs. 4 GewO
1973 tritt die Pflicht zur Entrichtung der
Verwaltungsabgabe gemäß dieser Tarifpost mit der Ausfertigung des Gewerbe-
scheines ein.

133. Erteilung einer Konzession (§ 25
Abs. 1 GewO 1973)

a) an juristische Personen und Personengesellschaften des Handelsrechtes 109

b) sonst 54,50

134. Gleichstellung von Ausländern
oder Staatenlosen mit Inländern hinsichtlich der Gewerbeausübung (§ 14 Abs. 2
GewO 1973) 130

135. Nachsichten

a) Nachsicht vom vorgeschriebenen
Befähigungsnachweis (§ 28 Abs. 1 bis 5
und § 28a GewO 1973) 59,50

(BGBl 1990/740)

b) Nachsicht von den Voraussetzungen
für die Zulassung zur Meisterprüfung oder
zu einer Prüfung im Sinne des § 22 Abs. 1
Z 3 GewO 1973 (§ 28 Abs. 6 GewO
1973) 21,80

c) Nachsicht von der Vorlage eines
vorgeschriebenen Zeugnisses (§ 28 Abs. 7
GewO 1973) 21,80

d) Nachsicht vom Ausschluß von der
Gewerbeausübung (§§ 26 und 27 GewO
1973) 32,70

e) Nachsicht von der Bestellung eines
Geschäftsführers für die Ausübung eines
Fortbetriebsrechtes (§ 41 Abs. 4 GewO
1973) 21,80

f) Nachsicht gemäß § 59 der Betriebsordnung für den nichtlinienmäßigen Personenverkehr, BGBl. Nr. 289/1955 21,80

Euro

136. Bewilligung zur Führung eines
Nebenbetriebes (§ 37 Abs. 2 GewO 1973)
.... 54,50

137. Zurkenntnisnahme einer Anzeige

a) gemäß § 39 Abs. 4 oder § 40 Abs. 4
GewO 1973 über die Bestellung eines
Geschäftsführers für die Ausübung eines
Anmeldungsgewerbes (§ 345 Abs. 8 Z 1
GewO 1973) 7,60

b) gemäß § 40 Abs. 2 GewO 1973 über
die Übertragung der Ausübung eines Anmeldungsgewerbes an einen Pächter
(§ 345 Abs. 8 Z 1 GewO 1973) 7,60

c) gemäß § 46 Abs. 3 GewO 1973 über
die Ausübung eines Anmeldungsgewerbes
in einer weiteren Betriebsstätte (§ 345
Abs. 8 Z 2 GewO 1973) 21,80

d) gemäß § 47 Abs. 3 GewO 1973 über
die Bestellung eines Filialgeschäftsführers
für die Ausübung eines Anmeldungsgewerbes in einer weiteren Betriebsstätte
(§ 345 Abs. 8 Z 2 GewO 1973) 7,60

e) gemäß § 49 Abs. 1 GewO 1973 über
die Verlegung des Betriebes eines Anmeldungsgewerbes in einen anderen Standort
(§ 345 Abs. 8 Z 3 GewO 1973) 21,80

f) gemäß § 49 Abs. 3 GewO 1973 über
die Verlegung des Betriebes eines Anmeldungsgewerbes in einer weiteren Betriebsstätte in einen anderen Standort (§ 345
Abs. 8 Z 4 GewO 1973) 21,80

138. Genehmigung der Bestellung eines
Geschäftsführers für die Ausübung eines
konzessionierten Gewerbes (§ 39 Abs. 5
oder § 40 Abs. 4 GewO 1973) 16,30

139. Genehmigung der Übertragung
der Ausübung eines konzessionierten
Gewerbes an einen Pächter (§ 40 Abs. 2
GewO 1973) 16,30

140. Genehmigung der Bestellung eines
Filialgeschäftsführers für die Ausübung
eines konzessionierten Gewerbes in einer
weiteren Betriebsstätte (§ 47 Abs. 4
GewO 1973) 16,30

141. Besondere Bewilligung

a) zur Ausübung eines konzessionierten
Gewerbes in einer weiteren Betriebsstätte
(§ 46 Abs. 4 GewO 1973) 43

b) der Verlegung des Betriebes eines
konzessionierten Gewerbes in einen anderen Standort (§ 49 Abs. 2 GewO 1973)
.... 43

c) der Verlegung des Betriebes eines
konzessionierten Gewerbes in einer weiteren Betriebsstätte in einen anderen
Standort (§ 49 Abs. 3 GewO 1973) 43

— 49 —

2/1. BVwAbgV

TP 141 – 157

AVG
BVwAbgV
BKommGebV
BeglV
COVID-19-VwBG

Euro

142. Erteilung der Auszeichnung, im geschäftlichen Verkehr das Wappen der Republik Österreich (Bundeswappen) führen zu dürfen (§ 68 GewO 1973) 490

(BGBl 1990/740)

142a. *(aufgehoben, BGBl II 1997/190)*

143. Zulassung von Maßnahmen im Sinne des § 69 Abs. 1 GewO 1973, die von den Bestimmungen einer Verordnung gemäß § 69 Abs. 1 GewO 1973 abweichen (§ 69 Abs. 5 GewO 1973) 27,20

144. Feststellung, ob es im volkswirtschaftlichen Interesse gelegen ist, daß Maschinen oder Geräte, die den Anforderungen der gemäß § 71 Abs. 1 GewO 1973 erlassenen Verordnungen nicht entsprechen, in den inländischen Verkehr gebracht oder im Inland ausgestellt werden, und ob Leben und Gesundheit der Benützer auf andere Weise hinreichend gesichert sind (§ 71 Abs. 4 GewO 1973) 43

145. Genehmigung einer gewerblichen Betriebsanlage (§§ 77 Abs. 1 und 359b GewO 1973)

a) bei Verwendung von Motoren von mehr als 50 Kilowatt 490

b) bei Verwendung von Motoren von 20 Kilowatt bis einschließlich 50 Kilowatt 218

c) sonst 43

Maßgebend ist bei den Motoren die Gesamtzahl der Kilowatt, die zum Betrieb der Maschine notwendig sind. Umformaggregate sind nicht anzurechnen, wenn der umgeformte Strom zum Antrieb von Motoren verwendet wird.

(BGBl 1990/740)

146. Erteilung der Betriebsbewilligung für eine gewerbliche Betriebsanlage (§ 78 Abs. 2 und 3 GewO 1973) ....
.... die Hälfte der Tarifpost 145 bzw. der Tarifpost 149

(BGBl 1990/740)

147. Ausspruch der Zulässigkeit von Abweichungen von dem dem Genehmigungsbescheid oder dem Betriebsbewilligungsbescheid entsprechenden Zustand (§ 78 Abs. 4 GewO 1973) 27,20

(BGBl 1990/740)

148. Verlängerung der Frist zur Inbetriebnahme einer genehmigten gewerblichen Betriebsanlage (§ 80 Abs. 2 und 3 GewO 1973) 27,20

Euro

149. Genehmigung der Änderung einer genehmigten gewerblichen Betriebsanlage (§ 81 Abs. 1 GewO 1973)

a) bei Verwendung von Motoren von mehr als 50 Kilowatt 130

b) bei Verwendung von Motoren von 20 Kilowatt bis einschließlich 50 Kilowatt 65

c) sonst 13

Die Berechnung ist nach der Vorschrift des letzten Absatzes der Tarifpost 145 durchzuführen, wobei die Zahl der Kilowatt der ganzen Betriebsanlage unter Berücksichtigung der Änderung zugrunde zu legen ist.

(BGBl 1990/740)

150. Zulassung von Abweichungen von den Vorschriften der auf Grund des § 82 Abs. 1 GewO 1973 erlassenen Verordnungen (§ 82 Abs. 3 GewO 1973) 27,20

151. Genehmigung der Durchführung von schon vor der Genehmigung einer gewerblichen Betriebsanlage erforderlichen Vorarbeiten (§ 354 GewO 1973) 43

152. Sonderbewilligung zur Ausübung einer Konzession für ein Gastgewerbe außerhalb der genehmigten Betriebsräume und allfälligen sonstigen Betriebsflächen (§ 195 GewO 1973) 7,60

153. Bewilligung einer früheren Aufsperrstunde oder einer späteren Sperrstunde durch die Bundespolizeibehörde (§ 198 Abs. 3 GewO 1973)

a) für einen oder zwei kalendermäßig bestimmte Tage 2,10

b) für drei bis zehn Tage 10,90

c) für mehr als zehn Tage 27,20

154. Zulassung von Abweichungen von den Vorschriften von auf Grund des § 199 Abs. 1 GewO 1973 erlassenen Verordnungen (§ 199 Abs. 3 GewO 1973) 27,20

155. Genehmigung der Änderung der Betriebsart eines Gastgewerbes ohne Erweiterung der Berechtigungen gemäß § 189 Abs. 1 GewO 1973 (§ 200 GewO 1973) 21,80

156. Genehmigung der Hinzunahme von Betriebsräumen oder von sonstigen Betriebsflächen zu den genehmigten Betriebsräumen und allfälligen sonstigen Betriebsflächen ohne Erweiterung der Berechtigungen gemäß § 189 Abs. 1 GewO 1973 (§ 201 GewO 1973) 21,80

157. Genehmigung der gleichzeitigen Ausübung des Gewerbes der Pfandleiher, des Gewerbes der Versteigerung bewegli-

Euro

cher Sachen oder des Bewachungsgewerbes mit anderen Gewerben (§§ 280, 298 und 320 GewO 1973) 21,80

158. Genehmigung des Gebrauches einer Uniform (§ 322 GewO 1973) 130

159. Feststellung, ob eine Gewerbeberechtigung aufrecht ist und verneinendenfalls, in welchem Zeitpunkt sie geendet hat (§ 348 Abs. 4 GewO 1973) 13

160. Schriftliche Auskunft aus dem Gewerberegister (§ 365 Abs. 2 GewO 1973) für jede einzelne Gewerbeberechtigung 6,50

161. Ausfertigung einer Legitimation gemäß § 62 GewO 1973 für Gewerbetreibende und für Handlungsreisende (§ 1 Z 1 der Gewerbelegitimationen-Verordnung, BGBl. Nr. 274/1974), einer Legitimation gemäß § 217 GewO 1973 für Fremdenführer und deren Arbeitnehmer (§ 1 Z 2 der Gewerbelegitimationen-Verordnung) oder einer Legitimation gemäß § 314 GewO 1973 für Berufsdetektive und deren Arbeitnehmer (§ 1 Z 3 der Gewerbelegitimationen-Verordnung) 6,50

162. Bewilligung

a) zur vorübergehenden Ausübung des Mietwagengewerbes gemäß § 6 des Gelegenheitsverkehrs-Gesetzes, BGBl. Nr. 85/1952 21,80

b) zur gewerbsmäßigen Beförderung von Personen oder Gütern mit Kraftfahrzeugen in oder durch das Bundesgebiet durch ausländische Unternehmer gemäß § 9 des Gelegenheitsverkehrs-Gesetzes oder § 7 des Güterbeförderungsgesetzes, BGBl. Nr. 63/1952,

1. für Einzelfahrten 4,35

2. auf Zeit 10,90

c) Ausstellung eines Ausweises gemäß § 7a oder den §§ 33, 34 der Betriebsordnung für den nichtlinienmäßigen Personenverkehr, BGBl. Nr. 289/1955 21,80

d) Verlängerung der Gültigkeit eines in lit. c angeführten Ausweises 10,90

163. Genehmigung des Baues, der Erneuerung, der Erweiterung oder der Stillegung von Gasversorgungsanlagen eines Energieversorgungsunternehmens (§ 4 im Zusammenhalt mit § 15 Abs. 3 Z 2 des Energiewirtschaftsgesetzes, dRGBl. 1935 I S 1451, und in Verbindung mit der Verordnung dRGBl. 1939 I S 1950) 43

164. Bewilligung der Ankündigung eines Ausverkaufes oder einer ausverkaufsähnlichen Veranstaltung „(§ 2 des Ausver-

Euro

kaufsgesetzes 1985, BGBl. Nr. 51)" *(BGBl 1990/740)*

a) gültig bis zu drei Monaten 43

b) gültig für mehr als drei Monate oder im Falle der Verlängerung einer schon für eine kürzere Verkaufsdauer erteilten Bewilligung über den Zeitraum von drei Monaten hinaus 81,50

165. *(aufgehoben, BGBl II 1997/319)*

166. Bewilligung der Ausübung der entgeltlichen Arbeitsvermittlung, soweit diese für bestimmte Berufe gesetzlich vorgeschrieben ist (§ 18 Arbeitsmarktförderungsgesetz, BGBl. Nr. 31/1969) 27,20

167. Erteilung einer Konzession (§ 3 Abs. 1 Rohrleitungsgesetz, BGBl. Nr. 411/1975) 490

168. Verlängerung einer befristeten Konzession sowie der Frist zur Fertigstellung der Rohrleitungsanlage (§ 5 Abs. 4 und 5 Rohrleitungsgesetz) 218

169. Entscheidung über Gegenstand und Umfang der erweiterten Nutzung (§ 6 Abs. 4 Rohrleitungsgesetz) 163

170. Bewilligung der Vorarbeiten (§ 7 Rohrleitungsgesetz) 327

171. Genehmigung des Betriebsleiters oder dessen Stellvertreters (§ 15 Abs. 3 Rohrleitungsgesetz) 163

172. Genehmigung (§ 17 Abs. 1 erster Satz Rohrleitungsgesetz) oder neuerliche Genehmigung (§ 32 Rohrleitungsgesetz) zur Errichtung einer Rohrleitungsanlage 380

173. Genehmigung der Änderung oder Erweiterung einer Rohrleitungsanlage, soweit die Änderung und Erweiterung derselben über den Rahmen der erteilten Genehmigung hinausgehen (§ 17 Abs. 1 zweiter Satz Rohrleitungsgesetz) 76

174. Betriebsaufnahmebewilligung (§ 21 Rohrleitungsgesetz) oder neuerliche Betriebsaufnahmebewilligung (§ 32 Rohrleitungsgesetz) 380

175. Betriebsaufnahmebewilligung für die Änderung oder Erweiterung einer Rohrleitungsanlage (§§ 17, 21 Rohrleitungsgesetz) 76

176. Widerruf der bei unmittelbar drohender Gefahr getroffenen behördlichen Maßnahmen (§ 24 Abs. 4 Rohrleitungsgesetz) 163

177. Genehmigung des Geschäftsführers (§ 26 Abs. 2 Rohrleitungsgesetz) 163

— 51 —

2/1. BVwAbgV

TP 178 – 191

AVG
BVwAbgV
BKommGebV
BeglV
COVID-19-VwBG

Euro

178. Erteilung einer Genehmigung gemäß § 30 Abs. 1 Rohrleitungsgesetz 87

179. Erteilung der Genehmigung zum Anbringen und Führen eines Güte-, Prüf-, Gewähr- und ähnlichen Zeichens (§ 2 Abs. 1 der Gütezeichenverordnung, dRGBl. 1942 I S 273) 65

180. Erteilung der Genehmigung zur Ausstellung von öffentlichen Urkunden (§ 1 des Gesetzes vom 9. September 1910, RGBl. Nr. 185, betreffend das technische Untersuchungs-, Erprobungs- und Materialprüfwesen) 98

181. Erweiterung des Umfanges einer erteilten Genehmigung zur Ausstellung von öffentlichen Urkunden (§ 1 des Gesetzes vom 9. September 1910, RGBl. Nr. 185, betreffend das technische Untersuchungs-, Erprobungs- und Materialprüfwesen) 65

XI. Elektrizitätswesen

182. Bewilligungen in den unter Art. 10 Abs. 1 Z 10 B-VG fallenden Angelegenheiten des Starkstromwegerechtes, und zwar

a) Bewilligung der Vornahme von Vorarbeiten für die Errichtung einer elektrischen Leitungsanlage 32,70

b) Bewilligung der Errichtung, der Inbetriebnahme, der Änderung oder der Erweiterung elektrischer Leitungsanlagen, je Bewilligung 32,70

183. Aufhebung von bei Gefährdung von Personen getroffenen behördlichen Verfügungen (§ 9 Elektrotechnikgesetz, BGBl. Nr. 57/1965) 32,70

184. Bewilligung von Ausnahmen von der Anwendung bestimmter elektrotechnischer Sicherheitsvorschriften (§ 10 Elektrotechnikgesetz) 65

XII. Dampfkesselwesen

185. Erteilung einer Ausnahmebewilligung von den Bestimmungen über die Ausführung (Konstruktion und Fertigung: Werkstoffe, Bauart, Bauausführung), Ausrüstung, Erprobung oder Überwachung von Druckgefäßen und Druckbehältern (Art. 48 Punkte II, III und VIII Verwaltungsentlastungsgesetz, BGBl. Nr. 277/1925, in der Fassung des Bundesgesetzes BGBl. Nr. 55/1948)

a) für ein Druckgefäß oder einen Druckbehälter 65

Euro

b) für mehrere Druckgefäße oder Druckbehälter einer Anlage 109

c) für eine bestimmte Gattung von Druckgefäßen oder Druckbehältern 218

186. Erteilung einer Ausnahmebewilligung von den Bestimmungen über die Aufstellung von Dampfkesseln (Art. 48 Punkte II und VIII Verwaltungsentlastungsgesetz) 87

187. Erteilung einer Ausnahmebewilligung von den Bestimmungen über die Wartung von Druckgefäßen und Wärmekraftmaschinen, sowie Anerkennung eines ausländischen Wärterzeugnisses (Art. 48 Punkte V und VIII Verwaltungsentlastungsgesetz) 32,70

188. Bestellung zum Sachverständigen für die Abnahme von Werkstoffen, Prüfung von Schweißern und Beurteilung von Schweißbetrieben (Art. 48 Punkte II und VIII Verwaltungsentlastungsgesetz) 218

189. Genehmigung der Errichtung und Inbetriebnahme von Dampfkesselanlagen (§ 4 Abs. 1 Luftreinhaltegesetz für Kesselanlagen, BGBl. Nr. 380/1988)

a) mit einer Brennstoffwärmeleistung von über 50 kW bis einschließlich 200 kW 54,50

b) mit einer Brennstoffwärmeleistung von über 200 kW bis einschließlich 600 kW 87

c) mit einer Brennstoffwärmeleistung von über 600 kW bis einschließlich 2 MW 130

d) mit einer Brennstoffwärmeleistung von über 2 MW bis einschließlich 10 MW 218

e) mit einer Brennstoffwärmeleistung von über 10 MW 327
(BGBl 1990/740)

190. Bewilligung des Betriebes von Dampfkesselanlagen (§ 4 Abs. 10 und 11 Luftreinhaltegesetz für Kesselanlagen)

a) ohne Emissionsmessung gemäß § 8 Abs. 2 65

b) mit Emissionsmessung gemäß § 8 Abs. 2 218
(BGBl 1990/740)

191. Genehmigung von Änderungen an einer bereits genehmigten Dampfkesselanlage (§ 5 Abs. 1 Luftreinhaltegesetz für Kesselanlagen)

a) mit einer Brennstoffwärmeleistung bis einschließlich 500 kW 21,80

Euro

b) mit einer Brennstoffwärmeleistung bis einschließlich 2 MW 54,50

c) mit einer Brennstoffwärmeleistung über 2 MW 109

(BGBl 1990/740)

191a. Genehmigung von Sanierungsmaßnahmen (§ 12 Abs. 10 Luftreinhaltegesetz für Kesselanlagen) von Dampfkesselanlagen

a) mit einer Brennstoffwärmeleistung bis einschließlich 600 kW 21,80

b) mit einer Brennstoffwärmeleistung von über 600 kW bis einschließlich 2 MW 65

c) mit einer Brennstoffwärmeleistung von über 2 MW bis einschließlich 10 MW 163

d) mit einer Brennstoffwärmeleistung über 10 MW 435

(BGBl 1990/740)

191b. Verlängerung der Sanierungsfrist einer Dampfkesselanlage gemäß § 12 Abs. 9 oder 12 Luftreinhaltegesetz für Kesselanlagen 218

(BGBl 1990/740)

XIII. Angelegenheiten des Ingenieur- und Ziviltechnikerwesens

192. Verleihung der Befugnis eines Ziviltechnikers (§§ 15 und 17 des Ziviltechnikergesetzes, BGBl. Nr. 146/1957) 98

193. Verleihung der Berechtigung zur Führung der Standesbezeichnung „Ingenieur" (§ 1 Abs. 1 bis 3 des Ingenieurgesetzes 1973, BGBl. Nr. 457/1972) 65

194. Verleihung der Berechtigung zur Führung der Standesbezeichnung „Ingenieur" (§ 1 Abs. 4 des Ingenieurgesetzes 1973) 130

XIV. Eisenbahnwesen
A. Öffentliche Schieneneisenbahnen

195. Bewilligung der Vorarbeiten (§ 16 Abs. 1 Eisenbahngesetz 1957, BGBl. Nr. 60) 327

196. Verleihung einer eisenbahnrechtlichen Konzession (§ 17 Eisenbahngesetz 1957) 490

197. Verlängerung einer eisenbahnrechtlichen Konzession (§ 17 Eisenbahngesetz 1957) 218

198. Genehmigung von neuen Vorschriften (Anordnungen) (§ 21 Abs. 3 Eisenbahngesetz 1957) 87

Euro

199. Genehmigung der Änderung von bereits genehmigten Vorschriften (Anordnungen) (§ 21 Abs. 3 Eisenbahngesetz 1957) 13

200. Genehmigung des Betriebsleiters oder dessen Stellvertreters (§ 21 Abs. 1 Eisenbahngesetz 1957) 163

201. Genehmigung von neuen Beförderungsbedingungen (§ 22 Abs. 5 Eisenbahngesetz 1957) 65

202. Genehmigung der Änderung von bereits genehmigten Beförderungsbedingungen (§ 22 Abs. 5 Eisenbahngesetz 1957) 13

203. Genehmigung des Gesellschaftsvertrages oder der Satzung (§ 26 Abs. 1 Eisenbahngesetz 1957) 272

204. Genehmigung der Änderung des Gesellschaftsvertrages oder der Satzung (§ 26 Abs. 1 Eisenbahngesetz 1957) 130

205. Genehmigung von neu abgeschlossenen Betriebsverträgen (§ 26 Abs. 3 Eisenbahngesetz 1957) 327

206. Genehmigung der Änderung von bereits genehmigten Betriebsverträgen (§ 26 Abs. 3 Eisenbahngesetz 1957) 65

207. Bewilligung der vorübergehenden oder dauernden Einstellung des ganzen oder eines Teiles des Verkehrs einer Eisenbahn (eines Streckenteiles) (§ 29 Abs. 1 Eisenbahngesetz 1957) 218

208. Bewilligung zur Auflassung von Bahnhöfen oder Haltestellen (§ 29 Abs. 3 Eisenbahngesetz 1957) 21,80

209. Verzicht auf den Heimfall auf Verlangen des Eisenbahnunternehmens (§ 31 Abs. 4 Eisenbahngesetz 1957) 435

210. Erteilung der Baugenehmigung (§ 35 Eisenbahngesetz 1957)

a) für den Bau neuer Eisenbahnanlagen 380

b) für die Veränderung bestehender Eisenbahnanlagen 98

c) für Fahrbetriebsmittel oder eisenbahntechnische Einrichtungen 30,10

d) für Umbauten an Fahrbetriebsmitteln oder eisenbahntechnischen Einrichtungen 17,40

211. Verlängerung der Baufrist (§ 35 Abs. 4 Eisenbahngesetz 1957) 65

212. Erteilung der Betriebsbewilligung (§ 37 Eisenbahngesetz 1957)

a) für neu gebaute Eisenbahnanlagen (einschließlich Fahrbetriebsmittel) 380

b) für veränderte bestehende Eisenbahnanlagen 98

— 53 —

2/1. BVwAbgV

TP 212 – 239

AVG
BVwAbgV
BKommGebV
BeglV
COVID-19-VwBG

Euro

c) für Fahrbetriebsmittel oder eisenbahntechnische Einrichtungen 30,10

d) für umgebaute Fahrbetriebsmittel oder eisenbahntechnische Einrichtungen 17,40

213. Erteilung einer Bewilligung nach den §§ 38 Abs. 4 und 39 Abs. 3 Eisenbahngesetz 1957 87

B. Öffentliche Seilbahnen
I. Hauptseilbahnen

214. Bewilligung der Vorarbeiten (§ 16 Abs. 1 Eisenbahngesetz 1957) 163

215. Verleihung einer Konzession (§ 17 Eisenbahngesetz 1957) 490

216. Verlängerung oder Änderung einer Konzession (§ 17 Eisenbahngesetz 1957) 163

217. Genehmigung von neuen Vorschriften (Anordnungen) (§ 21 Abs. 3 Eisenbahngesetz 1957) 65

218. Genehmigung der Änderung von bereits genehmigten Vorschriften (Anordnungen) (§ 21 Abs. 3 Eisenbahngesetz 1957) 13

219. Genehmigung des Betriebsleiters oder dessen Stellvertreters (§ 21 Abs. 1 Eisenbahngesetz 1957) 109

220. Genehmigung von neuen Beförderungsbedingungen (§ 22 Abs. 5 Eisenbahngesetz 1957) 65

221. Genehmigung der Änderung von bereits genehmigten Beförderungsbedingungen (§ 22 Abs. 5 Eisenbahngesetz 1957) 13

222. Genehmigung des Gesellschaftsvertrages oder der Satzung (§ 26 Abs. 1 Eisenbahngesetz 1957) 130

223. Genehmigung der Änderung des Gesellschaftsvertrages oder der Satzung (§ 26 Abs. 1 Eisenbahngesetz 1957) 65

224. Genehmigung von neu abgeschlossenen Betriebsverträgen (§ 26 Abs. 3 Eisenbahngesetz 1957) 163

225. Genehmigung der Änderung von bereits genehmigten Betriebsverträgen (§ 26 Abs. 3 Eisenbahngesetz 1957) 32,70

226. Bewilligung der vorübergehenden oder dauernden Einstellung des ganzen oder eines Teiles des Verkehrs einer Seilbahn (eines Streckenteiles) (§ 29 Abs. 1 Eisenbahngesetz 1957) 163

227. Erteilung der Baugenehmigung (§ 35 Eisenbahngesetz 1957)

Euro

a) für den Bau neuer Seilbahnanlagen (einschließlich Fahrbetriebsmittel) 272

b) für die Veränderung bestehender Seilbahnanlagen 59,50

c) für die Fahrbetriebsmittel oder seilbahntechnische Einrichtungen 22,80

d) für Umbauten an Fahrbetriebsmitteln oder seilbahntechnischen Einrichtungen 9,80

228. Verlängerung der Baufrist (§ 35 Abs. 4 Eisenbahngesetz 1957) 32,70

229. Erteilung der Betriebsbewilligung (§ 37 Eisenbahngesetz 1957)

a) für neu gebaute Seilbahnanlagen (einschließlich Fahrbetriebsmittel) 272

b) für veränderte bestehende Seilbahnanlagen 59,50

c) für Fahrbetriebsmittel oder seilbahntechnische Einrichtungen 22,80

d) für umgebaute Fahrbetriebsmittel oder seilbahntechnische Einrichtungen 9,80

230. Erteilung einer Bewilligung nach den §§ 38 Abs. 4 und 39 Abs. 3 Eisenbahngesetz 1957 65

II. Kleinseilbahnen

231. Bewilligung der Vorarbeiten (§ 16 Abs. 1 Eisenbahngesetz 1957) 76

232. Verleihung einer Konzession (§ 17 Eisenbahngesetz 1957) 327

233. Verlängerung oder Änderung einer Konzession (§ 17 Eisenbahngesetz 1957) 109

234. Genehmigung von neuen Vorschriften (Anordnungen) (§ 21 Abs. 3 Eisenbahngesetz 1957) 32,70

235. Genehmigung der Änderung von bereits genehmigten Vorschriften (Anordnungen) (§ 21 Abs. 3 Eisenbahngesetz 1957) 6,50

236. Genehmigung des Betriebsleiters oder dessen Stellvertreters (§ 21 Abs. 1 Eisenbahngesetz 1957) 54,50

237. Genehmigung von neuen Beförderungsbedingungen (§ 22 Abs. 5 Eisenbahngesetz 1957) 32,70

238. Genehmigung der Änderung von bereits genehmigten Beförderungsbedingungen (§ 22 Abs. 5 Eisenbahngesetz 1957) 6,50

239. Genehmigung des Gesellschaftsvertrages oder der Satzung (§ 26 Abs. 1 Eisenbahngesetz 1957) 65

Euro

240. Genehmigung der Änderung des Gesellschaftsvertrages oder der Satzung (§ 26 Abs. 1 Eisenbahngesetz 1957) 32,70

241. Genehmigung von neu abgeschlossenen Betriebsverträgen (§ 26 Abs. 3 Eisenbahngesetz 1957) 76

242. Genehmigung der Änderung von bereits genehmigten Betriebsverträgen (§ 26 Abs. 3 Eisenbahngesetz 1957) 13

243. Bewilligung der vorübergehenden oder dauernden Einstellung des ganzen oder eines Teiles des Verkehrs einer Seilbahn (eines Streckenteiles) (§ 29 Abs. 1 Eisenbahngesetz 1957) 163

244. Erteilung der Baugenehmigung (§ 35 Eisenbahngesetz 1957)

a) für den Bau neuer Seilbahnanlagen (einschließlich Fahrbetriebsmittel) 190

b) für die Veränderung bestehender Seilbahnanlagen 43

c) für Fahrbetriebsmittel oder seilbahntechnische Einrichtungen 9,80

d) für Umbauten an Fahrbetriebsmitteln oder seilbahntechnischen Einrichtungen 6,50

245. Verlängerung der Baufrist (§ 35 Abs. 4 und § 52 Abs. 2 Eisenbahngesetz 1957) 21,80

246. Erteilung der Betriebsbewilligung (§ 37 Eisenbahngesetz 1957)

a) für neu gebaute Seilbahnanlagen (einschließlich Fahrbetriebsmittel) 190

b) für veränderte bestehende Seilbahnanlagen 43

c) für Fahrbetriebsmittel oder seilbahntechnische Einrichtungen 9,80

d) für umgebaute Fahrbetriebsmittel oder seilbahntechnische Einrichtungen 6,50

247. Erteilung einer Bewilligung nach den §§ 38 Abs. 4 und 39 Abs. 3 Eisenbahngesetz 1957 32,70

C. Nicht-öffentliche Eisenbahnen

248. Bewilligung der Vorarbeiten (§§ 16 bis 51 Eisenbahngesetz 1957) 76

249. Erteilung

1. der Genehmigung (§ 51 Abs. 1 Eisenbahngesetz 1957) 327

2. der Baugenehmigung (§§ 35 und 51 Eisenbahngesetz 1957)

a) für den Bau neuer Eisenbahnanlagen 174

Euro

b) für die Veränderung bestehender Eisenbahnanlagen 27,20

c) für Fahrbetriebsmittel oder eisenbahntechnische Einrichtungen 9,80

d) für Umbauten an Fahrbetriebsmitteln oder eisenbahntechnischen Einrichtungen 6,50

250. Erteilung der Betriebsbewilligung (§§ 37 und 51 Eisenbahngesetz 1957)

a) für neu gebaute Eisenbahnanlagen (einschließlich Fahrbetriebsmittel) 174

b) für veränderte bestehende Eisenbahnanlagen 27,20

c) für Fahrbetriebsmittel oder eisenbahntechnische Einrichtungen 9,80

d) für umgebaute Fahrbetriebsmittel oder eisenbahntechnische Einrichtungen 6,50

251. Genehmigung eines Werksverkehrs (§ 51 Abs. 3 Eisenbahngesetz 1957) oder eines beschränkt-öffentlichen Verkehrs (§ 51 Abs. 4 Eisenbahngesetz 1957) 327

252. Genehmigung des Betriebsleiters oder dessen Stellvertreters (§§ 21 Abs. 1 und 52 Abs. 1 Eisenbahngesetz 1957) 27,20

253. Genehmigung von neuen Vorschriften (Anordnungen) (§§ 21 Abs. 3 und 52 Abs. 1 Eisenbahngesetz 1957) 32,70

254. Genehmigung der Änderung von bereits genehmigten Vorschriften (Anordnungen) (§§ 21 Abs. 3 und 52 Abs. 1 Eisenbahngesetz 1957) 6,50

255. Genehmigung von neuen Beförderungsbedingungen (§ 52 Abs. 3 Eisenbahngesetz 1957) 32,70

256. Genehmigung der Änderung von bereits genehmigten Beförderungsbedingungen (§ 52 Abs. 3 Eisenbahngesetz 1957) 6,50

257. Verlängerung der Baufrist (§§ 35 Abs. 4 und 52 Abs. 2 Eisenbahngesetz 1957) 21,80

258. Erteilung einer Bewilligung nach den §§ 38 Abs. 4 und 39 Abs. 3 in Verbindung mit § 53 Abs. 1 Eisenbahngesetz 1957 27,20

XV. Schiffahrt

259. Konzession zur gewerbsmäßigen Ausübung der Schiffahrt auf Binnengewässern gemäß § 4 Abs. 1 Z 1 bis 3 Binnenschiffahrts-Konzessionsgesetz, BGBl. Nr. 533/1978, mittels Wasserfahrzeugen mit Maschinenantrieb, ausgenommen Fährschiffe

— 55 —

2/1. BVwAbgV
TP 259 – 266

AVG
BVwAbgV
BKommGebV
BeglV
COVID-19-VwBG

Euro

A. auf Wasserstraßen

1. mit Wasserfahrzeugen mit einer Tragfähigkeit über 500 t oder mit Personenschiffen, die zur Beförderung von 600 oder mehr Personen zugelassen sind unbeschränkt 490

beschränkt gemäß § 7 Abs. 1 und 2 Binnenschiffahrts-Konzessionsgesetz 327

2. mit Wasserfahrzeugen mit einer Tragfähigkeit unter 500 t oder mit Personenschiffen, die zur Beförderung von weniger als 600 Personen zugelassen sind 130

B. auf anderen Gewässern

unbeschränkt 130

beschränkt gemäß § 7 Abs. 1 und 2 Binnenschiffahrts-Konzessionsgesetz 65

260. Konzession zur gewerbsmäßigen Ausübung der Schiffahrt auf Binnengewässern mittels Fährschiffen gemäß § 4 Abs. 1 Z 4 Binnenschiffahrts-Konzessionsgesetz

a) auf Wasserstraßen

1. Fährschiffe, einschließlich Seilfähren mit einfachem Tragkörper (Mutzen) 130

2. Seilfähren mit doppeltem Tragkörper 218

b) auf anderen Gewässern 65

261. Bewilligungen zur Errichtung, Wiederverwendung und wesentlichen Änderung von Schiffahrtsanlagen gemäß § 3 Schiffahrtsanlagengesetz, BGBl. Nr. 12/1973, in der Fassung des Bundesgesetzes BGBl. Nr. 534/1978 zur Mitbenutzung von Schiffahrtsanlagen gemäß § 19, zur vorübergehenden Inanspruchnahme von Grundstücken gemäß § 18 sowie Überprüfung von Schiffahrtsanlagen gemäß § 8, und zwar

A. Bewilligungen gemäß §§ 3 und 19 sowie Überprüfungen gemäß § 8 von Häfen (Hafenbecken oder Systemen von solchen)

a) gemäß §§ 3 und 8 je angefangene 30 000 „m²" Wasserfläche 490

(BGBl II 2005/103 (VFB))

b) gemäß § 19 109

B. Bewilligungen gemäß §§ 3 und 19 sowie Überprüfungen gemäß § 8 von Länden an Wasserstraßen

a) gemäß §§ 3 und 8 für je angefangene 50 m 54,50

b) gemäß § 19 für je angefangene 50 m 32,70

Euro

C. Bewilligungen zur vorübergehenden Inanspruchnahme von Grundstücken gemäß § 18 für je angefangene 50 m 32,70

D. Bewilligungen gemäß § 3 sowie Überprüfungen gemäß § 8 von Schiffahrtsschleusen mit einer Breite

a) bis einschließlich 15 m 163

b) über 15 m 218

262. Feststellung des Erlöschens der Bewilligung einer Schiffahrtsanlage gemäß § 10 Abs. 5 Schiffahrtsanlagengesetz ....

................................20 vH der Gebührensätze der Tarifpost 261

263. Ausstellung eines Schiffspatentes gemäß §§ 17 und 26 der mit Bundesgesetz BGBl. Nr. 535/1978 auf Gesetzesstufe gestellten Schiffspatentverordnung, BGBl. Nr. 120/1936, sowie einer Zulassungsurkunde gemäß § 14.01 Bodensee-Schiffahrts-Ordnung, BGBl. Nr. 93/1976,

1. für ein Fahrzeug mit Maschinenantrieb mit einer Länge

a) bis einschließlich 30 m 49

b) von 30 bis einschließlich 50 m 65

c) über 50 m 98

2. für einen Güter- bzw. Tankkahn, ein Ruderboot oder Segelfahrzeug mit einer Länge

a) von 10 bis einschließlich 50 m 32,70

b) über 50 m 65

264. Änderung eines Schiffspatentes gemäß § 21 Schiffspatentverordnung sowie einer Zulassungsurkunde gemäß § 14.07 Abs. 1 und 3 Bodensee-Schiffahrts-Ordnung, sofern sie wesentlich im privaten Interesse der Partei liegt ....

.... 20 vH der Gebührensätze der Tarifpost 263

265. Erneuerung des Schiffspatentes gemäß § 20 Schiffspatentverordnung sowie Erneuerung der Zulassung von Vergnügungsfahrzeugen mit Maschinenantrieb gemäß § 14.01 Abs. 2 Bodensee-Schiffahrts-Ordnung ....

.... 20 vH der Gebührensätze der Tarifpost 263

266. Erteilung eines Kennzeichens gemäß § 1 der mit Bundesgesetz BGBl. Nr. 535/1978 auf Gesetzesstufe gestellten Verordnung BGBl. Nr. 352/1927 sowie Zuteilung eines Kennzeichens gemäß § 2.01 Bodensee-Schiffahrts-Ordnung für Fahrzeuge mit Maschinenantrieb 10,90

Euro

267. Bestätigung über das Ergebnis einer Schiffsüberprüfung auf Ansuchen des Schiffseigentümers (§ 22 Abs. 5 Schiffspatentverordnung) gemäß § 23 Abs. 1 und 3 Schiffspatentverordnung, und zwar

   1. für ein Schiff (Boot) ohne eigene Antriebskraft mit einer Länge

      a) bis einschließlich 30 m 3,20

      b) über 30 m 6,50

   2. für ein Schiff (Boot) mit eigener Antriebskraft mit einer Länge

      a) bis einschließlich 30 m 6,50

      b) über 30 m 13

wobei die Länge über alles, ohne Bugspriet und Steuer, zu messen ist.

268. Ausstellung eines Eichscheines gemäß § 11 Abs. 1 Schiffseichgesetz, BGBl. Nr. 206/1963, auf Grund der Neueichung eines Schiffes, welches

   a) zur Güterbeförderung bestimmt ist 218

   b) nicht zur Güterbeförderung bestimmt ist 109

Die Ausstellung eines Eichscheines in den Fällen des § 11 Abs. 2 letzter Satz unterliegt nicht der Abgabepflicht.

269. Verlängerung der Gültigkeit des Eichscheines gemäß § 11 Abs. 4 lit. a Schiffseichgesetz auf Grund der Eintragung des Ergebnisses der Eichprüfung in den Eichschein gemäß § 6 Abs. 6 Schiffseichgesetz 87

270. Ausstellung eines Eichscheines gemäß § 11 Abs. 1 Schiffseichgesetz, auf Grund der Nacheichung eines Schiffes, welches

   a) zur Güterbeförderung bestimmt ist 218

   b) nicht zur Güterbeförderung bestimmt ist 109

271. Bewilligung gemäß der mit Bundesgesetz BGBl. Nr. 535/1978 auf Gesetzesstufe gestellten Schiffsführerschulenverordnung, BGBl. Nr. 353/1936,

   1. zur Errichtung und Führung einer privaten Lehranstalt für die Ausbildung von Schiffsführern der Binnenschiffahrt gemäß § 1 130

   2. zur Ausübung der Lehrtätigkeit an einer privaten Lehranstalt zur Ausbildung von Schiffsführern der Binnenschiffahrt gemäß § 4 Abs. 1 16,30

272. Genehmigung der Einrichtung von Feuerungsanlagen für flüssige Brennstoffe mit einem Entflammungspunkt bis 55

Euro

Grad Celsius auf schwimmenden Geräten (§ 17 Abs. 1 Anlage A zur Schiffspatentverordnung) 43

273. Zulassung gemäß § 13 der mit Bundesgesetz BGBl. Nr. 535/1978 auf Gesetzesstufe gestellten Schiffsführerverordnung, BGBl. Nr. 134/1932, zur

   a) Kapitänsprüfung 21,80

   b) Schiffsführerprüfung 13

   c) Floßführerprüfung 6,50

274. Ausstellung eines Kapitänspatentes oder Schiffsführerpatentes für Dampf- oder Motorschiffe oder Schiffsführerpatentes für Ruder- oder Segelschiffe oder Floßführerpatentes gemäß § 26 Abs. 1 Schiffsführerverordnung sowie Ausstellung eines Schifferpatentes gemäß § 12.02 Bodensee-Schiffahrts-Ordnung 10,90

275. Nachsichterteilung (§ 9 Schiffsführerverordnung) von den Erfordernissen

   a) des § 4 Schiffsführerverordnung 13

   b) der §§ 5 bis 8 Schiffsführerverordnung 6,50

276. Ausstellung eines Seedienstbuches (§ 33 Seeschiffahrtsgesetz, BGBl. Nr. 174/1981) 13

277. Zulassung zur Seeschiffahrt gemäß § 7 Seeschiffahrtsgesetz für Seeschiffe mit einem Bruttoraumgehalt

   a) bis einschließlich 10 BRT 32,70

   b) über 10 bis einschließlich 50 BRT 65

   c) über 50 bis einschließlich 500 BRT 163

   d) über 500 bis einschließlich 5 000 BRT 327

   e) über 5 000 BRT 490

XVI. Kraftfahrlinienwesen

278. Erteilung einer Konzession zum Betrieb einer Kraftfahrlinie (§ 1 Abs. 1 Kraftfahrliniengesetz 1952, BGBl. Nr. 84) 327

279. Erteilung einer Konzession an den bisherigen Konzessionsinhaber (§ 4 Abs. 4 Kraftfahrliniengesetz 1952) 65

279 a. Verlängerung der Konzessionsdauer (§ 6 a Abs. 1 Kraftfahrliniengesetz 1952) 65

(BGBl 1994/284)

280. Abänderung einer bestehenden Konzession (§ 1 Abs. 1 Kraftfahrliniengesetz 1952), sofern die Abänderung wesentlich im Privatinteresse der Partei liegt 32,70

— 57 —

2/1. BVwAbgV
TP 281–292

AVG
BVwAbgV
BKommGebV
BeglV
COVID-19-VwBG

Euro

281. Genehmigung zum Koppeln mehrerer Kraftfahrlinien und/oder zum Teilen einer Kraftfahrlinie (§ 1 der 1. Durchführungsverordnung BGBl. Nr. 206/1954) 16,30

282. Erstreckung der Frist für die Aufnahme des Betriebes einer Kraftfahrlinie (§ 7 Kraftfahrliniengesetz 1952) 16,30

283. Enthebung von der Betriebspflicht (§ 9 Kraftfahrliniengesetz 1952) 16,30

284. Zustimmung zur Übertragung der Betriebsführung (§ 10 Abs. 2 Kraftfahrliniengesetz 1952) 65

285. Bestätigung eines Leiters des Betriebsdienstes (§ 20 der 1. Durchführungsverordnung zum Kraftfahrliniengesetz 1952, BGBl. Nr. 206/1954) 32,70

286. Festsetzung von Haltestellen (§ 26 der 1. Durchführungsverordnung zum Kraftfahrliniengesetz 1952), sofern die Festsetzung wesentlich im Privatinteresse der Partei liegt 16,30

XVII. Kraftfahrwesen

287. Erteilung der Bewilligung zum Anbringen anderer als der im § 14 Abs. 1 bis 7, in den §§ 17 bis 19 und im § 20 Abs. 1 bis 3 KFG 1967, BGBl. Nr. 267, angeführten Scheinwerfer, Leuchten, Rückstrahler oder Lichtfarben (§ 20 Abs. 4 KFG 1967), je anderer Scheinwerfers, anderer Leuchte, anderen Rückstrahlers und anderer Lichtfarben 13

288. Erteilung der Bewilligung zum Anbringen von Vorrichtungen zum Abgeben von Warnzeichen mit aufeinanderfolgenden, verschieden hohen Tönen (§ 22 Abs. 4 KFG 1967) 13

289. Erteilung der Genehmigung einer Type von Kraftfahrzeugen oder Anhängern oder von Fahrgestellen solcher Fahrzeuge (§ 29 Abs. 2 KFG 1967), und zwar

a) eines Kraftrades (§ 2 Z 4 KFG 1967) 228

b) eines Omnibusses (§ 2 Z 7 KFG 1967) oder Gelenkkraftfahrzeuges (§ 2 Z 13 KFG 1967) 425

c) eines nicht unter lit. b fallenden Kraftwagens (§ 2 Z 3 KFG 1967), eines Sattelzugfahrzeuges (§ 2 Z 11 KFG 1967) oder eines Spezialkraftwagens (§ 2 Z 22a KFG 1967) 327

d) eines Sonderkraftfahrzeuges (§ 2 Z 23 KFG 1967) 435

e) eines Sonderanhängers (§ 2 Z 27 KFG 1967) 174

Euro

f) eines Omnibusanhängers (§ 2 Z 25a KFG 1967) oder eines Sattelanhängers (§ 2 Z 12 KFG 1967) 196

g) eines nicht unter lit. e oder f fallenden Anhängers (§ 2 Z 2 KFG 1967) 130

290. Erteilung der Genehmigung von mehreren Ausführungen einer Type von Kraftfahrzeugen oder Anhängern oder von Fahrgestellen solcher Fahrzeuge (§ 30 Abs. 1 KFG 1967) für die zweite und jede weitere Ausführung

a) eines Kraftrades (§ 2 Z 4 KFG 1967) 22,80

b) eines Omnibusses (§ 2 Z 7 KFG 1967) oder Gelenkkraftfahrzeuges (§ 2 Z 13 KFG 1967) 42,50

c) eines nicht unter lit. b fallenden Kraftwagens (§ 2 Z 3 KFG 1967), eines Sattelzugfahrzeuges (§ 2 Z 11 KFG 1967) oder eines Spezialkraftwagens (§ 2 Z 22a KFG 1967) 32,70

d) eines Sonderkraftfahrzeuges (§ 2 Z 23 KFG 1967) 43

e) eines Sonderanhängers (§ 2 Z 27 KFG 1967) 17,40

f) eines Omnibusanhängers (§ 2 Z 25a KFG 1967) oder eines Sattelanhängers (§ 2 Z 12 KFG 1967) 19,60

g) eines nicht unter lit. e oder f fallenden Anhängers (§ 2 Z 2 KFG 1967) 13

291. Erteilung der Genehmigung von nicht wesentliche technische Merkmale betreffende Änderungen einer genehmigten Type (§ 32 Abs. 3 KFG 1967)

a) eines Kraftrades (§ 2 Z 4 KFG 1967) 54,50

b) eines Omnibusses (§ 2 Z 7 KFG 1967) oder Gelenkkraftfahrzeuges (§ 2 Z 13 KFG 1967) 109

c) eines nicht unter lit. b fallenden Kraftwagens (§ 2 Z 3 KFG 1967), eines Sattelzugfahrzeuges (§ 2 Z 11 KFG 1967) oder eines Spezialkraftwagens (§ 2 Z 22a KFG 1967) 87

d) eines Sonderkraftfahrzeuges (§ 2 Z 23 KFG 1967) 109

e) eines Sonderanhängers (§ 2 Z 27 KFG 1967) 43

f) eines Omnibusanhängers (§ 2 Z 25a KFG 1967) oder eines Sattelanhängers (§ 2 Z 12 KFG 1967) 54,50

g) eines nicht unter lit. e oder f fallenden Anhängers (§ 2 Z 2 KFG 1967) 32,70

292. Erteilung der Genehmigung von nicht wesentliche technische Merkmale betreffende Änderungen einer genehmig-

Euro

ten Type mit mehreren Ausführungen für die zweite und jede weitere Ausführung

a) eines Kraftrades (§ 2 Z 4 KFG 1967) 5,45

b) eines Omnibusses (§ 2 Z 7 KFG 1967) oder Gelenkkraftfahrzeuges (§ 2 Z 13 KFG 1967) 10,90

c) eines nicht unter lit. b fallenden Kraftwagens (§ 2 Z 3 KFG 1967), eines Sattelzugfahrzeuges (§ 2 Z 11 KFG 1967) oder eines Spezialkraftwagens (§ 2 Z 22a KFG 1967) 8,70

d) eines Sonderkraftfahrzeuges (§ 2 Z 23 KFG 1967) 10,90

e) eines Sonderanhängers (§ 2 Z 27 KFG 1967) 4,35

f) eines Omnibusanhängers (§ 2 Z 25a KFG 1967) oder eines Sattelanhängers (§ 2 Z 12 KFG 1967) 5,45

g) eines nicht unter lit. e oder f fallenden Anhängers (§ 2 Z 2 KFG 1967) 3,20

293. Erteilung der Genehmigung einer Type von Fahrzeugen oder Fahrgestellen, die den Vorschriften des KFG 1967 oder der auf Grund dieses Bundesgesetzes erlassenen Verordnungen nicht entsprechen – Ausnahmegenehmigung (§ 34 Abs. 1 KFG 1967) –, sowie einer Type von Fahrzeugen oder Fahrgestellen, die den Vorschriften dieses Bundesgesetzes oder dieser Verordnungen nicht entsprechen, die jedoch den Bestimmungen internationaler Vereinbarungen entsprechen, die für Österreich gelten (§ 28 Abs. 7 KFG 1967), und zwar

a) eines Kraftrades (§ 2 Z 4 KFG 1967) 305

b) eines Omnibusses (§ 2 Z 7 KFG 1967) oder Gelenkkraftfahrzeuges (§ 2 Z 13 KFG 1967) 490

c) eines nicht unter lit. b fallenden Kraftwagens (§ 2 Z 3 KFG 1967), eines Sattelzugfahrzeuges (§ 2 Z 11 KFG 1967) oder eines Spezialkraftwagens (§ 2 Z 22a KFG 1967) 435

d) eines Sonderkraftfahrzeuges (§ 2 Z 23 KFG 1967) 490

e) eines Sonderanhängers (§ 2 Z 27 KFG 1967) 228

f) eines Omnibusanhängers (§ 2 Z 25a KFG 1967) oder eines Sattelanhängers (§ 2 Z 12 KFG 1967) 260

g) eines nicht unter lit. e oder f fallenden Anhängers (§ 2 Z 2 KFG 1967) 174

Euro

294. Erteilung der Genehmigung einer Type von Fahrzeugen oder Fahrgestellen, die den Vorschriften des KFG 1967 oder der auf Grund dieses Bundesgesetzes erlassenen Verordnungen nicht entsprechen – Ausnahmegenehmigung (§ 34 Abs. 1 KFG 1967) –, sowie einer Type von Fahrzeugen oder Fahrgestellen, die den Vorschriften dieses Bundesgesetzes oder dieser Verordnungen nicht entsprechen, die jedoch den Bestimmungen internationaler Vereinbarungen entsprechen, die für Österreich gelten (§ 28 Abs. 7 KFG 1967), mit mehreren Ausführungsformen für die zweite und jede weitere Ausführungsform, und zwar

a) eines Kraftrades (§ 2 Z 4 KFG 1967) 30,50

b) eines Omnibusses (§ 2 Z 7 KFG 1967) oder Gelenkkraftfahrzeuges (§ 2 Z 13 KFG 1967) 49

c) eines nicht unter lit. b fallenden Kraftwagens (§ 2 Z 3 KFG 1967), eines Sattelzugfahrzeuges (§ 2 Z 11 KFG 1967) oder eines Spezialkraftwagens (§ 2 Z 22a KFG 1967) 43

d) eines Sonderkraftfahrzeuges (§ 2 Z 23 KFG 1967) 49

e) eines Sonderanhängers (§ 2 Z 27 KFG 1967) 22,80

f) eines Omnibusanhängers (§ 2 Z 25a KFG 1967) oder eines Sattelanhängers (§ 2 Z 12 KFG 1967) 26

g) eines nicht unter lit. e oder f fallenden Anhängers (§ 2 Z 2 KFG 1967) 17,40

294 a. Erteilung der Genehmigung von nicht wesentliche technische Merkmale betreffenden Änderungen einer Type von Fahrzeugen oder Fahrgestellen, die den Vorschriften des KFG 1967 oder der aufgrund dieses Bundesgesetzes erlassenen Verordnungen nicht entsprechen – Ausnahmegenehmigung (§ 34 Abs. 1 KFG 1967) –, sowie einer Type von Fahrzeugen oder Fahrgestellen, die den Vorschriften dieses Bundesgesetzes oder dieser Verordnungen nicht entsprechen, die jedoch den Bestimmungen internationaler Vereinbarungen entsprechen, die für Österreich gelten (§ 28 Abs. 7 KFG 1967), und zwar

a) eines Kraftrades (§ 2 Z 4 KFG 1967) 30,50

b) eines Omnibusses (§ 2 Z 7 KFG 1967) oder Gelenkkraftfahrzeuges (§ 2 Z 13 KFG 1967) 49

— 59 —

2/1. BVwAbgV

TP 294 a – 295

AVG
BVwAbgV
BKommGebV
BeglV
COVID-19-VwBG

Euro

c) eines nicht unter lit. b fallenden Kraftwagens (§ 2 Z 3 KFG 1967), eines Sattelzugfahrzeuges (§ 2 Z 11 KFG 1967) oder eines Spezialkraftwagens (§ 2 Z 22a KFG 1967) 43

d) eines Sonderkraftfahrzeuges (§ 2 Z 23 KFG 1967) 49

e) eines Sonderanhängers (§ 2 Z 27 KFG 1967) 22,80

f) eines Omnibusanhängers (§ 2 Z 25a KFG 1967) oder eines Sattelanhängers (§ 2 Z 12 KFG 1967) 26

g) eines nicht unter lit. e oder f fallenden Anhängers (§ 2 Z 2 KFG 1967) 17,40

(BGBl 1990/740)

294 b. Erteilung der Genehmigung von nicht wesentliche technische Merkmale betreffenden Änderungen einer Type von Fahrzeugen oder Fahrgestellen, die den Vorschriften des KFG 1967 oder der aufgrund dieses Bundesgesetzes erlassenen Verordnungen nicht entsprechen – Ausnahmegenehmigung (§ 34 Abs. 1 KFG 1967) –, sowie einer Type von Fahrzeugen oder Fahrgestellen, die den Vorschriften dieses Bundesgesetzes oder dieser Verordnungen nicht entsprechen, die jedoch den Bestimmungen internationaler Vereinbarungen entsprechen, die für Österreich gelten (§ 28 Abs. 7 KFG 1967), mit mehreren Ausführungsformen für die zweite und jede weitere Ausführungsform, und zwar

a) eines Kraftrades (§ 2 Z 4 KFG 1967) 3,20

b) eines Omnibusses (§ 2 Z 7 KFG 1967) oder Gelenkkraftfahrzeuges (§ 2 Z 13 KFG 1967) 5

c) eines nicht unter lit. b fallenden Kraftwagens (§ 2 Z 3 KFG 1967), eines Sattelzugfahrzeuges (§ 2 Z 11 KFG 1967) oder eines Spezialkraftwagens (§ 2 Z 22a KFG 1967) 4,35

d) eines Sonderkraftfahrzeuges (§ 2 Z 23 KFG 1967) 5

e) eines Sonderanhängers (§ 2 Z 27 KFG 1967) 2,10

f) eines Omnibusanhängers (§ 2 Z 25a KFG 1967) oder eines Sattelanhängers (§ 2 Z 12 KFG 1967) 2,90

g) eines nicht unter lit. e oder f fallenden Anhängers (§ 2 Z 2 KFG 1967) 1,80

(BGBl 1990/740)

295. Erteilung der Genehmigung oder Ausnahmegenehmigung einer Type von Teilen oder Ausrüstungsgegenständen von Kraftfahrzeugen oder Anhängern oder

Euro

von Sturzhelmen für Kraftfahrer (§ 35 Abs. 1 KFG 1967) sowie Erteilung der Genehmigung einer Type von Teilen oder Ausrüstungsgegenständen, die nicht zur Feilbietung oder Verwendung im Inland bestimmt sind und die den Vorschriften des KFG 1967 oder der aufgrund dieses Bundesgesetzes erlassenen Verordnungen nicht entsprechen und für Österreich aufgrund internationaler Vereinbarungen die Verpflichtung zur Genehmigung besteht (§ 35 Abs. 6 KFG 1967), sowie Anerkennung einer ausländischen Genehmigung oder Kennzeichnung einer Type von Teilen oder Ausrüstungsgegenständen oder von Sturzhelmen für Kraftfahrer (§ 35 Abs. 4 KFG 1967), und zwar

a) eines Sicherheitsgurtes (§ 4 Abs. 5 KFG 1967) 43

b) eines Sturzhelmes (§ 5 Abs. 1 zweiter Satz KFG 1967) 65

c) eines Reifens (§ 7 Abs. 1 KFG 1967) 98

d) eines Stoffes gemäß § 10 Abs. 1 oder 2 KFG 1967 65

e) von Sicherheitsglas (§ 10 Abs. 1 und 2 KFG 1967) 98

f) eines Scheinwerfers für Fernlicht oder für Abblendlicht (§ 14 Abs. 1 KFG 1967) 98

g) einer Leuchte für eine Lichtart, auch wenn sie mit einem Scheinwerfer vereinigt ist 65

h) einer Leuchte für mehrere Lichtarten, auch wenn die Leuchte mit einem Scheinwerfer vereinigt ist, je Lichtart 43

i) eines Rückstrahlers (§ 14 Abs. 5, § 16 Abs. 1 und 2 und § 104 Abs. 5 lit. b KFG 1967) 43

j) eines Rückstrahlers, der mit einer Leuchte eine gemeinsame Lichtaus- und Lichteintrittsfläche hat (§ 14 Abs. 8 letzter Satz KFG 1967) 21,80

k) eines Blinkgebers für einen Fahrtrichtungsanzeiger mit einer Einrichtung, durch die der Lenker von seinem Platz aus erkennen kann, daß die Blinkleuchten wirksam sind (§ 19 Abs. 1 KFG 1967) 98

l) einer Vorrichtung zum Abgeben von akustischen Warnzeichen mit einem Schallerzeuger (§ 22 Abs. 1 KFG 1967) 65

m) einer Vorrichtung zum Abgeben von akustischen Warnzeichen mit mehreren Schallerzeugern (§ 22 Abs. 1 KFG 1967) je Schallerzeuger 43

	Euro
n) eines Blinkgebers für eine Alarmblinkanlage mit einer Einrichtung, durch die der Lenker von seinem Platz aus erkennen kann, daß die Alarmblinkanlage eingeschaltet ist (§ 22 Abs. 2 KFG 1967)	59,50
o) einer Vorrichtung zum Abgeben von Warnzeichen mit aufeinanderfolgenden, verschieden hohen Tönen (§ 22 Abs. 5 oder 6 KFG 1967)	98
p) eines Rückblickspiegels (§ 23 Abs. 1 KFG 1967)	43
q) einer Heizvorrichtung (§ 25 Abs. 1 KFG 1967)	65
r) eines Sitzes für Zugmaschinen oder Motorkarren (§§ 90 Abs. 4 und 91 Abs. 2 KFG 1967)	98
s) einer Schutzvorrichtung für Zugmaschinen oder Motorkarren (§§ 90 Abs. 4 und 91 Abs. 2 KFG 1967)	98
t) eines zusätzlichen Aufbaues, zusätzlichen Sitzes oder einer zusätzlichen Vorrichtung zur Beförderung von Gütern (§ 35 Abs. 3 KFG 1967)	163
u) eines sonstigen Teiles oder Ausrüstungsgegenstandes	98
v) eines Motors von Fahrzeugen gemäß § 1 d Abs. 1 Z 3 KDV hinsichtlich der Auspuffgase	218
w) von Kraftstoffanlagen von Fahrzeugen gemäß § 1 d Abs. 1 Z 3 KDV hinsichtlich der Einhaltung der Bestimmungen des § 8 a Abs. 1 KDV	87

(BGBl 1990/740)

295 a. Erteilung der Genehmigung von Änderungen einer genehmigten Type von Teilen oder Ausrüstungsgegenständen von Kraftfahrzeugen oder Anhängern oder von Sturzhelmen für Kraftfahrer (§ 35 Abs. 1 KFG 1967) sowie Erteilung der Genehmigung einer Type von Teilen oder Ausrüstungsgegenständen, die nicht zur Feilbietung oder Verwendung im Inland bestimmt sind und die den Vorschriften des KFG 1967 oder der aufgrund dieses Bundesgesetzes erlassenen Verordnungen nicht entsprechen und für Österreich aufgrund internationaler Vereinbarungen die Verpflichtung zur Genehmigung besteht (§ 35 Abs. 6 KFG 1967), sowie Anerkennung einer ausländischen Genehmigung oder Kennzeichnung einer Type von Teilen oder Ausrüstungsgegenständen oder von Sturzhelmen für Kraftfahrer (§ 35 Abs. 4 KFG 1967), und zwar

	Euro
a) eines Sicherheitsgurtes (§ 4 Abs. 5 KFG 1967)	4,35
b) eines Sturzhelmes (§ 5 Abs. 1 zweiter Satz KFG 1967)	6,50
c) eines Reifens (§ 7 Abs. 1 KFG 1967)	9,80
d) eines Stoffes gemäß § 10 Abs. 1 oder 2 KFG 1967	6,50
e) von Sicherheitsglas (§ 10 Abs. 1 und 2 KFG 1967)	9,80
f) eines Scheinwerfers für Fernlicht oder für Abblendlicht (§ 14 Abs. 1 KFG 1967)	9,80
g) einer Leuchte für eine Lichtart, auch wenn sie mit einem Scheinwerfer vereinigt ist	6,50
h) einer Leuchte für mehrere Lichtarten, auch wenn die Leuchte mit einem Scheinwerfer vereinigt ist, je Lichtart	4,35
i) eines Rückstrahlers (§ 14 Abs. 5, § 16 Abs. 1 und 2 und § 104 Abs. 5 lit. b KFG 1967)	4,35
j) eines Rückstrahlers, der mit einer Leuchte eine gemeinsame Lichtaus- und Lichteintrittsfläche hat (§ 14 Abs. 8 letzter Satz KFG 1967)	2,10
k) eines Blinkgebers für einen Fahrtrichtungsanzeiger mit einer Einrichtung, durch die der Lenker von seinem Platz aus erkennen kann, daß die Blinkleuchten wirksam sind (§ 19 Abs. 1 KFG 1967)	9,80
l) einer Vorrichtung zum Abgeben von akustischen Warnzeichen mit einem Schallerzeuger (§ 22 Abs. 1 KFG 1967)	6,50
m) einer Vorrichtung zum Abgeben von akustischen Warnzeichen mit mehreren Schallerzeugern (§ 22 Abs. 1 KFG 1967) je Schallerzeuger	4,35
n) eines Blinkgebers für eine Alarmblinkanlage mit einer Einrichtung, durch die der Lenker von seinem Platz aus erkennen kann, daß die Alarmblinkanlage eingeschaltet ist (§ 22 Abs. 2 KFG 1967)	5,45
o) einer Vorrichtung zum Abgeben von Warnzeichen mit aufeinanderfolgenden, verschieden hohen Tönen (§ 22 Abs. 5 oder 6 KFG 1967)	9,80
p) eines Rückblickspiegels (§ 23 Abs. 1 KFG 1967)	4,35
q) einer Heizvorrichtung (§ 25 Abs. 1 KFG 1967)	6,50
r) eines Sitzes für Zugmaschinen oder Motorkarren (§§ 90 Abs. 4 und 91 Abs. 2 KFG 1967)	9,80

— 61 —

2/1. BVwAbgV

TP 295a – 300

AVG
BVwAbgV
BKommGebV
BeglV
COVID-19-VwBG

Euro

s) einer Schutzvorrichtung für Zugmaschinen oder Motorkarren (§§ 90 Abs. 4 und 91 Abs. 2 KFG 1967) 9,80

t) eines zusätzlichen Aufbaues, zusätzlichen Sitzes oder einer zusätzlichen Vorrichtung zur Beförderung von Gütern (§ 35 Abs. 3 KFG 1967) 16,30

u) eines sonstigen Teiles oder Ausrüstungsgegenstandes 9,80

v) eines Motors von Fahrzeugen gemäß § 1 d Abs. 1 Z 3 KDV hinsichtlich der Auspuffgase 21,80

w) von Kraftstoffanlagen von Fahrzeugen gemäß § 1 d Abs. 1 Z 3 KDV hinsichtlich der Einhaltung der Bestimmungen des § 8 a Abs. 1 KDV 8,70

(BGBl 1990/740)

296. Erteilung der Genehmigung einer Type von Teilen oder Ausrüstungsgegenständen von Kraftfahrzeugen oder Anhänger oder Sturzhelmen für Kraftfahrer (§ 35 Abs. 1 KFG 1967) auf der Grundlage einer Regelung zum Übereinkommen über die Annahme einheitlicher Bedingungen für die Genehmigung von Ausrüstungsgegenständen und Teilen von Kraftfahrzeugen und die gegenseitige Anerkennung der Genehmigung (BGBl. Nr. 177/1971) 163

(BGBl 1990/740)

297. Erteilung der Genehmigung einer Änderung einer Type auf der Grundlage einer Regelung zum Übereinkommen über die Annahme einheitlicher Bedingungen für die Genehmigung von Ausrüstungsgegenständen und Teilen von Kraftfahrzeugen und die gegenseitige Anerkennung der Genehmigung (BGBl. Nr. 177/1971) 87

(BGBl 1990/740)

298. Erteilung der Genehmigung eines einzelnen Kraftfahrzeuges oder Anhängers oder eines Fahrgestelles solcher Fahrzeuge (§ 31 Abs. 2 KFG 1967), und zwar

a) eines Kraftrades (§ 2 Z 4 KFG 1967) 65

b) eines Omnibusses (§ 2 Z 7 KFG 1967) oder Gelenkkraftfahrzeuges (§ 2 Z 13 KFG 1967) 196

c) eines nicht unter lit. b fallenden Kraftwagens (§ 2 Z 3 KFG 1967), eines Sattelzugfahrzeuges (§ 2 Z 11 KFG 1967) oder eines Spezialkraftwagens (§ 2 Z 22a KFG 1967) 98

d) eines Sonderkraftfahrzeuges (§ 2 Z 23 KFG 1967) 130

Euro

e) eines Sonderanhängers (§ 2 Z 27 KFG 1967) 43

f) eines Omnibusanhängers (§ 2 Z 25a KFG 1967) oder Sattelanhängers (§ 2 Z 12 KFG 1967) 130

g) eines nicht unter lit. e oder f fallenden Anhängers (§ 2 Z 2 KFG 1967) 26

299. Erteilung der Genehmigung von nicht wesentliche technische Merkmale betreffende Änderungen eines einzelnen zum Verkehr zugelassenen Fahrzeuges einer genehmigten Type (§ 33 Abs. 3 KFG 1967) sowie eines einzelnen zum Verkehr zugelassenen, nicht einer genehmigten Type angehörenden Fahrzeuges (§ 33 Abs. 5 KFG 1967), und zwar

a) eines Kraftrades (§ 2 Z 4 KFG 1967) 17,40

b) eines Omnibusses (§ 2 Z 7 KFG 1967) oder Gelenkkraftfahrzeuges (§ 2 Z 13 KFG 1967) 54,50

c) eines nicht unter lit. b fallenden Kraftwagens (§ 2 Z 3 KFG 1967), eines Sattelzugfahrzeuges (§ 2 Z 11 KFG 1967) oder eines Spezialkraftwagens (§ 2 Z 22a KFG 1967) 26

d) eines Sonderkraftfahrzeuges (§ 2 Z 23 KFG 1967) 32,70

e) eines Sonderanhängers (§ 2 Z 27 KFG 1967) 10,90

f) eines Omnibusanhängers (§ 2 Z 25a KFG 1967) oder eines Sattelanhängers (§ 2 Z 12 KFG 1967) 32,70

g) eines nicht unter lit. e oder f fallenden Anhängers (§ 2 Z 2 KFG 1967) 6,50

300. Erteilung der Genehmigung eines einzelnen Fahrzeuges oder Fahrgestelles, das den Vorschriften des KFG 1967 oder der auf Grund dieses Bundesgesetzes erlassenen Verordnungen nicht entspricht – Ausnahmegenehmigung (§ 34 Abs. 1 KFG 1967) –, sowie eines einzelnen Fahrzeuges oder Fahrgestelles, das den Vorschriften dieses Bundesgesetzes oder dieser Verordnungen nicht entspricht, das jedoch den Bestimmungen internationaler Vereinbarungen entspricht, die für Österreich gelten (§ 28 Abs. 7 KFG 1967), und zwar

a) eines Kraftrades (§ 2 Z 4 KFG 1967) 87

b) eines Omnibusses (§ 2 Z 7 KFG 1967) oder Gelenkkraftfahrzeuges (§ 2 Z 13 KFG 1967) 260

c) eines nicht unter lit. b fallenden Kraftwagens (§ 2 Z 3 KFG 1967), eines Sattelzugfahrzeuges (§ 2 Z 11 KFG 1967)

Euro | Euro

oder eines Spezialkraftwagens (§ 2 Z 22a KFG 1967) 130

d) eines Sonderkraftfahrzeuges (§ 2 Z 23 KFG 1967) 174

e) eines Sonderanhängers (§ 2 Z 27 KFG 1967) 56

f) eines Omnibusanhängers (§ 2 Z 25a KFG 1967) oder Sattelanhängers (§ 2 Z 12 KFG 1967) 174

g) eines nicht unter lit. e oder f fallenden Anhängers (§ 2 Z 2 KFG 1967) 34,80

301. Zulassung und vorübergehende Zulassung eines Kraftfahrzeuges oder Anhängers zum Verkehr (§ 37 Abs. 1 und § 38 Abs. 1 KFG 1967), und zwar

a) eines Personenkraftwagens (§ 2 Z 5 KFG 1967) oder Kombinationskraftwagens (§ 2 Z 6 KFG 1967) 19,60

b) eines nicht unter lit. a fallenden Kraftwagens (§ 2 Z 3 KFG 1967) 26

c) eines Kraftrades (§ 2 Z 4 KFG 1967), Sonderkraftfahrzeuges (§ 2 Z 23 KFG 1967) oder Anhängers (§ 2 Z 2 KFG 1967) 9,80

302. Eingeschränkte Zulassung eines Kraftfahrzeuges oder Anhängers (§ 39 Abs. 1 KFG 1967)

a) für eine einmalige Fahrt auf bestimmten Straßenzügen einschließlich einer allfälligen Rückfahrt 32,70

b) für mehrmalige Fahrten auf bestimmten Straßenzügen 65

303. Eingeschränkte Zulassung eines Fahrzeuges, das in den örtlichen Wirkungsbereichen von „zwei oder mehreren" Landeshauptmännern verwendet werden soll (§ 40 Abs. 4 KFG 1967) *(BGBl 1990/740)*

a) für eine einmalige Fahrt auf bestimmten Straßenzügen einschließlich einer allfälligen Rückfahrt 76

b) für mehrmalige Fahrten auf bestimmten Straßenzügen 163

304. Erteilung der Bewilligung zur Durchführung von Probefahrten (§ 45 Abs. 3 KFG 1967) 65

305. Erteilung der Bewilligung zur Durchführung von Probefahrten mit nicht zum Verkehr zugelassenen Fahrzeugen, deren Abmessungen oder höchste zulässige Gesamtgewichte oder Achslasten die im § 4 Abs. 6 bis 8 KFG 1967 festgesetzten Höchstgrenzen überschreiten (§ 45 Abs. 5 KFG 1967)

I. a) für eine einmalige Fahrt auf bestimmten Straßenzügen einschließlich einer allfälligen Rückfahrt 32,70

b) für mehrmalige Fahrten auf bestimmten Straßenzügen 65

II. wenn jedoch die Probefahrten in den örtlichen Wirkungsbereichen von „zwei oder mehreren" Landeshauptmännern durchgeführt werden sollen *(BGBl 1990/740)*

a) für eine einmalige Fahrt auf bestimmten Straßenzügen einschließlich einer allfälligen Rückfahrt 76

b) für mehrmalige Fahrten auf bestimmten Straßenzügen 163

306. Erteilung der Bewilligung zur Durchführung von Überstellungsfahrten (§ 46 Abs. 1 KFG 1967) 9,80

307. Erteilung der Bewilligung zur Durchführung von Überstellungsfahrten mit Fahrzeugen, deren Abmessungen, Gesamtgewichte oder Achslasten die im § 4 Abs. 6 bis 8 KFG 1967 festgesetzten Höchstgrenzen überschreiten (§ 46 Abs. 3 KFG 1967)

I. für eine Überstellungsfahrt 43

II. wenn jedoch die Überstellungsfahrt in den örtlichen Wirkungsbereichen von „zwei oder mehreren" Landeshauptmännern durchgeführt werden soll 76

(BGBl 1990/740)

308. Bekanntgabe des Namens und der Anschrift des Zulassungsbesitzers oder des Besitzers der Bewilligung zur Durchführung von Probe- oder Überstellungsfahrten und des Versicherers, bei dem für das Fahrzeug eine Kraftfahrzeug-Haftpflichtversicherung besteht (§ 47 Abs. 2 oder 3 KFG 1967) 1

309. Zuweisung eines Wechselkennzeichens (§ 48 Abs. 2 KFG 1967) 13

310. Ausdehnung der Gültigkeit des Wechselkennzeichens auf ein drittes Fahrzeug (§ 48 Abs. 2 KFG 1967) 13

311. Ausgabe einer Kennzeichentafel für Anhänger mit ausländischem Kennzeichen (§ 49 Abs. 3 KFG 1967) 13

312. Verleihung der Berechtigung zur Herstellung von Kennzeichentafeln (§ 49 Abs. 5 KFG 1967) 327

313. Ausfolgung einer neuen Kennzeichentafel (§ 50 Abs. 2 KFG 1967) 4,35

314. Zuweisung eines neuen Kennzeichens nach Verlust einer Kennzeichentafel (§ 51 Abs. 2 KFG 1967) 8,70

2/1. **BVwAbgV**
TP 315 – 327

Euro

315. Hinterlegung des Zulassungsscheines und der Kennzeichentafeln (§ 52 Abs. 1 KFG 1967) 19,60

316. Wiederausfolgung des hinterlegten Zulassungsscheines und der hinterlegten Kennzeichentafeln (§ 52 Abs. 2 KFG 1967) 9,80

317. 1. Ermächtigung von Vereinen oder zur Reparatur von Kraftfahrzeugen berechtigten Gewerbetreibenden zur Prüfung von Fahrtschreiberanlagen (§ 24 Abs. 5 KFG 1967) oder zur Abgabe von Gutachten für wiederkehrende und besondere Überprüfungen (§ 57 Abs. 4 KFG 1967) 65
(BGBl 1990/740)

2. Erweiterung einer gemäß Z 1 erteilten Ermächtigung auf eine oder mehrere Gruppe(n) von Kraftfahrzeugen 32,70

3. Genehmigung des Wechsels oder der Ummeldung oder der zusätzlichen Anmeldung der zur Vornahme der Überprüfung geeigneten Person, einschließlich der Feststellung, ob die Voraussetzungen der Eignung dieser Person vorliegen 21,80

318. 1. Ermächtigung von Vereinen oder zur Reparatur von Kraftfahrzeugen berechtigten Gewerbetreibenden zur wiederkehrenden Begutachtung (§ 57a Abs. 2 KFG 1967) 65

2. Erweiterung einer gemäß Z 1 erteilten Ermächtigung auf eine oder mehrere Gruppe(n) von Kraftfahrzeugen 32,70

3. Genehmigung des Wechsels oder der Ummeldung oder der zusätzlichen Anmeldung der zur Vornahme der Überprüfung geeigneten Person, einschließlich der Feststellung, ob die Voraussetzungen der Eignung dieser Person vorliegen 21,80

319. Verleihung der Berechtigung zur Herstellung von Begutachtungsplaketten (§ 57a Abs. 7 KFG 1967) 327

320. bis 323. *(aufgehoben, BGBl II 1997/319)*

324. Ausstellung eines internationalen Zulassungsscheines (§ 81 Abs. 1 KFG 1967) 19,60
(BGBl II 1997/319)

325. Erteilung der Bewilligung der Verwendung von Fahrzeugen mit ausländischem Kennzeichen, deren Abmessungen, Gesamtgewichte oder Achslasten die im § 4 Abs. 6 bis 8 KFG 1967 festgesetzten Höchstgrenzen überschreiten (§ 82 Abs. 5 KFG 1967)

Euro

I. a) für eine einmalige Fahrt auf bestimmten Straßenzügen einschließlich einer allfälligen Rückfahrt 32,70

b) für mehrmalige Fahrten auf bestimmten Straßenzügen 65

II. wenn jedoch die Fahrzeuge in den örtlichen Wirkungsbereichen von „zwei oder mehreren" Landeshauptmännern verwendet werden sollen *(BGBl 1990/740)*

a) für eine einmalige Fahrt auf bestimmten Straßenzügen einschließlich einer allfälligen Rückfahrt 76

b) für mehrmalige Fahrten auf bestimmten Straßenzügen 163

326. Erteilung der Bewilligung, mit Kraftfahrzeugen und Anhängern mit ausländischem Kennzeichen Transporte oder Langgutfuhren durchzuführen, bei denen die im § 101 Abs. 1 lit. a bis c und Abs. 6 KFG 1967 hinsichtlich der Beladung festgesetzten Voraussetzungen nicht erfüllt werden oder die Länge des Kraftfahrzeuges oder des letzten Anhängers samt der Ladung mehr als 16 m beträgt (§ 82 Abs. 5 KFG 1967)

I. a) für eine einmalige Fahrt auf bestimmten Straßenzügen einschließlich einer allfälligen Rückfahrt 21,80

b) für mehrmalige Fahrten auf bestimmten Straßenzügen 43

II. wenn jedoch die Fahrten in den örtlichen Wirkungsbereichen von „zwei oder mehreren" Landeshauptmännern durchgeführt werden sollen *(BGBl 1990/740)*

a) für eine einmalige Fahrt auf bestimmten Straßenzügen einschließlich einer allfälligen Rückfahrt 76

b) für mehrmalige Fahrten auf bestimmten Straßenzügen 163

327. Erteilung der Bewilligung des Verwendens von Kraftfahrzeugen mit Anhängern mit ausländischem Kennzeichen, deren Gesamtgewichte oder Abmessungen die im § 104 Abs. 9 KFG 1967 festgesetzten Höchstgrenzen überschreiten (§ 82 Abs. 5 KFG 1967)

I. a) für eine einmalige Fahrt auf bestimmten Straßenzügen einschließlich einer allfälligen Rückfahrt 21,80

b) für mehrmalige Fahrten auf bestimmten Straßenzügen 43

II. wenn jedoch die Fahrzeuge in den örtlichen Wirkungsbereichen von „zwei oder mehreren" Landeshauptmännern verwendet werden sollen *(BGBl 1990/740)*

Euro

a) für eine einmalige Fahrt auf bestimmten Straßenzügen einschließlich einer allfälligen Rückfahrt 76

b) für mehrmalige Fahrten auf bestimmten Straßenzügen 163

328. Ausstellung einer Bescheinigung darüber, daß ein Kraftfahrzeug eine Bauartgeschwindigkeit von nicht mehr als 10 km/h aufweist und daß das Fahrzeug den Bestimmungen des § 96 Abs. 1 und der auf Grund des § 96 Abs. 2 KFG 1967 erlassenen Verordnungen entspricht (§ 96 Abs. 3 KFG 1967) 32,70

329. Ausstellung einer Bescheinigung darüber, daß eine Type von Kraftfahrzeugen eine Bauartgeschwindigkeit von nicht mehr als 10 km/h aufweist und daß die Type den Bestimmungen des § 96 Abs. 1 und der auf Grund des § 96 Abs. 2 KFG 1967 erlassenen Verordnungen entspricht (§ 96 Abs. 4 KFG 1967) 218

330. Erteilung der Bewilligung des Überschreitens einer gemäß § 98 Abs. 1 KFG 1967 ziffernmäßig festgesetzten Geschwindigkeit (§ 98 Abs. 2 KFG 1967) 32,70

331. Erteilung der Bewilligung, mit Kraftfahrzeugen und Anhängern Transporte oder Langgutfuhren durchzuführen, bei denen die im § 101 Abs. 1 lit. a bis c und Abs. 6 KFG 1967 hinsichtlich der Beladung festgesetzten Voraussetzungen nicht erfüllt werden oder die Länge des Kraftfahrzeuges oder des letzten Anhängers samt der Ladung mehr als 16 m beträgt (§ 101 Abs. 5 KFG 1967)

I. a) für eine einmalige Fahrt auf bestimmten Straßenzügen einschließlich einer allfälligen Rückfahrt 21,80

b) für mehrmalige Fahrten auf bestimmten Straßenzügen 43

II. wenn jedoch die Fahrten in den örtlichen Wirkungsbereichen von „zwei oder mehreren" Landeshauptmännern durchgeführt werden sollen *(BGBl 1990/740)*

a) für eine einmalige Fahrt auf bestimmten Straßenzügen einschließlich einer allfälligen Rückfahrt 76

b) für mehrmalige Fahrten auf bestimmten Straßenzügen 163

332. Enthebung von der Verpflichtung, auf einem Anhänger einen Bremser mitzuführen (§ 104 Abs. 4 KFG 1967) 13

333. Erteilung der Bewilligung zum Ziehen nicht zum Verkehr zugelassener Anhänger, wenn die durch Verordnung hiefür festgesetzten Voraussetzungen

Euro

nicht vorliegen (§ 104 Abs. 7 KFG 1967)

a) für eine einmalige Fahrt einschließlich einer allfälligen Rückfahrt 13

b) für mehrmalige Fahrten 32,70

334. Erteilung der Bewilligung für das Ziehen von Anhängern, wenn die für die Summe der höchsten zulässigen Gesamtgewichte oder die für die größte Länge oder die für die Summe der höchsten zulässigen Gesamtgewichte und für die größte Länge festgesetzten Höchstgrenzen überschritten werden (§ 104 Abs. 9 KFG 1967),

I. a) für eine einmalige Fahrt auf bestimmten Straßenzügen einschließlich einer allfälligen Rückfahrt 21,80

b) für mehrmalige Fahrten auf bestimmten Straßenzügen 43

II. wenn jedoch die Fahrzeuge in den örtlichen Wirkungsbereichen von „zwei oder mehreren" Landeshauptmännern verwendet werden sollen *(BGBl 1990/740)*

a) für eine einmalige Fahrt auf bestimmten Straßenzügen einschließlich einer allfälligen Rückfahrt 76

b) für mehrmalige Fahrten auf bestimmten Straßenzügen 163

335. Erteilung der Bewilligung für das Abschleppen von Kraftfahrzeugen, die nur für bestimmte Straßenzüge zugelassen sind, auf anderen Straßenzügen sowie für das Abschleppen von nicht zugelassenen Fahrzeugen, deren Abmessungen, Gesamtgewichte oder Achslasten die im § 4 Abs. 6 bis 8 KFG 1967 festgesetzten Höchstgrenzen überschreiten (§ 105 Abs. 6 KFG 1967)

I. a) für eine einmalige Fahrt auf bestimmten Straßenzügen einschließlich einer allfälligen Rückfahrt 21,80

b) für mehrmalige Fahrten auf bestimmten Straßenzügen 43

II. wenn jedoch die Fahrzeuge in den örtlichen Wirkungsbereichen von „zwei oder mehreren" Landeshauptmännern verwendet werden sollen *(BGBl 1990/740)*

a) für eine einmalige Fahrt auf bestimmten Straßenzügen einschließlich einer allfälligen Rückfahrt 76

b) für mehrmalige Fahrten auf bestimmten Straßenzügen 163

336. Nachträgliche Abänderung eines in TP 302, 303, 305, 307, 325, 326, 327,

— 65 —

2/1. BVwAbgV
TP 336– 359

AVG
BVwAbgV
BKommGebV
BeglV
COVID-19-VwBG

Euro

331, 334 oder 335 angeführten Bescheides auf Antrag der Partei .... 25 vH

337. Erteilung der Bewilligung zur Errichtung einer Fahrschule (§ 108 Abs. 3 KFG 1967) 196

338. Erteilung der Genehmigung zur Aufnahme des Betriebes einer Fahrschule (§ 112 Abs. 1 KFG 1967) 65

339. Befreiung vom Erfordernis der Erbringung des Nachweises über die erfolgreiche Absolvierung der im § 109 Abs. 1 lit. e KFG 1967 angeführten Schulen bei gleichwertiger Ausbildung (§ 109 Abs. 2 KFG 1967) 26

340. Ausdehnung einer Fahrschulbewilligung auf eine oder mehrere Gruppen von Fahrzeugen (§ 111 Abs. 1 KFG 1967) 109

341. Befreiung vom Nachweis über die Zeiten des Besitzes der erforderlichen Lenkerberechtigung oder von der Glaubhaftmachung der erforderlichen Lenkerpraxis (§ 109 Abs. 3 KFG 1967) 26

342. Erteilung der Bewilligung zur Verlegung des Standortes einer Fahrschule (§ 108 Abs. 3 KFG 1967) 130

343. Erteilung der Zustimmung zu Änderungen hinsichtlich der Schulräume oder Schulfahrzeuge eines genehmigten Fahrschulbetriebes (§ 112 Abs. 4 KFG 1967) 26

344. Befreiung von der Verpflichtung der Bestellung eines Fahrschulleiters nach dem Tod des Besitzers einer gewerbsmäßig betriebenen Fahrschule durch den hinterbliebenen Ehegatten oder Nachkommen ersten Grades (§ 113 Abs. 2 letzter Satz KFG 1967) 13

345. Erteilung der Bewilligung der Bestellung zum Fahrschulleiter (§ 113 Abs. 4 KFG 1967) 32,70

346. Ausstellung eines Fahrlehrerausweises (§ 114 Abs. 1 KFG 1967) 26

347. Erteilung der Bewilligung zum Abhalten eines Fahrschulkurses außerhalb des Standortes der Fahrschule (§ 114 Abs. 5 KFG 1967) 32,70

348. Befreiung vom Erfordernis des Besitzes eines Reifezeugnisses als Voraussetzung für die Erteilung einer Fahrschullehrerberechtigung (§ 116 Abs. 2 KFG 1967) 26

349. Erteilung der Berechtigung, als Fahrschullehrer an einer Fahrschule theoretischen und praktischen Unterricht zu erteilen (§ 116 Abs. 1 KFG 1967) 65

Euro

350. Ausdehnung einer Fahrschullehrerberechtigung auf eine oder mehrere Gruppen von Fahrzeugen (§ 116 Abs. 4 KFG 1967) 32,70

351. Erteilung der Berechtigung, in einer bestimmten Fahrschule als Probefahrschullehrer theoretischen und praktischen Unterricht zu erteilen (§ 116 Abs. 6 KFG 1967) 13

352. Erteilung der Berechtigung, in einer bestimmten Fahrschule als Probefahrlehrer praktischen Fahrunterricht zu erteilen (§ 117 Abs. 1 KFG 1967) 13

353. Erteilung der Berechtigung, als Fahrlehrer an einer Fahrschule praktischen Fahrunterricht zu erteilen (§ 117 Abs. 1 KFG 1967) 43

354. Ausdehnung einer Fahrlehrerberechtigung auf eine oder mehrere Gruppen von Fahrzeugen (§ 117 Abs. 1 KFG 1967) 21,80

355. Erteilung der Bewilligung zur Durchführung von Übungsfahrten (§ 122 Abs. 1 KFG 1967) für jede Bewilligung für den Lehrenden 13

356. Bestellung eines Besitzers anderer als der im § 124 Abs. 2 Z 1 lit. a und Z 2 angeführten Diplome zum Sachverständigen für die Typenprüfung (§ 124 Abs. 3 KFG 1967) 13

357. Feststellung der Gleichwertigkeit der Ausbildung für Besitzer anderer als im § 125 Abs. 2 Z 1 lit. a und Z 2 lit. b angeführten Diplome und Reifezeugnisse zum Zwecke der Bestellung zum technischen Sachverständigen für die Einzelprüfung (§ 125 Abs. 3 KFG 1967) 13

358. Feststellung der Gleichwertigkeit der Ausbildung für Besitzer anderer als im § 126 Abs. 3 Z 1 lit. a und Z 2 lit. b angeführten Diplome und Reifezeugnisse zum Zwecke der Bestellung zum technischen Sachverständigen für die Lenkerprüfung (§ 126 Abs. 4 KFG 1967) 13

359. Erteilung der Bewilligung, ein Kraftfahrzeug oder einen Anhänger, die vor dem Inkrafttreten des KFG 1967 zum Verkehr zugelassen worden sind und die zwar den bisherigen Vorschriften, aber nicht den Bestimmungen des KFG 1967 und den auf Grund dieses Bundesgesetzes erlassenen Verordnungen entsprechen, sowie Fahrzeuge, die kraftfahrrechtlichen Vorschriften, die nach ihrer erstmaligen Zulassung in Kraft treten, nicht entsprechen, weiterhin in ihrem bisherigen Zustand auf Straßen mit öffentlichem Ver-

	Euro
kehr zu verwenden (§ 132 Abs. 4 KFG 1967) .... | 43 |

360. Ausstellung eines Führerscheines gemäß § 133 Abs. 2 oder 3 KFG 1967
.... 13

361. Erteilung der Bewilligung zur Beförderung von Personen auf mit Zugmaschinen im Rahmen eines land- und forstwirtschaftlichen Betriebes gezogenen Anhängern bis zu einer größeren Entfernung als durch Verordnung festgesetzt ist (§ 63 Abs. 2 KDV 1967) 32,70

362. Erteilung der Genehmigung des Bauartmusters einer Verpackung (Versandstückmuster) (§ 5 Abs. 1 GGSt., BGBl. Nr. 209/1979) 81,50

363. Erteilung der Genehmigung des Bauartmusters einer Verpackung (Versandstückmuster) durch Gültigkeitserklärung ausländischer Zeugnisse (§ 5 Abs. 8 GGSt.) 43

364. Erteilung der Genehmigung einer einzelnen Verpackung (§ 5 Abs. 9 GGSt.)
.... 43

365. Erteilung der Genehmigung einer einzelnen Verpackung durch Gültigkeitserklärung ausländischer Zeugnisse (§ 5 Abs. 9 GGSt.) 27,20

366. Erteilung der Ausnahmegenehmigung einer Verpackung oder eines Versandstückes (§ 6 GGSt.) 87

367. Erteilung der Genehmigung des Bauartmusters eines Containers (§ 9 GGSt.) 81,50

368. Erteilung der Genehmigung des Bauartmusters eines Containers durch Gültigkeitserklärung ausländischer Zeugnisse (§ 9 GGSt.) 43

369. Erteilung der Genehmigung eines einzelnen Containers (§ 9 GGSt.) 43

370. Erteilung der Genehmigung eines einzelnen Containers durch Gültigkeitserklärung ausländischer Zeugnisse (§ 9 GGSt.) 27,20

371. Erteilung der Ausnahmegenehmigung eines Containers (§ 9 GGSt.) 87

372. Erteilung der besonderen Genehmigung eines einzelnen Kraftfahrzeuges, Anhängers oder Tanks (§ 12 Abs. 1 GGSt.), und zwar
a) eines Kraftfahrzeuges 272
b) eines Anhängers 163
c) eines Tanks 87

373. Erteilung der besonderen Genehmigung des Bauartmusters eines Kraftfahr-

zeuges, Anhängers oder Tanks (§ 12 Abs. 1 GGSt.), und zwar
a) eines Kraftfahrzeuges 380
b) eines Anhängers 272
c) eines Tanks 130

374. Erteilung einer besonderen Ausnahmegenehmigung eines Kraftfahrzeuges, Anhängers oder Tanks (§ 14 Abs. 1 GGSt.) und zwar
a) eines Kraftfahrzeuges 327
b) eines Anhängers 218
c) eines Tanks 109

375. Erteilung einer besonderen Zulassung eines Kraftfahrzeuges oder Anhängers (§ 17 Abs. 1 GGSt.) 21,80

376. Erteilung einer besonderen Zulassung eines Kraftfahrzeuges oder Anhängers für bestimmte Arten von Straßen oder bestimmte Straßenstrecken (§ 17 Abs. 3 und 5 GGSt.)
a) im örtlichen Wirkungsbereich von nicht mehr als zwei Landeshauptmännern
.... 43
b) im örtlichen Wirkungsbereich von mehr als zwei Landeshauptmännern 87

377. Ausstellung einer im Europäischen Übereinkommen über die internationale Beförderung gefährlicher Güter auf der Straße (ADR) vorgeschriebenen, die Beschaffenheit des Fahrzeuges betreffenden kraftfahrrechtlichen behördlichen Bescheinigung (§ 17 Abs. 4 GGSt.) 65

378. Erteilung einer Beförderungsbewilligung
a) im örtlichen Wirkungsbereich von nicht mehr als zwei Landeshauptmännern (§ 24 Abs. 2 GGSt.) 43
b) im örtlichen Wirkungsbereich von mehr als zwei Landeshauptmännern (§ 24 Abs. 3 GGSt.) 87

379. Erteilung einer Ausnahmebewilligung für die Beförderung eines gefährlichen Gutes (§ 25 GGSt.)
a) im örtlichen Wirkungsbereich von nicht mehr als zwei Landeshauptmännern
.... 87
b) im örtlichen Wirkungsbereich von mehr als zwei Landeshauptmännern 174

380. Erteilung der Ermächtigung zur besonderen Ausbildung (§ 40 Abs. 6 GGSt.) 87

380a. Erteilung einer Lenkberechtigung (§ 5 Abs. 4 des Führerscheingesetzes – FSG, BGBl. I Nr. 120/1997) 21,80

(BGBl II 1997/319)

— 67 —

2/1. BVwAbgV

TP 380b – 391

AVG
BVwAbgV
BKommGebV
BeglV
COVID-19-VwBG

Euro

380b. Ausdehnung einer Lenkberechtigung auf weitere der im § 2 Abs. 1 FSG angeführten Klassen oder Unterklassen oder Aufhebung einer Beschränkung des Umfanges einer Lenkberechtigung (§ 5 Abs. 6 FSG) 19,60
(BGBl II 1997/319)

380c. Durchführung von Ergänzungen in einem Führerschein (§ 13 Abs. 2 FSG) oder Ausstellung eines neuen Führerscheines (Duplikates) (§ 15 Abs. 2 FSG) 19,60
(BGBl II 1997/319)

380d. Erteilung einer Lenkberechtigung an den Besitzer einer Heereslenkberechtigung (§ 22 Abs. 7 FSG) oder an den Besitzer einer in einem Nicht-EWR-Staat erteilten Lenkberechtigung (§ 23 Abs. 3 FSG) 19,60
(BGBl II 1997/319)

380e. Wiederausfolgung eines Führerscheines nach Auflauf der Entziehungsdauer (§ 28 Abs. 1 FSG) 19,60
(BGBl II 1997/319)

380f. Ausstellung eines Mopedausweises durch eine vom Landeshauptmann gemäß § 31 Abs. 2 FSG ermächtigte Behörde (§ 31 Abs. 3 FSG) 19,60
(BGBl II 1997/319)

380g. Ausstellung eines internationalen Führerscheines (§ 33 Abs. 1 FSG) 19,60
(BGBl II 1997/319)

XVIII. Zivilluftfahrtwesen

381. Bewilligung zur Erprobung eines Zivilluftfahrzeuges (§ 7 bzw. § 20 Luftfahrtgesetz, BGBl. Nr. 253/1957) für Luftfahrzeuge

a) bis zu 500 kg Abfluggewicht 65

b) über 500 kg Abfluggewicht 218

382. Bewilligung von Außenlandungen und Außenabflügen (§ 9 Abs. 2 Luftfahrtgesetz), Bewilligung zur Unterschreitung der Mindestflughöhe (§ 7 Abs. 5 Luftverkehrsregeln, BGBl. Nr. 56/1967) oder zur Durchführung von Kunstflügen (§ 10 Abs. 4 Luftverkehrsregeln)

a) für eine unbestimmte Anzahl von Fällen 27,20

b) für Einzelfälle 6,50

383. Zulassung eines Zivilluftfahrzeuges (§ 13 Luftfahrtgesetz)

a) Motorluftfahrzeuge

1. bis zu 5 700 kg Abfluggewicht ......
.... 109

Euro

2. bis zu 14 000 kg Abfluggewicht .....
.... 218

3. über 14 000 kg Abfluggewicht ......
.... 435

b) andere Luftfahrzeuge

1. bis 500 kg Abfluggewicht 43

2. über 500 kg Abfluggewicht 87

3. Fallschirme 10,90

384. Zuteilung eines Kennzeichens nach § 15 Abs. 2 Luftfahrtgesetz 43

385. Erteilung einer Zwischenbewilligung (§ 20 Luftfahrtgesetz) zur Überstellung eines Luftfahrzeuges von einem Flugplatz auf einen anderen im Fluge

a) innerhalb des Bundesgebietes ....
.... 32,70

b) sonst 65

386. Ausstellung eines Zivilluftfahrt-Personalausweises (§ 26 Luftfahrtgesetz, § 1 Zivilluftfahrt-Personalverordnung – ZLPV, BGBl. Nr. 219/1958)

a) mit Berechtigung zur Ausübung entgeltlicher Tätigkeiten 109

b) sonst 21,80

387. Ausstellung eines Anerkennungsscheines (§ 39 Luftfahrtgesetz, § 1 ZLPV), eines Flugschülerausweises (§ 51 Luftfahrtgesetz) oder Erteilung einer Erweiterung oder besonderen Berechtigung sowie Verlängerung oder Erneuerung der Gültigkeitsdauer eines Ausweises (ZLPV)
.... 10,90

388. Ausbildungsbewilligung (§ 42 Luftfahrtgesetz)

a) Erteilung einer Ausbildungsbewilligung

1. zur nichtgewerbsmäßigen Ausbildung 65

2. zur gewerbsmäßigen Ausbildung ....
.... 327

b) Erweiterung einer Ausbildungsbewilligung ....
..................................Ein Viertel der unter lit. a bezeichneten Beträge

389. Erteilung eines Zivilfluglehrerdiploms (§ 47 Luftfahrtgesetz) 43

390. Bewilligung von Vorarbeiten für einen Zivilflugplatz (§ 67 Luftfahrtgesetz) und zwar

a) für Flughäfen 327

b) für Motorflugfelder 109

c) sonst 21,80

391. Zivilflugplatz-Bewilligung (§ 68 Luftfahrtgesetz)

Euro

a) Erteilung einer Zivilflugplatz-Bewilligung für

1. einen Flughafen 490

2. ein Motorflugfeld 327

3. sonst 109

b) Änderung der Zivilflugplatz-Bewilligung ....

....................................Ein Fünftel der unter
lit. a bezeichneten Beträge

392. Betriebsaufnahmebewilligung für einen Zivilflugplatz (§ 73 Luftfahrtgesetz)

a) Erteilung einer Betriebsaufnahmebewilligung für

1. einen Flughafen 435

2. ein Motorflugfeld 218

3. sonst 43

b) Erweiterung einer Betriebsaufnahmebewilligung nach einer wesentlichen Änderung ....

.... Ein Viertel der unter
lit. a bezeichneten Beträge

393. Sonstige Bewilligungen für Flugplätze

a) Genehmigung von Zivilflugplatz-Benützungsbedingungen (§ 74 Luftfahrtgesetz) oder der Einstellung des Betriebes (§ 75 Luftfahrtgesetz) ....

.... Ein Zehntel der unter
Tarifpost 390 lit. a
bezeichneten Beträge

b) Bewilligung von zivilen Bodeneinrichtungen (§ 78 Luftfahrtgesetz)

1. Errichtungsbewilligung 218

2. Änderungsbewilligung 109

3. Benützungsbewilligung nach der Errichtung 109

4. Benützungsbewilligung nach einer Änderung 54,50

394. Erteilung einer Ausnahmebewilligung

a) für ein Luftfahrthindernis (§§ 92 und 93 Luftfahrtgesetz) mit einer Höhe

1. bis zu 100 m 109

2. über 100 m 380

b) für eine Anlage mit optischen oder elektrischen Störwirkungen (§ 94 Luftfahrtgesetz) 109

395. Bewilligung von Luftbeförderungsunternehmen

a) Erteilung einer Beförderungsbewilligung (§ 107 Luftfahrtgesetz) 490

b) Erteilung einer Betriebsaufnahmebewilligung (§ 108 Luftfahrtgesetz) 435

Euro

396. Erteilung einer Luftfahrzeug-Vermietungsbewilligung (§ 116 Luftfahrtgesetz) 380

397. Bewilligung einer zivilen Luftfahrtveranstaltung (§ 126 Luftfahrtgesetz) 65

398. Bewilligung des Steigenlassens von Fesselballonen oder Drachen (§ 128 Luftfahrtgesetz) 21,80

399. Bewilligung von Modellflügen (§ 129 Luftfahrtgesetz) 21,80

400. Bewilligung zur Verbreitung von Luftbildaufnahmen (§ 130 Abs. 1 Luftfahrtgesetz)

1. a) sofern der Bewilligung nicht mehr als 40 Bilder zugrunde liegen 6,50

b) sofern der Bewilligung mehr als 40 Bilder zugrunde liegen, zusätzlich ab dem 41. Bild, je Bild 0,35

2. a) sofern der Bewilligung Filmaufnahmen mit einer Spieldauer von nicht mehr als 10 Minuten zugrunde liegen 6,50

b) sofern der Bewilligung Filmaufnahmen mit einer Spieldauer von mehr als 10 Minuten zugrunde liegen, zusätzlich je angefangener 10 Minuten ab der 11. Minute 5,45

401. Bewilligung zur besonderen Verwendung eines Zivilluftfahrzeuges (§ 132 Luftfahrtgesetz) 32,70

402. Bewilligung des Abwerfens von Sachen (§ 133 Luftfahrtgesetz)

a) für eine unbestimmte Anzahl von Fällen 65

b) für Einzelfälle 21,80

XIX. Bergwesen

403. Erteilung einer Suchbewilligung oder Verlängerung ihrer Geltungsdauer (§§ 8 und 10 des Berggesetzes 1975, BGBl. Nr. 259) 10,90

404. Durchführung der Übertragung einer Suchbewilligung (§ 11 Abs. 1 des Berggesetzes 1975) 10,90

405. Verleihung einer Schurfberechtigung oder Verlängerung ihrer Geltungsdauer (§§ 18 und 21 des Berggesetzes 1975) 2,10

406. Durchführung der Übertragung einer Schurfberechtigung (§ 22 Abs. 1 des Berggesetzes 1975) 2,10

407. Erklärung des Erlöschens einer Schurfberechtigung (§ 24 des Berggesetzes 1975) 2,10

408. Erteilung einer Verfügungsbewilligung für beim Aufsuchen anfallende

— 69 —

2/1. BVwAbgV

TP 408 – 430

AVG
BVwAbgV
BKommGebV
BeglV
COVID-19-VwBG

Euro

bergfreie mineralische Rohstoffe (§ 29 des Berggesetzes 1975) 109

409. Verleihung einer Bergwerksberechtigung für ein Grubenmaß (§ 34 des Berggesetzes 1975) oder für eine Überschar (§ 43 des Berggesetzes 1975) 327

410. Anerkennung eines Reservefeldes (§ 55 des Berggesetzes 1975) 43

411. Fristung des Betriebes in einem Grubenmaß bzw. in einem Grubenfeld (§§ 56 und 57 des Berggesetzes 1975) 43

412. Genehmigung der Übertragung oder Überlassung der Ausübung einer Bergwerksberechtigung durch Rechtsgeschäfte unter Lebenden (§§ 61 und 62 Abs. 2 des Berggesetzes 1975) 10,90

413. Anerkennung eines Gewinnungsfeldes (§ 82 des Berggesetzes 1975) 327

414. Erteilung einer Schurfbewilligung (§§ 89 und 105 Abs. 1 des Berggesetzes 1975) 10,90

415. Erteilung einer Gewinnungsbewilligung (§§ 95 und 105 Abs. 2 des Berggesetzes 1975) 327

416. Genehmigung des Überganges einer Gewinnungsbewilligung durch Rechtsgeschäfte unter Lebenden (§ 103 des Berggesetzes 1975) 10,90

417. Erteilung einer Bewilligung zum Suchen und Erforschen nichtkohlenwasserstoffführender geologischer Strukturen (§ 110 Abs. 1 des Berggesetzes 1975) 10,90

418. Durchführung der Übertragung einer Bewilligung zum Suchen und Erforschen nichtkohlenwasserstoffführender geologischer Strukturen (§ 110 Abs. 3 des Berggesetzes 1975) 10,90

419. Erteilung einer Speicherbewilligung (§ 114 des Berggesetzes 1975) 327

420. Durchführung der Übertragung einer Speicherbewilligung (§ 120 Abs. 1 des Berggesetzes 1975) 10,90

421. Genehmigung der Übertragung einer Speicherbewilligung durch Rechtsgeschäfte unter Lebenden (§ 120 Abs. 1 des Berggesetzes 1975) 10,90

422. Feststellung oder Ersichtlichmachung der Begrenzung eines Grubenmaßes, einer Überschar, eines Gewinnungs-, Abbau- oder Speicherfeldes (§ 123 des Berggesetzes 1975) 43

423. Erteilung der Bewilligung zur Führung eines gemeinsamen Bergbaukartenwerkes für mehrere räumlich zusammenhängende Bergbaubetriebe (§ 135 Abs. 1 des Berggesetzes 1975) 43

Euro

424. Erteilung der Bewilligung zur Aufstellung eines gemeinsamen Hauptbetriebsplanes (§ 138 Abs. 2 des Berggesetzes 1975) 43

425. Entbindung von der Pflicht zur Aufstellung eines Hauptbetriebsplanes (§ 138 Abs. 2 des Berggesetzes 1975) 43

426. Erteilung der Bewilligung zur Herstellung (Errichtung) einer Bergbauanlage (Anlage eines Hüttenwerkes) oder zum Bau einer Bergwerksbahn oder wesentlicher Änderungen an einer solchen Anlage (§§ 146, 147 und 211 des Berggesetzes 1975) bei veranschlagten Herstellungskosten

a) bis 15 000 S 21,80

b) über 15 000 S bis 50 000 S 65

c) über 50 000 S bis 100 000 S 130

d) über 100 000 S bis 1 000 000 S 435

e) über 1 000 000 S 490

427. Erteilung der Bewilligung zum Betrieb (zur Benützung) einer Bergbauanlage (Anlage eines Hüttenwerkes) oder einer Bergwerksbahn oder einer wesentlich geänderten derartigen Anlage (§§ 146, 147 und 211 des Berggesetzes 1975) bei tatsächlichen Herstellungskosten

a) bis 15 000 S 21,80

b) über 15 000 S bis 50 000 S 65

c) über 50 000 S bis 100 000 S 130

d) über 100 000 S bis 1 000 000 S 435

e) über 1 000 000 S 490

428. Zulassung einer Type oder einer Einzelausführung eines Betriebsfahrzeuges, Tagbaugerätes, einer Betriebseinrichtung oder dgl. oder Kenntnisnahme einer Änderung (§ 149 des Berggesetzes 1975) 109

429. Zulassung eines Sprengmittels für die Schießarbeit im Bergbau (§ 2 der Sprengmittelzulassungsverordnung für den Bergbau, BGBl. Nr. 215/1963) 109

430. Anerkennung der Bestellung eines Betriebsleiters, Betriebsleiter-Stellvertreters oder verantwortlichen Markscheiders (§§ 150 und 160 des Berggesetzes 1975) oder der Betrauung einer Person mit der Leitung bei Tätigkeiten von Fremdunternehmern, wenn den Erfordernissen des § 154 des Berggesetzes 1975 zu entsprechen ist (§ 159 Abs. 2 des Berggesetzes 1975) 21,80

Euro

431. Anerkennung der Bestellung eines Betriebsaufsehers (§ 150 des Berggesetzes 1975) oder der Betrauung einer Person mit der technischen Aufsicht bei Tätigkeiten von Fremdunternehmern, wenn den Erfordernissen des § 154 des Berggesetzes 1975 zu entsprechen ist (§ 159 Abs. 2 des Berggesetzes 1975) 10,90

432. Bezeichnung von Grundstücken oder Grundstücksteilen als Bergbaugebiet (§§ 177 Abs. 2 und 180 des Berggesetzes 1975) für jedes angefangene Hektar des Bergbaugebietes 32,70

433. Erteilung der Bewilligung zur Errichtung eines Baus oder einer anderen Anlage in Bergbaugebieten oder zu wesentlichen Erweiterungen oder Veränderungen einer solchen Anlage (§ 176 Abs. 2 des Berggesetzes 1975) 43

434. Bewilligung einer Ausnahme nach Bestimmungen von im § 217 Abs. 1 des Berggesetzes 1975 angeführten Verordnungen oder von auf Grund des Berggesetzes 1975 erlassenen Verordnungen 109

XIXa. Angelegenheiten des internationalen und gemeinschaftlichen Artenschutzes gemäß der Verordnungen über den Schutz von Exemplaren wildlebender Tier- und Pflanzenarten durch Überwachung des Handels, Verordnung (EG) Nr. 1332/2005, ABL. Nr. L 215 vom 19. August 2005 sowie Verordnung (EG) Nr. 338/97, ABL. Nr. L 61 vom 3. März 1997 in der jeweils geltenden Fassung:"

(BGBl II 2006/371)

Die Verwaltungsabgaben für die Positionen 434a. bis einschließlich 434f. für die Erteilung einer Genehmigung sind pro beantragter Art (Spezies), die Verwaltungsabgaben für Bescheinigungen sind pro beantragtem Exemplar (Stück) zu entrichten. Die Verwaltungsabgabe für die Position 434g. ist pro Genehmigung/Bescheinigung zu entrichten. Im Bundesministerium für Land- und Forstwirtschaft, Umwelt und Wasserwirtschaft registrierte wissenschaftliche Einrichtungen sind von der Verpflichtung zur Entrichtung der Abgaben für die Positionen 434a. bis 434g. befreit.

434a. Erteilung von Genehmigungen und Bescheinigungen für lebende Tiere des Anhangs A: Säugetiere und Vögel 40,-

434b. Erteilung von Genehmigungen und Bescheinigungen für lebende Tiere des Anhangs A: Reptilien 15,-

434c. Erteilung von Genehmigungen und Bescheinigungen für lebende Tiere und Pflanzen des Anhangs A: Amphibien, Fische, Insekten, Weichtiere und Pflanzen 10,-

434d. Erteilung von Genehmigungen und Bescheinigungen für lebende Tiere und Pflanzen des Anhangs B und C 10,-

434e. Erteilung von Genehmigungen und Bescheinigungen für tote Tiere und Pflanzen des Anhangs A, ihre Teile oder aus ihnen gewonnene Erzeugnisse, inklusive Jagdtrophäen und Antiquitäten im Sinne des Artikels 2 Buchstabe w der Verordnung (EG) Nr. 338/97 40,-

434f. Erteilung von Genehmigungen und Bescheinigungen für Exemplare des Anhangs B für Jagdtrophäen und Antiquitäten im Sinne des Artikels 2 Buchstabe w der Verordnung (EG) Nr. 338/97 40,-

434g. 6b. Erteilung von Genehmigungen und Bescheinigungen für tote Tiere und tote Pflanzen des Anhangs B, ihre Teile oder aus ihnen gewonnene Erzeugnisse" 7,-

XX. Verschiedenes

435. Entscheidung im Verfahren nach § 30 Abs. 2 Z 15 Mietrechtsgesetz, BGBl. Nr. 520/1981 163

436. Erteilung der Genehmigung zur Erzeugung oder Inverkehrsetzung eines Futtermittels (§ 5 Futtermittelgesetz, BGBl. Nr. 97/1952) 65

437. Anbringung eines Pfandzeichens oder eines Tilgungszeichens nach den §§ 1 und 5 Mastkreditgesetz, BGBl. Nr. 210/1932 2,10

438. *(aufgehoben, BGBl 1990/740)*

439. Erteilung einer Genehmigung zur Erzeugung oder Inverkehrsetzung eines Pflanzenschutzmittels (§ 13 Pflanzenschutzgesetz, BGBl. Nr. 124/1948) 32,70

440. Zulassung von Abweichungen von den Vorschriften des Arbeitnehmerschutzgesetzes, BGBl. Nr. 234/1972, oder der auf Grund dieses Gesetzes erlassenen Vorschriften

a) wenn sich die Ausnahme auf motorisch angetriebene Maschinen von mehr als 40 Kilowatt bezieht 435

b) wenn sich die Ausnahme auf motorisch angetriebene Maschinen von 20 bis einschließlich 40 Kilowatt bezieht 218

— 71 —

2/1. **BVwAbgV**

TP 440 – 453

AVG
BVwAbgV
BKommGebV
BeglV
COVID-19-VwBG

Euro

c) wenn sich die Ausnahme auf sonstige motorisch angetriebene Maschinen bezieht 43

Maßgebend ist bei den Motoren die Gesamtzahl der Kilowatt, die zum Betrieb der Maschine notwendig sind. Umformaggregate sind nicht anzurechnen, wenn der umgeformte Strom zum Antrieb von Motoren verwendet wird.

441. Zulassung von bestimmten Arbeitsmitteln, Arbeitsstoffen und Ausrüstungen (§ 26 Abs. 1 Arbeitnehmerschutzgesetz, BGBl. Nr. 234/1972) 81,50

442. Bewilligung von Betrieben, bei deren Führung infolge der Art der Betriebseinrichtungen, der Betriebsmittel, der verwendeten Arbeitsstoffe oder der Arbeitsverfahren in besonderem Maße eine Gefährdung des Lebens und der Gesundheit der Arbeitnehmer auftreten kann (§ 27 Arbeitnehmerschutzgesetz)

a) bei Verwendung von Motoren von mehr als 40 Kilowatt 490

b) bei Verwendung von Motoren von 20 bis 40 Kilowatt 218

c) bei Verwendung sonstiger Motoren 43

Die Berechtigung ist nach der Vorschrift des letzten Absatzes der Tarifpost 441 durchzuführen.

443. Erteilung der Genehmigung auf Ausnahme von den Beschränkungen der Austauschmöglichkeiten der zu lagernden Pflichtnotstandsreserven an Erdöl und Erdölprodukten „(§ 8 Abs. 2 des Erdöl-Bevorratungs- und Meldegesetzes 1982, BGBl. Nr. 546)" 32,70

(BGBl 1990/740)

444. Erteilung der Genehmigung zur Haltung von Reserven an anderen Energieträgern anstelle von Pflichtnotstandsreserven an Erdöl und Erdölprodukten „(§ 8 Abs. 3 des Erdöl-Bevorratungs- und Meldegesetzes 1982)" 32,70

(BGBl 1990/740)

445. Erteilung der Genehmigung auf Verminderung des Prozentsatzes der Vorräte an Erdöl und Erdölprodukten, die aus technischen Gründen auch im ernstesten Notfall nicht verfügbar sind „(§ 8

Euro

Abs. 2 des Erdöl-Bevorratungs- und Meldegesetzes 1982)" 32,70

(BGBl 1990/740)

446. Erteilung einer Erlaubnis für Abfallsammler und -behandler (§ 15 des Abfallwirtschaftsgesetzes – AWG, BGBl. Nr. 325/1990, in der Fassung des Bundesgesetzes BGBl. Nr. 715/1992) 109

(BGBl 1994/284)

447. Genehmigung der Errichtung sowie der Inbetriebnahme von Abfall- und Altölbehandlungsanlagen (§ 28 AWG) 54,50

(BGBl 1994/284)

448. Wesentliche Änderung von Abfall- und Altölbehandlungsanlagen (§ 28 AWG) 27,20

(BGBl 1994/284)

449. Genehmigung der Errichtung sowie der Inbetriebnahme von besonderen Abfall- und Altölbehandlungsanlagen (§ 29 AWG) 109

(BGBl 1994/284)

450. Wesentliche Änderung von besonderen Abfall- und Altölbehandlungsanlagen (§ 29 AWG) 54,50

(BGBl 1994/284)

451. Abfallrechtliche Bewilligung für die Ein- und Ausfuhr von Abfällen (§§ 34 und 35 AWG) bei einer bewilligten Menge

a) bis 500 Tonnen 43

b) bis 3 000 Tonnen 76

c) bis 10 000 Tonnen 272

d) über 10 000 Tonnen 490

(BGBl 1994/284)

452. Erteilung einer Zulassung nach §§ 17 ff Regionalradiogesetz – RRG, BGBl. Nr. 506/1993 490

(BGBl 1994/284)

453. Entscheidung über das Vorliegen des überwiegend öffentlichen oder erheblich persönlichen Interesses und Kennzeichnung des Kraftfahrzeuges im Sinne des § 14 Absatz 3 Immissionsschutzgesetz-Luft (IG-L) 180,00

(BGBl II 2002/460)

Bundes-Kommissionsgebührenverordnung 2007

BGBl II 2007/262 idF

1 BGBl II 2013/403

STICHWORTVERZEICHNIS

Verordnung der Bundesregierung, mit der Pauschalbeträge für die bei Amtshandlungen der Bundesbehörden außerhalb des Amtes von den Beteiligten zu entrichtenden Kommissionsgebühren festgesetzt werden (Bundes-Kommissionsgebührenverordnung 2007 – BKommGebV)

Auf Grund des § 77 des „Allgemeinen Verwaltungsverfahrensgesetzes 1991 – AVG, BGBl. Nr. 51/1991," zuletzt geändert durch das Bundesgesetz BGBl. I Nr. 10/2004, wird verordnet: *(BGBl II 2013/403)*

Ausmaß der Kommissionsgebühren

§ 1. Die Kommissionsgebühren, die gemäß den §§ 76 und 77 „AVG" von den Beteiligten für die von Bundesbehörden außerhalb des Amtes vorgenommenen Amtshandlungen (mündliche Verhandlung oder Augenschein) zu entrichten sind, werden in Pauschalbeträgen nach den Ansätzen des Tarifes in der **Anlage** zu dieser Verordnung festgesetzt. *(BGBl II 2013/403)*

Berechnung der Kommissionsgebühren

§ 2. Der Berechnung der Kommissionsgebühren ist nur die zur Vornahme der Amtshandlung selbst, einschließlich etwaiger Begehungen und Besichtigungen, notwendig aufgewendete Zeit, nicht aber der Zeitaufwand zugrunde zu legen, der mit der Zurücklegung des Hin- und Rückweges zwischen dem Amt und dem Ort der Amtshandlung verbunden ist.

Verteilung der Kommissionsgebühren auf mehrere Beteiligte

§ 3. Trifft die Verpflichtung zur Tragung der Kommissionsgebühren mehrere Beteiligte, so ist der gemäß § 1 zu entrichtende Betrag auf die einzelnen Beteiligten angemessen zu verteilen. Jeder Beteiligte haftet in einem solchen Fall nur für den ihm auferlegten Teil der Gebühren.

Vorschreibung und Entrichtung der Kommissionsgebühren

§ 4. (1) Ergeht im Zusammenhang mit der Amtshandlung ein Bescheid gemäß § 56 oder § 57 AVG, so ist die Vorschreibung der Kommissionsgebühren in dessen Spruch aufzunehmen.

(2) Die Kommissionsgebühren sind, falls sie nicht ohne weiteres entrichtet werden, durch einen abgesonderten Bescheid gemäß § 57 AVG vorzuschreiben, wenn

1. im Zusammenhang mit der Amtshandlung kein Bescheid ergangen ist,

2. die Vorschreibung der Kommissionsgebühren in den Spruch des im Zusammenhang mit der Amtshandlung ergangenen Bescheides nicht aufgenommen wurde oder

3. die Amtshandlung von einer gemäß § 55 AVG ersuchten oder beauftragten Bundesbehörde vorgenommen wurde.

„ " *(BGBl II 2013/403)*

(3) Auf die Entrichtung der Kommissionsgebühren ist § 6 der „Bundesverwaltungsabgabenverordnung 1983 – BVwAbgV, BGBl. Nr.

— 73 — **2/2. BKommGebV**

§§ 4 – 6, Tarif

AVG
BVwAbgV
BKommGebV
BeglV
COVID-19-VwBG

24/1983," in der jeweils geltenden Fassung sinngemäß anzuwenden. *(BGBl II 2013/403)*

Anlage

Tarif

Widmung der Kommissionsgebühren

§ 5. Die Kommissionsgebühren bilden eine Einnahme des Bundes.

Inkrafttreten

§ 6. (1) Diese Verordnung tritt mit Ablauf des Monats ihrer Kundmachung in Kraft.[1]

(2) In der Fassung der Verordnung BGBl. II Nr. 403/2013 treten in bzw. außer Kraft:

1. die Promulgationsklausel, § 1, § 4 Abs. 2 letzter Satz und Abs. 3, die Überschrift zu § 6; und die Anlage in der Fassung der Z 7 mit 1. Jänner 2014;

2. die Anlage in der Fassung der Z 8 mit Ablauf des 31. Juli 2014.
(BGBl II 2013/403)

---

[1] *Die Kundmachung der BKommGebV im Bundesgesetzblatt erfolgte am 5. Oktober 2007.*

Behörde	Pauschalbetrag für jede angefangene halbe Stunde und für jedes teilnehmende Amtsorgan in Euro
Bundesministerium	13,80
Landesschulrat	9,40
„ " *(BGBl II 2013/403)*	„ " *(BGBl II 2013/403)*
Militärkommando	9,40
Postbüro	9,40
Fernmeldebüro	9,40
Büro für Funkanlagen und Telekommunikationsendeinrichtungen	9,40
„Landespolizeidirektion soweit diese im Gebiet einer Gemeinde, für das sie zugleich Sicherheitsbehörde erster Instanz ist, in erster Instanz sachlich zuständig ist" *(BGBl II 2013/403)*	„8,70" *(BGBl II 2013/403)*
„im Übrigen" *(BGBl II 2013/403)*	„10,90" *(BGBl II 2013/403)*

Beglaubigungsverordnung

BGBl II 1999/494 idF

1 BGBl II 2008/151

STICHWORTVERZEICHNIS

„Verordnung der Bundesregierung über die Beglaubigung der schriftlichen Ausfertigungen der Verwaltungsbehörden durch die Kanzlei (Beglaubigungsverordnung – BeglV)"

(BGBl II 2008/151)

Auf Grund des § 18 Abs. 4 des Allgemeinen Verwaltungsverfahrensgesetzes 1991 – AVG, BGBl. Nr. 51/1991, zuletzt geändert durch das Bundesgesetz BGBl. I Nr. 164/1999, wird verordnet:

Kanzlei

§ 1. Von der in § 18 Abs. 4 AVG vorgesehenen Möglichkeit, schriftliche Ausfertigungen der Behörden durch die Kanzlei beglaubigen zu lassen, kann nur bei den Behörden Gebrauch gemacht werden, für die ein geregelter, ständiger Kanzleidienst eingerichtet ist.

Gegenstand der Beglaubigung

§ 2. (1) Die Beglaubigung durch die Kanzlei kommt nur bei solchen schriftlichen Ausfertigungen in Betracht, denen eine Erledigung der Behörde zugrunde liegt, die durch Unterschrift des Genehmigenden oder auf andere Weise (§ 18 Abs. 3 AVG) genehmigt wurde.

(2) Eine Unterfertigung von Urkunden, für die gesetzlich eine besondere Form der Unterzeichnung vorgeschrieben ist, ist unzulässig.

(BGBl II 2008/151)

Ermächtigung

§ 3. (1) Die Vornahme von Beglaubigungen schriftlicher „Ausfertigungen" ist nur auf Grund einer besonderen ausdrücklichen schriftlichen Ermächtigung der Leitung der Behörde zulässig. *(BGBl II 2008/151)*

(2) Die Ermächtigung kann entweder allgemein erteilt oder – ohne dass hiedurch die Rechtswirksamkeit der unter Einhaltung der sonstigen Bestimmungen dieser Verordnung beglaubigten „Ausfertigungen" berührt würde – auf bestimmte Fälle eingeschränkt werden. *(BGBl II 2008/151)*

(3) Die Ermächtigung ist jederzeit widerruflich.

Vornahme der Beglaubigung

§ 4. Die Beglaubigung ist in der Weise vorzunehmen, dass am Schluss der schriftlichen „Ausfertigung" der Name des Genehmigenden wiedergegeben und sodann die Klausel „Für die Richtigkeit der Ausfertigung:"[1] beigesetzt und vom Beglaubigenden mit seinem Namen eigenhändig unterschrieben wird. *(BGBl II 2008/151)*

---

[1] *Hervorhebung im Original.*

Inkrafttreten

§ 5. „(1)" Diese Verordnung tritt mit 1. Jänner 2000 in Kraft. *(BGBl II 2008/151)*

(2) Der Titel, § 2 samt Überschrift, § 3 Abs. 1 und 2 und § 4 in der Fassung der Verordnung BGBl. II Nr. 151/2008 treten mit Ablauf des Tages der Kundmachung dieser Verordnung in Kraft.[1] *(BGBl II 2008/151)*

---

[1] *Die Kundmachung der V BGBl II 2008/151 im Bundesgesetzblatt erfolgte am 8. Mai 2008.*

— 75 — **2/4. COVID-19-VwBG**

§§ 1 – 3

AVG
BVwAbgV
BKommGebV
BeglV
COVID-19-VwBG

Verwaltungsrechtliches COVID-19-Begleitgesetz[*]

[*] *Tritt mit Ablauf des 31. Dezember 2021 außer Kraft.*

BGBl I 2020/16 idF

1 BGBl I 2020/24
2 BGBl I 2020/42
3 BGBl I 2020/59

4 BGBl I 2021/2
5 BGBl I 2021/107

Bundesgesetz betreffend Begleitmaßnahmen zu COVID-19 im Verwaltungsverfahren, im Verfahren der Verwaltungsgerichte sowie im Verfahren des Verwaltungsgerichtshofes und des Verfassungsgerichtshofes „(Verwaltungsrechtliches COVID-19-Begleitgesetz – COVID-19-VwBG)"

(BGBl I 2020/24)

§ 1. *(entfällt, BGBl I 2021/2)*

Sonderregelungen für bestimmte Fristen

§ 2. Die Zeit vom 22. März 2020 bis zum Ablauf des 30. April 2020 wird nicht eingerechnet:

1. in die Zeit, in der ein verfahrenseinleitender Antrag (§ 13 Abs. 8 des Allgemeinen Verwaltungsverfahrensgesetzes 1991 – AVG, BGBl. Nr. 51/1991) zu stellen ist, und

2. in Verjährungsfristen.

(BGBl I 2021/2)

Mündliche Verhandlungen, Vernehmungen, Augenscheine, Beweisaufnahmen und dergleichen, mündlicher Verkehr zwischen Behörden und Beteiligten

§ 3. (1) Das Verwaltungsorgan, das eine mündliche Verhandlung (§§ 40 bis 44 AVG; §§ 43 und 44 des Verwaltungsstrafgesetzes 1991 – VStG, BGBl. Nr. 52/1991), eine Vernehmung (§§ 48 bis 51 AVG; § 24 VStG iVm. §§ 48 bis 51 AVG, § 33 VStG), einen Augenschein, eine Beweisaufnahme oder dergleichen leitet, kann im Rahmen der Aufrechterhaltung der Ordnung (§ 34 Abs. 1 AVG) auch die zur Verhütung und Bekämpfung der Verbreitung von COVID-19 erforderlich oder zweckmäßig erscheinenden Anordnungen treffen. *(BGBl I 2021/2)*

(2) Die Behörde kann

1. mündliche Verhandlungen, Vernehmungen, Augenscheine und dergleichen unter Verwendung geeigneter technischer Einrichtungen zur Wort- und Bildübertragung durchführen,

2. mündliche Verhandlungen, die andernfalls an Ort und Stelle abzuhalten wären, unter Verwendung geeigneter technischer Einrichtungen zur Wort- und Bildübertragung am Sitz der Behörde oder an dem Ort abhalten, der nach der Sachlage am zweckmäßigsten erscheint, wobei Augenscheine und Beweisaufnahmen an Ort und Stelle diesfalls vor der Verhandlung stattzufinden haben, oder

3. Beweise unter Verwendung geeigneter technischer Einrichtungen zur Wort- und Bildübertragung aufnehmen.

(3) Den Parteien und sonst Beteiligten, den erforderlichen Zeugen und Sachverständigen, den Dolmetschern und den sonst der Amtshandlung beizuziehenden Personen ist Gelegenheit zu geben, unter Verwendung der technischen Einrichtungen zur Wort- und Bildübertragung an der betreffenden Amtshandlung teilzunehmen. Die Behörde hat die Parteien und sonst Beteiligten aufzufordern, bekanntzugeben, ob ihnen solche technischen Einrichtungen zur Wort- und Bildübertragung zur Verfügung stehen; ist dies nicht der Fall, so kann die Amtshandlung auch in ihrer Abwesenheit durchgeführt werden. Die Behörde hat diesfalls den Parteien und sonst Beteiligten, die aus diesem Grund an der Amtshandlung nicht teilnehmen können, in sonst geeigneter Weise Gelegenheit zu geben, ihre Rechte auszuüben bzw. bei der Feststellung des Sachverhalts mitzuwirken.

(4) Ist gesetzlich vorgesehen, dass Beteiligte spätestens während der mündlichen Verhandlung Einwendungen erheben können, und wird die mündliche Verhandlung unter Verwendung technischer Einrichtungen zur Wort- und Bildübertragung durchgeführt, so hat die Behörde denjenigen Beteiligten, die nicht bereits rechtzeitig Einwendungen erhoben haben, gemäß Abs. 3 bekanntgegeben haben, dass ihnen solche technischen Einrichtungen zur Wort- und Bildübertragung nicht zur Verfügung stehen, und an der mündlichen Verhandlung nicht teilgenommen haben, auf Verlangen Gelegenheit zur nachträglichen Erhebung von Einwendungen zu geben. Ein solches Verlangen ist spätestens drei Tage nach dem zu stellen, an dem die Verhandlung durchgeführt wurde. Die Behörde hat solchen Beteiligten die Verhandlungsschrift (§ 14 Abs. 3 AVG) mit der Mitteilung zu übermitteln, dass es ihnen freisteht, binnen einer gleichzeitig zu bestimmenden, angemessenen Frist bei der Behörde Einwendungen zu erheben. Werden solche Einwendungen nicht

rechtzeitig erhoben, so treten die Folgen des § 42 Abs. 1 AVG ein; die Aufforderung der Behörde hat auch einen Hinweis darauf zu enthalten. § 42 Abs. 3 AVG bleibt unberührt.

(5) Wird eine Amtshandlung unter Verwendung technischer Einrichtungen zur Wort- und Bildübertragung durchgeführt, so braucht eine Niederschrift, außer vom Leiter der Amtshandlung, von keiner weiteren Person unterschrieben zu werden. Wird die Niederschrift elektronisch erstellt, so kann an die Stelle der Unterschrift des Leiters der Amtshandlung ein Verfahren zum Nachweis der Identität (§ 2 Z 1 E-GovG) des Leiters der Amtshandlung und der Authentizität (§ 2 Z 5 E-GovG) der Niederschrift treten. § 14 Abs. 1 bis 4, 6 und 7 AVG bleibt unberührt.

(6) Die Behörde ist verpflichtet, mit den Beteiligten sowie mit sonstigen Personen im Rahmen der Durchführung des Verfahrens mündlich zu verkehren, wenn dies zur Aufrechterhaltung einer geordneten Verwaltungsrechtspflege unbedingt erforderlich ist und eine andere Form als die des mündlichen Verkehrs nach Lage des einzelnen Falles nicht in Betracht kommt. Die Behörde ist zur Entgegennahme mündlicher Anbringen bei Gefahr im Verzug oder wenn ein einschreitender Beteiligter der deutschen Sprache nicht hinreichend kundig ist oder diesem eine schriftliche Einbringung wegen einer Behinderung nicht zugemutet werden kann, verpflichtet. In sonstigen Fällen kann die Behörde dem Einschreiter auftragen, das Anbringen innerhalb einer gleichzeitig zu bestimmenden, angemessenen Frist schriftlich einzubringen. Wird das Anbringen rechtzeitig schriftlich eingebracht, so gilt es als zum ursprünglichen Zeitpunkt eingebracht.

(BGBl I 2020/42, ab 15. Mai 2020)

Unterbrechung von Verfahren

§ 4. (1) Hört infolge des Auftretens und der Verbreitung von COVID-19 die Tätigkeit einer Behörde auf, so hat die sachlich in Betracht kommende Oberbehörde dies bekanntzumachen.

(2) Die sachlich in Betracht kommende Oberbehörde hat auf Antrag eines Beteiligten eine andere sachlich zuständige Behörde desselben Landes zur Entscheidung der Sache zu bestimmen, wenn während der Unterbrechung Verfahrenshandlungen vorzunehmen sind, die zur Abwendung einer Gefahr für Leib und Leben, Sicherheit und Freiheit oder Abwehr eines erheblichen und unwiederbringlichen Schadens eines Beteiligten dringend geboten sind.

Verordnungsermächtigung

§ 5. „Soweit dies zur Verhütung und Bekämpfung der Verbreitung von COVID-19 erforderlich ist, kann der Bundeskanzler die in § 2 festgelegten Fristen verlängern oder verkürzen und weitere Bestimmungen vorsehen, die den Einfluss der Maßnahmen, die zur Verhinderung der Verbreitung von COVID-19 getroffen werden, auf den Lauf von Fristen und die Einhaltung von Terminen für anhängige oder noch anhängig zu machende Verfahren regeln." Er kann insbesondere die Unterbrechung, die Hemmung, die Verlängerung oder die Verkürzung von Fristen anordnen, Säumnisfolgen bei Nichteinhaltung von Terminen ausschließen sowie bestimmen, ob und auf welche Weise verfahrensrechtliche Rechtsnachteile, die durch die Versäumung von Fristen oder Terminen eintreten können, hintangehalten und bereits eingetretene wieder beseitigt werden. Dabei sind die Interessen an der Fortsetzung dieser Verfahren, insbesondere der Schutz vor Gefahren für Leib und Leben, Sicherheit und Freiheit der Verfahrensparteien oder die Abwehr eines erheblichen und unwiederbringlichen Schadens von diesen, einerseits und das Interesse der Allgemeinheit an der Verhütung und Bekämpfung der Verbreitung von COVID-19 sowie am Schutz der Aufrechterhaltung eines geordneten Verwaltungsbetriebes andererseits gegeneinander abzuwägen. *(BGBl I 2021/2)*

Verfahren der Verwaltungsgerichte sowie Verfahren des Verwaltungsgerichtshofes und des Verfassungsgerichtshofes

§ 6. (1) **(Verfassungsbestimmung)** Auf das Verfahren der Verwaltungsgerichte sind die „§§ 2 bis 5" dann sinngemäß anzuwenden, wenn auf das jeweilige Verfahren zumindest auch das AVG anzuwenden ist. Im Fall des § 4 Abs. 2 hat der Verwaltungsgerichtshof ein anderes sachlich zuständiges Verwaltungsgericht, in Ermangelung eines solchen ein anderes Verwaltungsgericht zu bestimmen. *(BGBl I 2021/2)*

(2) Auf das Verfahren des Verwaltungsgerichtshofes und des Verfassungsgerichtshofes sind die „§§ 2, 3 und 5" sinngemäß anzuwenden. *(BGBl I 2021/2)*

Verweisungen

§ 7. **(Verfassungsbestimmung)** Soweit in diesem Bundesgesetz auf Bestimmungen dieses Bundesgesetzes oder anderer Bundesgesetze verwiesen wird, sind diese in ihrer jeweils geltenden Fassung anzuwenden.

(BGBl I 2021/2)

Vollziehung

§ 8. (1) Mit der Vollziehung des § 6 Abs. 2 ist hinsichtlich des Verfahrens des Verfassungsgerichtshofes dessen Präsident betraut. Im Übrigen ist mit der Vollziehung dieses Bundesgesetzes

— 77 — **2/4. COVID-19-VwBG**

§§ 8 − 9

AVG
BVwAbgV
BKommGebV
BeglV
COVID-19-VwBG

mit Ausnahme des § 6 Abs. 1 und des § 7 der Bundeskanzler betraut. *(BGBl I 2021/2)*

(2) **(Verfassungsbestimmung)** Mit der Vollziehung des § 6 Abs. 1 und des § 7 ist der Bundeskanzler betraut. *(BGBl I 2021/2)*

Inkrafttreten und Außerkrafttreten

§ 9. (1) Dieses Bundesgesetz mit Ausnahme des § 6 Abs. 1 tritt mit Ablauf des Tages seiner Kundmachung in Kraft „ “. *(BGBl I 2021/2)*

(2) **(Verfassungsbestimmung)** § 6 Abs. 1 tritt mit Ablauf des Tages der Kundmachung dieses Bundesgesetzes in Kraft „ “. *(BGBl I 2021/2)*

(3) Der Titel, § 1 Abs. 1 zweiter bis letzter Satz und Abs. 1a und § 2 samt Überschrift in der Fassung des Bundesgesetzes BGBl. I Nr. 24/2020 treten mit 22. März 2020 in Kraft. *(BGBl I 2020/24)*

(4) § 3 samt Überschrift in der Fassung des Bundesgesetzes BGBl. I Nr. 42/2020 tritt mit Ablauf des Tages der Kundmachung des Bundesgesetzes BGBl. I Nr. 42/2020 in Kraft.[1] *(BGBl I 2020/42)*

(5) § 3 Abs. 1 in der Fassung des Bundesgesetzes BGBl. I Nr. 59/2020 tritt mit Ablauf des Tages der Kundmachung des Bundesgesetzes BGBl. I Nr. 59/2020 in Kraft.[2] *(BGBl I 2020/59)*

(6) Dieses Bundesgesetz in der Fassung des Bundesgesetzes BGBl. I Nr. 2/2021 mit Ausnahme der §§ 6 Abs. 1, 7 und 8 Abs. 2 tritt mit 1. Jänner 2021 in Kraft. Die §§ 1, 2 und 6 Abs. 2 in der Fassung des Bundesgesetzes BGBl. I Nr. 59/2020 sind in mit Ablauf des 31. Dezember 2020 anhängigen Verfahren weiterhin anzuwenden. *(BGBl I 2021/107)*

(7) Dieses Bundesgesetz mit Ausnahme der §§ 6 Abs. 1, 7, 8 Abs. 2 und 9 Abs. 8 zweiter Satz tritt mit Ablauf des 31. Dezember 2021 außer Kraft. *(BGBl I 2021/107)*

(8) **(Verfassungsbestimmung)** Die §§ 6 Abs. 1, 7 und 8 Abs. 2 in der Fassung des Bundesgesetzes BGBl. I Nr. 2/2021 treten mit 1. Jänner 2021 in Kraft. § 6 Abs. 1 in der Fassung des Bundesgesetzes BGBl. I Nr. 59/2020 ist in mit Ablauf des 31. Dezember 2020 anhängigen Verfahren weiterhin anzuwenden. *(BGBl I 2021/107)*

(9) **(Verfassungsbestimmung)** §§ 6 Abs. 1, 7, 8 Abs. 2 und 9 Abs. 8 zweiter Satz treten mit Ablauf des 31. Dezember 2021 außer Kraft. *(BGBl I 2021/107)*

---

[1] *§ 3 samt Überschrift ist demnach mit Ablauf des 14. Mai 2020 in Kraft getreten.*
[2] *§ 3 Abs 1 ist demnach mit Ablauf des 2. Juli 2020 in Kraft getreten.*

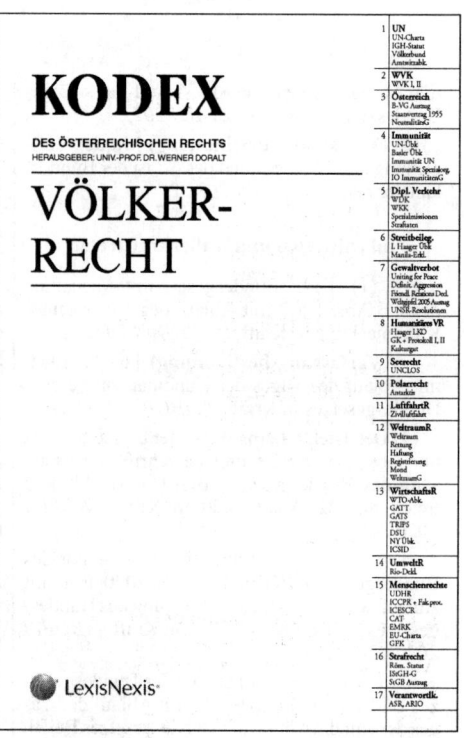

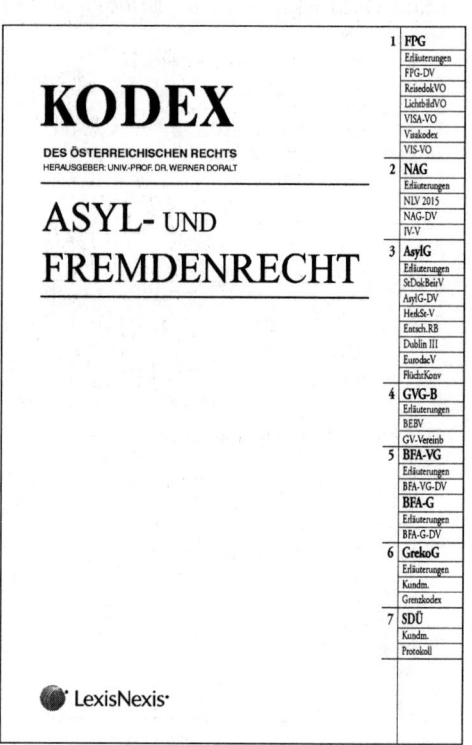

Verwaltungsstrafgesetz 1991

BGBl 1991/52 (WV) idF

VStG
VfllV, AnhO
VorlSV
OrgStVfgV
EEA-VStS-G

1 BGBl 1992/755 (VfGH)
2 BGBl 1992/867
3 BGBl 1993/666
4 BGBl 1993/799
5 BGBl 1995/620
6 BGBl I 1998/158
7 BGBl I 1999/191 (BG)
8 BGBl I 1999/194 (DFB)
9 BGBl I 2000/26
10 BGBl I 2000/138
11 BGBl I 2001/137
12 BGBl I 2002/65
13 BGBl I 2002/117

14 BGBl I 2008/3
15 BGBl I 2008/5
16 BGBl I 2008/142 (VfGH)
17 BGBl I 2009/20
18 BGBl I 2009/135
19 BGBl I 2010/111
20 BGBl I 2011/100
21 BGBl I 2012/50
22 BGBl I 2013/33
23 BGBl I 2016/120
24 BGBl I 2018/57
25 BGBl I 2018/58

GLIEDERUNG

STICHWORTVERZEICHNIS

– des Straferkenntnisses VStG 44 (1) Z 8
Behältnisse, von der Beschlagnahme erfasste 39 (4)
Beihilfe 7
Beitrag
– zu den Kosten des Strafverfahrens 64
– zu den Kosten des Strafvollzuges (Vollzugskostenbeitrag) 53d (2), 54d (2) (3) (4), 64 (4)
Bekanntmachung, öffentliche, Zustellung 17 (3)
Beleg, zur postalischen Einzahlung des Strafbetrages geeigneter (Erlagschein) 49a (4), 50 (2)
Bemessung der Strafe siehe Strafbemessung
Beratung 33a
Beschäftigung der Häftlinge 36 (2), 53c (1)
Bescheid
– mündliche Verkündung 43 (1)
– schriftliche Ausfertigung 46 (1) (2)
Bescheinigung
– über eine vorläufige Sicherheit 37a (4)
– über eine vorläufige Sicherstellung 39 (2)
Beschlagnahme 37 (2), 39
– vorläufige 39 (4)
Beschuldigter
– Aufforderung zur Rechtfertigung 40, 42
– Begriff 32 (1)
– Berücksichtigung der entlastenden und belastenden Umstände in gleicher Weise 25 (2)
– Vernehmung 33, 36 (1), 40, 41, 42 (1) Z 2, 43 (1), 59 (2)
– Verteidiger siehe Verteidiger
Beschwerde beim Verwaltungsgericht 46 (1), 52a (1)
– gegen die Einstellung des Verfahrens 45 (2)
– – über eine Privatanklage 56 (3)
– gegen die Entscheidung über die privatrechtlichen Ansprüche 57 (3)
– gegen einen Bescheid über den Erlag eines Geldbetrages anstelle der Beschlagnahme 39 (6)
– gegen einen Bescheid über eine Beschlagnahme 37 (3), 39 (6)
– gegen einen Bescheid über eine Sicherheitsleistung 37 (3)
Beschwerde beim Verfassungsgerichtshof 53b (3)
Beschwerderecht
– des gesetzlichen Vertreters eines Jugendlichen 60
– des Privatanklägers 56 (3)
Besuchsverkehr von Häftlingen 36 (4), 53c (4) (5)
Betretung auf frischer Tat 34b, 35
Betrieb eines Unternehmens, Ort, Zuständigkeitsgrund 27 (2a) Z 1
Bewährungshilfe 59 (2)
Beweismittel 41 (1) Z 2, 42 (1) Z 2, 49 (1)
Bewusstseinsstörung 3
Bezirksverwaltungsbehörde 26 (1), 29a, 53 (1), 53c (6)
bildverarbeitende technische Einrichtungen siehe Verkehrsüberwachung

Briefverkehr von Häftlingen 36 (4), 53c (3) (5)
Bundesheer, Einsatz 54 (3)
Bundesregierung 37a (1), 49a (4), 50 (5), 70
Bürge und Zahler 37 (1)
Bürgschaft 37 (1)

Datenlöschung 49a (8)
Datenverkehr, automationsunterstützter 49a (8)
Datenverknüpfung 49a (8)
Datum 44 (1) Z 10 und 11, 46 (2), 49a (3) Z 1
dauernde Tätigkeit, Ort der Ausübung, Zuständigkeitsgrund 27 (2a) Z 1
Dienstbehörde 37a (1), 50 (1)
dienstliche Wahrnehmung 47 (1), 49a (2), 50 (1)
Diskretions- und Dispositionsfähigkeit 3, 4
Disziplinarvorgesetzter eines Soldaten 46 (3)
Dolmetscher 33 (2), 36a, 64 (3)

Ehrenkränkung 56 (1)
Einbringung, zwangsweise siehe Eintreibung
eingetragene Personengesellschaft 9 (1) (7)
Einkommensverhältnisse des Beschuldigten 19 (2), 33 (1)
Einleitung des Strafverfahrens 25 (1)
–, Absehen 34, 45
–, Benachrichtigung des gesetzlichen Vertreters eines Jugendlichen 59 (1)
Einspruch gegen die Strafverfügung 49
Einstellung des Strafverfahrens 30 (3), 43 (1), 45, 52, 66
Eintreibung (zwangsweise Einbringung)
– des Beitrages zu den Kosten des Strafverfahrens 64 (5)
– von Geldstrafen 14 (1)
Einzahlung des Strafbetrages, fristgerechte
– bei Anonymverfügungen 49a (6) (7)
– bei Organstrafverfügungen 50 (6)
Entbindung, Vollzug von Freiheitsstrafen 54 (2)
Entschädigung im Fall der Abänderung oder Aufhebung eines rechtskräftigen Strafbescheides 52a (2)
Entschlagungsrecht 38
Entschuldigungsgründe 6
Erhebungen 40 (1), 43 (2)
Erlag eines Geldbetrages anstelle der Beschlagnahme 39 (4)
Erlagschein 49a (4), 50 (2)
Erlös verfallener Sachen, Widmung 15
Ermächtigung
– Einhebung vorläufiger Sicherheiten 37a (1)
– Verhängung von Organstrafverfügungen 50 (1)
Ermahnung des Beschuldigten 45 (1); siehe auch Abmahnung
Ersatzfreiheitsstrafe 16, 19a (3)
– Vollzug 54b (2)
– – Jugendliche 58 (2)
Erschwerungsgründe 12 (1), 19 (2), 20
Erziehungsanstalten, öffentliche 58 (1)
Erwachsenenvertreter 38
– von ihm in dieser Eigenschaft vertretene Person 38
EWR-Vertragsstaaten 9 (4)

VStG
VflV. AnhO
VorlSV
OrgStVfgV
EEA-VStS-G

Stichwortverzeichnis

3. VStG

Stichwortverzeichnis

VStG
VfllV, AnhO
VorlSV
OrgStVfgV
EEA-VStS-G

3. VStG

Stichwortverzeichnis

VStG
VfllV, AnhO
VorlSV
OrgStVfgV
EEA-VStS-G

Stichwortverzeichnis

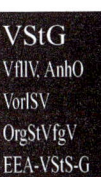

Kundmachung des Bundeskanzlers, mit der das Verwaltungsstrafgesetz wiederverlautbart wird

ABSCHNITT A

Artikel I

Auf Grund des Art. 49 a B-VG wird in der Anlage 1 das Verwaltungsstrafgesetz, BGBl. Nr. 172/1950, wiederverlautbart.

Artikel II – VI

(nicht abgedruckt)

Abschnitt B

Artikel VII

Auf Grund des Art. 49 a B-VG werden in der Anlage 2 [„Übergangsrecht zum VStG 1950 (VStG-Übergangsrecht 1991)"] Art. II Abs. 3 der Verwaltungsstrafgesetz-Novelle 1987, BGBl. Nr. 516, und Art. II des Bundesgesetzes, mit dem das Verwaltungsstrafgesetz geändert wird, BGBl. Nr. 358/1990, wiederverlautbart.

Artikel VIII

(nicht abgedruckt)

Anlage 1

Verwaltungsstrafgesetz 1991 – VStG

I. Teil

Allgemeine Bestimmungen des Verwaltungsstrafrechts

Allgemeine Voraussetzungen der Strafbarkeit

§ 1. (1) Als Verwaltungsübertretung kann eine Tat (Handlung oder Unterlassung) nur bestraft werden, wenn sie vor ihrer Begehung mit Strafe bedroht war.

(2) Die Strafe richtet sich nach dem zur Zeit der Tat geltenden Recht, es sei denn, dass das zur Zeit der Entscheidung geltende Recht in seiner Gesamtauswirkung für den Täter günstiger wäre. *(BGBl I 2013/33)*

§ 2. (1) Sofern die Verwaltungsvorschriften nicht anderes bestimmen, sind nur die im Inland begangenen Verwaltungsübertretungen strafbar.

(2) Eine Übertretung ist im Inland begangen, wenn der Täter im Inland gehandelt hat oder hätte handeln sollen oder wenn der zum Tatbestand gehörende Erfolg im Inland eingetreten ist.

(3) Niemand darf wegen einer Verwaltungsübertretung an einen anderen Staat ausgeliefert werden, und eine von einer ausländischen Behörde wegen einer Verwaltungsübertretung verhängte Strafe darf im Inland nicht vollstreckt werden, es sei denn, dass in Staatsverträgen ausdrücklich anderes bestimmt ist. *(BGBl I 2008/3)*

Zurechnungsfähigkeit

§ 3. (1) Nicht strafbar ist, wer zur Zeit der Tat wegen Bewußtseinsstörung, wegen krankhafter Störung der Geistestätigkeit oder wegen Geistesschwäche unfähig war, das Unerlaubte der Tat einzusehen oder dieser Einsicht gemäß zu handeln.

(2) War die Fähigkeit zur Zeit der Tat aus einem dieser Gründe in hohem Grad vermindert, so ist das als mildernder Umstand bei der Bemessung der Strafe zu berücksichtigen. Das gilt aber nicht für Bewußtseinsstörungen, die auf selbst verschuldeter Trunkenheit beruhen.

§ 4. (1) Nicht strafbar ist, wer zur Zeit der Tat das 14. Lebensjahr noch nicht zurückgelegt hat.

(2) War der Täter zur Zeit der Tat zwar 14, aber noch nicht 18 Jahre alt (Jugendlicher), so wird sie ihm nicht zugerechnet, wenn er aus besonderen Gründen noch nicht reif genug war, das Unerlaubte der Tat einzusehen oder dieser Einsicht gemäß zu handeln. *(BGBl I 2002/117)*

Schuld

§ 5. (1) Wenn eine Verwaltungsvorschrift über das Verschulden nicht anderes bestimmt, genügt zur Strafbarkeit fahrlässiges Verhalten. Fahrlässigkeit ist bei Zuwiderhandeln gegen ein Verbot oder bei Nichtbefolgung eines Gebotes dann ohne weiteres anzunehmen, wenn zum Tatbestand einer Verwaltungsübertretung der Eintritt eines Schadens oder einer Gefahr nicht gehört und der Täter nicht glaubhaft macht, daß ihn an der Verletzung der Verwaltungsvorschrift kein Verschulden trifft.

(1a) Abs. 1 zweiter Satz gilt nicht, wenn die Verwaltungsübertretung mit einer Geldstrafe von über 50 000 Euro bedroht ist. *(BGBl I 2018/57)*

(2) Unkenntnis der Verwaltungsvorschrift, der der Täter zuwidergehandelt hat, entschuldigt nur dann, wenn sie erwiesenermaßen unverschuldet ist und der Täter das Unerlaubte seines Verhaltens ohne Kenntnis der Verwaltungsvorschrift nicht einsehen konnte.

§ 6. Eine Tat ist nicht strafbar, wenn sie durch Notstand entschuldigt oder, obgleich sie dem Tatbestand einer Verwaltungsübertretung entspricht, vom Gesetz geboten oder erlaubt ist.

Anstiftung und Beihilfe

§ 7. Wer vorsätzlich veranlaßt, daß ein anderer eine Verwaltungsübertretung begeht, oder wer vorsätzlich einem anderen die Begehung einer Verwaltungsübertretung erleichtert, unterliegt der auf diese Übertretung gesetzten Strafe, und zwar auch dann, wenn der unmittelbare Täter selbst nicht strafbar ist.

Versuch

§ 8. (1) Sofern eine Verwaltungsvorschrift den Versuch einer Verwaltungsübertretung ausdrücklich für strafbar erklärt, unterliegt der Strafe, wer vorsätzlich eine zur wirklichen Ausübung führende Handlung unternimmt.

(2) Wegen Versuches wird nicht bestraft, wer aus freien Stücken die Ausführung aufgibt oder verhindert oder den Erfolg abwendet.

Besondere Fälle der Verantwortlichkeit

§ 9. (1) Für die Einhaltung der Verwaltungsvorschriften durch „juristische Personen oder eingetragene Personengesellschaften" ist, sofern die Verwaltungsvorschriften nicht anderes bestimmen und soweit nicht verantwortliche Beauftragte (Abs. 2) bestellt sind, strafrechtlich verantwortlich, wer zur Vertretung nach außen berufen ist. *(BGBl I 2008/3)*

(2) Die zur Vertretung nach außen Berufenen sind berechtigt und, soweit es sich zur Sicherstellung der strafrechtlichen Verantwortlichkeit als erforderlich erweist, auf Verlangen der Behörde verpflichtet, aus ihrem Kreis eine oder mehrere Personen als verantwortliche Beauftragte zu bestellen, denen für das ganze Unternehmen oder für bestimmte räumlich oder sachlich abgegrenzte Bereiche des Unternehmens die Verantwortung für die Einhaltung der Verwaltungsvorschriften obliegt. Für bestimmte räumlich oder sachlich abgegrenzte Bereiche des Unternehmens können aber auch andere Personen zu verantwortlichen Beauftragten bestellt werden.

(3) Eine „natürliche Person", die Inhaber eines räumlich oder sachlich gegliederten Unternehmens ist, kann für bestimmte räumlich oder sachlich abgegrenzte Bereiche ihres Unternehmens einen verantwortlichen Beauftragten bestellen. *(BGBl I 1998/158)*

(4) Verantwortlicher Beauftragter kann nur eine Person mit „Hauptwohnsitz"* im Inland sein, die strafrechtlich verfolgt werden kann, ihrer Bestellung nachweislich zugestimmt hat und der für den ihrer Verantwortung unterliegenden klar abzugrenzenden Bereich eine entsprechende Anordnungsbefugnis zugewiesen ist. „Das Erfordernis des Hauptwohnsitzes im Inland gilt nicht für Staatsangehörige von EWR-Vertragsstaaten, falls Zustellungen im Verwaltungsstrafverfahren durch Staatsverträge mit dem Vertragsstaat des Wohnsitzes des verantwortlichen Beauftragten oder auf andere Weise sichergestellt sind."** *(*BGBl I 1998/158; **BGBl I 2001/137)*

(5) Verletzt der verantwortliche Beauftragte auf Grund einer besonderen Weisung des Auftraggebers eine Verwaltungsvorschrift, so ist er dann nicht verantwortlich, wenn er glaubhaft zu machen vermag, daß ihm die Einhaltung dieser Verwaltungsvorschrift unzumutbar war.

(6) Die zur Vertretung nach außen berufenen Personen im Sinne des Abs. 1 sowie Personen im Sinne des Abs. 3 bleiben trotz Bestellung eines verantwortlichen Beauftragten – unbeschadet der Fälle des § 7 – strafrechtlich verantwortlich, wenn sie die Tat vorsätzlich nicht verhindert haben.

(7) „Juristische Personen und eingetragene Personengesellschaften"** sowie die in Abs. 3 genannten „natürlichen Personen"* haften für die über die zur Vertretung nach außen Berufenen oder über einen verantwortlichen Beauftragten verhängten Geldstrafen, sonstige in Geld bemessene Unrechtsfolgen und die Verfahrenskosten zur ungeteilten Hand. *(*BGBl I 1998/158; **BGBl I 2008/3)*

Strafen

§ 10. „(1)" Strafart und Strafsatz richten sich nach den Verwaltungsvorschriften, soweit in diesem Bundesgesetz nicht anderes bestimmt ist. *(BGBl I 2008/5)*

(2) Soweit für Verwaltungsübertretungen, insbesondere auch für die Übertretung ortspolizeilicher Vorschriften, keine besondere Strafe festgesetzt ist, werden sie mit Geldstrafe bis zu 218 Euro oder mit Freiheitsstrafe bis zu zwei Wochen bestraft. *(BGBl I 2008/5)*

Verhängung einer Freiheitsstrafe

§ 11. Eine Freiheitsstrafe darf nur verhängt werden, wenn dies notwendig ist, um den Täter von weiteren Verwaltungsübertretungen gleicher Art abzuhalten.

§ 12. (1) Die Mindestdauer der Freiheitsstrafe beträgt zwölf Stunden. Eine Freiheitsstrafe von mehr als zwei Wochen darf nur verhängt werden, wenn dies wegen besonderer Erschwerungsgründe geboten ist. Eine längere als eine sechswöchige Freiheitsstrafe darf nicht verhängt werden.

(2) Darf nach § 11 eine Freiheitsstrafe nicht verhängt werden, so ist die für die Tat neben der Freiheitsstrafe angedrohte Geldstrafe zu verhängen. Ist eine solche nicht vorgesehen, so ist eine Geldstrafe bis zu „2 180 Euro" zu verhängen. *(BGBl I 2001/137)*

Verhängung einer Geldstrafe

§ 13. Abgesehen von Organstrafverfügungen ist mindestens eine Geldstrafe von „7 Euro" zu verhängen. *(BGBl I 2001/137)*

§ 14. (1) Geldstrafen dürfen nur insoweit „eingetrieben" werden, als dadurch weder der notwendige Unterhalt des Bestraften und derjenigen, zu deren Unterhalt ihn das Gesetz verpflichtet, noch die Erfüllung der Pflicht, den Schaden gutzumachen, gefährdet wird. *(BGBl I 2018/57)*

(2) Mit dem Tod des Bestraften erlischt die Vollstreckbarkeit der Geldstrafe.

Widmung von Geldstrafen

§ 15. Geldstrafen sowie der Erlös verfallener Sachen fließen, sofern die Verwaltungsvorschriften nicht anderes bestimmen,

1. dem Land für Zwecke der Sozialhilfe, bestehen aber Sozialhilfeverbände, dem Sozialhilfeverband, in dessen Gebiet die Strafe verhängt wurde, zu;

2. dem Bund zu, sofern ein Bundesgesetz im Wirkungsbereich einer „Landespolizeidirektion" vollzogen wurde. *(BGBl I 2012/50)*

(BGBl I 2000/26)

Ersatzfreiheitsstrafe

§ 16. (1) Wird eine Geldstrafe verhängt, so ist zugleich für den Fall ihrer Uneinbringlichkeit eine Ersatzfreiheitsstrafe festzusetzen.

(2) Die Ersatzfreiheitsstrafe darf das Höchstmaß der für die Verwaltungsübertretung angedrohten Freiheitsstrafe und, wenn keine Freiheitsstrafe angedroht und nicht anderes bestimmt ist, zwei Wochen nicht übersteigen. Eine Ersatzfreiheitsstrafe von mehr als sechs Wochen ist nicht zulässig. Sie ist ohne Bedachtnahme auf § 12 nach den Regeln der Strafbemessung festzusetzen.

Verfall

§ 17. (1) Sofern die Verwaltungsvorschriften nicht anderes bestimmen, dürfen nur Gegenstände für verfallen erklärt werden, die im Eigentum des Täters oder eines Mitschuldigen stehen oder ihnen vom Verfügungsberechtigten überlassen worden sind, obwohl dieser hätte erkennen müssen, daß die Überlassung des Gegenstandes der Begehung einer mit Verfall bedrohten Verwaltungsübertretung dienen werde.

(2) Gegenstände, die nach Abs. 1 verfallsbedroht sind, hinsichtlich deren aber eine an der strafbaren Handlung nicht als Täter oder Mitschuldiger beteiligte Person ein Pfandrecht oder Zurückbehaltungsrecht nachweist, dürfen nur für verfallen erklärt werden, wenn die betreffende Person fahrlässig dazu beigetragen hat, daß mit diesem Gegenstand die strafbare Handlung begangen wurde, oder bei Erwerb ihres Rechtes von der Begehung der den Verfall begründenden strafbaren Handlung wußte oder hätte wissen müssen.

(3) Kann keine bestimmte Person verfolgt oder bestraft werden, so kann auf den Verfall selbständig erkannt werden, wenn im übrigen die Voraussetzungen dafür vorliegen. Die Zustellung solcher Bescheide kann auch durch öffentliche Bekanntmachung bewirkt werden.

§ 18. Verfallene Gegenstände sind, sofern in den Verwaltungsvorschriften nicht anderes bestimmt ist oder die Gegenstände nicht wegen ihrer Beschaffenheit vernichtet werden müssen, nutzbringend zu verwerten. Nähere Vorschriften darüber können durch Verordnung getroffen werden.

Strafbemessung

§ 19. (1) Grundlage für die Bemessung der Strafe sind die Bedeutung des strafrechtlich geschützten Rechtsgutes und die Intensität seiner Beeinträchtigung durch die Tat. *(BGBl I 2013/33)*

(2) Im ordentlichen Verfahren (§§ 40 bis 46) sind überdies die nach dem Zweck der Strafdrohung in Betracht kommenden Erschwerungs- und Milderungsgründe, soweit sie nicht schon die Strafdrohung bestimmen, gegeneinander abzuwägen. Auf das Ausmaß des Verschuldens ist besonders Bedacht zu nehmen. Unter Berücksichtigung der Eigenart des Verwaltungsstrafrechtes sind die §§ 32 bis 35 des Strafgesetzbuches sinngemäß anzuwenden. Die „Einkommens- und Vermögensverhältnisse und allfällige Sorgepflichten" des Beschuldigten sind bei der Bemessung von Geldstrafen zu berücksichtigen. *(BGBl I 2011/100)*

Anrechnung der Vorhaft

§ 19a. (1) Die verwaltungsbehördliche und eine allfällige gerichtliche Verwahrungs- oder Untersuchungshaft sind auf die zu verhängende Strafe insoweit, als sie nicht bereits auf eine andere Strafe angerechnet worden sind, anzurechnen, wenn sie der Täter

1. wegen der Tat, für die er bestraft wird, oder

2. sonst nach der Begehung dieser Tat wegen des Verdachtes einer Verwaltungsübertretung

erlitten hat.

(2) Werden Strafen verschiedener Art verhängt, so ist die Vorhaft zunächst auf die Freiheitsstrafe anzurechnen.

(3) Für die Anrechnung der Vorhaft auf in Geld bemessene Unrechtsfolgen ist die an deren Stelle tretende Ersatzfreiheitsstrafe maßgebend.

(4) Eine Anrechnung gemäß Abs. 1 ist nur vorzunehmen, wenn der Behörde die anzurechnende Haft bekannt ist oder der Beschuldigte eine Anrechnung vor Erlassung des Straferkenntnisses beantragt.

Außerordentliche Milderung der Strafe

§ 20. Überwiegen die Milderungsgründe die Erschwerungsgründe beträchtlich oder ist der Beschuldigte ein Jugendlicher, so kann die Mindeststrafe bis zur Hälfte unterschritten werden.

§ 21. *(aufgehoben samt Überschrift, BGBl I 2013/33)*

Zusammentreffen von strafbaren Handlungen

§ 22. (1) Soweit die Verwaltungsvorschriften nicht anderes bestimmen, ist eine Tat als Verwaltungsübertretung nur dann strafbar, wenn sie nicht den Tatbestand einer in die Zuständigkeit der Gerichte fallenden strafbaren Handlung bildet.

(2) Hat jemand durch mehrere selbstständige Taten mehrere Verwaltungsübertretungen begangen oder fällt eine Tat unter mehrere einander nicht ausschließende Strafdrohungen, so sind die Strafen nebeneinander zu verhängen. Dasselbe gilt bei einem Zusammentreffen von Verwaltungsübertretungen mit anderen von einer Verwaltungsbehörde zu ahndenden strafbaren Handlungen. *(BGBl I 2013/33)*

II. Teil

Verwaltungsstrafverfahren

1. Abschnitt

Allgemeine Bestimmungen

§ 23. *(aufgehoben, BGBl I 2013/33)*

§ 24. Soweit sich aus diesem Bundesgesetz nicht anderes ergibt, gilt das AVG auch im Verwaltungsstrafverfahren. Die §§ 2, 3, 4, 11, 12, 13 Abs. 8, 14 Abs. 3 zweiter Satz, 37 zweiter Satz, „§ 39 Abs. 3 bis 5,"** 41, 42, 44a bis 44g, 51, 57, 68 Abs. 2 und 3, 75 und 78 bis 82 AVG sind im Verwaltungsstrafverfahren nicht anzuwenden."* (*BGBl I 2013/33; ** BGBl I 2018/57)

(BGBl I 1998/158)

§ 25. (1) Verwaltungsübertretungen sind mit Ausnahme des Falles des § 56 von Amts wegen zu verfolgen.

(2) Die der Entlastung des Beschuldigten dienlichen Umstände sind in gleicher Weise zu berücksichtigen wie die belastenden.

(3) Die Gerichte und Verwaltungsbehörden sind nicht verpflichtet, der Behörde die Begehung einer Verwaltungsübertretung anzuzeigen, wenn die Bedeutung des strafrechtlich geschützten Rechtsgutes und die Intensität seiner Beeinträchtigung durch die Tat gering sind. *(BGBl I 2013/33)*

Zuständigkeit

§ 26. (1) Enthalten die Verwaltungsvorschriften über die sachliche Zuständigkeit keine Bestimmungen, so sind in Verwaltungsstrafsachen die Bezirksverwaltungsbehörden zuständig. *(BGBl I 2013/33)*

(2) In Verwaltungsstrafsachen in den Angelegenheiten des sachlichen Wirkungsbereiches der Landespolizeidirektionen ist jedoch im Gebiet einer Gemeinde, für das die Landespolizeidirektion zugleich Sicherheitsbehörde erster Instanz ist, die Landespolizeidirektion zuständig. *(BGBl I 2013/33)*

(3) Ob und inwieweit die Organe des öffentlichen Sicherheitsdienstes durch Ausübung der in diesem Bundesgesetz geregelten Befugnisse am Strafverfahren mitzuwirken haben, bestimmen die Verwaltungsvorschriften. *(BGBl I 2018/57)*

§ 27. (1) Örtlich zuständig ist die Behörde, in deren Sprengel die Verwaltungsübertretung begangen worden ist, auch wenn der zum Tatbestand gehörende Erfolg in einem anderen Sprengel eingetreten ist.

(2) Ist danach die Zuständigkeit mehrerer Behörden begründet oder ist es ungewiss, in welchem Sprengel die Übertretung begangen worden ist, so ist die Behörde zuständig, die zuerst eine Verfolgungshandlung (§ 32 Abs. 2) vorgenommen hat.

(2a) Ist die Verwaltungsübertretung nicht im Inland begangen worden, so richtet sich die Zuständigkeit

1. in Verwaltungsstrafsachen, die sich auf den Betrieb eines Unternehmens oder „die Ausübung" einer sonstigen dauernden Tätigkeit beziehen: zunächst nach dem Ort, an dem das Unternehmen betrieben oder die Tätigkeit ausgeübt wird, dann nach dem Hauptwohnsitz des Beschuldigten, dann nach seinem Aufenthalt; *(BGBl I 2018/57)*

2. in sonstigen Verwaltungsstrafsachen: zunächst nach dem Hauptwohnsitz des Beschuldigten, dann nach seinem Aufenthalt.

Wenn keiner dieser Zuständigkeitsgründe in Betracht kommen kann, ist die Behörde zuständig, die zuerst von der Verwaltungsübertretung Kenntnis erlangt (§ 28). *(BGBl I 2013/33)*

(3) Amtshandlungen der Organe des öffentlichen Sicherheitsdienstes gelten, unabhängig davon, wo sie vorgenommen werden, als Amtshand-

lungen der örtlich zuständigen Behörde. *(BGBl I 2018/57)*

(4) *(entfällt, BGBl I 2018/57)*

§ 28. Die Behörde, die zuerst von einer Verwaltungsübertretung Kenntnis erlangt, ist zur Verfolgung zuständig, solange nicht ein Umstand hervorgekommen ist, der nach § 27 Abs. 1 die Zuständigkeit einer anderen Behörde begründet.

§ 29. (1) Die Zuständigkeit einer Behörde für das Strafverfahren gegen einen Täter begründet auch ihre örtliche Zuständigkeit gegenüber allen Mitschuldigen.

(2) Das Strafverfahren gegen alle diese Personen ist womöglich gleichzeitig durchzuführen. Die Behörde kann jedoch aus Zweckmäßigkeitsgründen, insbesondere zur Beschleunigung des Verfahrens, von der gemeinsamen Durchführung absehen und das Verfahren gegen einzelne Mitbeschuldigte abgesondert zum Abschluß bringen.

§ 29a. Wenn hiedurch das Verfahren wesentlich vereinfacht oder beschleunigt wird, kann die zuständige Behörde das Strafverfahren oder den Strafvollzug an die sachlich zuständige Behörde übertragen, in deren Sprengel der Beschuldigte seinen „Hauptwohnsitz"** oder Aufenthalt hat. „Das Strafverfahren darf nur an eine Behörde im selben Bundesland, der Strafvollzug nur an eine Bezirksverwaltungsbehörde oder „Landespolizeidirektion, insoweit diese zugleich Sicherheitsbehörde erster Instanz ist,"*** übertragen werden.* *(*BGBl 1995/620; **BGBl I 1998/158; ***BGBl I 2012/50)*

Zusammentreffen verschiedener strafbarer Handlungen

§ 30. (1) Liegen einem Beschuldigten von verschiedenen Behörden zu ahndende Verwaltungsübertretungen oder eine Verwaltungsübertretung und eine andere von einer Verwaltungsbehörde oder einem Gericht zu ahndende strafbare Handlung zur Last, so sind die strafbaren Handlungen unabhängig voneinander zu verfolgen, und zwar in der Regel auch dann, wenn die strafbaren Handlungen durch ein und dieselbe Tat begangen worden sind.

(2) Ist aber eine Tat von den Behörden nur zu ahnden, wenn sie nicht den Tatbestand einer in die Zuständigkeit anderer Verwaltungsbehörden oder der Gerichte fallenden strafbaren Handlung bildet, und ist es zweifelhaft, ob diese Voraussetzung erfüllt ist, so hat die Behörde das Strafverfahren auszusetzen, bis über diese Frage von der sonst in Betracht kommenden Verwaltungsbehörde oder vom Gericht rechtskräftig entschieden ist.

(3) Hat die Behörde vor dieser Entscheidung ein Straferkenntnis „erlassen"*, so darf es vorläufig nicht „vollstreckt"** werden. Ergibt sich später, daß das Verwaltungsstrafverfahren nicht hätte durchgeführt werden sollen, so hat die Behörde „"* das Straferkenntnis außer Kraft zu setzen und das Verfahren einzustellen. *(*BGBl I 2013/33; **BGBl I 2018/57)*

(4) Die Gerichte und die sonst in Betracht kommenden Verwaltungsbehörden haben eine entgegen Abs. 3 vollstreckte Verwaltungsstrafe auf die von ihnen wegen derselben Tat verhängte Strafe anzurechnen.

Verjährung

§ 31. (1) Die Verfolgung einer Person ist unzulässig, wenn gegen sie binnen einer Frist von einem Jahr keine Verfolgungshandlung (§ 32 Abs. 2) vorgenommen worden ist. Diese Frist ist von dem Zeitpunkt zu berechnen, an dem die strafbare Tätigkeit abgeschlossen worden ist oder das strafbare Verhalten aufgehört hat; ist der zum Tatbestand gehörende Erfolg erst später eingetreten, so läuft die Frist erst von diesem Zeitpunkt.

(2) Die Strafbarkeit einer Verwaltungsübertretung erlischt durch Verjährung. Die Verjährungsfrist beträgt drei Jahre und beginnt in dem in Abs. 1 genannten Zeitpunkt. In die Verjährungsfrist werden nicht eingerechnet:

1. die Zeit, während deren nach einer gesetzlichen Vorschrift die Verfolgung nicht eingeleitet oder fortgesetzt werden kann;

2. die Zeit, während deren wegen der Tat gegen den Täter ein Strafverfahren bei der Staatsanwaltschaft, beim Gericht oder bei einer anderen Verwaltungsbehörde geführt wird;

3. die Zeit, während deren das Verfahren bis zur rechtskräftigen Entscheidung einer Vorfrage ausgesetzt ist;

4. die Zeit eines Verfahrens vor dem Verwaltungsgerichtshof, vor dem Verfassungsgerichtshof oder vor dem Gerichtshof der Europäischen Union.

(3) Eine Strafe darf nicht mehr vollstreckt werden, wenn seit ihrer rechtskräftigen Verhängung drei Jahre vergangen sind. In die Verjährungsfrist werden nicht eingerechnet:

1. die Zeit eines Verfahrens vor dem Verwaltungsgerichtshof, vor dem Verfassungsgerichtshof oder vor dem Gerichtshof der Europäischen Union;

2. Zeiten, in denen die Strafvollstreckung unzulässig, ausgesetzt, aufgeschoben oder unterbrochen war;

3. Zeiten, in denen sich der „Bestrafte" im Ausland aufgehalten hat. *(BGBl I 2018/57)*

(BGBl I 2013/33)

VStG
VfllV, AnhO
VorlSV
OrgStVfgV
EEA-VStS-G

Beschuldigter

§ 32. (1) Beschuldigter ist die im Verdacht einer Verwaltungsübertretung stehende Person von dem Zeitpunkt der ersten von der Behörde gegen sie gerichteten Verfolgungshandlung bis zum Abschluß der Strafsache. Der Beschuldigte ist Partei im Sinne des AVG.

(2) Verfolgungshandlung ist jede von einer Behörde gegen eine bestimmte Person als Beschuldigten gerichtete Amtshandlung (Ladung, Vorführungsbefehl, Vernehmung, Ersuchen um Vernehmung, „*„Beratung,*** Strafverfügung u. dgl.), und zwar auch dann, wenn die Behörde zu dieser Amtshandlung nicht zuständig war, die Amtshandlung ihr Ziel nicht erreicht oder der Beschuldigte davon keine Kenntnis erlangt hat. (*BGBl I 2013/33; ** BGBl I 2018/57)

(3) Eine Verfolgungshandlung, die gegen einen zur Vertretung nach außen Berufenen (§ 9 Abs. 1) gerichtet ist, gilt auch als Verfolgungshandlung gegen die anderen zur Vertretung nach außen Berufenen und die verantwortlichen Beauftragten. Eine Verfolgungshandlung, die gegen den Unternehmer (§ 9 Abs. 3) gerichtet ist, gilt auch als Verfolgungshandlung gegen die verantwortlichen Beauftragten. (BGBl I 1998/158)

Verteidiger

§ 32a. Beschuldigte haben in jeder Lage des Verfahrens das Recht, mit einem Verteidiger Kontakt aufzunehmen, ihn zu bevollmächtigen und sich mit ihm zu besprechen, ohne dabei überwacht zu werden. Als Verteidiger sind die in § 48 Abs. 1 Z 5 der Strafprozeßordnung 1975 – StPO, BGBl. Nr. 631/1975, genannten Personen zugelassen.

(BGBl I 2018/57)

„Vernehmung"

(BGBl I 2018/57)

§ 33. (1) „Jeder Beschuldigte ist bei Beginn seiner ersten Vernehmung über „den Vornamen und den Familiennamen „ *******, Tag und Ort der Geburt, die Staatsangehörigkeit, den „Personenstand"*, die Beschäftigung und den Wohnort sowie über die „Einkommens- und Vermögensverhältnisse und allfällige Sorgepflichten"** zu befragen."* Sind die Angaben darüber schon in den Akten enthalten, so sind sie dem Beschuldigten zur Anerkennung oder Richtigstellung vorzuhalten. (*BGBl I 1998/158; ** BGBl I 2011/100; *** BGBl I 2016/120)

(2) Der Beschuldigte ist, erforderlichenfalls unter Beiziehung eines Dolmetschers, in einer für ihn verständlichen Sprache über die gegen ihn erhobenen Anschuldigungen, über das Recht, sich zur Sache zu äußern oder nicht auszusagen, und

über das Recht auf Beiziehung eines Verteidigers zu belehren. Der Umstand der Belehrung sowie der Verzicht auf Beiziehung eines Verteidigers sind schriftlich festzuhalten. (BGBl I 2018/57)

(3) Der Beschuldigte darf zur Beantwortung der an ihn gestellten Fragen nicht gezwungen werden. Er darf nicht durch Zwangsmittel, Drohungen, Versprechungen oder Vorspiegelungen zu Äußerungen genötigt oder bewogen werden. Die Stellung von Fragen, in welchen eine nicht zugestandene Tatsache als bereits zugestanden angenommen wird, ist nicht zulässig. Fragen, wodurch Umstände vorgehalten werden, die erst durch die Antwort festgestellt werden sollen, dürfen erst dann gestellt werden, wenn der Befragte nicht in anderer Weise zu einer Erklärung über dieselben geführt werden konnte; die Fragen sind in solchen Fällen wörtlich in die Niederschrift aufzunehmen. Der Beschuldigte darf nicht durch Zwangsstrafen zur Herausgabe von Tatgegenständen und Beweismitteln verhalten werden. (BGBl I 2018/57)

Beratung

§ 33a. (1) Stellt die Behörde eine Übertretung fest und sind die Bedeutung des strafrechtlich geschützten Rechtsgutes und die Intensität seiner Beeinträchtigung durch die Tat und das Verschulden des Beschuldigten gering, so hat ihn die Behörde, soweit die Verwaltungsvorschriften nicht anderes bestimmen, mit dem Ziel einer möglichst wirksamen Beendigung des strafbaren Verhaltens oder der strafbaren Tätigkeiten zu beraten und ihn schriftlich unter Angabe der festgestellten Sachverhalte aufzufordern, innerhalb einer angemessenen Frist den den Verwaltungsvorschriften und behördlichen Verfügungen entsprechenden Zustand herzustellen.

(2) Wird der schriftlichen Aufforderung innerhalb der von der Behörde festgelegten oder erstreckten Frist entsprochen, dann ist die weitere Verfolgung einer Person wegen jener Übertretungen, betreffend welche der den Rechtsvorschriften und behördlichen Verfügungen entsprechende Zustand hergestellt worden ist, unzulässig.

(3) Die Intensität der Beeinträchtigung des strafrechtlich geschützten Rechtsgutes ist jedenfalls nicht gering, wenn die Übertretung nachteilige Auswirkungen auf Personen oder Sachgüter bewirkt hat oder das Auftreten solcher Auswirkungen bei auch nur kurzem Andauern des strafbaren Verhaltens oder der strafbaren Tätigkeiten zu erwarten ist.

(4) Die Intensität der Beeinträchtigung des strafrechtlich geschützten Rechtsgutes gilt als gering, wenn geringfügige Abweichungen von technischen Maßen festgestellt wurden und keine der im Abs. 3 genannten Umstände vorliegen.

(5) Abs. 1 und 2 sind jedenfalls nicht anzuwenden auf

1. Übertretungen von Verwaltungsvorschriften, die zur Strafbarkeit vorsätzliches Verhalten erfordern;

2. Übertretungen, die innerhalb der letzten drei Jahre vor Feststellung der Übertretung bereits Gegenstand einer Beratung und schriftlichen Aufforderung durch die Behörde waren oder zu denen einschlägige noch nicht getilgte Verwaltungsstrafen bei der Behörde aufscheinen;

3. Übertretungen, die Anlass zu in den Verwaltungsvorschriften vorgesehenen einstweiligen Zwangs- und Sicherungsmaßnahmen geben;

4. Übertretungen, für welche die Verwaltungsvorschriften die Maßnahme der Entziehung von Berechtigungen vorsehen.

(BGBl I 2018/57)

„Vorläufiges Absehen von der Einleitung oder Fortführung des Strafverfahrens"
(BGBl I 2018/57)

§ 34. Die Behörde kann von der Einleitung oder Fortführung des Strafverfahrens vorläufig absehen, solange

1. die Strafverfolgung voraussichtlich nicht möglich ist oder

2. die Strafverfolgung voraussichtlich einen Aufwand verursachen würde, der gemessen an der Bedeutung des strafrechtlich geschützten Rechtsgutes und der Intensität seiner Beeinträchtigung durch die Tat unverhältnismäßig wäre.

Bei einer wesentlichen Änderung der für diese Beurteilung maßgeblichen Umstände ist das Strafverfahren einzuleiten oder fortzuführen.

(BGBl I 2013/33)

Information der Medien

§ 34a. (1) Den Behörden obliegt die Information der Medien (§ 1 des Mediengesetzes – MedienG, BGBl. Nr. 314/1981) über die von ihnen geführten Ermittlungsverfahren nach Maßgabe der nachstehenden Absätze unter Berücksichtigung des Interesses der Öffentlichkeit an sachlicher Information über Verfahren von öffentlicher Bedeutung.

(2) Eine Information der Medien ist nur zulässig, wenn durch ihren Zeitpunkt und Inhalt die Persönlichkeitsrechte der betroffenen Personen, der Grundsatz der Unschuldsvermutung sowie der Anspruch auf ein faires Verfahren nicht verletzt werden.

(3) Auskünfte sind nicht zu erteilen, soweit schutzwürdige Geheimhaltungsinteressen entgegenstehen oder wenn durch die Auskunft der Zweck des Ermittlungsverfahrens gefährdet wäre.

(BGBl I 2018/57)

2. Abschnitt
„Sicherung der Strafverfolgung und der Strafvollstreckung"
(BGBl I 2018/57)

> **VStG**
> VflIV. AnhO
> VorlSV
> OrgStVfgV
> EEA-VStS-G

Identitätsfeststellung

§ 34b. Die Organe des öffentlichen Sicherheitsdienstes sind zur Feststellung der Identität einer Person ermächtigt, wenn diese auf frischer Tat betreten oder unmittelbar danach entweder glaubwürdig der Tatbegehung beschuldigt oder mit Gegenständen betreten wird, die auf ihre Beteiligung an der Tat hinweisen. § 35 Abs. 2 und 3 des Sicherheitspolizeigesetzes – SPG, BGBl. Nr. 566/1991, ist sinngemäß anzuwenden.

(BGBl I 2018/57)

[Randnotiz: § 5 (2) SPG § 35 (2), (3) SPG]

Festnahme

§ 35. Die Organe des öffentlichen Sicherheitsdienstes dürfen außer den gesetzlich besonders geregelten Fällen Personen, die auf frischer Tat betreten werden, zum Zweck ihrer Vorführung vor die Behörde festnehmen, wenn

1. der Betretene dem anhaltenden Organ unbekannt ist, sich nicht ausweist und seine Identität auch sonst nicht sofort feststellbar ist oder

2. begründeter Verdacht besteht, daß er sich der Strafverfolgung zu entziehen suchen werde, oder

3. der Betretene trotz Abmahnung in der Fortsetzung der strafbaren Handlung verharrt oder sie zu wiederholen sucht.

[Randnotiz: § 5 (2) SPG, § 5 (2) SPG, § 81 (2), (3) SPG, § 84 (2) SPG, → § 81 (2) SPG]

§ 36. (1) Jeder Festgenommene ist unverzüglich der nächsten sachlich zuständigen Behörde zu übergeben oder aber, wenn der Grund der Festnahme schon vorher wegfällt, freizulassen. „ " Die Behörde hat den Angehaltenen unverzüglich zu vernehmen. „Hat er von seinem Recht auf Beiziehung eines Verteidigers Gebrauch gemacht, so ist die Vernehmung bis zum Eintreffen des Verteidigers aufzuschieben, es sei denn, dass damit eine erhebliche Gefährdung der Ermittlungen oder eine Beeinträchtigung von Beweismitteln verbunden wäre; eine solche Beschränkung des Rechts auf Beiziehung eines Verteidigers ist schriftlich festzuhalten. Die Anhaltung darf keinesfalls länger als 24 Stunden dauern." *(BGBl I 2018/57)*

(2) „ " Für die Anhaltung gilt § 53c Abs. 1 und 2 sinngemäß; das Erfordernis genügenden Tageslichtes kann jedoch entfallen, sofern ausreichende

künstliche Beleuchtung vorhanden ist. *(BGBl I 2018/57)*

(3) Dem Festgenommenen ist ohne unnötigen Aufschub zu gestatten, einen Angehörigen (§ 36a AVG) oder eine sonstige Person seines Vertrauens zu verständigen und Kontakt mit einem Verteidiger aufzunehmen und diesen zu bevollmächtigen. Einem Festgenommenen, der nicht österreichischer Staatsbürger ist, ist ferner zu gestatten, die konsularische Vertretung seines Heimatstaates unverzüglich von der Festnahme zu verständigen und mit dieser Kontakt aufzunehmen. Bestehen gegen eine Verständigung durch den Festgenommenen selbst Bedenken, so hat die Behörde die Verständigung vorzunehmen. *(BGBl I 2018/57)*

(4) „Der Angehaltene darf von „Angehörigen (§ 36a AVG)"**, „von seinem Verteidiger sowie von den konsularischen Vertretern"*** seines Heimatstaates besucht werden."* Für den Brief- und Besuchsverkehr gilt § 53c Abs. 3 bis 5 sinngemäß. *(* BGBl I 2009/135; ** BGBl I 2011/100; *** BGBl I 2018/57)*

Rechtsbelehrung

§ 36a. Der Beschuldigte ist sogleich oder unmittelbar nach seiner Festnahme schriftlich in einer für ihn verständlichen Sprache über die Gründe seiner Festnahme und die gegen ihn erhobenen Anschuldigungen, über sein Recht auf Akteneinsicht, über sonstige wesentliche Rechte im Verfahren (§ 33 Abs. 2, § 36 Abs. 1 letzter Satz, Abs. 3 erster und zweiter Satz) und darüber zu informieren, dass er berechtigt ist, Zugang zu dringender medizinischer Versorgung zu erhalten. Ist die schriftliche Belehrung in einer Sprache, die der Beschuldigte versteht, nicht verfügbar, so ist er mündlich unter Beiziehung eines Dolmetschers zu belehren und die schriftliche Übersetzung ist ihm nachzureichen. Der Umstand der Belehrung ist schriftlich festzuhalten.

(BGBl I 2018/57)

Sicherheitsleistung

§ 37. (1) Die Behörde kann dem Beschuldigten mit Bescheid auftragen, einen angemessenen Betrag als Sicherheit zu erlegen oder durch Pfandbestellung oder taugliche Bürgen, die sich als Zahler verpflichten, sicherzustellen,

1. wenn begründeter Verdacht besteht, dass sich der Beschuldigte der Strafverfolgung oder der Strafvollstreckung entziehen werde, oder

2. wenn andernfalls

a) die Strafverfolgung oder die Strafvollstreckung voraussichtlich nicht möglich wäre oder

b) die Strafverfolgung oder die Strafvollstreckung voraussichtlich einen Aufwand verursachen würde, der gemessen an der Bedeutung des strafrechtlich geschützten Rechtsgutes und der Intensität seiner Beeinträchtigung durch die Tat unverhältnismäßig wäre. *(BGBl I 2013/33)*

(2) „Die Sicherheit darf das Höchstmaß der angedrohten Geldstrafe nicht übersteigen." Für den Fall, daß die aufgetragene Sicherheitsleistung nicht unverzüglich erfolgt, kann die Behörde als Sicherheit verwertbare Sachen beschlagnahmen, die dem Anschein nach dem Beschuldigten gehören; ihr Wert soll die Höhe des zulässigen Betrages der Sicherheit nicht übersteigen. *(BGBl I 2013/33)*

(3) Die Beschwerde beim Verwaltungsgericht gegen einen Bescheid gemäß Abs. 1 oder 2 hat keine aufschiebende Wirkung. *(BGBl I 2013/33)*

(4) Die Sicherheit wird frei, wenn das Verfahren eingestellt wird oder die gegen den Beschuldigten verhängte Strafe vollzogen ist, oder nicht binnen „zwölf Monaten" der Verfall ausgesprochen wurde. Die als Sicherheit beschlagnahmte Sache wird auch frei, wenn vom Beschuldigten die aufgetragene Sicherheit in Geld erlegt oder sonst sichergestellt wird oder ein Dritter Rechte an der Sache glaubhaft macht. *(BGBl I 2013/33)*

(5) „Die Sicherheit ist für verfallen zu erklären, sobald feststeht, dass die Strafverfolgung oder die Strafvollstreckung nicht möglich ist." § 17 ist sinngemäß anzuwenden. *(BGBl I 2013/33)*

(6) Für die Verwertung verfallener Sachen gilt § 18, wobei aus der verfallenen Sicherheit zunächst die allenfalls verhängte Geldstrafe und sodann die Kosten des Strafverfahrens sowie die Verwahrungs- und Verwertungskosten zu decken sind. Nach Abzug dieser Posten verbleibende Restbeträge sind dem Beschuldigten auszufolgen. Im Übrigen gelten für die Widmung der verfallenen Sicherheit dieselben Vorschriften wie für Geldstrafen. *(BGBl I 2001/137)*

§ 37a. (1) „Die Organe des öffentlichen Sicherheitsdienstes sind ermächtigt, von Personen, die auf frischer Tat betreten werden, eine vorläufige Sicherheit einzuheben," *(BGBl I 2018/57)*

1. wenn die Voraussetzungen des § 35 Z 1 und 2 für eine Festnahme vorliegen oder

2. wenn andernfalls

a) die Strafverfolgung oder die Strafvollstreckung erheblich erschwert sein könnte oder

b) die Strafverfolgung oder die Strafvollstreckung einen Aufwand verursachen könnte, der gemessen an der Bedeutung des strafrechtlich geschützten Rechtsgutes und der Intensität seiner Beeinträchtigung durch die Tat unverhältnismäßig wäre.

Besondere Ermächtigungen in den Verwaltungsvorschriften bleiben unberührt. § 50 „ " Abs. 3, Abs. 5, Abs. 6 erster Satz sowie Abs. 8 sind sinngemäß anzuwenden. *(BGBl I 2013/33; BGBl I 2018/57)*

(2) Die vorläufige Sicherheit darf das Höchstmaß der angedrohten Geldstrafe nicht übersteigen. *(BGBl I 2013/33)*

(3) „Leistet der Betretene im Fall des Abs. 1 Z 2 die vorläufige Sicherheit nicht, so kann das Organ verwertbare Sachen, die dem Anschein nach dem Betretenen gehören und deren Wert das Höchstmaß der angedrohten Geldstrafe nicht übersteigt, „vorläufig sicherstellen"**.* „ „** *(* BGBl I 2013/33; ** BGBl I 2018/57)*

(4) Über „die vorläufige Sicherheit"* „ „** ist sofort eine Bescheinigung auszustellen. Die vorläufige Sicherheit ist der Behörde mit der Anzeige unverzüglich vorzulegen. *(* BGBl I 2013/33; ** BGBl I 2018/57)*

(5) Die vorläufige Sicherheit wird frei, wenn das Verfahren eingestellt wird oder die gegen den Beschuldigten verhängte Strafe vollzogen ist oder wenn nicht binnen „zwölf Monaten" gemäß § 37 Abs. 5 der Verfall ausgesprochen wird. § 37 Abs. 4 letzter Satz gilt sinngemäß. *(BGBl I 2013/33)*

Zeugen

§ 38. Die Angehörigen (§ 36a AVG) des Beschuldigten, die mit seiner Obsorge betrauten Personen, „sein Erwachsenenvertreter, sein Vorsorgebevollmächtigter nach Wirksamwerden der Vorsorgevollmacht oder die von ihm in einer dieser Eigenschaften vertretenen Person" sind von der Aussagepflicht befreit. *(BGBl I 2018/58)*

(BGBl I 2009/135)

Beschlagnahme von Verfallsgegenständen

§ 39. (1) Liegt der Verdacht einer Verwaltungsübertretung vor, für die der Verfall von Gegenständen als Strafe vorgesehen ist, so kann die Behörde zur Sicherung des Verfalles die Beschlagnahme dieser Gegenstände anordnen.

(2) Bei Gefahr im Verzug können auch die Organe der öffentlichen Aufsicht aus eigener Macht solche Gegenstände „vorläufig sicherstellen". Sie haben darüber dem Betroffenen sofort eine Bescheinigung auszustellen und der Behörde die Anzeige zu erstatten. *(BGBl I 2018/57)*

(3) Die Behörde kann an Stelle der Beschlagnahme den Erlag eines Geldbetrages anordnen, der dem Wert der Beschlagnahme unterliegenden Sache entspricht.

(4) Ist die Beschlagnahme anders nicht durchführbar, so können auch dem Verfall nicht unterliegende Behältnisse, in denen sich die mit Beschlag belegten Gegenstände befinden, vorläufig beschlagnahmt werden; sie sind jedoch tunlichst bald zurückzustellen.

(5) Unterliegen die beschlagnahmten Gegenstände raschem Verderben oder lassen sie sich nur mit unverhältnismäßigen Kosten aufbewahren und ist ihre Aufbewahrung nicht zur Sicherung des Beweises erforderlich, so können sie öffentlich versteigert oder zu dem von der Behörde zu ermittelnden Preis veräußert werden. Der Erlös tritt an die Stelle der veräußerten Gegenstände. Die Veräußerung wegen unverhältnismäßiger Aufbewahrungskosten unterbleibt, wenn rechtzeitig ein zur Deckung dieser Kosten ausreichender Betrag erlegt wird.

(6) Die Beschwerde beim Verwaltungsgericht gegen einen Bescheid gemäß Abs. 1 oder 3 hat keine aufschiebende Wirkung. *(BGBl I 2013/33)*

Zwangsgewalt

§ 39a. Die Organe des öffentlichen Sicherheitsdienstes sind ermächtigt, verhältnismäßigen und angemessenen Zwang anzuwenden, um die ihnen nach den §§ 34b, 35, 37a Abs. 3 und 39 Abs. 2 eingeräumten Befugnisse durchzusetzen. Dabei haben sie unter Achtung der Menschenwürde und mit möglichster Schonung der Person vorzugehen. Für den Waffengebrauch gelten die Bestimmungen des Waffengebrauchsgesetzes 1969, BGBl. Nr. 149/1969.

(BGBl I 2018/57)

3. Abschnitt
Ordentliches Verfahren

§ 40. (1) Sieht die Behörde nicht schon auf Grund der Anzeige oder der darüber gepflogenen Erhebungen von der Verfolgung ab (§ 45), so hat sie dem Beschuldigten Gelegenheit zu geben, sich zu rechtfertigen.

(2) Die Behörde kann den Beschuldigten zu diesem Zweck zur Vernehmung laden oder ihn auffordern, nach seiner Wahl entweder zu einem bestimmten Zeitpunkt zu seiner Vernehmung zu erscheinen oder sich bis zu diesem Zeitpunkt schriftlich zu rechtfertigen. Dabei ist der Beschuldigte auf sein Recht hinzuweisen, zur Vernehmung einen „Verteidiger" seiner Wahl beizuziehen. *(BGBl I 2018/57)*

(3) Hält sich der Beschuldigte nicht in der Gemeinde auf, in der die Behörde ihren Sitz hat, so kann sie die Vernehmung des Beschuldigten durch die Gemeinde seines Aufenthaltsortes veranlassen.

§ 41. (1) Die Ladung (§ 19 AVG) hat zu enthalten:

1. die deutliche Bezeichnung der dem Beschuldigten zur Last gelegten Tat sowie die in Betracht kommende Verwaltungsvorschrift;

2. die Aufforderung, die der Verteidigung dienlichen Tatsachen vorzubringen und die der Verteidigung dienlichen Beweismittel mitzubrin-

VStG
VfIIV. AnhO
VorlSV
OrgStVfgV
EEA-VStS-G

3. VStG

§§ 41 – 44a

gen oder der Behörde so rechtzeitig bekannt zu geben, daß sie zur Vernehmung noch herbeigeschafft werden können. *(BGBl I 2013/33)*

„(2)"* Die Ladung kann auch die Androhung enthalten, daß das Strafverfahren, wenn der Beschuldigte der Ladung „ungerechtfertigt"** keine Folge leistet, ohne seine Anhörung durchgeführt werden kann. Diese Rechtsfolge kann nur eintreten, wenn sie in der Ladung angedroht und wenn die Ladung dem Beschuldigten zu eigenen Handen zugestellt worden ist. *(*BGBl I 2013/33; **BGBl I 2018/57)*

§ 42. (1) Die Aufforderung nach § 40 Abs. 2 hat zu enthalten:

1. die deutliche Bezeichnung der dem Beschuldigten zur Last gelegten Tat sowie die in Betracht kommende Verwaltungsvorschrift;

2. die Aufforderung, sich entweder binnen der gesetzten Frist schriftlich oder zu dem zur Vernehmung bestimmten Zeitpunkt mündlich zu rechtfertigen und die der Verteidigung dienlichen Tatsachen und Beweismittel der Behörde bekanntzugeben, widrigenfalls die Behörde das Strafverfahren ohne seine Anhörung durchführen werde.

(2) Diese Aufforderung ist zu eigenen Handen zuzustellen.

§ 43. (1) Wird der Beschuldigte zur Vernehmung vor die erkennende Behörde geladen oder ihr vorgeführt, so ist das Strafverfahren in mündlicher Verhandlung durchzuführen und nach der Aufnahme der erforderlichen Beweise womöglich sogleich der Bescheid (Straferkenntnis oder Einstellung) zu verkünden.

(2) Kann der Bescheid nicht sofort auf Grund der mündlichen Verhandlung „erlassen" werden, so ist dem Beschuldigten, der an der Verhandlung teilgenommen hat, sofern er nicht darauf verzichtet hat, vor der „Erlassung" des Straferkenntnisses Gelegenheit zu geben, sich zum Ergebnis der später vorgenommenen Erhebungen, wenn sie im Straferkenntnis berücksichtigt werden sollen, zu äußern. *(BGBl I 2013/33)*

(3) Der Beschuldigte kann zur mündlichen Verhandlung eine an der Sache nicht beteiligte Person seines Vertrauens beiziehen.

(4) Hat der Beschuldigte bei seiner Vernehmung einen Verteidiger beigezogen, so darf sich dieser an der Vernehmung beteiligen, indem er nach deren Abschluss oder nach thematisch zusammenhängenden Abschnitten ergänzende Fragen an den Beschuldigten richtet oder Erklärungen abgibt. Während der Vernehmung darf sich der Beschuldigte nicht mit dem Verteidiger über die Beantwortung einzelner Fragen beraten. *(BGBl I 2018/57)*

§ 44. (1) Die Niederschrift über den Gang der mündlichen Verhandlung hat zu enthalten:

1. die Behörde;

2. „den Vornamen und den Familiennamen „****", Tag und Ort der Geburt, die Staatsangehörigkeit, den „Personenstand"*, die Beschäftigung und den Wohnort des Beschuldigten; *(BGBl 1995/620; *BGBl I 2011/100; **BGBl I 2016/120)*

3. den Namen eines allfälligen Verteidigers des Beschuldigten; *(BGBl I 2018/57)*

„4." die deutliche Bezeichnung der dem Beschuldigten zur Last gelegten Tat; *(BGBl I 2018/57)*

„5." die wesentlichen Aussagen der Zeugen und Sachverständigen und die sonstigen Beweisergebnisse; *(BGBl I 2018/57)*

„6." die Rechtfertigung oder das Geständnis des Beschuldigten; *(BGBl I 2018/57)*

„7." den Spruch; *(BGBl I 2018/57)*

„8." die Begründung (§ 60 AVG); *(BGBl I 2018/57)*

„9." die Rechtsmittelbelehrung; *(BGBl I 2018/57)*

„10." das Datum des Bescheides; *(BGBl I 2018/57)*

„11." das Datum der Verkündung. *(BGBl I 2018/57)*

(2) Alle Angaben in der Niederschrift sind mit möglichster Kürze abzufassen. Sind die in Abs. 1 Z 2 bis 5 bezeichneten Angaben bereits schriftlich in den Akten niedergelegt, so genügt in der Niederschrift ein kurzer Hinweis auf die bezüglichen Aktenstücke.

(3) Von der Aufnahme der in Abs. 1 bezeichneten Niederschrift kann abgesehen werden,

1. wenn der Beschuldigte einer nach § 41 „Abs. 2"* erfolgten Ladung oder einer nach § 42 Abs. 1 Z 2 ergangenen Aufforderung zur Rechtfertigung „ungerechtfertigt keine Folge geleistet hat"** und das Verfahren „ohne seine Anhörung"** durchgeführt wird. In diesem Fall ist ein Aktenvermerk über die Tatsache der erfolgten Ladung oder Aufforderung zur Rechtfertigung aufzunehmen; *(*BGBl I 2013/33; **BGBl I 2018/57)*

2. wenn der Beschuldigte vor der erkennenden oder ersuchten Behörde ein volles Geständnis ablegt und weitere Beweise nicht aufgenommen werden. In diesem Fall sind das Geständnis und der Verhandlungstag schriftlich festzuhalten.

§ 44a. Der Spruch hat, wenn er nicht auf Einstellung lautet, zu enthalten:

1. die als erwiesen angenommene Tat;

2. die Verwaltungsvorschrift, die durch die Tat verletzt worden ist;

3. die verhängte Strafe und die angewendete Gesetzesbestimmung;

4. den etwaigen Ausspruch über privatrechtliche Ansprüche;

5. im Fall eines Straferkenntnisses die Entscheidung über die Kosten.

§ 44b. (1) Jedes Straferkenntnis hat eine Belehrung über das Recht des Beschuldigten, im Verfahren vor dem Verwaltungsgericht einen Verfahrenshilfeverteidiger zu erhalten (§ 40 des Verwaltungsgerichtsverfahrensgesetzes – VwGVG, BGBl. I Nr. 33/2013), zu enthalten.

(2) Abs. 1 ist nicht auf Verwaltungsübertretungen anzuwenden,

1. die mit einer Geldstrafe von bis zu 7 500 Euro und keiner Freiheitsstrafe bedroht sind oder

2. für die bereits ein Verfahren nach den Bestimmungen des 4. Abschnittes durchgeführt worden ist.

(BGBl I 2018/57)

§ 45. (1) Die Behörde hat von der Einleitung oder Fortführung eines Strafverfahrens abzusehen und die Einstellung zu verfügen, wenn

1. die dem Beschuldigten zur Last gelegte Tat nicht erwiesen werden kann oder keine Verwaltungsübertretung bildet;

2. der Beschuldigte die ihm zur Last gelegte Verwaltungsübertretung nicht begangen hat oder Umstände vorliegen, die die Strafbarkeit aufheben oder ausschließen;

3. Umstände vorliegen, die die Verfolgung ausschließen „;" *(BGBl I 2013/33)*

4. die Bedeutung des strafrechtlich geschützten Rechtsgutes und die Intensität seiner Beeinträchtigung durch die Tat und das Verschulden des Beschuldigten gering sind; *(BGBl I 2013/33)*

5. die Strafverfolgung nicht möglich ist; *(BGBl I 2013/33)*

6. die Strafverfolgung einen Aufwand verursachen würde, der gemessen an der Bedeutung des strafrechtlich geschützten Rechtsgutes und der Intensität seiner Beeinträchtigung durch die Tat unverhältnismäßig wäre. *(BGBl I 2013/33)* Anstatt die Einstellung zu verfügen, kann die Behörde dem Beschuldigten im Fall der Z 4 unter Hinweis auf die Rechtswidrigkeit seines Verhaltens mit Bescheid eine Ermahnung erteilen, wenn dies geboten erscheint, um ihn von der Begehung strafbarer Handlungen gleicher Art abzuhalten. *(BGBl I 2013/33)*

(2) Wird die Einstellung verfügt, so genügt ein Aktenvermerk mit Begründung, es sei denn, daß einer Partei „gegen die Einstellung Beschwerde beim Verwaltungsgericht" zusteht oder die Erlassung eines Bescheides aus anderen Gründen notwendig ist. Die Einstellung ist, soweit sie nicht bescheidmäßig erfolgt, dem Beschuldigten mitzuteilen, wenn er nach dem Inhalt der Akten von dem gegen ihn gerichteten Verdacht wußte. *(BGBl I 2013/33)*

§ 46. (1) Den Parteien, denen gegen den Bescheid „Beschwerde beim Verwaltungsgericht" zusteht, ist von Amts wegen eine Ausfertigung des Bescheides „zuzustellen", wenn ihnen der Bescheid nicht mündlich verkündet worden ist. Sonst ist eine schriftliche Ausfertigung nur auf Verlangen einer Partei zuzustellen. *(BGBl I 2013/33)*

(1a) Ist der Beschuldigte der deutschen Sprache nicht hinreichend kundig, so ist dem Straferkenntnis eine Übersetzung in einer für den Beschuldigten verständlichen Sprache anzuschließen. Sofern dies einem fairen Verfahren nicht entgegensteht, kann die Übersetzung durch auszugsweise Darstellung des wesentlichen Inhalts ersetzt werden. Die Pflicht zur Übersetzung des Straferkenntnisses ist nicht auf Verwaltungsübertretungen anzuwenden, die mit einer Geldstrafe von bis zu 7 500 Euro und keiner Freiheitsstrafe bedroht sind oder wegen denen bereits ein Verfahren nach den Bestimmungen des 4. Abschnittes durchgeführt worden ist. *(BGBl I 2018/57)*

(2) Die schriftliche Ausfertigung des Bescheides hat die Bezeichnung der Behörde, „den Vornamen und den Familiennamen „ "** sowie den Wohnort" der Parteien, den Spruch, die Begründung, die Rechtsmittelbelehrung „, die Belehrung über das Recht auf Beigabe eines Verfahrenshilfeverteidigers im Verfahren vor dem Verwaltungsgericht gemäß § 44b"*** und das Datum des Bescheides zu enthalten. (*BGBl I 2011/100; **BGBl I 2016/120; ***BGBl I 2018/57)*

(3) Wird über einen Soldaten eine Strafe verhängt, so ist davon dem Disziplinarvorgesetzten Mitteilung zu machen.

4. Abschnitt

Abgekürztes Verfahren

„Strafverfügung"
(BGBl I 2018/57)

§ 47. (1) Wenn von einem Gericht, einer Verwaltungsbehörde, einem Organ der öffentlichen Aufsicht oder „einem militärischen Organ im Wachdienst"** auf Grund eigener dienstlicher Wahrnehmung oder eines vor ihnen abgelegten Geständnisses eine Verwaltungsübertretung angezeigt oder wenn das strafbare Verhalten auf Grund „von Verkehrsüberwachung mittels bildverarbeitender technischer Einrichtungen"* festgestellt wird, dann kann die Behörde ohne weiteres Ver-

VStG
VflV, AnhO
VorlSV
OrgStVfgV
EEA-VStS-G

fahren durch Strafverfügung eine Geldstrafe bis zu „600"* Euro festsetzen. In der Strafverfügung kann auch auf den Verfall beschlagnahmter Sachen oder ihres Erlöses erkannt werden, wenn der Wert der beschlagnahmten Sachen „200"* Euro nicht übersteigt. *(*BGBl I 2013/33; **BGBl I 2018/57)*

(2) Das oberste Organ kann, soweit die Verwaltungsvorschriften nicht anderes bestimmen, durch Verordnung zur Verfahrensbeschleunigung einzelne Tatbestände von Verwaltungsübertretungen bestimmen, für die die Behörde durch Strafverfügung eine unter Bedachtnahme auf § 19 Abs. 1 im Vorhinein festgesetzte Geldstrafe bis zu 500 Euro verhängen darf. *(BGBl I 2018/57)*

(BGBl I 2002/117)

§ 48. „" In der Strafverfügung müssen angegeben sein:

1. die Behörde, die die Strafverfügung erläßt;

2. „der Vorname und der Familienname „"*****" sowie der Wohnort des Beschuldigten; *(BGBl I 2001/137; *BGBl I 2011/100; **BGBl I 2016/120)*

3. die Tat, die als erwiesen angenommen ist, ferner die Zeit und der Ort ihrer Begehung;

4. die Verwaltungsvorschrift, die durch die Tat verletzt worden ist;

5. die verhängte Strafe und die angewendete Gesetzesbestimmung;

6. allenfalls der Ausspruch über die vom Beschuldigten zu ersetzenden Kosten (§ 64 Abs. 3);

7. die Belehrung über den Einspruch (§ 49). *(BGBl I 2013/33)*

(2) *(aufgehoben, BGBl I 2013/33)*

§ 49. (1) Der Beschuldigte kann gegen die Strafverfügung binnen zwei Wochen nach deren Zustellung Einspruch erheben und dabei die seiner Verteidigung dienlichen Beweismittel vorbringen. Der Einspruch kann auch mündlich erhoben werden. Er ist bei der Behörde einzubringen, die die Strafverfügung erlassen hat.

(2) „Wenn der Einspruch rechtzeitig eingebracht und nicht binnen zwei Wochen zurückgezogen wird, ist das ordentliche Verfahren einzuleiten."** Der Einspruch gilt als Rechtfertigung im Sinne des § 40. Wenn im Einspruch ausdrücklich nur das Ausmaß der verhängten Strafe oder die Entscheidung über die Kosten angefochten wird, dann hat die Behörde, die die Strafverfügung erlassen hat, darüber zu entscheiden. „In allen anderen Fällen tritt durch den Einspruch, soweit er nicht binnen zwei Wochen zurückgezogen wird, die gesamte Strafverfügung außer Kraft."*** „In dem auf Grund des Einspruches ergehenden Straferkenntnis darf keine höhere Strafe

verhängt werden als in der Strafverfügung."* *(*BGBl 1995/620; **BGBl I 2018/57)*

(3) Wenn ein Einspruch nicht oder nicht rechtzeitig erhoben oder zurückgezogen wird, ist die Strafverfügung zu vollstrecken. *(BGBl I 2018/57)*

Anonymverfügung

§ 49a. (1) Das oberste Organ kann, soweit die Verwaltungsvorschriften nicht anderes bestimmen, durch Verordnung zur Verfahrensbeschleunigung einzelne Tatbestände von Verwaltungsübertretungen bestimmen, für die die Behörde durch Anonymverfügung eine unter Bedachtnahme auf § 19 Abs. 1 im Vorhinein festgesetzte Geldstrafe bis zu 365 Euro vorschreiben darf. *(BGBl I 2018/57)*

(2) „Hat das oberste Organ" durch Verordnung gemäß Abs. 1 eine Geldstrafe im Vorhinein festgesetzt und beruht die Anzeige auf der dienstlichen Wahrnehmung eines Organs der öffentlichen Aufsicht oder auf Verkehrsüberwachung mittels bildverarbeitender technischer Einrichtungen, so kann die Behörde die Geldstrafe ohne Festsetzung einer „Ersatzfreiheitsstrafe" durch Anonymverfügung vorschreiben. *(BGBl I 2013/33; BGBl I 2018/57)*

(3) In der Anonymverfügung müssen angegeben sein:

1. die Behörde, die sie erläßt, und das Datum der Ausfertigung;

2. die Tat, die als erwiesen angenommen ist, ferner die Zeit und der Ort ihrer Begehung;

3. die Verwaltungsvorschrift, die durch die Tat verletzt worden ist;

4. die verhängte Strafe und die angewendete Gesetzesbestimmung;

5. die Belehrung über die in Abs. 6 getroffene Regelung.

(4) Der Anonymverfügung ist ein zur postalischen Einzahlung des Strafbetrages geeigneter Beleg beizugeben. Der Beleg hat eine Identifikationsnummer zu enthalten, die automationsunterstützt gelesen werden kann. § 50 Abs. 5 gilt sinngemäß. *(BGBl I 1998/158)*

(5) Die Anonymverfügung ist einer Person zuzustellen, von der die Behörde mit Grund annehmen kann, daß sie oder ein für sie gemäß § 9 verantwortliches Organ den Täter kennt oder leicht feststellen kann.

(6) Die Anonymverfügung ist keine Verfolgungshandlung. Gegen sie ist kein Rechtsmittel zulässig. Sie wird gegenstandslos, wenn nicht binnen vier Wochen nach Ausfertigung die Einzahlung des Strafbetrages mittels Beleges (Abs. 4) erfolgt. Ist die Anonymverfügung gegenstandslos geworden, so hat die Behörde „den Sachverhalt möglichst zu klären und Nachforschungen nach

— 99 —

3. VStG
§§ 49a – 50

VStG
VfllV, AnhO
VorlSV
OrgStVfgV
EEA-VStS-G

dem unbekannten Täter einzuleiten"**. „Als fristgerechte Einzahlung des Strafbetrages mittels Beleges (Abs. 4) gilt auch die „Überweisung des vorgeschriebenen Strafbetrages oder eines höheren Betrages"*** auf das im Beleg angegebene Konto, wenn der Überweisungsauftrag die automationsunterstützt lesbare, vollständige und richtige Identifikationsnummer des Beleges enthält und der Strafbetrag dem Konto des Überweisungsempfängers fristgerecht gutgeschrieben wird."* (*BGBl I 1998/158; ** BGBl I 2013/33; ***BGBl I 2018/57)

(7) Wird der Strafbetrag mittels Beleges (Abs. 4) fristgerecht eingezahlt, so hat die Behörde von der Ausforschung des unbekannten Täters endgültig Abstand zu nehmen und jede Verfolgungshandlung zu unterlassen.

(8) Die Anonymverfügung darf weder in amtlichen Auskünften erwähnt noch bei der Strafbemessung im Verwaltungsstrafverfahren berücksichtigt werden. Jede über Abs. 5 und 6 hinausgehende Verknüpfung von Daten mit jenen einer Anonymverfügung im automationsunterstützten Datenverkehr ist unzulässig. Die Daten einer solchen Anonymverfügung sind spätestens sechs Monate nach dem Zeitpunkt, in dem sie gegenstandslos geworden oder die Einzahlung des Strafbetrages erfolgt ist, physisch zu löschen.

(9) Wird der Strafbetrag nach Ablauf der in Abs. 6 bezeichneten Frist oder nicht mittels Beleges (Abs. 4) bezahlt und weist der Beschuldigte die Zahlung im Zuge des Verwaltungsstrafverfahrens nach, so ist der Strafbetrag zurückzuzahlen oder anzurechnen.

(10) Wird binnen der in Abs. 6 bezeichneten Frist mittels Beleges (Abs. 4) ein höherer Betrag als der durch die Anonymverfügung vorgeschriebene Strafbetrag eingezahlt, so ist ein Betrag in der Höhe des Differenzbetrages abzüglich zwei Euro zurückzuzahlen; übersteigt dieser Betrag zwei Euro nicht, hat keine Rückzahlung zu erfolgen. *(BGBl I 2018/57)*

Organstrafverfügung

§ 50. (1) Die Behörde kann besonders geschulte Organe der öffentlichen Aufsicht ermächtigen, wegen bestimmter von ihnen dienstlich wahrgenommener oder vor ihnen eingestandener Verwaltungsübertretungen mit Organstrafverfügung Geldstrafen einzuheben. „Das oberste Organ kann, soweit die Verwaltungsvorschriften nicht anderes bestimmen, durch Verordnung zur Verfahrensbeschleunigung einzelne Tatbestände von Verwaltungsübertretungen bestimmen, für die durch Organstrafverfügung eine unter Bedachtnahme auf § 19 Abs. 1 im Vorhinein festgesetzte Geldstrafe bis zu 90 Euro eingehoben werden darf." *(BGBl I 2002/117; BGBl I 2018/57)*

(2) Die Behörde kann die Organe (Abs. 1) ferner ermächtigen, dem Beanstandeten einen zur postalischen Einzahlung des Strafbetrages geeigneten Beleg zu übergeben, oder, wenn keine bestimmte Person beanstandet wird, am Tatort zu hinterlassen. Der Beleg hat eine Identifikationsnummer zu enthalten, die automationsunterstützt gelesen werden kann. *(BGBl I 1998/158)*

(3) Die Behörde kann einem Organ (Abs. 1) die Ermächtigung entziehen, wenn sie dies für erforderlich erachtet. *(BGBl I 2018/57)*

(4) Eine Organstrafverfügung hat die Tat, die Zeit und den Ort ihrer Begehung, den Strafbetrag und die Behörde, in deren Namen eingeschritten wurde, anzugeben. Falls ein Beleg gemäß Abs. 2 verwendet wird, hat das Organ zusätzlich jene Daten festzuhalten, die für eine allfällige Anzeigenerstattung an die Behörde erforderlich sind.

(5) Die Gestaltung der für die Organstrafverfügung zu verwendenden Drucksorten, die Art ihrer Ausstellung und die Gebarung mit diesen Drucksorten sowie mit den eingehobenen Strafbeträgen sind durch Verordnung der Bundesregierung zu regeln.

(5a) Das Organ (Abs. 1) kann von der Einhebung einer Geldstrafe mit Organstrafverfügung absehen, wenn die Bedeutung des strafrechtlich geschützten Rechtsgutes und die Intensität seiner Beeinträchtigung durch die Tat und das Verschulden des Beanstandeten gering sind; eine Anzeige an die Behörde ist in diesem Fall nicht zu erstatten. Das Organ kann jedoch den Beanstandeten in einem solchen Fall in geeigneter Weise auf die Rechtswidrigkeit seines Verhaltens aufmerksam machen. *(BGBl I 2013/33)*

(6) Gegen die Organstrafverfügung ist kein Rechtsmittel zulässig. Verweigert der Beanstandete die Zahlung des Strafbetrages oder die Entgegennahme des Beleges (Abs. 2), so ist die Organstrafverfügung gegenstandslos. Die Unterlassung der Einzahlung mittels Beleges (Abs. 2) binnen einer Frist von zwei Wochen gilt als Verweigerung der Zahlung des Strafbetrages; der Lauf der Frist beginnt mit Ablauf des Tages, an dem der Beleg am Tatort hinterlassen oder dem „Beanstandeten"*** übergeben wurde. Im Fall der Verweigerung der Zahlung des Strafbetrages oder der Entgegennahme des Beleges (Abs. 2) ist die Anzeige an die Behörde zu erstatten. „Als fristgerechte Einzahlung des Strafbetrages mittels Beleges (Abs. 2) gilt auch die „Überweisung des einzuhebenden Strafbetrages oder eines höheren Betrages"*** auf das im Beleg angegebene Konto, wenn der Überweisungsauftrag die automationsunterstützt lesbare, vollständige und richtige Identifikationsnummer des Beleges enthält und der Strafbetrag dem Konto des Überweisungsempfängers fristgerecht gutgeschrieben wird."* *(*BGBl I 1998/158; **BGBl I 2001/137; ***BGBl I 2018/57)*

(7) Wird der Strafbetrag nach Ablauf der in Abs. 6 bezeichneten Frist oder nicht mittels Beleges (Abs. 2) bezahlt und weist der Beschuldigte die Zahlung im Zuge des Verwaltungsstrafverfahrens nach, so ist der Strafbetrag zurückzuzahlen oder anzurechnen.

(7a) Wird binnen der in Abs. 6 bezeichneten Frist mittels Beleges (Abs. 2) ein höherer Betrag als der durch die Organstrafverfügung eingehobene Strafbetrag eingezahlt, so ist ein Betrag in der Höhe des Differenzbetrages abzüglich zwei Euro zurückzuzahlen; übersteigt dieser Betrag zwei Euro nicht, hat keine Rückzahlung zu erfolgen. *(BGBl I 2018/57)*

(8) Die Behörde kann die Organe (Abs. 1) ermächtigen, dem Beanstandeten zu gestatten, den einzuhebenden Strafbetrag auch in bestimmten fremden Währungen oder mit Scheck oder Kreditkarte zu entrichten. Wird der Strafbetrag mit Kreditkarte entrichtet, so ist der mit dem Kreditkartenunternehmen vereinbarte Abschlag von demjenigen zu tragen, dem die Geldstrafe gewidmet ist. *(BGBl I 1998/158)*

(9) Die Organe des öffentlichen Sicherheitsdienstes sind zur Vornahme von Handlungen im Sinne der Abs. 1, 2 und 8 ermächtigt. *(BGBl I 2018/57)*

§§ 51 bis 51i. *(entfallen, BGBl I 2013/33)*

Sonstige Abänderung von Bescheiden
(BGBl 1995/620; BGBl I 2013/33)

Wiederaufnahme des Verfahrens zum Nachteil des Beschuldigten

§ 52. Die Wiederaufnahme eines durch Einstellung abgeschlossenen Strafverfahrens ist nur innerhalb der in „§ 31 Abs. 1“** bezeichneten „Frist“* zulässig. *(*BGBl I 2009/20; **BGBl I 2013/33)*

Abänderung und Aufhebung von Amts wegen

§ 52a. (1) Von Amts wegen können der „Beschwerde beim Verwaltungsgericht“ nicht mehr unterliegende Bescheide, durch die das Gesetz zum Nachteil des Bestraften offenkundig verletzt worden ist, sowohl von der Behörde als auch in Ausübung des Aufsichtsrechtes von der sachlich in Betracht kommenden Oberbehörde aufgehoben oder abgeändert werden. § 68 Abs. 7 AVG gilt sinngemäß. *(BGBl I 1998/158; BGBl I 2013/33)*

(2) Die Folgen der Bestrafung sind wiedergutzumachen. Soweit dies nicht möglich ist, ist gemäß dem „Strafrechtlichen Entschädigungsgesetz 2005 (StEG 2005), BGBl. I Nr. 125/2004,“* zu entschädigen. „Die Ersatzpflicht trifft jenen Rechtsträger, in dessen Namen die Behörde in der Angelegenheit gehandelt hat.“** *(*BGBl I 2008/3; **BGBl I 2018/57)*

§ 52b. *(aufgehoben samt Überschrift, BGBl I 2013/33)*

Vollzug von Freiheitsstrafen

§ 53. (1) „Die Freiheitsstrafe ist im Haftraum der Behörde oder jener Behörde zu vollziehen, der der Strafvollzug gemäß § 29a übertragen wurde.“** Können diese Behörden die Strafe nicht vollziehen oder verlangt es der Bestrafte, so ist die am ständigen Aufenthalt des Bestraften nächstgelegene Bezirksverwaltungsbehörde oder „Landespolizeidirektion“* um den Strafvollzug zu ersuchen, wenn sie über einen Haftraum verfügt. Kann auch diese Behörde die Strafe nicht vollziehen, so ist der Leiter des gerichtlichen Gefangenenhauses, in dessen Sprengel der Bestrafte seinen ständigen Aufenthalt hat, um den Strafvollzug zu ersuchen. Dieser hat dem Ersuchen zu entsprechen, soweit dies ohne Beeinträchtigung anderer gesetzlicher Aufgaben möglich ist. *(*BGBl I 2012/50; **BGBl I 2013/33)*

(2) Im unmittelbaren Anschluß an eine gerichtliche Freiheitsstrafe, oder wenn andernfalls die Untersuchungshaft zu verhängen wäre, darf die von der Verwaltungsbehörde verhängte Freiheitsstrafe auch sonst in einem gerichtlichen Gefangenenhaus vollzogen werden; mit Zustimmung des Bestraften ist der Anschlußvollzug auch in einer Strafvollzugsanstalt zulässig.

Zuständige Behörde

§ 53a. „Alle Anordnungen und Entscheidungen im Zusammenhang mit dem Vollzug der Freiheitsstrafe obliegen bis zum Strafantritt der Behörde oder jener Behörde, der der Strafvollzug gemäß § 29a übertragen wurde.“** Mit Strafantritt stehen diese Anordnungen und Entscheidungen, soweit nicht das Vollzugsgericht zuständig ist, der Verwaltungsbehörde zu, der gemäß „§ 53“* der Strafvollzug obliegt (Strafvollzugsbehörde). *(*BGBl I 1999/194 (DFB); **BGBl I 2013/33)*

Einleitung des Vollzuges von Freiheitsstrafen

§ 53b. (1) Ein Bestrafter auf freiem Fuß, der die Strafe nicht sofort antritt, ist aufzufordern, die Freiheitsstrafe binnen einer bestimmten angemessenen Frist anzutreten.

(2) Kommt der Bestrafte der Aufforderung zum Strafantritt nicht nach, so ist er zwangsweise vorzuführen. Dies ist ohne vorherige Aufforde-

rung sofort zu veranlassen, wenn die begründete Sorge besteht, daß er sich durch Flucht dem Vollzug der Freiheitsstrafe entziehen werde. „ "** „§ 36 Abs. 1 zweiter Satz und § 36 Abs. 3 sind anzuwenden."* *(*BGBl 1995/620; **BGBl I 2018/57)*

(3) Wird gegen das Erkenntnis des Verwaltungsgerichtes, mit dem die Freiheitsstrafe verhängt wurde, Revision beim Verwaltungsgerichtshof oder Beschwerde beim Verfassungsgerichtshof erhoben, so ist mit dem Vollzug der Freiheitsstrafe bis zu deren Entscheidung zuzuwarten. Dies gilt nicht, wenn die Voraussetzungen des Abs. 2 zweiter Satz vorliegen. *(BGBl I 2018/57)*

Durchführung des Strafvollzuges

§ 53c. (1) Häftlinge dürfen ihre eigene Kleidung tragen und sich, ohne dazu verpflichtet zu sein, angemessen beschäftigen. Sie dürfen sich selbst verköstigen, wenn dies nach den verfügbaren Einrichtungen weder die Aufsicht und Ordnung beeinträchtigt noch unverhältnismäßigen Verwaltungsmehraufwand verursacht. Sie sind tunlichst von Häftlingen, die nach anderen Bestimmungen als nach diesem Bundesgesetz angehalten werden, männliche Häftlinge jedenfalls von weiblichen Häftlingen getrennt zu halten.

(2) Häftlinge sind in einfach und zweckmäßig eingerichteten Räumen mit ausreichendem Luftraum und genügend Tageslicht unterzubringen. Die Hafträume sind gut zu lüften und in der kalten Jahreszeit entsprechend zu heizen. Bei Dunkelheit sind sie außerhalb der Zeit der Nachtruhe so zu beleuchten, daß die Häftlinge ohne Gefährdung des Augenlichtes lesen und arbeiten können. Es ist dafür zu sorgen, daß die Häftlinge Vorfälle, die das unverzügliche Einschreiten eines Aufsichtsorgans erforderlich machen könnten, diesem jederzeit zur Kenntnis bringen können.

(3) Ihr Briefverkehr darf nicht beschränkt, sondern nur durch Stichproben überwacht werden. Schriftstücke, die offenbar der Vorbereitung oder Weiterführung strafbarer Handlungen oder deren Verschleierung dienen, sind zurückzuhalten. Geld- oder Paketsendungen sind frei. Pakete sind in Gegenwart des Häftlings zu öffnen. Sachen, die die Sicherheit und Ordnung gefährden können, sind ihm jedoch erst bei der Entlassung auszufolgen, sofern sie nicht wegen ihrer Beschaffenheit vernichtet werden müssen.

(4) Häftlinge dürfen innerhalb der Amtsstunden Besuche empfangen, soweit dies unter Berücksichtigung der erforderlichen Überwachung ohne Gefährdung der Sicherheit und Ordnung sowie ohne Beeinträchtigung des Dienstbetriebes möglich ist.

(5) Der Brief- und Besuchsverkehr von Häftlingen mit inländischen Behörden und Rechtsbeistän-

den sowie mit Organen, die durch für Österreich verbindliche internationale Übereinkommen zum Schutz der Menschenrechte eingerichtet sind, darf weder beschränkt noch inhaltlich überwacht werden. Das gleiche gilt für den Verkehr ausländischer Häftlinge mit „ " konsularischen Vertretern ihres Heimatstaates. *(BGBl I 2018/57)*

(6) Die obersten Behörden haben für den Strafvollzug in den Haträumen der Bezirksverwaltungsbehörden oder „Landespolizeidirektionen"* eine Hausordnung zu erlassen. Darin sind die Rechte und Pflichten der Häftlinge unter Bedachtnahme auf die Aufrechterhaltung der Ordnung sowie unter sinngemäßer Berücksichtigung der sich „aus dem Strafvollzugsgesetz – StVG, BGBl. Nr. 144/1969"** ergebenden Grundsätze des Strafvollzuges und der räumlichen und personellen Gegebenheiten zu regeln. Für diese Häftlinge gelten die „§§ 76 ff StVG"** über die Unfallfürsorge sinngemäß. Über die gebührenden Leistungen entscheidet die oberste Behörde. *(*BGBl I 2012/50; **BGBl I 2018/57)*

Vollzug in gerichtlichen Gefangenenhäusern und Strafvollzugsanstalten

§ 53d. (1) Soweit in diesem Bundesgesetz nicht anderes bestimmt ist, sind auf den Vollzug von Freiheitsstrafen in gerichtlichen Gefangenenhäusern oder Strafvollzugsanstalten die Bestimmungen des Strafvollzugsgesetzes über den Vollzug von Freiheitsstrafen, deren Strafzeit „achtzehn Monate"** nicht übersteigt, mit Ausnahme der §§ 31 Abs. 2, „32"*, 45 Abs. 1, „54 Abs. 3"*, 115, 127, 128, 132 Abs. 4 und 149 Abs. 1 und 4 sinngemäß anzuwenden, soweit dies nicht zu Anlaß und Dauer der von der Verwaltungsbehörde verhängten Freiheitsstrafe außer Verhältnis steht. Die Entscheidungen des Vollzugsgerichtes stehen dem Einzelrichter zu. *(*BGBl 1993/799; **BGBl I 2000/138)*

(2) Soweit Häftlinge eine Arbeitsvergütung zu erhalten haben, ist ihnen diese nach Abzug des Vollzugskostenbeitrages (§ 32 Abs. 2 erster Fall und Abs. 3 „StVG") zur Gänze als Hausgeld gutzuschreiben. *(BGBl 1993/799; BGBl I 2018/57)*

(3) Wird eine Freiheitsstrafe nach § 53 Abs. 2 in einer Strafvollzugsanstalt vollzogen, so bleiben die im Strafvollzug gewährten Vergünstigungen und Lockerungen auch für den Vollzug der durch eine Verwaltungsbehörde verhängten Freiheitsstrafe aufrecht.

Vollzug von Freiheitsstrafen an Jugendlichen

§ 53e. (1) Jugendliche Häftlinge sind von Erwachsenen zu trennen.

(2) Auf den Strafvollzug an Jugendlichen in gerichtlichen Gefangenenhäusern oder Strafvoll-

VStG
VfllV, AnhO
VorlSV
OrgStVfgV
EEA-VStS-G

zugsanstalten sind die Bestimmungen des Jugendgerichtsgesetzes 1988, „BGBl. Nr. 599/1988", über den Jugendstrafvollzug sinngemäß anzuwenden. *(BGBl I 2018/57)*

Unzulässigkeit des Vollzuges von Freiheitsstrafen

§ 54. (1) An „psychisch kranken" oder körperlich schwer kranken Personen und an Jugendlichen unter 16 Jahren darf eine Freiheitsstrafe nicht vollzogen werden. *(BGBl I 2008/3)*

(2) Der Vollzug der Freiheitsstrafe an einer Bestraften, die schwanger ist oder entbunden hat, ist bis zum Ablauf der achten Woche nach der Entbindung und darüber hinaus so lange auszusetzen, als sich das Kind in ihrer Pflege befindet, höchstens aber bis zum Ablauf eines Jahres nach der Entbindung. Die Freiheitsstrafe kann jedoch vollzogen werden, wenn es die Bestrafte verlangt.

(3) Auf Verlangen des Standeskörpers ist der Vollzug einer Freiheitsstrafe „an Soldaten, die Präsenz- oder Ausbildungsdienst leisten,"* und im Fall eines Einsatzes des Bundesheeres „(§ 2 Abs. 1 des Wehrgesetzes 2001, „BGBl. I Nr. 146/2001"****)"*** oder der unmittelbaren Vorbereitung eines solchen Einsatzes auch an anderen Soldaten auszusetzen. Auf Verlangen „der Zivildienstserviceagentur"*** ist auch der Vollzug einer Freiheitsstrafe an Personen, die Zivildienst leisten, auszusetzen. *(*BGBl I 1998/158; **BGBl I 2008/3; ***BGBl I 2011/100; ****BGBl I 2018/57)*

Aufschub und Unterbrechung des Strafvollzuges

§ 54a. (1) Auf Antrag des Bestraften kann aus wichtigem Grund der Strafvollzug aufgeschoben werden, insbesondere wenn

1. durch den sofortigen Vollzug der Freiheitsstrafe die Erwerbsmöglichkeit des Bestraften oder der notwendige Unterhalt der ihm gegenüber gesetzlich unterhaltsberechtigten Personen gefährdet würde oder

2. dringende „Angelegenheiten, die Angehörige (§ 36a AVG) betreffen," zu ordnen sind. *(BGBl I 2011/100)*

(2) Auf Antrag des Bestraften kann aus wichtigem Grund (Abs. 1) auch die Unterbrechung des Vollzuges der Freiheitsstrafe bewilligt werden. Die Zeit der Unterbrechung des Strafvollzuges ist nicht in die Strafzeit einzurechnen.

(3) Der Strafvollzug ist auf Antrag oder von Amts wegen für die Dauer von mindestens sechs Monaten aufzuschieben oder zu unterbrechen, wenn der Bestrafte während der letzten sechs Monate schon ununterbrochen sechs Wochen wegen einer von einer Verwaltungsbehörde verhängten Strafe in Haft war und dem Strafvollzug nicht ausdrücklich zustimmt. *(BGBl I 2018/57)*

(4) Liegen die Voraussetzungen des § 53b Abs. 2 zweiter Satz vor, darf der Aufschub oder die Unterbrechung des Strafvollzuges nicht bewilligt werden oder ist dessen bzw. deren Bewilligung von Amts wegen zu widerrufen. *(BGBl I 2018/57)*

Vollstreckung von Geldstrafen

§ 54b. (1) Rechtskräftig verhängte Geldstrafen oder sonstige in Geld bemessene Unrechtsfolgen sind binnen zwei Wochen nach Eintritt der Rechtskraft zu bezahlen. Erfolgt binnen dieser Frist keine Zahlung, kann sie unter Setzung einer angemessenen Frist von höchstens zwei Wochen eingemahnt werden. Nach Ablauf dieser Frist ist die Unrechtsfolge zu vollstrecken. Ist mit Grund anzunehmen, dass der Bestrafte zur Zahlung nicht bereit ist oder die Unrechtsfolge uneinbringlich ist, hat keine Mahnung zu erfolgen und ist sofort zu vollstrecken oder nach Abs. 2 vorzugehen. *(BGBl I 2013/33)*

(1a) Im Fall einer Mahnung gemäß Abs. 1 ist ein pauschalierter Kostenbeitrag in der Höhe von fünf Euro zu entrichten. Der Kostenbeitrag fließt der Gebietskörperschaft zu, die den Aufwand der Behörde zu tragen hat. *(BGBl I 2013/33)*

(1b) Als Grundlage für die Einbringung der vollstreckbar gewordenen Mahngebühr ist ein Rückstandsausweis auszufertigen, der den Namen und die Anschrift des Bestraften, den pauschalierten Kostenbeitrag und den Vermerk zu enthalten hat, dass der Kostenbeitrag vollstreckbar geworden ist. Der Rückstandsausweis ist Exekutionstitel im Sinne des § 1 der Exekutionsordnung, RGBl. Nr. 79/1896. *(BGBl I 2018/57)*

(2) Soweit eine Geldstrafe uneinbringlich ist oder dies mit Grund anzunehmen ist, ist die dem ausstehenden Betrag entsprechende Ersatzfreiheitsstrafe zu vollziehen. Der Vollzug der Ersatzfreiheitsstrafe hat zu unterbleiben, soweit die ausstehende Geldstrafe erlegt wird. Darauf ist in der Aufforderung zum Strafantritt hinzuweisen.

(3) „Einem Bestraften, dem aus wirtschaftlichen Gründen die unverzügliche Zahlung nicht zuzumuten ist, hat die Behörde auf Antrag einen angemessenen Aufschub oder Teilzahlung zu bewilligen, wodurch die Strafvollstreckung aufgeschoben wird."* „Die Entrichtung der Geldstrafe in Teilbeträgen darf nur mit der Maßgabe gestattet werden, dass alle noch aushaftenden Teilbeträge sofort fällig werden, wenn der Bestrafte mit mindestens zwei Ratenzahlungen in Verzug ist."* *(*BGBl I 2013/33; **BGBl I 2018/57)*

§ 54c. *(entfällt, BGBl I 2001/137)*

VStG
VfllV. AnhO
VorlSV
OrgStVfgV
EEA-VStS-G

Kosten des Vollzuges von Freiheitsstrafen

§ 54d. (1) Den Aufwand für den Vollzug von Freiheitsstrafen hat jene Gebietskörperschaft zu tragen, die Rechtsträger jener Einrichtung ist, in der die Freiheitsstrafen vollzogen werden.

(2) Außer dem Fall des § 53d Abs. 2 haben Häftlinge für jeden Hafttag einen Beitrag zu den Kosten des Vollzuges in der im § 32 Abs. 2 zweiter Fall „StVG" vorgesehenen Höhe zu leisten. Eine solche Verpflichtung entfällt für jeden Tag, an dem der Häftling im Interesse einer Gebietskörperschaft nützliche Arbeit leistet, oder soweit ihn daran, dass er keine solche Arbeit leistet, weder ein vorsätzliches noch ein grob fahrlässiges Verschulden trifft. *(BGBl I 2018/57)*

(3) Der Kostenbeitrag ist nach Beendigung des Vollzuges durch Bescheid, im Fall des Vollzuges in einem gerichtlichen Gefangenenhaus oder einer Strafvollzugsanstalt durch Bescheid des Vollzugsgerichtes vorzuschreiben, wenn er nicht ohne weiteres geleistet wird oder offenkundig uneinbringlich ist. Der Kostenbeitrag ist nach den Bestimmungen des VVG über die Einbringung von Geldleistungen, im Fall der Vorschreibung durch das Vollzugsgericht nach den für die Einbringung gerichtlich festgesetzter Kostenbeiträge geltenden Bestimmungen einzutreiben.

(4) Die Kostenbeiträge fließen der Gebietskörperschaft zu, die gemäß Abs. 1 den Aufwand für den Strafvollzug zu tragen hatte. Dieser sind uneinbringliche Kostenbeiträge von jener Gebietskörperschaft zu refundieren, in deren Vollzugsbereich die Freiheitsstrafe verhängt wurde.

(BGBl I 2000/26)

IV. Teil

Straftilgung, besondere Verfahrensvorschriften, Verfahrenskosten

Tilgung der Strafe

§ 55. (1) Ein wegen einer Verwaltungsübertretung verhängtes Straferkenntnis zieht, sofern gesetzlich nicht anderes bestimmt ist, keinerlei Straffolgen nach sich und gilt „mit Ablauf von fünf Jahren nach Eintritt der Rechtskraft" als getilgt. *(BGBl I 2013/33)*

(2) Getilgte Verwaltungsstrafen dürfen in amtlichen „ " Auskünften für Zwecke eines Strafverfahrens nicht erwähnt und bei der Strafbemessung im Verwaltungsstrafverfahren nicht berücksichtigt werden. *(BGBl I 2018/57)*

Privatanklagesachen

§ 56. (1) Die Verwaltungsübertretung der Ehrenkränkung ist nur zu verfolgen und zu bestrafen, wenn der Verletzte binnen sechs Wochen von dem Zeitpunkt an, in dem er von der Verwaltungsübertretung und der Person des Täters Kenntnis erlangt hat, bei der zuständigen Behörde einen Strafantrag stellt (Privatankläger).

(2) Der Privatankläger ist Partei im Sinne des AVG. Er kann jederzeit von der Verfolgung zurücktreten. Leistet er einer Ladung ungerechtfertigt keine Folge oder kommt er einem sonstigen das Verfahren betreffenden Auftrag der Behörde innerhalb der gesetzten Frist nicht nach, so wird angenommen, daß er von der Verfolgung zurückgetreten ist. In diesen Fällen ist das Verfahren einzustellen.

(3) Der Privatankläger hat das Recht, gegen die Einstellung Beschwerde beim Verwaltungsgericht zu erheben. *(BGBl I 2013/33)*

(4) *(entfällt, BGBl I 2013/33)*

Entscheidung über privatrechtliche Ansprüche

§ 57. (1) Soweit die Behörde nach einzelnen Verwaltungsvorschriften im Straferkenntnis auch über die aus einer Verwaltungsübertretung abgeleiteten privatrechtlichen Ansprüche zu entscheiden hat, ist der Anspruchsberechtigte Partei im Sinne des AVG.

(2) Dem Anspruchsberechtigten steht gegen die im Straferkenntnis enthaltene Entscheidung über seine privatrechtlichen Ansprüche kein Rechtsmittel zu. Es steht ihm aber frei, diese Ansprüche, soweit sie ihm nicht im Verwaltungsstrafverfahren zuerkannt worden sind, im ordentlichen Rechtsweg geltend zu machen.

(3) Der Beschuldigte kann die Entscheidung über die privatrechtlichen Ansprüche nur mit „Beschwerde beim Verwaltungsgericht" anfechten. *(BGBl I 2013/33)*

Sonderbestimmungen für Jugendliche

§ 58. (1) Die Behörden sollen sich im Strafverfahren gegen Jugendliche nach Möglichkeit der Mithilfe der öffentlichen Unterrichts(Erziehungs)anstalten und Jugendämter sowie von Personen und Körperschaften bedienen, die in der Jugendfürsorge tätig sind und sich den Behörden zur Verfügung stellen. Die Mithilfe kann insbesondere in der Erhebung der persönlichen Verhältnisse des Jugendlichen, in der Fürsorge für seine Person und in dem Beistand bestehen, dessen er im Verfahren bedarf.

(2) Über Jugendliche, die zur Tatzeit das 16. Lebensjahr noch nicht vollendet haben, darf eine Freiheitsstrafe nicht verhängt werden. Über andere Jugendliche darf eine Freiheitsstrafe bis zu zwei Wochen verhängt werden, wenn dies aus besonderen Gründen geboten ist; der Vollzug einer Ersatzfreiheitsstrafe, die gleichfalls zwei Wochen nicht übersteigen darf, wird dadurch nicht berührt.

§ 59. (1) Die Behörde hat, wenn sie es im Interesse eines jugendlichen Beschuldigten für notwendig oder zweckmäßig hält, seinen bekannten gesetzlichen Vertreter von der Einleitung des Strafverfahrens und dem Straferkenntnis zu benachrichtigen.

(2) Der Befragung durch Organe des öffentlichen Sicherheitsdienstes oder der Vernehmung durch die Behörde eines wegen des Verdachtes einer Verwaltungsübertretung festgenommenen Jugendlichen ist auf sein Verlangen ein gesetzlicher Vertreter, ein Erziehungsberechtigter oder ein Vertreter des „Kinder- und Jugendhilfeträgers", der Jugendgerichtshilfe oder der Bewährungshilfe beizuziehen, sofern damit keine unangemessene Verlängerung der Anhaltung verbunden wäre. *(BGBl I 2018/58)*

(3) Ein jugendlicher Beschuldigter kann zu mündlichen Verhandlungen zwei an der Sache nicht beteiligte Personen seines Vertrauens beiziehen.

(4) Jugendliche sind über ihr Recht gemäß Abs. 2 nach der Festnahme, über ihr Recht gemäß Abs. 3 in der Ladung zu belehren.

§ 60. Der gesetzliche Vertreter eines jugendlichen Beschuldigten hat das Recht, auch gegen den Willen des Beschuldigten zu dessen Gunsten Beweisanträge zu stellen und innerhalb der dem Beschuldigten offenstehenden Frist Rechtsmittel einzulegen, Anträge auf Wiedereinsetzung in den vorigen Stand oder auf Wiederaufnahme des Verfahrens zu stellen.

§ 61. Einem jugendlichen Beschuldigten kann von Amts wegen ein Verteidiger bestellt werden, wenn sein gesetzlicher Vertreter an der strafbaren Handlung beteiligt ist oder wegen der geringeren geistigen Entwicklung des Beschuldigten notwendig oder zweckmäßig ist und die Verteidigung durch den gesetzlichen Vertreter aus irgendeinem Grund nicht Platz greifen kann. Als Verteidiger kann ein Beamter der Behörde oder eine andere geeignete Person bestellt werden.

§ 62. Erlangt die Behörde von Umständen Kenntnis, die eine pflegschaftsbehördliche Maßnahme erfordern, so hat sie dem Pflegschaftsgericht davon Mitteilung zu machen.

§ 63. *(Entfällt; Art. III Abs. 2 der Kundmachung)*

Kosten des Strafverfahrens

§ 64. (1) In jedem Straferkenntnis „ " ist auszusprechen, daß der Bestrafte einen Beitrag zu den Kosten des Strafverfahrens zu leisten hat. *(BGBl I 2013/33)*

(2) Dieser Beitrag ist für das Verfahren erster Instanz mit 10% der verhängten Strafe, „ " mindestens jedoch mit „10" Euro zu bemessen; bei Freiheitsstrafen ist zur Berechnung der Kosten ein Tag Freiheitsstrafe gleich „100" Euro anzurechnen. Der Kostenbeitrag fließt der Gebietskörperschaft zu, die den Aufwand der Behörde zu tragen hat. *(BGBl I 2013/33)*

(3) Sind im Zuge des Verwaltungsstrafverfahrens Barauslagen erwachsen (§ 76 AVG), so ist dem Bestraften der Ersatz dieser Auslagen aufzuerlegen, sofern sie nicht durch Verschulden einer anderen Person verursacht sind; der hienach zu ersetzende Betrag ist, wenn tunlich, im Erkenntnis (der Strafverfügung), sonst durch besonderen Bescheid ziffernmäßig festzusetzen. Dies gilt nicht für Gebühren, die „dem Dolmetscher und Übersetzer" zustehen, der dem Beschuldigten beigestellt wurde. *(BGBl I 2018/57)*

(3a) *(aufgehoben, BGBl I 2013/33)*

(4) Von der Eintreibung der Kostenbeiträge (Abs. 1 und § 54d) und der Barauslagen ist abzusehen, wenn mit Grund angenommen werden darf, daß sie erfolglos wäre.

(5) Die §§ 14 und 54b Abs. „1, 1a und 1b" sind sinngemäß anzuwenden. *(BGBl I 2018/57)*

(6) Wird einem Antrag des Bestraften auf Wiederaufnahme des Strafverfahrens nicht stattgegeben, so gelten hinsichtlich der Verpflichtung zur Tragung der Verfahrenskosten sinngemäß die vorhergehenden Bestimmungen.

§ 65. *(aufgehoben, BGBl I 2013/33)*

§ 66. (1) Wird ein Strafverfahren eingestellt oder eine verhängte Strafe infolge „ " Wiederaufnahme des Verfahrens aufgehoben, so sind die Kosten des Verfahrens von der Behörde zu tragen, falls sie aber schon gezahlt sind, zurückzuerstatten. *(BGBl I 2013/33)*

(2) Dem Privatankläger sind in solchen Fällen nur die durch sein Einschreiten tatsächlich verursachten Kosten aufzuerlegen.

Verweisungen

„**§ 67.**" Soweit in diesem Bundesgesetz auf Bestimmungen anderer Bundesgesetze verwiesen wird, sind diese in ihrer jeweils geltenden Fassung anzuwenden. *(BGBl I 2018/57)*

(BGBl I 1998/158)

Umsetzung von Richtlinien der Europäischen Union

§ 68. (1) § 46 Abs. 1a und § 64 Abs. 3 in der Fassung des Bundesgesetzes BGBl. I Nr. 57/2018 dienen der Umsetzung der Richtlinie 2010/64 EU über das Recht auf Dolmetschleistungen und

Übersetzungen in Strafverfahren, ABl. Nr. L 280 vom 26.10.2010 S. 1.

(2) § 33 Abs. 2, § 36a, § 44b und § 46 Abs. 1a in der Fassung des Bundesgesetzes BGBl. I Nr. 57/2018 dienen der Umsetzung der Richtlinie 2012/13/EU über das Recht auf Belehrung und Unterrichtung in Strafverfahren, ABl. Nr. L 142 vom 01.06.2012 S. 1.

(3) § 32a, § 33 Abs. 2, § 36, § 40 Abs. 2, § 43 Abs. 4 und § 44 Abs. 1 Z 3 in der Fassung des Bundesgesetzes BGBl. I Nr. 57/2018 dienen der Umsetzung der Richtlinie 2013/48/EU über das Recht auf Zugang zu einem Rechtsbeistand in Strafverfahren und in Verfahren zur Vollstreckung des Europäischen Haftbefehls sowie über das Recht auf Benachrichtigung eines Dritten bei Freiheitsentzug und das Recht auf Kommunikation mit Dritten und mit Konsularbehörden während des Freiheitsentzugs, ABl. Nr. L 294 vom 06. 11.2013 S. 1.

(4) § 34a in der Fassung des Bundesgesetzes BGBl. I Nr. 57/2018 dient der Umsetzung der Richtlinie 2016/343/EU über die Stärkung bestimmter Aspekte der Unschuldsvermutung und des Rechts auf Anwesenheit in der Verhandlung in Strafverfahren, ABl. Nr. L 65 vom 11.3.2016 S. 1.

(BGBl I 2018/57)

Inkrafttreten

„§ 69." (1) § 50 Abs. 1 in der Fassung des Bundesgesetzes BGBl. Nr. 867/1992 tritt mit 1. Jänner 1993 in Kraft. *(BGBl 1992/867)*

(2) § 51 Abs. 1 in der Fassung des Bundesgesetzes BGBl. Nr. 666/1993 tritt mit 1. Oktober 1993 in Kraft. *(BGBl 1993/666)*

(3) Die §§ 53 d Abs. 1 und 2 sowie 54 d Abs. 1 in der Fassung des Bundesgesetzes BGBl. Nr. 799/1993 treten mit 1. Jänner 1994 in Kraft. *(BGBl 1993/799)*

(4) § 24, § 29a zweiter Satz, § 31 Abs. 3 letzter Satz, § 44 Abs. 1 Z 2, § 48 Abs. 1 Z 2, § 49 Abs. 2 letzter Satz, § 51 Abs. 1, 3, 6 und 7, § 51e, § 51h Abs. 3 und 4, § 51i, die Überschriften vor der Überschrift zu § 52 und vor § 52a, § 53b Abs. 2 letzter Satz sowie die Überschriften vor § 66a und vor § 66b in der Fassung des Bundesgesetzes BGBl. Nr. 620/1995 treten mit 1. Juli 1995 in Kraft. *(BGBl 1995/620)*

(5) § 51b in der Fassung vor dem Bundesgesetz BGBl. Nr. 620/1995 tritt mit Ablauf des 30. Juni 1995 außer Kraft. *(BGBl 1995/620)*

(6) § 51 Abs. 1 in der Fassung vor dem Bundesgesetz BGBl. Nr. 620/1995 ist in Verfahren weiter anzuwenden, in denen die mündliche Verhandlung bis zum 30. Juni 1995 abgehalten wurde. *(BGBl 1995/620)*

(7) § 49 Abs. 2 letzter Satz in der Fassung des Bundesgesetzes BGBl. Nr. 620/1995 ist für Bescheide anzuwenden, die nach dem 30. Juni 1995 erlassen werden. § 51 Abs. 3 in der Fassung des Bundesgesetzes BGBl. Nr. 620/1995 ist in Fällen anzuwenden, in denen die Berufung nach dem 30. Juni 1995 eingebracht wird. *(BGBl 1995/620)*

(8) § 54 Abs. 3 in der Fassung des Bundesgesetzes BGBl. I Nr. 158/1998 tritt mit 1. Jänner 1998 in Kraft. Die §§ 9 Abs. 1, 3, 4 und 7, 24, 29a, 31 Abs. 1, 32 Abs. 3, 33 Abs. 1 erster Satz, 49a Abs. 4 und 6, die Überschrift zu § 50, die §§ 50 Abs. 2, 6 und 8, 51 Abs. 3, 5 und 7, 51a samt Überschrift, 51c samt Überschrift, 51d samt Überschrift, 51e, 51f Abs. 3, 51i, die Überschrift zu § 52a, die §§ 52a Abs. 1, 52b samt Überschrift, 56 Abs. 3, 65 und 66a samt Überschrift in der Fassung des Bundesgesetzes BGBl. I Nr. 158/1998 treten mit 1. Jänner 1999 in Kraft. Die Überschrift nach § 51a tritt mit Ablauf des 31. Dezember 1998 außer Kraft. *(BGBl I 1998/158)*

(9) § 15 in der Fassung des Bundesgesetzes BGBl. I Nr. 26/2000 tritt mit 1. Jänner 2000 in Kraft. § 54d in der Fassung desselben Bundesgesetzes tritt mit 1. Jänner 1997 in Kraft. *(BGBl I 2000/26)*

(10) § 9 Abs. 4, § 12 Abs. 2, § 13, § 37 Abs. 2 und 6, § 37a Abs. 1, Abs. 2 Z 2, Abs. 3 und Abs. 5, § 47 Abs. 1 und 2, § 48 Abs. 1 Z 2, § 49a Abs. 1, § 50 Abs. 1 und 6, § 51 Abs. 1, § 51c, § 51e Abs. 3 Z 3, § 54a Abs. 3 und § 64 Abs. 2 in der Fassung des Bundesgesetzes BGBl. I Nr. 137/2001 treten mit 1. Jänner 2002 in Kraft. Zugleich tritt § 54c außer Kraft. *(BGBl I 2001/137)*

(11) § 21 Abs. 1a und 1b, § 24, § 51c und § 51e Abs. 3 Z 3 in der Fassung des Verwaltungsreformgesetzes 2001, BGBl. I Nr. 65/2002, treten mit 1. Jänner 2002, jedoch nicht vor dem der Kundmachung des genannten Gesetzes folgenden Tag, in Kraft.[1] *(BGBl I 2002/65)*

(12) Die §§ 4 Abs. 2, 47, 49a Abs. 1 und 50 Abs. 1 in der Fassung des Bundesgesetzes BGBl. I Nr. 117/2002 treten mit 1. August 2002 in Kraft. Zugleich tritt § 52b letzter Satz außer Kraft. *(BGBl I 2002/117)*

(13) § 2 Abs. 3, § 9 Abs. 1 und 7, § 15 Z 2, § 26 Abs. 2, § 29a, § 51g Abs. 3 Z 1, § 52a Abs. 2, § 53 Abs. 1, § 53c Abs. 6 und § 54 Abs. 1 und 3 in der Fassung des Bundesgesetzes BGBl. I Nr. 3/2008 treten mit Ablauf des Tages der Kundmachung dieses Bundesgesetzes in Kraft. Das VStG-Übergangsrecht 1991, Anlage 2 zur Kundmachung BGBl. Nr. 52/1991, tritt mit diesem Zeitpunkt außer Kraft.[2] *(BGBl I 2008/3)*

(14) § 10 in der Fassung des Bundesgesetzes BGBl. I Nr. 5/2008 tritt mit 1. Jänner 2008 in Kraft. *(BGBl I 2008/5)*

VStG
VfllV. AnhO
VorlSV
OrgStVfgV
EEA-VStS-G

(15) § 26 Abs. 1, § 36 Abs. 3 erster Satz und Abs. 4 erster Satz, die Überschrift vor § 38 und § 38 in der Fassung des Bundesgesetzes BGBl. I Nr. 135/2009 treten mit 1. Jänner 2010 in Kraft. *(BGBl I 2009/135)*

(16) § 50 Abs. 3 in der Fassung des Budgetbegleitgesetzes 2011, BGBl. I Nr. 111/2010, tritt mit 1. Jänner 2011 in Kraft. *(BGBl I 2010/111)*

(17) § 19 Abs. 2, § 33 Abs. 1, § 36 Abs. 3 und 4, § 44 Abs. 1 Z 2, § 46 Abs. 2, § 48 Abs. 1 Z 2, § 51a Abs. 1, § 54 Abs. 3 und § 54a Abs. 1 Z 2 in der Fassung des Bundesgesetzes BGBl. I Nr. 100/2011 treten mit 1. Jänner 2012 in Kraft. *(BGBl I 2011/100)*

(18) § 36 Abs. 4 in der Fassung des Bundesgesetzes BGBl. I Nr. 50/2012 tritt mit 1. Jänner 2012 in Kraft. § 15 Z 2, § 26 Abs. 2, § 29a, § 53 Abs. 1 und § 53c Abs. 6 in der Fassung des Bundesgesetzes BGBl. I Nr. 50/2012 treten mit 1. September 2012 in Kraft. *(BGBl I 2012/50)*

(19) In der Fassung des Bundesgesetzes BGBl. I Nr. 33/2013 treten in Kraft:

1. § 26 Abs. 2 in der Fassung der Z 9 mit 1. September 2012;

2. § 1 Abs. 2, § 22 samt Überschrift, § 26 Abs. 1 in der Fassung der Z 8, § 27 Abs. 2a, § 30 Abs. 3 erster Satz, § 43 Abs. 2, § 51 Abs. 7, § 55 Abs. 1, § 64 Abs. 2 in der Fassung der Z 57 und § 64 Abs. 3a mit Ablauf des Monats der Kundmachung dieses Bundesgesetzes;[3]

3. § 19 Abs. 1, § 25 Abs. 3, § 31 samt Überschrift, § 32 Abs. 2, § 34, § 37 Abs. 1, 2, 4 und 5, § 37a, § 41, § 44 Abs. 3 Z 1, § 45 Abs. 1, § 47, § 48, § 49a Abs. 1, 2 und 6, § 50 Abs. 1 und 5a, § 52, § 54b Abs. 1, 1a und 3 und § 64 Abs. 5 mit 1. Juli 2013; gleichzeitig tritt § 21 samt Überschrift außer Kraft; soweit Bestimmungen in den Verwaltungsvorschriften für Strafverfügungen, Anonymverfügungen und Organstrafverfügungen geringere Höchstbeträge vorsehen als § 47, § 49a Abs. 1 und § 50 Abs. 1 treten sie ebenfalls gleichzeitig außer Kraft;

4. § 24 zweiter Satz, § 26 in der Fassung der Z 10, § 30 Abs. 3 zweiter Satz, § 37 Abs. 3, § 39 Abs. 6, § 45 Abs. 2 erster Satz, § 46 Abs. 1, die Abschnittsbezeichnung „**5. Abschnitt:**", § 52a Abs. 1, § 53 Abs. 1 erster Satz, § 53a erster Satz, § 56 Abs. 3, § 57 Abs. 3, § 64 Abs. 1, § 64 Abs. 2 in der Fassung der Z 58 und § 66 Abs. 1 mit 1. Jänner 2014; gleichzeitig treten § 23, der 5. Abschnitt des II. Teiles samt Überschrift, § 52b samt Überschrift, § 56 Abs. 4, § 64 Abs. 3a und § 65 außer Kraft. *(BGBl I 2013/33)*

(20) Für das Inkrafttreten der durch das Bundesgesetz BGBl. I Nr. 57/2018 geänderten oder eingefügten Bestimmungen und für das Außerkrafttreten der durch das genannte Bundesgesetz

aufgehobenen Bestimmungen sowie für den Übergang zur neuen Rechtslage gilt Folgendes:

1. § 24, § 32a samt Überschrift, die Überschrift vor § 33, § 33 Abs. 2 und 3, die Überschrift vor § 34, § 34a samt Überschrift, § 36 Abs. 1, 3 und 4, § 36a samt Überschrift, § 40 Abs. 2, § 43 Abs. 4, § 44 Abs. 1, § 44b, § 46 Abs. 1a und 2, § 53c Abs. 5, § 64 Abs. 3, die Änderungen der Paragraphenbezeichnungen der §§ 66a, 66b und 67, der Entfall des § 68 sowie § 68 (neu) samt Überschrift treten mit Ablauf des Tages der Kundmachung in Kraft.[4]

2. § 5 Abs. 1a, § 14 Abs. 1, § 26 Abs. 3, § 27 Abs. 2a Z 1 und Abs. 3, § 30 Abs. 3 erster Satz, § 31 Abs. 3 Z 3, § 32 Abs. 2, § 33a samt Überschrift, die Überschrift zum 2. Abschnitt des II. Teiles, § 34b samt Überschrift, § 37a Abs. 1, Abs. 3 erster Satz und Abs. 4, § 39 Abs. 2 erster Satz, § 39a samt Überschrift, § 41 Abs. 2, § 44 Abs. 3 Z 1, § 45 Abs. 1 Z 6 und 7, die Überschrift vor den §§ 47 bis 49, § 47 Abs. 1 und Abs. 2, § 49 Abs. 2 und Abs. 3, § 49a Abs. 1, Abs. 2, Abs. 6 letzter Satz und Abs. 10, § 50 Abs. 1, Abs. 3, Abs. 6 letzter Satz, Abs. 7a und Abs. 9, § 52a Abs. 2 letzter Satz, § 53b Abs. 3, § 53c Abs. 6, § 53d Abs. 2, § 53e Abs. 2, § 54 Abs. 3, § 54a Abs. 3 und Abs. 4, § 54b Abs. 1b und Abs. 3 erster Satz, § 54d Abs. 2, § 55 Abs. 2 und § 64 Abs. 5 treten mit 1. Jänner 2019 in Kraft. Zugleich treten § 27 Abs. 4, § 36 Abs. 2 erster Satz, § 37a Abs. 3 letzter Satz und § 53b Abs. 2 dritter Satz außer Kraft.

3. Verordnungen auf Grund der §§ 47 Abs. 2, 49a Abs. 1 und 50 Abs. 1 können bereits ab dem auf seine Kundmachung folgenden Tag erlassen werden; sie dürfen jedoch frühestens mit dem 1. Jänner 2019 in Kraft gesetzt werden. Verordnungen, die auf Grund der §§ 47 Abs. 2 und 49a Abs. 1 in der bis zum Ablauf des 31. Dezember 2018 geltenden Fassung erlassen wurden, bleiben bis zur Erlassung von Verordnungen auf Grund der §§ 47 Abs. 2 und 49a Abs. 1 weiter in Kraft. *(BGBl I 2018/57)*

(20) § 38 und § 59 Abs. 2 in der Fassung des Bundesgesetzes BGBl. I Nr. 58/2018, treten mit 1. August 2018 in Kraft. *(BGBl I 2018/58)*

(BGBl I 2018/57)

---

[1] *Die Kundmachung des Verwaltungsreformgesetzes 2001, BGBl I 2002/65, im Bundesgesetzblatt erfolgte am 19. April 2002.*
[2] *Die Kundmachung des BG BGBl I 2008/3 im Bundesgesetzblatt erfolgte am 4. Jänner 2008.*
[3] *Die Kundmachung des Verwaltungsgerichtsbarkeits-Ausführungsgesetzes 2013, BGBl I 2013/33, im Bundesgesetzblatt erfolgte am 13. Februar 2013.*
[4] *Die Kundmachung des BG BGBl I 2018/57 im Bundesgesetzblatt erfolgte am 14. August 2018.*

Vollziehung

„**§ 70.**" Mit der Vollziehung dieses Bundesgesetzes ist die Bundesregierung betraut. *(BGBl I 2018/57)*

**Übergangsrecht zum VStG 1950
(VStG-Übergangsrecht 1991)**

(aufgehoben, BGBl I 2008/3)

VStG
VflIV, AnhO
VorISV
OrgStVfgV
EEA-VStS-G

Verfallsverordnung

BGBl 1927/386 idF

1 BGBl II 2008/381

STICHWORTVERZEICHNIS

„Verordnung der Bundesregierung betreffend die Verfügung über verfallene Gegenstände (Verfallsverordnung – VfllV)"

(BGBl II 2008/381)

Auf Grund des § 18 des Verwaltungsstrafgesetzes vom 21. Juli 1925, B. G. Bl. Nr. 275, wird verordnet:

§ 1. (1) Die Bestimmungen dieser Verordnung finden nur insoweit Anwendung, als in den Verwaltungsvorschriften die Verfügung über verfallene Gegenstände nicht besonders geregelt ist.

(2) Für etwaige Verfügungen über nur beschlagnahmte Verfallsgegenstände „gilt § 39 Abs. 5 VStG". *(BGBl II 2008/381)*

§ 2. Die Befugnis der Behörde, über verfallene Gegenstände nach den Bestimmungen dieser Verordnung zu verfügen, tritt in dem Zeitpunkte ein, in dem das Straferkenntnis, die Strafverfügung oder der auf Grund des „§ 17 Abs. 3 VStG" erlassene Bescheid, womit der Verfall ausgesprochen wurde, in Rechtskraft erwachsen ist. *(BGBl II 2008/381)*

§ 3. (1) In der Regel sind verfallene Gegenstände öffentlich zu versteigern.

(2) Ausnahmsweise kann von einer öffentlichen Versteigerung Abstand genommen werden, wenn die besonderen Umstände des Falles eine sofortige Verfügung erfordern und die öffentliche Versteigerung nicht zeitgerecht eingeleitet werden kann, eine bereits durchgeführte öffentliche Versteigerung vergeblich geblieben ist oder es sich um Gegenstände von sehr geringem Wert handelt, bei denen die Einleitung der öffentlichen Versteigerung mit unverhältnismäßigen Kosten verbunden wäre. Die Gegenstände sind in solchen Fällen zu dem von der Behörde zu ermittelnden Preise freihändig zu veräußern. Zur Ermittlung des Preises sind nach Tunlichkeit Sachverständige heranzuziehen.

(3) Erweist sich eine nutzbringende Verwertung im Sinne der „Abs. 1 und 2" als unmöglich, so sind die Gegenstände an Wohltätigkeitsanstalten abzugeben oder sonst einer Verwendung zu gemeinnützigen Zwecken zuzuführen. *(BGBl II 2008/381)*

(4) Gegenstände, die auch nicht im Sinne des „Abs. 3" verwertet werden können, unterliegen der freien Verfügung der Behörde; gegebenenfalls können sie auch unter Aufsicht der Behörde vernichtet werden. *(BGBl II 2008/381)*

§ 4. (1) Sind Gegenstände „für" verfallen erklärt worden, deren Besitz an eine besondere Bewilligung gebunden ist, so ist bei den im Sinne des § 3 zu treffenden Verfügungen darauf zu achten, daß sie nur in den Besitz von Personen gelangen, die sich mit der erforderlichen Bewilligung auszuweisen vermögen. *(BGBl II 2008/381)*

(2) Dürfen die verfallenen Gegenstände nur in einem bestimmten Zustande, unter einer bestimmten Bezeichnung oder unter sonstigen Beschränkungen in Verkehr gesetzt werden, so müssen an ihnen, bevor sie im Sinne „des § 3 Abs. 1 oder 2" an Privatpersonen abgegeben werden, die Veränderungen vorgenommen werden, die sie für den Verkehr geeignet machen. Lassen sich diese Veränderungen nicht ohne weiteres vornehmen, so ist über sie im Sinne „des § 3 Abs. 3 und 4" zu verfügen. *(BGBl II 2008/381)*

§ 5. *(aufgehoben, BGBl II 2008/381)*

§ 6. Besitzen die verfallenen Gegenstände eine wissenschaftliche oder künstlerische Bedeutung, derzufolge ihre Bestimmung für museale Zwecke wünschenswert ist, so ist das Einvernehmen mit dem Bundesdenkmalamt zu pflegen; die Gegenstände sind sodann an das von diesem Amt namhaft gemachte Museum gegen ein Entgelt abzugeben, das gleichfalls durch dieses Amt festzusetzen ist.

§ 7. (1) Handelt es sich um Gegenstände, die überhaupt nicht im Besitz von Privatpersonen sein dürfen, wegen ihrer Gefährlichkeit nicht in Verkehr gesetzt werden sollen, nach ihrer Beschaffenheit nur zur Begehung von strafbaren Handlungen bestimmt sind oder eine sonstige mißbräuchliche Verwendung erwarten lassen, so sind die Gegenstände unter den gebotenen Sicherheiten einer Verwendung für öffentliche Zwecke zuzuführen, an öffentliche Sammlungen abzugeben oder sonst im öffentlichen Interesse zu verwerten; soweit tunlich, ist hiebei die Erzielung eines Erlöses anzustreben.

(2) Kommt eine Verfügung im Sinne des „Abs. 1" nicht in Betracht, so sind die Gegenstände, sofern dies wirtschaftlich erscheint, unter behördlicher Aufsicht umzuarbeiten und sodann in dem umgearbeiteten Zustande nach den Bestimmungen „des § 3 Abs. 1 bis 3" zu verwerten. Andernfalls sind sie unter behördlicher Aufsicht zu vernichten oder unbrauchbar zu machen, wobei mit dem Material, wenn dieses noch einen Wert besitzt, gleichfalls nach den Bestimmungen „des § 3 Abs. 1 bis 3" zu verfahren ist. *(BGBl II 2008/381)*

§ 8. Für die Widmung des Erlöses verfallener Gegenstände sowie für die Widmung „für" verfallen erklärter Erlöse gilt „§ 15 VStG". *(BGBl II 2008/381)*

§ 9. Der Titel, § 1 Abs. 2, § 2, § 3 Abs. 3 und 4, § 4, § 7 Abs. 2 und § 8 in der Fassung der Verordnung BGBl. II Nr. 381/2008 treten mit Ablauf des Monats der Kundmachung dieser Verordnung in Kraft; gleichzeitig tritt § 5 außer Kraft.[1]

(BGBl II 2008/381)

---

[1] *Die Kundmachung der V BGBl II 2008/381 im Bundesgesetzblatt erfolgte am 29. Oktober 2008.*

VStG
VfllV, AnhO
VorlSV
OrgStVfgV
EEA-VStS-G

Anhalteordnung

BGBl II 1999/128 idF

1 BGBl II 2005/439

STICHWORTVERZEICHNIS

VStG

VfllV, AnhO
VorlSV
OrgStVfgV
EEA-VStS-G

Stichwortverzeichnis

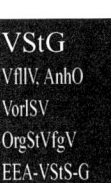

Verordnung der Bundesministerin für Inneres über die Anhaltung von Menschen durch die Sicherheitsbehörden und Organe des öffentlichen Sicherheitsdienstes (Anhalteordnung - AnhO)

Auf Grund des § 68 Abs. 4 des Fremdengesetzes 1997, BGBl. I Nr. 75, der §§ 31, 47 Abs. 3 und 50 des Sicherheitspolizeigesetzes, BGBl. Nr. 566/1991, des § 53c Abs. 6 des Verwaltungsstrafgesetzes 1991, BGBl. Nr. 52, sowie der §§ 2 und 4 des Waffengebrauchsgesetzes 1969, BGBl. Nr. 149, wird – hinsichtlich der Anhaltungen nach dem Sicherheitspolizeigesetz oder nach der Strafprozeßordnung im Einvernehmen mit dem Bundesminister für Justiz – verordnet:

Inhaltsverzeichnis

1. Abschnitt

Allgemeiner Teil

2. Abschnitt

Vollzug der Haft

3. Abschnitt

Sonstige Bestimmungen

4. Abschnitt

Schlussbestimmungen

(BGBl II 2005/439)

1. Abschnitt

Allgemeiner Teil

Anwendungsbereich

§ 1. (1) Diese Verordnung findet auf Menschen Anwendung, die angehalten werden, nachdem sie von Organen des öffentlichen Sicherheitsdienstes festgenommen worden sind oder im Haftraum einer Sicherheitsbehörde eine mit Bescheid angeordnete Haft angetreten haben (Häftlinge).

(2) Im Haftraum einer Sicherheitsbehörde ist die Verordnung außer in deutscher Sprache auch in den Amtssprachen der Vereinten Nationen, den Sprachen der an Österreich angrenzenden Staaten sowie in kroatisch, rumänisch, serbisch und türkisch bereitzuhalten; auf Wunsch ist Häftlingen Einsicht in die Verordnung in der Sprachfassung ihrer Wahl zu gewähren.

(3) In den Zellen der Hafträume einer Sicherheitsbehörde sind

1. die Regelungen über den Tagesablauf unter Bedachtnahme auf die jeweiligen Verhältnisse im Bereich des Haftraums sowie den Grund und die voraussichtliche Dauer der Anhaltung und

2. die in dieser Verordnung festgelegten Rechte und Pflichten der Häftlinge in gekürzter Fassung

anzuschlagen. *(BGBl II 2005/439)*

(4) Die Vollzugsbehörde hat die Behörde, die die Schubhaft angeordnet hat, über den Vollzug der Haft zu informieren. *(BGBl II 2005/439)*

Begriffsbestimmungen

§ 1a. Im Sinne dieser Verordnung ist:

1. Vollzugsbehörde diejenige Sicherheitsbehörde, in deren Haftraum die Haft vollzogen wird;

2. Polizeiinspektion jene Dienststelle, in deren Verwahrungsraum (Einzel- und Sammelverwahrungsraum) die Haft vollzogen wird;

3. Haftraum die bauliche Gesamtheit der in der Behörde für die Anhaltung gewidmeten Räume;

4. Verwahrungsraum die bauliche Gesamtheit der in einer Polizeiinspektion für kurzfristige Anhaltungen zur Verfügung stehenden Räume;

5. Zelle ein abschließbarer Raum innerhalb des Haft- oder Verwahrungsraumes;

6. Kommandant der Verantwortliche für den Haftraum der Behörde bzw. für den Verwahrungsraum der Polizeiinspektion;

7. dienstführendes Aufsichtsorgan das in Vertretung des Kommandanten verantwortliche Organ;

8. Schubhaftbetreuung die vertraglich dem Bundesministerium für Inneres zur Betreuung von Fremden in Schubhaft verpflichtete tätige Hilfseinrichtung.

(BGBl II 2005/439)

Pflichten der Häftlinge

§ 2. (1) Die Häftlinge haben sich an „diese Verordnung" zu halten, den Anordnungen der Aufsichtsorgane Folge zu leisten und alles zu unterlassen, wodurch ihre eigene körperliche Sicherheit sowie die Sicherheit und Ordnung im Haftraum gefährdet werden könnte. *(BGBl II 2005/439)*

(2) Die Häftlinge haben die von ihnen benützten Räume und Einrichtungen sauber und in Ordnung zu halten, die ihnen überlassenen Gegenstände schonend zu behandeln, nicht ungebührlicherweise störenden Lärm zu erregen und nicht den Anstand zu verletzen.

Aufsichtsorgane

§ 3. (1) Die Aufsichtsorgane haben Häftlinge vor unzulässigen Rechtseingriffen zu schützen, ihnen gegenüber die gebotene Zurückhaltung zu üben und sie mit Ruhe, Ernst und Festigkeit, gerecht sowie unter Achtung ihres Ehrgefühles, der Menschenwürde und mit möglichster Schonung ihrer Person zu behandeln.

(2) Die Aufsichtsorgane haben Häftlinge, soweit diese auf Grund der besonderen Umstände der Anhaltung nicht in der Lage sind, für ihre eigene Gesundheit und körperliche Sicherheit zu sorgen, vor Gesundheitsschädigung und Verletzungen zu schützen und zu bewahren. Soweit dies zur Erreichung dieses Zwecks erforderlich ist, sind die Aufsichtsorgane ermächtigt, im Einzelfall und kurzfristig die Ausübung von Rechten zu beschränken, die durch diese Verordnung gewährt werden. Solche Beschränkungen sind aufzuheben,

sobald der für sie maßgebliche Anlass weggefallen ist.

(3) Grundsätzlich ist danach zu trachten, dass betreuende Aufsichtsorgane dasselbe Geschlecht wie die Angehaltenen haben. In Zellen, in denen Häftlinge des anderen Geschlechts angehalten werden, dürfen sich Aufsichtsorgane, außer bei Gefahr im Verzug, nur in Gegenwart eines Zweiten begeben.

(BGBl II 2005/439)

2. Abschnitt

Vollzug der Haft

Anhaltung

§ 4. (1) Die Häftlinge sind unter Achtung der Menschenwürde und mit möglichster Schonung ihrer Person anzuhalten.

(1a) Hafträume müssen so gelegen und eingerichtet sein, dass darin Häftlinge menschenwürdig angehalten und gesundheitliche Gefährdungen vermieden werden können; sanitäre Einrichtungen müssen so gestaltet sein, dass sie Häftlinge auch in Gemeinschaftshaft auf menschenwürdige Weise benützen können. *(BGBl II 2005/439)*

(2) Häftlinge haben ihre eigene Kleidung zu tragen. Werden sie zu Hausarbeiten herangezogen oder ist ihre Kleidung etwa aus hygienischen Gründen nicht mehr verwendbar, so ist ihnen die notwendige Kleidung zur Verfügung zu stellen.

(3) Die Anhaltung der Häftlinge erfolgt grundsätzlich in Gemeinschaftshaft. Häftlinge, an denen Schubhaft vollzogen wird (Schubhäftlinge), Häftlinge, an denen eine Verwaltungsfreiheitsstrafe vollzogen wird (Verwaltungsstrafhäftlinge), und Häftlinge, die auf Grund einer durch ein Organ des öffentlichen Sicherheitsdienstes aus eigenem oder in Vollziehung eines richterlichen Haftbefehls vorgenommenen Festnahme angehalten werden (Verwahrungshäftlinge), sind nach Möglichkeit getrennt voneinander anzuhalten. Frauen sind von Männern, Minderjährige von Erwachsenen getrennt zu verwahren. Wünsche eines Häftlings, mit bestimmten anderen Häftlingen gemeinsam oder nicht gemeinsam angehalten zu werden, sind nach Möglichkeit ebenso zu berücksichtigen wie Wünsche auf Anhaltung in einer Nichtraucherzelle.

(4) Schubhäftlinge unter sechzehn Jahren dürfen nur angehalten werden, wenn eine ihrem Alter und Entwicklungsstand entsprechende Unterbringung und Pflege gewährleistet ist. Wurde auch gegen einen Elternteil oder Erziehungsberechtigten eines minderjährigen Schubhäftlings die Schubhaft verhängt, so sind beide gemeinsam anzuhalten, es sei denn, daß das Wohl des Minderjährigen eine getrennte Anhaltung verlangt.

(5) Zur Verständigung der Aufsichtsorgane sind in den Crafträumen geeignete Einrichtungen vorzusehen. *(BGBl II 2005/439)*

Einzelhaft

§ 5. (1) Die Anhaltung eines Häftlings hat in Einzelhaft zu erfolgen:

1. wenn auf Grund bestimmter Tatsachen anzunehmen ist, daß der Häftling gegen andere gewalttätig werde;

2. wenn bei Häftlingen, gegen die ein gerichtliches Strafverfahren anhängig ist, vom Gericht darum ersucht wird;

3. wenn vom Häftling Ansteckungsgefahr ausgeht oder wenn er auf Grund seines Erscheinungsbildes oder seines Verhaltens andere Häftlinge erheblich belasten würde.

(2) Verwahrungshäftlinge sind, sofern dies aufgrund der Umstände der zugrunde liegenden Straftat oder sonst im Interesse anderer Verwahrungshäftlinge geboten scheint, in Einzelhaft anzuhalten. *(BGBl II 2005/439)*

(3) Die Anhaltung eines Häftlings kann in Einzelhaft erfolgen:

1. auf Wunsch des Häftlings;

2. während der Zeit der Nachtruhe, wenn dies zur Aufrechterhaltung der Sicherheit oder Ordnung erforderlich scheint;

3. als Disziplinarmittel;

4. wenn es aus organisatorischen Gründen kurzfristig notwendig ist;

5. wenn Tatsachen die Annahme rechtfertigen, daß der Häftling durch Gewalttätigkeit sein Leben oder seine Gesundheit gefährde „." *(BGBl II 2005/439)*

6. *(aufgehoben, BGBl II 2005/439)*

(4) Über Anordnung der für ihre Anhaltung maßgeblichen Fremdenpolizeibehörde können Schubhäftlinge, bei denen Absprachen mit anderen Schubhäftlingen zu befürchten sind, bis zu ihrer Ersteinvernahme in Einzelhaft angehalten werden; § 4 Abs. 4 bleibt hiebei jedoch unberührt.

(5) *(aufgehoben, BGBl II 2005/439)*

Vollzug in offenen Stationen

§ 5a. (1) Die Schubhaft kann in offenen Stationen vollzogen werden, in denen sich Zellen sowie die dazugehörigen Aufenthalts- und Bewegungsräume in einem eigens abgegrenzten Bereich des Haftraumes befinden und von den Angehaltenen frei aufgesucht werden können (offener Bereich).

(2) Die Anhaltung in einer offenen Station hat, wenn ihr weder medizinische Gründe noch in der Person des Häftlings liegende Gründe (insbesondere Aggressionsverhalten, Gewaltbereitschaft oder vorangegangene Fluchtversuche) entgegen-

stehen, sofort oder erst nach Ablauf eines Beobachtungszeitraums, in dem sich der Betroffene wohlverhalten hat, zu erfolgen. Sie darf nur bei Widerspruch des Betroffenen unterbleiben. Sie ist zu beenden, wenn eines der oben angeführten Kriterien wegfällt.

(3) Die Überwachung des offenen Bereiches kann sich auf die optische Überwachung durch technische Einrichtungen der Bildübertragung beschränken. Dabei ist die Menschenwürde zu wahren (§ 4a Abs. 1a).

(4) Ist die Einrichtung offener Stationen für den Schubhaftvollzug aus baulichen oder personellen Gegebenheiten einer Behörde nicht möglich, so sind jedenfalls andere mögliche Verbesserungen der Haftbedingungen, wie etwa eine Öffnung der Zellentüren, erleichterter Zugang zu Gemeinschaftseinrichtungen und dergleichen anzustreben.

(BGBl II 2005/439)

Besondere Sicherheitsmaßnahmen

§ 5b. (1) Gegen Häftlinge, bei denen

1. Fluchtgefahr,

2. die Gefahr von Gewalttätigkeiten gegen Personen oder Sachen,

3. die Gefahr eines Selbstmordes oder der Selbstbeschädigung besteht oder

4. von denen sonst eine beträchtliche Gefahr für die Sicherheit oder Ordnung ausgeht,

sind die erforderlichen besonderen Sicherheitsmaßnahmen anzuordnen.

(2) Als besondere Sicherheitsmaßnahmen kommen, wenn nicht gemäß § 5 vorgegangen wird, insbesondere in Betracht:

1. die häufigere Durchsuchung des Häftlings, seiner Sachen und seiner Zelle;

2. die nächtliche Beleuchtung der besonders gesicherten Zelle über ein Nachtlicht hinaus;

3. die Entziehung von Einrichtungs- oder Gebrauchsgegenständen oder Bekleidungsstücken, deren Missbrauch zu befürchten ist;

4. die Unterbringung in einer besonders gesicherten Zelle, aus der alle Gegenstände entfernt sind, mit denen der Häftling Schaden anrichten oder sich selbst schädigen kann.

(3) Soweit über einen Häftling Maßnahmen nach Abs. 2 Z 4 verhängt werden, ist er für die Dauer der Maßnahmen vom Recht auf Besuchsempfang und auf Telefongespräche, ausgenommen Rechtsvertretung oder Vertrauensperson, ausgeschlossen. Er ist jedoch unbeschadet der besonderen Überwachung durch Aufsichtsorgane unverzüglich und danach für die Dauer der Maßnahme in regelmäßigen Abständen, von einem Arzt zu untersuchen.

(4) Eine besonders gesicherte Zelle muss über ausreichende Luftzufuhr und ausreichende Beleuchtung verfügen; das Anschlagen der Anhalteordnung kann unterbleiben. Dem in einer solchen Zelle Untergebrachten sind eine Matratze und ein Löffel zur Einnahme der Mahlzeiten zur Verfügung zu stellen, soweit dagegen keine Bedenken bestehen.

(5) Besondere Sicherheitsmaßnahmen sind nur soweit und solange aufrechtzuerhalten, als dies das Ausmaß und der Fortbestand der Gefahr, die zu ihrer Anordnung geführt hat, unbedingt erfordern. Die Unterbringung eines Häftlings in einer besonders gesicherten Zelle ist nur zulässig, wenn seine Gefährlichkeit für sich selbst, andere Personen oder Sachen die Unterbringung in einem anderen Haftraum nicht gestattet. Fallen die Gründe weg, die zur Anordnung einer solchen Maßnahme geführt haben, so ist die Maßnahme unverzüglich aufzuheben.

(6) Die Anordnung besonderer Sicherheitsmaßnahmen steht dem dienstführenden Aufsichtsorgan zu. Dieses hat jede solche Anordnung so bald wie möglich, spätestens am nächsten Werktag dem Kommandanten zu melden. Der Kommandant hat unverzüglich über die Aufrechterhaltung der besonderen Sicherheitsmaßnahme zu entscheiden.

(BGBl II 2005/439)

Aufnahme

§ 6. (1) Die Aufnahme eines Menschen, der sich selbst zum Antritt einer Strafe meldet, ist jedenfalls in der Zeit zwischen 7.00 und 18.00 Uhr und weiters nur dann zulässig, wenn

1. an der Identität des Betroffenen keine Zweifel bestehen;

2. eine Aufforderung zum Antritt der (Ersatz-)Freiheitsstrafe vorliegt;

3. der Betroffene nicht offenbar haftunfähig ist, sich in keinem Rauschzustand befindet und seine Durchsuchung geduldet hat;

4. der Betroffene trotz Hinweises auf das zwischen 0.00 und 6.00 Uhr liegende Haftende am sofortigen Strafantritt festhält;

5. der Betroffene nur Effekten bei sich hat, die in der Zelle aufbewahrt werden dürfen oder nach den vorhandenen Einrichtungen in Verwahrung genommen werden können.

(2) Häftlinge, die sich zum Antritt der Schubhaft melden oder die vorgeführt werden, sind jederzeit aufzunehmen, sofern die erforderlichen Anhalteunterlagen beigebracht werden und sie nicht offenbar haftunfähig sind. Sofern die Verständigung eines Angehörigen, einer sonstigen Person des Vertrauens oder eines „Rechtsvertreters" bis dahin noch nicht vorgenommen wurde, ist dem Häftling unmittelbar nach der Aufnahme die Möglichkeit einzuräumen, dies telefonisch nachzuholen. *(BGBl II 2005/439)*

(3) Die Identitätsdaten (Namen, Geschlecht, Geburtstag und Geburtsort) aufzunehmender Häftlinge sind festzustellen und mit den in den Anhalteunterlagen angeführten zu vergleichen. Die Aufnahme ist in ein Zugangsverzeichnis einzutragen.

(4) Jeder Häftling hat sich bei der Aufnahme einer Durchsuchung zu unterziehen, die nur von jemandem desselben Geschlechts vorgenommen werden darf. Außerdem hat sich jeder Häftling vor der Einweisung in die Zelle erforderlichenfalls gründlich körperlich zu reinigen und Desinfektionsmaßnahmen zu dulden. „Dazu ist ihm Gelegenheit zu einer warmen Dusche zu geben." *(BGBl II 2005/439)*

Haftfähigkeit

§ 7. (1) Menschen, deren Haftunfähigkeit festgestellt oder offensichtlich ist, dürfen nicht im Haftraum der Behörde angehalten werden. *(BGBl II 2005/439)*

(2) Menschen, die Krankheitssymptome oder Verletzungen aufweisen, deren Vorhandensein behaupten oder bei denen bestimmte Tatsachen für deren Vorhandensein sprechen, sind, sofern dies eine auch nur kurze Anhaltung bedenklich erscheinen läßt, erst dann aufzunehmen, wenn eine ärztliche Untersuchung die Haftfähigkeit der Betroffenen erwiesen hat.

(3) Alle Häftlinge sind ohne unnötigen Aufschub, spätestens jedoch innerhalb von 24 Stunden nach der Aufnahme ärztlich auf ihre Haftfähigkeit zu untersuchen. Sie haben die für die Beurteilung der Haftfähigkeit erforderlichen ärztlichen Untersuchungen zu dulden und an der Befunderstellung mitzuwirken. Verweigern Häftlinge die Mitwirkung an der ärztlichen Untersuchung, so ist von deren Haftfähigkeit solange auszugehen, als sie weder relevante Krankheitssymptome oder Verletzungen aufweisen noch sonst Grund besteht, an ihrer Haftfähigkeit zu zweifeln. *(BGBl II 2005/439)*

(4) Bei der ärztlichen Untersuchung wahrgenommene Erkrankungen oder Verletzungen sind unter dem Gesichtspunkt der Haftfähigkeit zu beurteilen; auf die Ausstattung des Häftlings mit eigenen Medikamenten kann hiebei Bedacht genommen werden. Die Verpflichtung, Erste Hilfe zu leisten, bleibt hievon unberührt. Sind Verletzungen wahrscheinlich auf Fremdverschulden zurückzuführen oder wird Fremdverschulden behauptet, so ist hierüber ein ärztliches Gutachten zu erstellen.

(5) An Menschen, die schwer krank oder schwanger sind, dürfen Verwaltungsfreiheitsstrafen, solange dieser Zustand dauert, nicht vollstreckt werden. Das Gleiche gilt für Jugendliche

VStG
VfllV. AnhO
VorISV
OrgStVfgV
EEA-VStS-G

unter 16 Jahren und für Frauen während eines Zeitraumes von acht Wochen nach der Entbindung.

(5a) Bei der Beurteilung der Haftfähigkeit oder anderer medizinischer Fragen sind dem Amtsarzt erforderlichenfalls geeignete Dolmetscher zur Verfügung zu stellen. Bei unklaren psychischen Zuständen des Untersuchten ist nötigenfalls auch ein fachärztliches Gutachten einzuholen. *(BGBl II 2005/439)*

(6) Werden Haftunfähige in eine Krankenanstalt überstellt, so ist – wenn die Betroffenen aus der Haft entlassen wurden – die Anstaltsleitung unverzüglich darauf hinzuweisen.

(7) Im Fall des Vollzuges der Schubhaft ist § 78 Abs. 6 und 7 des Fremdenpolizeigesetzes 2005 (FPG), BGBl. I Nr. 100, anzuwenden. *(BGBl II 2005/439)*

Nachtruhe

§ 8. Die Zeit der Nachtruhe ist von der Behörde generell festzulegen; sie hat mindestens acht Stunden zu dauern. „ " *(BGBl II 2005/439)*

Verfügung über Kleidungsstücke und sonstige Effekten

§ 9. (1) In den Zellen dürfen nur die notwendigen Bekleidungsstücke, die zur Körperpflege und zur Einnahme von Speisen erforderlichen Gegenstände (geeignetes Essbesteck), persönliche Gegenstände und Gegenstände zur Freizeitgestaltung, sofern sie nicht als ordnungsstörend oder als gefährlich einzustufen sind, sowie Lebensmittel und Tabakwaren in geringen Mengen aufbewahrt werden. Die Mitnahme von Elektrogeräten bedarf einer Bewilligung des Kommandanten. Häftlinge dürfen geringfügige Geldbeträge bei sich haben, wenn dies der Kommandant generell für zulässig erklärt hat. Medikamente dürfen ausnahmslos nur mit Zustimmung des Arztes in die Zelle mitgenommen werden. *(BGBl II 2005/439)*

(2) Sonstige Effekten sind in Verwahrung zu nehmen, der Häftling kann jedoch über diese Gegenstände verfügen. Sie sind in ein Verzeichnis aufzunehmen, dessen Richtigkeit und Vollständigkeit sowohl das Aufsichtsorgan, welches die Aufnahme durchführt, als auch der Häftling zu bestätigen hat. Ist der Häftling des Schreibens unkundig oder verweigert er die Unterschrift, so sind Richtigkeit und Vollständigkeit des Verzeichnisses von einem zweiten Aufsichtsorgan zu bestätigen.

(3) Verwahrungshäftlingen dürfen über die Abs. 1 und 2 hinaus Beschränkungen auferlegt werden, die im Hinblick auf die kurze Dauer der Anhaltung oder deshalb geboten sind, weil Tatsachen die Annahme rechtfertigen, der Häftling

werde sein Leben oder seine Gesundheit gefährden.

(4) Jedem Häftling können Geldbeträge oder Pakete geschickt oder gebracht werden. Die Pakete sind in Gegenwart des Häftlings zu öffnen; ihr Inhalt darf dem Häftling nur in dem Maße ausgefolgt werden, in dem eine Verwahrung in der Zelle zulässig ist. Gegenstände, die nicht ausgefolgt werden dürfen, sind, soweit sie der Selbstverköstigung dienen, nach Maßgabe der vorhandenen Einrichtungen für den Häftling bereitzuhalten, sonst aber entweder dem Überbringer zurückzugeben oder bis zur Entlassung aufzubewahren, sofern sie nicht wegen ihrer Beschaffenheit vernichtet werden müssen.

(5) Bei der Entlassung sind die in Verwahrung genommenen Effekten dem Häftling gegen Bestätigung auszufolgen.

Ärztliche Betreuung der Häftlinge

§ 10. (1) Die notwendige ärztliche Betreuung der Häftlinge ist durch Amtsärzte oder sonst durch Vorsorge dafür sicherzustellen, daß erforderlichenfalls ohne unnötigen Aufschub ein Arzt einschreiten kann. Hiebei kann für minderschwere Anlässe auf die Betreuung der Häftlinge durch Sanitäter Bedacht genommen werden.

(2) Häftlinge, deren Haftfähigkeit bereits festgestellt wurde (§ 7), sind unverzüglich dem Arzt vorzuführen, wenn auf Grund bestimmter Umstände, insbesondere auch auf Grund eigener Behauptungen ihre weitere Haftfähigkeit in Zweifel steht. Der Gesundheitszustand verletzter oder kranker Häftlinge, deren Haftfähigkeit festgestellt wurde, ist unter amtsärztlicher Aufsicht zu beobachten, sodaß eine Verschlechterung rechtzeitig wahrgenommen werden kann; läßt eine solche Verschlechterung den Wegfall der Haftfähigkeit besorgen, so ist unverzüglich eine amtsärztliche Äußerung einzuholen.

(3) Geht von einem Häftling Ansteckungsgefahr aus, so hat der Arzt die gesetzlich vorgesehenen und medizinisch erforderlichen Maßnahmen zu treffen und für deren weitere Durchführung Sorge zu tragen. Dies umfaßt auch seine Verpflichtung, erforderlichenfalls die Unterbringung in Einzelhaft oder die Entlassung zu verlangen.

(4) Häftlinge, die in Hungerstreik treten oder die Aufnahme von Flüssigkeit verweigern, sind unverzüglich dem Arzt vorzuführen; dieser hat das medizinisch Gebotene festzustellen und auf die gesundheitlichen Gefahren eines Hungerstreiks aufmerksam zu machen, wobei die gesundheitlichen Konsequenzen vom Arzt mit dem Angehaltenen, erforderlichenfalls unter Beiziehung eines Dolmetschers, zu besprechen sind. Es ist Sorge zu tragen, dass dem Häftling die nötige medizinisch gebotene Behandlung und Pflege zu teil wird und der Arzt nachweislich das Informa-

tionsblatt Hungerstreik in einer dem Häftling verständlichen Sprache übergibt. Leseunkundigen Häftlingen ist der Inhalt des Informationsblattes zur Kenntnis zu bringen. Solange ein Häftling beharrlich die Aufnahme von Nahrung verweigert, ist er in regelmäßigen Abständen ärztlich zu beobachten. Hiezu ist täglich zumindest eine klinische Untersuchung durchzuführen. Der Angehaltene hat an den unbedingt notwendigen Untersuchungen mitzuwirken. *(BGBl II 2005/439)*

(5) Häftlingen steht es frei, auf ihre Kosten zu ihrer medizinischen Betreuung einen Arzt ihrer Wahl beizuziehen; diese Betreuung hat im Haftraum stattzufinden. Für die Beiziehung des eigenen Arztes zu Untersuchungen durch den in Abs. 1 genannten Arzt gilt dies nur insoweit, als es ohne eine wesentliche Verzögerung der Untersuchung möglich ist.

Seelsorge

§ 11. Häftlingen steht es frei, an Gottesdiensten, die innerhalb des Haftraumes abgehalten werden, teilzunehmen. Dies gilt nicht für Häftlinge, die gemäß § 5 Abs. 1 in Einzelhaft angehalten werden. „Über Ersuchen ist aber jedem Häftling der Besuch durch einen Seelsorger auch außerhalb der festgelegten Besuchszeiten zu ermöglichen." *(BGBl II 2005/439)*

Hygiene

§ 12. (1) Für die hygienische Versorgung jedes Häftlings ist Sorge zu tragen.

(2) Die Häftlinge haben ihren Körper zu reinigen, einmal wöchentlich eine warme Dusche zu nehmen und erforderlichenfalls Desinfektionsmaßnahmen zu dulden. Zu diesem Zweck hat jeder Häftling so oft als nötig, mindestens einmal täglich, so viel warmes Wasser zu erhalten, dass er seinen Körper reinigen kann. Darüber hinaus ist den Häftlingen auf ihren Wunsch hin zumindest ein weiteres Mal wöchentlich die Möglichkeit zu einer warmen Dusche einzuräumen. Mittellosen Häftlingen sind Mittel zur Körperreinigung zur Verfügung zu stellen. *(BGBl II 2005/439)*

(3) Den Häftlingen ist Gelegenheit zum Rasieren und Haareschneiden zu geben. Mittellosen Häftlingen ist ein Rasiergerät beizustellen.

(4) Die Zellen sind von den Insassen täglich zu reinigen und zu lüften; die Fußböden sind von ihnen einmal wöchentlich, die sanitären Anlagen täglich zu säubern. Dazu ist ihnen ausreichendes Reinigungsmaterial zur Verfügung zu stellen. *(BGBl II 2005/439)*

(5) Die übrigen Räumlichkeiten des Haftraumes und die angeschlossenen Höfe sind nach den Erfordernissen der Hygiene und Ordnung sauberzuhalten. Hiezu ist von der Behörde ein Reinigungsplan zu erstellen, der unter Bedachtnahme

auf die Verpflichtung gemäß § 2 Abs. 2 und auf die Möglichkeit, Häftlinge zu Hausarbeiten heranzuziehen, den zeitlichen Ablauf der Reinigungsarbeit festlegt.

Verpflegung

§ 13. (1) Die Häftlinge dürfen sich – etwa im Rahmen des Einkaufs – selbst verköstigen, sofern dies nach den verfügbaren Einrichtungen keinen organisatorisch unvertretbaren Aufwand verursacht oder den vorgesehenen Tagesablauf nicht stört. *(BGBl II 2005/439)*

(2) Die Häftlinge haben Anspruch auf ausreichende und einmal täglich auf warme Verpflegung sowie auf ausreichende Versorgung mit Trinkwasser. Auf ärztliche Anordnungen (Schon-, Zweck- und Diätkost) oder auf religiöse Gebote (Sonderkost) ist Bedacht zu nehmen. Eine Zusatzverpflegung ist zulässig. Der Konsum alkoholischer Getränke ist verboten.

(3) Die Essenszeiten legt die Behörde unter Bedachtnahme auf die für die Einnahme von Mahlzeiten üblichen Tageszeiten fest. Eigene Lebensmittel darf der Häftling auch außerhalb dieser Zeiten verzehren, soweit dadurch die Aufsicht und Ordnung nicht beeinträchtigt wird.

(4) Menge, Schmackhaftigkeit und Qualität der Verpflegung sind vom Kommandanten täglich, vom Arzt und von der Behörde regelmäßig zu kontrollieren. Das Ergebnis ist am Speiseplan schriftlich festzuhalten.

Rauchen

§ 14. (1) Sofern nicht für bestimmte Räumlichkeiten ein ausdrückliches Rauchverbot besteht, dürfen Häftlinge rauchen. „Eine Beeinträchtigung von Nichtrauchern ist dabei auszuschließen." *(BGBl II 2005/439)*

(2) Verboten ist das Rauchen:

1. über ärztliche Anordnung, insbesondere im Falle eines Hungerstreiks;

2. Häftlingen, die auf Betten liegen;

3. „ " in den Einzelzellen während der Nachtruhe. *(BGBl II 2005/439)*

Beschäftigung

§ 15. (1) Die Häftlinge dürfen sich angemessen beschäftigen, soweit dies nicht gegen „diese Verordnung" verstößt oder die Sicherheit gefährdet. Hiefür notwendige Gegenstände können ihnen aus ihren Effekten ausgefolgt werden. *(BGBl II 2005/439)*

(1a) Grundsätzlich ist Beschäftigung in unterschiedlicher Art als positives Element der Anhaltung anzusehen und von der Behörde durch entsprechende Anregungen und Angebote zu fördern. *(BGBl II 2005/439)*

(2) Häftlinge, denen ein Radio- oder Fernsehgerät „ " zur Verfügung steht, dürfen dieses „ " verwenden, sofern hiedurch, insbesondere während der Nachtruhe, keine Belästigung der Mithäftlinge entsteht. Der Gemeinschaftsempfang findet in dem von der Behörde festgesetzten Rahmen statt. *(BGBl II 2005/439)*

(3) Das Lesen von Büchern, Zeitungen und Zeitschriften darf nicht untersagt werden. Bei Dunkelheit sind die Zellen außerhalb der Zeit der Nachtruhe so zu beleuchten, daß die Häftlinge ohne Gefährdung des Augenlichts lesen können.

(4) Gesellschaftsspiele, einschließlich Kartenspiele, sind erlaubt. Geldeinsätze sind verboten.

(5) Der Entzug der Rechte nach Abs. 2 und 4 ist nur gemäß § 24 zulässig.

Hausarbeit

§ 16. (1) Jeder arbeitsfähige Häftling kann mit seiner Zustimmung zu Arbeiten im Behördenbereich (Hausarbeit) herangezogen werden. Bei der Zuweisung der Arbeit ist auf die Konstitution, das Alter, die Kenntnisse und Fähigkeiten sowie auf die Dauer der Anhaltung und das Verhalten in der Gemeinschaft angemessen Bedacht zu nehmen. Die arbeitsschutzrechtlichen Bestimmungen sind zu beachten.

(2) Die Arbeitsverrichtung erfolgt auf eigene Gefahr und, abgesehen von einer Zusatzverpflegung und vom Entfall der Vollzugskosten (§ 54d Abs. 1 VStG), unentgeltlich. Die Häftlinge sind hierüber vor Abgabe ihrer Zustimmung zu belehren.

Bewegung im Freien

§ 17. „Schubhäftlingen und Verwaltungsstrafhäftlingen, die länger als 24 Stunden angehalten werden, ist täglich mindestens eine Stunde Gelegenheit zur Bewegung im Freien zu geben." Ist dies aus Witterungs- oder sonstigen Gründen nicht möglich, so ist auf andere Weise für körperlichen Ausgleich zu sorgen. *(BGBl II 2005/439)*

Einkauf

§ 18. „ " Wöchentlich ist mindestens ein Einkaufstag vorzusehen und den Häftlingen rechtzeitig bekanntzugeben. An solchen Einkaufstagen dürfen Häftlinge Gegenstände des täglichen Bedarfs, Lebensmittel und Tabakwaren in beschränkten Mengen sowie Zeitungen und Zeitschriften erwerben. Der Ankauf alkoholischer Getränke ist verboten. Die Einschränkung dieses Rechtes ist nur gemäß § 24 zulässig, doch darf dies nicht die Möglichkeit der Selbstverköstigung und des An-

kaufes von Zeitungen und Zeitschriften einschränken. *(BGBl II 2005/439)*

(2) *(aufgehoben, BGBl II 2005/439)*

Telefongespräche

§ 19. (1) Häftlingen ist in begründeten Fällen das Führen von Telefongesprächen auf eigene Kosten unter Aufsicht zu ermöglichen.

(1a) Schubhäftlingen ist, soweit dies keinen organisatorisch unvertretbaren Aufwand verursacht, den vorgesehenen Tagesablauf nicht stört und sofern in dieser Verordnung nicht anderes vorgesehen ist, das Führen von Telefongesprächen auf eigene Kosten grundsätzlich ohne Aufsicht zu ermöglichen. Dazu können auch eigene Mobiltelefone für die Dauer eines erforderlichen Telefongespräches ausgehändigt werden. Die Einschränkung dieses Rechtes ist nur gemäß § 24 zulässig. *(BGBl II 2005/439)*

(2) Mittellosen Häftlingen ist das Führen von Telefongesprächen zur Aufnahme des Kontaktes mit Angehörigen, Rechtsvertretern, Behörden, diplomatischen und konsularischen Vertretungen sowie in begründeten Einzelfällen mit Vertretern der Schubhaftbetreuung so bald wie möglich unentgeltlich zu gestatten. *(BGBl II 2005/439)*

Briefverkehr

§ 20. (1) Der Briefverkehr der Häftlinge unterliegt keinen Beschränkungen, seine stichprobenweise Überwachung ist jedoch, abgesehen vom Schriftverkehr mit inländischen Behörden und „Rechtsvertretern", mit diplomatischen und konsularischen Vertretungen des Heimatstaates sowie mit Organen, die durch für Österreich verbindliche internationale Übereinkommen zum Schutz der Menschenrechte eingerichtet sind, zulässig. Schriftstücke, die offenbar der Vorbereitung, Begehung, Weiterführung oder Verschleierung strafbarer Handlungen dienen, sind zurückzuhalten und der Behörde zu übergeben; hievon ist der Häftling in Kenntnis zu setzen. *(BGBl II 2005/439)*

(2) Bei Bedarf ist dem Häftling Papier und Schreibzeug unentgeltlich zur Verfügung zu stellen. Die Postgebühren hat der Häftling zu tragen; mittellosen Häftlingen sind sie im notwendigen Ausmaß vorzustrecken „; zur Aufnahme des Kontaktes mit Angehörigen, Rechtsvertretern, Vertretern der Schubhaftbetreuung, Behörden sowie diplomatischen und konsularischen Vertretungen sind sie in diesem Fall von der Behörde zu tragen." *(BGBl II 2005/439)*

Besuche

§ 21. (1) Das Recht der Häftlinge, Besuche zu empfangen, darf nicht über das durch diese Verordnung festgelegte Maß hinaus beschränkt werden. Besucher müssen sich mit einem amtlichen Lichtbildausweis legitimieren. *(BGBl II 2005/439)*

(2) Jeder Häftling darf einmal wöchentlich während der von der Behörde festgelegten Besuchszeit für die Dauer einer halben Stunde Besuch empfangen; hiebei dürfen jeweils nur zwei erwachsene Besucher gleichzeitig anwesend sein. Angehörigen unter 14 Jahren ist der Besuch nur in Begleitung eines Erwachsenen gestattet. Der Besuch ist nach Möglichkeit außerhalb der Zellen in hiefür geeigneten Räumlichkeiten abzuwickeln.

(2a) Für den Schubhaftvollzug ist grundsätzlich danach zu trachten, die Frequenz und Dauer der Besuchsmöglichkeiten im Interesse der Aufrechterhaltung familiärer und sonstiger persönlicher Bindungen, soweit dies organisatorisch möglich ist, zu erhöhen und auch den Rahmen des Besuchsraums und die Abwicklung der Besuche dementsprechend zu gestalten. Bei den diesbezüglichen Anordnungen sollte auch auf die voraussichtliche Dauer der Schubhaft Rücksicht genommen werden. Auf eine Überwachung solcher Besuche kann, soweit Sicherheitserwägungen dem nicht entgegenstehen, verzichtet werden. *(BGBl II 2005/439)*

(3) Besuche

1. von „Rechtsvertretern", Vertretern inländischer Behörden, diplomatischer oder konsularischer Vertretungen des Heimatstaates sowie von Organen, die durch für Österreich verbindliche internationale Übereinkommen zum Schutz der Menschenrechte eingerichtet sind, oder *(BGBl II 2005/439)*

2. deren Bedeutung für die Regelung wichtiger persönlicher Angelegenheiten glaubhaft gemacht werden,

dürfen jederzeit im erforderlichen Ausmaß empfangen werden; nach Möglichkeit sind sie während der Amtsstunden abzuwickeln. „Besuche von Vertretern der Schubhaftbetreuung sind während der Amtsstunden, darüber hinaus in Absprache mit dem Kommandanten abzuwickeln." *(BGBl II 2005/439)*

(4) Besuche Privater, nicht jedoch von „Rechtsvertretern", dürfen auch inhaltlich überwacht werden; Gespräche und Handlungen, die dem Zweck der Haft zuwiderlaufen oder die Ordnung im Hause stören, sind zu unterbinden. Wiederholt der Besucher eine solche Handlung trotz Abmahnung, so ist der Besuch zu beenden. *(BGBl II 2005/439)*

(5) *(aufgehoben, BGBl II 2005/439)*

Auskünfte

§ 22. (1) Nahen Angehörigen und Lebensgefährten, die persönlich vorsprechen und ihre Identität nachweisen ist darüber Auskunft zu erteilen, ob sich ein bestimmter Mensch in Haft befindet. Weitere Mitteilungen sind, abgesehen von der Auskunft über den Betrag einer ausständigen Geldstrafe, der Behörde vorbehalten, in deren Auftrag oder für deren Zwecke der Häftling angehalten wird.

(2) Gerichten und Behörden „sowie Polizeiinspektionen" ist über die Tatsache der Anhaltung sowie über sonstige Umstände, die die Haft betreffen, Auskunft zu erteilen. Diplomatischen und konsularischen Vertretungen ist nur über die Tatsache der Anhaltung Auskunft zu erteilen; weitere Auskünfte sind der Behörde vorbehalten, in deren Auftrag oder für deren Zwecke der Häftling angehalten wird. *(BGBl II 2005/439)*

(3) Telefonische Auskünfte nach Abs. 2 sind nach Rückruf zulässig.

Beschwerden, Wünsche und Ansuchen

§ 23. (1) Häftlinge haben während der Anhaltung das Recht, sich beim Kommandanten schriftlich oder mündlich mit der Behauptung noch andauernder Verletzung eines ihnen aus „dieser Verordnung" erwachsenden Rechte zu beschweren. Sie sind zu diesem Zwecke auf ihr Verlangen ohne unnötigen Aufschub dem Kommandanten vorzuführen. *(BGBl II 2005/439)*

(1a) Sollten im Rahmen einer Beschwerde auch Misshandlungsvorwürfe erhoben werden, so ist jedenfalls unverzüglich ein ärztliches Gutachten einzuholen. *(BGBl II 2005/439)*

(2) Ist der Kommandant nach unverzüglicher Prüfung der Beschwerde nach Abs. 1 der Ansicht, daß die Beschwerde berechtigt ist, hat er den rechtmäßigen Zustand herzustellen, anderenfalls hat er den Sachverhalt der Behörde vorzulegen. Diese hat den Sachverhalt unverzüglich zu prüfen. Gelangt die Behörde zur Ansicht, daß die Beschwerde berechtigt ist und wird der Beschwerdeführer noch angehalten, so hat sie den Kommandanten anzuweisen, unverzüglich den rechtmäßigen Zustand herzustellen; andernfalls hat die Behörde den Betroffenen ohne Zustellnachweis vom Ergebnis der Prüfung in Kenntnis zu setzen, sofern eine Abgabestelle bekannt ist oder ohne Schwierigkeit festgestellt werden kann.

(3) Soweit wegen des in Beschwerde gezogenen Verhaltens sonst ein Rechtsschutz besteht, bleibt dieser unberührt.

(4) Im übrigen steht es allen Häftlingen frei, Wünsche und Ansuchen mündlich oder schriftlich vorzubringen. Sie sind zu diesem Zwecke auf ihr Verlangen ohne unnötigen Aufschub dem Kommandanten vorzuführen.

Ordnungswidrigkeiten

§ 24. (1) Ein Häftling, der vorsätzlich eine ihm durch „diese Verordnung" auferlegte Pflicht „missachtet", der zu flüchten oder seine vorzeitige

VStG
VfllV. AnhO
VorlSV
OrgStVfgV
EEA-VStS-G

Entlassung zu erschleichen versucht, begeht eine Ordnungswidrigkeit. *(BGBl II 2005/439)*

(2) Steht ein Häftling im Verdacht, eine Ordnungswidrigkeit begangen zu haben, so hat der Aufsichtsbeamte hierüber Meldung zu erstatten, es sei denn, daß nach Ansicht des Aufsichtsbeamten eine Ermahnung ausreicht.

(3) Der Kommandant hat den der Meldung „zu Grunde liegenden" Sachverhalt zu untersuchen und den Häftling zur Anschuldigung zu hören. Gegen Häftlinge, die eine Ordnungswidrigkeit begangen haben, hat der Kommandant je nach Schwere des Verstoßes ohne förmliches Verfahren eine der folgenden, gemäß § 23 Abs. 2 anfechtbaren Maßnahmen zu ergreifen:

1. Verweis;

2. zeitweise Entziehung einer oder mehrerer der in den „§§ 15, 18 und 19" als einschränkbar bezeichneten Rechte für die Zeit von höchstens einer Woche; *(BGBl II 2005/439)*

3. Anhaltung in Einzelhaft durch längstens drei Tage.
(BGBl II 2005/439)

(4) Maßnahmen gemäß Abs. 3 Z 2 und 3 können gemeinsam verhängt werden.

Entlassung

§ 25. (1) Jedem Betroffenen ist bei seiner Entlassung aus dem Haftraum der Behörde eine Bestätigung über die Dauer der Anhaltung auszufolgen (Haftbestätigung).

(2) Häftlingen ist bei der Entlassung auf Verlangen auch eine Abschrift allfälliger ärztlicher Befunde und Gutachten über die während der Dauer der Anhaltung aufgetretenen Erkrankungen oder Verletzungen auszufolgen. Dies gilt auch für bei der Behörde aufliegende Befunde und Gutachten von externen medizinischen Einrichtungen.

(3) Bei der Entlassung sind die in Verwahrung genommenen Effekten dem Häftling gegen Bestätigung auszufolgen.

(BGBl II 2005/439)

3. Abschnitt

Sonstige Bestimmungen

Ausübung unmittelbarer Zwangsgewalt

§ 26. (1) Die Aufsichtsorgane sind ermächtigt, ihre Anordnungen durch unmittelbare Zwangsgewalt durchzusetzen, soweit dies für die körperliche Sicherheit von Menschen sowie die Sicherheit und Ordnung in Haftäumen notwendig ist. Eine Durchsuchung nach § 6 Abs. 4 ist nach Maßgabe des § 50 Abs. 1 SPG mit unmittelbarer Zwangsgewalt durchzusetzen. Weigert sich ein

Häftling, bei dem Grund zur Annahme mangelnder Haftfähigkeit besteht, an der ärztlichen Untersuchung mitzuwirken, so kann diese, wenn anders die Frage der Haftfähigkeit nicht klärbar ist, soweit mit unmittelbarer Zwangsgewalt durchgesetzt werden, als es auch nach den Umständen des Falles zielführend erscheint und kein Eingriff in die körperliche Integrität des Betroffenen erforderlich ist.

(2) „Es ist zulässig, einem Festgenommenen Handfesseln anzulegen," wenn auf Grund bestimmter Tatsachen die Gefahr besteht, der Betroffene werde

1. sich selbst oder andere gefährden;

2. fremde Sachen nicht nur geringen Wertes beschädigen;

3. flüchten;

4. eine Amtshandlung, an der er mitzuwirken hat, zu vereiteln versuchen.
(BGBl II 2005/439)

(3) Als Gefahr im Sinne des Abs. 2 Z 3 ist insbesondere anzusehen, wenn der Festgenommene

1. im Verdacht der Begehung eines Verbrechens steht oder

2. bei Ausführungen oder Überstellungen eine für die Flucht günstige Situation nützen könnte

und nicht besondere Gründe einen Fluchtversuch unwahrscheinlich machen. *(BGBl II 2005/439)*

(4) Die Verwendung anderer Fesselungsmittel als der Handfessel oder zusätzlicher Fesselungsmittel ist nur unter strenger Beachtung des Verhältnismäßigkeitsgrundsatzes und nur dann zulässig, wenn auf Grund bestimmter Tatsachen anzunehmen ist, der Häftling werde auf Grund einer psychischen Krankheit oder durch Gewalttätigkeit sein Leben oder seine Gesundheit, andere Personen oder Sachen gefährden und eine Handfesselung allein dem Sicherungszweck nicht genügen werde. *(BGBl II 2005/439)*

„(5)" Bei jeglicher Ausübung unmittelbarer Zwangsgewalt ist besonders darauf zu achten, „dass" sie – nach Art, Umfang und Dauer – die Verhältnismäßigkeit zum „Anlass" wahrt. § 10 der Richtlinienverordnung, BGBl. Nr. 266/1993, gilt. *(BGBl II 2005/439)*

Kurzfristige Anhaltungen

§ 27. Für Anhaltungen in Verwahrungsräumen einer Sicherheitsdienststelle, die einen Zeitraum von 48 Stunden nicht übersteigen, wie insbesondere Anhaltungen bis zur Überstellung in den Haftraum einer Sicherheitsbehörde oder einer Strafvollzugsanstalt sind die Abschnitte 1 und 2, soweit dem nicht zwingende Erfordernisse der zugrunde liegenden Amtshandlung oder die kurze Dauer der Anhaltung entgegenstehen, sinngemäß anzuwenden. Der Anschlag gemäß § 1 Abs. 3

kann diesfalls zumindest auf die §§ 9 Abs. 1 und 3, 13 Abs. 1 und 2 beschränkt werden und ist in den in § 1 Abs. 2 genannten Sprachen bereitzuhalten; auf Wunsch ist Häftlingen Einsicht in die Anhalteordnung in der Sprachfassung ihrer Wahl zu gewähren.

(BGBl II 2005/439)

Dokumentation

§ 28. Alle Maßnahmen verwaltungsbehördlicher Befehls- und Zwangsgewalt sind im Sinne des § 10 der Richtlinienverordnung zu dokumentieren.

(BGBl II 2005/439)

4. Abschnitt

Schlussbestimmungen

Sprachliche Gleichbehandlung

§ 29. Soweit in dieser Verordnung auf natürliche Personen bezogene Bezeichnungen nur in männlicher Form angeführt sind, beziehen sie sich auf Frauen und Männer in gleicher Weise. Bei der Anwendung der Bezeichnung auf bestimmte natürliche Personen ist die jeweils geschlechtsspezifische Form zu verwenden.

(BGBl II 2005/439)

Inkrafttreten

„**§ 30.**" „(1)" Diese Verordnung tritt mit 1. Mai 1999 in Kraft. Gleichzeitig treten die Verordnung des Bundesministers für Inneres, mit der eine Hausordnung für den Strafvollzug in Haftträumen der Bundespolizeibehörden erlassen wird (Polizeigefangenenhaus-Hausordnung), BGBl. Nr. 566/1988, in der Fassung der Verordnung BGBl. II Nr. 185/1998, und die Verordnung des Bundesministers für Inneres zur Durchführung des Fremdengesetzes (Fremdengesetz-Durchführungsverordnung 1994 – FrG-DV 1994), BGBl. Nr. 121/1995, in der Fassung der Verordnung BGBl. II Nr. 185/1998, außer Kraft. *(BGBl II 2005/439)*

(2) Die §§ 1 Abs. 3 und 4, 1a, 2 Abs. 1, 3, die Überschrift des 2. Abschnittes, 4 Abs. 1a und 5, 5 Abs. 2 und 3 Z 5, 5a und 5b samt Überschriften, 6 Abs. 2 und 4, 77, 8 samt Überschrift, 9 Abs. 1, 10 Abs. 4, 11, 12 Abs. 2 und 4, 13 Abs. 1, 14 Abs. 1 und 2, 15 Abs. 1, 1a und 2, 17, 18, 19 Abs. 1a und 2, 20 Abs. 1 und 2, 21, 22 Abs. 2, 23 Abs. 1 und 1a, 24, 25 samt Überschrift, die Überschrift des 3. Abschnittes, 26, 27 bis 29 samt Überschriften, die Überschrift des 4. Abschnittes, das Inhaltsverzeichnis sowie der Titel in der Fassung der Verordnung, BGBl. II Nr. 439/2005, treten mit 1. Jänner 2006 in Kraft. Die §§ 5 Abs. 3 Z 6 und Abs. 5, 18 Abs. 2 und 21 Abs. 5 treten mit Ablauf des 31. Dezember 2005 außer Kraft. *(BGBl II 2005/439)*

(BGBl II 2005/439)

Vorläufige-Sicherheiten-Verordnung

BGBl II 1999/509 idF

1 BGBl II 2013/402

STICHWORTVERZEICHNIS

„Verordnung der Bundesregierung über die Einhebung vorläufiger Sicherheiten (Vorläufige-Sicherheiten-Verordnung – VorlSV)"

(BGBl II 2013/402)

Auf Grund des § 37a des Verwaltungsstrafgesetzes 1991 – VStG, „BGBl. Nr. 52/1991", zuletzt geändert durch das Bundesgesetz BGBl. I Nr. 158/1998, wird verordnet: *(BGBl II 2013/402)*

§ 1. Bei Einhebung einer vorläufigen Sicherheit (§ 37a Abs. 1 und 2 VStG) und bei Beschlagnahme verwertbarer Sachen (§ 37a Abs. 3 VStG) ist das „Formular 26 der Verwaltungsformularverordnung – VwFormV, BGBl. II Nr. 400/2013," in der jeweils geltenden Fassung, zu verwenden. *(BGBl II 2013/402)*

§ 2. Das Formular ist vom Organ im Durchschreibeverfahren in drei Ausfertigungen auszufüllen, zu datieren und eigenhändig zu unterschreiben. Die Urschrift ist demjenigen zu übergeben, der die vorläufige Sicherheit erlegt hat oder dessen Sachen beschlagnahmt worden sind. Die Vorlage einer Durchschrift des Formulars und die Abführung der eingehobenen Geldbeträge (Schecks, Originale der Kreditkartenbelege) und beschlagnahmten Sachen an die Behörde hat unverzüglich zu erfolgen.

§ 3. Die der Behörde vorgelegte Durchschrift ist aufzubewahren, bis die vorläufige Sicherheit frei wird oder verfällt.

§ 4. Der Titel, die Promulgationsklausel und § 1 in der Fassung der Verordnung BGBl. II Nr. 402/2013 treten mit 1. Jänner 2014 in Kraft.

(BGBl II 2013/402)

Organstrafverfügungenverordnung

BGBl II 1999/510 idF

1 BGBl II 2013/401

STICHWORTVERZEICHNIS

„Verordnung der Bundesregierung über Organstrafverfügungen (Organstrafverfügungenverordnung – OrgStVfgV)"

(BGBl II 2013/401)

Auf Grund des § 50 Abs. 1, 2, 4, 5, 6, 7 und 8 des Verwaltungsstrafgesetzes 1991, „BGBl. Nr. 52/1991", zuletzt geändert durch das Bundesgesetz BGBl. I Nr. 158/1998, wird verordnet: *(BGBl II 2013/401)*

Formular für die Organstrafverfügung

§ 1. Für die Einhebung von Geldstrafen mit Organstrafverfügung (§ 50 VStG) ist das „Formular 45 der Verwaltungsformularverordnung – VwFormV, BGBl. II Nr. 400/2013," in der jeweils geltenden Fassung, zu verwenden. *(BGBl II 2013/401)*

Durchführung

§ 2. Das Formular ist vom Organ im Durchschreibeverfahren in zwei Ausfertigungen auszufüllen, zu datieren und eigenhändig zu unterschreiben. Die Urschrift ist dem Beanstandeten zu übergeben. Die Vorlage einer Durchschrift des Formulars und die Abführung der eingehobenen Strafbeträge (Schecks, Originale der Kreditkartenbelege) an die Behörde hat unverzüglich zu erfolgen.

Beleg

§ 3. (1) Der zur postalischen Einzahlung des Strafbetrages zu verwendende Beleg (§ 50 Abs. 2 VStG) hat den Postvorschriften für Einzahlungsbelege zu entsprechen und eine Identifikationsnummer zu enthalten, die automationsunterstützt gelesen werden kann. Der Beleg hat aus einem für den Beanstandeten und einem für die Behörde bestimmten Teil zu bestehen. Auf den für die Behörde bestimmten Teil kann verzichtet werden, wenn die Ausstellung der Organstrafverfügung und deren Inhalt durch ein mobiles Datenerfassungsgerät gespeichert werden. Es muss jedoch jedenfalls sichergestellt sein, dass die Kontrolle der Einzahlung möglich ist.

(2) Der für den Beanstandeten bestimmte Teil hat zu enthalten:

1. die Bezeichnung der Behörde, in deren Namen eingeschritten wurde;

2. die dem Beanstandeten zur Last gelegte Tat, ferner die Zeit und den Ort ihrer Begehung;

3. die Verwaltungsvorschrift, die durch die Tat verletzt worden ist;

4. den Strafbetrag und die angewendete Gesetzesbestimmung;

5. den Tag der Hinterlassung des Beleges am Tatort oder der Übergabe an den Beanstandeten;

6. die Nummer des für die Einzahlung des Strafbetrages bestimmten Kontos der Behörde;

7. den folgenden Hinweis:
„Als fristgerechte Einzahlung gilt auch die Überweisung des Strafbetrages auf das angegebene Konto, wenn der Überweisungsauftrag die automationsunterstützt lesbare, vollständige und richtige Identifikationsnummer des Beleges enthält und der Strafbetrag dem Konto fristgerecht gutgeschrieben wird.

Bitte beachten Sie, dass Sie in diesem Fall sämtliche mit der Einschaltung eines Kreditinstitutes verbundenen Risiken des Überweisungsverkehrs übernehmen. Übermittlungsfehler, Irrtümer, Unterbrechungen, Auslassungen oder Störungen irgendwelcher Art, die dazu führen, dass der Strafbetrag nicht fristgerecht auf dem angegebenen Konto einlangt, gehen auch dann zu Ihren Lasten, wenn Sie daran kein Verschulden trifft. Auch die mit der Überweisung allenfalls verbundenen Kosten sind von Ihnen zu tragen. Überprüfen Sie daher in Ihrem eigenen Interesse, ob die Nummer auf dem Überweisungsauftrag mit der Identifikationsnummer des Beleges übereinstimmt und deutlich lesbar ist, und erteilen Sie Überweisungsaufträge so rechtzeitig, dass die Überweisung innerhalb der zweiwöchigen Frist durchgeführt werden kann. Bitte bedenken Sie dabei, dass die Überweisung mehrere Tage in Anspruch nehmen kann.

Falls Sie den Strafbetrag nicht innerhalb von zwei Wochen mit diesem Beleg oder durch Überweisung auf das angegebene Konto einzahlen, muss Anzeige an die Behörde erstattet werden. Die Frist von zwei Wochen berechnet sich ab dem Tag der Hinterlassung des Beleges am Tatort oder der Übergabe an Sie.";

8. den Namen und die Dienstnummer des Organs;

9. die Widmung des Strafbetrages;

10. die Art und das Kennzeichen des Kraftfahrzeuges, wenn die Tat mit einem Kraftfahrzeug oder Anhänger begangen wurde.

Die Angabe weiterer sich aus dem Wesen der Organstrafverfügung ergebender Daten ist zulässig.

(3) Die Daten im Sinne des Abs. 2, die für eine allfällige Anzeigenerstattung an die Behörde erforderlich sind, sind entweder auf dem für die Behörde bestimmten Teil anzugeben oder im Sinne des Abs. 1 durch ein mobiles Datenerfassungsgerät zu erfassen.

(4) Der für den Beanstandeten bestimmte Teil des Beleges ist diesem zu übergeben oder, wenn er am Tatort nicht anwesend ist, am Tatort zu hinterlassen. Ob stattdessen, für den Fall, dass die Tat mit einem Kraftfahrzeug oder Anhänger begangen wurde die Zustellung des für den Beanstandeten bestimmten Teiles des Beleges an den Zulassungsbesitzer gestattet ist, richtet sich nach den hierüber bestehenden Vorschriften. Der für die Behörde bestimmte Teil oder die im Sinne des Abs. 1 durch ein mobiles Datenerfassungsgerät erfassten Daten sind der Behörde zur Verfügung zu stellen.

Einleitung des Verwaltungsstrafverfahrens

§ 4. (1) Das Verwaltungsstrafverfahren ist einzuleiten, wenn der Beanstandete die Zahlung des Strafbetrages oder die Entgegennahme des Beleges verweigert.

(2) Als Verweigerung der Zahlung des Strafbetrages gilt auch,

1. wenn der Strafbetrag, außer bei den Entrichtungsarten mit Scheck oder Kreditkarte, innerhalb von zwei Wochen weder mittels Beleges eingezahlt noch dem im Beleg angegebenen Konto gutgeschrieben wird;

2. wenn der Strafbetrag zwar innerhalb von zwei Wochen dem im Beleg angegebenen Konto gutgeschrieben wird, der Überweisungsauftrag aber nicht die für die Zuordnung der Zahlung erforderliche automationsunterstützt lesbare, vollständige und richtige Identifikationsnummer des Beleges enthält;

3. wenn die Einlösung eines vom Beanstandeten ausgestellten Schecks aus Gründen, die nicht von der Behörde zu vertreten sind, unterbleibt oder nicht in voller Höhe erfolgt;

4. wenn die Kreditkartenorganisation aus Gründen, die nicht von der Behörde zu vertreten sind, die Zahlung verweigert.

(3) In den Fällen des Abs. 2 Z 1 und 2 beginnt der Lauf der Frist mit Ablauf des Tages, an dem der Beleg am Tatort hinterlassen oder dem Beanstandeten übergeben wurde.

Aufbewahrungs- und Löschungsfristen

§ 5. (1) Die Durchschrift der Organstrafverfügung und der für die Behörde bestimmte Teil des Beleges sind nach einem Jahr (§ 31 Abs. 1 VStG) zu vernichten." *(BGBl II 2013/401)*

(2) Die gemäß § 3 durch ein mobiles Datenerfassungsgerät festgehaltenen und der Behörde zur Verfügung gestellten Daten, die ausschließlich zur Überprüfung der Einzahlung des Strafbetrages verwendet werden dürfen, sind spätestens „ein Jahr (§ 31 Abs. 1 VStG)" nach dem Zeitpunkt, in dem die Organstrafverfügung gegenstandslos ge-

VStG
VfllV. AnhO
VorlSV
OrgStVfgV
EEA-VStS-G

worden oder die Einzahlung des Strafbetrages erfolgt ist, zu löschen. *(BGBl II 2013/401)*

Inkrafttreten

§ 6. Der Titel, die Promulgationsklausel, § 1 und § 5 in der Fassung der Verordnung BGBl. II Nr. 401/2013 treten mit 1. Jänner 2014 in Kraft.

(BGBl II 2013/401)

Bundesgesetz über die Europäische Ermittlungsanordnung in Verwaltungsstrafsachen

BGBl I 2018/50 idF

1 BGBl I 2019/14

„Bundesgesetz über die Europäische Ermittlungsanordnung in Verwaltungsstrafsachen (EEA-VStS-G)"

(BGBl I 2019/14)

Der Nationalrat hat beschlossen:

Inhaltsverzeichnis

1. Abschnitt

Allgemeine Bestimmungen

Anwendungsbereich

§ 1. (1) Dieses Bundesgesetz regelt

1. die Erwirkung der Vollstreckung einer von einer österreichischen Verwaltungsstrafbehörde oder von einem österreichischen Verwaltungsgericht erlassenen Europäischen Ermittlungsanordnung in einem anderen Mitgliedstaat gemäß der Richtlinie 2014/41/EU im Verfahren in Verwaltungsstrafsachen und

2. die Vollstreckung einer Europäischen Ermittlungsanordnung von einer Justizbehörde eines anderen Mitgliedstaates in Österreich gemäß der Richtlinie 2014/41/EU, in Verfahren, die Justiz- oder Verwaltungsbehörden wegen Handlungen eingeleitet haben, die nach dem nationalen Recht des Anordnungsstaates als Zuwiderhandlungen gegen Rechtsvorschriften geahndet werden können, sofern gegen die Entscheidung ein insbesondere in Strafsachen zuständiges Gericht angerufen werden kann,

soweit nicht das Bundesgesetz über die justizielle Zusammenarbeit in Strafsachen mit den Mitgliedstaaten der Europäischen Union (EU-JZG), BGBl. I Nr. 36/2004, oder das Bundesgesetz über die Zusammenarbeit in Finanzstrafsachen mit den Mitgliedstaaten der Europäischen Union (EU-FinStrZG), BGBl. I Nr. 105/2014, anzuwenden ist.

(2) Dieses Bundesgesetz ist nicht anzuwenden auf

1. die Bildung von gemeinsamen Ermittlungsgruppen sowie die Erhebung von Beweismitteln innerhalb einer solchen Ermittlungsgruppe,

2. grenzüberschreitende Observationen und

3. Vernehmungen von Beschuldigten im Wege einer Telefonkonferenz.

(3) Dieses Bundesgesetz dient der Umsetzung der Richtlinie 2014/41/EU.

Begriffsbestimmungen

§ 2. Im Sinne dieses Bundesgesetzes bezeichnet der Begriff

1. „Mitgliedstaat" einen Mitgliedstaat der Europäischen Union, ausgenommen Dänemark und Irland;

2. „Richtlinie 2014/41/EU" die Richtlinie 2014/41/EU über die Europäische Ermittlungsanordnung in Strafsachen, ABl. Nr. L 130 vom 1.5.2014 S. 1; L 143 vom 9.6.2015, S. 16;

3. „Europäische Ermittlungsanordnung" ein Ersuchen um Durchführung von Ermittlungsmaßnahmen oder die Aufnahme von Beweisen in einem anderen Mitgliedstaat oder Übermittlung von Ermittlungsergebnissen oder Beweismitteln;

4. „Anordnungsstaat" den Mitgliedstaat, in dem die Europäischen Ermittlungsanordnung erlassen wird;

5. „Vollstreckungsstaat" den Mitgliedstaat, der die Europäische Ermittlungsanordnung vollstrecken soll.

2. Abschnitt

Erwirkung der Vollstreckung einer Europäischen Ermittlungsanordnung in einem anderen Mitgliedstaat (§ 1 Abs. 1 Z 1)

Vorverfahren

§ 3. (1) Für ausgehende Europäische Ermittlungsanordnungen ist das Formblatt gemäß **Anlage 1**[1] zu verwenden; die Europäische Ermittlungsanordnung ist von der Verwaltungsstrafbehörde oder dem Verwaltungsgericht, die bzw. das die Erhebung von Beweismitteln anordnet, zur Bestätigung der Richtigkeit ihres Inhalts zu unterzeichnen. Sofern der andere Mitgliedstaat nicht die Erklärung abgegeben hat, das Formblatt auch in deutscher Sprache zu akzeptieren, ist das Formblatt in die Amtssprache oder eine der Amtssprachen des Mitgliedstaates oder, wenn der Mitgliedstaat die Erklärung abgegeben hat, eine Übersetzung in eine oder mehrere Amtssprachen der Europäischen Union zu akzeptieren, in eine dieser Amtssprachen zu übersetzen.

(2) *(entfällt, BGBl I 2019/14)*

(3) Soweit nicht das Bundesverwaltungsgericht sachlich zuständig ist, sind die Landesverwaltungsgerichte sachlich zuständig. Örtlich zuständig ist jenes Landesverwaltungsgericht, in dessen Sprengel die Verwaltungsstrafbehörde ihren Sitz hat.

(4) Die Europäische Ermittlungsanordnung ist, wenn die Erhebung von Beweismitteln nicht von einem Verwaltungsgericht angeordnet worden ist, vor der Übermittlung an die zuständige Behörde des Vollstreckungsstaates dem Verwaltungsgericht zur Bestätigung (Abschnitt L des Formblattes gemäß **Anlage 1**[1]) vorzulegen.

(5) Die Bestätigung nach Abs. 4 erfolgt, nachdem das Verwaltungsgericht festgestellt hat, dass die Voraussetzungen für die Erlassung einer Europäischen Ermittlungsanordnung vorliegen, insbesondere darüber, dass

1. die Europäische Ermittlungsanordnung dem Grundsatz der Verhältnismäßigkeit entspricht und

2. die in der Europäischen Ermittlungsanordnung angegebene Ermittlungsmaßnahme in einem vergleichbaren innerstaatlichen Fall unter denselben Bedingungen angeordnet werden könnte.

(6) Das Verwaltungsgericht hat der die Erhebung von Beweismitteln anordnenden Verwaltungsstrafbehörde die Bestätigung binnen acht Wochen zu erteilen oder ihr innerhalb dieser Frist die Gründe für die Nichterteilung der Bestätigung mitzuteilen.

---

[1] *Anlage nicht abgedruckt.*

Übermittlung der Europäischen Ermittlungsanordnung

§ 4. (1) Die Europäische Ermittlungsanordnung ist nach Erteilung der Bestätigung gemäß § 3 von der Verwaltungsstrafbehörde bzw., wenn sie vom Verwaltungsgericht erlassen wurde, von diesem der zuständigen Behörde des Vollstreckungsstaates zu übermitteln. Die Übermittlung kann über das Telekommunikationssystem des Europäischen Justiziellen Netzes in Strafsachen (EJN) erfolgen. Die Europäische Ermittlungsanordnung und sonstige Unterlagen sind im Postweg, durch Telefax, elektronische Datenübermittlung oder durch jedes andere sichere technische Mittel zu übermitteln, das die Erstellung einer schriftlichen Fassung unter Bedingungen ermöglicht, die dem Empfänger die Feststellung der Echtheit gestatten.

(2) Die Übermittlung gemäß Abs. 1 sowie sämtliche offiziellen Mitteilungen erfolgen unmittelbar zwischen der österreichischen Behörde, die die Europäische Ermittlungsanordnung erlassen hat, und der zuständigen Behörde des Vollstreckungsstaates.

(3) Ist nicht bekannt, welche Behörde im Vollstreckungsstaat zuständig ist, so ist zu versuchen, diese insbesondere mit Hilfe von Eurojust oder der Kontaktstelle des EJN in Erfahrung zu bringen.

3. Abschnitt

Vollstreckung einer Europäischen Ermittlungsanordnung eines anderen Mitgliedstaates in Österreich (§ 1 Abs. 1 Z 2)

Anzuwendendes Recht

§ 5. Soweit in diesem Bundesgesetz nicht anderes bestimmt ist, sind für die Vollstreckung einer Europäischen Ermittlungsanordnung in Österreich das Verwaltungsstrafgesetz 1991 – VStG, BGBl. Nr. 52/1991, und jene verfahrensrechtlichen Bestimmungen in Bundes- oder Landesgesetzen sinngemäß anzuwenden, die für vergleichbare inländische Sachverhalte (Verfahren) gelten würden. Dies gilt auch für Zwangsmaßnahmen, die bei der Vollstreckung der Europäischen Ermittlungsanordnung notwendig werden.

Vollstreckung einer Europäischen Ermittlungsanordnung

§ 6. (1) Die Vollstreckung einer Europäischen Ermittlungsanordnung ist nur zulässig, wenn der Anordnungsstaat das Formblatt gemäß **Anlage 1**[1] in der jeweils gültigen Fassung verwendet, das in Verfahren nach Art. 4 lit. b und lit. c der Richtlinie 2014/41/EU

1. von einer Justizbehörde im Sinne von Art. 2 lit. c sublit. i der Richtlinie 2014/41/EU erlassen wurde oder

2. von einer anderen als in Z 1 genannten Behörde, die der Anordnungsstaat hierfür als zuständig bezeichnet hat, erlassen und durch eine Justizbehörde gemäß Z 1 in Abschnitt L gemäß **Anlage 1**[1] bestätigt wurde.

(2) Der Empfang einer Europäischen Ermittlungsanordnung nach Abs. 1 ist unverzüglich, spätestens aber binnen einer Woche nach ihrem Einlangen bei der zuständigen Behörde durch eine Mitteilung zu bestätigen, die dem Formblatt gemäß **Anlage 2**[1] entspricht.

(3) Ist eine österreichische Verwaltungsbehörde, die eine Europäische Ermittlungsanordnung erhält, nicht zuständig, die erforderlichen Maßnahmen für deren Vollstreckung zu treffen, so hat sie die Europäische Ermittlungsanordnung von Amts wegen der zuständigen Behörde oder der gemäß § 55c EU-JZG zuständigen Staatsanwaltschaft zu übermitteln. Der Anordnungsstaat ist über die Weiterleitung zu unterrichten.

(4) Ist die Europäische Ermittlungsanordnung nach Abs. 1 unzulässig, unvollständig oder offensichtlich unrichtig ausgefüllt und kann die Europäische Ermittlungsanordnung deshalb nicht vollstreckt werden, ist die zuständige Behörde des Anordnungsstaates um Nachreichung, Vervollständigung oder ergänzende Informationen zu ersuchen. Diese Unterrichtung hat in einer Form zu erfolgen, die einen schriftlichen Nachweis ermöglicht.

(5) Besteht Grund zur Annahme, dass die Erlassung der Europäischen Ermittlungsanordnung nach Abs. 1 für die Zwecke des Verfahrens unter Berücksichtigung der Rechte des Beschuldigten nicht notwendig oder verhältnismäßig ist, oder stünde die angegebene Ermittlungsmaßnahme in einem vergleichbaren innerstaatlichen Fall nicht zur Verfügung, so kann die zuständige Behörde des Anordnungsstaates zur Frage der Wichtigkeit der Vollstreckung der Europäischen Ermittlungsanordnung konsultiert und ihre Entscheidung über deren Zurückziehung abgewartet werden.

---

[1] *Anlage nicht abgedruckt.*

Besondere Verfahrens- oder Formvorschriften

§ 7. (1) Soweit wesentliche Grundsätze der österreichischen Rechtsordnung nicht entgegenstehen,

1. sind besondere Formvorschriften oder Verfahrensvorschriften, die in der Europäischen Ermittlungsanordnung angegeben wurden, einzuhalten und

2. ist dem Ersuchen um Teilnahme von Organen des Anordnungsstaates an der Durchführung der in der Europäischen Ermittlungsanordnung genannten Maßnahme zu entsprechen.

Können besondere Formvorschriften oder Verfahrensvorschriften gemäß Z 1 nicht eingehalten werden oder kann dem Ersuchen nach der Z 2 nicht entsprochen werden, ist die zuständige Behörde des Anordnungsstaates unverzüglich zu unterrichten. § 6 Abs. 4 letzter Satz gilt.

(2) Die Vornahme selbständiger Ermittlungen oder Verfahrenshandlungen im Inland durch Organe des Ausstellungsstaates ist unzulässig. Die ausländischen Organe sind an die österreichischen Rechtsvorschriften gebunden. Die Durchführung der in der Europäischen Ermittlungsanordnung genannten Maßnahme hat unter Leitung einer österreichischen Behörde zu erfolgen.

Rückgriff auf eine andere Ermittlungsmaßnahme

§ 8. (1) Steht eine weniger einschneidende Ermittlungsmaßnahme als die in der Europäischen Ermittlungsanordnung angegebene zur Verfügung, ist auf erstere zurückzugreifen, wenn mit dieser das gleiche Ergebnis erzielt werden kann wie mit der angegebenen.

(2) Ansonsten ist auf eine andere als die in der Europäischen Ermittlungsanordnung angegebene Ermittlungsmaßnahme zurückzugreifen, wenn die angegebene Ermittlungsmaßnahme

1. nach den von den Verwaltungsstrafbehörden gemäß § 5 anzuwendenden Bestimmungen nicht besteht oder

2. in einem vergleichbaren innerstaatlichen Fall nicht zur Verfügung stünde.

(3) Entscheidungen nach Abs. 1 und 2 sind zu begründen.

(4) Von einem Rückgriff auf eine andere Ermittlungsmaßnahme gemäß Abs. 1 oder 2 ist die zuständige Behörde des Anordnungsstaates unverzüglich zu unterrichten. § 6 Abs. 4 letzter Satz gilt.

(5) Gibt es im Fall von Abs. 2 keine andere Ermittlungsmaßnahme, mit der das gleiche Ergebnis erzielt werden kann wie mit der in der Europäischen Ermittlungsanordnung angegebenen Ermittlungsmaßnahme, ist der zuständigen Behörde des Anordnungsstaates unverzüglich mitzuteilen, dass es nicht möglich war, die Europäische Ermittlungsanordnung zu vollstrecken. § 6 Abs. 4 letzter Satz gilt.

(6) Folgende Ermittlungsmaßnahmen müssen jedenfalls zur Verfügung stehen:

1. die Übermittlung von Ermittlungsergebnissen oder Beweismitteln, die in einem inländischen Verwaltungsstrafverfahren gewonnen oder aufgenommen wurden;

2. die Erlangung von Informationen, die in Datenbanken enthalten sind, zu denen die Verwaltungsstrafbehörde im Rahmen eines Verwaltungsstrafverfahrens unmittelbar Zugang hat;

3. die Vernehmung von Parteien eines Verwaltungsstrafverfahrens, Opfern, Zeugen oder Sachverständigen;

4. die Durchführung von Maßnahmen, die nicht mit verwaltungsbehördlicher Befehls- und Zwangsgewalt gegen den Betroffenen verbunden sind.

Unzulässigkeit der Vollstreckung

§ 9. (1) Die Vollstreckung einer Europäischen Ermittlungsanordnung ist unzulässig, wenn

1. nach österreichischem Recht Immunitäten oder sonstige Zeugnis- oder Aussageverweigerungsrechte bestehen, die der Vollstreckung einer Europäischen Ermittlungsanordnung entgegenstehen;

2. berechtigte Gründe für die Annahme bestehen, dass sie die in Art. 6 des Vertrags über die Europäische Union anerkannten Grundsätze oder die durch die Charta der Grundrechte der Europäischen Union gewährten Rechte verletzen würde;

3. sich die Europäische Ermittlungsanordnung auf ein Verfahren nach Art. 4 lit. b und c Richtlinie 2014/41/EU bezieht und die Ermittlungsmaßnahme nach österreichischem Recht in einem vergleichbaren innerstaatlichen Fall nicht zulässig wäre;

4. sie wesentliche Sicherheitsinteressen des Bundes oder der Länder beeinträchtigen, Informationsquellen gefährden oder die Verwendung von klassifizierten Informationen über nachrichtendienstliche Tätigkeiten voraussetzen würde;

5. die verfolgte Person wegen derselben Tat, die der Europäischen Ermittlungsanordnung zugrunde liegt, bereits von einem anderen als dem Anordnungsstaat rechtskräftig abgeurteilt und im Fall der Verurteilung die Sanktion bereits vollstreckt worden ist, gerade vollstreckt wird oder nach dem Recht des Entscheidungsstaates nicht mehr vollstreckt werden kann;

6. die der Europäischen Ermittlungsanordnung zugrundeliegende Tat

a) nicht im Hoheitsgebietes des Anordnungsstaates begangen worden ist und nach österreichischem Recht im Ausland begangene Taten gleicher Art nicht strafbar sind, oder

b) im Inland oder an Bord eines österreichischen Schiffes oder Luftfahrzeuges begangen worden ist;

7. die der Europäischen Ermittlungsanordnung zugrundeliegende Tat nach österreichischem Recht keine Verwaltungsübertretung darstellt;

8. der Beschuldigte der Vernehmung mittels technischer Einrichtungen zur Wort- und Bildübertragung im Falle einer darauf gerichteten Europäischen Ermittlungsanordnung nicht zugestimmt hat.

(2) Die beiderseitige Strafbarkeit nach Abs. 1 Z 7 ist nicht zu prüfen, wenn es sich um eine in § 8 Abs. 6 genannte Ermittlungsmaßnahme handelt.

(3) Ist die Vollstreckung einer Europäischen Ermittlungsanordnung unzulässig, ist die zuständige Behörde des Anordnungsstaates unverzüglich zu unterrichten. Die Entscheidung ist zu begründen. § 6 Abs. 4 letzter Satz gilt.

Fristen

§ 10. (1) Über die Vollstreckung einer Europäischen Ermittlungsanordnung ist unverzüglich, spätestens 30 Tage nach Einlangen der Europäischen Ermittlungsanordnung bei der zuständigen Behörde zu entscheiden.

(2) Wenn kein Grund für einen Aufschub nach § 11 vorliegt oder die Beweismittel, um die ersucht wird, sich nicht bereits im behördlichen Besitz befinden, soll die Ermittlungsmaßnahme unverzüglich, spätestens aber nach 90 Tagen nach Entscheidung über die Vollstreckung durchgeführt werden.

(3) Besonderen Wünschen der zuständigen Behörde des Anordnungsstaates, die darin bestehen, dass kürzere als die in Abs. 1 oder 2 genannten Fristen einzuhalten oder dass die Ermittlungsmaßnahmen zu einem bestimmten Zeitpunkt

durchzuführen sind, ist möglichst weitgehend zu entsprechen.

(4) Können die Frist nach Abs. 1 oder besondere Wünsche nach Abs. 3 aus praktischen Gründen nicht eingehalten werden, ist die zuständige Behörde des Anordnungsstaates unverzüglich zu unterrichten. Dabei sind die Gründe und die voraussichtliche Dauer der Verzögerung anzugeben. § 6 Abs. 4 letzter Satz gilt. Die Frist nach Abs. 1 kann um höchstens 30 Tage verlängert werden.

(5) Kann die Frist nach Abs. 2 aus praktischen Gründen nicht eingehalten werden, ist die zuständige Behörde des Anordnungsstaates unverzüglich zu unterrichten. Dabei sind die Gründe für die Verzögerung anzugeben. § 6 Abs. 4 letzter Satz gilt. Mit der zuständigen Behörde des Anordnungsstaates ist der geeignete Zeitpunkt für die Durchführung der Ermittlungshandlung abzustimmen.

Aufschub der Vollstreckung

§ 11. (1) Die Vollstreckung einer Europäischen Ermittlungsanordnung kann aufgeschoben werden, soweit

1. sie laufende Ermittlungen beeinträchtigen könnte oder

2. die Beweismittel, um die ersucht wird, bereits in einem anderen Verfahren verwendet werden.

(2) Über Entscheidungen nach Abs. 1 ist die zuständige Behörde des Anordnungsstaates unverzüglich zu unterrichten. Die Entscheidung ist zu begründen; die zu erwartende Dauer des Aufschubs soll angegeben werden. § 6 Abs. 4 letzter Satz gilt.

Übermittlung der Beweismittel

§ 12. (1) Die Beweismittel, die aufgrund der Vollstreckung einer Europäischen Ermittlungsanordnung erlangt worden sind oder die sich bereits im behördlichen Besitz befinden, sind der zuständigen Behörde des Anordnungsstaates unverzüglich zu übermitteln.

(2) Bei der Übermittlung ist anzugeben, ob und gegebenenfalls binnen welcher Frist die zuständige Behörde des Anordnungsstaates die Beweismittel zurückzugeben hat.

Kosten

§ 13. Sofern die Kosten nicht als außergewöhnlich hoch anzusehen sind, darf ein Ersatz für entstehende Kosten vom Anordnungsstaat nicht gefordert werden. Sind außergewöhnlich hohe Kosten zu erwarten, so ist der Anordnungsstaat darüber zu unterrichten; er kann die Europäische Ermittlungsanordnung ganz oder teilweise zurückziehen oder sich bereit erklären, jenen Teil der Kosten zu übernehmen, die als außergewöhnlich hoch betrachtet werden.

4. Abschnitt

Besondere Ermittlungsmaßnahmen

Vernehmung im Wege einer Videokonferenz oder sonstiger audiovisueller Übertragung

§ 14. (1) Die nach Maßgabe dieses Bundesgesetzes durchzuführenden Ermittlungsmaßnahmen umfassen auch die Vernehmung einer beschuldigten Person, eines Zeugen oder Sachverständigen, der sich im Hoheitsgebiet des Vollstreckungsstaates befindet, unter Verwendung technischer Einrichtungen zur Wort- und Bildübertragung.

(2) Eine Vernehmung im Sinne des Abs. 1 ist unzulässig, wenn die zu vernehmende Person der Vernehmung nicht zustimmt.

(3) Vernehmungen werden unter der Leitung der zuständigen Behörde und auf der Grundlage des Rechts des Anordnungsstaates durchgeführt. Die zuständige österreichische Behörde nimmt an der Vernehmung teil, stellt die Identität der vernehmenden Person fest und achtet auf die Einhaltung der wesentlichen Grundsätze der österreichischen Rechtsordnung. Beschuldigte sind bei Beginn ihrer Vernehmung über ihre Rechte, die ihnen nach dem Recht des Anordnungsstaates und nach österreichischem Verfahrensrecht zustehen. Zeugen und Sachverständige sind über die Zeugnis- oder Auskunftsverweigerungsrechte zu belehren, die ihnen nach dem Recht des Anordnungsstaates und nach österreichischem Verfahrensrecht zustehen.

(4) Über die Vernehmung ist eine Niederschrift aufzunehmen, die Angaben zum Termin und zum Ort der Vernehmung, zur Identität der vernommenen und teilnehmenden Personen und zu den technischen Bedingungen, unter denen die Vernehmung stattfand, enthält.

Vernehmung im Wege einer Telefonkonferenz

§ 15. (1) Die nach Maßgabe dieses Bundesgesetzes durchzuführenden Ermittlungsmaßnahmen umfassen auch die telefonische Vernehmung eines Zeugen oder Sachverständigen, der sich in Österreich befindet, wenn ein persönliches Erscheinen der zu vernehmenden Person nicht zweckmäßig oder möglich ist.

(2) Eine Vernehmung im Sinne des Abs. 1 ist unzulässig, wenn die zu vernehmende Person der Vernehmung nicht zustimmt.

(3) § 14 Abs. 3 erster, zweiter und letzter Satz und Abs. 4 sind sinngemäß anzuwenden.

VStG
VfllV. AnhO
VorlSV
OrgStVfgV
EEA-VStS-G

5. Abschnitt

Schlussbestimmungen

Gleichstellung von ausländischen mit inländischen Amtsträgern bei Amtshandlungen in der Republik Österreich

§ 16. Amtsträger eines anderen Mitgliedstaates, die bei Amtshandlungen nach diesem Bundesgesetz im Hoheitsgebiet der Republik Österreich anwesend sind, stehen für die Dauer ihrer Anwesenheit in Bezug auf Straftaten, die sie selbst begehen oder die zu ihrem Nachteil oder ihnen gegenüber begangen werden, österreichischen Amtsträgern gleich.

Ausgleich von Schäden

§ 17. (1) Ersetzt ein anderer Mitgliedstaat einen Schaden, den österreichische Amtsträger bei Amtshandlungen nach diesem Bundesgesetz im Hoheitsgebiet des anderen Mitgliedstaates verursachen, gegenüber der geschädigten Person oder gegenüber einer Person, die der geschädigten Person in ihren Rechten nachfolgt, so kann er von der Republik Österreich Ausgleich des Geleisteten verlangen.

(2) Schäden, die Amtsträger eines anderen Mitgliedstaates bei Amtshandlungen nach diesem Bundesgesetz im Hoheitsgebiet der Republik Österreich verursachen, werden von dem zuständigen österreichischen Rechtsträger so ersetzt, wie sie nach österreichischem Recht zu ersetzen wären, wenn österreichische Amtsträger die Schäden verursacht hätten.

Verhältnis zu anderen Übereinkünften und Vereinbarungen

§ 18. Dieses Bundesgesetz schließt die Anwendung anderer Übereinkünfte oder Vereinbarungen zwischen Mitgliedstaaten nicht aus, insoweit diese Übereinkünfte oder Vereinbarungen Möglichkeiten bieten, die Vorschriften der Richtlinie 2014/41/EU weiter zu verstärken oder zu einer weiteren Vereinfachung oder Erleichterung der Verfahren zur Beweiserhebung beitragen, sofern das in der Richtlinie 2014/41/EU niedergelegte Schutzniveau gewahrt ist.

Verweisungen

§ 19. Soweit in diesem Bundesgesetz auf Bestimmungen anderer Bundesgesetze verwiesen wird, sind diese in ihrer jeweils geltenden Fassung anzuwenden.

Sprachliche Gleichbehandlung

§ 20. Soweit sich die in diesem Bundesgesetz verwendeten Bezeichnungen auf natürliche Personen beziehen, gilt die gewählte Form für beide Geschlechter. Bei der Anwendung dieser Bezeichnungen auf bestimmte natürliche Personen ist die jeweils geschlechtsspezifische Form zu verwenden.

Vollziehung

§ 21. „ " Mit der Vollziehung dieses Bundesgesetzes „ " ist die Bundesregierung betraut. *(BGBl I 2019/14)*

(2) *(entfällt, BGBl I 2019/14)*

Inkrafttreten

§ 22. (1) Dieses Bundesgesetz mit Ausnahme des § 3 Abs. 2 tritt mit Ablauf des Tages der Kundmachung in Kraft.[1]

(2) **(Verfassungsbestimmung)** § 3 Abs. 2 tritt mit Ablauf des Tages der Kundmachung dieses Bundesgesetzes in Kraft.[1]

(3) **(Verfassungsbestimmung)** § 3 Abs. 2 und § 21 Abs. 2 treten mit Ablauf des Monats der Kundmachung des Bundesgesetzes BGBl. I Nr. 14/2019 außer Kraft.[2] *(BGBl I 2019/14)*

(4) Der Titel und § 21 in der Fassung des Bundesgesetzes BGBl. I Nr. 14/2019 treten mit Ablauf des Monats der Kundmachung dieses Bundesgesetzes in Kraft;[2] gleichzeitig tritt die Überschrift nach der Promulgationsklausel außer Kraft. *(BGBl I 2019/14)*

---

[1] *Die Kundmachung erfolgte am 14. August 2018.*
[2] *Die Kundmachung des BG BGBl I 2019/14 im Bundesgesetzblatt erfolgte am 15. Jänner 2019.*

Verwaltungsvollstreckungsgesetz 1991

BGBl 1991/53 (WV) idF

1 BGBl 1995/472
2 BGBl I 1998/158
3 BGBl I 1999/191 (BG)
4 BGBl I 2001/137
5 BGBl I 2008/3

6 BGBl I 2011/100
7 BGBl I 2012/50
8 BGBl I 2013/33
9 BGBl I 2020/118 (VfGH)

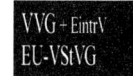

STICHWORTVERZEICHNIS

Kundmachung des Bundeskanzlers, mit der das Verwaltungsvollstreckungsgesetz wiederverlautbart wird

Artikel I

Auf Grund des Art. 49 a B-VG wird in der Anlage das Verwaltungsvollstreckungsgesetz, BGBl. Nr. 172/1950, wiederverlautbart.

Artikel II – VI

(nicht abgedruckt)

Anlage

Verwaltungsvollstreckungsgesetz 1991 – VVG

Allgemeine Grundsätze

§ 1. (1) Vorbehaltlich des § 3 Abs. 3 obliegt den Bezirksverwaltungsbehörden

1. die Vollstreckung der von ihnen selbst und von den ihnen übergeordneten Behörden erlassenen Bescheide;

2. soweit durch besondere Vorschriften nicht anderes bestimmt ist,

a) die Vollstreckung der von anderen Behörden des Bundes oder der Länder erlassenen Bescheide;

b) die Vollstreckung der von Gemeindebehörden – ausgenommen die Behörden der Städte mit eigenem Statut – erlassenen Bescheide auf Ersuchen dieser Behörden;

3. die Vollstreckung der von den Verwaltungsgerichten mit Ausnahme des Bundesfinanzgerichtes erlassenen Erkenntnisse und Beschlüsse; *(BGBl I 2013/33)*

„4." die Einbringung von Geldleistungen, für die durch besondere Vorschriften die Einbringung im Verwaltungsweg (politische Exekution) gewährt ist. *(BGBl I 2013/33)*

(2) Im Gebiet einer Gemeinde, für das die Landespolizeidirektion zugleich Sicherheitsbehörde erster Instanz ist, gilt Abs. 1 Z 1 bis 3 auch für die Landespolizeidirektionen in den Angelegenheiten ihres sachlichen Wirkungsbereiches. *(BGBl I 2013/33)*

(3) Die öffentlichen Abgaben und Beiträge und die ihnen gesetzlich gleichgehaltenen Geldleistungen werden, soweit durch besondere Vorschriften nicht anderes bestimmt ist, nach den für die Einhebung, Einbringung und Sicherung der öffentlichen Abgaben geltenden Vorschriften von den hiezu berufenen Organen eingebracht.

§ 1a. (1) Die Vollstreckung von Verpflichtungen, deren Erfüllung im öffentlichen Interesse gelegen ist, ist von der Vollstreckungsbehörde

1. wenn ein von ihr selbst erlassener Bescheid zu vollstrecken ist, von Amts wegen,

2. wenn ein sonstiger Vollstreckungstitel zu vollstrecken ist, auf Ersuchen der Stelle, von der er ausgegangen ist,

einzuleiten.

(2) Die Vollstreckung von Verpflichtungen, auf deren Erfüllung ein Anspruch besteht, ist auf Antrag des Berechtigten (betreibender Gläubiger) einzuleiten.

(3) Die Vollstreckung ist von Amts wegen durchzuführen.

(BGBl I 2013/33)

§ 2. (1) Bei der Handhabung der in diesem Bundesgesetz geregelten Zwangsbefugnisse haben die Vollstreckungsbehörden an dem Grundsatz festzuhalten, daß jeweils das gelindeste noch zum Ziel führende Zwangsmittel anzuwenden ist.

(2) Geldleistungen dürfen nur insoweit zwangsweise eingebracht werden, als dadurch der „notwendige Unterhalt" des Verpflichteten und der Personen, für die er nach dem Gesetz zu sorgen hat, nicht gefährdet wird. *(BGBl I 2011/100)*

Eintreibung von Geldleistungen

§ 3. (1) Die Verpflichtung zu einer Geldleistung ist in der Weise zu vollstrecken, daß die Vollstreckungsbehörde durch das zuständige Gericht nach den für das gerichtliche Exekutionsverfahren geltenden Vorschriften die Eintreibung veranlaßt. In diesem Fall schreitet die Vollstreckungsbehörde namens des Berechtigten als betreibenden Gläubigers ein. Die Vollstreckungsbehörde kann die Eintreibung unter sinngemäßer Anwendung der Vorschriften über die Einbringung und Sicherung der öffentlichen Abgaben selbst vornehmen, wenn dies im Interesse der Raschheit und der Kostenersparnis gelegen ist.

(2) Der Vollstreckungstitel muss mit einer Bestätigung der Stelle, von der er ausgegangen ist, oder der Vollstreckungsbehörde versehen sein, dass er einem die Vollstreckbarkeit hemmenden Rechtszug nicht mehr unterliegt (Vollstreckbarkeitsbestätigung). Einwendungen gegen den Anspruch im Sinne des § 35 der Exekutionsordnung

– EO, RGBl. Nr. 79/1896, sind bei der Stelle zu erheben, von der der Vollstreckungstitel ausgegangen ist. *(BGBl I 2013/33)*

(3) Natürliche Personen, juristische Personen des Privatrechts sowie der Bund, die Länder und die Gemeinden können die Eintreibung einer Geldleistung unmittelbar beim zuständigen Gericht beantragen. Andere juristische Personen des öffentlichen Rechts können dies nur, soweit ihnen zur Eintreibung einer Geldleistung die Einbringung im Verwaltungsweg (politische Exekution) gewährt ist. *(BGBl I 2001/137)*

Erzwingung anderer Leistungen und Unterlassungen

a) Ersatzvornahme

§ 4. (1) Wenn der zu einer Arbeits- oder Naturalleistung Verpflichtete dieser Pflicht gar nicht oder nicht vollständig oder nicht zur gehörigen Zeit nachgekommen ist, so kann die mangelnde Leistung nach vorheriger Androhung auf Gefahr und Kosten des Verpflichteten bewerkstelligt werden.

(2) Die Vollstreckungsbehörde kann in einem solchen Fall dem Verpflichteten die Vorauszahlung der Kosten gegen nachträgliche Verrechnung auftragen. Der Auftrag zur Vorauszahlung ist vollstreckbar.

b) Zwangsstrafen

§ 5. (1) Die Verpflichtung zu einer Duldung oder Unterlassung oder zu einer Handlung, die sich wegen ihrer eigentümlichen Beschaffenheit nicht durch einen Dritten bewerkstelligen läßt, wird dadurch vollstreckt, daß der Verpflichtete von der Vollstreckungsbehörde durch Geldstrafen oder durch Haft zur Erfüllung seiner Pflicht angehalten wird.

Fassung ab 1. 1. 2022 (BGBl I 2020/118):
(1) Die Verpflichtung zu einer Duldung oder Unterlassung oder zu einer Handlung, die sich wegen ihrer eigentümlichen Beschaffenheit nicht durch einen Dritten bewerkstelligen läßt, wird dadurch vollstreckt, daß der Verpflichtete von der Vollstreckungsbehörde durch Geldstrafen „ " zur Erfüllung seiner Pflicht angehalten wird. *(BGBl I 2020/118 (VfGH))*

(2) Die Vollstreckung hat mit der Androhung des für den Fall des Zuwiderhandelns oder der Säumnis zur Anwendung kommenden Nachteiles zu beginnen. Das angedrohte Zwangsmittel ist beim ersten Zuwiderhandeln oder nach fruchtlosem Ablauf der für die Vornahme der Handlung gesetzten Frist sofort zu vollziehen. Gleichzeitig ist für den Fall der Wiederholung oder des weiteren Verzuges ein stets schärferes Zwangsmittel anzudrohen. Ein angedrohtes Zwangsmittel ist

VVG + EintrV
EU-VStVG

nicht mehr zu vollziehen, sobald der Verpflichtung entsprochen ist.

(3) Die Zwangsmittel dürfen in jedem einzelnen Fall an Geld den Betrag von „726 Euro", an Haft die Dauer von vier Wochen nicht übersteigen. *(BGBl I 2001/137)*

Fassung ab 1. 1. 2022 (BGBl I 2020/118):
(3) Die Zwangsmittel dürfen in jedem einzelnen Fall an Geld den Betrag von „726 Euro"* „ "** nicht übersteigen. *(*BGBl I 2001/137; **BGBl I 2020/118 (VfGH))*

(4) Die Vollstreckung durch Geldstrafen als Zwangsmittel ist auch gegen juristische Personen mit Ausnahme der Körperschaften des öffentlichen Rechts und eingetragene Personengesellschaften zulässig. *(BGBl I 2008/3)*

§ 6. (1) Die nach § 5 verhängten Geldstrafen fließen der Gebietskörperschaft zu, die den Aufwand der Vollstreckungsbehörde zu tragen hat.

(2) Bei der Vollziehung der Haft sind die §§ 360 bis 362 und 365 EO sinngemäß anzuwenden. Wird die Haft durch die Gerichte vollzogen, so sind die damit verbundenen Kosten durch die Gerichte nach den für die Einbringung der Kosten des Vollzuges gerichtlicher Strafen bestehenden Vorschriften vom Verpflichteten einzutreiben.

Fassung ab 1. 1. 2022 (BGBl I 2020/118):
(2) *(entfällt, BGBl I 2020/118 (VfGH))*

c) Anwendung unmittelbaren Zwanges

§ 7. Sofern die Gesetze nicht anderes bestimmen, kann der meinen „Vollstreckungstitel"*** entsprechende Zustand durch Anwendung unmittelbaren Zwanges hergestellt werden, wenn dies auf andere Weise nicht oder nicht rechtzeitig möglich ist. „Im Fall der Festnahme ist der Festgenommene ehestens, womöglich bei seiner Festnahme, in einer ihm verständlichen Sprache über die Gründe seiner Festnahme zu unterrichten. Für diese Festnahme gilt weiters § 36 Abs. 2 und 3 VStG."* *(*BGBl 1995/472; **BGBl I 2013/33)*

Einstweilige Verfügungen

§ 8. (1) Steht die Pflicht zu einer Leistung fest oder ist sie wahrscheinlich, so kann die Vollstreckungsbehörde zur Sicherung der Leistung einstweilige Verfügungen treffen, wenn die Gefahr besteht, daß sich der Verpflichtete durch Verfügungen über Gegenstände seines Vermögens, durch Vereinbarungen mit dritten Personen oder durch andere Maßnahmen der Leistung entziehen und deren Vollstreckung vereiteln oder gefährden werde.

(2) Einstweilige Verfügungen sind nach diesem Bundesgesetz sofort vollstreckbar.

Organe der Vollstreckung

§ 9. (1) Die Vollstreckungsbehörde ist berechtigt, bei der Durchführung dieses Bundesgesetzes die Organe der öffentlichen Aufsicht heranzuziehen. Ist die Vollstreckungsbehörde nicht selbst Dienstbehörde dieser Organe, so hat sie mit ihr das Einvernehmen zu pflegen.

(2) Die Gemeinden sind zur Mitwirkung verpflichtet.

(3) Unter den gesetzlichen Voraussetzungen kann die Vollstreckungsbehörde nötigenfalls auch die Mitwirkung des Bundesheeres in Anspruch nehmen.

Verfahren

§ 10. (1) Auf das Vollstreckungsverfahren sind, soweit sich aus diesem Bundesgesetz nicht anderes ergibt, der I. Teil, hinsichtlich der Rechtsmittelbelehrung die §§ 58 Abs. 1 und 61 und der 2. und 3. Abschnitt des IV. Teiles des AVG sinngemäß anzuwenden.

(2) Die Beschwerde beim Verwaltungsgericht gegen die Vollstreckungsverfügung hat keine aufschiebende Wirkung.

(BGBl I 2013/33)

Kosten

§ 11. (1) Die Kosten der Vollstreckung fallen dem Verpflichteten zur Last und sind gemäß § 3 einzutreiben.

(2) Wurde die Vollstreckung gemäß § 1a Abs. 2 auf Antrag des Berechtigten (betreibender Gläubiger) eingeleitet, so sind die Kosten im Fall der Uneinbringlichkeit von diesem zu tragen. Hierüber ist von der Vollstreckungsbehörde nach dem AVG zu entscheiden. *(BGBl I 2013/33)*

(3) Wenn die Vollstreckungsbehörde im Fall einer Ersatzvornahme Leistungen erbringt, für die der Verpflichtete, würden sie durch einen von der Behörde beauftragten Dritten erbracht, Barauslagen zu ersetzen hätte, so zählt zu den Kosten auch ein angemessener Beitrag zum Personal- und Sachaufwand der Vollstreckungsbehörde. Dieser darf 10% der bei der Vollstreckung im übrigen anfallenden Barauslagen nicht übersteigen.

(4) Soweit der Verpflichtete die Kosten der Vollstreckung für Maßnahmen nach § 4 nicht vor der Durchführung der Ersatzvornahme entrichtet hat (§ 4 Abs. 2) und die Durchführung der Ersatzvornahme unaufschiebbar ist, zählen zu den Kosten der Vollstreckung auch angemessene Finanzierungskosten, die ab dem Zeitpunkt entstanden, in dem die Behörde in Vorlage getreten ist. Diese Kosten sind jedenfalls angemessen, wenn sie jährlich den jeweils geltenden „Basiszinssatz"* um nicht mehr als 2% übersteigen.

Maßgebend ist der Zeitpunkt der Erlassung der Vollstreckungsverfügung „ "**. *(*BGBl I 2008/3; **BGBl I 2013/33)*

„Besondere Zwangsbefugnisse"
(BGBl I 2011/100)

§ 12. Die den Verwaltungsbehörden in den Verwaltungsvorschriften eingeräumten besonderen Zwangsbefugnisse bleiben unberührt.

„Inkrafttreten"
(BGBl I 2011/100)

§ 13. (1) § 7 zweiter „und dritter" Satz in der Fassung des Bundesgesetzes BGBl. Nr. 472/1995 tritt mit 1. Juli 1995 in Kraft. *(BGBl 1995/472; BGBl I 2011/100)*

(2) § 5 Abs. 4 in der Fassung des Bundesgesetzes BGBl. I Nr. 158/1998 tritt mit 1. Jänner 1999 in Kraft. *(BGBl I 1998/158)*

(3) § 3 Abs. 3 und § 5 Abs. 3 in der Fassung des Bundesgesetzes BGBl. I Nr. 137/2001 treten mit 1. Jänner 2002 in Kraft. *(BGBl I 2001/137)*

(4) § 1 Abs. 2, § 5 Abs. 4, § 10 Abs. 1 und Abs. 3 zweiter Satz, § 11 Abs. 4 und § 15 samt Überschrift in der Fassung des Bundesgesetzes BGBl. I Nr. 3/2008 treten mit Ablauf des Tages der Kundmachung dieses Bundesgesetzes in Kraft.[1] *(BGBl I 2008/3)*

(5) § 2 Abs. 2, § 10 Abs. 1 letzter Satz und Abs. 3 zweiter Satz, die Überschrift zu § 12, die Überschrift zu § 13, § 13 Abs. 1 und § 14 samt Überschrift in der Fassung des Bundesgesetzes BGBl. I Nr. 100/2011 treten mit 1. Jänner 2012 in Kraft. *(BGBl I 2011/100)*

(6) § 1 Abs. 2 und § 10 Abs. 3 Z 1 in der Fassung des Bundesgesetzes BGBl. I Nr. 50/2012 treten mit 1. September 2012 in Kraft. *(BGBl I 2012/50)*

(7) In der Fassung des Art. 8 des Bundesgesetzes BGBl. I Nr. 33/2013 treten in Kraft:

1. § 1 Abs. 2 in der Fassung der Z 3 mit 1. September 2012;

2. § 1a und § 11 Abs. 2 erster Satz mit Ablauf des Monats der Kundmachung dieses Bundesgesetzes;[2]

3. § 1 Abs. 1, § 1 Abs. 2 in der Fassung der Z 4, § 3 Abs. 2, § 7, § 10 und § 11 Abs. 4 letzter Satz mit 1. Jänner 2014; gleichzeitig tritt § 11 Abs. 2 letzter Satz außer Kraft. *(BGBl I 2013/33)*

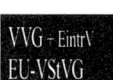

---

[1] *Die Kundmachung des BG BGBl I 2008/3 im Bundesgesetzblatt erfolgte am 4. Jänner 2008.*
[2] *Die Kundmachung des Verwaltungsgerichtsbarkeits-Ausführungsgesetzes 2013, BGBl I 2013/33, im Bundesgesetzblatt erfolgte am 13. Februar 2013.*

Vollziehung

§ 14. Mit der Vollziehung dieses Bundesgesetzes ist die Bundesregierung betraut.

(BGBl I 2011/100)

Sprachliche Gleichbehandlung

§ 15. Soweit in diesem Bundesgesetz auf natürliche Personen bezogene Bezeichnungen nur in männlicher Form angeführt sind, beziehen sie sich auf Frauen und Männer in gleicher Weise. Bei der Anwendung der Bezeichnung auf bestimmte natürliche Personen ist die jeweils geschlechtsspezifische Form zu verwenden.

(BGBl I 2008/3)

Verordnung über den Vorgang bei der Eintreibung von Geldleistungen im Verwaltungsvollstreckungsverfahren

BGBl 1949/159

STICHWORTVERZEICHNIS

Verordnung des Bundeskanzleramtes vom 1. August 1949 über den Vorgang bei der Eintreibung von Geldleistungen im Verwaltungsvollstreckungsverfahren.

Auf Grund des § 3 des Verwaltungsvollstreckungsgesetzes vom 21. Juli 1925, B. G. Bl. Nr. 276, wird verordnet:

§ 1. (1) Dem Ersuchen einer erkennenden oder verfügenden Stelle um Eintreibung einer Geldleistung durch die Verwaltungsvollstreckungsbehörde ist eine Ausfertigung des Exekutionstitels anzuschließen, die mit der Bestätigung versehen ist, daß der Exekutionstitel einem die Vollstreckbarkeit hemmenden Rechtszug nicht unterliegt (Vollstreckbarkeitsbestätigung). Die Vollstreckbarkeitsbestätigung kann auch in das Ersuchen aufgenommen werden.

(2) Die Anspruchsberechtigten, die gemäß § 3, Abs. (3), des Verwaltungsvollstreckungsgesetzes die Eintreibung der Verpflichtung zu einer Geldleistung unmittelbar beim zuständigen Gericht beantragen können, sind von der Vollstreckungsbehörde, wenn sie nicht in der Lage ist, die Eintreibung selbst durchzuführen, zu verhalten, ihre Anträge unmittelbar beim zuständigen Gericht zu stellen.

§ 2. Die Vollstreckungsbehörde hat von jedem im Verwaltungsvollstreckungsverfahren begründeten Pfandrecht das Bezirksgericht, das Finanzamt und die Gemeindebehörde, in deren Sprengel die Sachen gepfändet wurden, durch Übersendung des Pfändungsprotokolles oder eines kurzen Auszuges daraus zu verständigen.

§ 3. Von der Einforderung der im Exekutionsverfahren aufgelaufenen, nicht einbringlichen Vollzugskosten hat das Gericht abzusehen, wenn der betreibende Gläubiger die Republik Österreich (Bundesschatz) ist.

§ 4. (1) Die Verordnung des Bundeskanzlers vom 28. Dezember 1925, B. G. Bl. Nr. 446, über den Vorgang bei der gerichtlichen Eintreibung von Geldleistungen für Verwaltungszwecke wird aufgehoben.

(2) Diese Verordnung findet auf bereits anhängige Vollstreckungsverfahren Anwendung, sofern eine gerichtliche Verteilungstagsatzung noch nicht stattgefunden hat.

EU-Verwaltungsstrafvollstreckungsgesetz

BGBl I 2008/3 (Art 1) idF

1 BGBl I 2013/33

STICHWORTVERZEICHNIS

Bundesgesetz über die Vollstreckung von Geldstrafen und Geldbußen von Verwaltungsbehörden im Rahmen der Europäischen Union (EU-Verwaltungsstrafvollstreckungsgesetz – EU-VStVG)

Inhaltsverzeichnis

1. Abschnitt

Allgemeine Bestimmungen

1. Abschnitt

Allgemeine Bestimmungen

Anwendungsbereich

§ 1. Dieses Bundesgesetz regelt

1. die Vollstreckung von Entscheidungen anderer Mitgliedstaaten der Europäischen Union in Österreich, soweit sie nicht im Bundesgesetz über die justizielle Zusammenarbeit in Strafsachen mit den Mitgliedstaaten der Europäischen Union (EU-JZG), BGBl. I Nr. 36/2004, geregelt ist, und

2. die Vollstreckung von Entscheidungen österreichischer Verwaltungsbehörden in einem anderen Mitgliedstaat der Europäischen Union,

jedoch mit Ausnahme von Entscheidungen der Finanz- und Zollbehörden.

Begriffsbestimmungen

§ 2. Im Sinne dieses Bundesgesetzes bezeichnet der Begriff

1. „Entscheidung"

a) eine rechtskräftige Entscheidung über die Zahlung einer Geldstrafe oder Geldbuße durch eine natürliche oder juristische Person, die

aa) von einer nicht gerichtlichen Behörde des Entscheidungsstaats in Bezug auf eine nach dessen Recht strafbare Handlung getroffen wurde, vorausgesetzt, die Person hatte die Möglichkeit, die Sache vor ein auch in Strafsachen zuständiges Gericht zu bringen, oder

bb) von einer nicht gerichtlichen Behörde des Entscheidungsstaats in Bezug auf Handlungen getroffen wurde, die nach dessen innerstaatlichem Recht als Zuwiderhandlung gegen Rechtsvorschriften geahndet wurden, vorausgesetzt, die Person hatte die Möglichkeit, die Sache vor ein auch in Strafsachen zuständiges Gericht zu bringen;

b) im Anwendungsbereich des 3. Abschnitts auch eine rechtskräftige Entscheidung über die Zahlung einer Geldstrafe oder Geldbuße durch eine natürliche oder juristische Person, die von einem auch in Strafsachen zuständigen Gericht getroffen wurde und sich auf eine unter lit. a sublit. bb fallende Entscheidung bezieht;

2. „Geldstrafe oder Geldbuße" die Verpflichtung zur Zahlung

a) eines in einer Entscheidung festgesetzten Geldbetrags auf Grund einer Bestrafung wegen einer strafbaren Handlung oder Zuwiderhandlung gegen Rechtsvorschriften;

b) einer in derselben Entscheidung festgesetzten Entschädigung für die Opfer, wenn das Opfer im Rahmen des Verfahrens keine zivilrechtlichen Ansprüche geltend machen darf und das Gericht in Ausübung seiner strafrechtlichen Zuständigkeit tätig wird;

c) von Geldbeträgen für die Kosten der Gerichts- und Verwaltungsverfahren, die zu der Entscheidung geführt haben;

d) von in derselben Entscheidung festgesetzten Geldbeträgen an eine öffentliche Kasse oder eine Organisation zur Unterstützung von Opfern.

Unter den Begriff „Geldstrafe oder Geldbuße" fallen weder Anordnungen über die Einziehung von Tatwerkzeugen oder von Erträgen aus Straftaten noch Anordnungen zivilrechtlicher Natur, die sich aus Schadenersatzansprüchen und Klagen auf Wiederherstellung des früheren Zustands ergeben und gemäß der Verordnung (EG) Nr. 44/2001 über die gerichtliche Zuständigkeit und die Anerkennung und Vollstreckung von Entscheidungen in Zivil- und Handelssachen, ABl. Nr. L Nr. 12 vom 16.01.2001 S. 1, vollstreckbar sind;

3. „Bestrafter" die auf Grund der Entscheidung zur Zahlung der Geldstrafe oder Geldbuße verpflichtete Person;

4. „Rahmenbeschluss" den Rahmenbeschluss 2005/214/JI über die Anwendung des Grundsatzes der gegenseitigen Anerkennung von Geldstrafen und Geldbußen, ABl. Nr. L 76 vom 22.03.2005 S. 16;

5. „Mitgliedstaat" einen Mitgliedstaat der Europäischen Union;

6. „Entscheidungsstaat" den Mitgliedstaat, in dem die Entscheidung ergangen ist;

7. „Vollstreckungsstaat" den Mitgliedstaat, dem die Entscheidung zum Zweck der Vollstreckung übermittelt wurde;

8. „Bescheinigung" die Bescheinigung nach Art. 4 des Rahmenbeschlusses ,,;" *(BGBl I 2013/33)*

9. „Rahmenbeschluss 2009/299/JI" den Rahmenbeschluss 2009/299/JI zur Änderung der Rahmenbeschlüsse 2002/584/JI, 2005/214/JI, 2006/783/JI, 2008/909/JI und 2008/947/JI, zur Stärkung der Verfahrensrechte von Personen und zur Förderung der Anwendung des Grundsatzes der gegenseitigen Anerkennung auf Entscheidungen, die im Anschluss an eine Verhandlung ergangen sind, zu der die betroffene Person nicht erschienen ist, ABl. Nr. L 81 vom 27.03.2009 S. 24. *(BGBl I 2013/33)*

2. Abschnitt

Vollstreckung von Entscheidungen anderer Mitgliedstaaten in Österreich

Anzuwendendes Verfahrensrecht

§ 3. Soweit sich aus den Bestimmungen dieses Abschnitts nicht anderes ergibt, ist auf das Verfahren zur Vollstreckung von Entscheidungen anderer Mitgliedstaaten in Österreich das Verwaltungsvollstreckungsgesetz 1991 (VVG), BGBl. Nr. 53, anzuwenden.

Übermittlung der Entscheidung

§ 4. Ist eine österreichische Verwaltungsbehörde, die eine zur Vollstreckung übermittelte Entscheidung im Sinne dieses Bundesgesetzes oder des EU-JZG erhält, nicht zuständig, die erforderlichen Maßnahmen für deren Vollstreckung zu treffen, so hat sie die Entscheidung von Amts wegen der zuständigen Vollstreckungsbehörde oder dem gemäß § 53b Abs. 1 und 2 EU-JZG zuständigen Gericht zu übermitteln.

Unzulässigkeit der Vollstreckung

§ 5. (1) Die Vollstreckungsbehörde hat die Vollstreckung der Entscheidung zu verweigern, wenn die Bescheinigung nicht vorliegt, unvollständig ist oder der Entscheidung offensichtlich nicht entspricht. Als Unvollständigkeit gilt auch, wenn nicht zusammen mit der Bescheinigung die Entscheidung oder eine beglaubigte Abschrift der Entscheidung übermittelt wird oder wenn eine Übersetzung der Bescheinigung in die deutsche Sprache fehlt, es sei denn der Entscheidungsstaat hat die Erklärung abgegeben, als Vollstreckungsstaat Bescheinigungen auch in deutscher Sprache zu akzeptieren.

(2) Die Vollstreckungsbehörde hat die Vollstreckung der Entscheidung zu verweigern, wenn

1. der Bestrafte im Inland weder über Vermögen verfügt noch Einkommen bezieht, oder sich nicht in der Regel im Inland aufhält bzw. dort seinen Sitz hat, *(BGBl I 2013/33)*

2. gegen den Bestraften wegen derselben Tat eine rechtskräftige Entscheidung im Inland ergangen oder eine in einem anderen Staat als dem Entscheidungsstaat oder Österreich ergangene Entscheidung vollstreckt worden ist,

3. sich die Entscheidung auf eine Tat bezieht, die nach österreichischem Recht keine strafbare Handlung darstellen würde, sofern es sich nicht um einen in der Liste in **Anlage 1** aufgezählten Fall handelt,

4. die Vollstreckbarkeit der Entscheidung nach österreichischem Recht verjährt ist und die Entscheidung sich auf eine Tat bezieht, für die österreichisches Strafrecht gilt,

5. sich die Entscheidung auf eine Tat bezieht,

a) die im Inland oder an Bord eines österreichischen Schiffes oder Luftfahrzeuges begangen worden ist oder

b) die nicht im Hoheitsgebiet des Entscheidungsstaats begangen worden ist, und nach österreichischem Recht im Ausland begangene Taten gleicher Art nicht strafbar sind,

6. nach österreichischem Recht Immunitäten bestehen, die einer Vollstreckung entgegenstehen,

7. die Entscheidung gegen eine natürliche Person ergangen ist, die nach österreichischem Recht zur Zeit der Tat strafunmündig war,

8. dem Bestraften im Entscheidungsstaat Amnestie oder Begnadigung gewährt worden ist,

9. laut Bescheinigung der Bestrafte im Fall eines schriftlichen Verfahrens nicht persönlich oder über einen nach dem Recht des Entscheidungsstaates befugten Vertreter von seinem Recht, die Entscheidung anzufechten, und von den Fristen, die für dieses Rechtsmittel gelten, gemäß den Rechtsvorschriften des Entscheidungsstaats unterrichtet worden ist, *(BGBl I 2013/33)*

10. laut Bescheinigung der Bestrafte zu der Verhandlung, die zu der Entscheidung geführt hat, nicht persönlich erschienen ist, es sei denn, aus der Bescheinigung geht hervor, dass der Bestrafte im Einklang mit weiteren verfahrensrechtlichen Vorschriften des einzelstaatlichen Rechts des Entscheidungsstaates

a) rechtzeitig

aa) entweder persönlich vorgeladen wurde und dabei von dem vorgesehenen Termin und Ort der Verhandlung in Kenntnis gesetzt wurde, die zu der Entscheidung geführt hat, oder auf andere Weise tatsächlich offiziell von dem vorgesehenen Termin und Ort dieser Verhandlung in Kenntnis gesetzt wurde, und zwar auf eine Weise, dass zweifelsfrei nachgewiesen wurde, dass er von der anberaumten Verhandlung Kenntnis hatte und

bb) davon in Kenntnis gesetzt wurde, dass eine Entscheidung auch dann ergehen kann, wenn er zu der Verhandlung nicht erscheint

oder

b) in Kenntnis der anberaumten Verhandlung ein Mandat an einen Rechtsbeistand, der entweder vom Bestraften oder vom Staat bestellt wurde, erteilt hat, ihn bei der Verhandlung zu verteidigen, und bei der Verhandlung von diesem Rechtsbeistand tatsächlich verteidigt worden ist oder

c) nachdem ihm die Entscheidung zugestellt und er ausdrücklich von seinem Recht auf Wiederaufnahme des Verfahrens oder auf ein Berufungsverfahren in Kenntnis gesetzt worden ist, an dem der Bestrafte teilnehmen kann und bei dem der Sachverhalt, einschließlich neuer Beweismittel, erneut geprüft werden und die ursprünglich ergangene Entscheidung aufgehoben werden kann

aa) ausdrücklich erklärt hat, dass er die Entscheidung nicht anficht oder

bb) innerhalb der geltenden Frist keine Wiederaufnahme des Verfahrens bzw. kein Berufungsverfahren beantragt hat, *(BGBl I 2013/33)*

11. laut Bescheinigung der Bestrafte nicht persönlich erschienen ist, es sei denn, aus der Bescheinigung geht hervor, dass er nach ausdrücklicher Unterrichtung über das Verfahren und die Möglichkeit, bei der Verhandlung persönlich zu erscheinen, ausdrücklich erklärt hat, dass er auf das Recht auf mündliche Anhörung verzichtet,

und ausdrücklich mitgeteilt hat, dass er die Entscheidung nicht anficht, *(BGBl I 2013/33)*

„12." die verhängte Geldstrafe oder Geldbuße unter 70 Euro oder dem Gegenwert dieses Betrags liegt oder *(BGBl I 2013/33)*

„13." Grundrechte oder allgemeine Rechtsgrundsätze gemäß Art. 6 des Vertrags über die Europäische Union verletzt wurden. *(BGBl I 2013/33)*

(3) Die Vollstreckungsbehörde hat die Vollstreckung der Entscheidung zu verweigern, soweit

1. die Republik Österreich den Anwendungsbereich des Rahmenbeschlusses in einer gemäß Art. 20 Abs. 2 des Rahmenbeschlusses abgegebenen Erklärung beschränkt hat oder

2. im Hinblick auf eine vom Entscheidungsstaat gemäß dieser Bestimmung abgegebene Erklärung Gegenseitigkeit fehlt.

(4) Bevor die Vollstreckungsbehörde in den in Abs. 1 und Abs. 2 Z 4, 9, 10, 11 und 13 genannten Fällen die Vollstreckung einer Entscheidung ganz oder teilweise verweigert, hat sie auf geeignete Art und Weise die zuständige Behörde des Entscheidungsstaats zu konsultieren und diese gegebenenfalls um die unverzügliche Übermittlung aller erforderlichen zusätzlichen Angaben zu bitten. *(BGBl I 2013/33)*

(5) Bevor die Vollstreckungsbehörde die Eintreibung der zu zahlenden Geldstrafe oder Geldbuße durch das zuständige Gericht veranlasst oder diese selbst vornimmt (§ 3 Abs. 1 VVG), hat sie den Bestraften zu deren Zahlung aufzufordern und ihm Gelegenheit zu geben, sich zu den möglichen Gründen für eine Verweigerung der Vollstreckung der Entscheidung zu äußern, wenn ihm im Inland zugestellt werden kann. Liegen solche Gründe vor, ist die Vollstreckung unzulässig; die Bewilligung einer gerichtlichen Exekution ist vom Gericht auf Antrag des Verpflichteten zu verweigern.

Vollstreckung

§ 6. (1) Der zu vollstreckende Geldbetrag ist von der Vollstreckungsbehörde in Euro anzugeben. Ist die zu zahlende Geldstrafe oder Geldbuße in der zu vollstreckenden Entscheidung nicht in Euro angegeben, so ist der zu vollstreckende Geldbetrag zu dem am Tag der Verhängung der Geldstrafe oder Geldbuße geltenden Wechselkurs in Euro umzurechnen.

(2) Bezieht sich die Entscheidung nachweislich auf Taten, die nicht im Hoheitsgebiet des Entscheidungsstaats begangen worden sind, und gilt für diese Taten österreichisches Strafrecht, so ist der zu vollstreckende Betrag auf das nach österreichischem Recht zulässige Höchstmaß herabzusetzen.

(3) § 54b Abs. 3 VStG ist sinngemäß anzuwenden.

(4) Die Vollstreckung der Entscheidung kann für die Zeit ausgesetzt werden, die für eine Anfertigung ihrer Übersetzung benötigt wird.

Anrechnung geleisteter Zahlungen

§ 7. Kann der „Bestrafte" den Nachweis für eine teilweise oder vollständig geleistete Zahlung in einem Staat erbringen, so hat die Vollstreckungsbehörde nach dem Verfahren des § 5 Abs. 4 die zuständige Behörde des Entscheidungsstaats zu konsultieren. Jeder in einem Staat in welcher Weise auch immer eingetriebene Teil der Geldstrafe oder Geldbuße ist voll auf den einzutreibenden Geldbetrag anzurechnen. *(BGBl I 2013/33)*

Beendigung der Vollstreckung

§ 8. Unterrichtet die zuständige Behörde des Entscheidungsstaats die Vollstreckungsbehörde über eine Entscheidung oder Maßnahme, auf Grund „deren" die Vollstreckbarkeit der Entscheidung erlischt oder die Vollstreckung Österreich aus anderen Gründen wieder entzogen wird, so ist die Vollstreckung zu beenden. *(BGBl I 2013/33)*

Erlös aus der Vollstreckung

§ 9. Sofern nicht eine anders lautende Vereinbarung mit dem Entscheidungsstaat getroffen wurde, fließt der Erlös aus der Vollstreckung dem Rechtsträger zu, der den Aufwand der Vollstreckungsbehörde zu tragen hat.

Unterrichtung des Entscheidungsstaats

§ 10. Die jeweilige Behörde hat die zuständige Behörde des Entscheidungsstaats unverzüglich in einer Form, die einen schriftlichen Nachweis ermöglicht,

1. über die Übermittlung der Entscheidung an die zuständige Vollstreckungsbehörde oder an das zuständige Gericht gemäß § 4,

2. über die Verweigerung der Vollstreckung einer Entscheidung gemäß § 5 zusammen mit einer Begründung,

3. über die in ihrer Gesamtheit oder in Teilen aus den in § 6 Abs. 2, § 7 oder in anderen Rechtsvorschriften genannten Gründen nicht erfolgte Vollstreckung der Entscheidung und

4. über die Vollstreckung der Entscheidung, sobald sie abgeschlossen ist,

zu unterrichten.

Kosten

§ 11. Ein Ersatz für entstehende Kosten darf von anderen Mitgliedstaaten nicht gefordert werden.

3. Abschnitt

Vollstreckung von österreichischen Entscheidungen in einem anderen Mitgliedstaat

Voraussetzungen

§ 12. Entscheidungen österreichischer Behörden können in einem anderen Mitgliedstaat vollstreckt werden, wenn eine Vollstreckung im Inland nicht möglich ist oder mit einem unverhältnismäßigen Aufwand verbunden wäre.

VVG + EintrV
EU-VStVG

Übermittlung der Entscheidung

§ 13. (1) Die Strafbehörde hat die Entscheidung oder eine beglaubigte Abschrift der Entscheidung zusammen mit einer Bescheinigung der zuständigen Behörde eines Mitgliedstaats zu übermitteln, in dem der Bestrafte über Vermögen verfügt, Einkommen bezieht oder sich in der Regel aufhält bzw. seinen eingetragenen Sitz hat.

(2) Für die Bescheinigung ist das Formblatt in **Anlage 2**[1] zu verwenden; sie ist von der Strafbehörde zur Bestätigung der Richtigkeit ihres Inhalts zu unterzeichnen. Sofern der Vollstreckungsstaat nicht die Erklärung abgegeben hat, Bescheinigungen auch in deutscher Sprache zu akzeptieren, ist die Bescheinigung in die Amtssprache oder eine der Amtssprachen des Vollstreckungsstaats oder, wenn der Vollstreckungsstaat die Erklärung abgegeben hat, eine Übersetzung in eine oder mehrere andere Amtssprachen der Europäischen Union zu akzeptieren, in eine dieser Amtssprachen zu übersetzen.

(3) Die Übermittlung gemäß Abs. 1 hat in einer Form zu erfolgen, die einen schriftlichen Nachweis unter Bedingungen ermöglicht, die dem Vollstreckungsstaat die Feststellung der Echtheit gestattet. Das Original der Entscheidung oder eine beglaubigte Abschrift der Entscheidung und das Original der Bescheinigung sind dem Vollstreckungsstaat auf Wunsch im Postweg zuzusenden. Die Übermittlung gemäß Abs. 1 sowie sämtliche offiziellen Mitteilungen erfolgen unmittelbar zwischen der Strafbehörde und der zuständigen Behörde des Vollstreckungsstaats.

(4) Die Strafbehörde darf die Entscheidung jeweils nur einem Vollstreckungsstaat übermitteln.

(5) Ist der Strafbehörde nicht bekannt, welche Behörde im Vollstreckungsstaat zuständig ist, so hat sie zu versuchen, diese beim Vollstreckungsstaat mit allen ihr zur Verfügung stehenden Mitteln – auch über die Kontaktstellen des Europäischen Justiziellen Netzes – in Erfahrung zu bringen.

---

[1] *Anlage nicht abgedruckt.*

Beendigung der Vollstreckung

§ 14. (1) Die Strafbehörde hat die zuständige Behörde des Vollstreckungsstaats unverzüglich über jede Entscheidung oder Maßnahme zu unterrichten, auf Grund „deren" die Vollstreckbarkeit der Entscheidung erlischt. *(BGBl I 2013/33)*

(2) Die Strafbehörde hat dem Vollstreckungsstaat die Vollstreckung wieder zu entziehen, wenn die Voraussetzungen nach § 12 weggefallen sind.

Folgen der Übermittlung

§ 15. (1) Vorbehaltlich des Abs. 2 darf eine gemäß § 13 übermittelte Entscheidung im Inland nicht vollstreckt werden.

(2) Die Vollstreckung ist wieder zulässig,

1. nachdem der Vollstreckungsstaat die Strafbehörde davon unterrichtet hat, dass bei Anwendung von Art. 7 „des Rahmenbeschlusses in der Fassung des Rahmenbeschlusses 2009/299/JI", ausgenommen dessen Abs. 2 Buchstabe a, von Art. 11 Abs. 1 oder von Art. 20 Abs. 3 des Rahmenbeschlusses die Vollstreckung der Entscheidung in ihrer Gesamtheit oder in Teilen nicht erfolgt ist oder die Entscheidung nicht anerkannt wurde, oder *(BGBl I 2013/33)*

2. wenn die Strafbehörde den Vollstreckungsstaat davon unterrichtet hat, dass sie ihm die Vollstreckung der Entscheidung gemäß § 14 Abs. 2 wieder entzogen hat.

(3) Erhält nach Übermittlung einer Entscheidung gemäß § 13 eine österreichische Behörde einen Geldbetrag, den der Bestrafte freiwillig auf Grund der Entscheidung gezahlt hat, so hat sie dies der zuständigen Behörde im Vollstreckungsstaat unverzüglich mitzuteilen. § 7 ist sinngemäß anzuwenden.

4. Abschnitt

Schlussbestimmungen

Verhältnis zu anderen Übereinkünften und Vereinbarungen

§ 16. Dieses Bundesgesetz schließt die Anwendung anderer Übereinkünfte oder Vereinbarungen zwischen Mitgliedstaaten nicht aus, insoweit diese Übereinkünfte oder Vereinbarungen Möglichkeiten bieten, die über die Bestimmungen des Rahmenbeschlusses hinausgehen und zu einer weiteren Vereinfachung oder Erleichterung der Verfahren zur Vollstreckung von Geldstrafen oder Geldbußen beitragen.

Verweisungen

§ 17. Soweit in diesem Bundesgesetz auf Bestimmungen anderer Bundesgesetze verwiesen wird, sind diese in ihrer jeweils geltenden Fassung anzuwenden.

Inkrafttreten

§ 18. „(1)" Dieses Bundesgesetz tritt mit 1. März 2008 in Kraft. Auf Übertretungen, die vor diesem Datum begangen wurden, ist dieses Gesetz jedoch nicht anzuwenden. *(BGBl I 2013/33)*

(2) § 2 Z 8 und 9, § 5 Abs. 2 Z 1, 9, 10, 11, 12 und 13, § 5 Abs. 4, § 7, § 8, § 14 Abs. 1, § 15 Abs. 2 Z 1 und Buchstabe h Z 3 der Anlage 2 in der Fassung des Bundesgesetzes BGBl. I Nr. 33/2013 treten mit Ablauf des Tages der Kundmachung dieses Bundesgesetzes in Kraft.[1] *(BGBl I 2013/33)*

---

[1] *Die Kundmachung des Verwaltungsgerichtsbarkeits-Ausführungsgesetzes 2013, BGBl I 2013/33, im Bundesgesetzblatt erfolgte am 13. Februar 2013.*

Vollziehung

§ 19. Mit der Vollziehung dieses Bundesgesetzes ist die Bundesregierung betraut.

Anlage 1

Liste von Straftaten, bei denen die beiderseitige Strafbarkeit nicht geprüft wird

– Beteiligung an einer kriminellen Vereinigung,

– Terrorismus,

– Menschenhandel,

– sexuelle Ausbeutung von Kindern und Kinderpornografie,

– illegaler Handel mit Drogen und psychotropen Stoffen,

– illegaler Handel mit Waffen, Munition und Sprengstoffen,

– Korruption,

– Betrugsdelikte, einschließlich Betrug zum Nachteil der finanziellen Interessen der Europäischen Gemeinschaften im Sinne des Übereinkommens vom 26. Juli 1995 über den Schutz der finanziellen Interessen der Europäischen Gemeinschaften,

– Wäsche von Erträgen aus Straftaten,

– Geldfälschung, einschließlich der Euro-Fälschung,

– Cyberkriminalität,

– Umweltkriminalität, einschließlich des illegalen Handels mit bedrohten Tierarten oder mit bedrohten Pflanzen- und Baumarten,

– Beihilfe zur illegalen Einreise und zum illegalen Aufenthalt,

– vorsätzliche Tötung, schwere Körperverletzung,

– illegaler Handel mit Organen und menschlichem Gewebe,

– Entführung, Freiheitsberaubung und Geiselnahme,

– Rassismus und Fremdenfeindlichkeit,

– Diebstahl in organisierter Form oder mit Waffen,

– illegaler Handel mit Kulturgütern, einschließlich Antiquitäten und Kunstgegenstände,

– Betrug,

– Erpressung und Schutzgelderpressung,

– Nachahmung und Produktpiraterie,

– Fälschung von amtlichen Dokumenten und Handel damit,

– Fälschung von Zahlungsmitteln,

– illegaler Handel mit Hormonen und anderen Wachstumsförderern,

– illegaler Handel mit nuklearen und radioaktiven Substanzen,

– Handel mit gestohlenen Kraftfahrzeugen,

– Vergewaltigung,

– Brandstiftung,

– Verbrechen, die in die Zuständigkeit des Internationalen Strafgerichtshofs fallen,

– Flugzeug- und Schiffsentführung,

– Sabotage,

– gegen die den Straßenverkehr regelnden Vorschriften verstoßende Verhaltensweise, einschließlich Verstößen gegen Vorschriften über Lenk- und Ruhezeiten und des Gefahrgutrechts,

– Warenschmuggel,

– Verletzung von Rechten an geistigem Eigentum,

– Bedrohungen von Personen und Gewalttaten gegen sie, einschließlich Gewalttätigkeit bei Sportveranstaltungen,

– Sachbeschädigung,

– Diebstahl,

– Straftatbestände, die vom Entscheidungsstaat festgelegt wurden und durch Verpflichtungen abgedeckt sind, die sich aus im Rahmen des EG-Vertrags oder des Titels VI des EU-Vertrags erlassenen Rechtsakten ergeben.

VVG + EintrV
EU-VStVG

KODEX
DES ÖSTERREICHISCHEN RECHTS
SAMMLUNG DER ÖSTERREICHISCHEN BUNDESGESETZE

VERFASSUNGS-RECHT

LexisNexis

1	B-VG
1a	ÜG, B-VGNov
2a	StGG
2b	EMRK
2c	ReligionsR, ZDG · VerG · VersammlungsG · ORF-G, RGG · PrR-G, PrTV-G · FERG, KOG · PresseFG · MinderheitenR
3a	BVG
3b	VfBest in BG
4	UnabhBE, V-ÜG · B-ÜG, StV Wien
5	BVG Neutralität · KMG · Int Sanktionen · KSE-BVG, TrAufG · Staatl Symbole
6	StbG
7	PartG · VerbotsG · KlubFG, PubFG
8	Wahlen · DirekteDemokratie
9	GOG-NR
10	BezR · UnvG
11	BGBlG · Rechtsbereinigung
12	BMG · BVG ÄmterLReg · BGemAufG
13	F-VG, FAG 2005 · KonsMech · StabPakt 2005
14	RHG
15	UBASG
16	VwGG
17	VfGG
18	VolksanwG
19	AHG, OrgHG
20	AuskPfl
21	EUV/EGV

KODEX
DES ÖSTERREICHISCHEN RECHTS
SAMMLUNG DER ÖSTERREICHISCHEN BUNDESGESETZE

BÜRGERLICHES RECHT

LexisNexis

1	ABGB mit FamErbRÄG
2	IPRG mit EVÜ
3	TEG
4	EheG
5	PStG
6	NÄG
7	RelKEG
8	UVG mit AusfUG
9	JWG
10	NotwegeG
11	GSGG
12	WWSGG
13	EisbEG
14	WEG
15	MRG RWG, HeizKG
16	BauRG
17	LPG
18	KlGG
19	GBG mit GUG
20	UHG mit LiegTG
21	AnerbG
22	KSchG BTVG, TNG, FernFinG
23	WucherG
24	UrhG mit VerwGesG
25	RHPflG
26	EKHG VerkUG, LFG EU-UPVO ÜberbauVO
27	AtomHG
28	AHG RußttsG
29	OrgHG
30	DHG
31	ASVG Haftung
32	PHG mit GTG
33	UN-KaufR
34	AngG
35	NotaktsG
36	ECG
37	SigG
38	RAPG

KODEX
DES ÖSTERREICHISCHEN RECHTS
HERAUSGEBER: UNIV.-PROF. DR. WERNER DORALT

UNTERNEHMENS-RECHT

LexisNexis

1	UGB · HGB · A-QSG, SRLG
2	ABGB
3	FBG -VO₉₉
4	HVertrG
5	MaklerG
6	KSchG
7	UN-KaufR
8	GmbHG
9	AktG · ÜbG -VO · GesRÄndG/2011 · Corporate Governance
10	SE (EU-Gen) · SEG
11	GenG · GenRevG · GenRevRÄG · GenRevPO · GenWendungG · GenKonktVO · Firm-GenRG
12	SCE (EU-Gen) · SCEG
13	VerG · VereinsDS-VO
14	EWIVG
15	PSG
16	ArbVG -VOBL
17	StellenbesG -VO
18	GesAusG
19	KapBG
20	EKEG
21	URG
22	UmwG
23	SpaltG
24	EU-VerschG
25	UmgrStG
26	InvFG -VO₉₉
27	ImmoInvFG
28	BetelFG
29	KMG
30	ScheckG
31	WechselG
32	KEG -VO
33	AÖSp
34	CMR
35	UWG
36	KartG
37	WettbG
38	UrhG
39	MarkSchG
40	MuSchG
41	PatG
Anhang	EU-Privatrecht

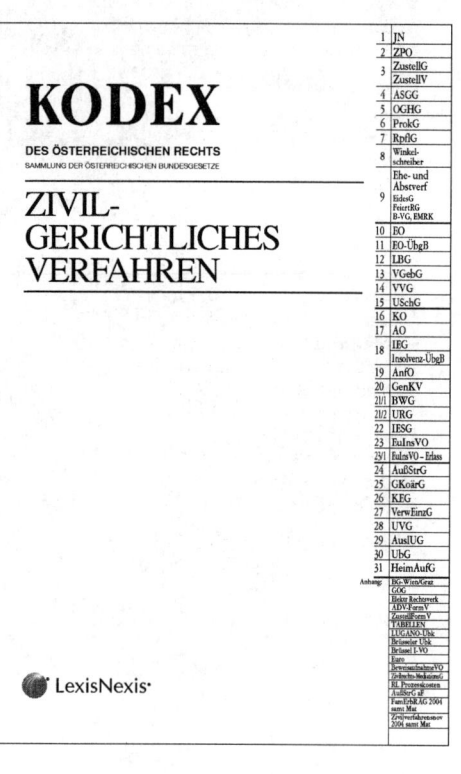

KODEX
DES ÖSTERREICHISCHEN RECHTS
SAMMLUNG DER ÖSTERREICHISCHEN BUNDESGESETZE

ZIVIL-GERICHTLICHES VERFAHREN

LexisNexis

1	JN
2	ZPO
3	ZustellG · ZustellV
4	ASGG
5	OGHG
6	ProkG
7	RpflG
8	Winkel-schreiber
9	Ehe- und Absterf · FeldorG · FeiertRG · B-VG, EMRK
10	EO
11	EO-ÜbgB
12	LBG
13	VGebG
14	VVG
15	USchG
16	KO
17	AO
18	IEG · Insolvenz-ÜbgB
19	AnfO
20	GenKV
21/1	BWG
21/2	URG
22	IESG
23	EuInsVO
23/1	EuInsVO - Erlass
24	AußStrG
25	GKoärG
26	KEG
27	VerwEinzG
28	UVG
29	AusUG
30	UbG
31	HeimAufG
Anhang	BG-Wien/Graz · GOG · Heize Rechtswerk · ADV-FormV · ZessedFormV · TABELLEN · LUGANO-Übk · Brüsseler Übk · Brüssel I-VO · Euro · BeweisaufnahmeVO · Zivdeuchts-MediationsG · EU-ProzesskostenAußStreG aF · FamErbRÄG 2004 samt Mat · ZivilverfahrensnovV 2004 samt Mat

Agrarverfahrensgesetz

BGBl 1950/173 (WV) idF

1 BGBl 1967/77
2 BGBl 1977/391
3 BGBl 1993/901
4 BGBl I 1998/158

5 BGBl I 1999/191 (BG)
6 BGBl I 2000/26
7 BGBl I 2002/57
8 BGBl I 2013/189

STICHWORTVERZEICHNIS

AgrVG

Kundmachung der Bundesregierung vom 18. Juli 1950 über die Wiederverlautbarung des Agrarverfahrensgesetzes.

Artikel 1

(1) Auf Grund des Wiederverlautbarungsgesetzes vom 12. Juni 1947, BGBl. Nr. 114, wird in der Anlage das Bundesgesetz vom 4. März 1927, BGBl. Nr. 79, über das Verfahren der Agrarbehörden in den Angelegenheiten der Bodenreform (Agrarverfahrensgesetz – AgrVG.) unter Berücksichtigung der Änderungen und Ergänzungen neu verlautbart, die sich aus nachstehenden Rechtsvorschriften ergeben:

1. Übergangsgesetz vom 1. Oktober 1920 in der Fassung BGBl. Nr. 368/1925 § 8 Abs. 5 Eingang und lit. a,

2. Bundesgesetz BGBl. Nr. 133/1937, betreffend die Einrichtung der Agrarbehörden Artikel III §§ 5 und 6 und Artikel IV § 11 in der Fassung BGBl. Nr. 179/1947,

3. Bundesgesetz vom 2. Juli 1947, BGBl. Nr. 178 (Agrarverfahrensnovelle 1947).

(2) Bestimmungen des neuverlautbarten Gesetzes, die als nicht mehr geltend festgestellt werden, sind im Texte der Neuverlautbarung bezeichnet.

(3) Sonderbestimmungen in Verwaltungsvorschriften, die nach dem 12. März 1927 in Kraft getreten sind, bleiben durch das Wirksamwerden der Neuverlautbarung in ihrer Geltung unberührt.

Artikel 2 – 3

(nicht abgedruckt)

Anlage

Agrarverfahrensgesetz – AgrVG. 1950.

Abschnitt I.

Allgemeine Bestimmungen für das Verfahren der Agrarbehörde.

Anwendung des Allgemeinen Verwaltungsverfahrensgesetzes

§ 1. Im Verfahren in den Angelegenheiten der Bodenreform vor der Agrarbehörde gilt, soweit im Folgenden nichts anderes bestimmt ist, das Allgemeine Verwaltungsverfahrensgesetz 1991, BGBl. Nr. 51/1991, mit Ausnahme des § 78.

(BGBl I 2013/189)

Agrarbehörde

§ 2. Behörde im Sinne dieses Bundesgesetzes ist die in Angelegenheiten der Bodenreform zuständige Behörde (Agrarbehörde).

(BGBl I 2013/189)

Verwaltungsvorschriften.

§ 3. Verwaltungsvorschriften im Sinne dieses Gesetzes sind alle von „der Agrarbehörde" in den Angelegenheiten der Bodenreform zu handhabenden Gesetze und Verordnungen. *(BGBl I 2013/189)*

Beteiligte, Parteien.

§ 4. Die Bestimmungen der Verwaltungsvorschriften darüber, wer in einem Agrarverfahren als unmittelbar oder mittelbar Beteiligter anzusehen ist und welche Rechte ihm zustehen, bleiben unberührt.

(BGBl 1993/901)

Vertreter

§ 5. (1) Die Bestimmungen der Verwaltungsvorschriften über die Vertretung und Bevollmächtigung bleiben unberührt.

(2) Den Miteigentümern eines dem Agrarverfahren unterworfenen Grundstückes kann von der Behörde aufgetragen werden, innerhalb einer gleichzeitig zu bestimmenden Frist einen gemeinsamen Vertreter für die Dauer des Agrarverfahrens zu bestellen.

(3) Kommen die in Abs. 2 genannten Personen diesem Auftrag nicht nach, so hat die Behörde von Amts wegen den gemeinsamen Vertreter zu bestellen. *(BGBl 1993/901)*

(4) Die gegen Bescheide nach den Abs. 2 und 3 eingebrachten „Beschwerden" haben keine aufschiebende Wirkung. *(BGBl 1993/901; BGBl I 2013/189)*

(BGBl 1977/391)

§ 6. *(aufgehoben samt Überschrift, BGBl I 2013/189)*

Erlassung von Bescheiden; Beschwerden

§ 7. (1) Ausweise, Pläne, Listen, Register und Verzeichnisse, durch die Rechte oder Rechtsverhältnisse festgestellt oder gestaltet werden, sind Bescheide im Sinne des AVG. Inhalt und Form dieser Bescheide richten sich nach den Verwaltungsvorschriften. *(BGBl 1993/901)*

(2) Im Agrarverfahren können Bescheide auch durch Auflage zur allgemeinen Einsicht während einer bestimmten Dauer erlassen werden. Die

Dauer und der Ort der Auflage sind so zu bestimmen, daß jede Partei innerhalb einer Frist von mindestens zwei Wochen Einsicht nehmen kann. Die Dauer und der Ort sind den Parteien schriftlich bekanntzugeben. Für jede Partei beginnt die Auflagefrist nicht vor dem Tag der Zustellung dieser Verständigung. Die Verständigung hat eine Rechtsmittelbelehrung im Sinne des Abs. 3 zu enthalten. *(BGBl 1993/901)*

(3) Im Falle einer Bescheiderlassung nach Abs. 2 beginnt die „Beschwerdefrist" mit dem Tag, der auf den Ablauf der Dauer der Auflage folgt. *(BGBl 1993/901; BGBl I 2013/189)*

(4) Die Behörde kann vor der Vorlage von „Beschwerden an das Landesverwaltungsgericht" oder Aufsichtsbeschwerden an die Oberbehörde die Bereinigung der Angelegenheit durch ein Parteiübereinkommen versuchen und, wenn ein solches zustande kommt und dagegen keine Bedenken sprechen, ihren Bescheid selbst entsprechend abändern. *(BGBl I 2013/189)*

(BGBl 1967/77)

Zusammenlegung

§ 7a. (1) Die Behörde hat vor der Erlassung des Besitzstandsausweises, des Bewertungsplanes und, sofern keine vorläufige Übernahme der Grundabfindung stattgefunden hat, des Zusammenlegungsplanes den Parteien das Ergebnis des Ermittlungsverfahrens in geeigneter Weise zur Kenntnis zu bringen, auf Verlangen zu erläutern und den Parteien Gelegenheit zur Stellungnahme zu geben.

(2) Die Behörde hat einer Partei auf Verlangen einen Auszug aus dem Besitzstandsausweis oder Bewertungsplan, ausgenommen die kartographischen Darstellungen, auszufolgen, der die in das Verfahren einbezogenen Grundstücke der Partei umfaßt. Ebenso hat die Behörde einer Partei auf Verlangen einen Auszug aus dem Zusammenlegungsplan, ausgenommen die kartographischen Darstellungen, auszufolgen, der den Abfindungsanspruch und die Grundabfindungen der Partei sowie allfällige, die Partei betreffende Gegenleistungen ausweist.

(3) Jeder Partei steht das „Beschwerderecht" gegen den Bewertungsplan sowohl hinsichtlich ihrer eigenen als auch hinsichtlich fremder Grundstücke zu. *(BGBl I 2013/189)*

(4) Im Falle einer vorläufigen Übernahme der Grundabfindungen ist der Zusammenlegungsplan spätestens drei Jahre nach Eintritt der Rechtskraft des Bescheides, mit dem die vorläufige Übernahme angeordnet wurde, zu erlassen.

(BGBl 1977/391)

Kosten.

§ 8. (1) Für die Durchführung örtlicher Arbeiten sind die notwendigen Räume einschließlich der Beheizung, Beleuchtung und des erforderlichen Bedienungspersonals, die erforderlichen Hilfskräfte und Transportmittel für das amtliche Gepäck und die Requisiten, einfache Werkzeuge, Meßpflöcke, Signalstangen, Grenzsteine und sonstige Materialien über Aufforderung der Behörde oder ihres mit der Durchführung beauftragten Organs von den Parteien unentgeltlich beizustellen. Die Behörde oder ihr Organ kann mit Zustimmung der Parteien oder, wenn diese der Aufforderung nicht rechtzeitig entsprechend nachkommen, das Erforderliche auf Kosten der Parteien selbst veranlassen. *(BGBl 1993/901)*

(2) Alle übrigen Kosten für die Tätigkeit der Behörden sind auch dann von Amts wegen zu tragen, wenn der Amtshandlung ein Parteienantrag zugrunde liegt; die Kosten von Amtshandlungen, die durch Verschulden veranlaßt werden, sind jedoch von den Schuldtragenden zu ersetzen.

(3) Für die Geldausgleichungen und die Kosten der Kennzeichnung der Grenzen und der gemeinsamen Anlagen und Maßnahmen gelten die Verwaltungsvorschriften. *(BGBl 1993/901)*

Abschnitt II.
(aufgehoben samt Überschrift, BGBl I 2013/189)

Abschnitt III.
Schluß- und Übergangsbestimmungen.

Rechtswirkung der Bescheide und Vergleiche, Vollstreckung.

§ 14. Die Bescheide „ " der „Agrarbehörde und die von ihr" genehmigten Vergleiche (Übereinkommen) haben insbesondere auch hinsichtlich der Vollstreckbarkeit die Rechtswirkung gerichtlicher Urteile und Vergleiche, soweit es sich aber um Bescheide „ " in Angelegenheiten handelt, zu deren Entscheidung außerhalb eines Agrarverfahrens die Behörden der allgemeinen staatlichen Verwaltung zuständig wären, die Rechtswirkung verwaltungsbehördlicher Bescheide. *(BGBl I 2013/189)*
(Übergangsgesetz vom 1. Oktober 1920 in der Fassung BGBl. Nr. 368/1925, § 8 Abs. 5 Eingang und lit. a.)

Befreiung von Abgaben.

§ 15. (1) Die zur Durchführung eines Verfahrens vor der Agrarbehörde

1. zur Regelung der Flurverfassung (Zusammenlegung, Ordnung der rechtlichen und wirtschaftlichen Verhältnisse an agrargemeinschaftli-

AgrVG

chen Grundstücken durch Teilung oder Regulierung, Flurbereinigung) oder

2. zur Regelung der Wald- und Weidenutzungsrechte sowie anderer Felddienstbarkeiten oder

3. in Alpschutzangelegenheiten oder

4. nach den Güter- und Seilwegegesetzen oder

5. in Angelegenheiten des landwirtschaftlichen Siedlungswesens

erforderlichen Schriften und die zu diesen Zwecken vor der Agrarbehörde abgeschlossenen Rechtsgeschäfte sind von den Stempel- und Rechtsgebühren befreit.

(2) Rechtsgeschäfte, die nicht im Rahmen von Verfahren vor der Agrarbehörde abgeschlossen werden, sind von den Stempel- und Rechtsgebühren dann befreit, wenn die mit einem Hinweis auf die Gebührenbefreiung nach dieser Bestimmung versehenen Urkunden beim Finanzamt angezeigt werden und von der Agrarbehörde deren Übereinstimmung mit den Zielen des Gesetzes (Abs. 1 Z 1 bis 5) bescheidmäßig festgestellt wurde.

(3) Grundbuchseintragungen, die zur Durchführung der in Abs. 1 Z 1 und 2 genannten Verfahren verwirklichten Rechtsvorgänge erforderlich sind, sind – ausgenommen die Fälle des § 50 Abs. 2 des Flurverfassungs-Grundsatzgesetzes – von den Gerichtsgebühren befreit. *(BGBl I 2000/26)*

(BGBl 1993/901)

Rückwirkung auf andere gesetzliche Bestimmungen.

§ 16. (1) Mit dem 12. März 1927 als dem Tage des Inkrafttretens dieses Gesetzes in seinem ursprünglichen Wortlaut haben alle in anderen Vorschriften des Bundes und der Länder enthaltenen Bestimmungen über das Verfahren, soweit es durch dieses Gesetz geregelt ist, für die im § 1 bezeichneten Behörden ihre Anwendbarkeit verloren. *(Der letzte Satz des ursprünglichen Wortlautes wird als nicht mehr geltend festgestellt. BGBl. Nr. 133/1937, §§ 8, 9 und 11 sowie BGBl. Nr. 178/1947, § 2.)*

(2) Alle seit dem 13. März 1938 erlassenen deutschen Rechtsvorschriften, die das Verfahren der Agrarbehörden (Agrarbezirksbehörden, oberen Umlegungsbehörden und der Obersten Umle-

gungsbehörde) betreffen, sind für den Bereich der Republik Österreich am 2. September 1947, dem Tage des Inkrafttretens der Agrarverfahrensnovelle 1947, BGBl. Nr. 178/1947, außer Kraft getreten.

(3) Insbesondere sind aufgehoben:
die Verordnung über das Agrarverfahren in den Reichsgauen der Ostmark vom 7. September 1940, Deutsches RGBl. I S. 1233, und
die Verordnung zur Wahrung von Rechten der Wehrmachtsangehörigen vom 27. August 1942, Deutsches RGBl. I S. 538, hinsichtlich des Agrarverfahrens.

(Zu Abs. 2 und 3: BGBl. Nr. 178/1947, § 1.)

Übergang.

§ 17. (1) §§ 1, 2 Abs. 1, §§ 4, 5 Abs. 3 und 4, § 7 Abs. 1 bis 3, § 8 Abs. 1 und 3, § 9 Abs. 1 und 2, § 10 Abs. 2 bis 4, § 11 Abs. 2, §§ 12 und 15 in der Fassung des Bundesgesetzes BGBl. Nr. 901/1993 treten mit 1. Jänner 1994 in Kraft. *(BGBl 1993/901)*

(2) § 9 Abs. 5 tritt mit Ablauf des 31. Dezember 1993 außer Kraft. *(BGBl 1993/901)*

(3) Die §§ 1 Abs. 2, 2 Abs. 2 und 9 Abs. 2 in der Fassung des Bundesgesetzes BGBl. I Nr. 158/1998 treten mit 1. Jänner 1999 in Kraft. *(BGBl I 1998/158)*

(4) § 15 Abs. 3 in der Fassung des Bundesgesetzes BGBl. I Nr. 26/2000 tritt mit 1. Juni 2000 in Kraft. Er ist in dieser Fassung auf alle Schriften und Amtshandlungen anzuwenden, hinsichtlich derer der Anspruch auf die Gebühr nach dem 31. Mai 2000 begründet wird. *(BGBl I 2000/26)*

(5) Die Überschrift zu Abschnitt I., die §§ 1 und 2 samt Überschriften, § 3, § 5 Abs. 4, die Überschrift zu § 7, § 7 Abs. 3 und 4, § 7a Abs. 3 und § 14 in der Fassung des Bundesgesetzes BGBl. I Nr. 189/2013 treten mit 1. Jänner 2014 in Kraft; gleichzeitig treten § 6 samt Überschrift und Abschnitt II. außer Kraft. *(BGBl I 2013/189)*

Vollziehung.

§ 18. Mit der Vollziehung dieses Gesetzes ist die Bundesregierung betraut.

Dienstrechtsverfahrensgesetz 1984

BGBl 1984/29 (WV) idF

1 BGBl 1991/362
2 BGBl 1994/16
3 BGBl 1994/665
4 BGBl I 1997/61
5 BGBl I 2000/94
6 BGBl I 2002/119
7 BGBl I 2005/80
8 BGBl I 2005/165

9 BGBl I 2010/6
10 BGBl I 2012/120
11 BGBl I 2013/210
12 BGBl I 2015/65
13 BGBl I 2016/64
14 BGBl I 2018/60
15 BGBl I 2018/61 (BG)
16 BGBl I 2020/153

STICHWORTVERZEICHNIS

DVG
DVV
DVPV der BM

Bundesgesetz über das Verwaltungsverfahren in Dienstrechtsangelegenheiten (Diensrechtsverfahrensgesetz 1984 – DVG)

Anwendungsbereich

§ 1. (1) Auf das Verfahren in Angelegenheiten des öffentlich-rechtlichen Dienst-, Ruhe- oder Versorgungsverhältnisses (im folgenden „Dienstverhältnis"[1] genannt) zum Bund, den Ländern, Gemeinden und Gemeindeverbänden ist das Allgemeine Verwaltungsverfahrensgesetz 1991 – AVG, BGBl. Nr. 51, mit den nachstehenden Abweichungen anzuwenden. *(BGBl 1991/362)*

(2) Dieses Bundesgesetz ist auch auf die öffentlich-rechtlichen Bediensteten von Stiftungen, Fonds und Anstalten anzuwenden, die von Organen des Bundes oder Personen (Personengemeinschaften) verwaltet werden, die hiezu von Organen des Bundes bestellt sind.

(3) Auf das Verfahren in Disziplinar(Dienststraf)angelegenheiten ist dieses Bundesgesetz nicht anzuwenden, wenn die Gesetze und Verordnungen dafür ein besonderes Verfahren vorschreiben. „ " *(BGBl I 2015/65)*

(4) Das Recht des Vorgesetzten, dienstliche Anweisungen (Dienstaufträge) zu erteilen, wird durch dieses Bundesgesetz nicht berührt.

---

[1] *Hervorhebung im Original.*

Zu den §§ 2 bis 6 AVG „ "
(BGBl 1991/362)

§ 2. (1) Die Zuständigkeit in Dienstrechtsangelegenheiten richtet sich nach den einschlägigen Gesetzen und Verordnungen. Soweit in diesen Rechtsvorschriften keine Bestimmungen über die Zuständigkeit enthalten sind, gelten die folgenden Absätze.

(2) Die obersten Verwaltungsorgane des Bundes sind innerhalb ihres Wirkungsbereiches als oberste Dienstbehörden zuständig. *(BGBl I 2016/64)*

(3) Jede Bundesministerin oder jeder Bundesminister kann im Einvernehmen mit der „Bundesministerin oder dem Bundesminister für Kunst, Kultur, öffentlichen Dienst und Sport" durch Verordnung innerhalb ihres oder seines Ressorts nachgeordnete Dienstbehörden errichten, denen, soweit in den Abs. 3b bis 8 nicht anderes bestimmt ist, die Zuständigkeit in Dienstrechtsangelegenheiten der ihnen angehörenden Beamtinnen und Beamten zukommt. *(BGBl I 2016/64; BGBl I 2020/153)*

(3a) Abweichend von Abs. 2 und 3 können einzelne Dienstrechtsangelegenheiten einer Dienstbehörde gemäß Abs. 2 oder 3 im Einvernehmen mit der „Bundesministerin oder dem Bundesminister für Kunst, Kultur, öffentlichen Dienst und Sport" durch Verordnung für alle dem Ressort angehörenden Beamtinnen und Beamten übertragen werden, sofern dies im Interesse der Zweckmäßigkeit, Raschheit, Einfachheit und Kostenersparnis gelegen ist und die Dienstbehörde nach ihrer Organisation und personellen Besetzung zur Durchführung der zu übertragenden Aufgaben geeignet ist. *(BGBl I 2016/64; BGBl I 2020/153)*

(3b) In Dienstrechtsangelegenheiten einer Beamtin oder eines Beamten, die oder der eine nachgeordnete Dienstbehörde leitet, sowie einer Beamtin oder eines Beamten einer nachgeordneten Dienststelle, die oder der der Zentralstelle ohne Unterbrechung mehr als zwei Monate zur Dienstleistung zugeteilt ist, ist die oberste Dienstbehörde zuständig. *(BGBl I 2012/120)*

(4) Die Durchführung von Dienstrechtsangelegenheiten, die ihrer Natur nach einer sofortigen Erledigung bedürfen oder von untergeordneter Bedeutung sind, obliegt „der Leiterin oder"* dem Leiter der Dienststelle; welche Angelegenheiten dies sind, wird durch Verordnung „der Bundesregierung"** festgestellt. Das Recht „der Leiterin oder"* des Leiters der Dienststelle zur Durchführung der Dienstrechtsangelegenheiten erstreckt sich in diesem Falle auf alle bei der Dienststelle in Verwendung stehenden Bediensteten, unabhängig davon, ob diese der Dienststelle angehören oder nur zur Dienstleistung zugewiesen sind; diese Bestimmung ist insoweit nicht anzuwenden, als verfassungsrechtliche Vorschriften über die Ausübung der Diensthoheit entgegenstehen. „Die Leiterin oder der Leiter der Dienststelle hat im Namen der Dienstbehörde, zu der die Dienststelle nach den Organisationsvorschriften gehört, zu entscheiden."* *(*BGBl I 2015/65; **BGBl I 2016/64)*

(5) Welche Dienstbehörde im einzelnen Fall zuständig ist, richtet sich bei Bediensteten des Dienststandes nach der Dienststelle, der der Bedienstete angehört. Sofern es sich um die Begründung eines Dienstverhältnisses handelt, ist für die Zuständigkeit jene Dienststelle maßgebend, bei

der er die Anstellung anstrebt. Ist die Dienststelle nicht gleichzeitig Dienstbehörde, so ist jene Dienstbehörde zuständig, zu der die Dienststelle auf Grund der Organisationsvorschriften gehört.

(6) Bei Personen, die aus dem Dienstverhältnis oder aus dem Dienststand ausgeschieden sind, und bei versorgungsberechtigten Hinterbliebenen und Angehörigen ist zur Entscheidung in Dienstrechtsangelegenheiten, die aus Tatsachen herrühren, die vor dem Ausscheiden aus dem Dienstverhältnis oder aus dem Dienststand eingetreten sind, die Dienstbehörde berufen, die im Zeitpunkt des Ausscheidens des Bediensteten aus dem Dienstverhältnis oder aus dem Dienststand zuständig gewesen ist. In allen übrigen pensionsrechtlichen Angelegenheiten ist die Dienststelle Dienstbehörde, die über den Pensionsaufwand verfügt. „ “ *(BGBl 1994/665; BGBl I 2012/120)*

(6a) Für Bundesbedienstete, für deren Pensionsaufwand ein Land aufzukommen hat, ist in allen Dienstrechtsangelegenheiten die Dienstbehörde im Sinne des Abs. 6 erster Satz zuständig. *(BGBl 1994/665)*

(7) Wird ein Bediensteter während eines laufenden Dienstrechtsverfahrens in den Personalstand eines anderen Ressorts übernommen, so hat die gemäß „Abs. 2 bis 3b“ zuständige Dienstbehörde jenes Ressorts das Verfahren fortzuführen, in deren Personalstand der Bedienstete übernommen wird. *(BGBl I 2002/119; BGBl I 2012/120)*

(8) Die Abs. 2 bis 3b sind auch in den Fällen der Abs. 6 und 6a anwendbar. *(BGBl I 2012/120)*

(9) Läßt sich nach den Vorschriften der Abs. 1 bis 7 eine zuständige Dienstbehörde nicht ermitteln, so ist in Dienstrechtsangelegenheiten des Bundes „die „Bundesministerin oder der Bundesminister für Kunst, Kultur, öffentlichen Dienst und Sport“***“* „ “* zuständig. (**BGBl I 2012/120;* ***BGBl I 2018/60; ***BGBl I 2020/153)*

„ “ *(BGBl I 2015/65)*

Zu § 8 AVG „ “
(BGBl 1991/362)

§ 3. Im Verfahren in Dienstrechtsangelegenheiten sind die Personen Parteien, deren „ “ Dienstverhältnis oder deren Rechte oder Pflichten aus „diesem“ Gegenstand des Verfahrens sind. *(BGBl I 2012/120)*

Zu § 9 AVG „ “
(BGBl 1991/362)

§ 4. Die Handlungsfähigkeit der Parteien im Dienstrechtsverfahren ist, soweit die Dienstrechtsvorschriften nicht anderes bestimmen, durch ihre Minderjährigkeit nicht beschränkt.

Zu § 21 AVG „ “
(BGBl 1991/362)

§ 5. Im Dienstrechtsverfahren ist das Zustellgesetz, BGBl. Nr. 200/1982, mit der Maßgabe anzuwenden, daß die Hinterlegung von „Dokumenten“, die Bediensteten des Dienststandes zuzustellen sind, auch beim Leiter der Dienststelle des Bediensteten oder beim Stellvertreter des Leiters zulässig ist. „ “ *(BGBl I 2015/65)*

Zu § 33 AVG „ “
(BGBl 1991/362)

§ 6. Auch die Tage des Laufes des Dienstweges werden in den Fristenlauf nicht eingerechnet.

Zu den §§ 34 und 35 AVG „ “
(BGBl 1991/362)

§ 7. Ordnungs- und Mutwillensstrafen sind über Beamte des Dienststandes nicht zu verhängen; statt dessen ist zum Zwecke einer allfälligen Ahndung des Verhaltens als Pflichtverletzung das Erforderliche zu veranlassen.

Zu den §§ 37, 43, 45 und 65 AVG „ “
(BGBl 1991/362)

§ 8. (1) Die Behörde hat im Dienstrechtsverfahren die zum Vorteil und Nachteil der Partei dienenden Umstände mit gleicher Sorgfalt zu berücksichtigen.

(2) Im Dienstrechtsverfahren hat die Partei nur insoweit Anspruch darauf, daß ihr Gelegenheit gegeben wird, von den Ergebnissen amtlicher Erhebungen und Beweisaufnahmen Kenntnis und zu ihnen Stellung zu nehmen, als diese Ergebnisse von dem bisherigen für den Bescheid maßgebenden Vorbringen der Partei abweichen.

§ 8a. *(entfällt samt Überschrift, BGBl I 2012/120)*

Zu § 57 AVG „ “
(BGBl 1991/362)

§ 9. (1) Soweit es sich nicht um die Begründung, Änderung oder Beendigung des Dienstverhältnisses, um die Änderung der dienst- und besoldungsrechtlichen Stellung oder um die Entscheidung über das Bestehen des Dienstverhältnisses handelt, ist die Dienstbehörde berechtigt, einen Bescheid auch ohne vorausgegangenes Ermittlungsverfahren zu erlassen (Dienstrechtsmandat). Ein solcher Bescheid ist ausdrücklich als Dienstrechtsmandat zu bezeichnen und hat außer dem Spruch jedenfalls eine Rechtsmittelbelehrung zu enthalten.

DVG
DVV
DVPV der BM

(2) Ein Dienstrechtsmandat kann auch mündlich oder im Wege der Akteneinsicht erlassen werden. Wird das Mandat im Wege der Akteneinsicht erlassen, dann ist die Kenntnisnahme des Mandates von der Partei am Einsichtsakt zu beurkunden. Im übrigen bleibt § 62 Abs. 2 und 3 AVG „ " unberührt. *(BGBl 1991/362)*

(3) Gegen ein Dienstrechtsmandat kann bei der Dienstbehörde, die es erlassen hat, binnen zwei Wochen Vorstellung erhoben werden. Die Vorstellung hat keine aufschiebende Wirkung. Die Dienstbehörde, die das Dienstrechtsmandat erlassen hat, hat der Vorstellung die aufschiebende Wirkung zuzuerkennen, wenn dem nicht zwingende öffentliche Interessen entgegenstehen und nach Abwägung der berührten öffentlichen Interessen mit dem Vollzug des angefochtenen Dienstrechtsmandates für die Partei ein unverhältnismäßiger Nachteil verbunden wäre. *(BGBl I 2012/120)*

(4) Die Dienstbehörde hat binnen zwei Wochen nach Einlangen der Vorstellung das Ermittlungsverfahren einzuleiten, widrigenfalls das angefochtene Dienstrechtsmandat von Gesetzes wegen außer Kraft tritt. Über die Vorstellung entscheidet die Dienstbehörde, die das Dienstrechtsmandat erlassen hat. Wenn sich dies zugunsten der Partei auswirkt, ist in einer stattgebenden Entscheidung auszusprechen, daß der Bescheid auf den Zeitpunkt der Erlassung des Dienstrechtsmandates zurückwirkt.

(5) Die Leiterin oder der Leiter einer Dienststelle, die nicht zugleich Dienstbehörde ist, hat ihren oder seinen Bescheid im Sinne von § 2 Abs. 4 als Dienstrechtsmandat im Namen der Dienstbehörde zu erlassen, zu der die Dienststelle nach den Organisationsvorschriften gehört. Über die gegen ein solches Dienstrechtsmandat erhobene Vorstellung entscheidet unter sinngemäßer Anwendung der Abs. 3 und 4 erster und letzter Satz die Dienstbehörde, in deren Namen die Leiterin oder der Leiter der Dienststelle entschieden hat. Die Vorstellung ist bei der Dienstbehörde einzubringen, in deren Namen die Leiterin oder der Leiter der Dienststelle entschieden hat. *(BGBl I 2015/65)*

„Zu § 58 AVG"
(BGBl I 2012/120)

§ 10. Ernennungen, Verleihungen von Amtstiteln, Verständigungen über solche Ernennungen und Verleihungen sowie die mit Ernennungen und Verleihungen von Amtstiteln zusammenhängenden und gleichzeitig getroffenen Feststellungen und Verfügungen bedürfen weder der Bezeichnung als Bescheid, noch einer Begründung, noch einer Rechtsmittelbelehrung. „ " *(BGBl I 2012/120)*

(BGBl 1991/362)

Zu § 62 AVG „ "
(BGBl 1991/362)

§ 11. (1) Bescheide in Dienstrechtsangelegenheiten sind, abgesehen von den Fällen des § 9, schriftlich „ " zu erlassen und, wenn sie an Beamte des Dienststandes gerichtet sind, jedenfalls zu eigenen Handen zuzustellen. *(BGBl I 2005/165)*

(2) Soweit es die Gesetze und Verordnungen vorsehen, können Ernennungen mit Ausnahme der Anstellungen auch durch Verlautbarung in den dafür bestimmten Verkündungsblättern mit der Wirkung bekanntgegeben werden, daß die Zustellung des Bescheides nach Ablauf des Tages der Bekanntmachung als vollzogen gilt. Als Tag der Bekanntmachung gilt der Tag, an dem das Verkündungsblatt herausgegeben ist und versendet wird.

§ 12. *(entfällt samt Überschrift, BGBl I 2012/120)*

Zu § 68 AVG „ "
(BGBl 1991/362)

§ 13. (1) In Dienstrechtsangelegenheiten ist eine Aufhebung oder Abänderung von rechtskräftigen Bescheiden von Amts wegen auch dann zulässig, wenn die Partei wußte oder wissen mußte, daß der Bescheid gegen zwingende gesetzliche Vorschriften verstößt.

(2) Zur Aufhebung und Abänderung gemäß Abs. 1 und gemäß § 68 Abs. 2 AVG sowie zur Nichtigerklärung gemäß § 68 Abs. 4 AVG ist die oberste Dienstbehörde jenes Ressorts zuständig, dessen Personalstand der Bedienstete, auf den sich das Verfahren bezieht,

1. im Zeitpunkt der Erlassung des Bescheides im Sinne des § 68 AVG oder

2. im Zeitpunkt des Ausscheidens aus dem Dienststand oder Dienstverhältnis

angehört hat. Hat eine nachgeordnete Dienstbehörde einen Bescheid erlassen und gehört der betreffende Bedienstete weiterhin dem Personalstand dieser nachgeordneten Dienstbehörde an, kann auch sie diesen Bescheid gemäß § 68 Abs. 2 AVG – ausgenommen in den Fällen des Abs. 1 – abändern oder aufheben. *(BGBl 1991/362)*

(3) Zur Erlassung von Bescheiden gemäß Abs. 2 ist, soweit es sich um Angelegenheiten im Sinne des § 2 Abs. 6 zweiter Satz handelt, die Dienststelle zuständig, die über den Pensionsaufwand verfügt. *(BGBl 1994/665)*

(4) Die Nichtigerklärung im Sinne des „§ 68 Abs. 4 Z 1 AVG"* ist jedenfalls innerhalb eines Jahres von dem Zeitpunkt an zulässig, in dem der zuständigen Dienstbehörde der von der unzuständigen Behörde erlassene Bescheid bekanntgeworden ist, längstens jedoch innerhalb von zehn Jah-

ren seit der Erlassung des Bescheides. „ "**
(*BGBl 1991/362; **BGBl I 2015/65)

(5) Die Nichtigerklärung nach § 68 Abs. 4 AVG „ "* reicht auf den Zeitpunkt zurück, in dem der nichtigerklärte Bescheid „erlassen"** worden ist. „ "*** *(*BGBl 1991/362; **BGBl I 2005/165; ***BGBl I 2015/65)*

Zu den §§ 69 und 70 AVG „ "
(BGBl 1991/362)

§ 14. (1) Durch die Verfügung der Wiederaufnahme des Dienstrechtsverfahrens wird der frühere Bescheid nicht aufgehoben.

(2) Erst mit Beendigung des wiederaufgenommenen Verfahrens tritt der neue Bescheid an die Stelle des früheren Bescheides.

(3) Der neue Bescheid hat jedoch dann, wenn sich dies zugunsten der Partei auswirkt, anzuordnen, daß der Zustand hergestellt wird, der sich ergeben hätte, wenn der neue Bescheid schon im Zeitpunkt des Wirksamwerdens des früheren Bescheides erlassen worden wäre.

(4) Die im § 69 Abs. 2 und 3 AVG „ " mit drei Jahren festgesetzten Fristen betragen im Dienstrechtsverfahren zehn Jahre. *(BGBl 1991/362)*

Zu den §§ 71 und 72 AVG „ "
(BGBl 1991/362)

§ 15. Für die Wiedereinsetzung in den vorigen Stand gilt, sofern das Dienstrechtsverfahren durch Bescheid abgeschlossen ist, § 14 sinngemäß.

§ 15a. *(entfällt samt Überschrift, BGBl I 2005/165)*

Zu den §§ 77, 78 und 79 AVG

§ 16. Die §§ 77 und 78 AVG sowie § 79 AVG, soweit er sich auf diese Paragraphen bezieht, sind im Dienstrechtsverfahren nicht anzuwenden.

(BGBl I 2005/165)

Verweisungen auf andere Bundesgesetze

§ 17. Soweit in den §§ 1 bis 16 auf andere Bundesgesetze verwiesen wird, sind diese in der jeweils geltenden Fassung anzuwenden.

(BGBl 1991/362)

Übergangsbestimmungen

§ 18. „(1)"* Verordnungen, die gemäß § 2 Abs. 2 in der Fassung des Bundesgesetzes BGBl. I Nr. 119/2002 erlassen wurden, gelten weiter. Änderungen dieser Verordnungen bedürfen jedoch ab Inkrafttreten „der Dienstrechts-Novelle 2020, BGBl. I Nr. 153/2020, des Einvernehmens mit

der Bundesministerin oder dem Bundesminister für Kunst, Kultur, öffentlichen Dienst und Sport"**. *(*BGBl I 2016/64; **BGBl I 2020/153)*

„(2)" Verordnungen, die gemäß § 2 Abs. 2 in der Fassung des Bundesgesetzes BGBl. I Nr. 6/2010 erlassen wurden, gelten weiter. *(BGBl I 2013/210; BGBl I 2016/64)*

(BGBl I 2010/6)

Inkrafttreten

§ 19. (1) § 15a samt Überschrift in der Fassung des Bundesgesetzes BGBl. Nr. 16/1994 tritt mit 1. Jänner 1994 in Kraft. *(BGBl 1994/16)*

(2) § 2 Abs. 6 und 6a und § 13 Abs. 3 in der Fassung des Bundesgesetzes BGBl. Nr. 665/1994 treten mit 1. Juli 1994 in Kraft. *(BGBl 1994/665)*

(3) § 2 Abs. 9 in der Fassung des Bundesgesetzes BGBl. I Nr. 61/1997 tritt mit 15. Februar 1997 in Kraft. *(BGBl I 1997/61)*

„(4)" § 2 Abs. 9 in der Fassung des Bundesgesetzes BGBl. I Nr. 94/2000 tritt mit 1. April 2000 in Kraft. *(BGBl I 2000/94; BGBl I 2002/119)*

(5) § 2 Abs. 2 und 7, § 18 samt Überschrift, jeweils in der Fassung des Bundesgesetzes BGBl. I Nr. 119/2002, sowie die Aufhebung des § 2 Abs. 3 treten mit 1. Jänner 2003 in Kraft. *(BGBl I 2002/119)*

(6) Die Aufhebung des § 12 Abs. 1 zweiter Satz in der Fassung des Bundesgesetzes BGBl. I Nr. 80/2005 tritt mit 1. Juli 2005 in Kraft. *(BGBl I 2005/80)*

(7) § 2 Abs. 2 und § 18 in der Fassung des Bundesgesetzes BGBl. I Nr. 6/2010 treten mit 1. Jänner 2013 in Kraft. *(BGBl I 2010/6)*

(8) § 2 Abs. 2 bis 3b und 7 bis 9, § 3, § 9 Abs. 3, die Überschrift zu § 10 sowie der Entfall des § 2 Abs. 6 letzter Satz, des § 8a samt Überschrift, des § 9 Abs. 5 und des § 12 samt Überschrift in der Fassung des Bundesgesetzes BGBl. I Nr. 120/2012 treten mit 1. Jänner 2014 in Kraft. *(BGBl I 2012/120)*

(9) § 9 Abs. 5 sowie § 18 Abs. 1 und 3 in der Fassung des Bundesgesetzes BGBl. I Nr. 210/2013 treten mit 1. Jänner 2014 in Kraft. *(BGBl I 2013/210)*

(10) § 1 Abs. 3, § 2, § 5, § 9 Abs. 5, § 13 Abs. 4 und 5, § 18 Abs. 1 und § 20 in der Fassung des Bundesgesetzes BGBl. I Nr. 65/2015 treten mit dem der Kundmachung folgenden Tag in Kraft.[1] *(BGBl I 2015/65)*

(11) § 2 Abs. 2 bis 3a und 4, § 18 und § 20 in der Fassung des Bundesgesetzes BGBl. I Nr. 64/2016 treten mit dem der Kundmachung folgenden Tag in Kraft.[2] *(BGBl I 2016/64)*

(12) § 2 Abs. 3, 3a und 9 und § 20 in der Fassung der Dienstrechts-Novelle 2018, BGBl. I Nr.

60/2018, treten mit 8. Jänner 2018 in Kraft. *(BGBl I 2018/60)*

(13) In der Fassung der Dienstrechts-Novelle 2020, BGBl. I Nr. 153/2020, treten in Kraft:

1. § 2 Abs. 3, 3a und 9 sowie § 20 mit 29. Jänner 2020,

2. § 18 Abs. 1 mit dem der Kundmachung folgenden Tag.[3)]

(BGBl I 2020/153)

[1)] *Die Kundmachung des BG BGBl I 2015/65 im Bundesgesetzblatt erfolgte am 17. Juni 2015.*
[2)] *Die Kundmachung des BG BGBl I 2016/64 im Bundesgesetzblatt erfolgte am 30. Juli 2016.*
[3)] *Die Kundmachung des BG BGBl I 2020/153 im Bundesgesetzblatt erfolgte am 23. Dezember 2020.*

Vollziehung

„**§ 20.**"* „Mit der Vollziehung dieses Bundesgesetzes ist hinsichtlich des § 2 Abs. 3 und 3a die jeweilige Bundesministerin oder der jeweilige Bundesminister im Einvernehmen mit der „Bundesministerin oder dem Bundesminister für Kunst, Kultur, öffentlichen Dienst und Sport"****, hinsichtlich der übrigen Bestimmungen die Bundesregierung betraut."*** Die Erlassung von Verordnungen „im Sinne von § 2 Abs. 3 und 4"** obliegt hinsichtlich jener Bediensteten, deren Dienstrecht in die Gesetzgebungskompetenz der Länder fällt, den Landesregierungen. *(*BGBl 1994/16; **BGBl I 2015/65; ***BGBl I 2016/64; ****BGBl I 2020/153)*

Dienstrechtsverfahrensverordnung 1981

BGBl 1981/162 idF

1 BGBl 1984/335
2 BGBl 1985/24 (DFB)
3 BGBl 1985/79
4 BGBl 1987/171
5 BGBl 1991/218
6 BGBl 1991/707
7 BGBl 1993/84
8 BGBl 1995/540

9 BGBl 1996/41
10 BGBl II 1998/437
11 BGBl II 2000/329
12 BGBl II 2001/460
13 BGBl I 2002/119
14 BGBl I 2007/96
15 BGBl I 2016/64

STICHWORTVERZEICHNIS

DVG
DVV
DVPV der BM

Verordnung der Bundesregierung vom 17. März 1981 über die Regelung der Zuständigkeiten in Dienstrechtsangelegenheiten (Dienstrechtsverfahrensverordnung 1981 – DVV 1981)

Auf Grund des § 2 des Dienstrechtsverfahrensgesetzes, BGBl. Nr. 54/1958, zuletzt geändert durch das Bundesgesetz BGBl. Nr. 116/1978, wird verordnet:

§ 1. *(aufgehoben, BGBl I 2002/119, mit Ablauf des 31. Dezember 2002)*

§ 2. *(aufgehoben, BGBl I 2016/64, mit 31. Juli 2016)*

§ 3. (1) Den „Leitern" der Dienststellen – ausgenommen die „Leiter" der den nachgeordneten Dienstbehörden unterstehenden Dienststellen der Wachkörper – obliegt die Durchführung folgender Dienstrechtsangelegenheiten:

1. Einteilung (datumsmäßige Festlegung) des Erholungsurlaubes, aus dienstlichen Rücksichten gebotene Abänderungen der Urlaubseinteilung, Rückberufung vom Urlaub und die Feststellung, daß der Verbrauch des Erholungsurlaubes bis zum 31. Dezember des dem Urlaubsjahr folgenden Kalenderjahres aus dienstlichen Gründen nicht möglich ist;

2. Entscheidung über Anträge auf Gewährung von Sonderurlauben

a) bis zu einer Woche an einen Lehrer einer Bundesschule, wenn dessen Vertretung gesichert ist, und im Bereich des „Bundesministeriums für Bildung, Wissenschaft und Kultur" an einen Beamten einer Einrichtung gemäß den §§ 24, 26,

30a und 31 des Forschungsorganisationsgesetzes, BGBl. Nr. 341/1981, *(BGBl II 2000/329)*

b) bis zu drei Arbeitstagen in den übrigen Fällen, wenn die Dienststelle nicht Dienstbehörde ist.

Die Dienstbehörde kann anordnen, daß ihr die Erteilung solcher Sonderurlaube zu melden ist. *(BGBl 1991/218)*

3. Gewährung eines Sonderurlaubes von höchstens einer Woche an einen Lehrer einer Bundesschule, wenn dessen Vertretung gesichert ist. Auf diese Lehrer ist Z 2 nicht anzuwenden. *(BGBl 1984/335)*

(2) Bei den Wachkörpern obliegt die Durchführung der im Abs. 1 genannten Dienstrechtsangelegenheiten den nachgeordneten Dienstbehörden.

(3) Die Regelung des Abs. 1 gilt nicht für die Durchführung von Dienstrechtsangelegenheiten eines Bediensteten, der „Leiter" einer Dienststelle ist. In diesen Fällen obliegt die Durchführung dieser dienstrechtlichen Angelegenheiten der Dienstbehörde, zu der die Dienststelle nach den Organisationsvorschriften gehört. *(BGBl 1984/335)*

(3a) Die Durchführung der im Abs. 1 genannten Dienstrechtsangelegenheiten für die Vorsteher der Bezirksgerichte obliegt den dem jeweiligen Bezirksgericht übergeordneten Gerichtshofes erster Instanz. *(BGBl 1996/41)*

(4) Den Leitern der Dienststellen obliegt die Feststellung des Anspruches auf Pflegefreistellung. Die Dienstbehörde kann anordnen, daß ihr die Inanspruchnahme von Pflegefreistellungen zu melden ist. Der Anspruch des Leiters der Dienststelle ist von der Dienstbehörde, zu der die Dienststelle nach den Organisationsvorschriften gehört, festzustellen. *(BGBl 1993/84)*

§ 4. *(aufgehoben, BGBl I 2007/96, mit Ablauf des 28. Dezember 2007)*

§ 5. (1) Diese Verordnung tritt mit 1. April 1981 in Kraft.

(2) Die Dienstrechtsverfahrensverordnung 1969, BGBl. Nr. 377, zuletzt geändert durch die Verordnung BGBl. Nr. 4/1979, tritt mit Ablauf des 31. März 1981 außer Kraft.

(3) § 1 Abs. 1 Z 5 in der Fassung der Verordnung BGBl. Nr. 540/1995 tritt mit 1. September 1995 in Kraft. Verfahren zur Versetzung in den Ruhestand wegen Dienstunfähigkeit, die vor dem 1. September 1995 eingeleitet worden sind, sind nach den am 31. August 1995 geltenden Bestimmungen zu Ende zu führen. *(BGBl 1995/540)*

(4) § 1 Abs. 1 Z 4 und 5, § 2 Z 4, 8 und 10 und § 3 Abs. 3a in der Fassung der Verordnung BGBl. Nr. 41/1996 treten mit 1. Jänner 1996 in Kraft. *(BGBl 1996/41)*

(5) § 1 Abs. 1 Z 10a, 18, 19a, 30, 32a, 33 lit. f bis h und 34, § 2 Z 3, 4 lit. f und g, 6 lit. e und 9, § 3 Abs. 1 Z 2 lit. a, § 4 in der Fassung der Verordnung BGBl. II Nr. 437/1998 und die Aufhebung des § 2 Z 4 lit. h und des § 2 Z 10 durch die Verordnung BGBl. II Nr. 437/1998 treten mit 1. Jänner 1999 in Kraft. Verfahren, die am 31. Dezember 1998 anhängig waren, sind nach den bisherigen Vorschriften fortzuführen. *(BGBl II 1998/437)*

(6) § 1 Abs. 1 Z 5a und Z 34, § 2 Z 1 bis 3 und Z 7 bis 9 und § 3 Abs. 1 Z 2 lit. a in der Fassung der Verordnung BGBl. II Nr. 329/2000 treten mit 1. Oktober 2000 in Kraft. Verfahren, die am 30. September 2000 anhängig waren, sind nach den bisherigen Vorschriften fortzuführen. *(BGBl II 2000/329)*

(7) § 2 Z 6 lit. c in der Fassung der Verordnung BGBl. II Nr. 460/2001 tritt mit 1. Jänner 2002 in Kraft. Verfahren, die am 31. Dezember 2001 anhängig waren, sind nach den mit 1. Jänner 2002 in Kraft tretenden neuen Zuständigkeitsvorschriften fortzuführen. *(BGBl II 2001/460)*

Dienstrechtsverfahrens- und Personalstellenverordnung – BMUKK 2007

BGBl II 2007/374

Verordnung der Bundesministerin für Unterricht, Kunst und Kultur über die Regelung der Zuständigkeit in Dienstrechtsangelegenheiten der Beamten und Vertragsbediensteten des Bundesministeriums für Unterricht, Kunst und Kultur (Dienstrechtsverfahrens- und Personalstellenverordnung – BMUKK 2007 – DVPV BMUKK 2007)

Auf Grund des § 2 Abs. 2 des Dienstrechtsverfahrensgesetzes 1984 (DVG), BGBl. Nr. 29, zuletzt geändert durch das Bundesgesetz BGBl. I Nr. 119/2002, sowie des § 2e Abs. 1 des Vertragsbedienstetengesetzes 1948 (VBG), BGBl. Nr. 86, zuletzt geändert durch das Bundesgesetz BGBl. I Nr. 119/2002, wird verordnet:

§ 1. Im Bereich des Bundesministeriums für Unterricht, Kunst und Kultur sind die Landesschulräte (der Stadtschulrat für Wien) als nachgeordnete Dienststellen gemäß § 2 Abs. 2 zweiter Satz DVG (Dienstbehörden erster Instanz) und gemäß § 2e Abs. 1 zweiter Satz VBG (Personalstellen) zuständig.

§ 2. (1) Diese Verordnung tritt mit 1. März 2007 in Kraft.

(2) Die Verordnung der Bundesministerin für Bildung, Wissenschaft und Kultur über die Regelung der Zuständigkeit in Dienstrechtsangelegenheiten der Beamten und Vertragsbediensteten des Bundesministeriums für Bildung, Wissenschaft und Kultur (Dienstrechtsverfahrens- und Personalstellenverordnung – BMBWK 2003 – DVPV BMBWK 2003), BGBl. II Nr. 588/2003, tritt mit Ablauf des 28. Februar 2007 außer Kraft.

Dienstrechtsverfahrens- und Personalstellenverordnung – BMWF 2007

BGBl II 2007/375

Verordnung des Bundesministers für Wissenschaft und Forschung über die Regelung der Zuständigkeit in Dienstrechtsangelegenheiten der Beamten und Vertragsbediensteten des Bundesministeriums für Wissenschaft und Forschung (Dienstrechtsverfahrens- und Personalstellenverordnung – BMWF 2007 – DVPV BMWF 2007)

Auf Grund des § 2 Abs. 2 des Dienstrechtsverfahrensgesetzes 1984 (DVG), BGBl. Nr. 29, zuletzt geändert durch das Bundesgesetz BGBl. I Nr. 165/2005, sowie des § 2e Abs. 1 des Vertragsbedienstetengesetzes 1948 (VBG), BGBl. Nr. 86, zuletzt geändert durch das Bundesgesetz BGBl. I Nr. 53/2007, wird verordnet:

§ 1. Im Bereich des Bundesministeriums für Wissenschaft und Forschung sind

1. die Studienbeihilfenbehörde

2. die Zentralanstalt für Meteorologie und Geodynamik

als nachgeordnete Dienststellen gemäß § 2 Abs. 2 zweiter Satz DVG (Dienstbehörden I. Instanz) und gemäß § 2e Abs. 1 zweiter Satz VBG (Personalstellen) zuständig.

§ 2. (1)[1] Diese Verordnung tritt mit 1. März 2007 in Kraft.

[1] *Redaktionsversehen, ein Abs 2 besteht nicht.*

Dienstrechtsverfahrens- und Personalstellenverordnung – BMWA 2008

BGBl II 2008/22

Verordnung des Bundesministers für Wirtschaft und Arbeit über die Regelung der Zuständigkeiten in Dienstrechtsangelegenheiten der Beamten und Vertragsbediensteten des Bundesministeriums für Wirtschaft und Arbeit (Dienstrechtsverfahrens- und Personalstellenverordnung – BMWA 2008 – DVPV-BMWA 2008)

Auf Grund des § 2 des Dienstrechtsverfahrensgesetzes 1984 (DVG), BGBl. Nr. 29, zuletzt geändert durch das Bundesgesetz BGBl. I Nr. 165/2005, sowie des § 2e des Vertragsbedienstetengesetzes 1948 (VBG), BGBl. Nr. 86, zuletzt geändert durch das Bundesgesetz BGBl. I Nr. 96/2007, wird verordnet:

§ 1. Im Bereich des Bundesministeriums für Wirtschaft und Arbeit sind als nachgeordnete Dienststellen gemäß § 2 Abs. 2 zweiter Satz DVG (Dienstbehörden erster Instanz)

1. das Bundesamt für Eich- und Vermessungswesen,

2. die Burghauptmannschaft Österreich,

3. das Amt der Bundesimmobilien

zuständig.

§ 2. Als Personalstellen gemäß § 2e Abs. 1 VBG sind

1. das Bundesamt für Eich- und Vermessungswesen,

2. die Burghauptmannschaft Österreich

zuständig.

§ 3. (1) Diese Verordnung tritt am Tag nach der Veröffentlichung im Bundesgesetzblatt in Kraft.[1]

(2) Die Zuständigkeitsregelungen dieser Verordnung sind auch auf bereits anhängige Dienstrechtsverfahren anzuwenden.

---

[1] *Die Kundmachung der V BGBl II 2008/22 im Bundesgesetzblatt erfolgte am 23. Jänner 2008.*

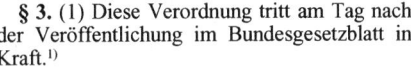

Dienstrechtsverfahrens- und Personalstellenverordnung – BMF 2020

BGBl II 2020/34 idF

1 BGBl II 2020/250   2 BGBl II 2020/369

Verordnung des Bundesministers für Finanzen über die Regelung der Zuständigkeiten in Dienstrechtsangelegenheiten der Beamten und Vertragsbediensteten des Finanzressorts (Dienstrechtsverfahrens- und Personalstellenverordnung – BMF 2020 – DVPV-BMF 2020)

Aufgrund § 2 des Dienstrechtsverfahrensgesetzes 1984 (DVG), BGBl. Nr. 29, zuletzt geändert durch das Bundesgesetz BGBl. I Nr. 61/2018, sowie § 2e des Vertragsbedienstetengesetzes 1948 (VBG), BGBl. Nr. 86, zuletzt geändert durch das Bundesgesetz BGBl. I Nr. 58/2019, wird im Einvernehmen mit dem Bundesminister für öffentlichen Dienst und Sport verordnet:

§ 1. Nachgeordnete Dienststellen gemäß § 2 Abs. 3 des Dienstrechtsverfahrensgesetzes 1984 (nachgeordnete Dienstbehörden) und gemäß § 2e

Abs. 1a des Vertragsbedienstetengesetzes 1948 (nachgeordnete Personalstellen) sind:

1. das Finanzamt Österreich;
2. das Zollamt Österreich;
3. das Amt für Betrugsbekämpfung;
4. das Finanzamt für Großbetriebe;
5. der Prüfdienst für Lohnabgaben und Beiträge; *(BGBl II 2020/369)*
6. die Zentralen Services;
7. das Amt der Münze Österreich;
8. das Österreichische Postsparkassenamt.

§ 2. (1) Diese Verordnung tritt mit 1. Jänner 2021 in Kraft. *(BGBl II 2020/250)*

(2) Die Verordnung BGBl. II Nr. 343/2008 in der Fassung der Verordnung BGBl. II Nr. 321/2019 tritt mit Ablauf des 31. Dezember 2020 außer Kraft. *(BGBl II 2020/250)*

Dienstrechtsverfahrens- und Personalstellenverordnung–Justiz

BGBl II 2008/471 idF

1 BGBl II 2010/327
2 BGBl II 2015/164
3 BGBl II 2016/195

4 BGBl II 2016/275
5 BGBl II 2018/29

Verordnung des Bundesministers für Justiz über die Regelung der Zuständigkeit in Dienstrechtsangelegenheiten der Beamtinnen, Beamten und Vertragsbediensteten des Justizressorts (Dienstrechtsverfahrens- und Personalstellenverordnung–Justiz – DVPV–Justiz)

Auf Grund des § 2 des Dienstrechtsverfahrensgesetzes 1984 (DVG), BGBl. Nr. 29, zuletzt geändert durch das Bundesgesetz BGBl. I Nr. 165/2005, sowie des § 2e des Vertragsbedienstetengesetzes 1948 (VBG), BGBl. Nr. 86, zuletzt geändert durch das Bundesgesetz BGBl. I Nr. 96/2007, wird verordnet:

§ 1. Nachgeordnete Dienstbehörden gemäß § 2 Abs. 3 DVG und nachgeordnete Personalstellen gemäß § 2e Abs. 1a VBG sind „ “: *(BGBl II 2018/29)*

1. die Präsidentin oder der Präsident des Obersten Gerichtshofs,

2. die Generalprokuratur

3. die Präsidentinnen und Präsidenten der Oberlandesgerichte (die Präsidentin oder der Präsident des Oberlandesgerichts Wien überdies für die Bundeskartellanwältin und den Bundeskartellanwalt und die ihr oder ihm zugeordneten Mitarbeiterinnen und Mitarbeiter sowie für die Aufsichtsbehörde für Verwertungsgesellschaften),

4. die Oberstaatsanwaltschaften (die Oberstaatsanwaltschaft Wien überdies für die Zentrale Staatsanwaltschaft zur Verfolgung von Wirtschaftsstrafsachen und Korruption,

5. die Präsidentin oder der Präsident des Bundesverwaltungsgerichts. *(BGBl II 2018/29)*

(BGBl II 2016/275)

§ 2. (1) Diese Verordnung tritt mit 1. Jänner 2009 in Kraft.

(2) Mit dem Inkrafttreten dieser Verordnung tritt die Dienstrechtsverfahrens- und Personalstellenverordnung – BMJ 2008, BGBl. II Nr. 282/2007, außer Kraft; die Dienstrechtsverfahrens- und Personalstellenverordnung – BMJ 2009, BGBl. II Nr. 292/2008, wird aufgehoben.

(3) § 1 Z 3 in der Fassung der Verordnung BGBl. II Nr. 327/2010 tritt mit 1. Oktober 2010 in Kraft. „ “ *(BGBl II 2010/327; BGBl II 2015/164)*

(4) § 1 in der Fassung der Verordnung BGBl. II Nr. 164/2015 tritt mit 1. Juli 2015 in Kraft. Verfahren, die am 30. Juni 2015 anhängig waren, sind nach den mit 1. Juli 2015 in Kraft tretenden neuen Zuständigkeitsvorschriften fortzuführen. *(BGBl II 2015/164)*

(5) § 1 Z 4 in der Fassung der Verordnung BGBl. II Nr. 195/2016 tritt mit dem der Kundmachung folgenden Tag in Kraft.[1] *(BGBl II 2016/195)*

(6) § 1 in der Fassung der Verordnung BGBl. II Nr. 275/2016 tritt mit dem der Kundmachung folgenden Tag in Kraft.[2] *(BGBl II 2016/275)*

(7) § 1 in der Fassung der Verordnung BGBl. II Nr. 29/2018 tritt mit dem der Kundmachung folgenden Tag in Kraft.[3] *(BGBl II 2018/29)*

DVG
DVV
DVPV der BM

---

[1] *Die Kundmachung der V BGBl II 2016/195 im Bundesgesetzblatt erfolgte am 19. Juli 2016.*

[2] *Die Kundmachung der V BGBl II 2016/275 im Bundesgesetzblatt erfolgte am 4. Oktober 2016.*

[3] *Die Kundmachung der V BGBl II 2018/29 im Bundesgesetzblatt erfolgte am 26. Februar 2018.*

Dienstrechtsverfahrens- und Personalstellenverordnung–Inneres

BGBl II 2012/287 (Art 1) idF

1 BGBl II 2013/214	3 BGBl II 2016/233
2 BGBl II 2013/421	4 BGBl II 2019/6

Verordnung der Bundesministerin für Inneres über die Regelung der Zuständigkeit in Dienstrechtsangelegenheiten der Beamtinnen, Beamten und Vertragsbediensteten des Innenressorts (Dienstrechtsverfahrens- und Personalstellenverordnung–Inneres – DVPV–Inneres)

Auf Grund des „§ 2 Abs. 3" des Dienstrechtsverfahrensgesetzes 1984 (DVG), BGBl. Nr. 29, zuletzt geändert durch das Bundesgesetz BGBl. I Nr. 6/2010, sowie des „§ 2e Abs. 1a" des Vertragsbedienstetengesetzes 1948 (VBG), BGBl. Nr. 86, zuletzt geändert durch das Bundesgesetz BGBl. I Nr. 55/2012, wird „im Einvernehmen mit dem Bundesminister für öffentlichen Dienst und Sport"* verordnet: *(BGBl II 2016/233;* **BGBl II 2019/6)*

§ 1. Nachgeordnete Dienststellen gemäß § 2 Abs. 3 DVG (Dienstbehörden I. Instanz) und gemäß § 2e Abs. 1a VBG (Personalstellen), die nach ihrer Organisation und personellen Besetzung zur Durchführung der Dienstrechtsangelegenheiten geeignet sind, sind die Landespolizeidirektionen.

(BGBl II 2019/6)

§ 2. (1) Diese Verordnung tritt mit 1. September 2012 in Kraft.

(2) Gleichzeitig tritt die Dienstrechtsverfahrens-, Personalstellen- und Übertragungsverordnung 2005 - DPÜ-VO 2005, BGBl. II Nr. 205/2005, außer Kraft.

(3) § 1 Z 3 in der Fassung der Verordnung BGBl. II Nr. 214/2013 tritt mit 1. Jänner 2014 in Kraft. *(BGBl II 2013/214)*

(4) § 1 sowie die Promulgationsklausel in der Fassung der Verordnung BGBl. II Nr. 233/2016 treten mit 1. September 2016 in Kraft. *(BGBl II 2016/233)*

(5) § 1 sowie die Promulgationsklausel in der Fassung der Verordnung BGBl. II Nr. 6/2019 treten mit 1. Jänner 2019 in Kraft. *(BGBl II 2019/6)*

Dienstrechtsverfahrens- und Personalstellenverordnung – BMLV 2019

BGBl II 2019/15

Verordnung des Bundesministers für Landesverteidigung über die Errichtung nachgeordneter Dienstbehörden und Personalstellen im Bereich des Bundesministeriums für Landesverteidigung (Dienstrechtsverfahrens- und Personalstellenverordnung – BMLV 2019 – DVPV BMLV 2019)

Auf Grund des § 2 Abs. 3 des Dienstrechtsverfahrensgesetzes 1984 (DVG), BGBl. Nr. 29/1984, zuletzt geändert durch das Bundesgesetz BGBl. I Nr. 60/2018, sowie des § 2e Abs. 1a des Vertragsbedienstetengesetzes 1948 (VBG), BGBl. Nr. 86/1948, zuletzt geändert durch das Bundesgesetz BGBl. I Nr. 102/2018, wird im Einvernehmen mit dem Bundesminister für öffentlichen Dienst und Sport verordnet:

Nachgeordnete Dienstbehörden

§ 1. Nachgeordnete Dienstbehörden im Sinne des § 2 Abs. 3 DVG sind

1. das Kommando Streitkräfte und

2. das Kommando Streitkräftebasis.

Nachgeordnete Personalstellen

§ 2. Nachgeordnete Personalstellen im Sinne des § 2e Abs. 1a VBG sind die Dienststellen nach § 1.

Übergangsbestimmungen

§ 3. Mit 1. April 2019 geht die Zuständigkeit für die vor diesem Zeitpunkt jeweils beim

1. Kommando Landstreitkräfte,

2. Kommando Luftstreitkräfte,

3. Kommando Logistik sowie

4. Kommando Führungsunterstützung und Cyber Defence

anhängigen Verfahren auf die jeweils neuen Dienstbehörden nach § 2 Abs. 5 DVG oder Personalstellen nach § 2e Abs. 4 VBG über.

In- und Außerkrafttreten

§ 4. Diese Verordnung tritt mit 1. April 2019 in Kraft. Gleichzeitig tritt die Dienstrechtsverfahrens- und Personalstellenverordnung – BMLVS 2017 (DVPV BMLVS 2017), BGBl. II Nr. 436/2016, außer Kraft.

DVG
DVV
DVPV der BM

7. ZustG
Stichwortverzeichnis

Zustellgesetz

BGBl 1982/200 idF

1 BGBl 1990/357	**8** BGBl I 2013/33
2 BGBl I 1998/158	**9** BGBl I 2017/40
3 BGBl I 2001/137	**10** BGBl I 2018/33
4 BGBl I 2002/65	**11** BGBl I 2018/104
5 BGBl I 2004/10	**12** BGBl II 2019/140
6 BGBl I 2008/5	**13** BGBl I 2020/16
7 BGBl I 2010/111	**14** BGBl I 2020/42

STICHWORTVERZEICHNIS

ZustG
ZustFormV
ZustDV
EuZustÜbk

Stichwortverzeichnis

– Namhaftmachung 10

Zustellverfügung 2 Z 1, 5

Der Nationalrat hat beschlossen:

**„Bundesgesetz über die Zustellung
behördlicher Dokumente (Zustellgesetz –
ZustG)"**

(BGBl I 2004/10)

„1. Abschnitt"

Allgemeine Bestimmungen
(BGBl I 2008/5)

Anwendungsbereich

§ 1. Dieses Bundesgesetz regelt die Zustellung der von Gerichten und Verwaltungsbehörden in Vollziehung der Gesetze zu übermittelnden Dokumente sowie die durch sie vorzunehmende Zustellung von Dokumenten ausländischer Behörden.

(BGBl I 2004/10)

Begriffsbestimmungen

§ 2. Im Sinne dieses Bundesgesetzes bedeuten die Begriffe:

1. „Empfänger": die von der Behörde in der Zustellverfügung (§ 5) namentlich als solcher bezeichnete Person; *(BGBl I 2013/33)*

2. „Dokument" „ ": eine Aufzeichnung, unabhängig von ihrer technischen Form, insbesondere eine behördliche schriftliche Erledigung; *(BGBl I 2008/5)*

„3." „Zustelladresse": eine Abgabestelle „(Z 4)" oder elektronische Zustelladresse „(Z 5)"; *(BGBl I 2008/5)*

„4." „Abgabestelle": die Wohnung oder sonstige Unterkunft, die Betriebsstätte, der Sitz, der Geschäftsraum, die Kanzlei oder auch der Arbeitsplatz des Empfängers, im Falle einer Zustellung anlässlich einer Amtshandlung auch deren Ort, oder ein vom Empfänger der Behörde für die Zustellung in einem laufenden Verfahren angegebener Ort; *(BGBl I 2008/5)*

5. „elektronische Zustelladresse": eine vom Empfänger der Behörde für die Zustellung in einem anhängigen oder gleichzeitig anhängig gemachten Verfahren angegebene elektronische Adresse; *(BGBl I 2008/5)*

6. „Post": die Österreichische Post AG (§ 3 Z 1 des Postmarktgesetzes – PMG, BGBl. I Nr. 123/2009); *(BGBl I 2013/33)*

7. „Zustelldienst": „ein Universaldienstbetreiber (§ 3 Z 4 PMG) sowie ein Zustelldienst im Anwendungsbereich des 3. Abschnitts"; *(BGBl I 2013/33; BGBl I 2017/40)*

8. „Ermittlungs- und Zustelldienst": der „ " Zustelldienst, der die Leistungen gemäß § 29 Abs. 2 zu erbringen hat; *(BGBl I 2008/5; BGBl I 2017/40)*

9. „Kunde": Person, gegenüber der sich ein „Zustelldienst, der die Leistungen gemäß § 29 Abs. 1 zu erbringen hat," zur Zustellung behördlicher Dokumente verpflichtet hat. *(BGBl I 2008/5; BGBl I 2017/40)*

(BGBl I 2004/10)

Durchführung der Zustellung

§ 3. Soweit die für das Verfahren geltenden Vorschriften nicht eine andere Form der Zustellung vorsehen, hat die Zustellung durch einen Zustelldienst, durch Bedienstete der Behörde oder, wenn dies im Interesse der Zweckmäßigkeit, Einfachheit und Raschheit gelegen ist, durch Organe der Gemeinden zu erfolgen.

(BGBl I 2008/5)

ZustG
ZustFormV
ZustDV
EuZustÜbk

Stellung des Zustellers

§ 4. Wer mit der Zustellung betraut ist (Zusteller), handelt hinsichtlich der Wahrung der Gesetzmäßigkeit der Zustellung als Organ der Behörde, deren Dokument zugestellt werden soll.

(BGBl I 2008/5)

Zustellverfügung

§ 5. Die Zustellung ist von der Behörde zu verfügen, deren Dokument zugestellt werden soll. Die Zustellverfügung hat den Empfänger möglichst eindeutig zu bezeichnen und die für die Zustellung erforderlichen sonstigen Angaben zu enthalten.

(BGBl I 2008/5)

Mehrmalige Zustellung

§ 6. Ist ein Dokument zugestellt, so löst die neuerliche Zustellung des gleichen Dokuments keine Rechtswirkungen aus.

(BGBl I 2004/10)

Heilung von Zustellmängeln

§ 7. „ " Unterlaufen im Verfahren der Zustellung Mängel, so gilt die Zustellung als in dem Zeitpunkt dennoch bewirkt, in dem das Dokument dem Empfänger tatsächlich zugekommen ist. *(BGBl I 2008/5)*

(BGBl I 2004/10)

Änderung der Abgabestelle

§ 8. (1) Eine Partei, die während eines Verfahrens, von dem sie Kenntnis hat, ihre bisherige Abgabestelle ändert, hat dies der Behörde unverzüglich mitzuteilen.

(2) Wird diese Mitteilung unterlassen, so ist, soweit die Verfahrensvorschriften nicht anderes vorsehen, die Zustellung durch Hinterlegung ohne vorausgehenden Zustellversuch vorzunehmen, falls eine Abgabestelle nicht ohne Schwierigkeiten festgestellt werden kann.

§ 8a. *(entfällt, BGBl I 2004/10, Überschrift entfällt gemäß BGBl I 2008/5)*

Zustellungsbevollmächtigter

§ 9. (1) Soweit in den Verfahrensvorschriften nicht anderes bestimmt ist, können die Parteien und Beteiligten andere natürliche oder juristische Personen oder eingetragene Personengesellschaften gegenüber der Behörde zur Empfangnahme von Dokumenten bevollmächtigen (Zustellungsvollmacht). *(BGBl I 2008/5)*

(2) Einer natürlichen Person, die keinen Hauptwohnsitz im Inland hat, kann eine Zustellungsvollmacht nicht wirksam erteilt werden. Gleiches gilt für eine „juristische Person oder eingetragene Personengesellschaft", wenn diese keinen zur Empfangnahme von Dokumenten befugten Vertreter mit Hauptwohnsitz im Inland hat. Das Erfordernis des Hauptwohnsitzes im Inland gilt nicht für Staatsangehörige von EWR-Vertragsstaaten, falls Zustellungen durch Staatsverträge mit dem Vertragsstaat des Wohnsitzes des Zustellungsbevollmächtigten oder auf andere Weise sichergestellt sind. *(BGBl I 2008/5)*

(3) Ist ein Zustellungsbevollmächtigter bestellt, so hat die Behörde, soweit gesetzlich nicht anderes bestimmt ist, diesen als Empfänger zu bezeichnen. „Geschieht dies nicht, so gilt die Zustellung als in dem Zeitpunkt bewirkt, in dem das Dokument dem Zustellungsbevollmächtigten tatsächlich zugekommen ist." *(BGBl I 2008/5)*

(4) Haben mehrere Parteien oder Beteiligte einen gemeinsamen Zustellungsbevollmächtigten, so gilt mit der Zustellung einer einzigen Ausfertigung des Dokumentes an ihn die Zustellung an alle Parteien oder Beteiligte als bewirkt. Hat eine Partei oder hat ein Beteiligter mehrere Zustellungsbevollmächtigte, so gilt die Zustellung als bewirkt, sobald sie an einen von ihnen vorgenommen worden ist.

(5) Wird ein Anbringen von mehreren Parteien oder Beteiligten gemeinsam eingebracht und kein Zustellungsbevollmächtigter namhaft gemacht, so gilt die an erster Stelle genannte Person als gemeinsamer Zustellungsbevollmächtigter.

(6) § 8 ist auf den Zustellungsbevollmächtigten sinngemäß anzuwenden. *(BGBl I 2008/5)*

(BGBl I 2004/10)

„Zustellung durch Übersendung"
(BGBl I 2017/40)

§ 10. (1) Parteien und Beteiligten, die über keine inländische Abgabestelle verfügen, kann von der Behörde aufgetragen werden, innerhalb einer Frist von mindestens zwei Wochen für bestimmte oder für alle bei dieser Behörde anhängigen oder anhängig zu machenden Verfahren einen Zustellungsbevollmächtigten namhaft zu machen. Kommt die Partei bzw. der Beteiligte diesem Auftrag nicht fristgerecht nach, kann die Zustellung ohne Zustellnachweis durch Übersendung der Dokumente an eine der Behörde bekannte Zustelladresse erfolgen. Ein übersandtes Dokument gilt zwei Wochen nach Übergabe an den Zustelldienst als zugestellt. Auf diese Rechtsfolge ist im Auftrag hinzuweisen.

(2) Eine Zustellung gemäß Abs. 1 ist nicht mehr zulässig, sobald die Partei bzw. der Beteiligte

1. einen Zustellungsbevollmächtigten namhaft gemacht hat oder

2. über eine inländische Abgabestelle verfügt und diese der Behörde bekannt gegeben hat.

(BGBl I 2013/33)

Besondere Fälle der Zustellung

§ 11. (1) Zustellungen im Ausland sind nach den bestehenden internationalen Vereinbarungen oder allenfalls auf dem Weg, den die Gesetze oder sonstigen Rechtsvorschriften des Staates, in dem zugestellt werden soll, oder die internationale Übung zulassen, erforderlichenfalls unter Mitwirkung der österreichischen Vertretungsbehörden, vorzunehmen.

(2) Zur Vornahme von Zustellungen an Ausländer oder internationale Organisationen, denen völkerrechtliche Privilegien und Immunitäten zustehen, ist unabhängig von ihrem Aufenthaltsort oder Sitz die Vermittlung „des Bundesministeriums für Europa, Integration und Äußeres" in Anspruch zu nehmen. *(BGBl I 2017/40)*

(3) Zustellungen an Personen, die nach den Vorschriften des Bundesverfassungsgesetzes über Kooperation und Solidarität bei der Entsendung von Einheiten und Einzelpersonen in das Ausland (KSE-BVG), BGBl. I Nr. 38/1997, in das Ausland entsendet wurden, sind im Wege des zuständigen Bundesministers, sofern aber diese Personen anlässlich ihrer Entsendung zu einer Einheit oder zu mehreren Einheiten zusammengefasst wurden, im Wege des Vorgesetzten der Einheit vorzunehmen. *(BGBl I 2001/137)*

Zustellung ausländischer „Dokumente" im Inland
(BGBl I 2008/5)

§ 12. (1) Zustellungen von „Dokumenten" ausländischer Behörden im Inland sind nach den bestehenden internationalen Vereinbarungen, mangels solcher nach diesem Bundesgesetz vorzunehmen. Einem Ersuchen um Einhaltung einer bestimmten davon abweichenden Vorgangsweise kann jedoch entsprochen werden, wenn eine solche Zustellung mit den Grundwertungen der österreichischen Rechtsordnung vereinbar ist. *(BGBl I 2008/5)*

(2) Die Zustellung eines ausländischen, fremdsprachigen „Dokuments", dem keine, im gerichtlichen Verfahren keine beglaubigte, deutschsprachige Übersetzung angeschlossen ist, ist nur zulässig, wenn der Empfänger zu dessen Annahme bereit ist; dies ist anzunehmen, wenn er nicht binnen drei Tagen gegenüber der Behörde, die das „Dokument" zugestellt hat, erklärt, daß er zur Annahme nicht bereit ist; diese Frist beginnt mit der Zustellung zu laufen und kann nicht verlängert werden. *(BGBl I 2008/5)*

(3) Ist die Erklärung gemäß Abs. 2 verspätet oder unzulässig, so ist sie zurückzuweisen; sonst hat die Behörde zu beurkunden, daß die Zustellung des fremdsprachigen „Dokuments" mangels Annahmebereitschaft des Empfängers als nicht bewirkt anzusehen ist. *(BGBl I 2008/5)*

(4) Für die Zustellung von „Dokumenten" ausländischer Behörden in Verwaltungssachen gelten, falls in Staatsverträgen nicht anderes bestimmt ist, außerdem die folgenden Bestimmungen: *(BGBl I 2008/5)*

1. „Dokumente" werden nur zugestellt, wenn gewährleistet ist, dass auch der ersuchende Staat einem gleichartigen österreichischen Ersuchen entsprechen würde. Das Vorliegen von Gegenseitigkeit kann durch Staatsverträge, die nicht unter Art. 50 B-VG fallen, festgestellt werden. *(BGBl I 2008/5)*

2. Im Übrigen sind das Europäische Übereinkommen über die Zustellung von Schriftstücken in Verwaltungssachen im Ausland, BGBl. Nr. 67/1983, und die von der Republik Österreich gemäß diesem Abkommen abgegebenen Erklärungen sinngemäß anzuwenden. *(BGBl I 2001/137)*

„2. Abschnitt
Physische Zustellung"
(BGBl I 2008/5)

Zustellung an den Empfänger

§ 13. (1) „Das Dokument" ist dem Empfänger an der Abgabestelle zuzustellen. Ist aber auf Grund einer Anordnung einer Verwaltungsbehörde oder eines Gerichtes an eine andere Person als den Empfänger zuzustellen, so tritt diese an die Stelle des Empfängers. *(BGBl I 2008/5)*

(2) Bei Zustellungen durch „Organe eines Zustelldienstes" oder der Gemeinde darf auch an eine „gegenüber dem Zustelldienst" oder der Gemeinde zur Empfangnahme solcher „Dokumente" bevollmächtigte Person zugestellt werden, soweit dies nicht durch einen Vermerk auf „dem Dokument" ausgeschlossen ist. *(BGBl I 2008/5)*

(3) Ist der Empfänger keine natürliche Person, so ist „das Dokument" einem zur Empfangnahme befugten Vertreter zuzustellen. *(BGBl I 2008/5)*

(4) Ist der Empfänger eine zur berufsmäßigen Parteienvertretung befugte Person, so ist „das Dokument" in deren Kanzlei zuzustellen und darf an jeden dort anwesenden Angestellten des Parteienvertreters zugestellt werden; durch „Organe eines Zustelldienstes" darf an bestimmte Angestellte nicht oder nur an bestimmte Angestellte zugestellt werden, wenn der Parteienvertreter dies schriftlich „beim Zustelldienst" verlangt hat. Die Behörde hat Angestellte des Parteienvertreters wegen eines Interesses an der Sache auf Grund einer zuvor der Behörde schriftlich abgegebenen Erklärung des Parteienvertreters durch einen Vermerk auf „dem Dokument" und dem „Zustellnachweis" von der Zustellung auszuschließen; an sie darf nicht zugestellt werden. *(BGBl I 2008/5)*

(5) und (6) *(entfallen, BGBl I 2004/10)*

§ 14. Untersteht der Empfänger einer Anstaltsordnung und dürfen ihm auf Grund gesetzlicher Bestimmungen „Dokumente" nur durch den Leiter der Anstalt oder durch eine von diesem bestimmte Person oder durch den Untersuchungsrichter ausgehändigt werden, so ist „das Dokument" dem Leiter der Anstalt oder der von ihm bestimmten Person vom Zusteller zur Vornahme der Zustellung zu übergeben. *(BGBl I 2008/5)*

§ 15. (1) Zustellungen an Soldaten, die Präsenz- oder Ausbildungsdienst leisten, sind durch das unmittelbar vorgesetzte Kommando vorzunehmen. *(BGBl I 1998/158)*

(2) Bei sonstigen Zustellungen in Kasernen oder auf anderen militärisch genutzten Liegenschaften ist das für deren Verwaltung zuständige Kommando vorher davon in Kenntnis zu setzen. Auf Verlangen des Kommandos ist ein von ihm zu bestimmender Soldat oder Bediensteter der Heeresverwaltung dem Zusteller beizugeben.

Ersatzzustellung

§ 16. (1) Kann „das Dokument" nicht dem Empfänger zugestellt werden und ist an der Abgabestelle ein Ersatzempfänger anwesend, so darf

ZustG
ZustFormV
ZustDV
EuZustÜbk

an diesen zugestellt werden (Ersatzzustellung), sofern der Zusteller Grund zur Annahme hat, daß sich der Empfänger oder ein Vertreter im Sinne des § 13 Abs. 3 regelmäßig an der Abgabestelle aufhält. *(BGBl I 2008/5)*

(2) Ersatzempfänger kann jede erwachsene Person sein, die an derselben Abgabestelle wie der Empfänger wohnt oder Arbeitnehmer oder Arbeitgeber des Empfängers ist und die – außer wenn sie mit dem Empfänger im gemeinsamen Haushalt lebt – zur Annahme bereit ist.

(3) Durch „Organe eines Zustelldienstes" darf an bestimmte Ersatzempfänger nicht oder nur an bestimmte Ersatzempfänger zugestellt werden, wenn der Empfänger dies schriftlich „beim Zustelldienst" verlangt hat. *(BGBl I 2008/5)*

(4) Die Behörde hat Personen wegen ihres Interesses an der Sache oder auf Grund einer schriftlichen Erklärung des Empfängers durch einen Vermerk auf „dem Dokument" und dem „Zustellnachweis" von der Ersatzzustellung auszuschließen; an sie darf nicht zugestellt werden. *(BGBl I 2008/5)*

(5) Eine Ersatzzustellung gilt als nicht bewirkt, wenn sich ergibt, daß der Empfänger oder dessen Vertreter im Sinne des § 13 Abs. 3 wegen Abwesenheit von der Abgabestelle nicht rechtzeitig vom Zustellvorgang Kenntnis erlangen konnte, doch wird die Zustellung mit dem der Rückkehr an die Abgabestelle folgenden Tag wirksam.

Hinterlegung

§ 17. (1) Kann „das Dokument" an der Abgabestelle nicht zugestellt werden und hat der Zusteller Grund zur Annahme, daß sich der Empfänger oder ein Vertreter im Sinne des § 13 Abs. 3 regelmäßig an der Abgabestelle aufhält, so ist das „Dokument" im Falle der Zustellung „durch den Zustelldienst" bei seiner zuständigen Geschäftsstelle", in allen anderen Fällen aber beim zuständigen Gemeindeamt oder bei der Behörde, wenn sie sich in derselben Gemeinde befindet, zu hinterlegen. *(BGBl I 2008/5)*

(2) Von der Hinterlegung ist der Empfänger schriftlich zu verständigen. Die Verständigung ist in „die für die Abgabestelle bestimmte Abgabeeinrichtung (Briefkasten, Hausbrieffach oder Briefeinwurf)" einzulegen, an der Abgabestelle zurückzulassen oder, wenn dies nicht möglich ist, an der Eingangstüre (Wohnungs-, Haus-, Gartentüre) anzubringen. Sie hat den Ort der Hinterlegung zu bezeichnen, den Beginn und die Dauer der Abholfrist anzugeben sowie auf die Wirkung der Hinterlegung hinzuweisen. *(BGBl I 2008/5)*

(3) „Das hinterlegte Dokument" ist mindestens zwei Wochen zur Abholung bereitzuhalten. Der Lauf dieser Frist beginnt mit dem Tag, an dem „das Dokument" erstmals zur Abholung bereitgehalten wird. Hinterlegte „Dokumente" gelten mit

dem ersten Tag dieser Frist als zugestellt. Sie gelten nicht als zugestellt, wenn sich ergibt, daß der Empfänger oder dessen Vertreter im Sinne des § 13 Abs. 3 wegen Abwesenheit von der Abgabestelle nicht rechtzeitig vom Zustellvorgang Kenntnis erlangen konnte, doch wird die Zustellung an dem der Rückkehr an die Abgabestelle folgenden Tag innerhalb der Abholfrist wirksam, an dem „das hinterlegte Dokument" behoben werden könnte. *(BGBl I 2008/5)*

(4) Die im Wege der Hinterlegung vorgenommene Zustellung ist auch dann gültig, wenn die im Abs. 2 „ " genannte Verständigung beschädigt oder entfernt wurde. *(BGBl I 2008/5)*

§ 17a. *(entfällt, BGBl I 2004/10, Überschrift entfällt gemäß BGBl I 2008/5)*

Nachsendung

§ 18. (1) Hält sich der Empfänger nicht regelmäßig (§ 17 Abs. 1) an der Abgabestelle auf, so ist „das Dokument" an eine andere inländische Abgabestelle nachzusenden, wenn „es" *(BGBl I 2008/5)*

1. durch „Organe eines Zustelldienstes"* zugestellt werden soll und nach den für die Beförderung von Postsendungen geltenden Vorschriften die Nachsendung vorgesehen ist; „in diesem Fall ist die neue Anschrift des Empfängers auf dem Zustellnachweis (Zustellschein, Rückschein) zu vermerken;"** *(BGBl I 2008/5; BGBl I 2013/33)*

2. durch Organe der Behörde oder einer Gemeinde zugestellt werden soll, die neue Abgabestelle ohne Schwierigkeit festgestellt werden kann und im örtlichen Wirkungsbereich der Behörde oder der Gemeinde liegt.

(2) „Dokumente", deren Nachsendung durch einen auf ihnen angebrachten Vermerk ausgeschlossen ist, sind nicht nachzusenden. *(BGBl I 2008/5)*

Rücksendung, Weitersendung und Vernichtung

§ 19. (1) Dokumente, die weder zugestellt werden können, noch nachzusenden sind oder die zwar durch Hinterlegung zugestellt, aber nicht abgeholt worden sind, sind entweder an den Absender zurückzusenden, an eine vom Absender zu diesem Zweck bekanntgegebene Stelle zu senden oder auf Anordnung des Absenders nachweislich zu vernichten.

(2) Auf dem Zustellnachweis (Zustellschein, Rückschein) ist der Grund der Rücksendung, Weitersendung oder Vernichtung zu vermerken.

(BGBl I 2013/33)

Verweigerung der Annahme

§ 20. (1) Verweigert der Empfänger oder ein im gemeinsamen Haushalt mit dem Empfänger lebender Ersatzempfänger die Annahme ohne Vorliegen „eines gesetzlichen Grundes", so ist „das Dokument" an der Abgabestelle zurückzulassen oder, wenn dies nicht möglich ist, nach § 17 ohne die dort vorgesehene schriftliche Verständigung zu hinterlegen. *(BGBl I 2008/5)*

(2) Zurückgelassene „Dokumente" gelten damit als zugestellt. *(BGBl I 2008/5)*

(3) Wird dem Zusteller der Zugang zur Abgabestelle verwehrt, verleugnet der Empfänger seine Anwesenheit, oder läßt er sich verleugnen, so gilt dies als Verweigerung der Annahme.

Zustellung zu eigenen Handen

§ 21. Dem Empfänger zu eigenen Handen zuzustellende Dokumente dürfen nicht an einen Ersatzempfänger zugestellt werden. §17

(BGBl I 2008/5)

Zustellnachweis

§ 22. (1) Die Zustellung ist vom Zusteller auf dem Zustellnachweis (Zustellschein, Rückschein) zu beurkunden.

(2) Der Übernehmer des Dokuments hat die Übernahme auf dem Zustellnachweis durch seine Unterschrift unter Beifügung des Datums und, wenn er nicht der Empfänger ist, seines Naheverhältnisses zu diesem zu bestätigen. Verweigert er die Bestätigung, so hat der Zusteller die Tatsache der Verweigerung, das Datum und gegebenenfalls das Naheverhältnis des Übernehmers zum Empfänger auf dem Zustellnachweis zu vermerken. Der Zustellnachweis ist „dem Absender" unverzüglich zu übersenden. *(BGBl I 2008/5; BGBl I 2013/33)*

(3) An die Stelle der Übersendung des Zustellnachweises kann die elektronische Übermittlung einer Kopie „des Zustellnachweises oder der sich daraus ergebenden Daten" treten, wenn die Behörde dies nicht durch einen entsprechenden Vermerk auf dem Zustellnachweis ausgeschlossen hat. Das Original des Zustellnachweises ist mindestens „fünf Jahre" nach Übermittlung aufzubewahren und der Behörde auf deren Verlangen unverzüglich zu übersenden. *(BGBl I 2008/5; BGBl I 2010/111)*

(4) Liegen die technischen Voraussetzungen dafür vor, so kann die Beurkundung der Zustellung auch elektronisch erfolgen. In diesem Fall hat der Übernehmer auf einer technischen Vorrichtung zu unterschreiben; an die Stelle der Unterschriftsleistung kann auch die Identifikation und Authentifizierung mit der Bürgerkarte (§ 2 Z 10 des E-Government-Gesetzes – E-GovG,

BGBl. I Nr. 10/2004) treten. Die die Beurkundung der Zustellung betreffenden Daten sind „dem Absender" unverzüglich zu übermitteln. *(BGBl I 2008/5; BGBl I 2013/33)*

Hinterlegung ohne Zustellversuch

§ 23. (1) Hat die Behörde auf Grund einer gesetzlichen Vorschrift angeordnet, daß „ein Dokument" ohne vorhergehenden Zustellversuch zu hinterlegen ist, so ist „dieses" sofort „bei der zuständigen Geschäftsstelle des Zustelldienstes", beim Gemeindeamt oder bei der Behörde selbst zur Abholung bereitzuhalten. *(BGBl I 2008/5)*

(2) Die Hinterlegung ist „von der zuständigen Geschäftsstelle des Zustelldienstes" oder vom Gemeindeamt auf dem Zustellnachweis, von der Behörde auch auf andere Weise zu beurkunden. *(BGBl I 2008/5)*

(3) Soweit dies zweckmäßig ist, ist der Empfänger durch eine an die angegebene inländische Abgabestelle zuzustellende schriftliche Verständigung oder durch mündliche Mitteilung an Personen, von denen der Zusteller annehmen kann, daß sie mit dem Empfänger in Verbindung treten können, von der Hinterlegung zu unterrichten.

(4) „Das so hinterlegte Dokument" gilt mit dem ersten Tag der Hinterlegung als zugestellt. *(BGBl I 2008/5)*

Unmittelbare Ausfolgung

§ 24. Dem Empfänger können

1. versandbereite Dokumente unmittelbar bei der Behörde,

2. Dokumente, die die Behörde an eine andere Dienststelle übermittelt hat, unmittelbar bei dieser ausgefolgt werden. Die Ausfolgung ist von der Behörde bzw. von der Dienststelle zu beurkunden; § 22 Abs. 2 bis 4 ist sinngemäß anzuwenden.

(BGBl I 2008/5)

Zustellung am Ort des Antreffens

§ 24a. Dem Empfänger kann an jedem Ort zugestellt werden, an dem er angetroffen wird, wenn er

1. zur Annahme bereit ist oder

2. über keine inländische Abgabestelle verfügt.

(BGBl I 2008/5)

Zustellung durch öffentliche Bekanntmachung

§ 25. (1) Zustellungen an Personen, deren Abgabestelle unbekannt ist, oder an eine Mehrheit von Personen, die der Behörde nicht bekannt sind, können, wenn es sich nicht um ein Strafverfahren handelt, kein Zustellungsbevollmächtigter bestellt ist und nicht gemäß § 8 vorzugehen ist, durch

„Kundmachung"** an der Amtstafel, daß ein zuzustellendes „Dokument"* bei der Behörde liegt, vorgenommen werden. Findet sich der Empfänger zur Empfangnahme des „Dokuments"* (§ 24) nicht ein, so gilt, wenn gesetzlich nicht anderes bestimmt ist, die Zustellung als bewirkt, wenn seit „der Kundmachung"*** an der Amtstafel der Behörde zwei Wochen verstrichen sind. *(*BGBl I 2008/5; **BGBl I 2013/33)*

(2) Die Behörde kann die öffentliche Bekanntmachung in anderer geeigneter Weise ergänzen.

Zustellung ohne Zustellnachweis

§ 26. (1) Wurde die Zustellung ohne Zustellnachweis angeordnet, wird das Dokument zugestellt, indem es in „die für die Abgabestelle bestimmte Abgabeeinrichtung (§ 17 Abs. 2)" eingelegt oder an der Abgabestelle zurückgelassen wird. *(BGBl I 2008/5)*

(2) Die Zustellung gilt als am dritten Werktag nach der Übergabe an das Zustellorgan bewirkt. Im Zweifel hat die Behörde die Tatsache und den Zeitpunkt der Zustellung von Amts wegen festzustellen. Die Zustellung wird nicht bewirkt, wenn sich ergibt, dass der Empfänger wegen Abwesenheit von der Abgabestelle nicht rechtzeitig vom Zustellvorgang Kenntnis erlangen konnte, doch wird die Zustellung mit dem der Rückkehr an die Abgabestelle folgenden Tag wirksam.

(BGBl I 2004/10)

§ 26a. *(entfällt samt Überschrift, BGBl I 2020/42)*

Ausstattung der Dokumente; Zustellformulare; Zustellnachweise

§ 27. Soweit dies erforderlich ist, hat die Bundesregierung durch Verordnung nähere Bestimmungen über

1. die Ausstattung der zuzustellenden Dokumente,

2. die bei der Zustellung „verwendbaren" Formulare und *(BGBl I 2013/33)*

3. die für die elektronische Übermittlung „gemäß § 22 Abs. 3" sowie für die Speicherung und Übermittlung der die Beurkundung der Zustellung betreffenden Daten erforderlichen technischen Voraussetzungen *(BGBl I 2010/111)*
zu erlassen.

(BGBl I 2008/5)

3. Abschnitt

Elektronische Zustellung

(BGBl I 2008/5)

Anwendungsbereich

§ 28. (1) Soweit die für das Verfahren geltenden Vorschriften nicht anderes bestimmen, ist eine elektronische Zustellung nach den Bestimmungen dieses Abschnitts vorzunehmen.

(2) Die elektronische Zustellung der „ordentlichen"*** Gerichte richtet sich nach den §§ 89a ff des Gerichtsorganisationsgesetzes „– GOG"*, RGBl. Nr. 217/1896. „Im Anwendungsbereich der Bundesabgabenordnung – BAO, BGBl. Nr. 194/1961, und des Zollrechts (§ 1 Abs. 2 und im erweiterten Sinn gemäß § 2 Abs. 1 des Zollrechts-Durchführungsgesetzes – ZollR-DG, BGBl. Nr. 659/1994) richtet sich die elektronische Zustellung nach der BAO und den einschlägigen zollrechtlichen Vorschriften."*** *(*BGBl I 2010/111; **BGBl I 2017/40; ***BGBl I 2018/104 iVm BGBl II 2019/140)*

(3) Die elektronische Zustellung hat über eine elektronische Zustelladresse gemäß § 37 Abs. 1 iVm. § 2 Z 5, durch unmittelbare elektronische Ausfolgung gemäß § 37a oder durch eines der folgenden Zustellsysteme zu erfolgen:

1. zugelassener Zustelldienst gemäß § 30,

2. Kommunikationssystem der Behörde gemäß § 37,

3. elektronischer Rechtsverkehr gemäß den §§ 89a ff GOG,

4. vom Bundeskanzler zur Verfügung gestellte IKT-Lösungen und IT-Verfahren für das Personalmanagement.
Die Auswahl des Zustellsystems obliegt dem Absender. *(BGBl I 2018/104 iVm BGBl II 2019/140)*

(4) Elektronische Zustellungen mit Zustellnachweis sind ausschließlich durch Zustellsysteme gemäß Abs. 3 Z 1 und 3 sowie im Fall des § 37a zweiter Satz zulässig. *(BGBl I 2018/104 iVm BGBl II 2019/140)*

(BGBl I 2008/5)

Teilnehmerverzeichnis

§ 28a. (1) Der Bundesminister für Digitalisierung und Wirtschaftsstandort stellt ein elektronisches Teilnehmerverzeichnis mit hoher Zuverlässigkeit zur Verfügung. In diesem elektronischen Teilnehmerverzeichnis ist die Speicherung von Daten über Teilnehmer (Empfänger) vorzunehmen. Der Bundesminister für Digitalisierung und Wirtschaftsstandort hat im elektronischen Teilnehmerverzeichnis folgende Leistungen nach dem jeweiligen Stand der Technik zu erbringen:

1. die Schaffung der technischen Voraussetzungen für die Verarbeitung der Daten der Teilnehmer gemäß § 28b unter Einhaltung der technischen Schnittstellen und Spezifikationen;

2. die Ermittlung, ob Daten eines Teilnehmers im Teilnehmerverzeichnis enthalten sind und der Teilnehmer somit adressierbar ist;

3. die Rückmeldung der Daten gemäß § 34 Abs. 1;

4. die elektronische Versendung von einer Information gemäß § 34 Abs. 4 und

5. die Protokollierung von Anfragen und der übermittelten Ergebnisse.

(2) Die Leistungen des Teilnehmerverzeichnisses sind durch ein kostendeckendes Entgelt dem Zustellsystem, das die Zustellleistung erbringt, in Rechnung zu stellen.

(3) Die Verfügbarkeit des Teilnehmerverzeichnisses ist vom Bundesminister für Digitalisierung und Wirtschaftsstandort im Bundesgesetzblatt kundzumachen.

(BGBl I 2018/104)

Anmeldung zum und Abmeldung vom Teilnehmerverzeichnis

§ 28b. (1) Die Anmeldung zum und die Abmeldung vom Teilnehmerverzeichnis sowie die Änderung der Teilnehmerdaten haben über das Anzeigemodul gemäß § 37b oder mit Zustimmung automatisiert über andere elektronische Verfahren zu erfolgen. Die Anmeldung gilt als Einwilligung zum Empfang von Zustellstücken in elektronischer Form. Für die Entgegennahme von Zustellungen mit Zustellnachweis oder nachweislichen Zusendungen hat die Anmeldung unter Verwendung der Bürgerkarte (§ 2 Z 10 E-GovG) zu erfolgen. Im Teilnehmerverzeichnis dürfen folgende Daten verarbeitet werden:

1. Name bzw. Bezeichnung des Teilnehmers,

2. bei natürlichen Personen das Geburtsdatum,

3. die zur eindeutigen Identifikation des Teilnehmers im Bereich „Zustellwesen" erforderlichen Daten:

a) bei natürlichen Personen das bereichsspezifische Personenkennzeichen (§ 9 E-GovG),

b) sonst die Stammzahl (§ 6 E-GovG) und soweit vorhanden die Global Location Number (GLN),

c) soweit vorhanden ein oder mehrere Anschriftcodes des Zustellsystems gemäß § 28 Abs. 3 Z 3,

4. mindestens eine elektronische Adresse, an die die Verständigungen gemäß § 35 Abs. 1 und 2 erster Satz übermittelt werden können,

5. Angaben, ob ein Dokument an den Empfänger auch nachweislich zugestellt werden kann,

6. Angaben, ob elektronische Zustellungen nur über ein bestimmtes Zustellsystem oder nach bestimmten Verfahrensvorschriften zugestellt werden können,

7. Angaben des Teilnehmers darüber, welche Formate über die weit verbreiteten hinaus die zuzustellenden Dokumente aufweisen müssen, damit er zu ihrer Annahme bereit ist,

8. Angaben darüber, ob der Teilnehmer Zustellungen außerhalb der Ausübung seiner beruflichen Tätigkeit über das Zustellsystem gemäß § 28 Abs. 3 Z 3 nicht erhalten möchte,

9. Adressmerkmale, soweit diese automatisiert aus Registern von Verantwortlichen des öffentlichen Bereichs zu übernehmen sind, und

10. weitere Daten, die zur Vollziehung des Gesetzes oder aufgrund der Anmeldung gemäß Abs. 4 übermittelt werden.

(2) Der Teilnehmer hat über das Anzeigemodul Änderungen der in Abs. 1 genannten Daten dem Teilnehmerverzeichnis unverzüglich bekanntzugeben, sofern dies nicht jene Daten betrifft, die durch Abfragen von Registern von Verantwortlichen des öffentlichen Bereichs automationsunterstützt aktualisiert werden. Darüber hinaus kann er dem Teilnehmerverzeichnis mitteilen, dass die Zustellung oder Zusendung innerhalb bestimmter Zeiträume ausgeschlossen sein soll.

(3) Die gemäß § 29 Abs. 2 Z 1 in der Fassung des Deregulierungsgesetzes 2017, BGBl. I Nr. 40/2017, gespeicherten Daten des Ermittlungs- und Zustelldienstes über Kunden der elektronischen Zustelldienste sind automationsunterstützt vom Ermittlungs- und Zustelldienst an das Teilnehmerverzeichnis zu übermitteln. Diese Personen gelten als angemeldete Teilnehmer im Sinne des Abs. 1.

(4) Die Anmeldedaten und Änderungen von FinanzOnline-Teilnehmern, die nicht auf die elektronische Zustellung nach der BAO verzichtet haben und Unternehmer im Sinne des § 3 Z 20 des Bundesgesetzes über die Bundesstatistik – Bundesstatistikgesetz 2000, BGBl. I Nr. 163/1999, sind, sind vom Bundesminister für Finanzen automationsunterstützt an das Teilnehmerverzeichnis zu übermitteln; die Daten anderer FinanzOnline-Teilnehmer nur mit deren Einwilligung. Die Unternehmer gelten unbeschadet der Bestimmung des § 1b Abs. 2 bis 4 E-GovG als angemeldete Teilnehmer im Sinne des Abs. 1.

(5) Die Anmeldedaten und Änderungen von im Zustellsystem gemäß § 28 Abs. 3 Z 3 erfassten Teilnehmern sind von diesem Zustellsystem automationsunterstützt bis auf Widerspruch des Teilnehmers an das Teilnehmerverzeichnis zu übermitteln. Diese Personen gelten unbeschadet der Bestimmung des § 1b Abs. 2 bis 4 E-GovG als angemeldete Teilnehmer im Sinne des Abs. 1.

(6) Soweit die Gesetze nicht anderes bestimmen, kann eine vollständige oder teilweise Abmeldung vom Teilnehmerverzeichnis unter Verwendung der Authentifizierungsmethoden gemäß Abs. 1 oder durch eine vom Teilnehmer unterschriebene schriftliche Erklärung erfolgen. Sie

ZustG
ZustFormV
ZustDV
EuZustÜbk

wird zwei Wochen nach dem Einlangen beim Teilnehmerverzeichnis wirksam. Der Teilnehmer ist über seine elektronische Adresse gemäß Abs. 1 Z 4 über die Abmeldung unverzüglich zu informieren und hat die Möglichkeit, diese binnen zwei Wochen ab Einlangen der Information rückgängig zu machen. Wird der Tod einer natürlichen Person oder das Ende einer juristischen Person, die Teilnehmer ist, über eine Registerabfrage automationsunterstützt bekannt, ist der Teilnehmer aus dem Teilnehmerverzeichnis unverzüglich zu löschen.

(BGBl I 2018/104 iVm BGBl II 2019/140)

Leistungen der Zustelldienste

§ 29. (1) Jeder Zustelldienst hat die Zustellung behördlicher Dokumente an Teilnehmer vorzunehmen (Zustellleistung). Die Zustellleistung umfasst folgende, nach dem jeweiligen Stand der Technik zu erbringende Leistungen:

1. die Schaffung der technischen Voraussetzungen für die Entgegennahme der zuzustellenden Dokumente (§ 34 Abs. 1);

2. das Betreiben einer technischen Einrichtung mit hoher Zuverlässigkeit für die sichere elektronische Bereithaltung der zuzustellenden Dokumente;

3. die Bereitstellung eines Verfahrens zur identifizierten und authentifizierten Abholung der bereitgehaltenen Dokumente über das Anzeigemodul gemäß § 37b Abs. 2;

4. die Protokollierung von Daten im Sinn des § 35 Abs. 3 fünfter Satz und die Übermittlung dieser Daten an den Absender;

5. die unverzügliche Verständigung des Absenders, wenn ein Dokument nicht abgeholt wird;

6. die Weiterleitung des Dokuments, der das Dokument beschreibenden Daten, der Verständigungsadressdaten gemäß § 28b Abs. 1 Z 4 sowie die elektronische Information für die technische Möglichkeit der elektronischen identifizierten und authentifizierten Abholung des Dokuments an das Anzeigemodul (§ 37b).

Die Behörde hat für die Erbringung der Leistungen gemäß Z 1 bis 6 ein Entgelt zu entrichten. *(BGBl I 2018/104 iVm BGBl II 2019/140)*

(2) *(entfällt, BGBl I 2018/104 iVm BGBl II 2019/140)*

(3) Zustelldienste haben als weitere Leistung die Zusendung von Dokumenten im Auftrag von Verantwortlichen des öffentlichen Bereichs nicht in Vollziehung der Gesetze (§ 1) gemäß den Anforderungen des Abs. 1 zu erfüllen. Für diese Zusendungen darf vom Zustelldienst zum Zweck der Anzeige über das Anzeigemodul das Teilnehmerverzeichnis und das Anzeigemodul zu denselben Bedingungen wie bei der Zustellung behörd-

licher Dokumente verwendet werden. *(BGBl I 2018/104 iVm BGBl II 2019/140)*

(4) Zustelldienste sind hinsichtlich der von ihnen für die Besorgung ihrer Aufgaben verwendeten Daten „Verantwortliche" (Art. 4 Z 7 Verordnung (EU) 2016/679 zum Schutz natürlicher Personen bei der Verarbeitung personenbezogener Daten, zum freien Datenverkehr und zur Aufhebung der Richtlinie 95/46/EG (Datenschutz-Grundverordnung) – DSGVO, ABl. Nr. L 119 vom 4. 5. 2016 S. 1)". Sie dürfen die ihnen zur Kenntnis gelangten Daten „der Empfänger" – soweit keine besonderen vertraglichen Vereinbarungen mit diesen bestehen – ausschließlich für den Zweck der Zustellung „bzw. Zusendung" verwenden. Der Abschluss eines Vertrags über die Zustellleistung sowie der Inhalt eines solchen Vertrags dürfen nicht von der „Einwilligung" zur Weitergabe von Daten an Dritte abhängig gemacht werden; eine Weitergabe von Daten über Herkunft und Inhalt zuzustellender Dokumente an Dritte darf nicht vereinbart werden. *(BGBl I 2018/104 iVm BGBl II 2019/140)*

(5) Auf natürliche Personen, die an der Erbringung der Leistungen gemäß Abs. 1 „ ** mitwirken, ist in Hinblick auf Daten über Herkunft und Inhalt zuzustellender behördlicher Dokumente § 46 Abs. 1 bis 4 des Beamten-Dienstrechtsgesetzes 1979, „BGBl. Nr. 333/1979"*, sinngemäß anzuwenden. Hinsichtlich der abgabenrechtlichen Geheimhaltungspflicht des § 48a der Bundesabgabenordnung, BGBl. Nr. 194/1961, gelten diese Personen als Beamte im Sinne des „§ 74 Abs. 1 Z 4"* des Strafgesetzbuches, BGBl. Nr. 60/1974. *(*BGBl I 2017/40; **BGBl I 2018/104 iVm BGBl II 2019/140)*

(6) *(entfällt, BGBl I 2018/104 iVm BGBl II 2019/140)*

(7) Die Zustellleistung (Abs. 1) ist so zu erbringen, dass für behinderte Menschen ein barrierefreier Zugang zu dieser Leistung nach dem jeweiligen Stand der Technik gewährleistet ist.

(BGBl I 2008/5)

Zulassung als Zustelldienst

§ 30. (1) Die Erbringung der Zustellleistung (§ 29 Abs. 1) bedarf einer Zulassung, deren Erteilung beim Bundesminister für Digitalisierung und Wirtschaftsstandort zu beantragen ist. Voraussetzungen für die Erteilung der Zulassung sind die für die ordnungsgemäße Erbringung der Zustellleistung erforderliche technische und organisatorische Leistungsfähigkeit sowie die rechtliche, insbesondere datenschutzrechtliche Verlässlichkeit des Zustelldienstes. Die Erfüllung der Zulassungsvoraussetzungen ist durch ein Gutachten einer Konformitätsbewertungsstelle gemäß Artikel 2 Nummer 13 der Verordnung (EG) Nr. 765/2008, über die Vorschriften für die Akkreditierung und Marktüberwachung im Zusammenhang mit der Vermarktung von Produkten und zur Aufhebung der Verordnung (EWG) Nr. 339/93 des Rates, ABl. Nr. L 218 vom 13.08.2008 S. 30, die zur Durchführung der Konformitätsbewertung qualifizierter Vertrauensdiensteanbieter und der von ihnen erbrachten qualifizierten Diensten für die Zustellung elektronischer Einschreiben gemäß Art. 44 der Verordnung (EU) Nr. 910/2014 über elektronische Identifizierung und Vertrauensdienste für elektronische Transaktionen im Binnenmarkt und zur Aufhebung der Richtlinie 1999/93/EG, ABl. Nr. L 257 vom 28.08.2014 S. 73, in der Fassung der Berichtigung ABl. Nr. L 23 vom 29.01.2015 S. 19 (eIDAS-VO) akkreditiert ist, nachzuweisen. Das Gutachten darf nicht älter als zwei Monate sein und ist dem Bundesminister für Digitalisierung und Wirtschaftsstandort vorzulegen. Mit dem Antrag auf Zulassung sind weiters allgemeine Geschäftsbedingungen vorzulegen, die den gesetzlichen Anforderungen zu entsprechen haben und der ordnungsgemäßen Erbringung der Zustellleistung nicht entgegenstehen dürfen. *(BGBl I 2018/104 iVm BGBl II 2019/140)*

(2) Der Zulassungsbescheid ist schriftlich zu erlassen; wenn es für die Gewährleistung der Leistungsfähigkeit und Verlässlichkeit erforderlich ist, sind darin Auflagen zu erteilen und Bedingungen vorzuschreiben.

(3) Der „Bundesminister für Digitalisierung und Wirtschaftsstandort" hat eine Liste der zugelassenen Zustelldienste einschließlich der in den Zulassungsbescheiden erteilten Auflagen und vorgeschriebenen Bedingungen (Abs. 2) und der gemäß § 31 Abs. 2 zweiter Satz erteilten Auflagen im Internet zu veröffentlichen. *(BGBl I 2018/104 iVm BGBl II 2019/140)*

(4) Wenn eine Zulassungsvoraussetzung wegfällt oder ihr ursprünglicher Mangel nachträglich hervorkommt, hat der „Bundesminister für Digitalisierung und Wirtschaftsstandort" die Behebung des Mangels innerhalb einer angemessenen Frist anzuordnen. Ist die Behebung des Mangels nicht möglich oder erfolgt sie nicht innerhalb der gesetzten Frist, ist die Zulassung durch Bescheid zu widerrufen. *(BGBl I 2018/104 iVm BGBl II 2019/140)*

(5) Zugelassene Zustelldienste haben ab der Rechtskraft des Zulassungsbescheids alle zwei Jahre ein Gutachten gemäß Abs. 1 dem Bundesminister für Digitalisierung und Wirtschaftsstandort vorzulegen. *(BGBl I 2018/104 iVm BGBl II 2019/140)*

(BGBl I 2008/5)

Aufsicht

§ 31. (1) Die Zustelldienste unterliegen der Aufsicht durch den „Bundesminister für Digitali-

sierung und Wirtschaftsstandort". Sie sind verpflichtet, dem „Bundesminister für Digitalisierung und Wirtschaftsstandort" jede Änderung der die Voraussetzung der Zulassung gemäß § 30 bildenden Umstände unverzüglich bekanntzugeben. *(BGBl I 2018/104 iVm BGBl II 2019/140)*

(2) Der „Bundesminister für Digitalisierung und Wirtschaftsstandort" hat die Aufsicht über die Zustelldienste dahin auszuüben, dass diese die Gesetze und Verordnungen nicht verletzen, insbesondere ihren Aufgabenbereich nicht überschreiten und die ihnen gesetzlich obliegenden Aufgaben erfüllen. Zu diesem Zweck ist der „Bundesminister für Digitalisierung und Wirtschaftsstandort" berechtigt, Auskünfte einzuholen und gegebenenfalls Auflagen vorzuschreiben, wenn die ordnungsgemäße Erbringung der Leistungen sonst nicht gewährleistet ist. Die Zustelldienste haben dem „Bundesminister für Digitalisierung und Wirtschaftsstandort" die geforderten Auskünfte unverzüglich, spätestens jedoch binnen zwei Wochen zu erteilen. *(BGBl I 2018/104 iVm BGBl II 2019/140)*

(BGBl I 2008/5)

§ 32. *(entfällt samt Überschrift, BGBl I 2018/104 iVm BGBl II 2019/140)*

§ 33. *(entfällt samt Überschrift, BGBl I 2018/104 iVm BGBl II 2019/140)*

Abfrage des Teilnehmerverzeichnisses und Übermittlung des zuzustellenden Dokuments

§ 34. (1) Die zustellende Behörde oder in ihrem Auftrag ein Zustellsystem gemäß § 28 Abs. 3 Z 1 bis 4 hat durch elektronische Abfrage des Teilnehmerverzeichnisses zu ermitteln, ob der Empfänger

1. beim Teilnehmerverzeichnis angemeldet ist und

2. die Zustellung nicht gemäß § 28b Abs. 2 zweiter Satz ausgeschlossen hat.

Liegen diese Voraussetzungen der Z 1 und 2 vor, so sind die Informationen gemäß § 28b Abs. 1 Z 3 und 6 bis 8 der Behörde oder dem in ihrem Auftrag tätigen Zustellsystem zu übermitteln; andernfalls ist dieser oder diesem mitzuteilen, dass diese Voraussetzungen nicht vorliegen. Steht der Behörde ein vom Empfänger akzeptiertes Format zur Verfügung, so hat sie das zuzustellende Dokument in diesem Format dem in ihrem Auftrag tätigen Zustellsystem zu übermitteln.

(2) Eine Abfrage zur Ermittlung der in Abs. 1 angeführten Daten darf nur

1. zum Zweck der Zustellung von Dokumenten auf Grund eines Auftrags einer Behörde nach Abs. 1 oder

2. zum Zweck der Zusendung von Dokumenten auf Grund eines Auftrags eines Verantwortlichen des öffentlichen Bereichs erfolgen.

Als Suchkriterien dürfen nur die Daten gemäß § 28b Abs. 1 Z 1 bis 5, 9 und 10 verwendet werden.

(3) Verpflichteten Teilnehmern des elektronischen Rechtsverkehrs (§ 89c GOG) ist in das Zustellsystem gemäß § 28 Abs. 3 Z 3 zuzustellen.

(4) Liegen die Voraussetzungen für eine elektronische Zustellung gemäß Abs. 1 nicht vor, kann auf Verlangen des Versenders vom Teilnehmerverzeichnis an die elektronische Verständigungsadresse gemäß § 28b Abs. 1 Z 4 oder an eine beigestellte elektronische Verständigungsadresse eine Information über eine beabsichtigte elektronische Zustellung versendet werden. Eine solche beigestellte elektronische Verständigungsadresse darf im Teilnehmerverzeichnis auch ohne Anmeldung zu diesem gespeichert und verwendet werden.

(5) Die Betreiber von Internetportalen, die das Anzeigemodul gemäß § 37b Abs. 4 anbinden dürfen, sowie die Betreiber des Unternehmensserviceportals und des Bürgerserviceportals gemäß § 3 des Unternehmensserviceportalgesetzes – USPG, BGBl. I Nr. 52/2009, in die das Anzeigemodul gemäß § 37b Abs. 4 eingebunden ist, sind berechtigt das Teilnehmerverzeichnis abzufragen, um eine allfällige Anmeldung oder Abmeldung vom Teilnehmerverzeichnis zielgerichtet zu erleichtern.

(BGBl I 2018/104 iVm BGBl II 2019/140)

Zustellung mit Zustellnachweis durch einen Zustelldienst

§ 35. (1) Der im Auftrag der Behörde tätige Zustelldienst hat im Fall einer Zustellung mit Zustellnachweis bzw. nachweislichen Zusendung bei Vorliegen der Voraussetzungen des § 34 Abs. 1 erster Satz die Daten gemäß § 29 Abs. 1 Z 6 an das Anzeigemodul zu übermitteln. Das Anzeigemodul hat den Empfänger unverzüglich davon zu verständigen, dass ein Dokument für ihn zur Abholung bereitliegt. Diese elektronische Verständigung ist an die im Teilnehmerverzeichnis gemäß § 28b Abs. 1 Z 4 bekanntgegebene elektronische Adresse des Empfängers zu versenden. Hat der Empfänger mehrere solcher Adressen bekanntgegeben, so ist die elektronische Verständigung an alle Adressen zu versenden; für die Berechnung der Frist gemäß Abs. 2 erster Satz ist der Zeitpunkt der frühesten Versendung maßgeblich. Die elektronische Verständigung hat jedenfalls folgende Angaben zu enthalten:

1. Absender,

2. Datum der Versendung,

3. Internetadresse, unter der das zuzustellende Dokument zur Abholung bereitliegt,

4. Ende der Abholfrist,

5. Hinweis auf das Erfordernis einer Bürgerkarte (§ 2 Z 10 E-GovG) bei der Abholung von Dokumenten, die mit Zustellnachweis zugestellt oder als nachweisliche Zusendung übermittelt werden sollen und

6. Hinweis auf den Zeitpunkt, mit dem die Zustellung wirksam wird.

Soweit dies erforderlich ist, hat der Bundesminister für Digitalisierung und Wirtschaftsstandort durch Verordnung nähere Bestimmungen über die elektronischen Verständigungsformulare zu erlassen. *(BGBl I 2018/104 iVm BGBl II 2019/140)*

(2) Wird das Dokument nicht innerhalb von 48 Stunden abgeholt, so hat eine zweite elektronische Verständigung zu erfolgen; Abs. 1 „vierter"** Satz ist sinngemäß anzuwenden. „ "* *(*BGBl I 2017/40; **BGBl I 2018/104 iVm BGBl II 2019/140)*

(3) „Die Abholung des bereitgehaltenen Dokuments kann ausschließlich über das Anzeigemodul erfolgen."*** Der Zustelldienst hat sicherzustellen, dass zur Abholung bereitgehaltene Dokumente nur von Personen abgeholt werden können, die zur Abholung berechtigt sind und „im Falle einer Zustellung mit Zustellnachweis oder einer nachweislichen Zusendung"** ihre Identität und die Authentizität der Kommunikation mit der Bürgerkarte (§ 2 Z 10 E-GovG) nachgewiesen haben. Zur Abholung berechtigt sind der Empfänger und, soweit dies von der Behörde nicht ausgeschlossen worden ist, eine zur Empfangnahme bevollmächtigte Person. Identifikation und Authentifizierung können „ "*** auch durch eine an die Verwendung sicherer Technik gebundene „Schnittstelle"*** erfolgen. Der Zustelldienst hat alle Daten über die Verständigungen gemäß Abs. 1 und 2 und die Abholung des Dokuments zu protokollieren und „dem Absender"* unverzüglich zu übermitteln; die Gesamtheit dieser Daten bildet den Zustellnachweis. *(*BGBl I 2013/33; **BGBl I 2017/40; ***BGBl I 2018/104 iVm BGBl II 2019/140)*

(4) Der Zustelldienst hat das Dokument zwei Wochen zur Abholung bereitzuhalten und nach Ablauf weiterer acht Wochen zu löschen. *(BGBl I 2018/104 iVm BGBl II 2019/140)*

(5) Ein zur Abholung bereitgehaltenes Dokument gilt „jedenfalls" mit seiner Abholung als zugestellt. *(BGBl I 2018/104 iVm BGBl II 2019/140)*

(6) Die Zustellung gilt als am ersten Werktag nach der Versendung der ersten elektronischen Verständigung bewirkt, wobei Samstage nicht als Werktage gelten. Sie gilt als nicht bewirkt, wenn sich ergibt, dass die elektronischen Verständigun-

gen nicht beim Empfänger eingelangt waren, doch wird sie mit dem dem Einlangen einer elektronischen Verständigung folgenden Tag innerhalb der Abholfrist (Abs. 1 Z 3) wirksam. *(BGBl I 2017/40)*

(7) Die Zustellung gilt als nicht bewirkt, wenn sich ergibt, dass der Empfänger

1. von den elektronischen Verständigungen keine Kenntnis hatte oder

2. von diesen zwar Kenntnis hatte, aber während der Abholfrist von allen Abgabestellen (§ 2 Z 4) nicht bloß vorübergehend abwesend war, doch wird die Zustellung an dem der Rückkehr an eine der Abgabestellen folgenden Tag innerhalb der Abholfrist wirksam, an dem das Dokument abgeholt werden könnte
(BGBl I 2017/40)

(8) Wurde dieselbe elektronische Verständigung an mehrere elektronische Adressen versendet, so ist der Zeitpunkt der frühesten Versendung maßgeblich. *(BGBl I 2017/40)*

(9) *(entfällt, BGBl I 2018/104 iVm BGBl II 2019/140)*

(BGBl I 2008/5)

Zustellung ohne Zustellnachweis durch ein Zustellsystem

§ 36. (1) Das im Auftrag der Behörde tätige Zustellsystem hat bei Vorliegen der Voraussetzungen des § 34 Abs. 1 Z 1 und 2 die Daten gemäß § 29 Abs. 1 Z 6 an das Anzeigemodul zu übermitteln. Das Anzeigemodul hat den Empfänger davon zu verständigen, dass ein Dokument für ihn zur Abholung bereitliegt. Diese elektronische Verständigung ist an die dem Teilnehmerverzeichnis gemäß § 28b Abs. 1 Z 4 bekanntgegebene elektronische Adresse des Empfängers unverzüglich oder spätestens am selben Tag als Sammelverständigung zu versenden. Hat der Empfänger mehrere solcher Adressen bekanntgegeben, so ist die elektronische Verständigung an alle Adressen zu versenden. Die elektronische Verständigung hat jedenfalls folgende Angaben zu enthalten:

1. Absender,

2. Datum der Versendung und

3. Internetadresse, unter der das zuzustellende Dokument zur Abholung bereitliegt.

Soweit dies erforderlich ist, hat der Bundesminister für Digitalisierung und Wirtschaftsstandort durch Verordnung nähere Bestimmungen über die Verständigungsformulare zu erlassen.

(2) Die Abholung des bereitgehaltenen Dokuments kann ausschließlich über das Anzeigemodul erfolgen. Das Zustellsystem hat sicherzustellen, dass zur Abholung bereitgehaltene Dokumente nur von Personen abgeholt werden können, die zur Abholung berechtigt sind. Zur Abholung berechtigt sind der Empfänger und, soweit dies von der Behörde nicht ausgeschlossen worden ist, eine zur Empfangnahme bevollmächtigte Person. Identifikation und Authentifizierung können auch durch eine an die Verwendung sicherer Technik gebundene Schnittstelle erfolgen. Das Zustellsystem hat alle Daten über die Verständigung gemäß Abs. 1 und 2 und die Abholung des Dokuments zu protokollieren.

(3) Das Zustellsystem hat das Dokument zehn Wochen zur Abholung bereitzuhalten und danach zu löschen.

(4) Das Dokument gilt mit dem Zeitpunkt der erstmaligen Bereithaltung zur Abholung als zugestellt. Bestehen Zweifel darüber, ob bzw. wann das Dokument für den Empfänger zur Abholung bereitgehalten wurde, hat die Behörde Tatsache und Zeitpunkt der Bereithaltung von Amts wegen festzustellen.

(BGBl I 2018/104 iVm BGBl II 2019/140)

Zustellung an einer elektronischen Zustelladresse oder über das elektronische Kommunikationssystem der Behörde

§ 37. (1) Zustellungen ohne Zustellnachweis können auch an einer elektronischen Zustelladresse oder über das elektronische Kommunikationssystem der Behörde erfolgen. Das Dokument gilt mit dem Zeitpunkt des Einlangens bzw. nach dem erstmaligen Bereithalten des Dokuments im bzw. für den Empfänger als zugestellt. Bestehen Zweifel darüber, ob bzw. wann das Dokument beim Empfänger eingelangt ist bzw. für ihn bereitgehalten wird, hat die Behörde Tatsache und Zeitpunkt des Einlangens bzw. der Bereithaltung von Amts wegen festzustellen. *(BGBl I 2017/40)*

(1a) Das Kommunikationssystem der Behörde hat bei Vorliegen der Voraussetzungen des § 34 Abs. 1 Z 1 und 2 die Daten gemäß Abs. 3 an das Anzeigemodul zu übermitteln. *(BGBl I 2018/104 iVm BGBl II 2019/140)*

(2) Für die Zulässigkeit der Abfrage des Teilnehmerverzeichnisses und der Weiterleitung der Daten gemäß Abs. 3 hat das elektronische Kommunikationssystem der Behörde folgende Leistungen nach dem jeweiligen Stand der Technik zu erbringen:

1. das Betreiben einer technischen Einrichtung mit hoher Zuverlässigkeit für die sichere elektronische Bereithaltung der zuzustellenden Dokumente;

2. die unverzügliche Weiterleitung der Daten gemäß Abs. 3 an das Anzeigemodul;

3. die Bereitstellung eines Verfahrens zur identifizierten und authentifizierten Abholung der bereitgehaltenen Dokumente über das Anzeigemodul;

4. die Protokollierung der Abholung des Dokuments;

ZustG
ZustFormV
ZustDV
EuZustÜbk

5. die Beratung des Empfängers, wenn bei der Abholung von Dokumenten technische Probleme auftreten.

Soweit dies erforderlich ist, hat der Bundesminister für Digitalisierung und Wirtschaftsstandort durch Verordnung nähere Bestimmungen über Leistungen zu erlassen. *(BGBl I 2018/104 iVm BGBl II 2019/140)*

(2a) Vor der Abfrage des Teilnehmerverzeichnisses und der Weiterleitung der Daten gemäß Abs. 3 hat die Behörde die ordnungsgemäße Erfüllung der Anforderungen und den einwandfreien Betrieb des Kommunikationssystems der Behörde dem Bundesminister für Digitalisierung und Wirtschaftsstandort anzuzeigen. Der Bundesminister für Digitalisierung und Wirtschaftsstandort hat die Liste der Kommunikationssysteme der Behörde im Internet zu veröffentlichen. Bei Nichteinhaltung ist die Abfrage und Entgegennahme der Daten zu unterbinden. *(BGBl I 2018/104 iVm BGBl II 2019/140)*

(3) Das elektronische Kommunikationssystem der Behörde hat die Weiterleitung der das Dokument beschreibenden Daten „, das Dokument, die Verständigungsadressdaten" sowie die elektronische Information für die technische Möglichkeit der elektronischen identifizierten und authentifizierten Abholung des Dokuments dem Anzeigemodul (§ 37b) anzubieten. *(BGBl I 2017/40; BGBl I 2018/104 iVm BGBl II 2019/140)*

(4) Zustellungen ohne Zustellnachweis können auch über ein zur Verfügung stehendes Kommunikationssystem einer anderen Behörde im selben Vollziehungsbereich erfolgen. *(BGBl I 2018/104 iVm BGBl II 2019/140)*

(5) Die Zustellleistung (Abs. 1) ist so zu erbringen, dass für behinderte Menschen ein barrierefreier Zugang zu dieser Leistung nach dem jeweiligen Stand der Technik gewährleistet ist. *(BGBl I 2018/104 iVm BGBl II 2019/140)*

(BGBl I 2008/5)

Unmittelbare elektronische Ausfolgung

§ 37a. Versandbereite Dokumente können dem Empfänger unmittelbar elektronisch ausgefolgt werden, wenn dieser bei der Antragstellung seine Identität und die Authentizität der Kommunikation nachgewiesen hat und die Ausfolgung in einem so engen zeitlichen Zusammenhang mit der Antragstellung steht, dass sie von diesem Nachweis umfasst ist. Wenn mit Zustellnachweis zuzustellen ist, sind die Identität und die Authentizität der Kommunikation mit der Bürgerkarte (§ 2 Z 10 E-GovG) nachzuweisen.

(BGBl I 2008/5)

Anzeigemodul

§ 37b. (1) Das Anzeigemodul ermöglicht Empfängern online die Anzeige der das Dokument beschreibenden Daten von zur Abholung für sie bereitgehaltenen Dokumenten „, die Verständigung darüber" sowie die Abholung dieser Dokumente. *(BGBl I 2018/104 iVm BGBl II 2019/140)*

(2) Der Betreiber des Anzeigemoduls ist gesetzlicher Auftragsverarbeiter für Zustellsysteme gemäß § 28 Abs. 3 Z 1, 2 und 4 zum Zweck der Identifikation und Authentifikation von zur Abholung berechtigten Personen. Diesen Personen darf der Anzahl ihrer gelesenen und ungelesenen Dokumente schon vor der Abholung angezeigt werden. *(BGBl I 2018/104 iVm BGBl II 2019/140)*

(3) Das Anzeigemodul hat sämtliche Daten über die Abholung durch den Empfänger zu protokollieren und an das jeweilige Zustellsystem gemäß Abs. 2 elektronisch zu übermitteln.

(4) Der Bundesminister für Digitalisierung und Wirtschaftsstandort stellt ein Anzeigemodul mit hoher Zuverlässigkeit zur Verfügung. Dieses kann auf Internetportalen von Verantwortlichen des öffentlichen Bereichs unter der Maßgabe der Einhaltung der technischen Schnittstellen und Spezifikationen angebunden werden. Der Bundesminister für Digitalisierung und Wirtschaftsstandort hat diese Schnittstellen und Spezifikationen im Internet auf seiner Website bekannt zu geben. Das Unternehmensserviceportal und das Bürgerserviceportal gemäß § 3 des Unternehmensserviceportalgesetzes – USPG, BGBl. I Nr. 52/2009, haben das Anzeigemodul einzubinden. Der Bundesminister für Digitalisierung und Wirtschaftsstandort kann durch Verordnung Kriterien zur Einbindung oder Anbindung des Anzeigemoduls bei weiteren Portalen festlegen. *(BGBl I 2018/104 iVm BGBl II 2019/140)*

(5) Die Leistungen des Anzeigemoduls (Abs. 1) sind so zu erbringen, dass für Menschen mit Behinderung ein barrierefreier Zugang zu dieser Leistung nach dem jeweiligen Stand der Technik gewährleistet ist.

(6) Soweit dies erforderlich ist, hat „der Bundesminister für Digitalisierung und Wirtschaftsstandort" durch Verordnung nähere Bestimmungen über die beschreibenden Daten von Dokumenten gemäß Abs. 1 zu erlassen. *(BGBl I 2018/104 iVm BGBl II 2019/140)*

(7) Der Bundesminister für Digitalisierung und Wirtschaftsstandort hat den einliefernden Systemen die Kosten für das Anzeigemodul entsprechend ihrem Einlieferungsvolumen kostendeckend zu verrechnen. Werden Daten im Anzeigemodul eingeliefert, die mangels Bundesgesetz keine Rechtswirkungen auslösen, sind die halben Verrechnungssätze anzuwenden. Die Bundesre-

chenzentrum GmbH kann als Zahlstelle eingerichtet werden. *(BGBl I 2018/104)*

(8) Die Verfügbarkeit des Anzeigemoduls ist von „dem Bundesminister für Digitalisierung und Wirtschaftsstandort" im Bundesgesetzblatt kundzumachen. *(BGBl I 2018/104 iVm BGBl II 2019/140)*

(BGBl I 2017/40)

„4. Abschnitt"

Schlußbestimmungen

(BGBl I 2008/5)

Verweisungen

§ 38. (1) Verweisungen in den Verfahrensvorschriften auf Bestimmungen, die Angelegenheiten des Zustellwesens regeln, gelten als Verweisungen auf die entsprechenden Bestimmungen dieses Bundesgesetzes.

(2) Soweit in diesem Bundesgesetz auf Bestimmungen anderer Bundesgesetze verwiesen wird, sind diese in ihrer jeweils geltenden Fassung anzuwenden.

(BGBl I 1998/158)

Vollziehung

§ 39. Mit der Vollziehung dieses Bundesgesetzes ist hinsichtlich der §§ 28a, 28b, 30 bis 32 und § 37b der Bundesminister für Digitalisierung und Wirtschaftsstandort, hinsichtlich der übrigen Bestimmungen die Bundesregierung betraut.

(BGBl I 2018/104 iVm BGBl II 2019/140)

„Inkrafttretens- und Übergangsbestimmungen"

(BGBl I 2018/104 iVm BGBl II 2019/140)

§ 40. (1) § 15 Abs. 1 in der Fassung des Bundesgesetzes BGBl. I Nr. 158/1998 tritt mit 1. Jänner 1998 in Kraft. Die §§ 1 Abs. 2, 2a samt Überschrift, 7 samt Überschrift, die Überschrift vor § 8a, die §§ 8a, 9, 10, 24 samt Überschrift, 26 Abs. 2 und 26a in der Fassung des Bundesgesetzes BGBl. I Nr. 158/1998 treten mit 1. Jänner 1999 in Kraft. § 1 Abs. 3, § 1a und die Überschrift zu § 10 treten mit Ablauf des 31. Dezember 1998 außer Kraft. *(BGBl I 1998/158)*

(2) § 1 Abs. 2 letzter Satz, § 2a Abs. 2, § 11 Abs. 3 und § 12 Abs. 4 in der Fassung des Bundesgesetzes BGBl. I Nr. 137/2001 treten mit 1. Jänner 2002 in Kraft. *(BGBl I 2001/137)*

(3) § 1 Abs. 2 letzter Satz und § 17a samt Überschrift in der Fassung des Verwaltungsreformgesetzes 2001, BGBl. I Nr. 65/2002, treten mit 1. Jänner 2002, jedoch nicht vor dem der Kundmachung des genannten Gesetzes folgenden Tag, in Kraft.[1] *(BGBl I 2002/65)*

(4) Der Titel, §§ 1 bis 7 und 9 samt Überschriften, die Überschrift des Abschnitts II und die §§ 26 und 27 samt Überschriften, Abschnitt III, die Bezeichnungen des nunmehrigen Abschnitt IV und der nunmehrigen §§ 38, 39 und 40 sowie § 40 Abs. 4 und 5 in der Fassung des Bundesgesetzes BGBl. I Nr. 10/2004 treten mit 1. März 2004 in Kraft. Zugleich treten § 8a, § 13 Abs. 5 und 6, § 17a und § 26a, in der zu diesem Zeitpunkt geltenden Fassung, außer Kraft. *(BGBl I 2004/10)*

(5) Die Bezeichnung des 1. Abschnitts, § 2 Z 2, Z 4, 5, 6 und 8 (Z 3 bis 6 neu) und Z 7 bis 9, die §§ 3 bis 5 samt Überschriften, § 7, § 9 Abs. 1 bis 3 und 6, § 10 samt Überschrift, § 12 samt Überschrift, die Bezeichnung und die Überschrift des 2. Abschnitts, § 13, § 14, § 16 Abs. 1, 3 und 4, § 17, § 18, § 19, § 20 Abs. 1 und 2, § 21 samt Überschrift, § 22 Abs. 2 bis 4, § 23 Abs. 1, 2 und 4, § 24 samt Überschrift, § 24a samt Überschrift, § 25 Abs. 1, § 26 Abs. 1, § 27 samt Überschrift, der 3. Abschnitt, die Bezeichnung des 4. Abschnitts, § 39, § 40 Abs. 5 und § 41 samt Überschrift in der Fassung des Bundesgesetzes BGBl. I Nr. 5/2008 treten mit 1. Jänner 2008 in Kraft; gleichzeitig treten § 2 Z 3 und 7, die Überschriften nach § 8 (zum früheren § 8a) und nach § 17 (zum früheren § 17a) außer Kraft. § 37 samt Überschrift in der Fassung des Art. 4 Z 48 des Bundesgesetzes BGBl. I Nr. 5/2008 tritt mit 1. Jänner 2009 in Kraft. Die Zustelldiensteverordnung – ZustDV, BGBl. II Nr. 233/2005, gilt in ihrer am 31. Dezember 2007 geltenden Fassung weiter. *(BGBl I 2008/5)*

(6) *(entfällt, BGBl I 2018/104 iVm BGBl II 2019/140)*

(7) § 22 Abs. 3, § 27 Z 3, § 28 Abs. 2, § 29 Abs. 1 Z 10 und 11, § 33 Abs. 1 und § 35 Abs. 9 in der Fassung des Budgetbegleitgesetzes 2011, BGBl. I Nr. 111/2010, treten mit 1. Jänner 2011 in Kraft. *(BGBl I 2010/111)*

(8) § 2 Z 1, 6 und 7, § 10 samt Überschrift, § 11 Abs. 2, § 18 Abs. 1 Z 4, § 19 samt Überschrift, § 22 Abs. 2 und 4, § 25 Abs. 1, § 27 Z 2, § 29 Abs. 1 Z 7, 8 und 11 und § 35 Abs. 3 letzter Satz in der Fassung des Bundesgesetzes BGBl. I Nr. 33/2013 treten mit Ablauf des Monats der Kundmachung dieses Bundesgesetzes in Kraft.[2] *(BGBl I 2013/33)*

(9) In der Fassung des Deregulierungsgesetzes 2017, BGBl. I Nr. 40/2017, treten in Kraft:

1. § 11 Abs. 2 mit 1. März 2014,

2. § 2 Z 7 bis 9, die Überschrift zu § 10, § 28 Abs. 2, § 29 Abs. 5, § 32 Abs. 1, § 35 Abs. 1 Z 4, Abs. 2, 3 erster Satz, 6 bis 8, § 36, § 37 Abs. 1 und 1a, § 37b samt Überschrift sowie § 39 mit Ablauf des Tages der Kundmachung[3] und

3. § 29 Abs. 1 Z 11 und 12, § 37 Abs. 3 sowie § 40 Abs. 6 zweiter Satz mit Beginn des siebenten auf den Tag der Kundmachung der Verfügbarkeit des Anzeigemoduls gemäß § 37b Abs. 8[4)] folgenden Monats. *(BGBl I 2017/40)*

(10) Elektronische Zustelldienste, die gemäß § 30 in der Fassung vor der Novelle BGBl. I Nr. 104/2018 zugelassen wurden, gelten als elektronische Zustelldienste gemäß § 30 in der Fassung dieser Novelle und haben spätestens nach Ablauf von zwei Jahren ab Inkrafttreten der genannten Bestimmung in der Fassung der genannten Novelle ein Konformitätsbewertungsgutachten gemäß § 30 Abs. 1 vorzulegen. *(BGBl I 2018/104)*

(11) Die Kosten des Teilnehmerverzeichnisses gemäß § 28a Abs. 2 in der Fassung des Bundesgesetzes BGBl. I Nr. 104/2018 und jene des Anzeigemoduls gemäß § 37b in der Fassung des Bundesgesetzes BGBl. I Nr. 104/2018 sind bis zu einem Einlieferungsvolumen von 25 Millionen pro Jahr nicht zu verrechnen und vom Bundesminister für Digitalisierung und Wirtschaftsstandort zu tragen. Wird diese Menge überschritten, hat der Bundesminister für Digitalisierung und Wirtschaftsstandort ab dem Beginn des übernächsten Jahres die Kosten zu verrechnen, wobei pro Einlieferung in Summe höchstens 7 Cent für die Kosten des Teilnehmerverzeichnisses und des Anzeigemoduls verrechnet werden dürfen. *(BGBl I 2018/104)*

(12) § 28a samt Überschrift und § 37b Abs. 7 in der Fassung des Bundesgesetzes BGBl. I Nr. 104/2018 treten mit Ablauf des Tages der Kundmachung in Kraft.[5)] § 28 Abs. 2 bis 4, § 28b Abs. 1 bis 3 und 6, § 29 Abs. 1 und 3 bis 5, § 30 Abs. 1, 3 bis 5, § 31, § 34 samt Überschrift, § 35 Abs. 1 bis 5, § 36 samt Überschrift, § 37 Abs. 1a bis 5, § 37b Abs. 1, 2, 4, 6 und 8 sowie § 39 in der Fassung des Bundesgesetzes BGBl. I Nr. 104/2018 treten mit Beginn des siebenten auf den Tag der Kundmachung der Verfügbarkeit des Teilnehmerverzeichnisses gemäß § 28a Abs. 3[6)] folgenden Monats in Kraft. Zugleich treten § 29 Abs. 2 und 6, § 32 samt Überschrift, § 33 samt Überschrift, § 35 Abs. 9 und § 40 Abs. 6 außer Kraft. Die Überschrift zu § 28b und § 28b Abs. 4 und 5 in der Fassung des Bundesgesetzes BGBl. I Nr. 104/2018 treten mit Beginn des zweiten auf den Tag der Kundmachung der Verfügbarkeit des Teilnehmerverzeichnisses gemäß § 28a Abs. 3[6)] folgenden Monats in Kraft. *(BGBl I 2018/104)*

(13) § 26a samt Überschrift in der Fassung des Bundesgesetzes BGBl. I Nr. 16/2020 tritt mit Ablauf des Tages der Kundmachung des genannten Bundesgesetzes in Kraft „ ". *(BGBl I 2020/16; BGBl I 2020/42)*

(14) § 26a samt Überschrift in der Fassung des Bundesgesetzes BGBl. I Nr. 42/2020 tritt mit Ablauf des Tages der Kundmachung des genannten Bundesgesetzes in Kraft und mit Ablauf 30. Juni 2020 außer Kraft. Dass bei Zustellvorgängen, die sich im Zeitraum vom 22. März 2020 bis zum Ablauf des Tages der Kundmachung des genannten Bundesgesetzes ereignet haben, die Beurkundung der Form der Verständigung von der Zustellung sowie gegebenenfalls der Gründe, aus denen eine Verständigung nicht möglich war, aus technischen Gründen nicht elektronisch erfolgt ist, gilt dann nicht als Zustellmangel, wenn ihre Beurkundung in einer dem § 26a Z 3 letzter Satz in der Fassung des Bundesgesetzes BGBl. I Nr. 42/2020 entsprechenden Weise erfolgt ist und die betreffenden Daten dem Absender nachträglich unverzüglich übermittelt werden oder bereits übermittelt worden sind. *(BGBl I 2020/42)*

[1)] *Die Kundmachung des Verwaltungsreformgesetzes 2001, BGBl I 2002/65, im Bundesgesetzblatt erfolgte am 19. April 2002.*

[2)] *Die Kundmachung des Verwaltungsgerichtsbarkeits-Ausführungsgesetzes 2013, BGBl I 2013/33, im Bundesgesetzblatt erfolgte am 13. Februar 2013.*

[3)] *Die Kundmachung des Deregulierungsgesetzes 2017, BGBl I 2017/40, im Bundesgesetzblatt erfolgte am 12. April 2017.*

[4)] *Diese Kundmachung erfolgte mit BGBl I 2018/33 am 30. Mai 2018.*

[5)] *Die Kundmachung des BG BGBl I 2018/104 im Bundesgesetzblatt erfolgte am 27. Dezember 2018.*

[6)] *Diese Kundmachung erfolgte mit BGBl II 2019/140 am 28. Mai 2019.*

Sprachliche Gleichbehandlung

§ 41. Soweit sich die in diesem Bundesgesetz verwendeten Bezeichnungen auf natürliche Personen beziehen, gilt die gewählte Form für beide Geschlechter. Bei der Anwendung dieser Bezeichnungen auf bestimmte natürliche Personen ist die jeweils geschlechtsspezifische Form zu verwenden.

(BGBl I 2008/5)

Zustellformularverordnung

BGBl 1982/600 idF

1 BGBl II 1999/493
2 BGBl II 2004/235
3 BGBl II 2006/261
4 BGBl II 2008/152
5 BGBl II 2011/238

6 BGBl II 2013/399
7 BGBl II 2015/406
8 BGBl II 2018/34
9 BGBl II 2019/374

STICHWORTVERZEICHNIS

ZustG
ZustFormV
ZustDV
EuZustÜbk

„**Verordnung der Bundesregierung über die Formulare für Zustellvorgänge (Zustellformularverordnung – ZustFormV)**"

(BGBl II 2013/399)

Auf Grund des § 27 des „Zustellgesetzes – ZustG", BGBl. Nr. 200/1982, wird verordnet: *(BGBl II 2013/399)*

§ 1. „(1)"*** „Für Zustellungen im Inland gemäß dem 2. Abschnitt des Zustellgesetzes „ "*** stehen folgende in der **Anlage** angeschlossene Formulare zur Verfügung:"* *(* BGBl II 2008/152; ** BGBl II 2013/399, ***BGBl II 2015/406)*

- Formular 1 zu § 17 Abs. 2 des Zustellgesetzes („Verständigung über die Hinterlegung eines behördlichen Dokuments"), *(BGBl II 2015/406)*

- „ " *(BGBl II 2008/152)*

- Formular 3/1 zu § 22 des Zustellgesetzes (Rückschein bei Zustellung zu eigenen Handen),

- Formular 3/2 zu § 22 des Zustellgesetzes (Rückschein bei Zustellung zu eigenen Handen),

- Formular 3/3 zu § 22 des Zustellgesetzes (Rückschein bei Zustellung zu eigenen Handen),

- Formular 4/1 zu § 22 des Zustellgesetzes (Rückschein bei gewöhnlicher Zustellung),

- Formular 4/2 zu § 22 des Zustellgesetzes (Rückschein bei gewöhnlicher Zustellung),

- Formular 4/3 zu § 22 des Zustellgesetzes (Rückschein bei gewöhnlicher Zustellung),

- Formular 5 zu § 22 des Zustellgesetzes (Zustellschein bei Zustellung zu eigenen Handen),

- Formular 6 zu § 22 des Zustellgesetzes (Zustellschein bei gewöhnlicher Zustellung).

(BGBl II 2008/152)

(2) Soweit die Handhabung der Verwaltungsverfahrensgesetze im behördlichen Verfahren gemäß § 13 Abs. 1 des Volksgruppengesetzes – VoGrG, BGBl. Nr. 396/1976, in der Sprache einer Volksgruppe zu erfolgen hat, stehen für sie die in der Anlage angeschlossenen „Formulare 1 und 7" in kroatischer, slowenischer und ungarischer Sprache[1] zur Verfügung. *(BGBl II 2015/406; BGBl II 2018/34)*

(BGBl II 2006/261)

---

[1] *Formulare nicht abgedruckt.*

§ 2. (1) Bei Zustellungen durch einen Zustelldienst sind die Formulare 1, 3/1 oder 3/2 sowie 4/1 oder 4/2 zu verwenden, bei Zustellungen durch Organe der Gemeinden die Formulare 1, 5

und 6. Bei Zustellungen durch Bedienstete der Behörden sind das Formular 1 und, sofern die für die Zustellung erforderlichen Angaben dem Zusteller nicht auf andere Weise bekanntgegeben werden, die Formulare 5 und 6 zu verwenden.

(2) Ausschließlich für die Zustellung von Reisepässen gemäß § 3 Abs. 9 des „Passgesetzes 1992, BGBl. Nr. 839/1992, „ "**" kann an Stelle der Formulare 3/1 und 3/2 das Formular 3/3 und an Stelle der Formulare 4/1 und 4/2 das Formular 4/3 verwendet werden. *(*BGBl II 2013/399; **BGBl II 2018/34)*

(BGBl II 2008/152)

§ 3. Für Zustellungen gemäß dem 3. Abschnitt des Zustellgesetzes steht folgendes in der **Anlage** angeschlossene Formular zur Verfügung:

- Formular 7 zu § 35 Abs. 1 und 2 und § 36 des Zustellgesetzes (elektronische Verständigung über die Bereithaltung eines Dokuments zur Abholung).

(BGBl II 2018/34)

§ 3a. (1) Für die in den §§ 1 und 3 vorgesehenen Formulare gilt:

1. In den mit „< >" gekennzeichneten Feldern sind die entsprechenden Angaben zu ergänzen.

2. Die Formulare können auch in anderen Formaten verwendet werden.

3. Im Formular können Änderungen und Ergänzungen vorgenommen werden, die im Hinblick auf eine Änderung der Rechtslage erforderlich sind.

4. Soweit dadurch die vorgeschriebenen Angaben nicht beeinträchtigt werden, können die Gliederung oder die Gestaltung des Formulars geändert und auf dem Formular sonstige Vermerke oder Abbildungen angebracht werden.

(2) Für die in § 1 vorgesehenen Formulare „ " gilt außerdem:

1. Soweit andere Vorschriften oder die für die Beförderung geltenden Bedingungen dem nicht entgegen stehen, können einzelne Angaben im Formular entfallen, wenn gewährleistet ist, dass

a) die Erkennbarkeit des behördlichen Dokuments als solches durch den Entfall der Angabe nicht beeinträchtigt wird und

b) die maßgeblichen Daten anstatt im Formular in einer anderen Urkunde festgehalten oder elektronisch gespeichert werden.

2. Soweit die vorgeschriebenen Angaben in einem Fenster sichtbar sind und es den Zweck des Formulars nicht beeinträchtigt, brauchen diese Angaben nicht im Formular selbst angebracht zu werden.

3. Von den für „das Formular 1" bestehenden technischen Spezifikationen gemäß Z 1 und 2 der

Anlage darf nicht abgewichen werden. *(BGBl II 2018/34)*

(BGBl II 2018/34)

(BGBl II 2011/238)

§ 4. (1) Diese Verordnung tritt mit 1. März 1983 in Kraft.

(2) Die §§ 1, 3 und 5 und die Anlage in der Fassung der Verordnung BGBl. II Nr. 493/1999 treten mit Ablauf des Tages der Kundmachung der genannten Verordnung in Kraft. *(BGBl II 1999/493)*

(3) Die §§ 1, 2 und 3a sowie die Anlage in der Fassung der Verordnung BGBl. II Nr. 235/2004 treten mit Ablauf des Tages der Kundmachung der genannten Verordnung in Kraft. *(BGBl II 2004/235)*

(4) Der Titel, § 1, § 3 Abs. 3 und 4 sowie die Anlage in der Fassung der Verordnung BGBl. II Nr. 261/2006 treten mit Ablauf des Tages der Kundmachung dieser Verordnung in Kraft. *(BGBl II 2006/261)*

(5) Die §§ 1, 2, 3, 3a und 5 sowie die Anlage in der Fassung der Verordnung BGBl. II Nr. 152/2008 treten mit Ablauf des Tages der Kundmachung dieser Verordnung in Kraft.[1] *(BGBl II 2008/152)*

(6) Die neue Paragraphenbezeichnung des bisherigen § 3a (§ 3 neu) und § 3a in der Fassung der Verordnung BGBl. II Nr. 238/2011 treten mit 1. November 2011 in Kraft. Gleichzeitig treten § 3 und § 3a Abs. 3 und 4 außer Kraft und entfällt § 5. *(BGBl II 2011/238)*

(7) Der Titel, die Promulgationsklausel, § 1, § 2 Abs. 2 und die in der Anlage angeschlossenen Formulare in der Fassung der Verordnung BGBl. II Nr. 399/2013 treten mit Ablauf des Monats der Kundmachung dieser Verordnung in Kraft.[2] Die der Anlage in der bisherigen Fassung angeschlossenen Formulare können aufbrauchend weiterverwendet werden. *(BGBl II 2013/399)*

(8) § 1 und die Anlage in der Fassung der Verordnung BGBl. II Nr. 406/2015 treten mit Ablauf des Monats der Kundmachung dieser Verordnung in Kraft.[3] *(BGBl II 2015/406)*

(9) § 1 Abs. 2, § 2 Abs. 2, § 3, § 3a Abs. 2 und die Anlage in der Fassung der Verordnung BGBl. II Nr. 34/2018 treten mit Ablauf des Monats der Kundmachung dieser Verordnung in Kraft.[4] *(BGBl II 2018/34)*

---

[1] *Die Kundmachung der V BGBl II 2008/152 im Bundesgesetzblatt erfolgte am 8. Mai 2008.*
[2] *Die Kundmachung der V BGBl II 2013/399 im Bundesgesetzblatt erfolgte am 3. Dezember 2013.*
[3] *Die Kundmachung der V BGBl II 2015/406 im Bundesgesetzblatt erfolgte am 10. Dezember 2015.*
[4] *Die Kundmachung der V BGBl II 2018/34 im Bundesgesetzblatt erfolgte am 6. März 2018.*

§ 5. *(aufgehoben, BGBl II 2011/238)*

ZustG
ZustFormV
ZustDV
EuZustÜbk

Anlage

(BGBl II 2008/152)

Für „das Formular 1" bestehen folgende technische Spezifikationen: *(BGBl II 2018/34)*

1. Das Formular hat eine Lochung mit einem Durchmesser von 6 mm (± 0,5 mm) aufzuweisen. Das Lochmittel befindet sich 15 mm (± 1 mm) oberhalb der unteren Papierkante in einem Abstand von 10 mm (± 1 mm) vom linken Papierrand.

2. Der linke Papierrand und die obere Papierkante des Formulars haben eine Abschrägung aufzuweisen. Die Abschrägung ist durch Wegstanzen der linken oberen Ecke des Formulars vorzunehmen, wobei von dieser Ecke jeweils 10 mm nach rechts und nach unten gemessen werden.

„Formulare in deutscher Sprache"
(BGBl II 2015/406)

(Vorderseite)

Verständigung über die Hinterlegung eines behördlichen Dokuments

Empfänger/Empfängerin _____

Absender/Absenderin _____ ID _____

Heute konnte Ihnen ein

☐ zu eigenen Handen zuzustellendes behördliches Dokument (zB RSa-Brief)
☐ behördliches Dokument (zB RSb-Brief)

an Ihrer Abgabestelle nicht zugestellt werden. Das Dokument wird daher hinterlegt.

Das Dokument ist abzuholen	Öffnungszeiten:	
☐ heute ab _____ Uhr	Montag _____ Uhr	
☐ ab dem nächsten Werktag	Dienstag _____ Uhr	
☐ ab dem nächsten Werktag außer Samstag	Mittwoch _____ Uhr	
☐ ab _____	Donnerstag _____ Uhr	
bis zum _____	Freitag _____ Uhr	
	Samstag _____ Uhr	
bei _____		

Bitte bringen Sie diese Verständigung und einen amtlichen Lichtbildausweis mit.

_____
Zusteller/Zustellerin, Datum

Formular 1 zu § 17 Abs. 2 des Zustellgesetzes   Beachten Sie bitte die Rückseite!

(BGBl II 2013/399)

7/1. ZustFormV

Formular 1

(Rückseite)

Wichtige Information!

Auch wenn Sie das Dokument nicht abholen, können die Rechtswirkungen der Zustellung (zB der Beginn des Laufes von Rechtsmittelfristen) eintreten:

- Grundsätzlich gilt das Dokument als an jenem Tag zugestellt, an dem es zum ersten Mal zur Abholung bereitgehalten wird.
- Anderes gilt nur dann, wenn Sie infolge vorübergehender Abwesenheit von der Abgabestelle (zB wegen Urlaubs oder Krankenhausaufenthalts) nicht rechtzeitig Kenntnis vom Zustellvorgang erlangen konnten. In diesem Fall gilt das Dokument nur dann als zugestellt, wenn Sie spätestens am vorletzten Tag der Abholfrist an die Abgabestelle zurückgekehrt sind und das Dokument am Tag nach der Rückkehr behoben werden könnte; als Zeitpunkt der Zustellung gilt der auf die Rückkehr an die Abgabestelle folgende Tag. **Sollte die Abholfrist bei Ihrer Rückkehr schon abgelaufen sein, setzen Sie sich bitte umgehend mit dem Absender/der Absenderin in Verbindung!**

Zu eigenen Handen zuzustellende behördliche Dokumente (zB RSa-Briefe) werden nur dem Empfänger/der Empfängerin (bzw. dem Übernahmeberechtigten/der Übernahmeberechtigten) ausgehändigt.

Sonstige Dokumente (zB RSb-Briefe) werden auch Personen ausgehändigt, an die ersatzweise zugestellt werden kann; das sind erwachsene Personen, die an derselben Abgabestelle wie der Empfänger/die Empfängerin wohnen oder die Arbeitnehmer/Arbeitnehmerinnen oder Arbeitgeber/Arbeitgeberinnen des Empfängers/der Empfängerin sind. Im Zweifelsfall ist nachzuweisen, dass eine Ersatzzustellung zulässig ist.

Amtliche Lichtbildausweise sind Urkunden, die Namen und Lichtbild desjenigen, dem das Dokument ausgehändigt werden soll, enthalten und von Behörden oder von Einrichtungen des öffentlichen Rechts ausgestellt sind (zB Führerschein, Personalausweis, Reisepass oder Identitätsausweis). **Zum Nachweis der Identität nicht geeignet** sind zB Meldezettel, Staatsbürgerschaftsnachweis, Geburts- oder Heiratsurkunde, Taufschein, Schulzeugnisse, Sparbücher sowie alle Ausweispapiere, deren Lichtbild oder Personenbeschreibung auf den Inhaber/die Inhaberin nicht mehr zutrifft oder bei deren Ausstellung die Identität nicht überprüft wird.

Übernahmebestätigung

Ich habe heute das umseitig angeführte Dokument übernommen.

Datum

Unterschrift

ZustG
ZustFormV
ZustDV
EuZustÜbk

(BGBl II 2013/399)

Formular 3/1

RSa Eigenhändig

Formular 3/1 zu § 22 des Zustellgesetzes

<Entgeltvermerk>

| Zustellversuch am | ☐☐☐☐☐☐ |

Empfänger/in

Aufgabeort
Aufgabetag

Verständigung über die Hinterlegung
☐ in Briefkasten eingelegt
☐ in Hausbrieffach eingelegt
☐ in Briefeinwurf eingelegt
☐ an Abgabestelle zurückgelassen
☐ an Eingangstür angebracht

☐ Nicht an Bevollmächtige/n (§ 13 Abs. 2 ZustG)
☐

Annahmeverweigerung

durch ☐ Empfänger/in
☐ ....
☐ Dokument an Abgabestelle zurückgelassen

☐ keine elektronische Übermittlung (§ 22 Abs. 3 ZustG)

Hinterlegung
bei <Geschäftsstelle>   Beginn der Abholfrist
☐☐☐☐   ☐☐☐☐☐☐

Übernahmebestätigung	
Übernommen am ☐☐☐☐☐☐	☐ Empfänger/in
	☐ Bevollmächtigte/r für RSa-Briefe
Unterschrift	☐ Angestellte/r des/der berufs-
	mäßigen Parteienvertreters/-in
	☐

ID
Absender/in oder Rücksendungsanschrift

Zustell -basis

Zusteller/in

Formular 3/1 zu § 22 des Zustellgesetzes

☐ nachweisliche Vernichtung (§ 19 Abs. 1 ZustG)

(Papierfarbe: blau)

(BGBl II 2013/399)

Formular 3/2

RSa Eigenhändig

Formular 3/2 zu § 22 des Zustellgesetzes

ID
Empfänger/in

<Entgeltvermerk>

Absender/in

☐ Nicht an Bevollmächtige/n (§ 13 Abs. 2 ZustG)
☐

| Zustellversuch am | ☐☐☐☐☐☐ |

Empfänger/in

Aufgabeort
Aufgabetag

Verständigung über die Hinterlegung
☐ in Briefkasten eingelegt
☐ in Hausbrieffach eingelegt
☐ in Briefeinwurf eingelegt
☐ an Abgabestelle zurückgelassen
☐ an Eingangstür angebracht

☐
☐ keine elektronische Übermittlung (§ 22 Abs. 3 ZustG)

Annahmeverweigerung

durch ☐ Empfänger/in
☐ ....
☐ Dokument an Abgabestelle zurückgelassen

Übernahmebestätigung	
Übernommen am ☐☐☐☐☐☐	☐ Empfänger/in
	☐ Bevollmächtigte/r für RSa-Briefe
Unterschrift	☐ Angestellte/r des/der berufsmäßigen
	Parteienvertreters/-in
	☐

Hinterlegung
bei <Geschäftsstelle>   Beginn der Abholfrist
☐☐☐☐   ☐☐☐☐☐☐

ID
Absender/in oder Rücksendungsanschrift

Zustell -basis

Zusteller/in

Formular 3/2 zu § 22 des Zustellgesetzes

☐ nachweisliche Vernichtung (§ 19 Abs. 1 ZustG)

(Papierfarbe: blau)

(BGBl II 2013/399)

Formular 3/3

RSa

Empfänger/in

☐ Nicht an Bevollmächtigte/n (§ 13 Abs. 2 ZustG)

☐ ....

<Entgeltvermerk>

Aufgabeort
Aufgabetag

Eigenhändig

Formular 3/3 zu § 22
des Zustellgesetzes

Barcode-Fenster

Absender/in

ID

ID

Zustellversuch am

Übernahmebestätigung

☐ Empfänger/in ☐ Bevollmächtigte/r für RSa-Briefe

☐ Angestellte/r des/der berufsmäßigen Parteienvertreters/-in

☐

Verständigung über die Hinterlegung
☐ in Abgabeeinrichtung eingelegt
☐ an Abgabestelle zurückgelassen ☐ an Eingangstür angebracht

Unterschrift
Empfänger/in
☐

Annahmeverweigerung
durch ☐ Empfänger/in ....
☐ Dokument an Abgabestelle zurückgelassen

Hinterlegung
bei <Geschäftsstelle>   Beginn der Abholfrist

☐ Keine elektronische Übermittlung

Rücksendungsanschrift

Empfänger/in

Zusteller/in
RSa Eigenhändig: Formular 3/3 zu § 22 ZustG

Zustell-
basis

☐ nachweisliche Vernichtung (§ 19 Abs. 1 ZustG)

ZustG
ZustFormV
ZustDV
EuZustÜbk

(Papierfarbe: blau)

(BGBl II 2013/399)

Formular 4/1

RSb

<Entgeltvermerk>

Formular 4/1 zu § 22 des Zustellgesetzes

Zustellversuch am   **Empfänger/in**

Aufgabeort
Aufgabetag

Verständigung über die Hinterlegung
☐ in Briefkasten eingelegt
☐ in Hausbrieffach eingelegt
☐ in Briefeinwurf eingelegt
☐ an Abgabestelle zurückgelassen   ☐ Nicht an Bevollmächtigte/n (§ 13 Abs. 2 ZustG)
☐ an Eingangstür angebracht   ☐

Annahmeverweigerung   ☐ keine elektronische Übermittlung (§ 22 Abs. 3 ZustG)

durch ☐ Empfänger/in
☐ ....

☐ Dokument an Abgabestelle zurückgelassen

Hinterlegung
bei <Geschäftsstelle>   Beginn der Abholfrist

Übernahmebestätigung	☐ Empfänger/in
	☐ Bevollmächtigte/r für RSb-Briefe
Übernommen am	☐ Mitbewohner/in
	☐ Arbeitnehmer/in oder Arbeitgeber/in
Unterschrift	☐

ID

Absender/in oder Rücksendungsanschrift

Zusteller/in

Zustell
-basis

☐ nachweisliche Vernichtung (§ 19 Abs. 1 ZustG)

Formular 4/1 zu § 22 des Zustellgesetzes

(BGBl II 2013/399)

RSb Eigenhändig

Formular 4/2 zu § 22 des Zustellgesetzes

ID
Empfänger/in

<Entgeltvermerk>

Absender/in

☐ Nicht an Bevollmächtigte/n (§ 13 Abs. 2 ZustG)
☐

Zustellversuch am

Empfänger/in

Aufgabeort
Aufgabetag

Verständigung über die Hinterlegung
☐ in Briefkasten eingelegt
☐ in Hausbrieffach eingelegt
☐ in Briefeinwurf eingelegt
☐ an Abgabestelle zurückgelassen
☐ an Eingangstür angebracht

Annahmeverweigerung
durch ☐ Empfänger/in
☐ ....
☐ Dokument an Abgabestelle zurückgelassen

☐
☐ keine elektronische Übermittlung (§ 22 Abs. 3 ZustG)

Übernahmebestätigung

Übernommen am

Unterschrift

☐ Empfänger/in
☐ Bevollmächtigte/r für RSb-Briefe
☐ Mitbewohner/in
☐ Arbeitnehmer/in oder Arbeitgeber/in
☐

Hinterlegung
bei <Geschäftsstelle>   Beginn der Abholfrist

ID
Absender/in oder Rücksendungsanschrift

Zusteller/in

Zustell-basis

☐ nachweisliche Vernichtung (§ 19 Abs. 1 ZustG)

Formular 4/2 zu § 22 des Zustellgesetzes

(BGBl II 2013/399)

RSb

Empfänger/in   ☐ Nicht an Bevollmächtigte/n (§ 13 Abs. 2 ZustG)
☐ ....

<Entgeltvermerk>

Aufgabeort
Aufgabetag

Formular 4/3 zu § 22
des Zustellgesetzes

Barcode-Fenster

Absender/in

ID

ID

Übernahmebestätigung

Zustellversuch am

☐ Empfänger/in   ☐ Bevollmächtigte/r für RSb-Briefe
☐ Mitbewohner/in   ☐ Arbeitnehmer/in oder Arbeitgeber/in
☐

Verständigung über die Hinterlegung
☐ in Abgabeeinrichtung eingelegt
☐ an Abgabestelle zurückgelassen   ☐ an Eingangstür angebracht

Annahmeverweigerung
durch ☐ Empfänger/in ☐ ....
☐ Dokument an Abgabestelle zurückgelassen

Unterschrift
Empfänger/in

Hinterlegung
bei <Geschäftsstelle>   Beginn der Abholfrist

☐ Keine elektronische Übermittlung

Rücksendungsanschrift

Empfänger/in

Zustell-basis

Zusteller/in
RSb: Formular 4/3 zu § 22 ZustG

☐ nachweisliche Vernichtung (§ 19 Abs. 1 ZustG)

(BGBl II 2013/399)

7/1. **ZustFormV**

Formulare 5, 6

Formular 5

Absender/in oder Rücksendungsanschrift

Zustellschein

Eigenhändig

Empfänger/in

ID

☐ nachweisliche Vernichtung (§ 19 Abs. 1 ZustG)

Zustellversuch am ☐☐☐☐☐☐

Verständigung über die Hinterlegung
☐ in Briefkasten eingelegt
☐ in Hausbrieffach eingelegt   ☐ Nicht an Bevollmächtigte/n (§ 13 Abs. 2 ZustG)
☐ in Briefeinwurf eingelegt   ☐
☐ an Abgabestelle zurückgelassen
☐ an Eingangstür angebracht   ☐ **keine elektronische Übermittlung** (§ 22 Abs. 3 ZustG)

Annahmeverweigerung

durch ☐ Empfänger/in
☐ ....

☐ Dokument an Abgabestelle zurückgelassen

Hinterlegung
☐ beim Gemeindeamt
☐ bei

Beginn der Abholfrist ☐☐☐☐☐☐

Übernahmebestätigung	☐ Empfänger/in ☐ Bevollmächtigte/r für zu eigenen Handen zuzustellende Dokumente
Übernommen am ☐☐☐☐☐☐	☐ Angestellte/r der/des berufsmäßigen Parteienvertreters/-in
Unterschrift	☐

ZustG
ZustFormV
ZustDV
EuZustÜbk

Zusteller/in   Gemeindeamt

Formular 5 zu § 22 Zustellgesetz

(Papierfarbe: blau)

(BGBl II 2013/399)

Formular 6

Absender/in oder Rücksendungsanschrift

Zustellschein

Empfänger/in

ID

☐ nachweisliche Vernichtung (§ 19 Abs. 1 ZustG)

Zustellversuch am ☐☐☐☐☐☐

Verständigung über die Hinterlegung
☐ in Briefkasten eingelegt
☐ in Hausbrieffach eingelegt   ☐ Nicht an Bevollmächtigte/n (§ 13 Abs. 2 ZustG)
☐ in Briefeinwurf eingelegt
☐ an Abgabestelle zurückgelassen
☐ an Eingangstür angebracht   ☐ **keine elektronische Übermittlung** (§ 22 Abs. 3 ZustG)

Annahmeverweigerung

durch ☐ Empfänger/in
☐ ....

☐ Dokument an Abgabestelle zurückgelassen

Hinterlegung
☐ beim Gemeindeamt
☐ bei

Beginn der Abholfrist ☐☐☐☐☐☐

Übernahmebestätigung	☐ Empfänger/in ☐ Bevollmächtigte/r für nicht zu eigenen Handen zuzustellende Dokumente
Übernommen am ☐☐☐☐☐☐	☐ Mitbewohner/in
Unterschrift	☐ Arbeitnehmer/in oder Arbeitgeber/in ☐

Zusteller/in   Gemeindeamt

Formular 6 zu § 22 Zustellgesetz

(BGBl II 2013/399)

**Verständigung über die Bereithaltung
eines behördlichen Dokuments zur Abholung**

Absender/Absenderin: < ABSENDER / ABSENDERIN >

ID: < ID >

Empfänger/Empfängerin: < NAME / BEZEICHNUNG >

Zustellung < mit / ohne > Zustellnachweis

Das Dokument ist abzuholen beim Anzeigemodul unter < ADRESSE >

Versendung der ersten Verständigung: < DATUM, UHRZEIT >

Versendung der zweiten Verständigung: < DATUM, UHRZEIT >

Ende der Abholfrist am < DATUM > um 24.00 Uhr

< ELEKTRONISCHE SIGNATUR DES ANZEIGEMODULS >

Wichtige Information!

A) Zustellung **mit** Zustellnachweis

1. Eine zweite Verständigung wird nur dann versendet, wenn Sie das Dokument nicht innerhalb von 48 Stunden nach Versendung der ersten Verständigung abgeholt haben.

2. Sie können ein Dokument, das mit Zustellnachweis zugestellt wird, nur mit Ihrer Bürgerkarte oder durch eine an die Verwendung sicherer Technik gebundene Schnittstelle abholen.

3. Grundsätzlich treten die Rechtswirkungen der Zustellung (zB der Beginn des Laufes von Rechtsmittelfristen) am ersten Werktag nach Versendung der ersten Verständigung ein (es sei denn, Sie haben das Dokument schon vorher abgeholt; vgl. Punkt 4). Samstage gelten nicht als Werktage.

Die Zustellung gilt als nicht bewirkt, wenn die Verständigungen nicht bei Ihnen einlangen, doch wird sie mit dem dem Einlangen einer Verständigung folgenden Tag innerhalb der Abholfrist wirksam.

4. Das Dokument gilt spätestens mit der Abholung als zugestellt.

5. Auch wenn Sie das Dokument nicht abholen, gilt es als zugestellt, sofern zumindest eine der beiden Verständigungen spätestens am vorletzten Tag der Abholfrist bei Ihnen eingelangt ist (vgl. aber Punkt 6).

6. Die Zustellung gilt jedoch als nicht bewirkt, wenn Sie

– von den elektronischen Verständigungen keine Kenntnis hatten oder

– von diesen zwar Kenntnis hatten, Sie aber während der Abholfrist von allen Abgabestellen nicht bloß vorübergehend abwesend waren. In diesem Fall wird die Zustellung an dem der Rückkehr an eine der Abgabestellen folgenden Tag innerhalb der Abholfrist wirksam, an dem das Dokument abgeholt werden könnte.

7. Wenn Sie mehrere elektronische Adressen bekanntgegeben haben und dieselbe Verständigung an mehrere elektronische Adressen versendet wird, so ist der Zeitpunkt der frühesten Versendung maßgeblich.

B) Zustellung **ohne** Zustellnachweis

1. Eine zweite Verständigung wird nicht versendet.

2. Das Dokument gilt mit dem Zeitpunkt der erstmaligen Bereithaltung zur Abholung als zugestellt.

Formular 7 zu § 35 Abs. 1 und 2 und § 36 des Zustellgesetzes

(BGBl II 2019/374)

7/1. **ZustFormV**

Formulare 8, 9

Formular 8

(entfällt, BGBl II 2018/34)

Formular 9

(entfällt, BGBl II 2018/34)

„„„**Formulare 1 und 7 in kroatischer, slowenischer und ungarischer Sprache**[1]"“"*

[1] *Formulare nicht abgedruckt.*

(*BGBl II 2015/406; **BGBl II 2018/34)

(BGBl II 2013/399)

ZustG
ZustFormV
ZustDV
EuZustÜbk

Zustelldiensteverordnung

BGBl II 2005/233 idF

1 BGBl II 2008/354　　　　　　　**2** BGBl II 2019/375

STICHWORTVERZEICHNIS

Verordnung „der Bundesministerin für Digitalisierung und Wirtschaftsstandort" über die Zulassung als elektronischer Zustelldienst (Zustelldiensteverordnung – ZustDV)

(BGBl II 2019/375, ab 4. Dezember 2019)

Auf Grund der §§ 29 Abs. 1 und 30 Abs. 4 und 5 des Bundesgesetzes über die Zustellung behördlicher Dokumente (Zustellgesetz – ZustG), BGBl. Nr. 200/1982, zuletzt geändert durch das Bundesgesetz BGBl. I Nr. 10/2004, sowie des § 14 des Bundesgesetzes über den Schutz personenbezogener Daten (Datenschutzgesetz 2000 – DSG 2000), BGBl. I Nr. 165/1999, zuletzt geändert durch das Bundesgesetz BGBl. I Nr. 13/2005, wird verordnet:

Allgemeine Bestimmungen

§ 1. (1) Diese Verordnung trifft Regelungen über die für die ordnungsgemäße Erbringung der Zustellleistung erforderliche technische und organisatorische Leistungsfähigkeit sowie die rechtliche, insbesondere datenschutzrechtliche Verlässlichkeit der Zustelldienste (§ 30 Abs. 1 des Zustellgesetzes – ZustG, BGBl. Nr. 200/1982, in der Fassung „des Bundesgesetzes BGBl. I Nr. 104/2018"). *(BGBl II 2008/354; BGBl II 2019/375, ab 4. Dezember 2019)*

(2) Soweit in dieser Verordnung auf natürliche Personen bezogene Bezeichnungen nur in männlicher Form angeführt sind, beziehen sie sich auf Frauen und Männer in gleicher Weise.

Antrag auf Zulassung

§ 2. Der Antrag auf Zulassung als elektronischer Zustelldienst ist beim „Bundesministerium für Digitalisierung und Wirtschaftsstandort" einzubringen. Er hat die Angaben und Unterlagen nach § 3 und die allgemeinen Geschäftsbedingungen des Antragstellers zu enthalten. *(BGBl II 2019/375, ab 4. Dezember 2019)*

Zulassungsvoraussetzungen

§ 3. (1) Für die Zulassung sind das Vorliegen folgender Voraussetzungen sowie folgende Angaben und Unterlagen erforderlich:

1. Name (Firma) des Antragstellers sowie, wenn es sich um eine juristische Person oder eine eingetragene Personengesellschaft handelt, Rechtsform und Namen der zur Vertretung nach außen berufenen Personen; *(BGBl II 2008/354)*

2. Angaben über die elektronische Erreichbarkeit des Antragstellers; *(BGBl II 2008/354)*

3. bei einer Kapitalgesellschaft oder einer eingetragenen Personengesellschaft in Sinn des § 189 Abs. 1 Z 2 lit. a Unternehmensgesetzbuch – UGB, dRGBl. S 219/1897, in der Fassung BGBl. I Nr. 46/2019, ein eingezahltes Stamm- oder Grundkapital in der Höhe von mindestens 100.000 Euro, das nicht durch Bilanzverluste geschmälert worden ist; *(BGBl II 2019/375, ab 4. Dezember 2019)*

4. Bestand einer Haftpflichtversicherung mit einer Mindestversicherungssumme von 100 000 Euro je Versicherungsfall;

5. Angaben, über welche Ausstattung, einschließlich welcher Geräte und technischen Ausrüstung, der Antragsteller für die Ausführung der Dienstleistung verfügen wird;

6. ein technisches Sicherheits- und Betriebskonzept, aus dem hervorgeht, wie die „Erbringung der Zustellleistung (§ 29 Abs. 1 ZustG)" gewährleistet werden soll; *(BGBl II 2008/354)*

7. Erfüllung der in der **Anlage** genannten technischen Spezifikationen;

8. Gewährleistung der Datensicherheit durch Maßnahmen gemäß Art. 32 der Verordnung (EU) 2016/679 zum Schutz natürlicher Personen bei der Verarbeitung personenbezogener Daten, zum freien Datenverkehr und zur Aufhebung der Richtlinie 95/46/EG (Datenschutz-Grundverordnung) (im Folgenden: DSGVO), ABl. Nr. L 119

vom 04.05.2016 S. 1, in der Fassung der Berichtigung ABl. Nr. L 127 vom 23.05.2018 S. 2, insbesondere auch Protokollierung der einzelnen durchgeführten Verarbeitungsvorgänge und Belehrung der Mitarbeiter über das Datengeheimnis gemäß § 6 Datenschutzgesetz - DSG, BGBl. I Nr. 165/1999, in der Fassung des Bundesgesetzes BGBl. I Nr. 14/2019; *(BGBl II 2019/375, ab 4. Dezember 2019)*

9. ein Muster der Verträge, die der Antragsteller mit seinen Kunden abzuschließen beabsichtigt;

10. Gutachten einer Konformitätsbewertungsstelle gemäß Artikel 2 Nummer 13 der Verordnung (EG) Nr. 765/2008, über die Vorschriften für die Akkreditierung und Marktüberwachung im Zusammenhang mit der Vermarktung von Produkten und zur Aufhebung der Verordnung (EWG) Nr. 339/93 des Rates, ABl. Nr. L 218 vom 13.08.2008 S. 30, die zur Durchführung der Konformitätsbewertung qualifizierter Vertrauensdiensteanbieter und der von ihnen erbrachten qualifizierten Diensten für die Zustellung elektronischer Einschreiben gemäß Art. 44 der Verordnung (EU) Nr. 910/2014 über elektronische Identifizierung und Vertrauensdienste für elektronische Transaktionen im Binnenmarkt und zur Aufhebung der Richtlinie 1999/93/EG (im Folgenden: eIDAS-VO), ABl. Nr. L 257 vom 28.08.2014 S. 73, in der Fassung der Berichtigung ABl. Nr. L 23 vom 29.01.2015 S. 19 akkreditiert ist, als Nachweis der Erfüllung der Zulassungsvoraussetzungen. *(BGBl II 2019/375, ab 4. Dezember 2019)*

11. eine Strafregisterbescheinigung gemäß § 10 des Strafregistergesetzes 1968, BGBl. Nr. 277, in der Fassung des Bundesgesetzes „BGBl. I Nr. 32/2018", bei Staatsangehörigen von Vertragsparteien des Abkommens über den Europäischen Wirtschaftsraum ein gleichwertiger Nachweis des Heimat- oder Herkunftsstaates; die Strafregisterbescheinigung bzw. der gleichwertige Nachweis dürfen im Zeitpunkt der Antragstellung nicht älter als drei Monate sein. *(BGBl II 2008/354; BGBl II 2019/375, ab 4. Dezember 2019)*

(2) Die „rechtliche, insbesondere datenschutzrechtliche Verlässlichkeit des Zustelldienstes (§ 30 Abs. 1 ZustG)" ist keinesfalls gegeben, wenn *(BGBl II 2008/354)*

1. innerhalb der vorangegangenen fünf Jahre die Zulassung des Antragstellers als Zustelldienst durch Bescheid widerrufen wurde (§ 30 Abs. 4 ZustG), *(BGBl II 2008/354)*

2. der Antragsteller von einem Gericht

a) zu einer Freiheitsstrafe von mehr als drei Monaten,

b) zu einer Geldstrafe von mehr als 180 Tagessätzen,

c) gemäß „§ 63 DSG", *(BGBl II 2019/375, ab 4. Dezember 2019)*

d) gemäß den §§ 126a bis 126c des Strafgesetzbuches – StGB, BGBl. Nr. 60/1974, in der Fassung des Bundesgesetzes „BGBl. I Nr. 70/2018", oder *(BGBl II 2019/375, ab 4. Dezember 2019)*

e) gemäß § 10 des Zugangskontrollgesetzes – ZuKG, BGBl. I Nr. 60/2000, in der Fassung des Bundesgesetzes BGBl. I Nr. 32/2001,

verurteilt worden ist und die Verurteilung weder getilgt ist noch der Beschränkung der Auskunft aus dem Strafregister (§ 6 des Tilgungsgesetzes 1972, BGBl. Nr. 68, in der Fassung des Bundesgesetzes „BGBl. I Nr. 87/2012") unterliegt oder *(BGBl II 2008/354; BGBl II 2019/375, ab 4. Dezember 2019)*

3. über das Vermögen des Antragstellers das Insolvenzverfahren eröffnet wurde oder gegen den Antragsteller der Antrag auf Eröffnung des Insolvenzverfahrens gestellt und mangels eines zur Deckung der Kosten des Insolvenzverfahrens voraussichtlich hinreichenden Vermögens abgewiesen wurde, es sei denn, dass

a) es im Rahmen des Insolvenzverfahrens zum Abschluss eines Sanierungsplans gekommen und dieser erfüllt worden ist oder

b) im Rahmen des Insolvenzverfahrens das Gericht den Zahlungsplan des Schuldners bestätigt hat und der Zahlungsplan erfüllt worden ist oder nach Durchführung eines Abschöpfungsverfahrens die Restschuldbefreiung erteilt wurde und unwiderrufen geblieben ist.

„Einer Verurteilung im Sinne der Z 2 lit. c bis e ist eine Verurteilung durch ein ausländisches Gericht gleichzuhalten, der eine auch nach „§ 63 DSG"**, §§ 126a bis 126c StGB oder § 10 ZuKG strafbare Tat zu Grunde liegt. Eine Verurteilung durch ein ausländisches Gericht ist nur dann gemäß Z 2 zu berücksichtigen, wenn sie bei Anwendung des Strafregistergesetzes 1968 und des Tilgungsgesetzes 1972 weder getilgt wäre noch der Beschränkung der Auskunft aus dem Strafregister unterläge und wenn die in § 2 Abs. 3 des Strafregistergesetzes 1968 angeführten Voraussetzungen erfüllt sind."* (*BGBl II 2008/354; **BGBl II 2019/375, ab 4. Dezember 2019)*

(3) Ist der Antragsteller eine juristische Person oder eine eingetragene Personengesellschaft, gelten Abs. 1 Z 11 und Abs. 2 sinngemäß für die zur Vertretung nach außen berufenen Personen. *(BGBl II 2008/354)*

Veröffentlichungen im Internet

§ 4. „Die Bundesministerin für Digitalisierung und Wirtschaftsstandort"** hat im Internet „ "** die in der Anlage zu dieser Verordnung genannten technischen Spezifikationen gemäß § 3 Abs. 1 Z 7 „ "* zu veröffentlichen. (*BGBl II 2008/354; **BGBl II 2019/375, ab 4. Dezember 2019)*

ZustG
ZustFormV
ZustDV
EuZustÜbk

Hinweis auf die Notifikation

§ 5. „(1)" Diese Verordnung wurde unter Einhaltung der Bestimmungen der Richtlinie 98/34/EG über ein Informationsverfahren auf dem Gebiet der Normen und technischen Vorschriften, ABl. Nr. L 204 vom 21.07.1998 S. 37, in der Fassung der Richtlinie 98/48/EG, ABl. Nr. L 217 vom 05.08.1998 S. 18, der „Kommission der Europäischen Gemeinschaften" notifiziert (Notifikationsnummer 2004/552/A). *(BGBl II 2008/354)*

(2) Die Verordnung BGBl. II Nr. 354/2008 wurde unter Einhaltung der Bestimmungen der Richtlinie 98/34/EG in der Fassung der Richtlinie 98/48/EG der Kommission der Europäischen Gemeinschaften notifiziert (Notifikationsnummer 2008/183/A). *(BGBl II 2008/354)*

(3) Die Verordnung BGBl. II Nr. 375/2019 wurde unter Einhaltung der Bestimmungen der Richtlinie (EU) 2015/1535 über ein Informationsverfahren auf dem Gebiet der technischen Vorschriften und der Vorschriften für die Dienste der Informationsgesellschaft (kodifizierter Text), ABl. Nr. L 241 vom 17.09.2015 S. 1, notifiziert (Notifikationsnummer: 2019/368/A). *(BGBl II 2019/375, ab 4. Dezember 2019)*

Inkrafttreten

§ 6. § 1 Abs. 1, § 3 Abs. 1 Z 1, 2, 3, 6, 8, 10 und 11, § 3 Abs. 2 und 3, § 4 und § 5 sowie die Anlage in der Fassung der Verordnung BGBl. II Nr. 354/2008 treten mit Ablauf des Monats der Kundmachung dieser Verordnung in Kraft.[1]

(BGBl II 2008/354)

---

[1] *Die Kundmachung der V BGBl II 2008/354 im Bundesgesetzblatt erfolgte am 3. Oktober 2008.*

Anlage
(BGBl II 2008/354)

Technische Spezifikationen gemäß § 3 Abs. 1 Z 7 sind

1. die Spezifikationen der elektronischen Zustellung für die gemäß § 29 Abs. 1 ZustG nach dem jeweiligen Stand der Technik zu erbringenden Leistungen eines Zustelldienstes,

2. *(entfällt, BGBl II 2019/375, ab 4. Dezember 2019)*

3. dem jeweiligen Stand der Technik entsprechende Algorithmen, Schlüssellängen und Parameter für serverseitig authentifizierte Verbindungen mit starker Verschlüsselung.

Europäisches Übereinkommen über die Zustellung von Schriftstücken in Verwaltungssachen im Ausland

BGBl 1983/67 idF

1 BGBl III 2005/53 (VFB)

STICHWORTVERZEICHNIS

ZustG
ZustFormV
ZustDV
EuZustÜbk

Der Nationalrat hat beschlossen:

Der Abschluß des nachstehenden Staatsvertrages samt Anlage und Erklärung der Republik Österreich wird genehmigt.

(Übersetzung)[*]

[*] *Authentische Texte: Englisch und Französisch.*

EUROPÄISCHES ÜBEREINKOMMEN ÜBER DIE ZUSTELLUNG VON SCHRIFTSTÜCKEN IN VERWALTUNGSSACHEN IM AUSLAND

PRÄAMBEL

Die Mitgliedstaaten des Europarats, die dieses Übereinkommen unterzeichnen –

in der Erwägung, daß es das Ziel des Europarats ist, eine engere Verbindung zwischen seinen Mitgliedern herbeizuführen, die vor allem auf der Achtung des Vorranges des Rechts sowie der Menschenrechte und Grundfreiheiten beruht,

überzeugt, daß die Einführung geeigneter Maßnahmen der gegenseitigen Amtshilfe zur Erreichung dieses Zieles beitragen wird,

in der Erwägung, daß es wichtig ist, Schriftstücke in Verwaltungssachen, die im Ausland zugestellt werden sollen, den Empfängern rechtzeitig zur Kenntnis zu bringen –

sind wie folgt übereingekommen:

KAPITEL I – ALLGEMEINE BESTIMMUNGEN

Artikel 1
Anwendungsbereich des Übereinkommens

(1) Die Vertragsstaaten verpflichten sich, einander bei der Zustellung von Schriftstücken in Verwaltungssachen Amtshilfe zu leisten.

(2) Dieses Übereinkommen findet keine Anwendung in Finanz- oder Strafsachen. Jedoch kann jeder Staat bei der Unterzeichnung, bei der Hinterlegung seiner Ratifikations-, Annahme-, Genehmigungs- oder Beitrittsurkunde oder jederzeit danach durch eine an den Generalsekretär des Europarats gerichtete Erklärung mitteilen, daß bezüglich der an ihn gerichteten Ersuchen das Übereinkommen in Finanzsachen sowie auf Verfahren über Straftaten Anwendung findet, deren Verfolgung und Bestrafung im Zeitpunkt des Ersuchens nicht in die Zuständigkeit seiner Gerichte fällt. Dieser Staat kann in seiner Erklärung mitteilen, daß er sich auf das Fehlen der Gegenseitigkeit berufen wird.

(3) Jeder Staat kann bei der Unterzeichnung, bei der Hinterlegung seiner Ratifikations-, Annahme-, Genehmigungs- oder Beitrittsurkunde oder jederzeit binnen fünf Jahren nach dem Zeitpunkt, zu dem dieses Übereinkommen für ihn in Kraft getreten ist, durch eine an den Generalsekretär des Europarats gerichtete Erklärung die Verwaltungssachen bezeichnen, auf die er das Übereinkommen nicht anwenden wird. Jeder andere Vertragsstaat kann sich auf das Fehlen der Gegenseitigkeit berufen.

(4) Die Erklärungen nach den Absätzen 2 und 3 werden je nach Lage des Falles mit dem Zeitpunkt, zu dem dieses Übereinkommen für den die Erklärung abgebenden Staat in Kraft tritt, oder drei Monate nach ihrem Eingang beim Generalsekretär des Europarats wirksam. Sie können ganz oder teilweise durch eine an den Generalsekretär des Europarats gerichtete Erklärung zurückgenommen werden. Die Zurücknahme wird drei Monate nach Eingang der Erklärung wirksam.

Artikel 2
Zentrale Behörde

(1) Jeder Vertragsstaat bestimmt eine zentrale Behörde, welche die von Behörden anderer Vertragsstaaten ausgehenden Zustellungsersuchen entgegennimmt und bearbeitet. Bundesstaaten steht es frei, mehrere zentrale Behörden zu bestimmen.

(2) Jeder Vertragsstaat kann andere Behörden bestimmen, welche dieselben Aufgaben haben wie die zentrale Behörde; er legt ihre örtliche Zuständigkeit fest. Jedoch hat die ersuchende Behörde stets das Recht, sich unmittelbar an die zentrale Behörde zu wenden.

(3) Jeder Vertragsstaat kann außerdem eine Absendebehörde bestimmen, welche die von seinen eigenen Behörden ausgehenden Zustellungsersuchen zusammenfassen und an die zuständige zentrale Behörde im Ausland weiterzuleiten hat. Bundesstaaten steht es frei, mehrere Absendebehörden zu bestimmen.

(4) Bei den genannten Behörden muß es sich entweder um Ministerien oder um sonstige amtliche Stellen handeln.

(5) Jeder Vertragsstaat teilt durch eine an den Generalsekretär des Europarats gerichtete Erklärung Bezeichnung und Anschrift der nach diesem Artikel bestimmten Behörden mit.

Artikel 3
Zustellungsersuchen

Jedes Zustellungsersuchen wird an die zentrale Behörde des ersuchten Staates gerichtet. Es ist nach dem Muster zu stellen, das diesem Übereinkommen als Anlage beigefügt ist; das zuzustellende Schriftstück ist ihm beizufügen. Das Ersuchen und das Schriftstück sind in zwei Stücken zu übermitteln; eine Nichtbeachtung dieser Formvorschrift rechtfertigt jedoch nicht die Ablehnung des Ersuchens.

Artikel 4
Befreiung von der Legalisation

Ein nach diesem Übereinkommen übermitteltes Zustellungsersuchen und seine Anlagen sind von der Legalisation, der Apostille und jeder entsprechenden Förmlichkeit befreit.

Artikel 5
Ordnungsmäßigkeit des Ersuchens

Ist die zentrale Behörde des ersuchten Staates der Ansicht, daß das Ersuchen nicht diesem Übereinkommen entspricht, so unterrichtet sie unverzüglich die ersuchende Behörde und führt dabei die Einwände gegen das Ersuchen einzeln an.

Artikel 6
Art der Zustellung

(1) Die zentrale Behörde des ersuchten Staates nimmt die Zustellung auf Grund dieses Übereinkommens vor, und zwar

a) entweder in einer der Formen, die das Recht des ersuchten Staates für die Zustellung der in seinem Hoheitsgebiet ausgestellten Schriftstücke an dort befindliche Personen vorschreibt,

b) oder in einer besonderen von der ersuchenden Behörde gewünschten Form, es sei denn, daß diese Form mit dem Recht des ersuchten Staates unvereinbar ist.

(2) Von dem Fall des Absatzes 1 Buchstabe b abgesehen, darf die Zustellung stets durch einfache Übergabe des Schriftstücks an den Empfänger bewirkt werden, wenn er zur Annahme bereit ist.

(3) Wünscht die ersuchende Behörde, daß die Zustellung innerhalb einer bestimmten Frist erfolgt, so entspricht die zentrale Behörde des ersuchten Staates diesem Wunsch, sofern diese Frist eingehalten werden kann.

Artikel 7
Sprachen

(1) Soll ein ausländisches Schriftstück nach Artikel 6 Absatz 1 Buchstabe a und Absatz 2 zugestellt werden, so braucht keine Übersetzung beigefügt zu werden.

(2) Lehnt jedoch der Empfänger die Annahme des Schriftstücks mit der Begründung ab, daß er die Sprache nicht versteht, in der es abgefaßt ist, so läßt die zentrale Behörde des ersuchten Staates das Schriftstück in die Amtssprache oder eine der Amtssprachen dieses Staates übersetzen. Sie kann auch die ersuchende Behörde auffordern, das Schriftstück in die Amtssprache oder eine der Amtssprachen des ersuchten Staates übersetzen oder ihm eine Übersetzung in diese Sprache beifügen zu lassen.

(3) Soll ein ausländisches Schriftstück nach Artikel 6 Absatz 1 Buchstabe b zugestellt werden, so wird das Schriftstück auf Verlangen der zentralen Behörde des ersuchten Staates in die Amtssprache oder eine der Amtssprachen dieses Staates übersetzt oder von einer Übersetzung in diese Sprache begleitet.

Artikel 8
Zustellungszeugnis

(1) Die zentrale Behörde des ersuchten Staates oder die Behörde, welche die Zustellung vorgenommen hat, stellt ein Zustellungszeugnis aus, das dem diesem Übereinkommen als Anlage beigefügten Muster entspricht. Das Zeugnis stellt die Erledigung des Ersuchens fest; gegebenenfalls sind die Umstände anzuführen, welche die Erledigung verhindert haben.

(2) Das Zeugnis wird von der Behörde, die es ausgestellt hat, der ersuchenden Behörde unmittelbar zugesandt.

(3) Die ersuchende Behörde kann die zentrale Behörde des ersuchten Staates bitten, ein Zeugnis, das nicht von dieser zentralen Behörde ausgestellt worden ist, mit einem Sichtvermerk zu versehen, wenn die Echtheit dieses Zeugnisses angezweifelt wird.

Artikel 9
Muster des Ersuchens und des Zustellungszeugnisses

(1) Die vorgedruckten Teile des diesem Übereinkommen beigefügten Musters müssen in einer der Amtssprachen des Europarats abgefaßt sein. Sie können außerdem in der Amtssprache oder einer der Amtssprachen des Staates der ersuchenden Behörde abgefaßt sein.

(2) Die Eintragungen sind in der Amtssprache oder einer der Amtssprachen des ersuchten Staates oder in einer der Amtssprachen des Europarats vorzunehmen.

Artikel 10
Zustellung durch Konsularbeamte

(1) Jeder Vertragsstaat kann Zustellungen von Schriftstücken an Personen, die sich im Hoheitsgebiet anderer Vertragsstaaten befinden, unmittelbar und ohne Anwendung von Zwang durch seine Konsularbeamten oder, wenn es die Umstände erfordern, durch seine Diplomaten vornehmen lassen.

(2) Jeder Staat kann bei der Unterzeichnung oder bei der Hinterlegung seiner Ratifikations-, Annahme-, Genehmigungs- oder Beitrittsurkunde

ZustG
ZustFormV
ZustDV
EuZustÜbk

durch eine an den Generalsekretär des Europarats gerichtete Erklärung einer solchen Zustellung in seinem Hoheitsgebiet widersprechen, wenn ein Schriftstück einem seiner Staatsangehörigen, einem Angehörigen eines dritten Staates oder einem Staatenlosen zugestellt werden soll. Jeder andere Vertragsstaat kann sich auf das Fehlen der Gegenseitigkeit berufen.

(3) Die Erklärung nach Absatz 2 wird mit dem Zeitpunkt wirksam, zu dem dieses Übereinkommen für den die Erklärung abgebenden Staat in Kraft tritt. Sie kann durch eine an den Generalsekretär des Europarats gerichtete Erklärung zurückgenommen werden. Die Zurücknahme wird drei Monate nach Eingang der Erklärung wirksam.

Artikel 11
Zustellung durch die Post

(1) Jeder Vertragsstaat kann Personen, die sich im Hoheitsgebiet anderer Vertragsstaaten befinden, Schriftstücke unmittelbar durch die Post zustellen lassen.

(2) Jeder Vertragsstaat kann bei der Unterzeichnung, bei der Hinterlegung seiner Ratifikations-, Annahme-, Genehmigungs- oder Beitrittsurkunde oder jederzeit binnen fünf Jahren nach dem Zeitpunkt, zu dem dieses Übereinkommen für ihn in Kraft getreten ist, durch eine an den Generalsekretär des Europarats gerichtete Erklärung der Zustellung durch die Post in seinem Hoheitsgebiet wegen der Staatsangehörigkeit des Empfängers oder für bestimmte Arten von Schriftstücken ganz oder teilweise widersprechen. Jeder andere Vertragsstaat kann sich auf das Fehlen der Gegenseitigkeit berufen.

(3) Die Erklärung nach Absatz 2 wird je nach Lage des Falles mit dem Zeitpunkt, zu dem dieses Übereinkommen für den die Erklärung abgebenden Staat in Kraft tritt, oder drei Monate nach ihrem Eingang beim Generalsekretär des Europarats wirksam. Sie kann ganz oder teilweise durch eine an den Generalsekretär des Europarats gerichtete Erklärung zurückgenommen werden. Die Zurücknahme wird drei Monate nach Eingang der Erklärung wirksam.

Artikel 12
Andere Übermittlungswege

(1) Jedem Vertragsstaat steht es frei, für Ersuchen um Zustellung von Schriftstücken den diplomatischen oder konsularischen Weg zu benutzen.

(2) Dieses Übereinkommen schließt nicht aus, daß Vertragsstaaten vereinbaren, zum Zweck der Zustellung andere als die in den vorstehenden Artikeln vorgesehenen Übermittlungswege zuzulassen, insbesondere den unmittelbaren Verkehr zwischen ihren Behörden.

Artikel 13
Kosten

(1) Erfolgt die Zustellung eines ausländischen Schriftstücks nach Artikel 6 Absatz 1 Buchstabe a und Absatz 2, so darf die Zahlung oder Erstattung von Gebühren und Auslagen für die Tätigkeit des ersuchten Staates nicht verlangt werden.

(2) Die ersuchende Behörde hat die Kosten zu zahlen oder zu erstatten, die durch die von ihr nach Artikel 6 Absatz 1 Buchstabe b gewünschte Form der Zustellung entstehen.

Artikel 14
Ablehnung der Erledigung

(1) Die zentrale Behörde des um Zustellung ersuchten Staates kann es ablehnen, dem Ersuchen stattzugeben,

a) wenn sich nach ihrer Ansicht das zuzustellende Schriftstück nicht auf eine Verwaltungssache im Sinne des Artikels 1 bezieht;

b) wenn sie die Erledigung für geeignet hält, die Souveränität, die Sicherheit, die öffentliche Ordnung oder andere wesentliche Interessen dieses Staates zu beeinträchtigen;

c) wenn der Empfänger unter der von der ersuchenden Behörde angegebenen Anschrift nicht zu erreichen ist und wenn seine Anschrift nicht leicht festgestellt werden kann.

(2) Über die Ablehnung unterrichtet die zentrale Behörde des ersuchten Staates unverzüglich die ersuchende Behörde unter Angabe der Gründe.

Artikel 15
Fristen

Wird ein Schriftstück zur Zustellung im Hoheitsgebiet eines anderen Vertragsstaats übermittelt, so muß dem Empfänger, wenn diese Zustellung für ihn eine Frist in Gang setzt, eine von dem ersuchenden Staat festzulegende angemessene Zeit von der Übergabe des Schriftstücks an eingeräumt werden, um je nach Lage des Falles beim Verfahren anwesend zu sein, sich vertreten zu lassen oder die erforderlichen Schritte zu unternehmen.

Artikel 16
Andere internationale Übereinkünfte oder Absprachen

Dieses Übereinkommen läßt bestehende oder künftige internationale Übereinkünfte oder sonstige Absprachen und Übungen zwischen Vertragsstaaten auf Gebieten unberührt, die Gegenstand des vorliegenden Übereinkommens sind.

KAPITEL II – SCHLUSSBESTIMMUNGEN

Artikel 17
Inkrafttreten des Übereinkommens

(1) Dieses Übereinkommen liegt für die Mitgliedstaaten des Europarats zur Unterzeichnung auf. Es bedarf der Ratifikation, Annahme oder Genehmigung. Die Ratifikations-, Annahme- oder Genehmigungsurkunden werden beim Generalsekretär des Europarats hinterlegt.

(2) Das Übereinkommen tritt am ersten Tag des Monats in Kraft, der auf einen Zeitabschnitt von drei Monaten nach Hinterlegung der dritten Ratifikations-, Annahme- oder Genehmigungsurkunde folgt.

(3) Für jeden Unterzeichnerstaat, der das Übereinkommen später ratifiziert, annimmt oder genehmigt, tritt es am ersten Tag des Monats in Kraft, der auf einen Zeitabschnitt von drei Monaten nach Hinterlegung seiner Ratifikations-, Annahme- oder Genehmigungsurkunde folgt.

Artikel 18
Revision des Übereinkommens

Auf Ersuchen eines Vertragsstaats oder nach Ablauf des dritten Jahres, das auf das Inkrafttreten dieses Übereinkommens folgt, nehmen die Vertragsstaaten mehrseitige Konsultationen auf, bei denen sich jeder andere Mitgliedstaat des Europarats durch einen Beobachter vertreten lassen kann, um die Anwendung des Übereinkommens sowie die Zweckmäßigkeit seiner Revision oder einer Erweiterung einzelner Bestimmungen zu prüfen. Diese Konsultationen finden auf einer vom Generalsekretär des Europarats einberufenen Tagung statt.

Artikel 19
Beitritt eines Nichtmitgliedstaats des Europarats

(1) Nach Inkrafttreten dieses Übereinkommens kann das „Ministerkomitee" des Europarats jeden Nichtmitgliedstaat einladen, dem Übereinkommen beizutreten; ein solcher Beschluß bedarf der Zweidrittelmehrheit der abgegebenen Stimmen einschließlich der Stimmen aller Vertragsstaaten. *(BGBl III 2005/53 (VFB))*

(2) Der Beitritt erfolgt durch Hinterlegung einer Beitrittsurkunde beim Generalsekretär des Europarats; die Urkunde wird drei Monate nach ihrer Hinterlegung wirksam.

Artikel 20
Räumlicher Geltungsbereich des Übereinkommens

(1) Jeder Staat kann bei der Unterzeichnung oder bei der Hinterlegung seiner Ratifikations-, Annahme-, Genehmigungs- oder Beitrittsurkunde einzelne oder mehrere Hoheitsgebiete bezeichnen, auf die dieses Übereinkommen Anwendung findet.

(2) Jeder Staat kann bei der Hinterlegung seiner Ratifikations-, Annahme-, Genehmigungs- oder Beitrittsurkunde oder jederzeit danach durch eine an den Generalsekretär des Europarats gerichtete Erklärung dieses Übereinkommen auf jedes weitere in der Erklärung bezeichnete Hoheitsgebiet erstrecken, dessen internationale Beziehungen er wahrnimmt oder für das er Vereinbarungen treffen kann.

(3) Jede nach Absatz 2 abgegebene Erklärung kann in bezug auf jedes darin genannte Hoheitsgebiet durch eine an den Generalsekretär des Europarats gerichtete Notifikation zurückgenommen werden. Die Zurücknahme wird sechs Monate nach Eingang der Notifikation beim Generalsekretär des Europarats wirksam.

Artikel 21
Vorbehalte zu dem Übereinkommen

Vorbehalte zu diesem Übereinkommen sind nicht zulässig.

Artikel 22
Kündigung des Übereinkommens

(1) Jeder Vertragsstaat kann dieses Übereinkommen durch eine an den Generalsekretär des Europarats gerichtete Notifikation für sich kündigen.

(2) Die Kündigung wird am ersten Tag des Monats wirksam, der auf einen Zeitabschnitt von sechs Monaten nach Eingang der Notifikation beim Generalsekretär folgt. Jedoch findet das Übereinkommen weiterhin auf die vor Ablauf dieser Frist eingegangenen Zustellungsersuchen Anwendung.

Artikel 23
Aufgaben des Verwahrers des Übereinkommens

Der Generalsekretär des Europarats notifiziert den Mitgliedstaaten des Rates und jedem Staat, der diesem Übereinkommen beigetreten ist,

a) jede Unterzeichnung;

b) jede Hinterlegung einer Ratifikations-, Annahme-, Genehmigungs- oder Beitrittsurkunde;

c) jeden Zeitpunkt des Inkrafttretens dieses Übereinkommens nach seinem Artikel 17 Absätze 2 und 3;

d) jede nach Artikel 1 Absätze 2, 3 und 4 eingegangene Erklärung;

e) jede nach Artikel 2 Absatz 5 eingegangene Erklärung;

ZustG
ZustFormV
ZustDV
EuZustÜbk

f) jede nach Artikel 10 Absätze 2 und 3 eingegangene Erklärung;

g) jede nach Artikel 11 Absätze 2 und 3 eingegangene Erklärung;

h) jede nach Artikel 20 Absätze 2 und 3 eingegangene Erklärung oder Notifikation;

i) jede nach Artikel 22 Absatz 1 eingegangene Notifikation und den Zeitpunkt, zu dem die Kündigung wirksam wird.

Zu Urkund dessen haben die hierzu gehörig befugten Unterzeichneten dieses Übereinkommen unterschrieben.

Geschehen zu Straßburg am 24. November 1977 in englischer und französischer Sprache, wobei jeder Wortlaut gleichermaßen verbindlich ist, in einer Urschrift, die im Archiv des Europarats hinterlegt wird. Der Generalsekretär des Europarats übermittelt allen Unterzeichnerstaaten und allen beitretenden Staaten beglaubigte Abschriften.

(Übersetzung)

Erklärung

Anläßlich der Ratifikation des Übereinkommens erklärt die Republik Österreich:

(abgedruckt im Anschluss an die Anlage)

Die vom Bundespräsidenten unterzeichnete und vom Bundeskanzler gegengezeichnete Ratifikationsurkunde wurde am 24. November 1982 beim Generalsekretär des Europarats hinterlegt; das Übereinkommen tritt gemäß seinem Art. 17 Abs. 3 für Österreich am 1. März 1983 in Kraft.

Nach Mitteilungen des Generalsekretärs des Europarats haben folgende weitere Staaten das Übereinkommen ratifiziert bzw. genehmigt:

Belgien, Bundesrepublik Deutschland (einschließlich Land Berlin), Frankreich und Luxemburg.

Anläßlich der Hinterlegung ihrer Ratifikationsurkunden haben folgende Staaten nachstehende Erklärungen abgegeben:

(nicht abgedruckt)

Vertragsstaaten: Belgien BGBl 1983/67, BGBl III 2018/198; Deutschland BGBl III 2001/15, BGBl III 2011/167, BGBl III 2012/128 idF BGBl III 2012/148 (VFB); Deutschland/BRD BGBl 1983/67, BGBl 1988/10; Estland BGBl III 2001/160; Frankreich BGBl 1983/67, BGBl 1984/141, BGBl III 2017/64; Italien BGBl 1985/64; Luxemburg BGBl 1983/67; BGBl III 2011/167; Schweiz: BGBl III 2019/96; Spanien BGBl 1987/408, BGBl III 1999/93, BGBl III 2011/167.

ANLAGE

Muster
nach den Artikeln 3, 8 und 9 des Übereinkommens

ZUSTELLUNGSERSUCHEN[1])
EUROPÄISCHES ÜBEREINKOMMEN ÜBER DIE ZUSTELLUNG VON
SCHRIFTSTÜCKEN IN VERWALTUNGSSACHEN IM AUSLAND (ETS Nr. 94)

1. | *ERSUCHENDE BEHÖRDE*

   BEZEICHNUNG: ...., den ....

   ANSCHRIFT: 2. | *EMPFANGENDE ZENTRALE BEHÖRDE*

                             ANSCHRIFT:

3. Az. der ersuchenden Behörde:

4. *GEGENSTAND DES ERSUCHENS:* Zustellung eines Schriftstücks in Verwaltungssachen im Ausland (Schriftstück in zwei Stücken beigefügt)

5. *WESENTLICHER INHALT DES SCHRIFTSTÜCKS:* ....
   ....
   ....

6. *EMPFÄNGER DES SCHRIFTSTÜCKS:*

   A. *NAME* (in Blockbuchstaben) und Vornamen:

   B. Gegebenenfalls nähere Angaben zur Feststellung des Empfängers:

   C. *ANSCHRIFT:*
      — Straße: Nr.:
      — Ort:
      — Kanton, Grafschaft, Provinz, Land:

   D. *STAAT:*

7. *GEWÜNSCHTE ZUSTELLUNG:*

   A. ☐ in der durch das Recht des ersuchten Staates vorgeschriebenen Form (Art. 6 Abs. 1 Buchstabe a).

   B. ☐ in der folgenden besonderen Form (Art. 6 Abs. 1 Buchstabe b) (die Übersetzung des Schriftstücks ist beizufügen):

   C. ☐ durch einfache Übergabe an den Empfänger, wenn dieser zur Annahme bereit ist (Art. 6 Abs. 2).

Die empfangende zentrale Behörde wird gebeten, der ersuchenden Behörde ein Stück des Schriftstücks — und seiner Anlagen — mit dem *ZUSTELLUNGSZEUGNIS* auf der Rückseite zurückzusenden oder zurücksenden zu lassen.

Unterschrift und/oder Stempel

---

[1]) Das Formblatt ist in zwei Stücken, einem Original und einem Doppel (Artikel 3 des Übereinkommens), auszufüllen.

Anlage

ZURÜCKZUSENDENDES FORMBLATT

8. *ERSUCHENDE BEHÖRDE:* ....
   ANSCHRIFT: ....
   ....

ZUSTELLUNGSZEUGNIS

Die unterzeichnete Behörde beehrt sich, zu bescheinigen,

---

9. ☐ *DASS DAS ERSUCHEN ERLEDIGT WORDEN IST*

   am (Datum) ....
   in (Ort, Straße, Nummer) ....
   in folgender Form:

   A. ☐ in der durch das Recht des ersuchten Staates vorgesehenen Form (Art. 6 Abs. 1 Buchstabe *a*).

   B. ☐ in der folgenden besonderen Form (Art. 6 Abs. 1 Buchstabe *b*):

   C. ☐ durch einfache Übergabe an den Empfänger, wenn dieser zur Annahme bereit ist (Art. 6 Abs. 2).

   Die in dem Ersuchen genannten Schriftstücke sind übergeben worden an (Name der Person und gegebenenfalls Verhältnis zum Zustellungsempfänger — Verwandtschafts-, Arbeits- oder sonstiges Verhältnis):
   ....

10. ☐ *DASS DAS ERSUCHEN NICHT ERLEDIGT WORDEN IST*, und zwar aus folgenden Gründen:

---

11. *ANLAGEN*

    A. ☐ Kostenaufstellung

    B. ☐ Erledigungsnachweise

    C. ☐ zurückgesandte Schriftstücke

---

12. *ERSUCHTE BEHÖRDE*
    Bezeichnung der Dienststelle und Abteilung

Ausgefertigt in .... am ....

Unterschrift und/oder Stempel

Erklärung der Republik Österreich

BGBl 1983/67 idF

1 BGBl III 2011/177

(Übersetzung)

Erklärung

Anläßlich der Ratifikation des Übereinkommens erklärt die Republik Österreich:

1. im Sinne des Art. 1 Abs. 2, daß das Übereinkommen auf der Basis der Gegenseitigkeit auch in Finanz- und Strafsachen angewendet werden wird,

2. im Sinne des Art. 2 Abs. 5, dass als zentrale Behörden, welche die von Behörden anderer Vertragsstaaten ausgehenden Zustellersuchen entgegennehmen und bearbeiten,

A. für Schriftstücke, die Angelegenheiten des Flüchtlingswesens, des Waffenwesens oder des Fremdenpolizeiwesens betreffen, für das gesamte Bundesgebiet das Bundesministerium für Inneres, Herrengasse 7, 1014 Wien,

B. im Übrigen für jedes Land das Amt der Landesregierung bestimmt wird, und zwar:

a) für das Land Burgenland: Amt der Burgenländischen Landesregierung, Europaplatz 1, 7000 Eisenstadt;

b) für das Land Kärnten: Amt der Kärntner Landesregierung, Arnulfplatz 1, 9020 Klagenfurt am Wörthersee;

c) für das Land Niederösterreich: Amt der Niederösterreichischen Landesregierung, Landhausplatz 1, 3109 St. Pölten;

d) für das Land Oberösterreich: Amt der Oberösterreichischen Landesregierung, Landhausplatz 1, 4021 Linz;

e) für das Land Salzburg: Amt der Salzburger Landesregierung, Postfach 527/Chiemseehof, 5010 Salzburg;

f) für das Land Steiermark: Amt der Steiermärkischen Landesregierung, 8011 Graz-Burg;

g) für das Land Tirol: Amt der Tiroler Landesregierung, Eduard-Wallnöfer-Platz 3, 6020 Innsbruck;

h) für das Land Vorarlberg: Amt der Vorarlberger Landesregierung, Landhaus, 6901 Bregenz;

i) für das Land Wien: Amt der Wiener Landesregierung, Rathaus, 1082 Wien.

(BGBl III 2011/177)

3. daß einer Zustellung durch konsularische oder diplomatische Vertreter gemäß Art. 10 Abs. 2 mit Ausnahme solcher Schriftstücke, die von konsularischen oder diplomatischen Vertretern eigenen Staatsangehörigen zugestellt werden, widersprochen wird;

4. im Sinne des Art. 11 Abs. 2, daß eine Zustellung direkt durch die Post auf der Grundlage der Gegenseitigkeit mit Ausnahme von Schriftstücken

a) durch die eine Enteignung ausgesprochen wird,

b) die im Zusammenhang mit der Feststellung der Eignung Wehrpflichtiger zum Wehrdienst stehen oder den Empfänger zur militärischen Dienstleistung oder – sofern es sich um einen österreichischen Staatsbürger handelt – die sein im Ausland gelegenes Eigentum dauernd oder vorübergehend zu militärischen Zwecken heranziehen,

c) die einen sich auf die Konvention über die Rechtsstellung der Flüchtlinge vom 28. Juli 1951 gründenden Spruch enthalten,

d) die eine Angelegenheit des Waffenwesens oder des Fremdenpolizeiwesens betreffen, zugelassen wird.

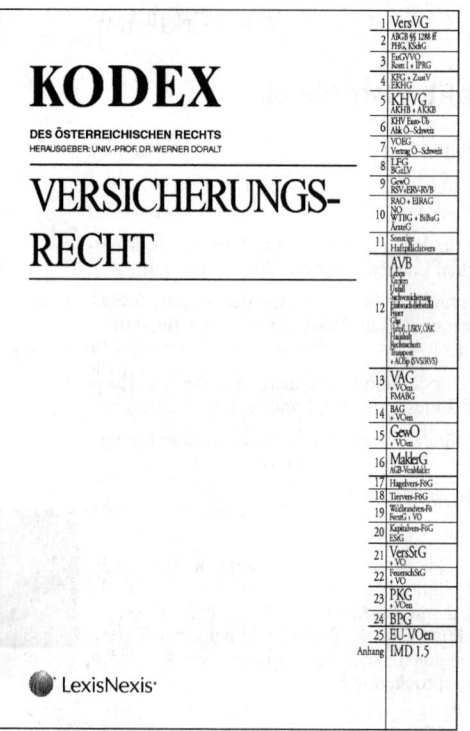

Verwaltungsformularverordnung

BGBl II 2013/400 idF

1 BGBl II 2015/405

STICHWORTVERZEICHNIS

Anberaumung einer mündlichen Verhandlung Form 9 (zu §§ 40 bis 42 AVG)
Androhung der Ersatzvornahme Form 52 (zu § 4 VVG)
Androhung einer Zwangsstrafe Form 56 (zu § 5 VVG)
Anonymverfügung Form 44 (zu § 49a VStG)
Aufforderung zum Antritt der Freiheitsstrafe/Ersatzfreiheitsstrafe Form 46 (zu §§ 53b und 54b VStG)
Aufforderung zum Antritt der Freiheitsstrafe/Ersatzfreiheitsstrafe; Vollzug einer Freiheitsstrafe/Ersatzfreiheitsstrafe; Verständigung der Strafvollzugsbehörde Form 47 (zu §§ 53b und 54b VStG)
Aufforderung zur Rechtfertigung Form 36 (zu §§ 40 und 42 VStG)

Bescheid über die Anordnung der Ersatzvornahme Form 54 (zu § 4 VVG)
Bescheid über die Anordnung einer Ersatzvornahme und über die Vorauszahlung der Kosten der Ersatzvornahme Form 55 (zu § 4 VVG)
Bescheid über die Ladung von Beschuldigten zur mündlichen Verhandlung im Verwaltungsstrafverfahren Form 29 (zu § 19 AVG und §§ 24, 40, 41, 43 und 59 VStG)
Bescheid über die Vorauszahlung der Kosten einer Ersatzvornahme Form 53 (zu § 4 VVG)
Bescheid über eine Beschlagnahme Form 24 (zu § 37 VStG)
Bescheid über eine Beschlagnahme zur Sicherung der Strafe des Verfalls Form 27 (zu § 39 VStG)
Bescheid über eine Sicherheitsleistung Form 23 (zu § 37 VStG)
Bescheid über eine Zwangsstrafe (Vollstreckungsverfügung); Neuerlicher Ladungsbescheid an Beteiligte; für Behörden, die zugleich Vollstreckungsbehörden sind Form 5 (zu § 19 AVG und § 5 VVG)
Bescheid über eine Zwangsstrafe (Vollstreckungsverfügung); Neuerlicher Ladungsbescheid an Zeugen/Zeuginnen, Sachverständige, Dolmetscher/innen; für Behörden, die zugleich Vollstreckungsbehörden sind Form 6 (zu § 19 AVG und § 5 VVG)
Bescheid über eine Zwangsstrafe (Vollstreckungsverfügung) im Verwaltungsstrafverfahren; Neuerliche Beschuldigtenladung im Verwaltungsstrafverfahren; für Behörden, die zugleich Vollstreckungsbehörden sind Form 32 (zu § 19 AVG und §§ 24, 40 und 41 VStG)

Bescheid über eine Zwangsstrafe (Vollstreckungsverfügung) im Verwaltungsstrafverfahren; Neuerlicher Ladungsbescheid an Beteiligte im Verwaltungsstrafverfahren; für Behörden, die zugleich Vollstreckungsbehörden sind Form 33 (zu § 19 AVG, § 24 VStG und § 5 VVG)
Bescheid über eine Zwangsstrafe (Vollstreckungsverfügung) im Verwaltungsstrafverfahren; Neuerlicher Ladungsbescheid an Zeugen/Zeuginnen, Sachverständige, Dolmetscher/innen im Verwaltungsstrafverfahren; für Behörden, die zugleich Vollstreckungsbehörden sind Form 34 (zu § 19 AVG, § 24 VStG und § 5 VVG)
Bescheid über eine Zwangsstrafe; Androhung einer weiteren Zwangsstrafe Form 57 (zu § 5 VVG)

Edikt; Anberaumung einer öffentlichen Erörterung im Großverfahren Form 19 (zu §§ 44a und 44c AVG)
Edikt; Anberaumung einer öffentlichen mündlichen Verhandlung im Großverfahren Form 18 (zu §§ 44a, 44b, 44d und 44e AVG)
Edikt; Kundmachung des verfahrenseinleitenden Antrags/der verfahrenseinleitenden Anträge im Großverfahren Form 16 (zu §§ 44a und 44b AVG)
Edikt; Kundmachung des verfahrenseinleitenden Antrags/der verfahrenseinleitenden Anträge und Anberaumung einer öffentlichen mündlichen Verhandlung im Großverfahren Form 17 (zu §§ 44a, 44b, 44d und 44e AVG)
Edikt; Zustellung eines Schriftstückes im Großverfahren Form 21 (zu §§ 44a und 44f AVG)
Ermächtigungsurkunde Form 25 (zu §§ 37a und 50 VStG)
Ermahnung Form 42 (zu § 45 Abs 1 letzter Satz VStG)

Formulare 1
– Änderung der Gliederung oder der Gestaltung 2 Z 3
– Änderungen und Ergänzungen im Hinblick auf den maßgeblichen Sachverhalt, die Verwaltungsvorschriften, gebührenrechtliche Vorschriften oder eine Änderung der Rechtslage 2 Z 2
– in deutscher Sprache 1 (1)
– in kroatischer, slowenischer und ungarischer Sprache 1 (2)
– sonstige Angaben und Abbildungen 2 Z 3
– sprachliche Gleichbehandlung 2 Z 1

VwFormV

Verordnung der Bundesregierung über die bei der Handhabung der Verwaltungsverfahrensgesetze zu verwendenden Formulare (Verwaltungsformularverordnung – VwFormV)

Auf Grund des Allgemeinen Verwaltungsverfahrensgesetzes 1991, BGBl. Nr. 51/1991, zuletzt geändert durch das Verwaltungsgerichtsbarkeits-Anpassungsgesetz-Inneres, BGBl. I Nr. 161/2013, sowie des Verwaltungsstrafgesetzes 1991, BGBl. Nr. 52/1991, und des Verwaltungsvollstreckungsgesetzes 1991, BGBl. Nr. 53/1991, jeweils zuletzt geändert durch das Verwaltungsgerichtsbarkeits-Ausführungsgesetz 2013, BGBl. I Nr. 33/2013, wird verordnet:

§ 1. „(1)" Für die Handhabung der Verwaltungsverfahrensgesetze im behördlichen Verfahren werden die angeschlossenen, einen Bestandteil dieser Verordnung bildenden Formulare[1] festgesetzt. Diese Formulare sind: *(BGBl II 2015/405)*

– Formular 1 zu § 19 AVG (Ladung von Beteiligten)

– Formular 2 zu § 19 AVG (Ladung von Zeugen/Zeuginnen, Sachverständigen, Dolmetschern/Dolmetscherinnen)

– Formular 3 zu § 19 AVG (Ladungsbescheid an Beteiligte)

– Formular 4 zu § 19 AVG (Ladungsbescheid an Zeugen/Zeuginnen, Sachverständige, Dolmetscher/innen)

– Formular 5 zu § 19 AVG und § 5 VVG (Bescheid über eine Zwangsstrafe [Vollstreckungsverfügung]; Neuerlicher Ladungsbescheid an Beteiligte; für Behörden, die zugleich Vollstreckungsbehörden sind)

– Formular 6 zu § 19 AVG und § 5 VVG (Bescheid über eine Zwangsstrafe [Vollstreckungsverfügung]; Neuerlicher Ladungsbescheid an Zeugen/Zeuginnen, Sachverständige, Dolmetscher/innen; für Behörden, die zugleich Vollstreckungsbehörden sind)

– Formular 7 zu § 19 AVG (Vollstreckung eines Ladungsbescheides; für Behörden, die nicht zugleich Vollstreckungsbehörden sind)

– Formular 8 zu § 19 AVG und § 10 VVG (Vorführungsbescheid [Vollstreckungsverfügung])

– Formular 9 zu §§ 40 bis 42 AVG (Anberaumung einer mündlichen Verhandlung)

– Formular 10 zu §§ 40 bis 42 AVG (Öffentliche Bekanntmachung einer mündlichen Verhandlung)

– Formular 11 zu § 14 AVG (Niederschrift)

– Formular 12.1 zu § 14 AVG (Niederschrift über die Vernehmung von Beteiligten)

– Formular 12.2 zu § 14 AVG (Niederschrift über die Vernehmung von Zeugen/Zeuginnen)

– Formular 12.3 zu § 14 AVG (Niederschrift über die Vernehmung von nichtamtlichen Sachverständigen)

– Formular 12.4 zu § 14 AVG (Niederschrift über die Vernehmung von nichtamtlichen Dolmetschern/Dolmetscherinnen)

– Formular 12.5 zu § 14 AVG (Niederschrift über die Vernehmung von Sachverständigen, Dolmetschern/Dolmetscherinnen)

– Formular 13 zu §§ 14 und 44 AVG (Verhandlungsschrift)

– Formular 14 zu § 45 AVG (Verständigung vom Ergebnis der Beweisaufnahme)

– Formular 15 zu § 39 AVG (Verständigung von der Schließung des Ermittlungsverfahrens)

– Formular 16 zu §§ 44a und 44b AVG (Edikt; Kundmachung des verfahrenseinleitenden Antrags/der verfahrenseinleitenden Anträge im Großverfahren)

– Formular 17 zu §§ 44a, 44b, 44d und 44e AVG (Edikt; Kundmachung des verfahrenseinleitenden Antrags/der verfahrenseinleitenden Anträge und Anberaumung einer öffentlichen mündlichen Verhandlung im Großverfahren)

– Formular 18 zu §§ 44a, 44b, 44d und 44e AVG (Edikt; Anberaumung einer öffentlichen mündlichen Verhandlung im Großverfahren)

– Formular 19 zu §§ 44a und 44c AVG (Edikt; Anberaumung einer öffentlichen Erörterung im Großverfahren)

– Formular 20 zu §§ 14 und 44e AVG (Niederschrift über die öffentliche mündliche Verhandlung im Großverfahren)

– Formular 21 zu §§ 44a und 44f AVG (Edikt; Zustellung eines Schriftstückes im Großverfahren)

– Formular 22 zu §§ 76 bis 78 AVG, §§ 5a und 5b SPG (Kostenbescheid)

– Formular 23 zu § 37 VStG (Bescheid über eine Sicherheitsleistung)

– Formular 24 zu § 37 VStG (Bescheid über eine Beschlagnahme)

– Formular 25 zu §§ 37a und 50 VStG (Ermächtigungsurkunde)

– Formular 26 zu §§ 37a und 39 VStG (vorläufige Sicherheit/Beschlagnahme)

VwFormV

– Formular 27 zu § 39 VStG (Bescheid über eine Beschlagnahme zur Sicherung der Strafe des Verfalls)

– Formular 28 zu § 19 AVG und §§ 24, 40 und 41 VStG (Ladungsbescheid an Beschuldigte)

– Formular 29 zu § 19 AVG und §§ 24, 40, 41, 43 und 59 VStG (Bescheid über die Ladung von Beschuldigten zur mündlichen Verhandlung im Verwaltungsstrafverfahren)

– Formular 30 zu § 19 AVG und § 24 VStG (Ladungsbescheid an Beteiligte im Verwaltungsstrafverfahren)

– Formular 31 zu § 19 AVG und § 24 VStG (Ladungsbescheid an Zeugen/Zeuginnen, Sachverständige, Dolmetscher/innen im Verwaltungsstrafverfahren)

– Formular 32 zu § 19 AVG und §§ 24, 40 und 41 VStG (Bescheid über eine Zwangsstrafe (Vollstreckungsverfügung) im Verwaltungsstrafverfahren; Neuerliche Beschuldigtenladung im Verwaltungsstrafverfahren; für Behörden, die zugleich Vollstreckungsbehörden sind)

– Formular 33 zu § 19 AVG, § 24 VStG und § 5 VVG (Bescheid über eine Zwangsstrafe [Vollstreckungsverfügung] im Verwaltungsstrafverfahren; Neuerlicher Ladungsbescheid an Beteiligte im Verwaltungsstrafverfahren; für Behörden, die zugleich Vollstreckungsbehörden sind)

– Formular 34 zu § 19 AVG, § 24 VStG und § 5 VVG (Bescheid über eine Zwangsstrafe [Vollstreckungsverfügung] im Verwaltungsstrafverfahren; Neuerlicher Ladungsbescheid an Zeugen/Zeuginnen, Sachverständige, Dolmetscher/innen im Verwaltungsstrafverfahren; für Behörden, die zugleich Vollstreckungsbehörden sind)

– Formular 35 zu § 19 AVG, § 24 VStG und § 10 VVG (Vorführungsbescheid im Verwaltungsstrafverfahren [Vollstreckungsverfügung])

– Formular 36 zu §§ 40 und 42 VStG (Aufforderung zur Rechtfertigung)

– Formular 37 zu § 14 AVG und §§ 24 und 33 VStG (Niederschrift über die Vernehmung von Beschuldigten)

– Formular 38.1 zu § 14 AVG und §§ 24 und 38 VStG (Niederschrift über die Vernehmung von Zeugen/Zeuginnen im Verwaltungsstrafverfahren)

– Formular 38.2 zu § 14 AVG und §§ 24 und 38 VStG (Niederschrift über die Vernehmung von nichtamtlichen Sachverständigen im Verwaltungsstrafverfahren)

– Formular 38.3 zu § 14 AVG und §§ 24 und 38 VStG (Niederschrift über die Vernehmung von nichtamtlichen Dolmetschern/Dolmetscherinnen im Verwaltungsstrafverfahren)

– Formular 38.4 zu § 14 AVG und §§ 24 und 38 VStG (Niederschrift über die Vernehmung von Sachverständigen, Dolmetschern/Dolmetscherinnen im Verwaltungsstrafverfahren)

– Formular 39 zu § 55 AVG und §§ 24 und 40 VStG (Rechtshilfesuchen)

– Formular 40 zu §§ 43, 44 und 44a VStG (Strafverhandlungsschrift/Straferkenntnis)

– Formular 41 zu § 46 VStG (Straferkenntnis)

– Formular 42 zu § 45 Abs. 1 letzter Satz VStG (Ermahnung)

– Formular 43 zu § 48 VStG (Strafverfügung)

– Formular 44 zu § 49a VStG (Anonymverfügung)

– Formular 45 zu § 50 VStG (Organstrafverfügung)

– Formular 46 zu §§ 53b und 54b VStG (Aufforderung zum Antritt der Freiheitsstrafe/Ersatzfreiheitsstrafe)

– Formular 47 zu §§ 53b und 54b VStG (Aufforderung zum Antritt der Freiheitsstrafe/Ersatzfreiheitsstrafe; Vollzug einer Freiheitsstrafe/Ersatzfreiheitsstrafe; Verständigung der Strafvollzugsbehörde)

– Formular 48 zu § 53b VStG (Vorführung zum Strafantritt; Verständigung der Polizeidienststelle)

– Formular 49 zu § 53b VStG (Vorführung zum Strafantritt; Durchschrift für Vorzuführende)

– Formular 50 zu § 53b VStG (Vorführung zum Strafantritt; Verständigung der Strafvollzugsbehörde)

– Formular 51 zu § 54b VStG (Teilzahlungsbescheid)

– Formular 52 zu § 4 VVG (Androhung der Ersatzvornahme)

– Formular 53 zu § 4 VVG (Bescheid über die Vorauszahlung der Kosten einer Ersatzvornahme)

– Formular 54 zu § 4 VVG (Bescheid über die Anordnung der Ersatzvornahme)

– Formular 55 zu § 4 VVG (Bescheid über die Anordnung einer Ersatzvornahme und über die Vorauszahlung der Kosten der Ersatzvornahme)

– Formular 56 zu § 5 VVG (Androhung einer Zwangsstrafe)

– Formular 57 zu § 5 VVG (Bescheid über eine Zwangsstrafe; Androhung einer weiteren Zwangsstrafe)

– Formular G 1 zu § 19 AVG (Ladungsbescheid an Beteiligte)

– Formular G 2 zu § 19 AVG (Ladungsbescheid an Zeugen/Zeuginnen, Sachverständige, Dolmetscher/innen)

– Formular G 3 zu § 39 AVG (Verständigung von der Schließung des Ermittlungsverfahrens)

(2) Soweit die Handhabung der Verwaltungsverfahrensgesetze im behördlichen Verfahren gemäß § 13 Abs. 1 des Volksgruppengesetzes – VoGrG, BGBl. Nr. 396/1976, in der Sprache einer Volksgruppe zu erfolgen hat, werden für sie die angeschlossenen, einen Bestandteil dieser Verordnung bildenden Formulare in kroatischer, slowenischer und ungarischer Sprache[2] festgesetzt. *(BGBl II 2015/405)*

_____

[1] *Formulare nicht abgedruckt.*
[2] *Formulare nicht abgedruckt.*

§ 2. „" Für die im § 1 festgesetzten Formulare gilt:

1. Soweit sich die im Formular verwendeten Bezeichnungen auf natürliche Personen beziehen, gilt die gewählte Form für beide Geschlechter. Bei der Anwendung dieser Bezeichnungen auf bestimmte natürliche Personen kann die jeweils geschlechtsspezifische Form verwendet werden.

2. Im Formular können Änderungen und Ergänzungen vorgenommen werden, die im Hinblick auf den maßgeblichen Sachverhalt, die Verwaltungsvorschriften „, „ gebührenrechtliche Vorschriften" oder eine Änderung der Rechtslage erforderlich sind. *(BGBl II 2015/405)*

3. Soweit dadurch die vorgeschriebenen Angaben nicht beeinträchtigt werden, können die Gliederung oder die Gestaltung des Formulars geändert und auf dem Formular sonstige Angaben oder Abbildungen angebracht werden. *(BGBl II 2015/405)*

(2) *(entfällt, BGBl II 2015/405)*

§ 3. (1) Diese Verordnung tritt mit 1. Jänner 2014 in Kraft. Mit dem Inkrafttreten dieser Verordnung tritt die Verordnung der Bundesregierung über die bei der Handhabung der Verwaltungsverfahrensgesetze zu verwendenden Formulare (Verwaltungsformularverordnung – VwFormV), BGBl. II Nr. 508/1999, außer Kraft.

(2) An Stelle der nachstehend genannten, durch diese Verordnung festgesetzten Formulare können bis zum Ablauf des 31. Juli 2015 folgende durch die Verwaltungsformularverordnung, BGBl. II Nr. 508/1999, festgesetzte Formulare verwendet werden:

BGBl. II Nr. 400/2013   BGBl. II Nr. 508/1999

BGBl. II Nr. 400/2013	BGBl. II Nr. 508/1999
Formular 1	Formular 1
Formular 4	Formular 4
Formular 7	Formular 8
Formular 9	Formular 7.1
Formular 10	Formular 7.2
Formular 11	Formulare 10.1 und 10.2
Formular 14	Formular 13
Formular 16	Formular 15.1
Formular 17	Formular 15.2
Formular 18	Formular 15.3
Formular 19	Formular 16
Formular 20	Formular 17
Formular 21	Formular 18
Formular 22	Formular 19
Formular 36	Formular 27
Formular 37	Formulare 28.1 und 28.2
Formular 39	Formular 30
Formular 44	Formular 43
Formular 45	Formular 35
Formular 46	Formular 37.1
Formular 47	Formular 37.2
Formular 48	Formular 38.1
Formular 49	Formular 38.2
Formular 50	Formular 38.3
Formular 52	Formular 39
Formular 56	Formular 41

(3) § 1, § 2, die Formulare 1 bis 57 und G 1 bis G 3 und die Formulare in kroatischer, slowenischer und ungarischer Sprache in der Fassung der Verordnung BGBl. II Nr. 405/2015 treten mit Ablauf des Monats der Kundmachung dieser Verordnung in Kraft.[1] *(BGBl II 2015/405)*

(4) Unbeschadet des Abs. 2 können an Stelle der durch die Verordnung BGBl. II Nr. 405/2015 festgesetzten Formulare die durch die Verwaltungsformularverordnung, BGBl. II Nr. 400/2013, festgesetzten Formulare gleicher Nummer aufbrauchend weiterverwendet werden. Dies gilt nicht für die Formulare 22, 40 bis 43, 46, 47, 53 und 55. *(BGBl II 2015/405)*

_____

[1] *) Die Kundmachung der V BGBl II 2015/405 im Bundesgesetzblatt erfolgte am 10. Dezember 2015.*

VwFormV

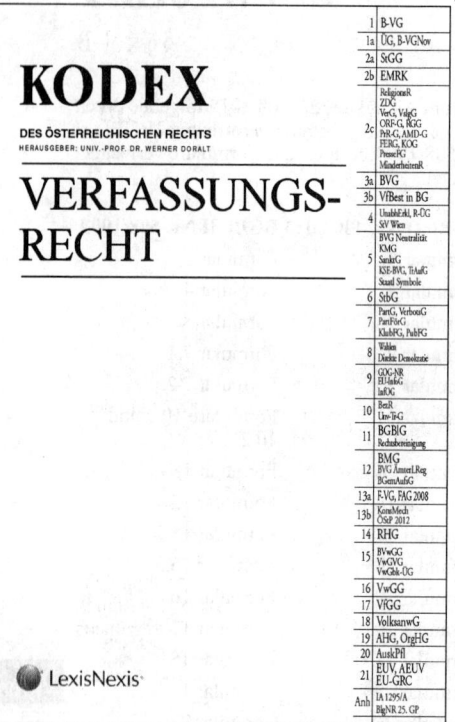

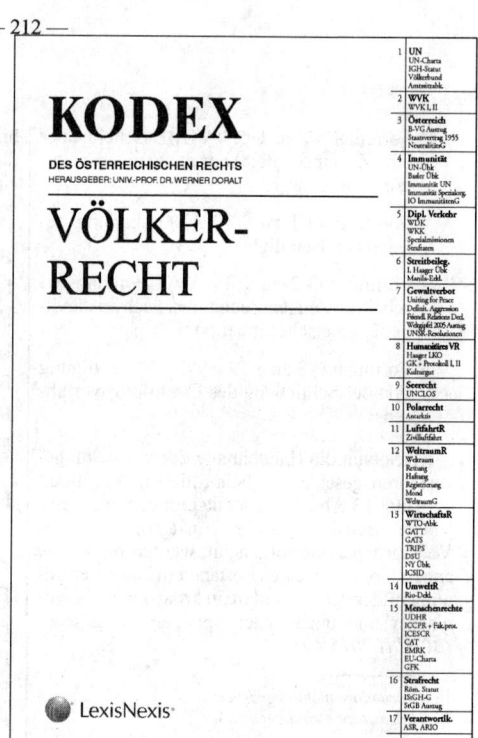

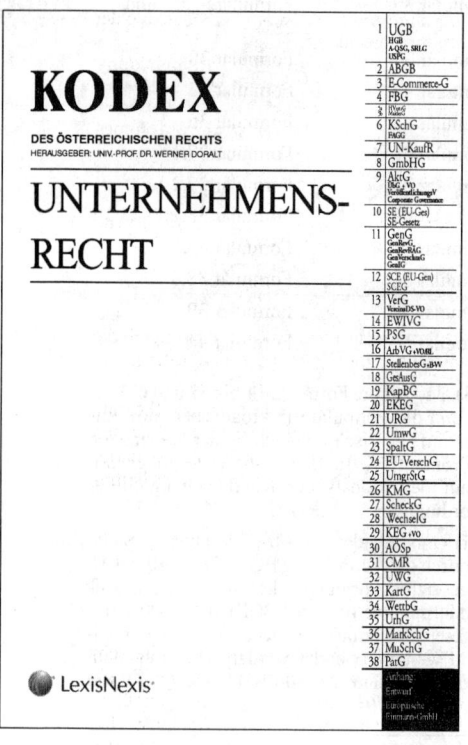

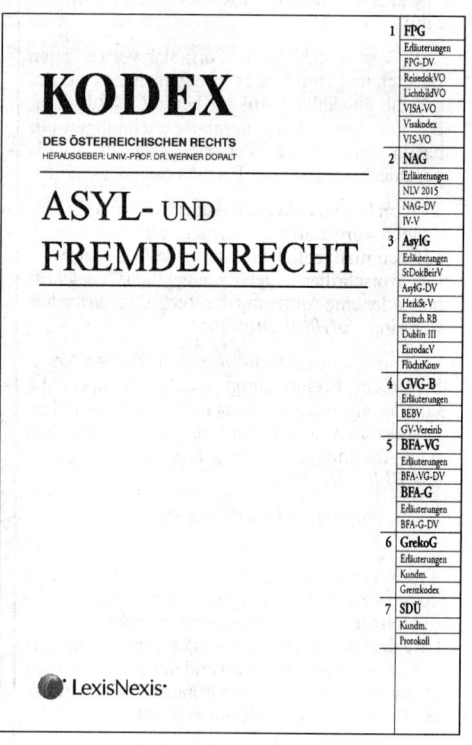

Europäisches Übereinkommen über die Berechnung von Fristen

BGBl 1983/254

STICHWORTVERZEICHNIS

Der Nationalrat hat beschlossen:

Der Abschluß des nachstehenden Staatsvertrages wird genehmigt:

Europäisches Übereinkommen über die Berechnung von Fristen samt Erklärung der Republik Österreich

(Übersetzung)

EUROPÄISCHES ÜBEREINKOMMEN ÜBER DIE BERECHNUNG VON FRISTEN

Die Mitgliedstaaten des Europarats, die dieses Übereinkommen unterzeichnet haben,

in der Erwägung, daß es das Ziel des Europarats ist, eine engere Verbindung zwischen seinen Mitgliedern herzustellen, insbesondere durch die Annahme gemeinsamer Rechtsvorschriften,

in der Überzeugung, daß die Vereinheitlichung der Vorschriften über die Berechnung von Fristen sowohl für innerstaatliche als auch für internationale Zwecke zur Erreichung dieses Zieles beitragen wird,

haben folgendes vereinbart:

Artikel 1

(1) Dieses Übereinkommen ist auf die Berechnung von Fristen auf dem Gebiet des Zivil-, Handels- und Verwaltungsrechts einschließlich des diese Gebiete betreffenden Verfahrensrechts anzuwenden, soweit diese Fristen festgesetzt worden sind

a) durch Gesetz, von einem Gericht oder einer Verwaltungsbehörde,

b) von einem Schiedsorgan, wenn dieses die Art der Fristenberechnung nicht bestimmt hat,

c) von den Parteien, wenn die Berechnungsart von ihnen nicht ausdrücklich oder stillschweigend vereinbart worden ist und sich auch nicht aus anwendbaren Bräuchen oder aus Gepflogenheiten, die sich zwischen den Parteien gebildet haben, ergibt.

Das Übereinkommen ist jedoch nicht auf Fristen anzuwenden, die zurückberechnet werden.

(2) Jede Vertragspartei kann, abweichend von Absatz 1, bei der Hinterlegung ihrer Ratifikations-, Annahme- oder Beitrittsurkunde oder jederzeit danach durch eine an den Generalsekretär des Europarats gerichtete Notifikation erklären, daß sie die Anwendung aller oder einzelner Bestimmungen des Übereinkommens auf alle oder einzelne Fristen auf dem Gebiet des Verwaltungsrechts ausschließt. Jede Vertragspartei kann die von ihr abgegebene Erklärung jederzeit durch eine an den Generalsekretär des Europarats gerichtete Notifikation ganz oder teilweise zurücknehmen; diese Notifikation wird am Tag ihres Eingangs wirksam.

Artikel 2

Im Sinn dieses Übereinkommens bedeutet der Ausdruck „dies a quo" den Tag, an dem die Frist zu laufen beginnt, und der Ausdruck „dies ad quem" den Tag, an dem die Frist abläuft.

Artikel 3

(1) Fristen, die in Tagen, Wochen, Monaten oder Jahren ausgedrückt sind, laufen von Mitternacht des dies a quo bis Mitternacht des dies ad quem.

(2) Absatz 1 schließt jedoch nicht aus, daß eine Handlung, die vor Ablauf einer Frist vorzunehmen ist, am dies ad quem nur während der gewöhnlichen Amts- oder Geschäftsstunden vorgenommen werden kann.

Artikel 4

(1) Ist eine Frist in Wochen ausgedrückt, so ist der dies ad quem der Tag der letzten Woche, der dem dies a quo im Namen entspricht.

(2) Ist eine Frist in Monaten oder Jahren ausgedrückt, so ist der dies ad quem der Tag des letzten Monats oder des letzten Jahres, der nach seiner Zahl dem dies a quo entspricht, oder, wenn ein entsprechender Tag fehlt, der letzte Tag des letzten Monats.

(3) Ist eine Frist in Monaten und Tagen oder Bruchteilen von Monaten ausgedrückt, so sind zuerst die ganzen Monate und danach die Tage oder Bruchteile der Monate zu zählen; für die Berechnung von Bruchteilen von Monaten ist davon auszugehen, daß ein Monat aus 30 Tagen besteht.

Artikel 5

Samstage, Sonntage und gesetzliche Feiertage werden bei der Berechnung einer Frist mitgezählt. Fällt jedoch der dies ad quem einer Frist, vor deren Ablauf eine Handlung vorzunehmen ist, auf einen Samstag, Sonntag, gesetzlichen Feiertag oder einen Tag, der wie ein gesetzlicher Feiertag behandelt wird, so wird die Frist dahin verlängert, daß sie den nächstfolgenden Werktag einschließt.

Artikel 6

Vorbehalte zu diesem Übereinkommen sind nicht zulässig.

Artikel 7

Dieses Übereinkommen berührt nicht bereits geschlossene oder noch zu schließende zwei- oder mehrseitige Verträge, Übereinkommen oder Vereinbarungen oder die zu ihrer Anwendung erlassenen Vorschriften, die auf bestimmten Rechtsgebieten die in diesem Übereinkommen behandelten Fragen regeln.

SCHLUSSBESTIMMUNGEN

Artikel 8

(1) Dieses Übereinkommen liegt für die Mitgliedstaaten des Europarats zur Unterzeichnung auf. Es bedarf der Ratifikation oder der Annahme. Die Ratifikations- oder Annahmeurkunden werden beim Generalsekretär des Europarats hinterlegt.

(2) Dieses Übereinkommen tritt drei Monate nach Hinterlegung der dritten Ratifikations- oder Annahmeurkunde in Kraft.

(3) Für jeden Unterzeichnerstaat, der das Übereinkommen später ratifiziert oder annimmt, tritt es drei Monate nach Hinterlegung seiner Ratifikations- oder Annahmeurkunde in Kraft.

Artikel 9

Jede Vertragspartei kann die Maßnahmen ergreifen, die sie bezüglich der Anwendung dieses Übereinkommens auf Fristen für geeignet hält, die zu dem Zeitpunkt laufen, in dem das Übereinkommen für diese Vertragspartei in Kraft tritt.

Artikel 10

(1) Nach Inkrafttreten dieses Übereinkommens kann das Ministerkomitee des Europarats jeden

Nichtmitgliedstaat einladen, dem Übereinkommen beizutreten.

(2) Der Beitritt geschieht durch Hinterlegung einer Beitrittsurkunde beim Generalsekretär des Europarats und wird drei Monate nach ihrer Hinterlegung wirksam.

Artikel 11

Jede Vertragspartei hat bei der Hinterlegung ihrer Ratifikations-, Annahme- oder Beitrittsurkunde durch eine an den Generalsekretär des Europarats gerichtete Notifikation anzugeben, welche Tage in ihrem Hoheitsgebiet oder in einem Teil desselben gesetzliche Feiertage sind oder im Sinn des Artikels 5 wie solche behandelt werden. Jede Änderung bezüglich der in dieser Notifikation enthaltenen Angaben ist dem Generalsekretär des Europarats gleichfalls zu notifizieren.

Artikel 12

(1) Jede Vertragspartei kann bei der Unterzeichnung oder bei der Hinterlegung ihrer Ratifikations-, Annahme- oder Beitrittsurkunde das oder die Hoheitsgebiete bezeichnen, auf die dieses Übereinkommen anzuwenden ist.

(2) Jede Vertragspartei kann bei der Hinterlegung ihrer Ratifikations-, Annahme- oder Beitrittsurkunde oder jederzeit danach durch eine an den Generalsekretär des Europarats gerichtete Erklärung dieses Übereinkommen auf jedes weitere in der Erklärung bezeichnete Hoheitsgebiet ausdehnen, dessen internationale Beziehungen sie wahrnimmt oder für das sie Vereinbarungen treffen kann.

(3) Jede nach Absatz 2 abgegebene Erklärung kann für jedes darin bezeichnete Hoheitsgebiet nach dem in Artikel 13 festgelegten Verfahren zurückgenommen werden.

Artikel 13

(1) Dieses Übereinkommen bleibt auf unbegrenzte Zeit in Kraft.

(2) Jede Vertragspartei kann dieses Übereinkommen durch eine an den Generalsekretär des Europarats gerichtete Notifikation für sich kündigen.

(3) Die Kündigung wird sechs Monate nach Eingang der Notifikation beim Generalsekretär wirksam.

Artikel 14

Der Generalsekretär des Europarats notifiziert den Mitgliedstaaten des Rates und jedem Staat, der diesem Übereinkommen beigetreten ist,

a) jede Unterzeichnung,

b) jede Hinterlegung einer Ratifikations-, Annahme- oder Beitrittsurkunde,

c) jeden Zeitpunkt des Inkrafttretens dieses Übereinkommens nach seinem Artikel 8,

d) jede nach Artikel 1 Absatz 2 eingegangene Notifikation,

e) jede nach Artikel 11 eingegangene Notifikation,

f) jede nach Artikel 12 Absätze 2 und 3 eingegangene Erklärung,

g) jede nach Artikel 13 eingegangene Notifikation und den Zeitpunkt, zu dem die Kündigung wirksam wird.

Zu Urkund dessen haben die hierzu gehörig Bevollmächtigten dieses Übereinkommen unterzeichnet.

Geschehen zu Basel am 16. Mai 1972 in englischer und französischer Sprache, wobei jeder Wortlaut gleichermaßen authentisch ist, in einer Urschrift, die im Archiv des Europarats hinterlegt wird. Der Generalsekretär des Europarats übermittelt jedem Unterzeichnerstaat und jedem beitretenden Staat eine beglaubigte Abschrift.

Vertragsstaaten: Liechtenstein BGBl 1983/254, BGBl III 2021/58; Luxemburg BGBl 1985/65; Schweiz BGBl 1983/254, BGBl III 2012/6, BGBl III 2020/128.

(Übersetzung)
ERKLÄRUNG
**der Republik Österreich gemäß Artikel 1
Absatz 2 des Europäischen Übereinkommens
über die Berechnung von Fristen**

„Die Anwendung des Artikels 3 Absatz 1 und des Artikels 5 auf Fristen in Angelegenheiten

– der Wahlen zu den allgemeinen Vertretungskörpern und den gesetzlichen beruflichen Interessenvertretungen, und

– der Volksabstimmungen und Volksbegehren

wird ausgeschlossen."

Die vom Bundespräsidenten unterzeichnete und vom Bundeskanzler gegengezeichnete Ratifikationsurkunde wurde am 11. August 1982 beim Generalsekretär des Europarats hinterlegt; das Übereinkommen tritt gemäß seinem Art. 8 Abs. 2 am 28. April 1983 in Kraft.

Nach Mitteilungen des Generalsekretärs des Europarats haben auch Liechtenstein und die Schweiz das Übereinkommen ratifiziert.

Anläßlich der Hinterlegung der Ratifikationsurkunde wurden gemäß Art. 11 folgende Feiertage notifiziert:

1. Jänner

6. Jänner
Karfreitag
Ostermontag
1. Mai
Christi Himmelfahrt
Pfingstmontag
Fronleichnam
15. August

26. Oktober
1. November
8. Dezember
25. Dezember
26. Dezember

Die von Liechtenstein, der Schweiz (nach Kantonen) und Luxemburg gem Art 11 notifizierten Feiertage sind nicht abgedruckt.

Vertrag zwischen der Republik Österreich und der Bundesrepublik Deutschland über Amts- und Rechtshilfe in Verwaltungssachen

BGBl 1990/526

STICHWORTVERZEICHNIS

Der Nationalrat hat beschlossen:

Der Abschluß des nachstehenden Staatsvertrages wird genehmigt.

Vertrag zwischen der Republik Österreich und der Bundesrepublik Deutschland über Amts- und Rechtshilfe in Verwaltungssachen

Die Republik Österreich

und

die Bundesrepublik Deutschland

— von dem Wunsche geleitet, den gegenseitigen Amts- und Rechtshilfeverkehr in Verwaltungssachen weiter zu verbessern und zu vereinfachen —

sind wie folgt übereingekommen:

I. ABSCHNITT

Allgemeine Bestimmungen

Artikel 1

(1) Die Vertragsstaaten leisten in öffentlich-rechtlichen Verfahren ihrer Verwaltungsbehörden, in österreichischen Verwaltungsstraf- und in deutschen Bußgeldverfahren, soweit sie nicht bei einer Justizbehörde anhängig sind, ferner in Verfahren vor den österreichischen Gerichten der Verwaltungsgerichtsbarkeit und den deutschen Gerichten der allgemeinen Verwaltungsgerichtsbarkeit nach Maßgabe dieses Vertrags Amts- und Rechtshilfe.

(2) Amts- und Rechtshilfe nach Absatz 1 wird nicht geleistet in

1. Abgabensachen, Zoll-, Verbrauchssteuer- und Monopolangelegenheiten, soweit sie in besonderen Verträgen geregelt sind;

2. Außenwirtschaftsangelegenheiten einschließlich devisenrechtlicher Angelegenheiten sowie hinsichtlich Verboten und Beschränkungen für den Warenverkehr über die Grenze;

3. Steuerberatungssachen und diesen gleichgestellten Angelegenheiten.

(3) Bestehende Vereinbarungen der Vertragsstaaten über die Leistung von Amts- und Rechtshilfe bleiben unberührt.

Artikel 2

(1) Im Amts- und Rechtshilfeverkehr nach Artikel 1 Absatz 1 zwischen den Vertragsstaaten können die Verwaltungsbehörden und die Gerichte der Verwaltungsgerichtsbarkeit unmittelbar miteinander verkehren. Soweit die Erledigung von Amts- und Rechtshilfeersuchen nach diesem Vertrag durch Strafgerichte vorzunehmen ist, ist auch mit diesen der unmittelbare Verkehr zuläs-sig. Wenn der unmittelbare Verkehr nur unter besonderen Schwierigkeiten möglich ist, sind diejenigen Verwaltungsbehörden einzuschalten, die der ersuchte Staat hierfür bestimmt hat. Die Vertragsstaaten teilen einander diese Verwaltungsbehörden mit.

(2) Amts- und Rechtshilfeersuchen sind von der ersuchten Stelle (Verwaltungsbehörde oder Gericht), wenn diese für die Erledigung nach dem Recht des ersuchten Staates nicht zuständig ist, an die zuständige Stelle weiterzuleiten. Die ersuchende Stelle ist davon zu unterrichten.

Artikel 3

Amts- und Rechtshilfe wird nach dem Recht des ersuchten Staates geleistet.

Artikel 4

(1) Amts- und Rechtshilfe wird nicht geleistet, wenn sie nach dem Recht des ersuchten Staates unzulässig ist oder wenn die Erledigung des Ersuchens geeignet wäre, die Souveränität, die Sicherheit, die öffentliche Ordnung oder andere wesentliche Interessen des ersuchten Staates zu beeinträchtigen.

(2) Über die Ablehnung unterrichtet die ersuchte Stelle unverzüglich die ersuchende Stelle unter Angabe der Gründe.

II. ABSCHNITT

Anhörungen, Auskünfte und Beweise

Artikel 5

(1) Die Vertragsstaaten leisten einander Amts- und Rechtshilfe durch

1. Ermittlungen einschließlich Beweisaufnahmen;

2. Anhörung Beteiligter und Vernehmung Beschuldigter/Betroffener;

3. Erteilung von Auskünften einschließlich solcher aus dem Strafregister;

4. Übersendung von Schriftstücken.

(2) Die Vertragsstaaten leisten einander ferner Amts- und Rechtshilfe durch die Erteilung von Auskünften und die Übersendung von Schriftstücken aus gerichtlichen Straf- und Bußgeldverfahren.

Artikel 6

Ersuchen nach Artikel 5 müssen Gegenstand und Zweck des Verfahrens, in dem Amts- oder Rechtshilfe geleistet werden soll, bezeichnen und die zur Erledigung erforderlichen Angaben enthalten.

Artikel 7

Der ersuchenden Stelle dürfen lediglich die Auslagen für Sachverständige und Dolmetscher, die bei der Erledigung des Ersuchens mitgewirkt haben, in Rechnung gestellt werden.

Artikel 8

(1) Auskünfte und Schriftstücke, die von der ersuchten Stelle übermittelt werden, unterliegen im anderen Vertragsstaat den innerstaatlichen Vorschriften über die Amtsverschwiegenheit.

(2) Teilt die ersuchte Stelle mit, daß die von ihr übermittelten Auskünfte oder Schriftstücke nicht weitergegeben oder nur zu bestimmten Zwecken oder nur während eines bestimmten Zeitraums verwertet werden dürfen, so hat die ersuchende Stelle diese Beschränkungen zu beachten.

III. ABSCHNITT

Vollstreckungshilfe

Artikel 9

(1) Die Vertragsstaaten leisten einander Amtshilfe durch Vollstreckung von öffentlich-rechtlichen Geldforderungen — einschließlich der in österreichischen verwaltungsbehördlichen Straferkenntnissen oder Strafverfügungen rechtskräftig verhängten Geldstrafen von mindestens dreihundertfünfzig Schilling und der von deutschen Verwaltungsbehörden rechtskräftig festgesetzten Geldbußen von mindestens fünfzig Deutsche Mark sowie der Nebenfolgen vermögensrechtlicher Art —, ferner bei der Einziehung von Urkunden, die vom ersuchenden Staat ausgestellt sind. Für die Vollstreckung gilt das Recht des ersuchten Staates. Freiheitsentzug als Strafmittel ist ausgeschlossen.

(2) Die Vertragsstaaten teilen einander mit, welche Stellen für die Erledigung von Ersuchen um Vollstreckung zuständig sind. Die Vertragsstaaten können auch Verwaltungsbehörden bestimmen, welche die Ersuchen um Vollstreckung entgegennehmen, um sie an die für die Erledigung zuständigen Stellen weiterzuleiten; soweit dies geschieht, teilen die Vertragsstaaten einander anstelle der Mitteilung nach Satz 1 diese Verwaltungsbehörden mit.

(3) Dem Ersuchen um Vollstreckung (Absatz 1) ist eine Ausfertigung des Exekutionstitels/Vollstreckungstitels oder des zu vollstreckenden Bescheides beizulegen, auf dem die Rechtskraft/Unanfechtbarkeit von der ersuchenden Behörde zu bestätigen ist. Solche Bescheide stehen hinsichtlich der Vollstreckung Bescheiden von Behörden des ersuchten Staates gleich.

(4) Die Vollstreckung von Geldforderungen wird in der Währung des ersuchten Staates durchgeführt. Die ersuchende Stelle rechnet den für sie zu vollstreckenden Geldbetrag in diese Währung um und vermerkt ihn auf dem zu vollstreckenden Titel. Für die Umrechnung maßgebend ist in der Republik Österreich der an der Wiener Börse zuletzt notierte Devisenankaufs(Geld)kurs für Zahlung Frankfurt und in der Bundesrepublik Deutschland der in Frankfurt am Main zuletzt festgestellte amtliche Devisenankaufskurs für Zahlung Wien.

(5) Über Einwendungen gegen die Zulässigkeit oder die Art der Vollstreckung entscheidet die zuständige Stelle des ersuchten Staates.

(6) Einwendungen gegen das Bestehen, die Höhe oder die Vollstreckbarkeit des zu vollstreckenden Anspruchs sind von der zuständigen Stelle des ersuchenden Staates nach dessen Recht zu erledigen. Werden solche Einwendungen bei der ersuchten Stelle erhoben, so sind sie der ersuchenden Stelle zu übermitteln, deren Entscheidung abzuwarten ist.

(7) Wenn der zu vollstreckende Geldbetrag außer Verhältnis zu den durch die Vollstreckung entstehenden Kosten steht, kann die ersuchte Stelle von der Vollstreckung absehen; sie hat davon die ersuchende Stelle zu unterrichten. Diese kann verlangen, die Vollstreckung dennoch vorzunehmen, wenn sie dies aus besonderen Gründen für erforderlich hält, hat dann jedoch die Kosten einer erfolglosen Vollstreckung zu tragen.

(8) Die ersuchte Stelle hat die von ihr eingenommenen Geldbeträge der ersuchenden Behörde zu überweisen. Ausgenommen sind Kosten, die nach dem Recht des ersuchten Staates zu erheben waren.

IV. ABSCHNITT

Zustellungen

Artikel 10

(1) Schriftstücke in Verfahren nach Artikel 1 Absatz 1 werden unmittelbar durch die Post nach den für den Postverkehr zwischen den Vertragsstaaten geltenden Vorschriften übermittelt. Wird ein Zustellnachweis benötigt, ist das Schriftstück als eingeschriebener Brief mit den besonderen Versendungsformen „Eigenhändig" und „Rückschein" zu versenden. Kann eine Zustellung nicht unmittelbar durch die Post bewirkt werden oder ist dies nach Art und Inhalt des Schriftstücks nicht zweckmäßig, ist die zuständige Stelle im anderen Vertragsstaat um Vermittlung der Zustellung im Wege der Amts- und Rechtshilfe zu ersuchen. Die Vertragsstaaten teilen einander diese Stellen mit.

(2) Eine unmittelbare Zustellung durch die Post ist bei Bescheiden im Zusammenhang mit der

**EuFrÜbk
ARHV BRD**

Feststellung der Eignung Wehrpflichtiger zum Wehrdienst, bei Bescheiden, die eine Person zur militärischen Dienstleistung oder das im ersuchenden Staat gelegene Eigentum eines Angehörigen des anderen Vertragsstaats dauernd oder vorübergehend zu militärischen Zwecken heranziehen, sowie bei Bescheiden auf Grund der Konvention/des Abkommens vom 28. Juli 1951 *) über die Rechtsstellung der Flüchtlinge nicht zulässig.

(3) Die Zustellung von Bescheiden in Verwaltungsstrafverfahren an Angehörige des Staates, in dem die Zustellung vorgenommen werden soll, gilt hinsichtlich des Ausspruchs eines Freiheitsentzugs als nicht bewirkt.

---

*) *Kundgemacht in BGBl. Nr. 55/1955*

Artikel 11

Ersuchen, die auf Vornahme einer Zustellung gemäß Artikel 10 Absatz 1 Satz 3 gerichtet sind, sollen in denjenigen Fällen, in denen das Recht des ersuchten Staates die Wahl zwischen mehreren Zustellungsarten vorsieht, die Art der gewünschten Zustellung angeben; fehlt eine solche Angabe, steht die Wahl im Ermessen der ersuchten Stelle.

Artikel 12

Die Stelle, die auf Grund eines Ersuchens gemäß Artikel 10 Absatz 1 Satz 3 eine Zustellung selbst oder durch die Post vorgenommen hat, übermittelt der ersuchenden Stelle ein von ihr ausgestelltes Zustellzeugnis oder eine vom Empfänger eigenhändig unterschriebene Bestätigung, die Ort und Tag des Empfangs erkennen lassen.

Artikel 13

Ist der Empfänger unter der von der ersuchenden Stelle angegebenen Anschrift nicht zu erreichen und kann seine Anschrift nur unter unverhältnismäßigem Aufwand festgestellt werden, so sendet die ersuchte Stelle das Ersuchen wieder zurück.

V. ABSCHNITT

Besondere Regelungen in Angelegenheiten des Kraftfahrwesens

Artikel 14

(1) Ein im anderen Vertragsstaat ausgestellter Führerschein wird dem Inhaber gegen Empfangsbestätigung abgenommen, wenn

1. der andere Vertragsstaat um die Vollstreckung einer Entscheidung über die Entziehung der Lenkerberechtigung/Fahrerlaubnis ersucht;

2. der andere Vertragsstaat um Übermittlung des Führerscheins zum Zwecke der Vornahme von behördlichen Eintragungen ersucht;

3. auf seiner Grundlage eine Lenkerberechtigung/Fahrerlaubnis auf Antrag erteilt wird; der im anderen Vertragsstaat ausgestellte Führerschein darf nur gegen Ablieferung des auf seiner Grundlage ausgestellten wieder ausgehändigt werden;

4. das Recht, den Führerschein zu verwenden, aberkannt wird.

(2) Abgenommene Führerscheine werden in den Fällen des Absatzes 1 Nummern 1 und 2 der ersuchenden Behörde, sonst der Ausstellungsbehörde übermittelt; der Betroffene kann jedoch in den Fällen des Absatzes 1 Nummern 3 und 4 die Verwahrung bei einer anderen Behörde beantragen.

Artikel 15

(1) Der Zulassungsschein/Fahrzeugschein und die Kennzeichentafeln/amtlichen Kennzeichen eines im anderen Vertragsstaat zugelassenen Fahrzeugs werden dem Inhaber gegen Empfangsbestätigung abgenommen und der Behörde, die den Zulassungsschein/Fahrzeugschein ausgestellt hat, übermittelt, wenn

1. der andere Vertragsstaat um die Vollstreckung einer Entscheidung über die Aufhebung der Zulassung/Untersagung des Betriebs des Fahrzeugs ersucht;

2. es sich erweist, daß bei einer befristeten Zulassung die Frist abgelaufen ist;

3. es sich erweist, daß bei weiterer Verwendung des Fahrzeugs die Verkehrs- oder Betriebssicherheit wegen schwerer technischer Mängel gefährdet würde, und die Mängel des Fahrzeugs nicht innerhalb einer von der einschreitenden Behörde gesetzten angemessenen Frist behoben werden;

4. das Fahrzeug zugelassen wird; in diesem Fall wird das Fahrzeug im anderen Vertragsstaat als abgemeldet behandelt.

(2) Im Falle des Absatzes 1 Nummern 2 und 3 wird dem anderen Vertragsstaat eine kurze Sachverhaltsdarstellung, im Falle des Absatzes 1 Nummer 4 Name und Anschrift des nunmehrigen Zulassungsbesitzers/Halters sowie das neue Kennzeichen mitgeteilt.

(3) Die Absätze 1 und 2 gelten entsprechend für Fahrzeuge mit Kennzeichen für Probe-/Prüfungsfahrten, für Überstellungs-/Überführungsfahrten sowie für Fahrzeuge mit Zollkennzeichen.

VI. ABSCHNITT

Schlußbestimmungen

Artikel 16

(1) Meinungsverschiedenheiten über die Auslegung oder die Anwendung dieses Vertrags sollen durch die Regierungen der Vertragsstaaten beigelegt werden.

(2) Kann eine Meinungsverschiedenheit auf diese Weise nicht innerhalb von sechs Monaten beigelegt werden, so ist sie auf Verlangen eines Vertragsstaats einem Schiedsgericht zu unterbreiten.

(3) Das Schiedsgericht wird von Fall zu Fall gebildet, indem jeder Vertragsstaat ein Mitglied bestellt und sich beide Mitglieder auf den Angehörigen eines dritten Staates als Vorsitzenden einigen, der von den Regierungen der Vertragsstaaten zu bestellen ist. Die Mitglieder sind innerhalb von zwei Monaten, der Vorsitzende innerhalb von drei Monaten zu bestellen, nachdem der eine Vertragsstaat dem anderen mitgeteilt hat, daß er die Meinungsverschiedenheit einem Schiedsgericht unterbreiten will.

(4) Werden die in Absatz 3 genannten Fristen nicht eingehalten, so kann in Ermangelung einer anderen Vereinbarung jeder Vertragsstaat den Präsidenten des Europäischen Gerichtshofs für Menschenrechte bitten, die erforderlichen Ernennungen vorzunehmen. Für den Fall, daß der Präsident des Europäischen Gerichtshofs für Menschenrechte die österreichische oder die deutsche Staatsangehörigkeit besitzt, gehen die ihm durch diesen Artikel übertragenen Funktionen auf den Vizepräsidenten des Gerichtshofs, danach auf den ranghöchsten Richter des Gerichtshofs über, auf den dieser Umstand nicht zutrifft.

(5) Das Schiedsgericht entscheidet mit Stimmenmehrheit auf Grund der zwischen den Vertragsstaaten bestehenden Verträge und des allgemeinen Völkerrechts. Seine Entscheidungen sind bindend. Jeder Vertragsstaat trägt die Kosten des von ihm bestellten Schiedsrichters und seiner Vertretung in dem Verfahren vor dem Schiedsgericht; die Kosten des Vorsitzenden und die sonstigen Kosten werden von den Vertragsstaaten zu gleichen Teilen getragen. Im übrigen regelt das Schiedsgericht sein Verfahren selbst.

(6) Die Gerichte der beiden Vertragsstaaten werden dem Schiedsgericht auf sein Ersuchen Rechtshilfe hinsichtlich der Ladung und der Vernehmung von Zeugen und Sachverständigen in entsprechender Anwendung der zwischen den beiden Vertragsstaaten jeweils geltenden Vereinbarungen über die Rechtshilfe in Zivil- und Handelssachen leisten.

Artikel 17

Artikel 9 ist nicht auf Geldstrafen oder Geldbußen anzuwenden, die vor dem Inkrafttreten dieses Vertrags verhängt oder festgesetzt worden sind.

Artikel 18

Wer Angehöriger eines Vertragsstaats im Sinne des Vertrags ist, bestimmt sich nach dem Recht dieses Vertragsstaats.

Artikel 19

Dieser Vertrag gilt auch für das Land Berlin, sofern nicht die Regierung der Bundesrepublik Deutschland gegenüber der Bundesregierung der Republik Österreich innerhalb von drei Monaten nach Inkrafttreten des Vertrags eine gegenteilige Erklärung abgibt.

Artikel 20

(1) Der Vertrag bedarf der Ratifikation; die Ratifikationsurkunden werden so bald wie möglich in Wien ausgetauscht.

(2) Dieser Vertrag tritt am ersten Tag des dritten Kalendermonats nach Austausch der Ratifikationsurkunden in Kraft.

(3) Dieser Vertrag kann jederzeit schriftlich auf diplomatischem Wege gekündigt werden; er tritt sechs Monate nach Eingang der Kündigung außer Kraft. Im Zeitpunkt des Außerkrafttretens dieses Vertrags bestehende Ersuchen sind nach den Bestimmungen dieses Vertrags durchzuführen.

Geschehen zu Bonn, am 31. Mai 1988 in zwei Urschriften.

Die vom Bundespräsidenten unterzeichnete und vom Bundeskanzler gegengezeichnete Ratifikationsurkunde wurde am 18. Juli 1990 ausgetauscht; der Vertrag tritt gemäß seinem Art. 20 Abs. 2 mit 1. Oktober 1990 in Kraft.

EuFrÜbk
ARHV BRD

Volksgruppengesetz

BGBl 1976/396 idF

1 BGBl 1976/575 (DFB)
2 BGBl 1988/24 (VfGH)
3 BGBl I 1999/194 (DFB)
4 BGBl I 2002/35 (VfGH)

5 BGBl I 2008/2
6 BGBl I 2009/52
7 BGBl I 2011/46
8 BGBl I 2013/84

STICHWORTVERZEICHNIS

VoGrG

10. VoGrG

Stichwortverzeichnis

„**Bundesgesetz über die Rechtsstellung der Volksgruppen in Österreich (Volksgruppengesetz – VoGrG)**"

(BGBl I 2011/46, ab 27. Juli 2011)

Der Nationalrat hat beschlossen:

ABSCHNITT I

Allgemeine Bestimmungen

§ 1. (1) Die Volksgruppen in Österreich und ihre Angehörigen genießen den Schutz der Gesetze; die Erhaltung der Volksgruppen und die Sicherung ihres Bestandes sind gewährleistet. Ihre Sprache und ihr Volkstum sind zu achten.

(2) Volksgruppen im Sinne dieses Bundesgesetzes sind die in Teilen des Bundesgebietes wohnhaften und beheimateten Gruppen österreichischer Staatsbürger mit nichtdeutscher Muttersprache und eigenem Volkstum.

(3) Das Bekenntnis zu einer Volksgruppe ist frei. Keinem Volksgruppenangehörigen darf durch die Ausübung oder Nichtausübung der ihm als solchem zustehenden Rechte ein Nachteil erwachsen. Keine Person ist verpflichtet, ihre Zugehörigkeit zu einer Volksgruppe nachzuweisen.

§ 2. Die Volksgruppen, für die ein Volksgruppenbeirat eingerichtet wird, sowie die Zahl der ihm angehörenden Mitglieder sind durch Verordnung der Bundesregierung im Einvernehmen mit dem Hauptausschuss des Nationalrates nach Anhörung der in Betracht kommenden Landesregierung festzulegen.

(BGBl I 2011/46, ab 27. Juli 2011)

ABSCHNITT II

Volksgruppenbeiräte

§ 3. (1) Zur Beratung der Bundesregierung und der Bundesminister in Volksgruppenangelegenheiten sind beim Bundeskanzleramt Volksgruppenbeiräte einzurichten. Sie haben das kulturelle, soziale und wirtschaftliche Gesamtinteresse der Volksgruppen zu wahren und zu vertreten und sind insbesondere vor Erlassung von Rechtsvorschriften und zu allgemeinen Planungen auf dem Gebiet des Förderungswesens, die Interessen der Volksgruppen berühren, unter Setzung einer angemessenen Frist zu hören. Die Volksgruppenbeiräte können auch Vorschläge zur Verbesserung der Lage der Volksgruppen und ihrer Angehörigen erstatten.

(2) Die Volksgruppenbeiräte dienen auch zur Beratung der Landesregierungen, wenn sie von diesen dazu aufgefordert werden.

(3) Die Anzahl der Mitglieder jedes Volksgruppenbeirates ist unter Bedachtnahme auf die Anzahl der Angehörigen der Volksgruppe so festzusetzen, daß eine angemessene Vertretung der politischen und weltanschaulichen Meinungen in dieser Volksgruppe möglich ist.

§ 4. (1) Die Mitglieder der Volksgruppenbeiräte werden von der Bundesregierung nach vorheriger Anhörung der in Betracht kommenden Landesregierungen für die Dauer von vier Jahren bestellt. Die Bundesregierung hat hiebei darauf Bedacht zu nehmen, daß die in der betreffenden Volksgruppe wesentlichen politischen und weltanschaulichen Meinungen entsprechend vertreten sind. „Die in Betracht kommenden Vereinigungen nach Abs. 2 Z 2 sind im Verfahren zur Bestellung der Mitglieder der Volksgruppenbeiräte zu hören und können gegen die Bestellung wegen Rechtswidrigkeit Beschwerde beim Bundesverwaltungsgericht und Revision beim Verwaltungsgerichtshof erheben." *(BGBl I 2013/84)*

(2) Zu Mitgliedern eines Volksgruppenbeirates können nur Personen bestellt werden, die erwarten lassen, daß sie sich für die Interessen der Volksgruppe und die Ziele dieses Bundesgesetzes einsetzen, zum Nationalrat wählbar sind und die

1. Mitglieder eines allgemeinen Vertretungskörpers sind und die im Hinblick auf ihre Zugehörigkeit zur betreffenden „Volksgruppe" gewählt wurden oder dieser Volksgruppe angehören oder *(BGBl I 1999/194 (DFB))*

2. von einer Vereinigung vorgeschlagen wurden, die ihrem satzungsgemäßen Zweck nach Volksgruppeninteressen vertritt und für die betreffende Volksgruppe repräsentativ ist oder

3. als Angehörige der Volksgruppe von einer Kirche oder Religionsgemeinschaft vorgeschlagen wurden.

(3) Der Volksgruppenbeirat ist so zusammenzusetzen, daß die Hälfte der Mitglieder dem Personenkreis nach Abs. 2 Z. 2 angehört.

(4) Das Amt eines Mitgliedes eines Volksgruppenbeirates ist ein Ehrenamt; die Mitglieder haben Anspruch auf „Ersatz der Reisekosten, der Bundesbeamten der Reisegebührenstufe 5 gebührt", und auf ein angemessenes Sitzungsgeld für jeden Tag der Teilnahme an einer Sitzung des Volksgruppenbeirates, das vom Bundeskanzler durch Verordnung festzusetzen ist. *(BGBl 1976/575 (DFB))*

(5) Jede im Hauptausschuß des Nationalrates vertretene Partei hat das Recht, einen Vertreter in die Volksgruppenbeiräte zu entsenden. Dieser nimmt an den Beratungen, nicht jedoch an den Abstimmungen teil.

§ 5. (1) Jeder Volksgruppenbeirat wählt aus dem Kreis seiner gemäß § 4 Abs. 2 Z. 2 bestellten

VoGrG

Mitglieder einen Vorsitzenden und einen Vorsitzenden-Stellvertreter. Er ist zu diesem Zweck jeweils innerhalb von vier Wochen nach Bestellung seiner Mitglieder vom Bundeskanzler zur Konstituierung einzuberufen.

(2) Jeder Volksgruppenbeirat gibt sich eine Geschäftsordnung, die der Genehmigung des Bundeskanzlers bedarf. Der Volksgruppenbeirat entscheidet mit einfacher Stimmenmehrheit bei Anwesenheit von mindestens zwei Drittel seiner Mitglieder. Bei Stimmengleichheit entscheidet der Vorsitzende.

(3) Der Volksgruppenbeirat ist vom Vorsitzenden auf Verlangen der Bundesregierung, eines Bundesministers, einer Landesregierung oder eines Fünftels seiner Mitglieder so zeitgerecht einzuberufen, daß er innerhalb von 14 Tagen nach Einlangen eines solchen Verlangens zusammentritt.

§ 6. (1) Hat ein Mitglied eines Volksgruppenbeirates drei aufeinanderfolgenden Einladungen zu einer Sitzung ohne genügende Entschuldigung keine Folge geleistet oder fallen die Voraussetzungen für seine Bestellung weg, so hat dies, nachdem dem Mitglied Gelegenheit zur Stellungnahme gegeben worden ist, der Volksgruppenbeirat durch Beschluß festzustellen und dem Bundeskanzler bekanntzugeben. Der Bundeskanzler stellt durch Bescheid den Verlust der Mitgliedschaft zum Volksgruppenbeirat fest.

(2) Scheidet ein Mitglied des Volksgruppenbeirates vorzeitig aus, so ist an seiner Stelle für den noch verbleibenden Rest der Amtsdauer ein neues Mitglied zu bestellen. Auf § 4 ist dabei Bedacht zu nehmen.

§ 7. Zur Behandlung von Fragen, die mehrere Volksgruppen gemeinsam betreffen, können die in Frage kommenden Volksgruppenbeiräte auf Einladung des Bundeskanzlers zu gemeinsamen Sitzungen zusammentreten. Der Bundeskanzler hat zu solchen Sitzungen binnen zwei Wochen einzuladen, wenn es von einem Volksgruppenbeirat verlangt wird. Im übrigen ist auf diese Sitzungen § 5 sinngemäß mit der Maßgabe anzuwenden, daß der Vorsitz abwechselnd von den Vorsitzenden der jeweils beteiligten Volksgruppenbeiräte auszuüben ist.

ABSCHNITT III

Volksgruppenförderung

§ 8. (1) Der Bund hat – unbeschadet allgemeiner Förderungsmaßnahmen – Maßnahmen und Vorhaben, die der Erhaltung und Sicherung des Bestandes der Volksgruppen, ihres Volkstums sowie ihrer Eigenschaften und Rechte dienen, zu fördern.

(2) Der Bund hat interkulturelle Projekte, die dem Zusammenleben der Volksgruppen dienen, zu fördern. *(BGBl I 2009/52)*

„(3)" Der Bundesminister für Finanzen hat unter Berücksichtigung der Lage des Bundeshaushaltes und der Ziele des Abs. 1 in dem der Bundesregierung vorzulegenden Entwurf des jährlichen Bundesvoranschlages einen angemessenen Betrag für Förderungszwecke aufzunehmen, und zwar getrennt für Leistungen nach § 9 Abs. 1 und Leistungen nach § 9 Abs. 5. *(BGBl I 2009/52)*

§ 9. (1) Die Förderung kann

1. in der Gewährung von Geldleistungen,

2. in anderer für die Ausbildung und Betreuung von Volksgruppenangehörigen auf Sachgebieten, die den Zielsetzungen des § 8 Abs. 1 entsprechen, geeigneter Weise,

3. in der Unterstützung von vom Volksgruppenbeirat unter Berücksichtigung der Zielsetzungen des § 8 Abs. 1 vorgeschlagenen Maßnahmen bestehen.

(2) Leistungen gemäß Abs. 1 Z. 1 sind Vereinen, Stiftungen und Fonds, die ihrem Zweck nach der Erhaltung und Sicherung einer Volksgruppe, ihres besonderen Volkstums sowie ihrer Eigenschaften und Rechte dienen (Volksgruppenorganisationen), für bestimmte Vorhaben zu gewähren, die geeignet sind, zur Verwirklichung dieser Zwecke beizutragen.

(3) Den Volksgruppenorganisationen sind hinsichtlich der Anwendung des Abs. 2 Kirchen und Religionsgemeinschaften sowie deren Einrichtungen gleichzuhalten.

(4) Leistungen gemäß Abs. 1 können Volksgruppenorganisationen auch zur Erfüllung ihrer Aufgaben gewährt werden.

(5) Leistungen gemäß Abs. 1 können auch Gebietskörperschaften für Maßnahmen gewährt werden, die zur Durchführung der Abschnitte IV und V notwendig sind und die Leistungskraft der betreffenden Gebietskörperschaft übersteigen.

(6) Der Bund ist unter der Voraussetzung der Gegenseitigkeit verpflichtet, die Gebietskörperschaften, von denen eine Förderung desselben Vorhabens erwartet werden kann, über die von ihm in Aussicht genommenen Förderungsmaßnahmen nach diesem Bundesgesetz in Kenntnis zu setzen.

(7) Die Bundesregierung hat dem Nationalrat jährlich über die auf Grund dieses Abschnittes getroffenen Maßnahmen zu berichten.

§ 10. (1) Der zuständige Volksgruppenbeirat hat spätestens bis zum 1. Mai jeden Jahres der Bundesregierung einen Plan über die wünschenswerten Förderungsmaßnahmen „im Sinne des § 8 Abs. 1" einschließlich einer Aufstellung des damit verbundenen finanziellen Aufwandes für das folgende Kalenderjahr vorzulegen. *(BGBl I 2011/46, ab 27. Juli 2011)*

(2) Der zuständige Volksgruppenbeirat hat dem Bundeskanzler bis zum 15. März jeden Jahres unter Bedachtnahme auf den gemäß Abs. 1 erstellten Plan Vorschläge für die Verwendung der für dieses Kalenderjahr im Bundesfinanzgesetz vorgesehenen Förderungsmittel zu erstatten.

§ 11. (1) Vor Gewährung einer Förderung hat sich „der Empfänger" dem Bund gegenüber vertraglich zu verpflichten, zum Zweck der Überwachung der widmungsgemäßen Verwendung der gewährten Förderungen Organen des Bundes die Überprüfung der Durchführung des Vorhabens durch Einsicht in die Bücher und Belege sowie durch Besichtigung an Ort und Stelle zu gestatten und ihnen die erforderlichen Auskünfte zu erteilen. Ferner hat sich „der Empfänger" zu verpflichten, bei nicht widmungsgemäßer Verwendung von Förderungsmitteln diese dem Bund zurückzuzahlen, wobei der zurückzuzahlende Betrag für die Zeit von der Auszahlung bis zur Rückzahlung mit „3% über dem jeweils geltenden Basiszinssatz" pro Jahr zu verzinsen ist. *(BGBl I 2011/46, ab 27. Juli 2011)*

(2) „Der Empfänger" hat sich ferner vor Gewährung einer Förderung dem Bund gegenüber vertraglich zu verpflichten, über die Durchführung des Vorhabens unter Vorlage eines zahlenmäßigen Nachweises innerhalb zu vereinbarender Fristen zu berichten. Aus dem Bericht müssen die Verwendung der aus Bundesmitteln gewährten Förderungen und aus dem zahlenmäßigen Nachweis eine durch Belege nachweisbare Aufgliederung der Einnahmen und Ausgaben zu entnehmen sein. Solche Berichte sind dem zuständigen Volksgruppenbeirat zur Kenntnis zu bringen. *(BGBl I 2011/46, ab 27. Juli 2011)*

ABSCHNITT IV
Topographische Bezeichnungen

§ 12. (1) **(Verfassungsbestimmung)** Im Bereich der in der **Anlage 1** bezeichneten Gebietsteile sind Bezeichnungen und Aufschriften topographischer Natur, die von Gebietskörperschaften oder von sonstigen Körperschaften und Anstalten des öffentlichen Rechts angebracht werden, unter Verwendung der in der **Anlage 1** festgelegten Namen in deutscher Sprache und in der Sprache der in Betracht kommenden Volksgruppen zu verfassen. *(BGBl I 2011/46, ab 27. Juli 2011)*

(2) **(Verfassungsbestimmung)** Die Verpflichtung gemäß Abs. 1 gilt für die Hinweiszeichen „Ortstafel" und „Ortsende", aber auch für sonstige Hinweisschilder im Bereich der in der **Anlage 1** bezeichneten Gebietsteile, mit denen auf von der

Anlage 1 erfasste Gebietsteile hingewiesen wird. Im Bereich der in der **Anlage 1** unter II. bezeichneten Gebietsteile, in denen keine Hinweiszeichen „Ortstafel" und „Ortsende" anzubringen sind, sind von den Bürgermeistern jedenfalls Ortsbezeichnungstafeln anzubringen. Die Bezeichnungen in der Sprache der Volksgruppen sind in der gleichen Form und Größe anzubringen wie die Bezeichnungen in deutscher Sprache. *(BGBl I 2011/46, ab 27. Juli 2011)*

(3) **(Verfassungsbestimmung)** Die zuständigen Organe sind verpflichtet, die Bezeichnungen und Aufschriften topographischer Natur gemäß Abs. 1 und 2 ohne unnötigen Aufschub anzubringen. *(BGBl I 2011/46, ab 27. Juli 2011)*

„(4)" Topographische Bezeichnungen, die nur in der Sprache einer Volksgruppe bestehen, sind von Gebietskörperschaften unverändert zu verwenden. *(BGBl I 2011/46, ab 27. Juli 2011)*

ABSCHNITT V
Amtssprache

§ 13. (1) **(Verfassungsbestimmung)** Die Träger der in der **Anlage 2** bezeichneten Behörden und Dienststellen haben sicherzustellen, dass im Verkehr mit der jeweiligen Behörde und Dienststelle die kroatische, slowenische oder ungarische Sprache nach Maßgabe der Bestimmungen dieses Abschnittes zusätzlich zur deutschen Sprache als Amtssprache verwendet werden kann. *(BGBl I 2011/46, ab 27. Juli 2011)*

(2) Im Verkehr mit einer Behörde oder Dienststelle im Sinne des Abs. 1 kann sich jedermann der Sprache der Volksgruppe bedienen „ ". Niemand darf sich jedoch einer ihrem Zwecke nach sofort durchzuführenden Amtshandlung eines von Amts wegen einschreitenden Organs einer solchen Behörde oder Dienststelle nur deshalb entziehen oder sich weigern, ihr nachzukommen, weil die Amtshandlung nicht in der Sprache der Volksgruppe durchgeführt wird. *(BGBl 1988/24 (VfGH))*

(3) Organe anderer als der im Abs. 1 bezeichneten Behörden und Dienststellen können im mündlichen und schriftlichen Verkehr die kroatische, slowenische oder ungarische Sprache nach Maßgabe der Bestimmungen dieses Abschnittes zusätzlich zur deutschen Sprache als Amtssprache verwenden, wenn dies den Verkehr mit Personen erleichtert. *(BGBl I 2011/46, ab 27. Juli 2011)*

(4) Die zusätzliche Verwendung der Sprache der Volksgruppe in allgemeinen öffentlichen Kundmachungen von Gemeinden, in denen die Sprache einer Volksgruppe als Amtssprache zugelassen ist, ist zulässig.

(5) Die Regelungen über die Verwendung der Sprache einer Volksgruppe als Amtssprache be-

VoGrG

ziehen sich nicht auf den innerdienstlichen Verkehr von Behörden und Dienststellen.

§ 14. (1) Nach den Bestimmungen dieses Bundesgesetzes in der Sprache einer Volksgruppe zulässige schriftliche oder mündliche Anbringen, die zu Protokoll (Niederschrift) gegeben werden, sind von der Behörde oder Dienststelle, bei der sie zuständigkeitsgemäß eingebracht werden, unverzüglich zu übersetzen oder übersetzen zu lassen, sofern dies nicht offenkundig entbehrlich ist. Werden solche Anbringen zugestellt, so ist eine Ausfertigung der deutschen Übersetzung anzuschließen.

(2) Leitet die Behörde oder Dienststelle ein Anbringen in der Sprache der Volksgruppe wegen Unzuständigkeit an eine andere Behörde oder Dienststelle weiter, bei der diese Sprache nicht zugelassen ist, so gilt die Verwendung dieser Sprache als Formgebrechen. Sofern die für dieses Verfahren geltenden Bestimmungen nicht anderes vorsehen, sind derartige Eingaben unter Setzung einer Frist zur Verbesserung zurückzustellen; wird die Eingabe innerhalb dieser Frist mit einer Übersetzung wieder eingebracht, so gilt sie als am Tag ihres ersten Einlangens bei der Behörde überreicht.

(3) Ist einer Partei (einem Beteiligten) oder anderen Privatpersonen (Zeugen, Sachverständigen u. a.) die Verwendung amtlicher Vordrucke vorgeschrieben, so ist diesen Personen auf Verlangen eine Übersetzung des Vordruckes in die Sprache der Volksgruppe auszuhändigen. Die geforderten Angaben sind jedoch auf dem amtlichen Vordruck zu machen, wobei die Sprache der Volksgruppe verwendet werden kann, soweit dem völkerrechtliche Verpflichtungen nicht entgegenstehen.

§ 15. (1) Beabsichtigt eine Person, in einer Tagsatzung oder mündlichen Verhandlung „die Sprache einer Volksgruppe zu verwenden", so hat sie dies unverzüglich nach Zustellung der Ladung der Behörde oder Dienststelle bekanntzugeben; durch schuldhafte Unterlassung einer solchen Bekanntgabe verursachte Mehrkosten können der betreffenden Person auferlegt werden. Diese Verpflichtung zur Bekanntgabe entfällt bei Verfahren, die auf Grund eines in der Sprache einer Volksgruppe abgefaßten Anbringens durchgeführt werden. Die Bekanntgabe gilt für die Dauer des ganzen weiteren Verfahrens, sofern sie nicht widerrufen wird. *(BGBl I 2011/46, ab 27. Juli 2011)*

(2) Bedient sich eine Person in einem Verfahren der Sprache der Volksgruppe, so ist auf Antrag einer Partei (eines Beteiligten) – soweit das Verfahren den Antragsteller betrifft – sowohl in dieser als auch in deutscher Sprache zu verhan-

deln. Dies gilt auch für die mündliche Bekanntgabe von Entscheidungen.

(3) Ist das Organ der Sprache der Volksgruppe nicht mächtig, so ist ein Dolmetscher beizuziehen.

(4) Mündliche Verhandlungen (Tagsatzungen), die vor einem der Sprache der Volksgruppe mächtigen Organ durchgeführt werden und an der nur Personen teilnehmen, die bereit sind, sich der Sprache der Volksgruppe zu bedienen, können abweichend von Abs. 2 nur in der Sprache einer Volksgruppe durchgeführt werden. Dies gilt auch für die mündliche Bekanntgabe von Entscheidungen, die jedoch auch in deutscher Sprache festzuhalten sind.

(5) Ist in den Fällen der Abs. 1 bis 4 ein Protokoll (eine Niederschrift) aufzunehmen, so ist es sowohl in deutscher Sprache als auch in der Sprache der Volksgruppe abzufassen. Ist der Schriftführer der Sprache der Volksgruppe nicht mächtig, so hat die Behörde oder Dienststelle unverzüglich eine Ausfertigung des Protokolls in der Sprache der Volksgruppe herstellen zu lassen.

§ 16. Entscheidungen und Verfügungen (einschließlich der Ladung), die zuzustellen sind und die in der Sprache einer Volksgruppe eingebrachte Eingaben oder Verfahren betreffen, in denen in der Sprache einer Volksgruppe bereits verhandelt worden ist, sind in dieser Sprache und in deutscher Sprache auszufertigen.

§ 17. (1) Wird entgegen den Bestimmungen dieses Bundesgesetzes, und soweit die Abs. 2 und 3 nichts anderes bestimmen, die deutsche oder die Sprache einer Volksgruppe nicht verwendet oder die Verwendung der Sprache einer Volksgruppe nicht zugelassen, so gilt für den betreffenden Verfahrensschritt der Anspruch derjenigen Partei auf rechtliches Gehör als verletzt, zu deren Nachteil der Verstoß unterlaufen ist.

(2) Ist in einem gerichtlichen Strafverfahren entgegen dem § 15 die Hauptverhandlung nicht auch in der Sprache der Volksgruppe durchgeführt worden, so begründet dies Nichtigkeit im Sinne des § 281 Abs. 1 Z. 3 der Strafprozeßordnung 1975. Dieser Nichtigkeitsgrund kann nicht zum Nachteil desjenigen geltend gemacht werden, der den Antrag nach § 15 Abs. 2 gestellt hat, zu seinem Vorteil aber ohne Rücksicht darauf, ob die Formverletzung auf die Entscheidung Einfluß üben konnte (§ 281 Abs. 3 Strafprozeßordnung 1975).

(3) Die Verletzung des § 15 dieses Bundesgesetzes begründet Nichtigkeit im Sinne des „§ 68 Abs. 4 Z 4 des Allgemeinen Verwaltungsverfahrensgesetzes 1991 – AVG, BGBl. Nr. 51/1991, in der jeweils geltenden Fassung". *(BGBl I 2011/46, ab 27. Juli 2011)*

§ 18. Die öffentlichen Bücher und die Personenstandsbücher sind in deutscher Sprache zu führen.

§ 19. (1) Grundbuchstücke in der Sprache der Volksgruppe werden nur dann als solche behandelt, wenn sie die Bezeichnung als Grundbuchsache, die Bezeichnung der Liegenschaft oder des Rechtes, worauf sich die Eintragung beziehen soll, sowie die Art der beantragten Eintragung in deutscher Sprache enthalten. Fehlen diese Angaben, so ist erst die deutsche Übersetzung als Grundbuchstück zu behandeln.

(2) Ist die Urkunde, auf Grund deren eine Eintragung erfolgen soll, in der Sprache der Volksgruppe abgefaßt, so hat das Gericht unverzüglich eine Übersetzung herzustellen oder herstellen zu lassen; § 89 GBG 1955 ist nicht anzuwenden.

(3) Auf Verlangen sind Grundbuchabschriften und Grundbuchauszüge als Übersetzung in die Sprache der Volksgruppe und Amtsbestätigungen in dieser Sprache zu erteilen.

(4) Die Bestimmungen der Abs. 1 bis 3 sind auf die Hinterlegung von Urkunden sinngemäß anzuwenden.

§ 20. (1) Ist die in Österreich ausgestellte Urkunde, auf Grund deren eine Eintragung in ein Personenstandsbuch erfolgen soll, in der Sprache der Volksgruppe abgefaßt, so hat das Standesamt unverzüglich eine Übersetzung herzustellen oder herstellen zu lassen.

(2) Auf Verlangen sind Auszüge aus Personenstandsbüchern und sonstige Urkunden vom Standesamt als Übersetzung in die Sprache der Volksgruppe zu erteilen.

§ 21. Soweit Notare als Gerichtskommissäre im Auftrag eines Gerichtes tätig werden, bei den die Sprache einer Volksgruppe zugelassen ist, sind die vorhergehenden Bestimmungen dieses Abschnittes sinngemäß anzuwenden.

§ 22. (1) Kosten und Gebühren für Übersetzungen, die eine Behörde oder Dienststelle nach diesem Bundesgesetz vorzunehmen oder zu veranlassen hat, sind von Amts wegen zu tragen. Bei der Bemessung des Pauschalkostenbeitrages gemäß § 381 Abs. 1 Z. 1 Strafprozeßordnung 1975 sind die Kosten eines nach diesem Bundesgesetz beigezogenen Dolmetschers nicht zu berücksichtigen.

(2) „ “ Wurde auch in der Sprache einer Volksgruppe verhandelt, so sind der Bemessung von Gebühren, die einer Gebietskörperschaft zufließen und nach dem Zeitaufwand berechnet werden oder dieser zu berücksichtigen ist, nur zwei Drittel des tatsächlichen Zeitaufwandes (der Verhandlungsdauer) zugrunde zu legen. *(BGBl I 2008/2)*

(3) Ist eine Schrift unmittelbar auf Grund dieses Bundesgesetzes in zwei Amtssprachen auszustellen, so unterliegt nur eine Ausfertigung den Stempelgebühren.

(4) Wird eine Partei (ein Beteiligter) in einem gerichtlichen Verfahren durch einen Rechtsanwalt, einen Verteidiger in Strafsachen oder einen Notar vertreten oder verteidigt, so trägt das Honorar dieses Rechtsanwaltes, Verteidigers oder Notars für das letzte Drittel solcher Verhandlungen (Tagsatzungen), die auch in der Sprache einer Volksgruppe durchgeführt werden, der Bund. Die Zahlung dieses Honorarbetrages ist bei sonstigem Verlust des Anspruches jeweils vor Schluß einer Tagsatzung oder Verhandlung durch Vorlage eines Kostenverzeichnisses anzusprechen; der Richter hat den Honorarbetrag unverzüglich zu bestimmen und den Rechnungsführer anzuweisen, diesen Betrag dem Rechtsanwalt, Verteidiger oder Notar zu zahlen. Dieser Mehraufwand an Honorar ist so zu bemessen, als wäre ein Gegner des Anspruchsberechtigten gesetzlich verpflichtet, ihm diese Kosten zu ersetzen.

ABSCHNITT VI

Schlußbestimmungen

§ 22a. (Verfassungsbestimmung) Sofern es zu Gebietsänderungen der in den **Anlagen 1 und 2** bezeichneten Gebietsteile, insbesondere durch die Trennung oder Zusammenlegung von Gemeinden, kommt, können diese Bezeichnungen in den **Anlagen 1 und 2** nach Anhörung der Landesregierung durch Verordnung der Bundesregierung den Änderungen angepasst werden.

(BGBl I 2011/46, ab 27. Juli 2011)

§ 23. Den Bediensteten des Bundes, die bei einer Behörde oder Dienststelle im Sinne des „§ 13 Abs. 1“ beschäftigt sind, die dort zugelassene Sprache einer Volksgruppe beherrschen und sie in Vollziehung dieses Bundesgesetzes verwenden, gebührt nach Maßgabe besoldungsrechtlicher Vorschriften eine Zulage. *(BGBl I 2013/84)*

§ 24. (1) Dieses Bundesgesetz tritt mit 1. Feber 1977 in Kraft.

(2) Damit Verordnungen auf Grund dieses Bundesgesetzes bereits zu dem in Abs. 1 bezeichneten Zeitpunkt kundgemacht werden können, können die notwendigen Maßnahmen einschließlich der in diesem Bundesgesetz vorgesehenen Herstellung des Einvernehmens mit dem Hauptausschuß des Nationalrates bereits vor diesem Zeitpunkt getroffen werden. Diese Verordnungen dürfen jedoch frühestens mit dem im Abs. 1 be-

VoGrG

zeichneten Zeitpunkt kundgemacht und in Kraft gesetzt werden.

(3) Das Bundesgesetz vom 6. Juli 1972, BGBl. Nr. 270, mit dem Bestimmungen über die Anbringung von zweisprachigen topographischen Bezeichnungen und Aufschriften in den Gebieten Kärntens mit slowenischer oder gemischter Bevölkerung getroffen werden, tritt außer Kraft.

(4) Die derzeit geltenden Vorschriften über die Verwendung der Sprache einer Volksgruppe im Verkehr mit Behörden und Dienststellen einschließlich des Bundesgesetzes vom 19. März 1959, BGBl. Nr. 102, zur Durchführung der die Amtssprache bei Gericht betreffenden Bestimmungen des Art. 7 § 3 des Staatsvertrages, treten zu dem Zeitpunkt und insoweit außer Kraft, als sie durch Verordnungen nach § 2 Abs. 1 Z. 3 in Verbindung mit Abschnitt V ersetzt werden.

(5) § 8 Abs. 2 und Abs. 3 (neu) in der Fassung des Bundesgesetzes BGBl. I Nr. 52/2009 tritt mit 1. Juli 2009 in Kraft. *(BGBl I 2009/52)*

(6) Der Titel, § 2, § 10 Abs. 1, § 11 Abs. 1 und 2, § 12 Abs. 4 (neu), § 13 Abs. 3, § 15 Abs. 1 und § 17 Abs. 3 in der Fassung des Bundesgesetzes BGBl. I Nr. 46/2011 treten mit Ablauf des Tages der Kundmachung in Kraft. Gleichzeitig treten außer Kraft:

1. die Topographieverordnung-Burgenland, BGBl. II Nr. 170/2000,

2. die Topographieverordnung-Kärnten, BGBl. II Nr. 245/2006,

3. die Topographieverordnung-Kärnten, BGBl. II Nr. 263/2006, soweit sie in Kraft getreten ist,

4. die Amtssprachenverordnung-Ungarisch, BGBl. II Nr. 229/2000, in der Fassung der Kundmachung BGBl. II Nr. 335/2000,

5. die Verordnung der Bundesregierung über die Bestimmung der Gerichte, Verwaltungsbehör-den und sonstigen Dienststellen, vor denen die kroatische Sprache zusätzlich zur deutschen Sprache als Amtssprache zugelassen wird, BGBl. Nr. 231/1990, in der Fassung der Verordnung BGBl. Nr. 6/1991, sowie

6. die Verordnung der Bundesregierung über die Bestimmung der Gerichte, Verwaltungsbehörden und sonstigen Dienststellen, vor denen die slowenische Sprache zusätzlich zur deutschen Sprache als Amtssprache zugelassen wird, BGBl. Nr. 307/1977, in der Fassung der Kundmachung BGBl. II Nr. 428/2000. *(BGBl I 2011/46)*

(7) **(Verfassungsbestimmung)** Die §§ 12 Abs. 1 bis 3, 13 Abs. 1 und § 22a sowie die **Anlagen 1 und 2** in der Fassung des Bundesgesetzes BGBl. I Nr. 46/2011 treten mit Ablauf des Tages der Kundmachung in Kraft. *(BGBl I 2011/46)*

(8) Das Inkrafttreten des Bundesgesetzes BGBl. I Nr. 46/2011 darf nicht dazu verwendet werden, zum Zeitpunkt des Inkrafttretens dieses Bundesgesetzes bestehende zweisprachige Bezeichnungen und Aufschriften topographischer Natur, die von Gebietskörperschaften oder von sonstigen Körperschaften und Anstalten des öffentlichen Rechts angebracht wurden, zu beseitigen. *(BGBl I 2011/46, ab 27. Juli 2011)*

(9) In der Fassung des Bundesgesetzes BGBl. I Nr. 84/2013 treten in Kraft:

1. § 23 mit Ablauf des 26. Juli 2011;

2. § 4 Abs. 1 mit 1. Jänner 2014. *(BGBl I 2013/84)*

§ 25. Mit der Vollziehung dieses Bundesgesetzes sind die Bundesregierung und die Bundesminister im Rahmen ihres jeweiligen Wirkungsbereiches betraut.

Anlage 1

(BGBl I 2011/46)
(Verfassungsbestimmung)

I. Burgenland

A. Deutsche und kroatische Sprache

1. Politischer Bezirk Eisenstadt-Umgebung
   Gemeinden

Hornstein .... Vorištan
Klingenbach .... Klimpuh
Oslip .... Uzlop
Siegendorf .... Cindrof
Steinbrunn .... Štikapron
Trausdorf an der Wulka .... Trajštof
Wulkaprodersdorf .... Vulkaprodrštof
Zagersdorf .... Cogrštof
Zillingtal .... Celindof

2. Politischer Bezirk Güssing
   Gemeinden

Güttenbach .... Pinkovac
Neuberg im Burgenland .... Nova Gora
Stinatz .... Stinjaki

3. Politischer Bezirk Mattersburg
   Gemeinden

Antau .... Otava
Baumgarten .... Pajngrt
Drassburg .... Rasporak

4. Politischer Bezirk Neusiedl am See
   Gemeinden

Neudorf .... Novo Selo
Pama .... Bijelo Selo
Parndorf .... Pandrof

5. Politischer Bezirk Oberpullendorf
   a) Gemeinde Frankenau-Unterpullendorf
   Ortsteile

Frankenau .... Frakanava
Großmutschen .... Mučindrof
Kleinmutschen .... Pervane
Unterpullendorf .... Dolnja Pulja
   b) Gemeinde Großwarasdorf
   Ortsteile

Großwarasdorf .... Veliki Borištof
Kleinwarasdorf .... Mali Borištof
Langental .... Longitolj
Nebersdorf .... Šuševo
   c) Gemeinde Kaisersdorf .... Kalištrof
   d) Gemeinde Nikitsch

Anlage 1

Ortsteile

Kroatisch Geresdorf .... Gerištof
Kroatisch Minihof .... Mjenovo
Nikitsch .... Filež
      e) Gemeinde Weingraben .... Bajngrob
    6. Politischer Bezirk Oberwart
      a) Gemeinde Markt Neuhodis

Ortsteil

Althodis .... Stari Hodas
      b) Gemeinde Rotenturm an der Pinka

Ortsteil

Spitzzicken .... Hrvatski Cikljin
      c) Gemeinde Schachendorf

Ortsteile

Dürnbach im Burgenland .... Vincjet
Schachendorf .... Čajta
      d) Gemeinde Schandorf .... Čemba
      e) Gemeinde Weiden bei Rechnitz

Ortsteile

Allersdorf im Burgenland .... Ključarevci
Allersgraben .... Širokani
Mönchmeierhof .... Marof
Oberpodgoria .... Podgorje
Parapatitschberg .... Parapatićev Brig
Podler .... Poljanci
Rauhriegel .... Rorigljin
Rumpersdorf .... Rupišće
Unterpodgoria .... Bošnjakov Brig
Weiden bei Rechnitz .... Bandol
Zuberbach .... Sabara

B. Deutsche und ungarische Sprache

    1. Politischer Bezirk Oberpullendorf
      Gemeinde Oberpullendorf .... Felsőpulya
    2. Politischer Bezirk Oberwart
      a) Gemeinde Oberwart

Ortsteil

Oberwart .... Felsőőr
      b) Gemeinde Rotenturm an der Pinka

Ortsteil

Siget in der Wart .... Őrisziget
      c) Gemeinde Unterwart

Ortsteil

Unterwart .... Alsóőr

II. Kärnten

Deutsche und slowenische Sprache

1. Politischer Bezirk Hermagor
   Stadtgemeinde Hermagor-Pressegger See

Ortschaften

Dellach	Dole
Potschach	Potoče

2. Politischer Bezirk Klagenfurt-Land
   a) Marktgemeinde Ebenthal in Kärnten

Ortschaften

Kossiach	Kozje
Kreuth	Rute
Lipizach	Lipica
Radsberg	Radiše
Schwarz	Dvorec
Tutzach	Tuce
Werouzach	Verovce

b) Marktgemeinde Feistritz im Rosental

Ortschaften

Hundsdorf	Podsinja vas
St. Johann im Rosental	Šentjanž v Rožu

c) Stadtgemeinde Ferlach

Ortschaften

Bodental	Poden
Loibltal	Brodi
Strugarjach	Strugarje
Tratten	Trata
Waidisch	Bajdiše
Windisch Bleiberg	Slovenji Plajberk

d) Gemeinde Köttmannsdorf

Ortschaften

Neusaß	Vesava
Plöschenberg	Plešivec

e) Gemeinde Ludmannsdorf

Ortschaften

Bach	Potok
Edling	Kajzaze
Fellersdorf	Bilnjovs
Franzendorf	Branča vas
Großkleinberg	Mala Gora
Ludmannsdorf	Bilčovs
Lukowitz	Koviče
Moschenitzen	Moščenica
Muschkau	Muškava
Niederdörfl	Spodnja vesca
Oberdörfl	Zgornja vesca
Pugrad	Podgrad
Rupertiberg	Na Gori

VoGrG

Anlage 1

Selkach	Želuče
Strein	Stranje
Wellersdorf	Velinja vas
Zedras	Sodraževa

f) Marktgemeinde Schiefling
Ortschaften

Techelweg	Holbiče

g) Gemeinde St. Margareten im Rosental
Ortschaften

Trieblach	Treblje

h) Gemeinde Zell
Ortschaften

Zell-Freibach	Sele-Borovnica
Zell-Homölisch	Sele-Homeliše
Zell-Koschuta	Sele-Košuta
Zell-Mitterwinkel	Sele-Srednji Kot
Zell-Oberwinkel	Sele-Zvrhnji Kot
Zell-Pfarre	Sele-Cerkev
Zell-Schaida	Sele-Šajda

3. Politischer Bezirk Villach-Land
    a) Marktgemeinde Arnoldstein
Ortschaften

Hart	Ločilo

b) Marktgemeinde Finkenstein am Faakersee
Ortschaften

Goritschach	Zagoriče
Oberferlach	Zgornje Borovlje
Petschnitzen	Pečnica
Sigmontitsch	Zmotiče
Susalitsch	Žužalče
Unterferlach	Spodnje Borovlje
Untergreuth	Spodnje Rute

c) Gemeinde Hohenthurn
Ortschaften

Achomitz	Zahomec

d) Marktgemeinde Rosegg
Ortschaften

Frög	Breg
Raun	Ravne

e) Marktgemeinde St. Jakob im Rosental
Ortschaften

Frießnitz	Breznica
Greuth	Rute
Kanin	Hodnina
Lessach	Leše
Maria Elend	Podgorje
Mühlbach	Reka
St. Jakob im Rosental	Šentjakob v Rožu
St. Peter	Šentpeter
Srajach	Sreje

Tösching .... Tešinja
     f) Marktgemeinde Velden am Wörthersee
Ortschaften
Pulpitsch .... Pulpače
Treffen .... Trebinja
    4. Politischer Bezirk Völkermarkt
     a) Stadtgemeinde Bleiburg
Ortschaften
Aich .... Dob
Bleiburg .... Pliberk
Dobrowa .... Dobrova
Draurain .... Brege
Ebersdorf .... Drveša vas
Einersdorf .... Nonča vas
Kömmel .... Komelj
Kömmelgupf .... Komeljski Vrh
Loibach .... Libuče
Moos .... Blato
Replach .... Replje
Rinkenberg .... Vogrče
Rinkolach .... Rinkole
Ruttach .... Rute
St. Georgen .... Šentjur
St. Margarethen .... Šmarjeta
Schilterndorf .... Čirkovče
Wiederndorf .... Vidra vas
Woroujach .... Borovje
     b) Marktgemeinde Eberndorf
Ortschaften
Buchbrunn .... Bukovje
Eberndorf .... Dobrla vas
Edling .... Kazaze
Gablern .... Lovanke
Gösselsdorf .... Goselna vas
Hof .... Dvor
Mökriach .... Mokrije
    c) Marktgemeinde Eisenkappel-Vellach
Ortschaften
Bad Eisenkappel .... Železna Kapla
Blasnitzen .... Plaznica
Ebriach .... Obirsko
Koprein Petzen .... Pod Peco
Koprein Sonnseite .... Koprivna
Leppen .... Lepena
Lobnig .... Lobnik
Rechberg .... Rebrca
Remschenig .... Remšenik
Trögern .... Korte
Unterort .... Podkraj
Vellach .... Bela

VoGrG

Weißenbach .... Bela
Zauchen .... Suha

d) Marktgemeinde Feistritz ob Bleiburg

Ortschaften

Dolintschitschach .... Dolinčiče
Feistritz ob Bleiburg .... Bistrica pri Pliberku
Gonowetz .... Konovece
Hinterlibitsch .... Suha
Hof .... Dvor
Lettenstätten .... Letina
Penk .... Ponikva
Pirkdorf .... Breška vas
Ruttach-Schmelz .... Rute
St. Michael ob Bleiburg .... Šmihel pri Pliberku
Tscherberg .... Črgoviče
Unterlibitsch .... Podlibič
Unterort .... Podkraj
Winkel .... Kot

e) Gemeinde Gallizien

Ortschaften

Drabunaschach .... Drabunaže
Enzelsdorf .... Encelna vas
Freibach .... Borovnica

f) Gemeinde Globasnitz

Ortschaften

Globasnitz .... Globasnica
Jaunstein .... Podjuna
Kleindorf .... Mala vas
Podrain .... Podroje
Slovenjach .... Slovenje
St. Stefan .... Šteben
Traundorf .... Strpna vas
Tschepitschach .... Čepiče
Unterbergen .... Podgora
Wackendorf .... Večna vas

g) Gemeinde Neuhaus

Ortschaften

Graditschach .... Gradiče
Hart .... Breg
Heiligenstadt .... Sveto mesto
Kogelnigberg .... Kogelska Gora
Oberdorf .... Gornja vas
Schwabegg .... Žvabek
Unterdorf .... Dolnja vas

h) Gemeinde St. Kanzian am Klopeiner See

Ortschaften

Grabelsdorf .... Grabalja vas
Horzach I .... Horce I
Horzach II .... Horce II
Lauchenholz .... Gluhi Les

10. VoGrG

Anlage 1

Mökriach .... Mokrije
Nageltschach .... Nagelče
Obersammelsdorf .... Žamanje
St. Primus .... Šentprimož
St. Veit im Jauntal .... Šentvid v Podjuni
Unternarrach .... Spodnje Vinare
Vesielach .... Vesele
　　　　　i) Gemeinde Sittersdorf
Ortschaften
Goritschach .... Goriče
Kleinzapfen .... Malčape
Kristendorf .... Kršna vas
Müllnern .... Mlinče
Obernarrach .... Zgornje Vinare
Pogerschitzen .... Pogrče
Rückersdorf .... Rikarja vas
Sagerberg .... Zagorje
Sittersdorf .... Žitara vas
Sonnegg .... Ženek
Tichoja .... Tihoja

VoGrG

Anlage 2

(BGBl I 2011/46)
(Verfassungsbestimmung)

I. Kroatisch

A. Gemeindebehörden und Gemeindedienststellen sowie Polizeiinspektionen, deren örtlicher Wirkungsbereich sich ganz oder teilweise auf das Gebiet folgender Gemeinden erstreckt

1. im politischen Bezirk Eisenstadt-Umgebung:

   Hornstein, Klingenbach, Oslip, Siegendorf, Steinbrunn, Trausdorf an der Wulka, Wulkaprodersdorf, Zagersdorf und Zillingtal;

2. im politischen Bezirk Güssing:

   Güttenbach, Neuberg im Burgenland und Stinatz;

3. im politischen Bezirk Mattersburg:

   Antau, Baumgarten und Drassburg;

4. im politischen Bezirk Neusiedl am See:

   Neudorf, Pama und Parndorf;

5. im politischen Bezirk Oberpullendorf:

   Frankenau-Unterpullendorf, Großwarasdorf, Kaisersdorf, Nikitsch und Weingraben;

6. im politischen Bezirk Oberwart:

   Rotenturm an der Pinka, Schachendorf, Schandorf und Weiden bei Rechnitz.

B. Bezirksgerichte und Bezirkshauptmannschaften

1. Bezirksgerichte:

   Eisenstadt, Güssing, Mattersburg, Neusiedl am See, Oberpullendorf und Oberwart;

2. Bezirkshauptmannschaften:

   Eisenstadt-Umgebung, Güssing, Mattersburg, Neusiedl am See, Oberpullendorf und Oberwart.

C. Andere Behörden und Dienststellen des Bundes oder Landes mit Sitz im Burgenland

1. deren Sprengel (Amtsbereich) ganz oder teilweise mit dem Sprengel einer unter B. genannten Behörde zusammenfällt, wenn

   a) im Fall der sachlichen Zuständigkeit einer unter B. genannten Behörde in der betreffenden Sache die kroatische Sprache zusätzlich zur deutschen Sprache als Amtssprache zugelassen wäre oder

   b) die Behörde als Rechtsmittelinstanz in einem Verfahren zuständig ist, das in erster Instanz vor einer Behörde geführt wurde, vor der die kroatische Sprache zusätzlich zur deutschen Sprache als Amtssprache zugelassen ist

   und in dieser Anlage nichts anderes bestimmt ist;

2. das Militärkommando Burgenland und, wenn sich dieses der Stellungskommission Wien oder der Stellungskommission Steiermark bedient, auch diese, in Angelegenheiten des militärischen Ergänzungswesens.

D. Verwaltungsbehörden des Bundes

1. mit Sitz in Wien, deren Sprengel (Amtsbereich) ganz oder teilweise mit dem Sprengel einer unter B. genannten Behörde zusammenfällt, aber nicht das gesamte Bundesgebiet umfasst;

2. das Eichamt Graz, wenn das Eichamt im Sprengel der Bezirkshauptmannschaft Güssing tätig wird.

II. Slowenisch

A. Gemeindebehörden und Gemeindedienststellen sowie Polizeiinspektionen, deren örtlicher Wirkungsbereich sich ganz oder teilweise auf das Gebiet folgender Gemeinden erstreckt

1. im politischen Bezirk Klagenfurt-Land:

   Ebenthal in Kärnten, Feistritz im Rosental, Ferlach, Ludmannsdorf, St. Margareten im Rosental und Zell;
2. im politischen Bezirk Villach Land:

   Rosegg und St. Jakob im Rosental;
3. im politischen Bezirk Völkermarkt:

   Bleiburg, Eisenkappel-Vellach, Feistritz ob Bleiburg, Globasnitz, Neuhaus und Sittersdorf;
4. ferner Gemeindebehörden und Gemeindedienststellen folgender Gemeinden für Einwohner folgender Ortschaften in diesen Gemeinden:

   a) Eberndorf im politischen Bezirk Völkermarkt:

   Gablern, Hof und Mökriach,

   b) St. Kanzian am Klopeiner See im politischen Bezirk Völkermarkt:

   Grabelsdorf, Horzach I, Horzach II, Lauchenholz, Mökriach, Nageltschach, Obersammelsdorf, St. Primus, St. Veit im Jauntal, Unternarrach und Vesielach.

B. Bezirksgerichte und Bezirkshauptmannschaften

1. Bezirksgerichte:

   Ferlach, Eisenkappel und Bleiburg;
2. Bezirkshauptmannschaften:

   Villach Land, Klagenfurt Land und Völkermarkt.

C. Andere Behörden und Dienststellen des Bundes oder Landes mit Sitz in Kärnten

1. deren Sprengel (Amtsbereich) ganz oder teilweise mit dem Sprengel einer unter B. genannten Behörde zusammenfällt, wenn

   a) im Fall der sachlichen Zuständigkeit einer unter B. genannten Behörde in der betreffenden Sache die slowenische Sprache zusätzlich zur deutschen Sprache als Amtssprache zugelassen wäre oder

   b) die Behörde als Rechtsmittelinstanz in einem Verfahren zuständig ist, das in erster Instanz vor einer Behörde geführt wurde, vor der die slowenische Sprache zusätzlich zur deutschen Sprache als Amtssprache zugelassen ist

   und in dieser Anlage nichts anderes bestimmt ist;
2. das Militärkommando Klagenfurt[1] in Angelegenheiten des militärischen Ergänzungswesens.

   [1] *Redaktionsversehen; richtig: Militärkommando Kärnten.*

D. Verwaltungsbehörden des Bundes mit Sitz in Wien

deren Sprengel (Amtsbereich) ganz oder teilweise mit dem Sprengel einer unter B. genannten Behörde zusammenfällt, aber nicht das gesamte Bundesgebiet umfasst.

III. Ungarisch

A. Gemeindebehörden und Gemeindedienststellen sowie Polizeiinspektionen, deren örtlicher Wirkungsbereich sich ganz oder teilweise auf das Gebiet folgender Gemeinden erstreckt

1. im politischen Bezirk Oberpullendorf:
   Oberpullendorf;
2. im politischen Bezirk Oberwart:
   Oberwart, Rotenturm an der Pinka und Unterwart.

B. Bezirksgerichte und Bezirkshauptmannschaften

1. Bezirksgerichte:
   Oberpullendorf und Oberwart;
2. Bezirkshauptmannschaften:
   Oberpullendorf und Oberwart.

C. Andere Behörden und Dienststellen des Bundes oder Landes mit Sitz im Burgenland

1. deren Sprengel (Amtsbereich) ganz oder teilweise mit dem Sprengel einer unter B. genannten Behörde zusammenfällt, wenn

   a) im Fall der sachlichen Zuständigkeit einer unter B. genannten Behörde in der betreffenden Sache die ungarische Sprache zusätzlich zur deutschen Sprache als Amtssprache zugelassen wäre oder

   b) die Behörde als Rechtsmittelinstanz in einem Verfahren zuständig ist, das in erster Instanz vor einer Behörde geführt wurde, vor der die ungarische Sprache zusätzlich zur deutschen Sprache als Amtssprache zugelassen ist

   und in dieser Anlage nichts anderes bestimmt ist;

2. das Militärkommando Burgenland und, wenn sich dieses der Stellungskommission Wien oder der Stellungskommission Steiermark bedient, auch diese, in Angelegenheiten des militärischen Ergänzungswesens.

D. Verwaltungsbehörden des Bundes mit Sitz in Wien

deren Sprengel (Amtsbereich) ganz oder teilweise mit dem Sprengel einer unter B. genannten Behörde zusammenfällt, aber nicht das gesamte Bundesgebiet umfasst.

Auskunftspflichtgesetz

BGBl 1987/287 idF

1 BGBl 1990/357
2 BGBl 1990/447

3 BGBl I 1998/158

STICHWORTVERZEICHNIS

Bundesgesetz vom 15. Mai 1987 über die Auskunftspflicht der Verwaltung des Bundes und eine Änderung des Bundesministeriengesetzes 1986 (Auskunftspflichtgesetz)

Der Nationalrat hat beschlossen:

§ 1. (1) Die Organe des Bundes sowie die Organe der durch die Bundesgesetzgebung zu regelnden Selbstverwaltung haben über Angelegenheiten ihres Wirkungsbereiches Auskünfte zu erteilen, soweit eine gesetzliche Verschwiegenheitspflicht dem nicht entgegensteht.

(2) Auskünfte sind nur in einem solchen Umfang zu erteilen, der die Besorgung der übrigen Aufgaben der Verwaltung nicht wesentlich beeinträchtigt; berufliche Vertretungen sind nur gegenüber den ihnen jeweils Zugehörigen auskunftspflichtig und dies insoweit, als dadurch die ordnungsgemäße Erfüllung ihrer gesetzlichen Aufgaben nicht verhindert wird. Sie sind nicht zu erteilen, wenn sie offenbar mutwillig verlangt werden.

§ 2. „Jedermann kann schriftlich, mündlich oder telephonisch Auskunftsbegehren anbringen." Dem Auskunftswerber kann die schriftliche Ausführung eines mündlich oder telefonisch angebrachten Auskunftsbegehrens aufgetragen werden, wenn aus dem Begehren der Inhalt oder der Umfang der gewünschten Auskunft nicht ausreichend klar hervorgeht. *(BGBl I 1998/158)*

§ 3. „Auskünfte sind ohne unnötigen Aufschub, spätestens aber binnen acht Wochen nach Einlangen des Auskunftsbegehrens zu erteilen." Kann aus besonderen Gründen diese Frist nicht eingehalten werden, so ist der Auskunftswerber jedenfalls zu verständigen. *(BGBl 1990/357)*

§ 4. Wird eine Auskunft nicht erteilt, so ist auf Antrag des Auskunftswerbers hierüber ein Bescheid zu erlassen. Als Verfahrensordnung, nach der der Bescheid zu erlassen ist, gilt das „AVG", sofern nicht für die Sache, in der Auskunft erteilt wird, ein anderes Verfahrensgesetz anzuwenden ist. *(BGBl I 1998/158)*

§ 5. Auskunftsbegehren und Auskünfte sowie Anträge und Bescheide gemäß § 4, die sich auf Angelegenheiten der Sicherheitsverwaltung (§ 2 Abs. 2 des Sicherheitspolizeigesetzes, BGBl. Nr. 566/1991, in der jeweils geltenden Fassung) beziehen, sind von den Stempelgebühren und von den Bundesverwaltungsabgaben befreit.

(BGBl I 1998/158)

§ 6. Soweit nach anderen Bundesgesetzen besondere Auskunftspflichten bestehen, ist dieses Bundesgesetz nicht anzuwenden.

(BGBl I 1998/158)

§ 7. Die §§ 2 erster Satz, 4, 5, 6 und 8 in der Fassung des Bundesgesetzes BGBl. I Nr. 158/1998 treten mit 1. Jänner 1999 in Kraft.

(BGBl I 1998/158)

§ 8. Mit der Vollziehung dieses Bundesgesetzes ist die Bundesregierung betraut.

(BGBl I 1998/158)

E-Government-Gesetz

BGBl I 2004/10 (Art 1) idF

1 BGBl I 2008/7
2 BGBl I 2008/59 (VFB)
3 BGBl I 2009/125
4 BGBl I 2010/111
5 BGBl I 2013/83
6 BGBl I 2016/50

7 BGBl I 2017/40
8 BGBl I 2017/121
9 BGBl I 2018/32
10 BGBl I 2018/104
11 BGBl I 2020/169

STICHWORTVERZEICHNIS

E-GovG
E-Gov-BerAbgrV
StZRegBehV
ERegV
E-Gov-GlwV

Stichwortverzeichnis

Bundesgesetz über Regelungen zur Erleichterung des elektronischen Verkehrs mit öffentlichen Stellen (E-Government-Gesetz – E-GovG)

Inhaltsverzeichnis

E-GovG
E-Gov-Ber-AbgrV
StZRegBehV
ERegV
E-Gov-GlwV

1. Abschnitt

Gegenstand und Ziele des Gesetzes

§ 1. (1) Dieses Bundesgesetz dient der Förderung rechtserheblicher elektronischer Kommunikation. Der elektronische Verkehr mit öffentlichen Stellen soll unter Berücksichtigung grundsätzlicher Wahlfreiheit zwischen Kommunikationsarten für Anbringen an diese Stellen erleichtert werden.

(2) Gegen Gefahren, die mit einem verstärkten Einsatz der automationsunterstützten Datenverarbeitung zur Erreichung der in Abs. 1 genannten Ziele verbunden sind, sollen zur Verbesserung des Rechtsschutzes besondere technische Mittel geschaffen werden, die dort einzusetzen sind, wo nicht durch andere Vorkehrungen bereits ausreichender Schutz bewirkt wird.

(3) *(entfällt, BGBl I 2018/104)*

Recht auf elektronischen Verkehr

§ 1a. (1) Jedermann hat in den Angelegenheiten, die in Gesetzgebung Bundessache sind, das Recht auf elektronischen Verkehr mit den Gerichten und Verwaltungsbehörden. Ausgenommen sind Angelegenheiten, die nicht geeignet sind, elektronisch besorgt zu werden. Personen in gerichtlich, finanzstrafbehördlich oder gemäß § 53d des Verwaltungsstrafgesetzes 1991, BGBl. Nr. 52/1991, verwaltungsbehördlich angeordnetem Freiheitsentzug können dieses Recht nur nach Maßgabe der diesbezüglich in den Vollzugseinrichtungen vorhandenen technischen und organisatorischen Gegebenheiten ausüben, sofern dies vollzugsrechtlich zulässig ist und dadurch keine Gefährdung der Sicherheit und Ordnung zu erwarten ist.

(2) Etwaige technische Voraussetzungen oder organisatorische Beschränkungen des elektronischen Verkehrs sowie der Zeitpunkt der Aufnahme des elektronischen Verkehrs sind im Internet bekanntzumachen.

(BGBl I 2017/40)

Teilnahme an der elektronischen Zustellung durch Unternehmen

§ 1b. (1) Unternehmen im Sinne des § 3 Z 20 des Bundesgesetzes über die Bundesstatistik (Bundesstatistikgesetz 2000), „BGBl. I Nr. 163/1999", haben an der elektronischen Zustellung teilzunehmen. *(BGBl I 2020/169)*

(2) Die Teilnahme an der elektronischen Zustellung ist dann unzumutbar, wenn das Unternehmen nicht über die dazu erforderlichen technischen Voraussetzungen oder über keinen Internet-Anschluss verfügt.

(3) Die Teilnahme ist längstens bis 31. Dezember 2019 auch unzumutbar, wenn das Unternehmen noch nicht Teilnehmer des Unternehmensser-viceportals ist sowie bei Fehlen elektronischer Adressen zur Verständigung im Sinne des Zustellgesetzes.

(4) Unternehmen können der Teilnahme an der elektronischen Zustellung widersprechen. Dieser Widerspruch verliert mit 1. Jänner 2020 seine Wirksamkeit, ausgenommen für Unternehmen, die wegen Unterschreiten der Umsatzgrenze nicht zur Abgabe von Umsatzsteuervoranmeldungen verpflichtet sind.

(BGBl I 2017/40)

2. Abschnitt

„Eindeutige Identifikation und die Funktion E-ID"

(BGBl I 2017/121)

Begriffsbestimmungen

§ 2. Im Sinne dieses „Bundesgesetzes" bedeutet *(BGBl I 2016/50)*

1. „Identität": die Bezeichnung der Nämlichkeit von Betroffenen (Z 7) durch Merkmale, die geeignet sind, ihre Unterscheidbarkeit von anderen zu ermöglichen; solche Merkmale sind insbesondere der Name und das Geburtsdatum, aber auch etwa die Firma oder (alpha)nummerische Bezeichnungen; *(BGBl I 2016/50)*

2. „eindeutige Identität": die Bezeichnung der Nämlichkeit eines Betroffenen (Z 7) durch ein oder mehrere Merkmale, wodurch die unverwechselbare Unterscheidung von allen anderen bewirkt wird;

3. *(entfällt, BGBl I 2008/7)*

4. „Eindeutige Identifikation": elektronische Identifizierung gemäß Art. 3 Z 1 eIDAS-VO (Z 11); *(BGBl I 2016/50)*

5. „Authentizität": die Echtheit einer Willenserklärung oder Handlung in dem Sinn, dass der vorgebliche Urheber auch ihr tatsächlicher Urheber ist;

6. *(entfällt, BGBl I 2016/50)*

7. „Betroffener": jede natürliche Person, juristische Person sowie sonstige Personenmehrheit oder Einrichtung, der bei ihrer Teilnahme am Rechts- oder Wirtschaftsverkehr eine eigene Identität zukommt;

8. „Stammzahl": eine einem Betroffenen zu dessen eindeutiger Identifikation zugeordnete Zahl, die auch für die Ableitung von bereichsspezifischen Personenkennzeichen (bPK) gemäß §§ 9 und 14 bestimmt ist. *(BGBl I 2008/7)*

9. „Stammzahlenregister": ein Register, das die für die eindeutige Identifikation von Betroffenen verwendeten Stammzahlen enthält bzw. die technischen Komponenten zur Ableitung von Stammzahlen im Bedarfsfall besitzt;

10. „Elektronischer Identitätsnachweis (E-ID)": eine logische Einheit, die unabhängig von ihrer technischen Umsetzung eine qualifizierte elektronische Signatur (Art. 3 Z 12 eIDAS-VO) mit einer Personenbindung (§ 4 Abs. 2) und den zugehörigen Sicherheitsdaten und -funktionen verbindet; *(BGBl I 2017/121)*

10a. „Verwendung des E-ID": das Auslösen der Erstellung einer Personenbindung mittels qualifizierter elektronischer Signatur des E-ID-Inhabers oder mittels eines sicherheitstechnisch gleichwertigen Vorgangs, der an eine frühere qualifizierte elektronische Signatur des E-ID-Inhabers gebunden ist, wobei das zugehörige qualifizierte Zertifikat, das für die frühere qualifizierte elektronische Signatur verwendet wurde, zum Zeitpunkt der jeweiligen Verwendung noch gültig sein muss; *(BGBl I 2020/169)*

11. „eIDAS-VO": Verordnung (EU) Nr. 910/2014 über elektronische Identifizierung und Vertrauensdienste für elektronische Transaktionen im Binnenmarkt und zur Aufhebung der Richtlinie 1999/93/EG, ABl. Nr. L 257 vom 28.08.2014 S. 73, in der Fassung der Berichtigung ABl. Nr. L 155 vom 14.06.2016 S. 44. *(BGBl I 2017/121)*

§ 2a. Die Begriffsbestimmungen des Art. 3 eIDAS-VO gelten auch für dieses Bundesgesetz.

(BGBl I 2016/50)

Identität und Authentizität

§ 3. (1) Im elektronischen Verkehr mit Verantwortlichen des öffentlichen Bereichs im Sinne des Art. 4 Z 7 der Verordnung (EU) 2016/679 zum Schutz natürlicher Personen bei der Verarbeitung personenbezogener Daten, zum freien Datenverkehr und zur Aufhebung der Richtlinie 95/46/EG (Datenschutz-Grundverordnung), ABl. Nr. L 119 vom 4.5.2016 S. 1 (im Folgenden: DSGVO) in Verbindung mit § 26 Abs. 1 des Datenschutzgesetzes – DSG, BGBl. I Nr. 165/1999, dürfen Zugriffsrechte auf personenbezogene Daten (Art. 4 Z 1 DSGVO), nur eingeräumt werden, wenn die eindeutige Identität desjenigen, der zugreifen will, und die Authentizität seines Ersuchens nachgewiesen sind. Dieser Nachweis muss in elektronisch prüfbarer Form erbracht werden. *(BGBl I 2018/32)*

(2) Im Übrigen darf eine Identifikation von Betroffenen im elektronischen Verkehr mit „Verantwortlichen" des öffentlichen Bereichs nur insoweit verlangt werden, als dies aus einem überwiegenden berechtigten Interesse des „Verantwortlichen" geboten ist, insbesondere weil eine wesentliche Voraussetzung für die Wahrnehmung einer ihm gesetzlich übertragenen Aufgabe ist. *(BGBl I 2018/32)*

Die Funktion E-ID

§ 4. (1) Der E-ID dient dem Nachweis der eindeutigen Identität, weiterer Merkmale sowie des Bestehens einer Einzelvertretungsbefugnis eines Einschreiters und der Authentizität des elektronisch gestellten Anbringens in Verfahren, für die ein „Verantwortlicher" des öffentlichen Bereichs eine für den Einsatz des E-ID taugliche technische Umgebung eingerichtet hat. *(BGBl I 2018/32)*

(2) Die eindeutige Identifikation einer natürlichen Person, die rechtmäßige Inhaberin eines E-ID (im Folgenden: E-ID-Inhaber) ist, wird durch die Personenbindung bewirkt: Von der Stammzahlenregisterbehörde (§ 7) wird elektronisch signiert oder besiegelt bestätigt, dass dem E-ID-Inhaber ein oder mehrere bPK zur eindeutigen Identifikation zugeordnet sein oder sind. Sofern die Personenbindung den Vornamen, Familiennamen, oder das Geburtsdatum des E-ID-Inhabers enthält, bestätigt die Stammzahlenregisterbehörde mit ihrer elektronischen Signatur oder ihrem elektronischen Siegel die Richtigkeit der Zuordnung dieser „personenbezogenen Daten" zum E-ID-Inhaber. Sofern mit „Einwilligung" des Betroffenen weitere Merkmale in die Personenbindung eingefügt werden, dient die elektronische Signatur oder das elektronische Siegel der Stammzahlenregisterbehörde der Bestätigung der unversehrten Einfügung dieser Merkmale aus den von der Stammzahlenregisterbehörde herangezogenen Registern von „Verantwortlichen" des öffentlichen Bereichs. Hinsichtlich des Identitätsnachweises im Fall der Stellvertretung gilt § 5. *(BGBl I 2018/32)*

(3) Um die E-ID Funktion nutzen zu können, bedarf es der vorherigen Registrierung des E-ID-Werbers (§ 4a).

(4) Aufgrund der Identitätsdaten des E-ID-Werbers (§ 4b Z 1 bis 4 und 6) hat die Stammzahlenregisterbehörde die Stammzahl des E-ID-Werbers zu ermitteln und diese in verschlüsselter Form an den qualifizierten Vertrauensdiensteanbieter (VDA) gemäß Art. 3 Z 20 eIDAS-VO, der das qualifizierte Zertifikat für eine elektronische Signatur ausstellt, das mit der Personenbindung zum E-ID des E-ID-Werbers verbunden werden soll, zu übermitteln. Zudem hat die Stammzahlenregisterbehörde diesem VDA die „personenbezogenen Daten"* gemäß § 4b Z 1 bis 4, 7, 10 und 11 des E-ID-Werbers sowie eine allfällige Beschränkung der Gültigkeitsdauer des Zertifikats gemäß § 4a Abs. 2 zu übermitteln. Die Stammzahlenregisterbehörde hat diesem weiters alle Änderungen der übermittelten „personenbezogenen Daten"*, die ihr zur Kenntnis gelangen, bekanntzugeben. Der VDA hat der Stammzahlenregisterbehörde unverzüglich den Identitätscode der ausgestellten Zertifikate gemäß Anhang I lit. f eIDAS-VO zu übermitteln. „Für Zwecke der mittels eines sicherheitstechnisch gleichwertigen

Vorgangs im Sinne des § 2 Z 10a zweiter Fall ausgelösten Erstellung einer Personenbindung, ist die verschlüsselte Stammzahl zum E-ID dieses E-ID-Inhabers zu speichern."** *(*BGBl I 2018/32; **BGBl I 2020/169)*

(5) Verwendet der E-ID-Inhaber den E-ID im elektronischen Verkehr gemäß § 10 Abs. 1, ist durch die Stammzahlenregisterbehörde oder die in ihrem Auftrag tätige Behörde eine Personenbindung (Abs. 2), die ein oder mehrere bPK, Vorname, Familienname und Geburtsdatum zum E-ID-Inhaber enthält, zu erstellen und an die betreffende Datenverarbeitung zu übermitteln. Wird die Erstellung der Personenbindung mittels qualifizierter elektronischer Signatur des E-ID-Inhabers ausgelöst (§ 2 Z 10a erster Fall), hat der qualifizierte VDA die verschlüsselte Stammzahl und die zugehörigen Sicherheitsdaten der Stammzahlenregisterbehörde zur Verfügung zu stellen. Nach Maßgabe der technischen Möglichkeiten können mit Einwilligung des E-ID-Inhabers in die Personenbindung weitere Merkmale aus diesem aus für die Stammzahlenregisterbehörde zugänglichen Registern von Verantwortlichen des öffentlichen oder privaten Bereichs eingefügt werden. *(BGBl I 2020/169)*

(6) Nach Maßgabe der technischen Möglichkeiten kann der E-ID-Inhaber Vorname, Familienname, Geburtsdatum und den Bestand weiterer Merkmale gemäß Abs. 5 letzter Satz einem Dritten gegenüber in vereinfachter Form nachweisen. Zu diesem Zweck können Vorname, Familienname, Geburtsdatum und die weiteren Merkmale für einen begrenzten Zeitraum zu seinem E-ID gespeichert werden. Vorname, Familienname, Geburtsdatum dürfen für längstens drei Monate gespeichert werden. Ob und für welchen Zeitraum dies für ein bestimmtes weiteres Merkmal zulässig ist, hat jener Verantwortliche des öffentlichen Bereichs festzulegen, der das Register führt, aus dem die Stammzahlenregisterbehörde dieses Merkmal bezogen hat. *(BGBl I 2020/169)*

(7) Die Authentizität eines mit Hilfe des E-ID gestellten Anbringens wird durch die in dem E-ID enthaltene elektronische Signatur nachgewiesen.

(8) Die näheren Regelungen zu den Abs. 1 bis 7 sind, soweit erforderlich, durch Verordnung des „Bundesministers für Digitalisierung und Wirtschaftsstandort" im Einvernehmen mit dem Bundesminister für Inneres sowie den allfällig sonst zuständigen Bundesministern zu erlassen. Vor Erlassung der Verordnung sind die Länder und die Gemeinden, letztere vertreten durch den Österreichischen Gemeindebund und den Österreichischen Städtebund, anzuhören. *(BGBl I 2018/104)*

(BGBl I 2017/121)

Registrierung und Widerruf des E-ID

§ 4a. (1) Die Registrierung der Funktion E-ID ist für Staatsbürger ab dem vollendeten 14. Lebensjahr im Rahmen der Beantragung eines Reisedokumentes nach dem Passgesetz 1992, BGBl. Nr. 839/1992, ausgenommen eines Reisepasses gemäß § 4a des Passgesetzes 1992, von Amts wegen durch die Passbehörde oder durch eine gemäß § 16 Abs. 3 des Passgesetzes 1992 ermächtigte Gemeinde vorzunehmen, sofern der Betroffene dieser nicht ausdrücklich widerspricht. Darüber hinaus können sie die Registrierung eines E-ID bei der Passbehörde, einer gemäß § 16 Abs. 3 des Passgesetzes 1992 ermächtigten Gemeinde oder der Landespolizeidirektion verlangen. Soweit die Registrierung nicht im Rahmen der Beantragung eines Reisedokumentes erfolgt, ist die Behörde örtlich zuständig, bei der das Verlangen auf Registrierung des E-ID gestellt wird. Im Einvernehmen mit dem Bundesminister für Inneres können auch andere geeignete Behörden die Registrierung des E-ID vornehmen. Der Bundesminister für Inneres hat diese Behörden im Internet zu veröffentlichen.

(2) Die sachliche Zuständigkeit zur Registrierung des E-ID für Fremde kommt der Landespolizeidirektion zu. Örtlich zuständig ist die Landespolizeidirektion, bei der das Verlangen auf Registrierung des E-ID gestellt wird. Bei Fremden ist eine Registrierung nur dann vorzunehmen, wenn sie über einen ausreichenden Bezug zum Inland verfügen und das 14. Lebensjahr vollendet haben. Insbesondere ist hiefür ein Nachweis über Wohnsitz, Beschäftigungsverhältnis oder Geschäftstätigkeit im Inland erforderlich. Für Fremde, die im Inland internationalen Schutz beantragt haben, ist die Registrierung erst nach Zuerkennung des Status des Asylberechtigten oder des subsidiär Schutzberechtigten oder der Erteilung eines sonstigen Aufenthaltsrechts zulässig. Für Fremde ohne Hauptwohnsitz im Bundesgebiet darf das qualifizierte Zertifikat für elektronische Signaturen gemäß Art. 3 Z 15 eIDAS-VO ab dem Zeitpunkt der Registrierung maximal drei Jahre gültig sein. Abs. 1 vorletzter und letzter Satz gelten für Fremde sinngemäß.

(3) Soweit Inhaber eines inländischen Reisedokumentes gemäß dem Passgesetz 1992, dessen Gültigkeitsdauer nicht länger als sechs Jahre abgelaufen ist, den Behörden im Wege des VDA (§ 4 Abs. 4 erster Satz), der im Auftrag des Auftragsverarbeiters der Datenverarbeitung gemäß § 22b des Passgesetzes 1992 tätig wird, bereits vorweg die Namen, das Geburtsdatum, die Pass- oder Personalausweisnummer und soweit verfügbar eine E-Mail-Adresse zur Verfügung stellen, dürfen sie diese zur Weiterverarbeitung zum Zweck der Registrierung eines E-ID für 30 Tage speichern. Erfolgt innerhalb dieses Zeitraums

keine Registrierung des E ID, sind diese personenbezogenen Daten zu löschen. *(BGBl I 2020/169)*

(4) Die Registrierung des E-ID ist nur zulässig, sofern die Identität des Betroffenen eindeutig festgestellt wurde. In den Fällen des Abs. 1 zweiter Satz und Abs. 2 ist für die Registrierung eines E-ID ein Lichtbild beizubringen, das den Anforderungen gemäß § 4 der Passgesetz-Durchführungsverordnung (PassG-DV), BGBl. II Nr. 223/2006, in der Fassung der Verordnung BGBl. II Nr. 209/2018 entspricht, sofern der Registrierungsbehörde nicht bereits ein solches vorliegt. Zur Überprüfung der Identität und der vorgelegten Dokumente ist die Behörde ermächtigt, Informationen über personenbezogene Daten und Dokumente des E-ID-Werbers aus Datenverarbeitungen von Sicherheits-, Personenstands- und Staatsbürgerschaftsbehörden sowie aus Datenverarbeitungen nach den §§ 26 und 27 des BFA-Verfahrensgesetzes (BFA-VG), BGBl. I Nr. 87/2012, im Datenfernverkehr abzufragen und soweit es sich um Daten gemäß § 4b Abs. 1 Z 1 bis 5 oder Z 7 handelt, in der Datenverarbeitung gemäß § 22b des Passgesetzes 1992 zu verarbeiten. Kann die Identität des E-ID-Werbers bei den Behörden gemäß Abs. 1 und 2 nicht eindeutig festgestellt werden, obliegt das weitere Verfahren zur eindeutigen Feststellung der Identität der Landespolizeidirektion. *(BGBl I 2020/169)*

(5) Die Aussetzung oder der Widerruf des E-ID erfolgt durch die Aussetzung oder den Widerruf des mit dem E-ID verbundenen qualifizierten Zertifikats beim VDA gemäß § 6 des Signatur- und Vertrauensdienstegesetzes – SVG, BGBl. I Nr. 50/2016, oder Art. 24 Abs. 3 eIDAS-VO. Dieser hat die Information über die Aussetzung oder den Widerruf der jeweils zuständigen Behörde gemäß Abs. 1 und 2 im Wege des Betreibers der „Datenverarbeitung" gemäß § 22b des Passgesetzes 1992 zur weiteren Verarbeitung zu übermitteln. Die Behörden gemäß Abs. 1 und 2 haben die Aussetzung oder den Widerruf des E-ID zu veranlassen, wenn ihnen bekannt wird, dass der Inhaber des E-ID verstorben ist, die Gefahr missbräuchlicher Verwendung droht, der E-ID-Inhaber dies verlangt oder wenn der Behörde Tatsachen bekannt werden, die berechtigte Zweifel an der Identität des Betroffenen aufkommen lassen. *(BGBl I 2018/32)*

(6) Der Bundesminister für Inneres hat im Einvernehmen mit dem „Bundesminister für Digitalisierung und Wirtschaftsstandort" nähere Bestimmungen über die Vorgangsweise gemäß Abs. 1 bis 5 sowie für die Verlängerung der Gültigkeit eines E-ID durch Verordnung festzulegen. *(BGBl I 2018/104)*

(BGBl I 2017/121)

Registrierungsdaten

§ 4b. „(1)"** Die mit der Registrierung des E-ID betrauten Behörden sind ermächtigt als „Verantwortliche"*

1. „die" Namen, *(BGBl I 2020/169)*

2. das Geburtsdatum,

3. den Geburtsort,

4. das Geschlecht,

5. die Staatsangehörigkeit,

6. das bPK,

7. die bekanntgegebene Zustelladresse,

8. das aktuelle Lichtbild, ausgenommen das Lichtbild eines Reisepasses gemäß § 4a des Passgesetzes 1992 *(BGBl I 2020/169)*

9. das Registrierungsdatum,

10. soweit verfügbar die bekanntgegebene Telefonnummer eines Mobiltelefons,

11. soweit verfügbar die bekanntgegebene E-Mail-Adresse,

12. die Registrierungsbehörde und

13. den Identitätscode der ausgestellten Zertifikate gemäß § 4 Abs. 4

in der „Datenverarbeitung"* gemäß § 22b des Passgesetzes 1992 zu verarbeiten. Dabei ist eine Speicherung nur vorzunehmen, soweit die „personenbezogenen Daten"* nicht bereits in dieser „Datenverarbeitung"*, im Zentralen Melderegister oder dem Ergänzungsregister zur Verfügung stehen. Der Bundesminister für Inneres sowie die Stammzahlenregisterbehörde sind ermächtigt, diese „personenbezogenen Daten"* zu Zwecken der Verwaltung des E-ID zu verarbeiten. Die „Verarbeitung"* dieser „personenbezogenen Daten"* zu anderen als der Verwaltung des E-ID ist nur auf Grund besonderer gesetzlicher Anordnung zulässig. *(*BGBl I 2018/32; **BGBl I 2020/169)*

(2) Hinsichtlich der Verarbeitung personenbezogener Daten gemäß Abs. 1 und 3 besteht kein Widerspruchsrecht gemäß Art. 21 DSGVO sowie kein Recht auf Einschränkung der Verarbeitung gemäß Art. 18 DSGVO. Darüber sind die Betroffenen in geeigneter Weise zu informieren. *(BGBl I 2020/169)*

(3) Die mit der Registrierung des E-ID betrauten Behörden sind ermächtigt, Ausstellungsbehörde, Ausstellungsstaat, Ausstellungsdatum, gegebenenfalls Gültigkeitsdauer, Dokumentenart und -nummer der vorgelegten Urkunden und Nachweise zur eindeutigen Feststellung der Identität gemeinsam mit den darauf Bezug habenden personenbezogenen Daten nach Abs. 1 automationsunterstützt zu verarbeiten. *(BGBl I 2020/169)*

(4) Protokolldaten über tatsächlich durchgeführte Verarbeitungsvorgänge, wie insbesondere Änderungen, Abfragen und Übermittlungen, sind drei Jahre lang aufzubewahren. *(BGBl I 2020/169)*

E-GovG

E-Gov-BerAbgrV

StZRegBehV

ERegV

E-Gov-GlwV

(5) Die bekanntgegebene Zustelladresse gemäß Abs. 1 Z 7 ist zu löschen, sobald die Registrierung des E-ID abgeschlossen wurde. Gemäß Abs. 1 Z 13 verarbeitete Identitätscodes der ausgestellten Zertifikate sind im Falle eines Widerrufs oder Ablaufs des jeweiligen Zertifikats zu löschen. Sonstige gemäß Abs. 1 und 3 sowie gemäß § 4a Abs. 4 verarbeitete personenbezogene Daten sind zu löschen, sobald sie nicht mehr benötigt werden, jedoch spätestens drei Jahre nach Widerruf oder Ablauf des E-ID. *(BGBl I 2020/169)*

(BGBl I 2017/121)

E-ID und Stellvertretung

§ 5. (1) Für Zwecke des vertretungsweisen Handelns kann in die Personenbindung des Vertreters von der Stammzahlenregisterbehörde das Bestehen einer Einzelvertretungsbefugnis für die Vertretung von nicht-natürlichen Personen oder einer Vertretungsbefugnis für die Vertretung von natürlichen Personen eingefügt werden. Zu diesem Zweck kann die Stammzahlenregisterbehörde nach Maßgabe der technischen Möglichkeiten Angaben zu Vollmachtsverhältnissen in „Datenverarbeitungen"* anderer „Verantwortlicher"* des öffentlichen Bereichs verwenden, sofern dies gesetzlich zulässig ist oder eine „Einwilligung"* des Betroffenen besteht. Die Stammzahlenregisterbehörde kann außerdem auf Antrag des Vertreters das Bestehen eines Vertretungsverhältnisses mit allfälligen inhaltlichen und zeitlichen Beschränkungen speichern. Die Voraussetzungen und näheren Anforderungen des Antrags und der zu erbringenden Nachweise sind in der gemäß § 4 Abs. 8 zu erlassenden Verordnung des „Bundesministers für Digitalisierung und Wirtschaftsstandort"*** festzulegen. Die Berechtigung zur Empfangnahme von Dokumenten gemäß § 35 Abs. 3 zweiter Satz des Zustellgesetzes – ZustG, BGBl. Nr. 200/1982, muss gesondert eingefügt werden. *(*BGBl I 2018/32; **BGBl I 2018/104)*

(2) In den Fällen berufsmäßiger Parteienvertretung ist ein besonderer Vollmachtsnachweis nicht erforderlich, wenn die generelle Befugnis zur Vertretung aus der nach den berufsrechtlichen Vorschriften erfolgenden Anmerkung der Berufsberechtigung im Signaturzertifikat seines E-ID oder auf Grund von „Datenverarbeitungen", die nach berufsrechtlichen Bestimmungen zu führen sind, ersichtlich ist. In diesen Fällen wird das Bestehen der berufsmäßigen Parteienvertretung von der Stammzahlenregisterbehörde gemäß Abs. 1 in die Personenbindung eingefügt. Die generelle Befugnis umfasst nicht die Berechtigung gemäß § 35 Abs. 3 zweiter Satz ZustG. *(BGBl I 2018/32)*

(3) Soweit diese Dienstleistung bei Behörden eingerichtet ist, können unabhängig von ihrer sachlichen und örtlichen Zuständigkeit hiezu eigens ermächtigte Organwalter für Betroffene auf deren Verlangen Verfahrenshandlungen in E-ID-tauglichen Verfahren setzen. Der Auftrag des Betroffenen ist bei der Behörde in geeigneter Form zu dokumentieren. Die Verfahrenshandlung wird mit Hilfe des E-ID des Organwalters gesetzt. Die generelle Befugnis des Organwalters zur Vornahme der Verfahrenshandlung für Betroffene muss aus dem Signaturzertifikat seines E-ID oder aus einer von der zuständigen Behörde geführten „Datenverarbeitung" ersichtlich sein. In diesen Fällen wird das Bestehen der Befugnis des Organwalters von der Stammzahlenregisterbehörde gemäß Abs. 1 in die Personenbindung eingefügt. Die generelle Befugnis umfasst nicht die Berechtigung gemäß § 35 Abs. 3 zweiter Satz ZustG und die Zustellungsvollmacht gemäß § 9 Abs. 1 ZustG. *(BGBl I 2018/32)*

(4) Wird das Bestehen einer Einzelvertretungsbefugnis in die Personenbindung (§ 4 Abs. 2) eingefügt, dient die elektronische Signatur oder das elektronische Siegel der Stammzahlenregisterbehörde der Bestätigung der unversehrten Einfügung der Einzelvertretungsbefugnis aus den von der Stammzahlenregisterbehörde herangezogenen Quellen. § 4 Abs. 5, § 14 Abs. 3 und § 14a Abs. 2 gelten für vertretungsweises Handeln in Bezug auf vertretene natürliche Personen sinngemäß. Für vertretene nicht-natürliche Personen hat die Stammzahlenregisterbehörde die Stammzahl bereitzustellen.

(BGBl I 2017/121)

Stammzahl

§ 6. (1) „Im E-ID"* erfolgt die eindeutige Identifikation von Betroffenen „auf Basis ihrer"** Stammzahl. *(*BGBl I 2017/121; **BGBl I 2020/169)*

(2) Für natürliche Personen, die im Zentralen Melderegister „eingetragen"* sind, wird die Stammzahl durch eine mit starker Verschlüsselung gesicherte Ableitung aus ihrer ZMR-Zahl (§ 16 Abs. 1 „des Meldegesetzes 1991 - MeldeG"**, BGBl. Nr. 9/1992) gebildet. Für alle anderen natürlichen Personen ist ihre Ordnungsnummer im Ergänzungsregister (Abs. 4) für die Ableitung der Stammzahl heranzuziehen. Die Benützung der ZMR-Zahl zur Bildung der Stammzahl ist keine „Verarbeitung"*** von „personenbezogenen Daten"*** des Zentralen Melderegisters im Sinne des § 16a „MeldeG"**. *(*BGBl I 2008/7; **BGBl I 2017/40; ***BGBl I 2018/32)*

(3) Für Betroffene, die im Firmenbuch, im Vereinsregister oder im Ergänzungsregister (Abs. 4) eingetragen sind, ist als Stammzahl die Firmenbuchnummer (§ 3 Z 1 des Firmenbuchgesetzes, BGBl. Nr. 10/1991) oder die Vereinsregisterzahl (§ 18 Abs. 3 des Vereinsgesetzes 2002, BGBl. I Nr. 66) oder die Ergänzungsregister

vergebene Ordnungsnummer zu verwenden. *(BGBl I 2008/7)*

(4) Betroffene, die weder im Melderegister eingetragen sind, noch im Firmenbuch oder im Vereinsregister eingetragen sein müssen, sind auf ihren Antrag oder in den Fällen des § 10 Abs. 2 auf Antrag des „Verantwortlichen"** der „Datenverarbeitung"** „ "* im Ergänzungsregister einzutragen. Das Ergänzungsregister wird getrennt nach natürlichen Personen und sonstigen Betroffenen geführt. Voraussetzung für die Eintragung ist bei natürlichen Personen der Nachweis der „personenbezogenen Daten"**, die in der gemäß „§ 4 Abs. 8"* zu erlassenden Verordnung des „Bundesministers für Digitalisierung und Wirtschaftsstandort"*** festgelegt sind, bei sonstigen Betroffenen der Nachweis ihres rechtlichen Bestandes einschließlich ihrer rechtsgültigen Bezeichnung. „ "**** Zu den sonstigen Betroffenen können Handlungsvollmachten eingetragen werden. Bei welchen Stellen der Nachweis von „personenbezogenen Daten"** für die Eintragung in das Ergänzungsregister erbracht werden kann, ist in der gemäß „§ 4 Abs. 8"* zu erlassenden Verordnung des „Bundesministers für Digitalisierung und Wirtschaftsstandort"*** zu regeln. In dieser Verordnung kann weiters geregelt werden, inwieweit ein Kostenersatz für die Eintragung zu leisten ist. *(BGBl I 2016/50; * BGBl I 2017/121; ** BGBl I 2018/32; *** BGBl I 2018/104; **** BGBl I 2020/169)*

(4a) Verantwortliche des öffentlichen Bereichs, deren Datenverarbeitung gemäß § 10 Abs. 2 mit bPK ausgestattet wurde, haben die ihnen zur Kenntnis gelangten Änderungen der Eintragungsdaten des Ergänzungsregisters, soweit natürliche Personen betroffen sind, sowie das Sterbedatum von betroffenen Personen, dem Verantwortlichen im Wege des Auftragsverarbeiters, dessen sich die Stammzahlenregisterbehörde gemäß § 7 Abs. 2 bedient, nach Maßgabe der vorhandenen technischen Möglichkeiten zu melden. Der Auftragsverarbeiter hat die Änderung im Auftrag des Verantwortlichen vorzunehmen. *(BGBl I 2020/169)*

(4b) Zum Zwecke der Aktualisierung ist die Stammzahlenregisterbehörde auf Verlangen von Verantwortlichen des öffentlichen Bereichs ermächtigt, diesen laufend in geeigneter elektronischer Form die geänderten Eintragungsdaten des Ergänzungsregisters, soweit natürliche Personen betroffen sind, in Bezug auf Personen, für die ein bereichsspezifisches Personenkennzeichen aus dem Bereich gespeichert ist, in dem der jeweilige Verantwortliche zur Vollziehung berufen ist, zu übermitteln. *(BGBl I 2020/169)*

(4c) Der Auftragsverarbeiter im Sinne des Abs. 4a hat im Auftrag des Verantwortlichen mittels eines Abgleichs zwischen dem ZMR und Ergänzungsregister, soweit natürliche Personen betroffen sind, datenqualitätssichernde Maßnahmen, insbesondere im Hinblick auf eine mögliche Identität ähnlicher Datensätze in diesem Ergänzungsregister, auf bereits vorhandene Eintragungen im ZMR oder auf die Schreibweisen von Namen und Adressen, zu setzen. *(BGBl I 2020/169)*

(5) Elektronische Identifizierungsmittel eines anderen Mitgliedstaats der Europäischen Union, die die Anforderungen des Art. 6 Abs. 1 eIDAS-VO erfüllen, können bei Verantwortlichen des öffentlichen Bereichs wie eine Bürgerkarte für Zwecke der eindeutigen Identifikation im Sinne dieses Bundesgesetzes verwendet werden. Nach Maßgabe der technischen Voraussetzungen hat diese Anerkennung spätestens sechs Monate nach der Veröffentlichung des jeweiligen elektronischen Identifizierungssystems in der Liste gemäß Art. 9 eIDAS-VO zu erfolgen. Bei der Verwendung eines solchen elektronischen Identifizierungsmittels ist für Betroffene, die weder im Melderegister noch im Ergänzungsregister eingetragen sind, ein Eintrag im Ergänzungsregister zu erzeugen. Dafür sind die Personenidentifikationsdaten des verwendeten elektronischen Identifizierungsmittels in das Ergänzungsregister einzutragen. Besteht eine Eintragung für den Betroffenen im Melderegister oder im Ergänzungsregister, sind die Personenidentifikationsdaten des verwendeten elektronischen Identifizierungsmittels in das entsprechende Register einzutragen. Die Stammzahlenregisterbehörde hat auf Antrag des Betroffenen seine Stammzahl direkt der bürgerkartentauglichen Anwendung, bei der die Verfahrenshandlung vorgenommen wird, bereitzustellen. Die Stammzahl darf durch diese nur zur Errechnung von bPK verwendet werden. *(BGBl I 2018/104)*

(6) Im Stammzahlenregister sind mathematische Verfahren zur Bildung der Stammzahl bei natürlichen Personen zu verwenden, die die ZMR-Zahl oder die Ordnungsnummer des Ergänzungsregisters stark verschlüsseln. Diese Verfahren sind durch die Stammzahlenregisterbehörde festzulegen und – mit Ausnahme der verwendeten kryptographischen Schlüssel – im Internet zu veröffentlichen. *(BGBl I 2016/50)*

Stammzahlenregisterbehörde

§ 7. (1) Stammzahlenregisterbehörde ist „der Bundesminister für Digitalisierung und Wirtschaftsstandort"* „ "**. *(* BGBl I 2016/50; ** BGBl I 2018/104)*

(2) Die Stammzahlenregisterbehörde kann sich bei der Führung des Ergänzungsregisters sowie bei der Errechnung von Stammzahlen und bei der Durchführung der in den §§ 4, 4b, 5, 9, 10, 14, 14a und 15 geregelten Verfahren des Bundesministeriums für Inneres als Auftragsverarbeiter, soweit natürliche Personen Betroffene sind, und des Bundesministeriums für Finanzen oder der

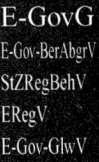

E-GovG
E-Gov-BerAbgrV
StZRegBehV
ERegV
E-Gov-GlwV

Bundesanstalt Statistik Österreich hinsichtlich aller anderen Betroffenen bedienen. Die näheren Regelungen über die sich daraus ergebende Aufgabenverteilung zwischen der Stammzahlenregisterbehörde und dem Bundesministerium für Inneres, dem Bundesministerium für Finanzen oder der Bundesanstalt Statistik Österreich als Auftragsverarbeiter werden durch Verordnung des Bundesministers für Digitalisierung und Wirtschaftsstandort im Einvernehmen mit dem Bundesminister für Inneres, dem Bundesminister für Finanzen oder dem Bundeskanzler geregelt. Abweichend davon kann sich die Stammzahlenregisterbehörde für diese Zwecke auch anderer oder weiterer Auftragsverarbeiter bedienen. Die Stammzahlenregisterbehörde hat stichprobenartig die ordnungsgemäße Erfüllung der Aufgaben der Auftragsverarbeiter zu prüfen. *(BGBl I 2018/104)*

Eindeutige Identifikation in „Datenverarbeitungen"
(BGBl I 2018/32)

§ 8. In den „Datenverarbeitungen"**** von „Verantwortlichen"**** des öffentlichen Bereichs darf eine im Rahmen des „Konzepts des E-ID"*** erfolgende „eindeutige"** Identifikation von Betroffenen im Hinblick auf natürliche Personen nur in Form des „bPK"* (§ 9) dargestellt werden. Für Betroffene, die keine natürlichen Personen sind, darf zur eindeutigen Identifikation die Stammzahl gespeichert werden. *(*BGBl I 2008/7; **BGBl I 2016/50; ***BGBl I 2017/121; ****BGBl I 2018/32)*

„Bereichsspezifisches Personenkennzeichen (bPK)"
(BGBl I 2016/50)

§ 9. (1) Das „bPK"* wird durch eine Ableitung aus der Stammzahl der betroffenen natürlichen Person gebildet. Die Identifikationsfunktion dieser Ableitung ist auf jenen staatlichen Tätigkeitsbereich beschränkt, dem die „Datenverarbeitung"*** zuzurechnen ist, in der das „bPK"* „verarbeitet"*** werden soll „ "*. Die Zurechnung einer „Datenverarbeitung"** zu einem bestimmten staatlichen Tätigkeitsbereich ergibt sich „ "*** aus ihrer Registrierung „bei der Stammzahlenregisterbehörde „ "****"*. *(*BGBl I 2008/7; **BGBl I 2018/32; ***BGBl I 2018/104)*

(2) Die Abgrenzung der staatlichen Tätigkeitsbereiche ist für Zwecke der Bildung von „bPK"* so vorzunehmen, dass zusammengehörige Lebenssachverhalte in ein- und demselben Bereich zusammengefasst werden und miteinander unvereinbare „Datenverarbeitungen"**** „ "*** innerhalb desselben Bereichs nicht vorgesehen sind. Die Bezeichnung und Abgrenzung dieser Bereiche wird durch Verordnung des „Bundesministers für Digitalisierung und Wirtschaftsstandort"****

festgelegt; vor Erlassung oder Änderung dieser Verordnung sind die Länder und die Gemeinden, letztere vertreten durch den „Österreichischen"*** Gemeindebund und den „Österreichischen"*** Städtebund, anzuhören. *(*BGBl I 2008/7; **BGBl I 2017/121; ***BGBl I 2018/32; ****BGBl I 2018/104)*

(3) Die zur Bildung des bPK eingesetzten mathematischen Verfahren (Hash-Verfahren über die Stammzahl und die Bereichskennung) werden von der Stammzahlenregisterbehörde festgelegt und – mit Ausnahme der verwendeten kryptographischen Schlüssel – im Internet veröffentlicht.

„Erzeugung und Anforderung von bPK und Stammzahlen nicht-natürlicher Personen"
(BGBl I 2017/121)

§ 10. (1) Bei Verwendung des E-ID werden bPK eines Betroffenen in elektronischen Verfahren erzeugt, für die der „Verantwortliche" des öffentlichen Bereichs eine E-ID-taugliche Umgebung eingerichtet hat. Dafür muss eine „Datenverarbeitung" mit ihrer Zuordnung zu einem staatlichen Bereich bei der Stammzahlenregisterbehörde registriert sein. In Bereichen, in denen der „Verantwortliche" des öffentlichen Bereichs nicht zur Vollziehung berufen ist, dürfen bPK nur verschlüsselt (§ 13 Abs. 2) gespeichert werden. *(BGBl I 2017/121; BGBl I 2018/32)*

(2) Die Erzeugung von „bPK"* ohne Einsatz „des E-ID"**** ist nur der Stammzahlenregisterbehörde erlaubt und nur zulässig, „wenn"* eine eindeutige Identifikation mit Hilfe des bPK im Rahmen von „Datenverarbeitungen"***** von „Verantwortlichen"***** des öffentlichen Bereichs notwendig ist, weil personenbezogene Daten in einer „der DSGVO und dem DSG"***** entsprechenden Art und Weise verarbeitet „ "6* werden sollen. Solche Fälle sind insbesondere Amtshilfe, Datenermittlung im Auftrag des Betroffenen oder das Einschreiten eines Vertreters gemäß § 5. „Aus denselben Gründen ist bei nicht-natürlichen Personen die Stammzahl zur Verfügung zu stellen."* „Bei der Anforderung von bPK aus einem Bereich, in dem der „Verantwortliche"***** des öffentlichen Bereichs nicht zur Vollziehung berufen ist, oder von bPK für die „Verarbeitung"***** im privaten Bereich dürfen bPK nur verschlüsselt (§ 13 Abs. 2) zur Verfügung gestellt werden."*** *(*BGBl I 2008/7; **BGBl I 2016/50; ***BGBl I 2017/40; ****BGBl I 2017/121; *****BGBl I 2018/32; 6*BGBl I 2018/104)*

(3) In der gemäß „§ 4 Abs. 8"**** zu erlassenden Verordnung ist auch der Kostenersatz für die nach Abs. 2 im Zusammenhang mit „berufsmäßiger"*** Parteienvertretung erfolgte Bereitstellung von „bPK"* zu regeln. *(*BGBl I 2008/7; **BGBl I 2017/40; ***BGBl I 2017/121)*

„Offenlegung von bPK in Mitteilungen"
(BGBl I 2008/7)

§ 11. In Mitteilungen an den Betroffenen oder an Dritte sind „bPK"* nicht anzuführen. Die Erleichterung der Zuordnung solcher Mitteilungen zu Aufzeichnungen beim „Verantwortlichen"** über denselben Gegenstand ist auf andere Weise, wie etwa durch Anführung einer Geschäftszahl, zu bewerkstelligen. *(*BGBl I 2008/7; **BGBl I 2018/32)*

Schutz der Stammzahl natürlicher Personen

§ 12. (1) Die Vertraulichkeit von Stammzahlen natürlicher Personen unterliegt besonderem Schutz durch folgende Vorkehrungen im Konzept des E-ID:

1. Eine dauerhafte Speicherung der Stammzahl natürlicher Personen darf nur in verschlüsselter Form erfolgen.

2. Die „Verarbeitung" der Stammzahl natürlicher Personen im Errechnungsvorgang für das bPK darf zu keiner Speicherung der Stammzahl außerhalb des Errechnungsvorgangs führen. Der Vorgang der Errechnung darf nur bei der Stammzahlenregisterbehörde oder bei der in ihrem Auftrag tätigen Behörde, die in der gemäß § 4 Abs. 8 zu erlassenden Verordnung näher zu bezeichnen sind, durchgeführt werden. *(BGBl I 2018/32)*

(2) Die „Verarbeitung" der Stammzahl zur Ermittlung eines bPK darf nur erfolgen:

1. unter Mitwirkung des E-ID-Inhabers nach den Bestimmungen der §§ 4 Abs. 5, 14 Abs. 3 und 14a Abs. 2, oder

2. ohne Mitwirkung des Betroffenen durch die Stammzahlenregisterbehörde nach den näheren Bestimmungen der §§ 10, 13 Abs. 2 und 15. *(BGBl I 2018/32)*

(BGBl I 2017/121)

Weitere Garantien zum Schutz von „bPK"
(BGBl I 2008/7)

§ 13. (1) „bPK"* sind durch nicht-umkehrbare Ableitungen aus der Stammzahl zu bilden. Dies gilt im Interesse der Nachvollziehbarkeit staatlichen Handelns nicht für „bPK"*, die ausschließlich im Zusammenhang mit der Tätigkeit einer Person als Organwalter „verarbeitet"** werden. *(*BGBl I 2008/7; **BGBl I 2018/32)*

(2) „Ist es zum Zweck der eindeutigen Identifikation eines Betroffenen gemäß § 10 Abs. 2 zulässig, von der Stammzahlenregisterbehörde ein bPK anzufordern, ist dieses, sofern es sich um ein bPK aus einem Bereich handelt, in dem der Anfordernde nicht zur Vollziehung berufen ist oder es sich um ein bPK für die Verwendung im privaten Bereich handelt, von der Stammzahlen-registerbehörde nur verschlüsselt zur Verfügung zu stellen." Die Verschlüsselung ist so zu gestalten, dass

1. nur derjenige entschlüsseln kann, in dessen „Datenverarbeitung" das bPK in entschlüsselter Form zulässigerweise „verarbeitet" werden darf (Abs. 3), und *(BGBl I 2018/32)*

2. durch Einbeziehung von zusätzlichen, dem Anfordernden nicht bekannten variablen Angaben in die Verschlüsselungsbasis das bPK auch in verschlüsselter Form keinen personenbezogenen Hinweis liefert. *(BGBl I 2017/40)*

(3) „bPK"* dürfen unverschlüsselt in einer „Datenverarbeitung"** nur dann gespeichert werden, wenn zur Bildung des bPK die Kennung jenes Bereichs verwendet wurde, der die „Datenverarbeitung"** in Übereinstimmung mit der gemäß § 9 Abs. 2 erlassenen Verordnung zuzurechnen ist. *(*BGBl I 2008/7; **BGBl I 2018/32)*

3. Abschnitt

„Verwendung der Funktion E-ID im privaten Bereich oder bei Anwendungen im Ausland"
(BGBl I 2017/121)

„Erzeugung von bPK für die Verwendung „des E-ID" im privaten Bereich"***
(*BGBl I 2008/7; **BGBl I 2018/104)

§ 14. (1) Für die „eindeutige"* Identifikation von natürlichen Personen im elektronischen Verkehr mit einem „Verantwortlichen"*** des privaten Bereichs („§ 26 Abs. 4 DSG"***) kann durch Einsatz „des E-ID"** ein bPK gebildet werden, wobei anstelle der Bereichskennung die Stammzahl „oder das bPK"**** des „Verantwortlichen"*** des privaten Bereichs tritt. Voraussetzung hiefür ist, dass der „Verantwortliche"*** des privaten Bereichs eine für den Einsatz „des E-ID"** taugliche technische Umgebung eingerichtet hat, in der seine Stammzahl „oder sein bPK"**** als Bereichskennung im Errechnungsvorgang für das bPK zur Verfügung gestellt wird. *(BGBl I 2008/7; *BGBl I 2016/50; **BGBl I 2017/121; ***BGBl I 2018/32; ****BGBl I 2020/169)*

(2) „Verantwortliche"** des privaten Bereichs dürfen nur solche „bPK"* speichern und benützen, die mit Hilfe ihrer eigenen Stammzahl „oder ihrem eigenen bPK"*** als Bereichskennung gebildet wurden. *(*BGBl I 2008/7; **BGBl I 2018/32; ***BGBl I 2020/169)*

(3) Verwendet der E-ID-Inhaber den E-ID im elektronischen Verkehr gemäß Abs. 1 ist durch die Stammzahlenregisterbehörde oder die in ihrem Auftrag tätige Behörde eine Personenbindung (§ 4 Abs. 2), die ein bPK zum E-ID-Inhaber enthält, zu erstellen, und an die betreffende Daten-

E-GovG
E-Gov-BerAbgrV
StZRegBehV
ERegV
E-Gov-GlwV

verarbeitung zu übermitteln. Wird die Erstellung der Personenbindung mittels qualifizierter elektronischer Signatur des E-ID-Inhabers ausgelöst (§ 2 Z 10a erster Fall), hat der qualifizierte VDA die verschlüsselte Stammzahl und die zugehörigen Sicherheitsdaten der Stammzahlenregisterbehörde zur Verfügung zu stellen. Mit Einwilligung des E-ID-Inhabers können in die Personenbindung Vorname, Familienname oder Geburtsdatum, sowie nach Maßgabe der technischen Möglichkeiten weitere Merkmale zu diesem aus für die Stammzahlenregisterbehörde zugänglichen Registern von Verantwortlichen des öffentlichen oder privaten Bereichs eingefügt werden. § 4 Abs. 6 ist sinngemäß anzuwenden. *(BGBl I 2020/169)*

E-ID-taugliche Anwendungen im Ausland

§ 14a. (1) Für E-ID-taugliche Anwendungen im Ausland ist § 14 Abs. 1 mit der Maßgabe anzuwenden, dass anstelle der Bereichskennung ein staatenspezifisches Kennzeichen oder bei Anwendungen internationaler Organisationen ein organisationsspezifisches Kennzeichen zu verwenden ist.

(2) Verwendet der E-ID-Inhaber den E-ID im elektronischen Verkehr gemäß Abs. 1, ist durch die Stammzahlenregisterbehörde oder die in ihrem Auftrag tätige Behörde eine Personenbindung (§ 4 Abs. 2), die ein bPK, Vorname, Familienname und Geburtsdatum zum E-ID-Inhaber enthält, zu erstellen, und an die betreffende Datenverarbeitung zu übermitteln. Wird die Erstellung der Personenbindung mittels qualifizierter elektronischer Signatur des E-ID-Inhabers ausgelöst (§ 2 Z 10a erster Fall), hat der qualifizierte VDA die verschlüsselte Stammzahl und die zugehörigen Sicherheitsdaten der Stammzahlenregisterbehörde zur Verfügung zu stellen. Nach Maßgabe der technischen Möglichkeiten können mit Einwilligung des E ID-Inhabers in die Personenbindung weitere Merkmale zu diesem aus für die Stammzahlenregisterbehörde zugänglichen Registern von Verantwortlichen des öffentlichen oder privaten Bereichs eingefügt werden. *(BGBl I 2020/169)*

(BGBl I 2017/121)

Garantien zum Schutz der Stammzahl und der „bPK"* „bei der „Verarbeitung"** „"*** im privaten Bereich"*

(BGBl I 2008/7; ** BGBl I 2018/32; *** BGBl I 2018/104)*

§ 15. (1) Die Erzeugung eines bPK für die „Verarbeitung"** im privaten Bereich ist ohne Mitwirkung des Betroffenen und ohne Einsatz „des E-ID"** zulässig, wenn eine eindeutige Identifikation mit Hilfe des bPK im Rahmen „Datenverarbeitungen"** von „Verantwortli-chen"** des privaten Bereichs notwendig ist, weil *(BGBl I 2017/121; BGBl I 2018/32)*

1. diese „Verantwortlichen" aufgrund gesetzlicher Vorschriften die Identität ihrer Kunden festzuhalten haben oder ihren Kunden eine dem § 14 Abs. 1 zweiter Satz entsprechende technische Umgebung zur Verfügung stellen und *(BGBl I 2018/32)*

2. personenbezogene Daten in einer „der DSGVO und dem DSG"*** entsprechenden Art und Weise verarbeitet „ "*** werden sollen „."* *(* BGBl I 2017/121; ** BGBl I 2018/32; *** BGBl I 2018/104)*

„ "* Sofern ein „Verantwortlicher"** des privaten Bereichs personenbezogene Daten an einen anderen „Verantwortlichen"** zu übermitteln hat, kann dieser wie ein „Verantwortlicher"** des öffentlichen Bereichs verschlüsselte bPK (§ 13 Abs. 2) anfordern. *(BGBl I 2017/40; * BGBl I 2017/121; ** BGBl I 2018/32)*

„(2)" Der Bundesminister für Inneres ist ermächtigt, einen Kostenersatz für den für die Erzeugung der bPK und der verschlüsselten bPK gemäß Abs. 1 anfallenden Aufwand mit Verordnung festzulegen. *(BGBl I 2017/40; BGBl I 2017/121)*

4. Abschnitt
Elektronischer Datennachweis

für „personenbezogene Daten" über selbständige wirtschaftliche Tätigkeiten
(BGBl I 2018/32)

§ 16. (1) Der elektronische Nachweis über die Art einer selbständigen Erwerbstätigkeit und über das Vorliegen der hiefür notwendigen Berufsberechtigungen kann durch Inanspruchnahme des Dokumentationsregisters nach § 114 Abs. 2 BAO geführt werden.

(2) Soweit der Nachweis der in Abs. 1 bezeichneten „personenbezogenen Daten"** in Verfahren vor einem „Verantwortlichen"** des öffentlichen Bereichs notwendig ist, kann er vom Betroffenen selbst durch Vorlage der vom Dokumentationsregister elektronisch signierten „oder besiegelten"* Auskunft erbracht oder auf Ersuchen des Betroffenen durch den „Verantwortlichen"** im Wege der elektronischen Einsicht in das Register beschafft werden. Die amtswegige Beschaffung des Nachweises ist bei Vorliegen der gesetzlichen Voraussetzungen für diese Datenermittlung zulässig. *(* BGBl I 2016/50; ** BGBl I 2018/32)*

„für „personenbezogene Daten"*** aus „ "**
Registern"*

(BGBl I 2010/111; ** BGBl I 2017/40; *** BGBl I 2018/32)*

§ 17. (1) Soweit die Richtigkeit der im Zentralen Melderegister gespeicherten „personenbezogenen Daten" zum Personenstand und zur Staatszugehörigkeit von den Meldebehörden durch Einsicht in die entsprechenden Dokumente (Standarddokumente) geprüft wurde, haben sie dies dem Zentralen Melderegister mitzuteilen, worauf die erfolgte Prüfung im Zentralen Melderegister in geeigneter Weise elektronisch lesbar anzumerken ist. Diese Anmerkung kann vom Betroffenen auch außerhalb eines Meldevorgangs verlangt werden, wenn er der Meldebehörde die Richtigkeit eines Meldedatums durch Vorlage der entsprechenden Dokumente nachweist. *(BGBl I 2018/32)*

(2) Ist von Behörden die Richtigkeit von „personenbezogenen Daten"** zu beurteilen, die in einem elektronischen Register eines „Verantwortlichen"** des öffentlichen Bereichs enthalten sind, haben sie nach Maßgabe der technischen Möglichkeiten, wenn die „Einwilligung"** des Betroffenen zur Datenermittlung oder eine gesetzliche Ermächtigung zur amtswegigen Datenermittlung vorliegt, die Datenermittlung im Wege des Datenverkehrs, sofern dies erforderlich ist, selbst durchzuführen. Die Behörde hat den Betroffenen auf die Möglichkeit der „Einwilligung"** zur Datenermittlung hinzuweisen. Die Datenermittlung ersetzt die Vorlage eines Nachweises der „personenbezogenen Daten"** durch die Partei oder den Beteiligten. „Elektronische Anfragen an das Zentrale Melderegister sind im Wege des § 16a Abs. 4 MeldeG zu behandeln."* *(BGBl I 2016/50; * BGBl I 2017/40; ** BGBl I 2018/32)*

(3) Die Betroffenen können von der elektronischen Verfügbarkeit geprüfter Meldedaten Gebrauch machen, indem sie

1. in Verfahren, in welchen die Vorlage von Standarddokumenten im Sinne des Abs. 1 erforderlich ist, in die Beschaffung der benötigten personenbezogenen Daten aus dem Zentralen Melderegister einwilligen oder *(BGBl I 2018/32)*

2. eine mit Amtssignatur (§ 19) elektronisch signierte „oder besiegelte" Meldebestätigung des Zentralen Melderegisters anfordern, in der die Tatsache der geprüften Richtigkeit bei den einzelnen Meldedaten angemerkt ist. *(BGBl I 2016/50)*

über „personenbezogene Daten"* aus
elektronischen Registern eines
„Verantwortlichen"* des öffentlichen „oder
privaten"** Bereichs

(BGBl I 2018/32; ** BGBl I 2020/169)*

§ 18. (1) Personenbezogene Daten, die gemäß § 4b Abs. 1 Z 1 bis 5 und 8 oder in einem für die Stammzahlenregisterbehörde zugänglichen elektronischen Register eines Verantwortlichen des öffentlichen oder privaten Bereichs enthalten sind, sind bei der Verwendung der Funktion E-ID nach Maßgabe der technischen Möglichkeiten

1. dem E-ID-Inhaber selbst,

2. Verantwortlichen des öffentlichen Bereichs im Auftrag des E-ID-Inhabers für Verfahren für die diese eine für den Einsatz des E-ID taugliche technische Umgebung eingerichtet haben, oder

3. Dritten im Auftrag des E-ID-Inhabers, sofern ihnen die Nutzung des E-ID-Systems eröffnet und noch nicht unterbunden wurde,

zu übermitteln. Es ist sicherzustellen, dass die Protokollierung der Datenübermittlung aus dem E-ID-System im Auftrag des E-ID-Inhabers unbeschadet der datenschutzrechtlichen Verpflichtungen des Verantwortlichen und seiner Auftragsverarbeiter nur dem E-ID-Inhaber zugänglich ist. *(BGBl I 2020/169)*

(2) Der Bundesminister für Inneres ist ermächtigt, Dritten gemäß Abs. 1 Z 3 die Nutzung des E-ID-Systems zu eröffnen. Dritte gemäß Abs. 1 Z 3 haben sich hiefür beim Bundesminister für Inneres zu registrieren. Die Nutzung ist nicht zu eröffnen oder zu unterbinden, wenn Anhaltspunkte dafür bestehen, dass Dritte die ihnen zur Verfügung gestellten personenbezogenen Daten nicht gemäß dem Grundsatz nach Treu und Glauben und auf rechtmäßige Weise verarbeiten. Dritte haben dem Bundesminister für Inneres jeden Umstand bekanntzugeben, der einer Nutzung entgegensteht. Der Bundesminister für Inneres ist zum Zwecke der Eröffnung der Nutzung des E-ID-Systems berechtigt, im Datenfernverkehr

1. Informationen über nicht getilgte rechtskräftige strafgerichtliche Verurteilungen (§ 9 Abs. 1 Z 1 des Strafregistergesetzes 1968, BGBl. Nr. 277/1968) von Verantwortlichen gemäß § 9 des Verwaltungsstrafgesetzes (VStG), BGBl. Nr. 52/1991, insbesondere wegen widerrechtlichen Zugriffes auf ein Computersystem (§ 118a des Strafgesetzbuches – StGB, BGBl. Nr. 60/1974), Verletzung des Telekommunikationsgeheimnisses (§ 119 StGB) oder wegen des missbräuchlichen Abfangens von Daten (§ 119a StGB), sowie

2. die genaue Bezeichnung des Gewerbes (§ 365a Abs. 1 Z 5 der Gewerbeordnung 1994 (GewO 1994), BGBl. Nr. 194/1994, aus dem Gewerbeinformationssystem Austria (GISA) gemäß § 365 GewO 1994 mithilfe der GISA-Zahl

E-GovG
E-Gov-BerAbgrV
StZRegBehV
ERegV
E-Gov-GlwV

abzufragen. Die gemäß Abs. 1 übermittelten personenbezogenen Daten dürfen im konkreten Fall nur für die glaubhaft gemachten eigenen Zwecke verarbeitet werden; die bloße Weitergabe von im Wege der Nutzung des E-ID ermittelten personenbezogenen Daten an Dritte ist kein eigener Zweck im Sinne dieser Bestimmung. *(BGBl I 2020/169)*

(3) Der Bundesminister für Inneres ist im Einvernehmen mit dem Bundesminister für Digitalisierung und Wirtschaftsstandort ermächtigt, nähere Bestimmungen über die Vorgangsweise gemäß Abs. 1 und 2 durch Verordnung festzulegen, insbesondere inwieweit neben Unternehmern und Vereinen auch andere Teilnehmer des Unternehmensserviceportals gemäß § 5 des Unternehmensserviceportalgesetzes (USPG), BGBl. I Nr. 52/2009, oder andere Dritte registriert werden können und inwieweit Dritte gemäß Abs. 1 Z 3 sowohl die Kosten für die Eröffnung der Nutzung als auch für die Nutzung des E-ID-Systems zu ersetzen haben. *(BGBl I 2020/169)*

(4) Die Rechtmäßigkeit der Zugänglichkeit elektronischer Register eines Verantwortlichen des öffentlichen Bereichs für die Stammzahlenregisterbehörde im Sinne des Abs. 1 ist auf Grund einer Rechtsgrundlage in einem Materiengesetz zu beurteilen. Der für die jeweilige Datenverarbeitung zuständige Bundesminister kann im Rahmen einer gesetzlichen Ermächtigung zur Datenverarbeitung, die für eine Übermittlung gemäß Abs. 1 in Betracht kommenden Identitätsdaten, Informationen zu Berechtigungen sowie Umstände, die der Betroffene nachweisen möchte, mit Verordnung näher konkretisieren. *(BGBl I 2020/169)*

(5) Sofern es sich bei Dritten gemäß Abs. 1 Z 3 um Unternehmer im Sinne des § 1 des Unternehmensgesetzbuches (UGB), dRGBl. S 2019/1897, oder um Vereine im Sinne des § 1 des Vereinsgesetzes 2002 (VerG), BGBl. I Nr. 66/2002, handelt, haben diese im Zuge der Antragstellung jedenfalls

1. den Namen und die Rechtsform im Sinne des § 25 Abs. 1 Z 1 des Bundesstatistikgesetzes 2000, BGBl. I Nr. 163/1999,

2. die Verantwortlichen gemäß § 9 VStG,

3. die Daten gemäß § 25 Abs. 1 Z 2 und 3 des Bundesstatistikgesetzes 2000,

4. gegebenenfalls die GISA-Zahl, die Firmenbuchnummer, die ZVR-Zahl und das Logo,

5. den Unternehmensgegenstand oder Vereinszweck,

6. die Telefonnummer und eine E-Mail-Adresse des Unternehmens oder des Vereins sowie

7. die für die Nutzung des E-ID-Systems glaubhaft gemachten Zwecke

anzugeben, sofern diese Daten nicht bereits im Wege des Unternehmensregisters gemäß § 25 des Bundesstatistikgesetzes 2000 ermittelt werden können. Darüber hinaus kann der Unternehmer oder der Verein den akademischen Grad, die Vor- und Familiennamen, die Telefonnummer und E-Mail-Adresse einer oder mehrerer Kontaktpersonen angeben. *(BGBl I 2020/169)*

(6) Der Dritte gemäß Abs. 1 Z 3 hat eine Änderung der im Zuge der Registrierung angegebenen Informationen dem Bundesminister für Inneres unverzüglich bekanntzugeben. Teilnehmer des Unternehmensserviceportals gemäß § 5 USPG haben diese Änderungen im Wege des Unternehmensserviceportals bekanntzugeben. Wird das E-ID-System über einen Zeitraum von fünf Jahren nicht genutzt, sind sämtliche Daten des Dritten zu löschen. *(BGBl I 2020/169)*

(7) Sofern Dritten gemäß Abs. 1 Z 3 die Nutzung des E-ID-Systems eröffnet wurde, haben diese dem Bundesminister für Inneres unverzüglich zu melden, wenn:

1. sich ein glaubhaft gemachter Zweck gemäß Abs. 2 oder der Verantwortliche gemäß § 9 VStG ändert oder

2. Dritte die glaubhaft gemachten Zwecke gemäß Abs. 2 nicht mehr verfolgen wollen oder dürfen.
(BGBl I 2020/169)

(BGBl I 2017/121)

5. Abschnitt

Besonderheiten elektronischer Aktenführung

Amtssignatur

§ 19. (1) Die Amtssignatur ist eine „fortgeschrittene"* elektronische Signatur „oder ein fortgeschrittenes elektronisches Siegel"**, deren Besonderheit durch ein entsprechendes Attribut im Signaturzertifikat „oder Zertifikat für elektronische Siegel"*** ausgewiesen wird. *(*BGBl I 2008/7; **BGBl I 2016/50)*

(2) Die Amtssignatur dient der erleichterten Erkennbarkeit der Herkunft eines Dokuments von „einem „Verantwortlichen"** des öffentlichen Bereichs"*. Sie darf daher ausschließlich von „diesem Verantwortlichen des öffentlichen Bereichs"*** unter den näheren Bedingungen des Abs. 3 bei der elektronischen Unterzeichnung und bei der Ausfertigung der von „ihm"*** erzeugten Dokumente verwendet werden. *(*BGBl I 2008/7; **BGBl I 2018/32; ***BGBl I 2018/104)*

(3) Die Amtssignatur ist im Dokument durch eine Bildmarke, die der „Verantwortliche"** des öffentlichen Bereichs im Internet als die seine gesichert veröffentlicht hat, sowie durch einen Hinweis im Dokument, dass dieses amtsigniert wurde, darzustellen. Die Informationen zur Prüfung der elektronischen Signatur „oder des elektronischen Siegels"* sind vom „Verantwortlichen"** des öffentlichen Bereichs bereitzustellen.

(BGBl I 2008/7; *BGBl I 2016/50; **BGBl I 2018/32)

Beweiskraft von Ausdrucken

§ 20. Ein auf Papier ausgedrucktes elektronisches Dokument einer Behörde hat die Beweiskraft einer öffentlichen Urkunde (§ 292 der Zivilprozessordnung – ZPO, RGBl. Nr. 113/1895), wenn das elektronische Dokument mit einer Amtssignatur versehen wurde. Die Amtssignatur muss durch Rückführung des Dokuments aus der ausgedruckten in die elektronische Form prüfbar oder das Dokument muss durch andere Vorkehrungen der Behörde verifizierbar sein. Das Dokument hat einen Hinweis auf die Fundstelle im Internet, wo das Verfahren der Rückführung des Ausdrucks in das elektronische Dokument und die anwendbaren Prüfmechanismen enthalten sind, oder einen Hinweis auf das Verfahren der Verifizierung zu enthalten.

(BGBl I 2008/7)

Vorlage elektronischer Akten

§ 21. (1) Soweit von einer Behörde Akten an eine andere Behörde vorgelegt werden müssen, und diese Akten elektronisch erzeugt und elektronisch genehmigt wurden, bezieht sich die Vorlagepflicht auf dieses elektronische Original. Dies gilt insbesondere für Akten aus einem durchgehend elektronisch geführten Aktenbearbeitungs- und -verwaltungssystem. Die Vorlage muss in einem Standardformat erfolgen.

(2) Als Standardformate gelten jene elektronischen Formate, die die Lesbarkeit eines Dokuments auch für Dritte während der voraussichtlichen Aufbewahrungsdauer nach dem Stand der Technik jeweils bestmöglich gewährleisten.

(3) Hat die Behörde, der der elektronische Akt vorzulegen ist, einen elektronischen Zustelldienst mit der Entgegennahme von Sendungen für die Behörde betraut, kann die Aktenvorlage, insbesondere wenn sie nachweisbar sein soll, auch über diesen Zustelldienst erfolgen. Die Bestimmungen des „3. Abschnitts" des Zustellgesetzes gelten diesfalls sinngemäß mit der Maßgabe, dass die Vorlage mit dem auf die elektronische Absendung der Verständigung von der Bereitstellung folgenden Tag bewirkt wird. *(BGBl I 2017/40)*

5a. Abschnitt

Haftungsbestimmungen

Haftung

(BGBl I 2017/121)

§ 21a. (1) Umfang und Ausmaß des nach Art. 11 der eIDAS-VO zu ersetzenden Schadens, sowie allfällige Rückgriffsrechte gegenüber anderen Personen, richten sich nach den auf den Schadensfall sonst anwendbaren Bestimmungen.

(2) Ersatzansprüche gegenüber anderen Personen oder aus einem anderen Rechtsgrund bleiben unberührt.

6. Abschnitt

Strafbestimmungen

„Unzulässige Verarbeitung von Stammzahlen oder bPK oder unzulässige Verwendung von Amtssignaturen"

(BGBl I 2018/32)

§ 22. (1) Sofern die Tat nicht „ " nach anderen Verwaltungsstrafbestimmungen mit strengerer Strafe bedroht ist, begeht eine Verwaltungsübertretung, die von der Bezirksverwaltungsbehörde mit Geldstrafe bis zu 20 000 Euro zu ahnden ist, wer

1. sich die Stammzahl einer natürlichen Person oder deren „bPK" entgegen den Bestimmungen des 2. oder 3. Abschnitts verschafft, um sie für die rechtswidrige Ermittlung personenbezogener Daten des Betroffenen einzusetzen, oder *(BGBl I 2008/7)*

2. ein „bPK" eines anderen „Verantwortlichen"** des privaten Bereichs unbefugt speichert oder benützt oder *(*BGBl I 2008/7; **BGBl I 2018/32)*

3. anderen „Verantwortlichen"** des privaten Bereichs die mit der eigenen Stammzahl gebildeten „bPK" in einer „ "** unzulässigen Weise zur Verfügung stellt oder *(*BGBl I 2008/7; **BGBl I 2018/32)*

4. „als „Verantwortlicher"** des privaten Bereichs ein bPK"** dazu benützt, um Dritten „personenbezogene Daten"** über einen gemeldeten Wohnsitz des Betroffenen zu verschaffen oder *(*BGBl I 2008/7; **BGBl I 2018/32)*

5. eine Amtssignatur entgegen § 19 Abs. 2 verwendet oder ihre Verwendung vortäuscht. *(BGBl I 2016/50)*

(2) Die Strafe des Verfalls von Gegenständen (§§ 10, 17 und 18 VStG „ "), die mit einer Verwaltungsübertretung gemäß Abs. 1 in Zusammenhang stehen, kann ausgesprochen werden. *(BGBl I 2016/50)*

(3) Örtlich zuständig für Entscheidungen nach Abs. 1 und 2 ist jene Behörde, in deren Sprengel die Tat begangen worden ist.

E-GovG
E-Gov-BerAbgrV
StZRegBehV
ERegV
E-Gov-GlwV

7. Abschnitt
Übergangs- und Schlussbestimmungen

Sprachliche Gleichbehandlung

§ 23. Soweit in diesem Artikel auf natürliche Personen bezogene Bezeichnungen nur in männlicher Form angeführt sind, beziehen sie sich auf „alle Geschlechter" in gleicher Weise. *(BGBl I 2020/169)*

„Inkrafttreten"
(BGBl I 2016/50)

§ 24. „(1)" Dieses Bundesgesetz tritt mit Ausnahme seines 4. Abschnitts mit 1. März 2004 in Kraft. Der 4. Abschnitt tritt mit 1. Jänner 2005 in Kraft. *(BGBl I 2008/7)*

(2) Das Inhaltsverzeichnis, § 1 Abs. 3, § 2 Z 8 und 10, § 3 Abs. 1, § 5, § 6 Abs. 2 bis 6, § 7 Abs. 2, § 8, die Paragrafenüberschrift vor § 9, § 9 Abs. 1 und 2, die Paragrafenüberschrift vor § 10, § 10 Abs. 1 bis 3, die Paragrafenüberschrift vor § 11, § 11, § 12 Abs. 1 Z 4 und Abs. 2, die Paragrafenüberschrift vor § 13, § 13 Abs. 1 bis 3, die Paragrafenüberschrift vor § 14, § 14 Abs. 1 und 2, die Paragrafenüberschrift vor § 15, § 15 Abs. 1 und 2, § 19 Abs. 1 bis 3, § 20, die Paragrafenüberschrift vor § 22, § 22 Abs. 1 Z 1 bis 4 und § 25 Abs. 1 bis 3 in der Fassung des Bundesgesetzes „BGBl. I Nr. 7/2008" treten mit 1. Jänner 2008 in Kraft; gleichzeitig tritt § 2 Z 3 außer Kraft. *(BGBl I 2008/7; BGBl I 2008/59 (VFB))*

(3) Das Inhaltsverzeichnis, die Überschrift zu § 17 und § 17 Abs. 2 in der Fassung des Budgetbegleitgesetzes 2011, BGBl. I Nr. 111/2010, tritt mit 1. Jänner 2011 in Kraft. § 17 Abs. 2 in der Fassung des genannten Bundesgesetzes ist von Behörden bei Vorliegen der technischen und organisatorischen Voraussetzungen bei der Behörde und dem „Verantwortlichen" des betreffenden Registers, spätestens jedoch ab dem 31. Dezember 2012, anzuwenden. *(BGBl I 2010/111; BGBl I 2018/32)*

(4) Das Inhaltsverzeichnis, die Abschnittsüberschrift des 2. Abschnitts, § 2 Z 1, 4, 10 und 11, § 2a, § 4 Abs. 2, § 6 Abs. 4 und 6, § 7 Abs. 1, § 8, die Paragrafenüberschrift vor § 9, § 10 Abs. 2, die Abschnittsüberschrift des 3. Abschnitts, § 14 Abs. 1, § 14a, § 16 Abs. 2, § 17 Abs. 2 und Abs. 3 Z 2, § 19 Abs. 1 und 3, § 22 Abs. 1 und 2, die Paragrafenüberschrift vor § 24 und die Paragrafenüberschrift vor § 26 in der Fassung des Bundesgesetzes BGBl. I Nr. 50/2016 treten mit 1. Juli 2016 in Kraft. Gleichzeitig treten § 2 Z 6 und § 25 samt Überschrift außer Kraft. *(BGBl I 2016/50)*

(5) Das Inhaltsverzeichnis, die Überschrift des 2. Abschnitts, § 2 Z 11, § 4 Abs. 5, § 6 Abs. 2, § 10 Abs. 2 letzter Satz und Abs. 3, § 13 Abs. 2

erster Satz, § 15 Abs. 1, 1a und 2 letzter Satz, die Überschrift zu § 17, § 17 Abs. 2 letzter Satz, § 21 Abs. 3 und § 25 samt Überschrift in der Fassung des Deregulierungsgesetzes 2017, BGBl. I Nr. 40/2017, treten mit Ablauf des Tages der Kundmachung des genannten Bundesgesetzes in Kraft.[1)] § 1a samt Überschrift in der Fassung des genannten Bundesgesetzes tritt mit 1. Jänner 2020 in Kraft. § 1b samt Überschrift in der Fassung des genannten Bundesgesetzes tritt mit Beginn des siebenten auf den Tag der Kundmachung der Verfügbarkeit des Anzeigemoduls gemäß § 37b Abs. 8 des Zustellgesetzes[2)] folgenden Monats in Kraft. *(BGBl I 2017/40)*

(6) Das Inhaltsverzeichnis, die Überschrift des 2. Abschnitts, § 2 Z 10, die §§ 4, 4a, 4b und 5 samt Überschriften, § 6 Abs. 1, 4 und 5, § 7 Abs. 2, § 8 erster Satz, § 10 samt Überschrift, § 12, die Überschrift des 3. Abschnitts, § 14 Abs. 1 und 3, § 14a samt Überschrift, § 15, § 18 samt Überschrift, der 5. Abschnitt, § 25 Abs. 2 und 3 und § 28 Z 1 und 4 treten mit Ablauf des Tages der Kundmachung dieses Bundesgesetzes in Kraft und finden mit Ausnahme von § 25 Abs. 2 und 3 erst Anwendung, wenn die technischen und organisatorischen Voraussetzungen für den Echtbetrieb des E-ID vorliegen. Dieser Zeitpunkt ist vom Bundesminister für Inneres im Bundesgesetzblatt kundzumachen.[3)] *(BGBl I 2017/121)*

„(7)" Die Einträge im Inhaltsverzeichnis zu den §§ 8, 14, 15 bis 18 und 22, § 3, § 4 Abs. 1, 2, 4, 5 und 6, § 4a Abs. 3 bis 5, § 4b, § 5 Abs. 1 bis 3, § 6 Abs. 2 und 4, § 7 Abs. 2, § 8 samt Überschrift, § 9 Abs. 1 und 2, § 10 Abs. 1 und 2, § 11, § 12, § 13, § 14 samt Überschrift, § 14a Abs. 2, die Überschrift zu § 15, § 15 Abs. 1 bis 3, die Überschrift zu § 16, § 16 Abs. 2, § 17 samt Überschrift, die Überschrift zu § 18, § 18 Abs. 1 und 2, § 19 Abs. 2 und 3, die Überschrift zu § 22, § 22 Abs. 1, § 24 Abs. 3 sowie § 25 Abs. 2 in der Fassung des Materien-Datenschutz-Anpassungsgesetzes 2018, BGBl. I Nr. 32/2018, treten 25. Mai 2018 in Kraft und finden mit Ausnahme des Eintrags im Inhaltsverzeichnis zu § 22 und von § 3, § 6 Abs. 2, § 9 Abs. 1 und 2, § 11, § 13, der Überschrift zu § 16, § 16 Abs. 2, § 17 samt Überschrift, § 19 Abs. 2 und 3 und der Überschrift zu § 22, § 22 Abs. 1, § 24 Abs. 3 und § 25 Abs. 2 erst ab dem Zeitpunkt Anwendung, den der Bundeminister für Inneres gemäß Abs. 6 letzter Satz im Bundesgesetzblatt kundmacht. § 6 Abs. 5 in der Fassung des Materien-Datenschutz-Anpassungsgesetzes 2018, BGBl. I Nr. 32/2018, tritt mit dem vom Bundesminister für Inneres gemäß Abs. 6 im Bundesgesetzblatt kundgemachten Zeitpunkt in Kraft. *(BGBl I 2018/32; BGBl I 2018/104)*

(8) § 4 Abs. 8, § 4a Abs. 6, § 5 Abs. 1, § 6 Abs. 4, § 7, § 9 Abs. 1 und 2, § 10 Abs. 2, die Überschrift zu § 14, die Überschrift zu § 15 sowie

§ 15 Abs. 1 Z 2, § 18 Abs. 3, § 19 Abs. 2, § 25 Abs. 3 und § 28 Z 1 bis 3 und 4a in der Fassung des Bundesgesetzes BGBl. I Nr. 104/2018 treten mit Ablauf des Tages der Kundmachung in Kraft und finden mit Ausnahme von § 7 Abs. 1, § 9 Abs. 1 und 2, § 19 Abs. 2, § 25 Abs. 3 und § 28 Z 2, 3 und 4a erst ab dem Zeitpunkt Anwendung, den der Bundesminister für Inneres gemäß Abs. 6 letzter Satz im Bundesgesetzblatt kundmacht. § 6 Abs. 5 in der Fassung des Bundesgesetzes BGBl. I Nr. 104/2018 tritt am 29. September 2018 in Kraft und mit dem vom Bundesminister für Inneres gemäß Abs. 6 im Bundesgesetzblatt kundgemachten Zeitpunkt wieder außer Kraft. § 1 Abs. 3 tritt mit Ablauf des 22. September 2020 außer Kraft. *(BGBl I 2018/104)*

(9) Der Eintrag im Inhaltsverzeichnis zu § 18, § 1b Abs. 1, § 2 Z 10a, § 4 Abs. 4 bis 6, § 4a Abs. 3 und 4, § 4b Abs. 1 Z 1 und 8, Abs. 2 bis 5, § 6 Abs. 1 und Abs. 4 bis 4c, § 14, § 14a Abs. 2, § 18 samt Überschrift, § 23, § 25 Abs. 2 und § 28 Z 4 in der Fassung des Bundesgesetzes BGBl. I Nr. 169/2020 treten mit Ablauf des Tages der Kundmachung in Kraft und finden mit Ausnahme von § 1b Abs. 1 und § 25 Abs. 2 erst ab dem Zeitpunkt Anwendung, den der Bundesminister für Inneres gemäß Abs. 6 letzter Satz im Bundesgesetzblatt kundmacht. *(BGBl I 2020/169)*

---

[1] Die Kundmachung des Deregulierungsgesetzes 2017, BGBl I 2017/40, im Bundesgesetzblatt erfolgte am 12. April 2017.
[2] Diese Kundmachung erfolgte mit BGBl I 2018/33 am 30. Mai 2018.
[3] Eine solche Kundmachung ist bisher nicht erfolgt.

Übergangsbestimmung

§ 25. „(1)“ Die Gerichte und Verwaltungsbehörden, deren Einrichtung in Gesetzgebung Bundessache ist, sind verpflichtet, bis spätestens 1. Jänner 2020 die technischen und organisatorischen Voraussetzungen für einen elektronischen Verkehr mit den Beteiligten gemäß § 1a zu schaffen. *(BGBl I 2017/121)*

(2) Ab der Kundmachung des Bundesgesetzes, BGBl. I Nr. 121/2017, dürfen zur Gewährleistung eines sicheren Betriebes für die vollumfängliche Nutzung des E-ID unter Anwendung der dafür erforderlichen Bestimmungen dieses Bundesgesetzes zeitlich, örtlich oder auf bestimmte Personengruppen beschränkte Pilotbetriebe unter „Verarbeitung“* personenbezogener Daten durchgeführt werden, sofern die Betroffenen daran freiwillig mitwirken. „Die im Rahmen des Pilotbetriebs verarbeiteten Registrierungsdaten dürfen ab dem gemäß § 24 Abs. 6 festgelegten Zeitpunkt zum Zwecke der Verwaltung und Nutzung des E-ID gemäß § 4b Abs. 1 und § 18 Abs. 1 weiterverarbeitet werden. Die Verarbeitung dieser Daten zu anderen Zwecken ist nur auf Grund gesetzlicher Anordnung zulässig. Betroffe-

ne, die bereits vor dem gemäß § 24 Abs. 6 festgelegten Zeitpunkt im Rahmen eines Pilotbetriebs behördlich unter Anwendung des § 4a registriert wurden, dürfen ihren E-ID bis zum Ablauf der Gültigkeitsdauer weiterverwenden.“*** *(BGBl I 2017/121; *BGBl I 2018/32; **BGBl I 2020/169)*

(3) Sofern die technischen und organisatorischen Voraussetzungen zum Echtbetrieb des E-ID gemäß der Kundmachung nach § 24 Abs. 6 noch nicht vorliegen, ist für bis zum Zeitpunkt der Aufnahme des Echtbetriebes ausgestellte Bürgerkarten die Rechtslage vor Inkrafttreten dieses Bundesgesetzes, BGBl. I Nr. 121/2017, anzuwenden. Der Bundesminister für Inneres ist im Einvernehmen mit dem „Bundesminister für Digitalisierung und Wirtschaftsstandort“ ermächtigt, mit Verordnung für Bürgerkarteninhaber einen vereinfachten Prozess für den Umstieg von der Bürgerkarte auf einen E-ID vorzusehen. *(BGBl I 2017/121; BGBl I 2018/104)*

(BGBl I 2017/40)

Erlassung und „Inkrafttreten“ von Verordnungen
(BGBl I 2016/50)

§ 26. Verordnungen auf Grund dieses Bundesgesetzes in seiner jeweiligen Fassung dürfen bereits von dem Tag an erlassen werden, der der Kundmachung der durchzuführenden Gesetzesbestimmungen folgt; sie dürfen jedoch nicht vor den durchzuführenden Gesetzesbestimmungen in Kraft treten.

Verweisungen

§ 27. Soweit in diesem Bundesgesetz auf Bestimmungen anderer Bundesgesetze verwiesen wird, sind diese in ihrer jeweils geltenden Fassung anzuwenden.

Vollziehung

§ 28. Mit der Vollziehung dieses Bundesgesetzes sind betraut:

1. hinsichtlich des § 4 Abs. 8 der „Bundesminister für Digitalisierung und Wirtschaftsstandort“ im Einvernehmen mit dem Bundesminister für Inneres sowie den allfällig sonst zuständigen Bundesministern, *(BGBl I 2017/121; BGBl I 2018/104)*

2. hinsichtlich des § 7 Abs. 2 der Bundesminister für Digitalisierung und Wirtschaftsstandort im Einvernehmen mit dem Bundesminister für Inneres, dem Bundesminister für Finanzen oder dem Bundeskanzler, je nachdem, ob es sich um Dienstleistungen betreffend Stammzahlen natürlicher Personen oder um Dienstleistungen betreffend Stammzahlen nicht-natürlicher Personen handelt und welches Auftragsverarbeiters sich

E-GovG
E-Gov-BerAbgrV
StZRegBehV
ERegV
E-Gov-GlwV

der Bundesminister für Digitalisierung und Wirtschaftsstandort dabei bedient, *(BGBl I 2018/104)*

3. hinsichtlich des § 9 Abs. 2 der „Bundesminister für Digitalisierung und Wirtschaftsstandort", *(BGBl I 2018/104)*

4. hinsichtlich des § 4a Abs. 1 bis 5, des § 4b, des § 17 Abs. 1 und 3 sowie des „§ 18 Abs. 2 bis 7" der Bundesminister für Inneres, *(BGBl I 2017/121; BGBl I 2020/169)*

4a. hinsichtlich des § 4a Abs. 6, des § 18 Abs. 3 und des § 25 Abs. 3 der Bundesminister für Inneres im Einvernehmen mit dem „Bundesminister für Digitalisierung und Wirtschaftsstandort", *(BGBl I 2017/121; BGBl I 2018/104)*

5. hinsichtlich des § 16 der Bundesminister für Finanzen,

6. im übrigen, soweit sie nicht der Bundesregierung oder den Landesregierungen obliegt, jeder Bundesminister im Rahmen seines Wirkungsbereiches.

E-Government-Bereichsabgrenzungsverordnung

BGBl II 2004/289 idF

1 BGBl II 2013/213

STICHWORTVERZEICHNIS

Verordnung des Bundeskanzlers, mit der staatliche Tätigkeitsbereiche für Zwecke der Identifikation in E-Government-Kommunikationen abgegrenzt werden (E-Government-Bereichsabgrenzungsverordnung – E-Gov-BerAbgrV)

Auf Grund des Bundesgesetzes über Regelungen zur Erleichterung des elektronischen Verkehrs mit öffentlichen Stellen (E-Government-Gesetz – E-GovG), BGBl. I Nr. 10/2004 Art. 1, insbesondere dessen §§ 9 Abs. 1 und 2, 10 Abs. 2 und 13 Abs. 1, sowie der §§ 16 bis 22 des Bundesgesetzes über den Schutz personenbezogener Daten (Datenschutzgesetz 2000 – DSG 2000), BGBl. I Nr. 165/1999, in der Fassung des Bundesgesetzes BGBl. I Nr. 136/2001, wird verordnet:

Zuordnung von Datenanwendungen

§ 1. Jede Datenanwendung (§ 4 Z 7 DSG 2000) eines Auftraggebers des öffentlichen Bereichs (§ 5 Abs. 2 DSG 2000) ist einem staatlichen Tätigkeitsbereich im Sinne des § 9 Abs. 2 E-GovG zuzuordnen, wenn im Rahmen dieser Anwendung bereichsspezifische Personenkennzeichen verwendet werden sollen. Für die Zuordnung ist der Zweck der Datenanwendung maßgebend, den der Auftraggeber mit der Datenanwendung verfolgt.

Festlegung der Zuordnung

§ 2. (1) Die Zuordnung einer Datenanwendung zu einem staatlichen Tätigkeitsbereich im Sinne des § 9 Abs. 2 E-GovG ist bei der Registrierung dieser Datenanwendung im Datenverarbeitungsregister im Verfahren gemäß §§ 16 bis 22 DSG 2000 festzulegen. Für Standard- und Musteranwendungen ist die Zuordnung in der Standard- und Musterverordnung auszuweisen.

(2) Die Zuordnung ist dadurch ersichtlich zu machen, dass bei der Datenart „bereichsspezifisches Personenkennzeichen" die Bezeichnung jenes Tätigkeitsbereichs samt der Bereichskennung angegeben wird, dem die Datenanwendung zugeordnet wurde.

Tätigkeitsbereiche

§ 3. (1) Zum Zweck einer einheitlichen Vorgangsweise bei der Zuordnung von Datenanwendungen zu staatlichen Tätigkeitsbereichen werden die aus der Anlage ersichtlichen Tätigkeitsbereiche unterschieden und für die Bildung der bereichsspezifischen Personenkennzeichen mit den aus der **Anlage** ersichtlichen Bereichskennungen verbunden.

(2) Die in Teil 2 der Anlage zu Abs. 1 bezeichneten Tätigkeitsbereiche sind zu verwenden, wenn bei einem Auftraggeber des öffentlichen Bereichs bereichsübergreifende Datenanwendungen, insbesondere zur Erbringung zentraler Dienste, eingerichtet sind.

(3) Wenn es das Verbot, miteinander unvereinbare Datenverwendungen im gleichen Tätigkeitsbereich zu führen, verlangt, sind einzelne Datenanwendungen oder Kategorien von Datenanwendungen in weiterer Untergliederung der in der Anlage zu Abs. 1 genannten Bereiche einem eigenen Tätigkeitsbereich zuzuordnen und somit mit einer eigenen bereichsspezifischen Personenkennzeichnung zu versehen. Die Führung einer Datenanwendung mit eigener bereichsspezifischer Personenkennung kann insbesondere infolge der Sensibilität des Inhalts oder des Zwecks der Da-

E-GovG
E-Gov-BerAbgrV
StZRegBehV
ERegV
E-Gov-GlwV

tenanwendung erforderlich sein. Die Bezeichnung solcher Tätigkeitsbereiche und ihre Bereichskennung sind gemäß § 2 Abs. 2 ersichtlich zu machen.

Aufgaben der Datenschutzbehörde

§ 4. (1) Die „Datenschutzbehörde" hat als Registerbehörde des Datenverarbeitungsregisters dafür zu sorgen, dass in jenen Fällen, die nicht unter § 3 Abs. 3 fallen, die bei der Registrierung verwendete Bezeichnung des Tätigkeitsbereichs und die Bereichskennung den inhaltlichen und formalen Anforderungen des § 3 Abs. 1 und 2 und der Anlage hiezu entspricht. *(BGBl II 2013/213)*

(2) Über die Zulässigkeit und allenfalls Erforderlichkeit der Zuordnung einer Datenanwendung zu einer weiteren Untergliederung der in der Anlage angeführten Tätigkeitsbereiche gemäß § 3 Abs. 3 hat die „Datenschutzbehörde" im Verfahren nach den §§ 16 bis 22 DSG 2000 zu entscheiden. *(BGBl II 2013/213)*

Personenkennzeichen für Organwalter

§ 5. Abweichend von den §§ 2 bis 4 ist für Personen, die von einer Datenanwendung in ihrer Rolle als Organwalter betroffen sind, das bereichsspezifische Personenkennzeichen – unabhängig von der Zuordnung der Datenanwendung zu einem Tätigkeitsbereich – einheitlich, in der § 13 Abs. 1 letzter Satz E-GovG entsprechenden Weise zu bilden.

Zugriff der Stammzahlenregisterbehörde

§ 6. Die Stammzahlenregisterbehörde hat zum Zweck der Generierung bereichsspezifischer Personenkennzeichen gemäß § 10 Abs. 2 E-GovG Zugriff auf die im Datenverarbeitungsregister in den Datenanwendungen registrierten Bereichskennungen.

Inkrafttreten

§ 7. Die Überschrift zu § 4 sowie § 4 Abs. 1 und 2 in der Fassung der Verordnung BGBl. II Nr. 213/2013 treten mit 1. Jänner 2014 in Kraft.

(BGBl II 2013/213)

Anlage

TEIL 1

Tätigkeitsbereich	Bereichskennung	Beispiele
Arbeit	AR	*Arbeitnehmerschutz,* *Arbeitsmarktverwaltung*
Amtliche Statistik	AS	
Bildung und Forschung	BF	*Schulen,* *Universitäten,* *Berufsschulen,* *sonstige Bildungs- und Forschungseinrichtungen,* *Stipendien,* *Nostrifikation,* *Bibliotheken und Archive*
Bauen und Wohnen	BW	*Bauverfahren,* *Wohnraumsanierung,* *Wohnungsvergabe,* *Schlichtungsstellen nach MRG,* *Wohnbauförderung,* *Energiesparförderung,* *Kanalanschluss,* *Raumplanung, Grundverkehr, Wasserversorgung*
EU und Auswärtige Ange-legenheiten	EA	*Konsularwesen,* *Auslandsösterreicher*
Ein- und Ausfuhr	EF	*Ein- und Ausfuhrbewilligungen,* *Zollwesen*
Gesundheit	GH	*Krankenpflege, Gesundheitswesen,* *Gesundheitsausbildung,* *Impfwesen,* *Überwachung des Giftverkehrs,* *Überwachung übertragbarer Krankheiten,* *Überwachung und Bekämpfung von Drogenmiss-brauch,* *Bestattungswesen*
Gesellschaft und Soziales	GS	*Förderung einzelner gesellschaftlicher Gruppen, wie beispielsweise Volksgruppen, Frauen, Fami-lien, Menschen mit Behinderungen, Generationen, Konsumentenschutz, Kinderbetreuungseinrichtungen,* *Allgemeine Fürsorge,* *soziale Notrufdienste, soziale Hilfe (soweit nicht gesundheitliche Betreuung),* *Verwaltung gemeinnütziger Stiftungen*
Restitution	GS-RE	*Restitutionsangelegenheiten*
Justiz/Zivilrechtswesen	JR	*Zivilgerichtsbarkeit,* *Exekutionswesen,* *Angelegenheiten der Notare und Rechtsanwälte einschließlich der Verteidiger in Strafsachen,* *Grundbuch,*

Anlage

Tätigkeitsbereich	Bereichskennung	Beispiele
		Firmenbuch
Kultus	KL	*Kirchen,* *Religionsgemeinschaften*
Kunst und Kultur	KU	*Kunstförderung,* *Denkmalpflege*
Land- und Forstwirtschaft	LF	*Agrarmarktförderungen,* *Tierzucht und Tierhaltung,* *Jagd und Fischerei*
Landesverteidigung	LV	*Wehrdienst,* *Heeresgebühren,* *Mobilmachung,* *Zivildienst*
Rundfunk und sonstige Medien sowie Telekommunikation	RT	*Rundfunkgebühren,* *Medienförderung,* *Telekom-Regulator,* *Aufsicht nach dem Signaturgesetz*
Steuern und Abgaben	SA	*Steuern, Gebühren (z.B. für kommunale Versorgungsleistungen)*
Sport und Freizeit	SF	
Sicherheit und Ordnung	SO	*Sicherheitspolizei,* *Waffenrecht,* *Veranstaltungsrecht,* *Fundwesen,* *Katastrophenschutz,* *Krisenmanagement,* *Versammlungs- und Vereinsrecht*
Vereinsregister	SO-VR	
Strafregister	SR-RG	
Sozialversicherung	SV	*Arbeitslosenversicherung,* *Krankenversicherung,* *Unfallversicherung,* *Pensionsversicherung*
Umwelt	UW	*Wasserrecht,* *Abfallwirtschaft,* *Luftreinhaltung,* *Natur- und Landschaftsschutz*
Verkehr und Technik	VT	*Straßenpolizei,* *Kraftfahrwesen,* *Führerscheinwesen,* *technische Dienste*
Vermögensverwaltung	VV	*Vermögensverwaltung des Auftraggebers,* *Beschaffung, Vergabe,* *Amtswirtschaft,* *Fuhrpark*

Tätigkeitsbereich	Bereichskennung	Beispiele
Wirtschaft	WT	*Gewerbe,* *Lehrlings- und Meisterprüfungsstellen,* *Tourismus,* *Industrie,* *Energiewirtschaft*
Personenidentität und Bürgerrechte (zur Person)	ZP	*Staatsbürgerschaft,* *Personenstand,* *Religionsaustritte,* *Meldewesen,* *Fremdenwesen,* *Passwesen,* *Wahlen*

TEIL 2

Hinweis: Bei den folgenden Tätigkeitsbereichen handelt es sich um zusätzliche Tätigkeitsbereiche im Falle, dass Dienste bereichsübergreifend – im Hinblick auf Teil 1 der Anlage - erbracht werden.

Tätigkeitsbereich	Bereichskennung	Beispiele
Bereichsübergreifender Rechtsschutz	BR	*Gerichtshöfe des öffentlichen Rechts,* *allgemeine Aufsichtstätigkeiten wie Gemeindeaufsicht,* *Kontrolltätigkeiten wie Rechnungshof, Volksanwaltschaft*
Zentrales Rechnungswesen	HR	*zentrale Verrechnungsstellen für z.B. Gebühren und Verwaltungsabgaben,* *aber auch für privatwirtschaftliche Leistungen an den Auftraggeber oder durch den Auftraggeber*
Auftraggeberinterne allgemeine Kanzleiindizes	KI	*bereichsübergreifende elektronische Aktenverwaltungssysteme*
Öffentlichkeitsarbeit	OI	*Bürgeranliegen,* *Präsentation des Auftraggebers in den Medien,* *Call center*
Personalverwaltung	PV	
Zentraler Rechtsdienst	RD	
Zentrale Durchführung von Verwaltungsstrafverfahren	VS	
Zentrales Verwaltungsstrafregister	VS-RG	
Zustellungen	ZU	

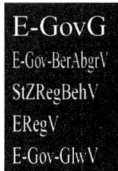

Stammzahlenregisterbehördenverordnung 2009

BGBl II 2009/330

STICHWORTVERZEICHNIS

Verordnung des Bundeskanzlers über die Stammzahlenregisterbehörde (Stammzahlenregisterbehördenverordnung 2009 – StZRegBehV 2009)

Auf Grund des 2. Abschnitts des E-Govern-ment-Gesetzes – E-GovG, BGBl. I Nr. 10/2004, in der Fassung des Bundesgesetzes BGBl. I Nr. 7/2008, der Kundmachung BGBl. I Nr. 59/2008 und des Datenschutzgesetzes 2000 – DSG 2000, BGBl. I Nr. 165/1999, zuletzt geändert durch das Bundesgesetz BGBl. I Nr. 2/2008, wird im Ein-vernehmen mit der Bundesministerin für Inneres verordnet:

1. Abschnitt

Personenbindung

Ersuchen auf Eintragung

§ 1. (1) Das Ersuchen um Eintragung der Per-sonenbindung gemäß § 4 Abs. 3 E-Government-Gesetz – E-GovG, BGBl. I Nr. 10/2004, in der Fassung des Bundesgesetzes BGBl. I Nr. 7/2008 und der Kundmachung BGBl. I Nr. 59/2008, ist bei einer Eintragungsstelle (§ 2) zu stellen.

(2) Für Ersuchen gemäß Abs. 1 hat die Stammzahlenregisterbehörde ein Webformular und, sofern erforderlich, eine Schnittstelle zur Verfügung zu stellen.

Eintragungsstellen

§ 2. (1) Die Eintragungsstelle hat die Identität der Bürgerkartenwerberin bzw. des Bürgerkarten-werbers festzustellen und die Personenbindung einzutragen.

(2) Eintragungsstellen sind

1. die Stammzahlenregisterbehörde,

2. in deren Auftrag tätige Behörden, und

3. in deren Auftrag tätige Zertifizierungsdienste-anbieter, die qualifizierte Zertifikate ausstellen.

(3) Die Bürgerkartenwerberin hat ihre bzw. der Bürgerkartenwerber hat seine Identität der Eintra-gungsstelle mittels eines amtlichen Lichtbildaus-weises nachzuweisen. Bürgerkartenwerberinnen und Bürgerkartenwerber, die nicht Staatsangehö-rige einer Vertragspartei des Abkommens über den Europäischen Wirtschaftsraum sind, haben den Nachweis der Identität durch ein Reisedoku-ment zu erbringen. Bürgerkartenwerberinnen und Bürgerkartenwerber, die das Ersuchen gemäß § 1

Abs. 1 elektronisch stellen, haben ihre Identität mit der Bürgerkarte nachzuweisen.

(4) Hat die Eintragungsstelle den Nachweis der Identität der Bürgerkartenwerberin bzw. des Bürgerkartenwerbers bereits in dokumentierter Form, können diese Daten mit Zustimmung der Bürgerkartenwerberin bzw. des Bürgerkartenwerbers für die Eintragung der Personenbindung verwendet werden.

(5) Eintragungsstellen gemäß Abs. 2 Z 2 und 3 haben jene nachgewiesenen Identitätsdaten der Bürgerkartenwerberin bzw. des Bürgerkartenwerbers, die gemäß § 16 Abs. 1 des Meldegesetzes 1991 – MeldeG, BGBl. Nr. 9/1992, notwendig sind, um eine eindeutige Zuordnung zu einem Eintrag im Zentralen Melderegister (ZMR) oder Ergänzungsregister zu erzielen, gemeinsam mit den von der Bürgerkartenwerberin bzw. dem Bürgerkartenwerber verwendeten Signaturprüfdaten an die Stammzahlenregisterbehörde zu übermitteln.

(6) Ersuchen gemäß § 1 Abs. 1 können bei der Stammzahlenregisterbehörde selbst nur elektronisch gestellt werden.

Eintragung

§ 3. (1) Lassen sich die gemäß § 2 Abs. 5 übermittelten Daten von der Stammzahlenregisterbehörde einem Eintrag im ZMR oder im Ergänzungsregister eindeutig zuordnen, hat sie

1. die Stammzahl (§ 6 E-GovG) der Bürgerkartenwerberin bzw. des Bürgerkartenwerbers zu bilden,

2. die Personenbindung zu erstellen, und

3. die Personenbindung zurück an die Eintragungsstelle zu übermitteln, sofern es sich um eine Eintragungsstelle gemäß § 2 Abs. 2 Z 2 oder 3 handelt.

(2) Die Personenbindung hat folgende Daten der Bürgerkartenwerberin bzw. des Bürgerkartenwerbers zu enthalten:

1. die Namen sowie das Geburtsdatum in der im ZMR oder im Ergänzungsregister zuletzt eingetragenen Form,

2. die Stammzahl, und

3. die zugeordneten Signaturprüfdaten.

(3) Sobald die Eintragungsstelle die Personenbindung in der Bürgerkarte der Bürgerkartenwerberin bzw. des Bürgerkartenwerbers eingetragen hat oder die Eintragung fehlgeschlagen ist, hat sie die bei ihr noch vorhandene Personenbindung unverzüglich zu löschen.

Verwendung der Personenbindung

§ 4. Die Personenbindung darf nur mittels der von der Stammzahlenregisterbehörde bezeichneten technischen Bürgerkarten-Schnittstelle an

Datenanwendungen weitergegeben werden. Die Beschreibung dieser Schnittstelle ist von der Stammzahlenregisterbehörde im Internet zu veröffentlichen und unentgeltlich zur Verfügung zu stellen.

2. Abschnitt

Errechnung von bereichsspezifischen Personenkennzeichen (bPK)

bPK aus einem Bereich, in dem der Auftraggeber des öffentlichen Bereichs zur Vollziehung berufen ist

§ 5. (1) Die Stammzahlenregisterbehörde hat auf Anforderung eines Auftraggebers des öffentlichen Bereichs die Errechnung von bPK aus einem Bereich, in dem der Auftraggeber zur Vollziehung berufen ist, für dessen Datenanwendung durchzuführen, wenn die Verwendung von bPK für diese Datenanwendung

1. im Datenverarbeitungsregister gemeldet,

2. in Fällen der Vorabkontrolle gemäß § 18 Abs. 2 DSG 2000 registriert, oder

3. in der Standard- und Muster-Verordnung 2004 – StMV 2004, BGBl. II Nr. 312, in der jeweils geltenden Fassung, vorgesehen ist.

Die Anforderung ist von der Stammzahlenregisterbehörde gemäß § 14 Abs. 3 DSG 2000 zu protokollieren.

(2) Für die Errechnung der bPK hat der Auftraggeber der Stammzahlenregisterbehörde die Bereichskennung jener Datenanwendung bekanntzugeben, in welcher die bPK gespeichert werden, sowie jene Daten der Betroffenen zur Verfügung zu stellen, die gemäß § 16 Abs. 1 MeldeG notwendig sind, um eine eindeutige Zuordnung zu einem Eintrag im ZMR oder im Ergänzungsregister zu erzielen. Zusätzlich hat der Auftraggeber der Stammzahlenregisterbehörde seinen öffentlichen kryptographischen Schlüssel zu übermitteln. Sind die übermittelten Daten nicht ausreichend, um eine Betroffene bzw. einen Betroffenen eindeutig zuordnen zu können, kann die Stammzahlenregisterbehörde dem Auftraggeber eine Liste von bestehenden Eintragungen aus dem ZMR oder dem Ergänzungsregister, auf die die übermittelten Daten zutreffen, mit Angabe je eines weiteren Merkmals gemäß § 16 Abs. 1 MeldeG übermitteln. Dies ist nur zulässig, wenn die vom Auftraggeber übermittelten Daten auf höchstens fünf Personen zutreffen.

(3) Die Stammzahlenregisterbehörde hat die errechneten bPK dem Auftraggeber zur Verfügung zu stellen. Fordert der Auftraggeber die errechneten bPK unter Angabe seines öffentlichen kryptographischen Schlüssels verschlüsselt an, hat die Stammzahlenregisterbehörde zusätzlich zur Errechnung die Verschlüsselung vorzunehmen

E-GovG
E-Gov-BerAbgrV
StZRegBehV
ERegV
E-Gov-GlwV

und die verschlüsselten bPK dem Auftraggeber zur Verfügung zu stellen.

(4) Für eine Anforderung gemäß Abs. 1 hat die Stammzahlenregisterbehörde eine Schnittstelle und die notwendigen Informationen für deren Nutzung zur Verfügung zu stellen, oder eine andere zweckmäßigere Vorgehensweise, insbesondere für die Ausstattung einer gesamten Datenanwendung mit bPK, vorzusehen.

bPK aus einem Bereich, in dem der Auftraggeber des öffentlichen Bereichs nicht zur Vollziehung berufen ist

§ 6. (1) Die Stammzahlenregisterbehörde hat auf Anforderung eines Auftraggebers des öffentlichen Bereichs die Errechnung von bPK aus einem Bereich, in dem der Auftraggeber nicht zur Vollziehung berufen ist, für die Verwendung in verschlüsselter Form in dessen Datenanwendung durchzuführen. Dazu hat der Auftraggeber der Stammzahlenregisterbehörde folgende Daten bekanntzugeben:

1. die Namen der Betroffenen bzw. des Betroffenen und sofern vorhanden deren bzw. dessen Geburtsdatum,

2. sofern das Geburtsdatum nicht vorhanden ist, ein weiteres Datum der Betroffenen bzw. des Betroffenen gemäß § 16 Abs. 1 MeldeG oder das bPK der Betroffenen bzw. des Betroffenen einschließlich des Bereichs, in dem der Auftraggeber zur Vollziehung berufen ist, und

3. die Bezeichnung des Auftraggebers des öffentlichen Bereichs aus dessen Datenanwendung Daten angefordert oder an dessen Datenanwendung Daten übermittelt werden sollen sowie die zugehörige Bereichskennung der Datenanwendung.

Sind die bekanntgegebenen Daten nicht ausreichend, um die Betroffene bzw. den Betroffenen eindeutig im ZMR oder im Ergänzungsregister zuordnen zu können, hat die Stammzahlenregisterbehörde dem Auftraggeber eine Liste von bestehenden Eintragungen aus dem ZMR oder dem Ergänzungsregister, auf die die übermittelten Daten zutreffen, mit Angabe je eines weiteren Merkmals gemäß § 16 Abs. 1 MeldeG übermitteln. Dies ist nur zulässig, wenn die vom Auftraggeber übermittelten Daten auf höchstens fünf Personen zutreffen.

(2) Für eine Anforderung gemäß Abs. 1 ist § 5 Abs. 4 sinngemäß anzuwenden.

(3) Jede Anforderung gemäß Abs. 1 ist von der Stammzahlenregisterbehörde gemäß § 14 Abs. 3 DSG 2000 zu protokollieren.

(4) Die Stammzahlenregisterbehörde hat das errechnete bPK dem Auftraggeber verschlüsselt gemäß § 13 Abs. 2 E-GovG zur Verfügung zu stellen.

(5) Eine Anforderung gemäß Abs. 1 kann auch gemeinsam mit einer Anforderung gemäß § 5 Abs. 1 oder 3 erfolgen.

bPK für die Verwendung im privaten Bereich

§ 7. (1) Ein Auftraggeber des privaten Bereichs kann um Errechnung von bPK für die Verwendung im privaten Bereich bei der Stammzahlenregisterbehörde ersuchen, wenn er der Stammzahlenregisterbehörde den Nachweis erbringt, dass er aufgrund gesetzlicher Vorschriften die Identität seiner Kundinnen und Kunden festzuhalten hat und personenbezogene Daten in einer dem DSG 2000 entsprechenden Art und Weise verarbeitet oder übermittelt werden sollen. Weiters muss die Verwendung solcher bPK für diese Datenanwendung

1. im Datenverarbeitungsregister gemeldet,

2. in Fällen der Vorabkontrolle gemäß § 18 Abs. 2 DSG 2000 registriert, oder

3. in der StMV 2004 vorgesehen sein.

Das Ersuchen ist von der Stammzahlenregisterbehörde gemäß § 14 Abs. 3 DSG 2000 zu protokollieren.

(2) Für die Errechnung der bPK hat der Auftraggeber der Stammzahlenregisterbehörde seine Stammzahl sowie jene Daten der Betroffenen zur Verfügung zu stellen, die gemäß § 16 Abs. 1 MeldeG notwendig sind, um die eindeutige Zuordnung im ZMR oder im Ergänzungsregister zu erzielen.

(3) Die Stammzahlenregisterbehörde hat die errechneten bPK dem Auftraggeber zur Verfügung zu stellen.

(4) Für ein Ersuchen gemäß Abs. 1 ist § 5 Abs. 4 sinngemäß anzuwenden.

Direkte Bereitstellung der Stammzahl

§ 8. (1) Setzt eine Person, die zur berufsmäßigen Parteienvertretung befugt ist, oder ein gemäß § 5 Abs. 3 E-GovG zur Vertretung befugter Organwalter in einer bürgerkartentauglichen Anwendung eine Verfahrenshandlung für die Vertretene bzw. den Vertretenen, hat die Stammzahlenregisterbehörde die Stammzahl der bzw. des Vertretenen zur Errechnung der für das Verfahren erforderlichen bPK direkt der bürgerkartentauglichen Anwendung, bei der die Verfahrenshandlung vorgenommen wurde, bereitzustellen. Die entsprechende Vertretungsberechtigung muss aus dem Signaturzertifikat der Vertreterin bzw. des Vertreters ersichtlich sein.

(2) Die Vertreterin bzw. der Vertreter hat der Stammzahlenregisterbehörde die Daten der bzw. des Vertretenen zu übermitteln, die gemäß § 16 Abs. 1 MeldeG notwendig sind, um eine eindeutige Zuordnung zu einem Eintrag im ZMR oder

im Ergänzungsregister zu erzielen. Die Stammzahlenregisterbehörde hat dazu eine Schnittstelle zur Verfügung zu stellen. Können die übermittelten Daten der bzw. des Vertretenen im ZMR oder Ergänzungsregister eindeutig zugeordnet werden, hat die Stammzahlenregisterbehörde die Stammzahl der bzw. des Vertretenen der bürgerkartentauglichen Anwendung zu übermitteln.

(3) Setzt eine Betroffene bzw. ein Betroffener, der gemäß § 6 Abs. 5 E-GovG im Ergänzungsregister eingetragen ist eine Verfahrenshandlung, hat die Stammzahlenregisterbehörde deren bzw. dessen Stammzahl zu bilden und direkt der bürgerkartentauglichen Anwendung, bei der die Verfahrenshandlung vorgenommen wird, zu übermitteln.

(4) Jede Bereitstellung einer Stammzahl gemäß Abs. 1 und 3 ist von der Stammzahlenregisterbehörde gemäß § 14 Abs. 3 DSG 2000 zu protokollieren.

3. Abschnitt

Stellvertretung

Eintragung eines Vollmachtsverhältnisses

§ 9. (1) Die Stammzahlenregisterbehörde hat auf Ersuchen der Vertreterin bzw. des Vertreters ein Vollmachtsverhältnis auf deren bzw. dessen Bürgerkarte einzutragen.

(2) Voraussetzung für die Eintragung ist der Bestand einer gesetzlichen Stellvertretung oder eines Vollmachtsverhältnisses, welcher der Stammzahlenregisterbehörde insbesondere dadurch nachzuweisen ist, dass

1. die bzw. der Vertretene oder eine von ihr bzw. ihm bevollmächtigte Person mit der Bürgerkarte die Richtigkeit der Angaben zum Vollmachtsverhältnis bestätigt, oder

2. geeignete Urkunden vorgelegt werden und glaubhaft gemacht wird, dass die bzw. der Vertretene von der Eintragung Kenntnis hat.

(3) Die Stammzahlenregisterbehörde hat den Vertretungs-Datensatz zu erstellen und diesen auf der Bürgerkarte der Vertreterin bzw. des Vertreters einzutragen. Der Vertretungs-Datensatz hat eine eindeutige Bezeichnung (Seriennummer), die erforderlichen Angaben zum Vollmachtsverhältnis und die Stammzahl der bzw. des Vertretenen zu enthalten.

(4) Sobald die Stammzahlenregisterbehörde den Vertretungs-Datensatz erstellt hat oder die Erstellung des Vertretungs-Datensatzes fehlgeschlagen ist, hat sie die bei ihr noch vorhandene Stammzahl der bzw. des Vertretenen unverzüglich zu löschen.

(5) Die Stammzahlenregisterbehörde hat für Ersuchen gemäß Abs. 1 ein Webformular und,

sofern erforderlich, eine Schnittstelle zur Verfügung zu stellen.

Löschung und Widerruf der Eintragung eines Vollmachtsverhältnisses

§ 10. (1) Die Vertreterin bzw. der Vertreter kann bei der Stammzahlenregisterbehörde die Löschung der Eintragung eines Vollmachtsverhältnisses veranlassen.

(2) Die bzw. der Vertretene kann bei der Stammzahlenregisterbehörde den Widerruf der Eintragung des Vollmachtsverhältnisses veranlassen.

(3) Der Widerruf der Eintragung von gesetzlichen Vollmachtsverhältnissen kann von allen Personen bei der Stammzahlenregisterbehörde veranlasst werden. Dazu ist der Stammzahlenregisterbehörde eine rechtskräftige Entscheidung über das Nichtbestehen des gesetzlichen Vollmachtsverhältnisses vorzulegen.

(4) Die Stammzahlenregisterbehörde hat eine allgemein zugängliche Internetadresse zur Verfügung zu stellen, bei der alle Personen anhand der im Vertretungs-Datensatz eingetragenen Seriennummer prüfen können, ob und gegebenenfalls wann das Vollmachtsverhältnis widerrufen wurde.

(5) Für Ersuchen gemäß Abs. 1 und 2 hat die Stammzahlenregisterbehörde ein Webformular und, sofern erforderlich, eine Schnittstelle zur Verfügung zu stellen.

Auskunft

§ 11. Alle Personen können mit der Bürgerkarte Auskunft über die von ihnen oder für sie eingetragenen, gelöschten oder widerrufenen Vollmachtsverhältnisse verlangen. Die Stammzahlenregisterbehörde hat dazu ein Webformular zur Verfügung zu stellen.

4. Abschnitt

Schlussbestimmungen

Dienstleister

§ 12. Sofern sich die Stammzahlenregisterbehörde zur Wahrnehmung der im ersten und zweiten Abschnitt geregelten Aufgaben des Bundesministeriums für Inneres als Dienstleister bedient, hat dieses insbesondere die folgenden Dienstleistungen zu erbringen:

1. die Zuordnungsprüfung von Daten zu einem Eintrag im ZMR oder im Ergänzungsregister für natürliche Personen,

2. die Errechnung der Stammzahl, sowie

3. die Erstellung und Rückübermittlung der Personenbindung an die Eintragungsstelle.

E-GovG
E-Gov-BerAbgrV
StZRegBehV
ERegV
E-Gov-GlwV

Inkrafttreten; Außerkrafttreten

§ 13. Diese Verordnung tritt mit Ablauf des zweiten Monats nach Kundmachung in Kraft.[1] Gleichzeitig tritt die Verordnung des Bundeskanzlers, mit der Tätigkeiten der Stammzahlenregisterbehörde betreffend das Stammzahlenregister nach dem E-Government-Gesetz näher geregelt werden, BGBl. II Nr. 57/2005, außer Kraft.

---

[1] *Die Kundmachung der V im Bundesgesetzblatt erfolgte am 12. Oktober 2009.*

Ergänzungsregisterverordnung 2009

BGBl II 2009/331 idF

1 BGBl II 2020/317

**Verordnung des Bundeskanzlers über das
Ergänzungsregister
(Ergänzungsregisterverordnung 2009 – ERegV
2009)**

Auf Grund des 2. bis 4. Abschnitts, insbesondere § 6 Abs. 4, des E-Government-Gesetzes – E-GovG, BGBl. I Nr. 10/2004, in der Fassung des Bundesgesetzes BGBl. I Nr. 7/2008 und der Kundmachung BGBl. I Nr. 59/2008, und des Datenschutzgesetzes 2000 – DSG 2000, BGBl. I Nr. 165/1999, zuletzt geändert durch das Bundesgesetz BGBl. I Nr. 2/2008, wird im Einvernehmen mit der Bundesministerin für Inneres und dem Bundesminister für Finanzen verordnet:

1. Abschnitt

Allgemeine Bestimmungen

Führung des Registers

§ 1. Die Stammzahlenregisterbehörde führt das Ergänzungsregister für Betroffene (§ 2 Z 7 des E-Government-Gesetzes – E-GovG, BGBl. I Nr. 10/2004, in der Fassung des Bundesgesetzes BGBl. I Nr. 7/2008 und der Kundmachung BGBl. I Nr. 59/2008), die weder im Zentralen Melderegister (ZMR) eingetragen sind, noch im Firmenbuch oder im Vereinsregister eingetragen sein müssen. Betroffene natürliche Personen werden im Ergänzungsregister für natürliche Personen (ERnP) geführt, alle anderen Betroffenen werden im Ergänzungsregister für sonstige Betroffene (ERsB) geführt.

E-GovG
E-Gov-BerAbgrV
StZRegBehV
ERegV
E-Gov-GlwV

2. Abschnitt

Ergänzungsregister für natürliche Personen

Eintragung

§ 2. Eine Eintragung in das ERnP darf nur erfolgen

    1. auf Antrag der Betroffenen,

    2. auf Ersuchen eines Auftraggebers des öffentlichen Bereichs bei Ausstattung einer Datenanwendung mit bereichsspezifischen Personenkennzeichen (bPK) gemäß § 10 Abs. 2 E-GovG,

    3. im Zuge eines Verfahrens zur Ausstellung einer Bürgerkarte gemäß § 6 Abs. 5 E-GovG, oder

    4. zur Vornahme von Änderungen.

Eintragungsdaten

§ 3. Als Eintragungsdaten sind folgende Daten zu erfassen:

1. bei einer Eintragung gemäß § 4:

a) die Namen und, soweit vorhanden, der Familienname vor der ersten Eheschließung sowie der akademische Grad der bzw. des Betroffenen,

b) das Geburtsdatum,

c) das Geschlecht,

d) nach Möglichkeit die Anschrift,

e) nach Möglichkeit der Geburtsort sowie das Bundesland, wenn der Geburtsort im Inland gelegen ist, bzw. der Staat, wenn der Geburtsort im Ausland liegt,

f) die Staatsangehörigkeit, sowie

g) Art, Nummer oder Geschäftszahl, Ausstellungsbehörde, Ausstellungsdatum und, soweit vorhanden, Ausstellungsstaat jener amtlichen Dokumente, mit denen die Daten gemäß lit. a bis f nachgewiesen werden;

2. bei einer Eintragung gemäß § 5: die Daten gemäß Z 1 lit. a bis c und, soweit vorhanden, auch die Daten gemäß Z 1 lit. d bis g;

3. bei einer Eintragung gemäß § 6: die Daten gemäß Z 1 lit. a und, soweit vorhanden, auch die Daten gemäß Z 1 lit. b bis f.

Antragstellung durch die Betroffene bzw. den Betroffenen

§ 4. (1) Wenn die bzw. der Betroffene weder im ZMR noch im ERnP eingetragen ist, oder aufgrund eines Eintragungsersuchens eines Auftraggebers des öffentlichen Bereichs bereits im ERnP erfasst ist, aber nicht alle Eintragungsdaten gemäß § 3 Z 1 lit. d bis g im Datensatz (§ 7 Abs. 1) enthalten oder die eingetragenen Daten zu ändern sind, kann die bzw. der Betroffene die Eintragung in das ERnP bei der Stammzahlenregisterbehörde oder bei einem dafür von ihr vorgesehenen Dienstleister beantragen. Die Stammzahlenregisterbehörde hat im Internet eine Liste dieser Dienstleister sowie Informationen zur Einbringung des Antrags zu veröffentlichen. Die Eintragung im ERnP erfolgt durch die Stammzahlenregisterbehörde.

(2) Betroffene haben die Eintragungsdaten mit Ausnahme des Datums gemäß § 3 Z 1 lit. c durch geeignete amtliche Dokumente nachzuweisen. Betroffene, die nicht Staatsangehörige einer Vertragspartei des Abkommens über den Europäischen Wirtschaftsraum sind, haben den Nachweis durch ein Reisedokument zu erbringen.

Eintragungsersuchen eines Auftraggebers des öffentlichen Bereichs

§ 5. Im Zuge der Ausstattung einer Datenanwendung eines Auftraggebers des öffentlichen Bereichs mit bPK kann der Auftraggeber der Datenanwendung für Betroffene, die weder im ZMR noch im ERnP eingetragen sind, bei der Stammzahlenregisterbehörde um Eintragung in das ERnP ersuchen.

Antrag auf Eintragung gemäß § 6 Abs. 5 E-GovG

§ 6. Für einen Antrag auf Eintragung im Zuge eines Verfahrens zur Ausstellung einer Bürgerkarte gemäß § 6 Abs. 5 E-GovG ist kein Nachweis der Eintragungsdaten erforderlich.

Eintragung und Registerinhalt

§ 7. (1) Für jede Betroffene bzw. jeden Betroffenen, die in das ERnP eingetragen werden, ist ein Datensatz zu speichern, der die jeweiligen Eintragungsdaten, die internen Verfahrensdaten sowie die Ordnungsnummer (ON) enthält. Die ON ist in gleicher Weise zu bilden wie eine ZMR-Zahl.

(2) Für die Behandlung der einzutragenden Daten, wie etwa die Schreibweise, gelten dieselben Regeln und Vorkehrungen, die bei einer Eintragung von Daten in das Zentrale Melderegister anzuwenden sind.

(3) Ein im ERnP eingetragener Datensatz ist 10 Jahre nach dem Tod der bzw. des Betroffenen zu löschen, wenn die Stammzahlenregisterbehörde vom Tod Kenntnis erlangt. Jedenfalls ist der eingetragene Datensatz 120 Jahre nach dem eingetragenen Geburtsdatum zu löschen. Sobald die bzw. der Betroffene in das Melderegister aufgenommen wird, sind deren bzw. dessen Daten gemäß Abs. 1 mit Ausnahme der internen Verfahrensdaten in das Melderegister zu übernehmen und nach drei Monaten im Ergänzungsregister zu löschen.

(4) Wenn ein Datensatz aufgrund eines Ersuchens gemäß § 5 eingetragen wurde, kann dieser Auftraggeber des öffentlichen Bereichs die Löschung des Datensatzes bei der Stammzahlenregisterbehörde veranlassen, wenn bis zum Zeitpunkt der Veranlassung der Löschung kein Zugriff eines Dritten auf diesen Datensatz erfolgt ist.

(5) Für Anträge und Ersuchen auf Eintragung oder Änderung des Registerinhaltes hat die Stammzahlenregisterbehörde ein Webformular und soweit zweckmäßig eine Schnittstelle zur Verfügung zu stellen.

Änderungen des Registerinhaltes

§ 8. (1) Eine elektronische Meldung der Änderung der Eintragungsdaten durch Betroffene hat mit der Bürgerkarte (§ 2 Z 10 E-GovG) zu erfolgen. Dieser Meldung sind jene elektronischen Dokumente oder ihre Fundstellen in einem Dokumentenregister im Sinne des 4. Abschnittes des E-GovG anzuschließen, die die Änderungen nachweisen.

(2) Betroffene, die aufgrund eines Antrages gemäß § 4 im ERnP eingetragen sind, haben Änderungen der Eintragungsdaten zu melden. Für das Verfahren dieser Meldung gilt Abs. 1 sinngemäß.

(3) Auftraggeber des öffentlichen Bereichs können die ihnen zur Kenntnis gelangten Änderungen der Eintragungsdaten sowie das Sterbedatum von Betroffenen, die in ihrer Datenanwendung mit bPK geführt werden, melden. In diesem Fall ist auch Art, Nummer oder Geschäftszahl, Ausstellungsbehörde, Ausstellungsdatum und Ausstellungsstaat, wenn dieser im Ausland gelegen, jener amtlichen Dokumente anzugeben, mit denen die Änderungen nachgewiesen wurden.

Verwendung des Registerinhaltes

§ 9. (1) Das ERnP dient ausschließlich der Aufzeichnung jener Daten, die für den Nachweis der eindeutigen Identität (§ 2 Z 2 E-GovG) notwendig sind. Diese Daten dürfen nur für die in der Stammzahlenregisterbehördenverordnung 2009 – StZRegBehV 2009, BGBl. II Nr. 330/2009, geregelten Verfahren sowie im Rahmen der Funktion des Ergänzungsregisters als Dokumentenregister gemäß dem 4. Abschnitt des E-GovG verwendet werden.

(2) Jede Abfrage aus dem ERnP ist gemäß § 14 Abs. 3 DSG 2000, BGBl. I Nr. 165/1999, zuletzt geändert durch das Bundesgesetz BGBl. I Nr. 2/2008, von der Stammzahlenregisterbehörde zu protokollieren.

3. Abschnitt

Ergänzungsregister für sonstige Betroffene

Eintragung

§ 10. (1) Eine Eintragung in das ERsB darf nur erfolgen

1. auf Antrag der bzw. des Betroffenen,

2. auf Ersuchen einer Institution, die unmittelbar durch Gesetz oder Verordnung eingerichtet ist, für

a) sich,

b) ihre Teilorganisationen,

c) die ihrer gesetzlichen Aufsicht unterliegenden Organisationen,

d) Betroffene, soweit die Institution durch Gesetz oder Verordnung dazu ermächtigt wurde, sowie

3. auf Ersuchen eines Auftraggebers des öffentlichen Bereichs im Zuge der Ausstattung einer Datenanwendung mit Stammzahlen (§ 2 Z 8 E-GovG), sowie

4. zur Vornahme von Änderungen.

(2) Ein Antrag oder Ersuchen gemäß Abs. 1 kann bei der Stammzahlenregisterbehörde oder bei einem dafür von ihr vorgesehenen Dienstleister gestellt werden. Die Stammzahlenregisterbehörde hat im Internet eine Liste dieser Dienstleister sowie Informationen zur Einbringung des Antrags zu veröffentlichen. Die Eintragung im ERsB erfolgt durch die Stammzahlenregisterbehörde.

Eintragungsdaten

§ 11. (1) Als Eintragungsdaten sind bei einer Eintragung gemäß § 10 Abs. 1 Z 1 und 2 folgende Daten zu erfassen:

1. die rechtsgültige Bezeichnung der bzw. des Betroffenen,

2. Angaben über die Rechts- oder Organisationsform,

3. Anschrift und Sitz,

4. soweit vorhanden Angaben über den Bestandszeitraum, und

5. soweit vorhanden Angaben über die eindeutige Identität (§ 2 Z 2 E-GovG) der Personen, die für die Betroffene bzw. den Betroffenen vertretungsbefugt sind, sowie über den Umfang der Vertretungsbefugnis.

(2) Die Eintragungsdaten gemäß Abs. 1 sind, ausgenommen im Fall des § 10 Abs. 1 Z 3, durch geeignete Urkunden oder Nachweise zu belegen.

E-GovG
E-Gov-BerAbgrV
StZRegBehV
ERegV
E-Gov-GlwV

Eintragung und Registerinhalt

§ 12. (1) Für jede Betroffene bzw. jeden Betroffenen, die bzw. der in das ERsB eingetragen wird, ist ein Datensatz zu speichern, der die jeweiligen Eintragungsdaten, die internen Verfahrensdaten sowie die ON enthält, die die Betroffene bzw. den Betroffenen eindeutig bezeichnet.

(2) Zur eindeutigen Identifikation der für Betroffene vertretungsbefugten natürlichen Personen ist deren bPK zu speichern.

(3) Soweit die Eintragungsdaten auf Angaben Betroffener beruhen, tragen diese die Verantwortung für ihre Richtigkeit.

(4) Eintragungen im ERsB haben keine rechtlich konstitutive Wirkung.

(5) Für Anträge und Ersuchen auf Eintragung oder Änderung des Registerinhaltes hat die Stammzahlenregisterbehörde ein Webformular

und soweit zweckmäßig eine Schnittstelle zur Verfügung zu stellen.

Änderungen des Registerinhaltes

§ 13. (1) Im ERsB eingetragene Betroffene, die aufgrund eines Antrages gemäß § 10 Abs. 1 Z 1 eingetragen sind, haben Änderungen der Eintragungsdaten zu melden.

(2) Auftraggeber des öffentlichen Bereichs können die ihnen zur Kenntnis gelangten Änderungen der Eintragungsdaten der Stammzahlregisterbehörde melden. Für das Verfahren dieser Meldung gilt § 10 sinngemäß.

(3) Die Berichtigung der Eintragungsdaten hat von Amts wegen zu erfolgen, wenn die Stammzahlenregisterbehörde Tatsachen erfährt, die die Unrichtigkeit oder Unzulässigkeit von Eintragungen bewirken.

Verwendung des Registerinhaltes

§ 14. Das ERsB dient dem Nachweis der eindeutigen Identität Betroffener und macht bereits bestehende Vollmachtsverhältnisse elektronisch ersichtlich.

(BGBl II 2020/317)

4. Abschnitt
Schlussbestimmungen

Dienstleister

§ 15. Sofern die Stammzahlenregisterbehörde bei der Führung des Ergänzungsregisters gemäß § 7 Abs. 2 E-GovG Dienstleister heranzieht, haben die Dienstleistungen insbesondere die Bereitstellung der erforderlichen Webformulare und Schnittstellen „(§§ 7 Abs. 5 und 12 Abs. 5)" sowie die Bereitstellung der technischen Voraussetzungen zur Führung des ERnP und des ERsB zu umfassen. *(BGBl II 2020/317)*

Inkrafttreten; Außerkrafttreten

§ 16. „(1)" Diese Verordnung tritt mit Ablauf des zweiten Monats nach Kundmachung in Kraft.[1] Gleichzeitig tritt die Verordnung des Bundeskanzlers über das Ergänzungsregister nach dem E-Government-Gesetz, BGBl. II Nr. 241/2005, außer Kraft. Eintragungen gemäß § 10 Abs. 1 Z 3 sind nicht vor dem Vorliegen der technischen und organisatorischen Voraussetzungen zulässig. *(BGBl II 2020/317)*

(2) § 14 und § 15 in der Fassung der Verordnung BGBl. II Nr. 317/2020 treten mit Ablauf des Tages der Kundmachung in Kraft.[2] *(BGBl II 2020/317)*

[1] *Die Kundmachung der V im Bundesgesetzblatt erfolgte am 12. Oktober 2009.*
[2] *Die Kundmachung der V BGBl II 2020/317 im Bundesgesetzblatt erfolgte am 10. Juli 2020.*

E-Government-Gleichwertigkeitsverordnung

BGBl II 2010/170

Verordnung des Bundeskanzlers, mit der die Voraussetzungen der Gleichwertigkeit gemäß § 6 Abs. 5 des E-Government-Gesetzes festgelegt werden (E-Government-Gleichwertigkeitsverordnung)

Auf Grund des § 6 Abs. 5 des E-Government-Gesetzes, BGBl. I Nr. 10/2004, in der Fassung des Bundesgesetzes BGBl. I Nr. 7/2008 und der Kundmachung BGBl. I Nr. 59/2008, wird verordnet:

Gleichwertige ausländische elektronische Identitätsnachweise

§ 1. Die Voraussetzungen der Gleichwertigkeit des Nachweises der eindeutigen elektronischen Identität von Betroffenen in ihrem Herkunftsstaat mit der Bürgerkarte sind erfüllt, wenn dieser Nachweis die folgenden Merkmale aufweist:

Staat	Eindeutiger Identifikator des Herkunftsstaates im Nachweis	Bezeichnung des Mediums für die Erbringung des Nachweises
Belgien	RRN-Nummer	Belgian Personal Identity Card (Elektronische identiteitskaart BEL-PIC)
Estland	PIC-Nummer	Estonian ID Card (Isikutunnistus ID-kaart ESTEID)
		Estonian mobile eID (Mobiil-ID)
Finnland	FINUID-Nummer	Finnish Electronic Identity Card (FINEID)
Island	SSN-Nummer	Isländische Bankkarte
Italien	Steuernummer	Electronic Identity Card (Carta d'identità elettronica)
		National Service Card (Carta nazionale dei servizi)
Liechtenstein	Seriennummer des Zertifikats in Verbindung mit PEID-Nummer	lisign
Litauen	Persönlicher ID-Code	Lithuanian Personal Identity Card (Asmens Tapatybės Kortelė)
Portugal	Persönliche Identifikationsnummer Sozialversicherungsnummer Steuernummer Gesundheits-Benutzernummer	Personal Identity Card (Cartão do Cidadão)
Schweden	Persönliche ID-Nummer	Nationellt id-kort
Slowenien	Seriennummer des Zertifikats in Verbindung mit PRN-Nummer oder Steuernummer	SIGOV Card
	Steuernummer	Halcom ONE FOR ALL!
	Steuernummer	Postarca smart card
Spanien	Persönliche ID-Nummer	DNI electronic (DNI electrónico)

E-GovG
E-Gov-Ber.AbgrV
StZRegBehV
ERegV
E-Gov-GlwV

Notifikationshinweis

§ 2. Diese Verordnung wurde unter Einhaltung der Richtlinie 98/34/EG über ein Informationsverfahren auf dem Gebiet der Normen und technischen Vorschriften, ABl. Nr. L 204 vom 21.07. 1998 S 37, in der Fassung der Richtlinie 98/48/EG, Abl. Nr. L 217 vom 05.08.1998 S 18, der Kommission notifiziert (Notifikationsnummer 2009/0624/A).

KODEX
DES ÖSTERREICHISCHEN RECHTS
SAMMLUNG DER ÖSTERREICHISCHEN BUNDESGESETZE

VETERINÄR-RECHT

LexisNexis
ARD Orac

1 TierÄG
-Verordnungen
2 Staatliche VetVerwalt
3 TierSG
-Verordnungen
4 BangSG
-BangS-VO
5 RindlLeukG
-RindLeuk-UeterVO
6 IBR/IPV-G
-Verordnungen
7 DeckSG
-DeckS-VO
8 DasselBG
9 Veterinär-rechts-anpassG Art V
10 BienenSG
11 TGG
-Verordnungen
12 Desinfektions-vorschriften
13 Tierkörper-verwertung
14 FleischUG
-Verordnungen
15 TAKG
-Verordnungen
16 Völkerrechtl Verträge Übersicht
17 Neben-vorschriften

KODEX
DES ÖSTERREICHISCHEN RECHTS
SAMMLUNG DER ÖSTERREICHISCHEN BUNDESGESETZE

ÄRZTE-RECHT

LexisNexis
ARD Orac

1 ÄrzteG
Ärzte-AusbildungsO
Ärztekammer-WO
ÄrzteausbV
ArbMedV
EWR-ÄrzteV
SchädelV
NtfKfichtungsO
PGOAK
StMV
PhysikemPV
Ärzte-EnkG
2 FA ZMK
Dentistenv
Dentistenkammer-WO
3 PsychologenG
EWR-PsychologenG
PsychotherapieG
EWR-PsychotherapG
4 GuKG
HebG
K TG
MTD-G
MTF-SHD-G
MMHt-G
JntG
5 AusbVorbG
6 AIDS-G
AIDS-V-Infektion
AIDS-V-Quarant
EpidimieG
AnzangspflÖtterK-V
GeschlechtskrKG
ThG
7 KrebsstatistikG
Krebsstatistik V
8 KAG
KA-AZG
9 ASchG
AMZ-VO
Arbeitszeitag-V
10 StrahlenschutzG
StrahlenschutzV
11 AMG
MedizProdukteV
Fachstellen V
MPG
RezeptpflichtG
12 ApothekenG
ApothekenBO
13 FMedG
FMedV
IVF-Fonds-G
GTG
14 MuKiPaßV
15 ASVG
V J-U2c-ASVG
RufrigeV
16 SMG
SV
PV
17 PsG
PrsV
18 StVO
FSG
FSG-GV
KFG
19 StGB
StVG
20 ABGB
JWG

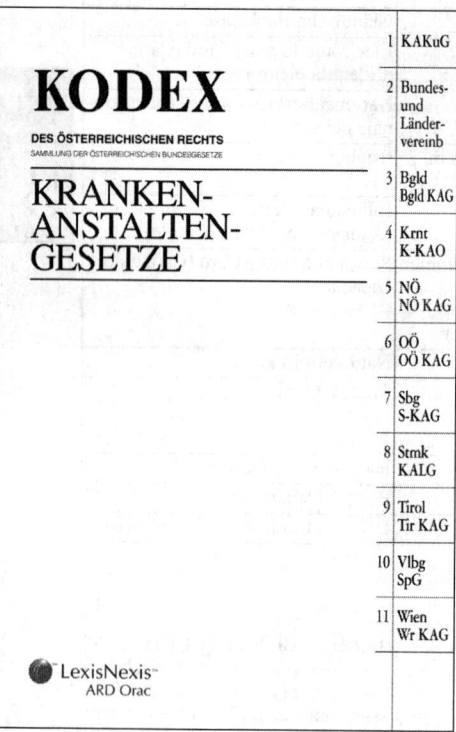

KODEX
DES ÖSTERREICHISCHEN RECHTS
SAMMLUNG DER ÖSTERREICHISCHEN BUNDESGESETZE

KRANKEN-ANSTALTEN-GESETZE

LexisNexis
ARD Orac

1 KAKuG
2 Bundes- und Länder-vereinb
3 Bgld Bgld KAG
4 Krnt K-KAO
5 NÖ NÖ KAG
6 OÖ OÖ KAG
7 Sbg S-KAG
8 Stmk KALG
9 Tirol Tir KAG
10 Vlbg SpG
11 Wien Wr KAG

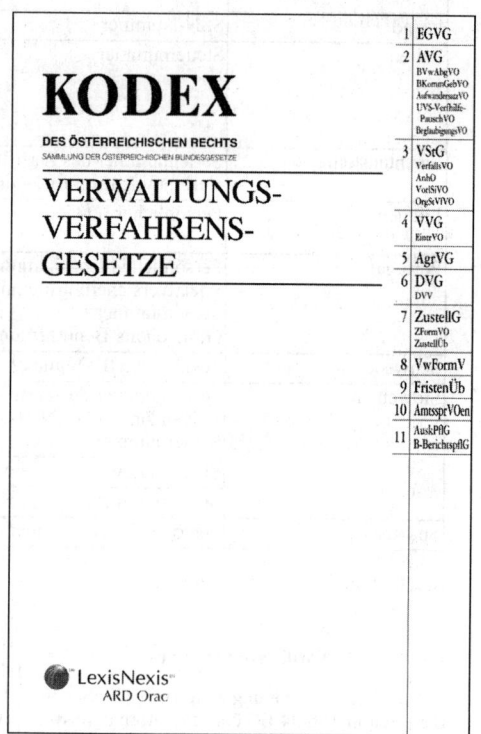

KODEX
DES ÖSTERREICHISCHEN RECHTS
SAMMLUNG DER ÖSTERREICHISCHEN BUNDESGESETZE

VERWALTUNGS-VERFAHRENS-GESETZE

LexisNexis
ARD Orac

1 EGVG
2 AVG
BVwAbgVO
BKommGebVO
AufwandersatzVO
UVS-Verhälfis-PauschVO
BeglaubigungsVO
3 VStG
VerfallsVO
AnhO
VorISVO
OrgSkVIVO
4 VVG
EinstVO
5 AgrVG
6 DVG
DVV
7 ZustellG
ZFormVO
ZustellÜb
8 VwFormV
9 FristenÜb
10 AmtssprVOen
11 AuskPflG
B-BerichtspflG

Bundesverwaltungsgerichtsgesetz

BGBl I 2013/10 idF

1 BGBl I 2016/50
2 BGBl I 2017/24
3 BGBl I 2018/22

4 BGBl I 2019/44
5 BGBl I 2021/87

STICHWORTVERZEICHNIS

BVwGG + V
VwGVG + V
VwGbk-ÜG

Bundesgesetz über die Organisation des Bundesverwaltungsgerichtes (Bundesverwaltungsgerichtsgesetz – BVwGG)

Inhaltsverzeichnis

1. Hauptstück
Organisation des Bundesverwaltungsgerichtes

1. Abschnitt
Sitz und Zusammensetzung des Bundesverwaltungsgerichtes

Sitz und Außenstellen

§ 1. (1) Das Bundesverwaltungsgericht hat seinen Sitz in Wien.

(2) Das Bundesverwaltungsgericht hat Außenstellen in Graz, Innsbruck und Linz.

Zusammensetzung des Bundesverwaltungsgerichtes und Ernennung der Mitglieder

§ 2. (1) Das Bundesverwaltungsgericht besteht aus folgenden Mitgliedern:

1. dem Präsidenten,

2. dem Vizepräsidenten und

3. den sonstigen Mitgliedern.

(2) Der Präsident, der Vizepräsident und die sonstigen Mitglieder werden vom Bundespräsidenten auf Vorschlag der Bundesregierung ernannt.

(3) Vor der Erstattung von Vorschlägen für die Stellen des Präsidenten und des Vizepräsidenten sind die Bewerber von einer Kommission bestehend aus einem Vertreter des Bundeskanzlers, einem weiteren Vertreter eines Bundesministeriums, zwei Vertretern der Wissenschaft mit akademischer Lehrbefugnis eines rechtswissenschaftlichen Faches an einer Universität sowie den Präsidenten des Verfassungsgerichtshofes, des Verwaltungsgerichtshofes und des Obersten Gerichtshofes oder einer von diesen jeweils beauftragten Person zu einer Anhörung einzuladen. Die Kommission hat der Bundesregierung mindestens drei Bewerber zur Vorschlagserstattung zu empfehlen.

(4) Vor der Erstattung von Vorschlägen für die Stellen der sonstigen Mitglieder hat die Bundesregierung Dreiervorschläge des Personalsenates einzuholen.

(5) Der Personalsenat hat die Besetzungsvorschläge an das Bundeskanzleramt weiterzuleiten. Unverzüglich nach Einlangen der Besetzungsvor-

schläge beim Bundeskanzleramt sind auf der Internethomepage des Bundesverwaltungsgerichtes zu veröffentlichen:

1. geschlechterweise aufgeschlüsselt die Anzahl der für die Ausübung der ausgeschriebenen Funktion oder die Erfüllung der Aufgaben des ausgeschriebenen Arbeitsplatzes als geeignet angesehenen Bewerberinnen und Bewerber und

2. die Namen der Mitglieder des Personalsenates, die an diesem Besetzungsvorschlag mitgewirkt haben.

Die §§ 31 Abs. 1 und Abs. 2 letzter Satz, 32 Abs. 5 und 6, 32a Abs. 1 erster Satz, 32b, 33 Abs. 2 erster Satz, Abs. 4 und Abs. 5 und 35 des Richter- und Staatsanwaltschaftsdienstgesetzes – RStDG, BGBl. Nr. 305/1961, gelten sinngemäß. *(BGBl I 2017/24)*

2. Abschnitt

Organe des Bundesverwaltungsgerichtes

Präsident

§ 3. (1) Der Präsident leitet das Bundesverwaltungsgericht, übt die Dienstaufsicht über das gesamte Personal aus und führt die Justizverwaltungsgeschäfte für das Bundesverwaltungsgericht, soweit diese nicht „auf Grund dieses oder anderer Bundesgesetze" durch andere Organe zu erledigen sind. Insbesondere nimmt er auch die dienstbehördlichen Aufgaben und die Aufgaben der inneren Revision (§ 78a des Gerichtsorganisationsgesetzes – GOG, RGBl. Nr. 217/1896) wahr. Dem Präsidenten obliegt es auch, bei voller Wahrung der richterlichen Unabhängigkeit auf eine möglichst einheitliche Rechtsprechung Bedacht zu nehmen. *(BGBl I 2017/24)*

(2) Der Präsident wird bei seinen Aufgaben nach Maßgabe der von ihm zu erlassenden Geschäftseinteilung für Justizverwaltungssachen vom Vizepräsidenten, von den Kammervorsitzenden und erforderlichenfalls von sonstigen Mitgliedern des Bundesverwaltungsgerichtes unterstützt und vertreten. Eine Einbeziehung bedarf – außer im Fall des Vizepräsidenten und der Kammervorsitzenden – der Zustimmung des betreffenden sonstigen Mitgliedes und kann vom Präsidenten jederzeit widerrufen werden. Bei der Besorgung der ihnen übertragenen Aufgaben sind die sonstigen Mitglieder an die Weisungen des Präsidenten gebunden.

(3) Ist der Präsident verhindert, so wird er vom Vizepräsidenten, wenn auch dieser verhindert ist, von dem nach der Geschäftseinteilung für Justizverwaltungssachen hiezu berufenen Kammervorsitzenden oder sonstigen Mitglied in seinem gesamten Wirkungsbereich vertreten. Dies gilt auch dann, wenn die Stelle des Präsidenten oder des Vizepräsidenten nicht besetzt ist.

(4) Der Präsident und der Vizepräsident können neben ihren Justizverwaltungsaufgaben auch in der Rechtsprechung tätig sein, soweit die Besorgung ihrer Justizverwaltungsaufgaben dadurch nicht beeinträchtigt wird.

(5) Die §§ 1 bis 14 und „15a bis" 16 GOG gelten sinngemäß mit der Maßgabe, dass die darin vorgesehenen Befugnisse der Gerichtspräsidenten bzw. der Dienststellenleitung dem Präsidenten zukommen, und dass die Hausordnung durch Auflage zur öffentlichen Einsicht im Amtsgebäude und Bereitstellung im Internet kundzumachen ist. *(BGBl I 2017/24; BGBl I 2021/87)*

Vollversammlung

§ 4. (1) Die Mitglieder des Bundesverwaltungsgerichtes (§ 2 Abs. 1) bilden zusammen die Vollversammlung.

(2) Der Vollversammlung kommen folgende Aufgaben zu:

1. Wahl der Wahlmitglieder und Ersatzmitglieder des Personalsenates;

2. Wahl des Disziplinarsenates;

3. Wahl der Wahlmitglieder und Ersatzmitglieder des Geschäftsverteilungsausschusses;

4. Wahl der Wahlmitglieder und Ersatzmitglieder des Controllingausschusses;

5. Wahl der Mitglieder und Ersatzmitglieder des Dienstsenates;

6. Beschlussfassung über die Geschäftsordnung auf Vorschlag des Geschäftsverteilungsausschusses;

7. Beschlussfassung über den Tätigkeitsbericht.

(3) Der Präsident beruft die Vollversammlung zu ihren Sitzungen ein und führt in diesen den Vorsitz. Die Beratungen und Abstimmungen der Vollversammlung sind nicht öffentlich.

(4) Jedes Mitglied ist berechtigt, in der Vollversammlung Anträge zu stellen. Den anderen Mitgliedern steht es frei, zu diesen Anträgen Gegenanträge oder Abänderungsanträge zu stellen. Alle Anträge sind zu begründen.

(5) Der Vorsitzende bestimmt die Reihenfolge, in der über die Anträge abgestimmt wird, und die Reihenfolge der Stimmabgabe.

(6) Soweit in diesem Bundesgesetz nicht anderes bestimmt ist, ist zu einem Beschluss der Vollversammlung die Anwesenheit von mindestens der Hälfte der Mitglieder und die einfache Mehrheit der abgegebenen Stimmen erforderlich. Eine Stimmenthaltung ist unzulässig. Bei Stimmengleichheit gibt die Stimme des Vorsitzenden den Ausschlag. Im Fall des Abs. 2 Z 7 ist eine Beschlussfassung im Umlaufweg zulässig; nähere Regelungen sind in der Geschäftsordnung zu treffen.

(7) Über die Beratung und Abstimmung der Vollversammlung ist ein Protokoll zu führen.

Leiter der Außenstellen

§ 5. (1) Der Präsident hat die Leiter der Außenstellen nach Anhörung des Personalsenates aus dem Kreis der in der jeweiligen Außenstelle (§ 1 Abs. 2) tätigen Mitglieder des Bundesverwaltungsgerichtes für die Dauer von sechs Jahren zu bestellen. Die Bestellung bedarf der Zustimmung des betroffenen Mitglieds. Der Leiter einer Außenstelle kann vom Präsidenten jederzeit aus wichtigen dienstlichen Gründen abberufen werden.

(2) Der Leiter der Außenstelle nimmt für den Bereich der Außenstelle die dem Präsidenten nach § 3 Abs. 1 zukommenden Aufgaben unter der Verantwortung des Präsidenten wahr. Unbeschadet der richterlichen Unabhängigkeit des Leiters der Außenstelle als Mitglied des Bundesverwaltungsgerichtes unterliegt er in Ausübung der Aufgaben als Leiter der Außenstelle den Weisungen des Präsidenten.

(3) Der Leiter der Außenstelle wird bei seinen Aufgaben nach Maßgabe seiner Verfügungen durch einen Stellvertreter und erforderlichenfalls auch von anderen in der Außenstelle tätigen Mitgliedern des Bundesverwaltungsgerichtes unterstützt und vertreten. Hinsichtlich der Bestellung und Abberufung des Stellvertreters des Leiters gilt Abs. 1. Eine Einbeziehung bedarf – außer im Fall des Stellvertreters – der Zustimmung des betroffenen Mitglieds und kann vom Leiter der Außenstelle jederzeit widerrufen werden. Bei Besorgung dieser übertragenen Aufgaben sind die damit betrauten Mitglieder an die Weisungen des Leiters der Außenstelle gebunden.

Einzelrichter

§ 6. Das Bundesverwaltungsgericht entscheidet durch Einzelrichter, sofern nicht in Bundes- oder Landesgesetzen die Entscheidung durch Senate vorgesehen ist.

Senate

§ 7. (1) Die Senate bestehen aus einem Mitglied als Vorsitzendem und zwei weiteren Mitgliedern als Beisitzern. Für jeden Senat sind mindestens ein Stellvertreter des Vorsitzenden und mindestens zwei Ersatzmitglieder (Ersatzbeisitzer) zu bestimmen.

(2) Ist in Bundes- oder Landesgesetzen die Mitwirkung fachkundiger Laienrichter an der Rechtsprechung vorgesehen, sind diese anstelle der Mitglieder nach Maßgabe der Geschäftsverteilung als Beisitzer heranzuziehen. Ist in Bundes- oder Landesgesetzen die Mitwirkung von mehr als zwei fachkundigen Laienrichtern vorgesehen, ist der Senat entsprechend zu vergrößern.

(3) Ist ein Mitglied des Senates verhindert, so hat der Vorsitzende den Eintritt des in der Geschäftsverteilung vorgesehenen Ersatzmitgliedes zu verfügen.

(4) Die Tätigkeit des Präsidenten und des Vizepräsidenten in einem Senat bedarf deren Zustimmung.

Beratung und Abstimmung

§ 8. (1) Ein Senat ist beschlussfähig, wenn der Vorsitzende und die Mitglieder des Senates anwesend sind. Verhinderte Mitglieder des Senates sind durch die Ersatzmitglieder (Stellvertreter, Ersatzbeisitzer) in der in der Geschäftsverteilung festgelegten Reihenfolge zu vertreten.

(2) Die Beratung und Abstimmung wird vom Vorsitzenden geleitet. Die Beratung und Abstimmung ist nicht öffentlich.

(3) Jedes Senatsmitglied ist berechtigt, in der Beratung Anträge zu stellen. Den anderen Senatsmitgliedern steht es frei, zu diesen Anträgen Gegenanträge oder Abänderungsanträge zu stellen. Alle Anträge sind zu begründen.

(4) Der Vorsitzende bestimmt die Reihenfolge, in der die Anträge abgestimmt wird, und die Reihenfolge der Stimmabgabe.

(5) Zu einem Beschluss des Senates ist die Mehrheit der abgegebenen Stimmen erforderlich. Eine Stimmenthaltung ist unzulässig.

(6) Über die Beratung und Abstimmung ist ein Protokoll zu führen.

Aufgaben des Vorsitzenden und der Beisitzer eines Senates

§ 9. (1) Der Vorsitzende leitet die Geschäfte des Senates und führt das Verfahren bis zur Verhandlung. Die dabei erforderlichen Beschlüsse bedürfen keines Senatsbeschlusses. Er entscheidet, ob eine mündliche Verhandlung anberaumt wird, eröffnet, leitet und schließt diese. Er verkündet die Beschlüsse des Senates, unterfertigt die schriftlichen Ausfertigungen, arbeitet den Erledigungsentwurf aus und stellt im Senat den Beschlussantrag.

(2) Stimmt zumindest die Hälfte der Beisitzer dem Erledigungsentwurf des Vorsitzenden zu, hat der Vorsitzende die Entscheidung auszuarbeiten. Anderenfalls hat ein dem Erledigungsentwurf nicht zustimmender Beisitzer binnen zwei Wochen einen Erledigungsentwurf auszuarbeiten und dem Vorsitzenden vorzulegen. Stimmt zumindest die Hälfte der sonstigen Senatsmitglieder diesem Entwurf zu, hat der Beisitzer die Entscheidung auszuarbeiten. Ist dies nicht der Fall oder hat der Beisitzer den Erledigungsentwurf nicht binnen zwei Wochen vorgelegt, hat der Vorsitzende einen anderen Beisitzer mit der Ausarbeitung eines Er-

ledigungsentwurfs zu betrauen oder diesen selbst auszuarbeiten.

(3) Wirken im Senat fachkundige Laienrichter mit, arbeitet in jedem Fall der Vorsitzende den Erledigungsentwurf aus.

Personalsenat

§ 10. (1) Der Personalsenat besteht aus dem Präsidenten, dem Vizepräsidenten und fünf von der Vollversammlung aus ihrer Mitte gewählten Mitgliedern (Wahlmitglieder). Für die Wahlmitglieder sind von der Vollversammlung aus ihrer Mitte 15 Ersatzmitglieder zu wählen.

(2) Im Übrigen sind auf die Zusammensetzung, die Wahl und die Geschäftsführung des Personalsenates die Bestimmungen des Richter- und Staatsanwaltschaftsdienstgesetzes – RStDG, BGBl. Nr. 305/1961, über die Personalsenate sinngemäß anzuwenden.

Geschäftsverteilungsausschuss

§ 11. (1) Der Geschäftsverteilungsausschuss besteht aus dem Präsidenten, dem Vizepräsidenten und fünf von der Vollversammlung aus ihrer Mitte gewählten Mitgliedern (Wahlmitglieder). Für die Wahlmitglieder sind von der Vollversammlung aus ihrer Mitte 15 Ersatzmitglieder zu wählen.

(2) Im Übrigen sind auf die Zusammensetzung, die Wahl und die Geschäftsführung des Geschäftsverteilungsausschusses die Bestimmungen des RStDG über die Personalsenate sinngemäß anzuwenden.

Fachkundige Laienrichter

§ 12. (1) Das Amt als fachkundiger Laienrichter ist ein Ehrenamt. Niemand ist zur Annahme eines solchen Amtes verpflichtet.

(2) Fachkundige Laienrichter müssen österreichische Staatsbürger und voll handlungsfähig sein. Sie dürfen nicht wegen einer vorsätzlich begangenen strafbaren Handlung rechtskräftig verurteilt worden sein, außer die Strafe ist getilgt oder die Voraussetzungen des § 6 des Tilgungsgesetzes 1972, BGBl. Nr. 68/1972, liegen vor. § 208 Abs. 1 RStDG gilt sinngemäß.

(3) Die fachkundigen Laienrichter sind vom Bundeskanzler jeweils für die Dauer von sechs Jahren zu bestellen. Sie sind vor Antritt ihres Amtes vom Präsidenten zu beeiden. „Die fachkundigen Laienrichter können auch von den Leitern der Außenstellen oder den Kammervorsitzenden beeidet werden, sofern ihnen diese Aufgabe vom Präsidenten übertragen wurde." Das Amt beginnt mit der Angelobung. Eine Wiederbestellung ist zulässig. *(BGBl I 2017/24)*

(4) Für jeden fachkundigen Laienrichter ist in gleicher Weise und unter den gleichen Voraussetzungen mindestens ein Ersatzrichter zu bestellen. Der Ersatzrichter hat den fachkundigen Laienrichter im Fall von dessen Verhinderung zu vertreten.

(5) Das Amt als fachkundiger Laienrichter oder Ersatzrichter endet

1. mit Ablauf der Bestelldauer, wenn aber die Bestellung des nachfolgenden fachkundigen Laienrichters oder Ersatzrichters nach diesem Zeitpunkt erfolgt, mit dem Amtsantritt des nachfolgenden fachkundigen Laienrichters oder Ersatzrichters, und wenn aber der fachkundige Laienrichter oder Ersatzrichter an einer öffentlichen mündlichen Verhandlung im Verfahren teilgenommen hat, erst mit Beendigung dieses Verfahrens,

2. durch Tod,

3. durch Verzicht oder

4. durch Amtsenthebung.

(6) Der Verzicht ist dem Präsidenten schriftlich zu erklären. Er wird eine Woche nach Einlangen der Verzichtserklärung unwiderruflich und, wenn kein späterer Zeitpunkt in der Verzichtserklärung angegeben ist, wirksam.

(7) Der Personalsenat hat einen fachkundigen Laienrichter oder Ersatzrichter seines Amtes zu entheben, wenn dieser

1. eine der gesetzlichen Bestellungsvoraussetzungen verliert,

2. auf Grund seiner gesundheitlichen Verfassung seine richterlichen Aufgaben nicht mehr erfüllen kann,

3. unentschuldigt die Amtspflichten wiederholt vernachlässigt oder

4. ein Verhalten setzt, das mit dem Ansehen des Amtes unvereinbar ist.

(8) Die fachkundigen Laienrichter und Ersatzrichter sind in Ausübung ihres Amtes unabhängig; sie haben hiebei die mit dem Richteramt verbundenen Befugnisse in vollem Umfang.

(9) Den fachkundigen Laienrichtern und Ersatzrichtern gebührt für die Erfüllung ihrer Aufgaben eine Entschädigung. Die Höhe dieser Entschädigung legt der Bundeskanzler durch Verordnung fest.

BVwGG + V
VwGVG + V
VwGbk-ÜG

Rechtspfleger

§ 13. (1) Nichtrichterlichen Bediensteten, die

1. zum selbstständigen Parteienverkehr geeignet,

2. mit der Erledigung von Angelegenheiten der Geschäftsstelle völlig vertraut sind,

3. eine entsprechende Ausbildung erfolgreich abgeschlossen haben und

4. vorbereitende Erledigungen in diesen Angelegenheiten zuverlässig besorgen können,

kann bei Bedarf die Besorgung von Angelegenheiten der Gerichtsbarkeit übertragen werden.

(2) Der Bundeskanzler hat einem nichtrichterlichen Bediensteten, der die im Abs. 1 genannten Voraussetzungen erfüllt, hierüber eine Urkunde auszustellen. In der Urkunde sind die zu übertragenden Geschäfte zu bezeichnen.

(3) Der Bundeskanzler hat dem betreffenden nichtrichterlichen Bediensteten die Befugnis zur Besorgung der ihm übertragenen Geschäfte abzuerkennen, wenn dieser die persönlichen Voraussetzungen für die Übertragung auf Dauer nicht mehr erfüllt. In diesem Fall ist dem Bundeskanzler die Urkunde binnen drei Tagen nach Zustellung des Bescheides im Dienstweg zurückzustellen.

(4) Der Präsident hat nach Bedarf zu bestimmen, in welcher Gerichtsabteilung, in welchem zeitlichen Umfang und in welchen Angelegenheiten ein Bediensteter als Rechtspfleger zu verwenden ist. Die Aufteilung der Geschäfte innerhalb der Gerichtsabteilung erfolgt durch das Mitglied.

(5) Der Rechtspfleger ist an die Weisungen des nach der Geschäftsverteilung zuständigen Mitglieds gebunden; § 8 sowie §§ 9 Abs. 2 und 10 des Rechtspflegergesetzes – RpflG, BGBl. Nr. 560/1985, gelten sinngemäß. Das nach der Geschäftsverteilung zuständige Mitglied kann sich die Erledigung solcher Geschäfte unbeschränkt vorbehalten oder an sich ziehen; ist der Rechtspfleger befangen, hat es dies zu tun.

Amtssachverständige

§ 14. Dem Bundesverwaltungsgericht stehen in den Fällen des Art. 131 Abs. 2 erster Satz und Abs. 4 Z 2 des Bundes-Verfassungsgesetzes – B-VG, BGBl. Nr. 1/1930, die im Bereich der Vollziehung des Bundes tätigen Amtssachverständigen zur Verfügung.

3. Abschnitt

Gang und Führung der Geschäfte des Bundesverwaltungsgerichtes

Geschäftsverteilung

§ 15. (1) Vor Ablauf jedes Geschäftsverteilungsjahres hat der Geschäftsverteilungsausschuss jeweils für das nächste Geschäftsverteilungsjahr eine Geschäftsverteilung zu beschließen. Das Geschäftsverteilungsjahr beginnt am 1. Februar und endet am 31. Jänner des Folgejahres. Die Geschäftsverteilung hat zu bestimmen:

1. ob die Mitglieder des Bundesverwaltungsgerichtes auf einem Arbeitsplatz in der Dienststelle am Sitz oder in einer Außenstelle verwendet werden, wobei den Mitgliedern ein Arbeitsplatz

in der jeweils anderen Dienststelle nur mit ihrer Zustimmung zugewiesen werden darf;

2. die Vorsitzenden und Beisitzer der Senate sowie die Ersatzmitglieder (Stellvertreter, Ersatzbeisitzer) und die Reihenfolge, in der diese einzutreten haben;

3. die Verteilung der dem Bundesverwaltungsgericht zufallenden gerichtlichen Geschäfte auf die Einzelrichter und Senate;

4. die Einrichtung von Kammern und ihre Geschäftsgebiete sowie die in den einzelnen Kammern zusammengefassten Einzelrichter und Senate.

(2) Der Präsident hat den Entwurf einer Geschäftsverteilung für das nächste Geschäftsverteilungsjahr vom 2. November bis einschließlich 25. November zur Einsicht aufzulegen (Einsichtsfrist). Jedes Mitglied des Bundesverwaltungsgerichtes ist berechtigt, während der Einsichtsfrist schriftliche Einwendungen gegen den Entwurf zu erheben. Die Einwendungen müssen eine Begründung und einen Abänderungsantrag enthalten. Der Geschäftsverteilungsausschuss hat vor dem Geschäftsverteilungsbeschluss über die Einwendungen zu beraten. Eine abgesonderte Beschlussfassung über die Einwendungen hat zu unterbleiben. Soweit der Geschäftsverteilungsbeschluss vom Entwurf abweicht oder Einwendungen nicht berücksichtigt, ist er zu begründen. Die Begründung ist möglichst bald nach der Beschlussfassung, jedenfalls jedoch in der Zeit vom 1. bis einschließlich 15. Februar zur Einsicht bereit zu halten.

(3) Die Verteilung der Geschäfte nach Abs. 1 Z 3 hat so zu erfolgen, dass insgesamt eine möglichst gleichmäßige Auslastung aller Einzelrichter und Senate des Bundesverwaltungsgerichtes erreicht wird, wobei die Wahrnehmung von Vertretungsaufgaben oder von Aufgaben der Justizverwaltung entsprechend zu berücksichtigen ist, und dass eine die Rechtsschutzinteressen der Parteien wahrende Rechtspflege sichergestellt ist. Rechtssachen, in denen bereits eine mündliche Verhandlung stattgefunden hat, sind tunlichst bei jenem Einzelrichter oder Senat zu belassen, von dem sie bisher geführt worden sind.

(4) Wegen Veränderungen im Personalstand, wegen Überlastung oder zu geringer Beschäftigung einzelner Mitglieder oder Senate oder aus anderen wichtigen Gründen kann die Geschäftsverteilung vom Geschäftsverteilungsausschuss auch während des Geschäftsverteilungsjahres geändert werden. Diesfalls sollen Rechtssachen, in denen bereits eine mündliche Verhandlung stattgefunden hat, tunlichst vom bisherigen Einzelrichter oder Senat zu Ende geführt werden. Wenn möglich, sollen die Senate hiezu in derselben Zusammensetzung wie bisher zusammentreten.

(5) Beschließt der Geschäftsverteilungsausschuss nötige Änderungen der Geschäftsverteilung im Sinne des Abs. 4 nicht innerhalb von sechs Wochen, so hat der Präsident diese Änderungen durch Erlassung einer vorläufigen Geschäftsverteilung vorzunehmen. In diesem Fall hat der Präsident unverzüglich den Geschäftsverteilungsausschuss zur Beschlussfassung über die endgültige Geschäftsverteilung zu einer Sitzung einzuberufen, die spätestens vier Wochen nach Erlassung der vorläufigen Geschäftsverteilung stattzufinden hat. Mit der Beschlussfassung über die endgültige Geschäftsverteilung tritt die vorläufige Geschäftsverteilung außer Kraft.

(6) Hat der Geschäftsverteilungsausschuss bis zum Ablauf des Geschäftsverteilungsjahres keine Geschäftsverteilung beschlossen, so gilt die bisherige Geschäftsverteilung bis zur Beschlussfassung über eine neue Geschäftsverteilung weiter.

(7) Die Geschäftsverteilung ist vom Präsidenten zur allgemeinen Einsicht aufzulegen und kann auch auf andere Weise öffentlich zugänglich gemacht werden.

(8) Die Geschäftsverteilungsübersicht ist nach der aufsteigenden Nummerierung der Gerichtsabteilungen und Kammern (§ 16) zu gliedern. In ihr sind auszuweisen:

1. die Namen der Einzelrichter und ihrer Vertreter;

2. die Namen der Vorsitzenden und Beisitzer der Senate sowie die Namen der Stellvertreter und Ersatzbeisitzer;

3. die den Einzelrichtern und Senaten zugewiesenen Geschäftsgebiete;

4. die Geschäftsgebiete der Kammern sowie die in den einzelnen Kammern zusammengefassten Einzelrichter und Senate;

5. bei mehreren Geschäftsabteilungen die für die Gerichtsabteilung bzw. Kammer zuständige Geschäftsabteilung der Geschäftsstelle;

6. die Namen und Geschäftsgebiete der Rechtspfleger sowie welcher Gerichtsabteilung sie zugewiesen sind.

Die Geschäftsverteilungsübersicht ist durch Aushang an der Amtstafel zur öffentlichen Einsicht bereit zu stellen.

Gerichtsabteilungen und Kammern

§ 16. (1) Für jeden Einzelrichter und Senat ist eine Gerichtsabteilung zu eröffnen. Für den Präsidenten, den Vizepräsidenten, den Leiter der Evidenzstelle und den Leiter der Controllingstelle sind mit deren Zustimmung Gerichtsabteilungen zu eröffnen. Die Geschäftsverteilung des Bundesverwaltungsgerichtes hat auch Regelungen für die Vertretung der einzelnen Gerichtsabteilungen zu enthalten, wobei für den Leiter der Gerichtsabteilung eine ausreichende Zahl von Vertretern

und die Reihenfolge, in der die Vertreter einzutreten haben, zu bestimmen sind.

(2) In der Geschäftsverteilung ist auf Vorschlag des Präsidenten vorzusehen, dass die Gerichtsabteilungen (Einzelrichter und Senate) auf Grund des sachlichen Zusammenhangs ihrer Geschäfte zu Kammern zusammenzufassen sind. Die Kammervorsitzenden und ihre Stellvertreter werden vom Präsidenten nach Anhörung des Personalsenates für die Dauer von sechs Jahren bestellt und können vom Präsidenten jederzeit aus wichtigen dienstlichen Gründen abberufen werden. Die Bestellung bedarf der Zustimmung des betroffenen Mitglieds. Wird eine Kammer aufgelöst, so endet damit auch das Amt des Kammervorsitzenden und des Stellvertreters.

(3) Der Kammervorsitzende hat die Kammer nach Maßgabe der Geschäftseinteilung für Justizverwaltungssachen zu leiten und unter der Verantwortung des Präsidenten bei voller Wahrung der richterlichen Unabhängigkeit auf eine möglichst einheitliche Rechtsprechung innerhalb der Kammer Bedacht zu nehmen. Der Kammervorsitzende hat den Präsidenten in den Angelegenheiten des § 18 Abs. 3 zu unterstützen. Der Kammervorsitzende hat dem Präsidenten und dem Leiter der Evidenzstelle über Erkenntnisse oder Beschlüsse, die von der bisherigen Rechtsprechung abweichen, zu berichten.

Zuweisung und Abnahme von Rechtssachen

§ 17. (1) Jede im Bundesverwaltungsgericht anfallende Rechtssache wird dem nach der Geschäftsverteilung zuständigen Einzelrichter oder Senat zugewiesen.

(2) Zeigt der Einzelrichter oder der Vorsitzende des Senates dem Präsidenten seine Befangenheit an, ist die Rechtssache dem nach der Geschäftsverteilung ersatzweise zuständigen Mitglied zuzuweisen. Zeigt ein Beisitzer oder ein Rechtspfleger dem Präsidenten seine Befangenheit an, hat der Präsident den zuständigen Einzelrichter oder Vorsitzenden des Senates darüber zu informieren.

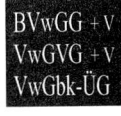

(3) Der Geschäftsverteilungsausschuss kann einem Einzelrichter oder Senat eine ihm zufallende Rechtssache durch Verfügung abnehmen, wenn der Einzelrichter oder Senat verhindert oder wegen des Umfangs seiner Aufgaben an deren Erledigung innerhalb einer angemessenen Frist gehindert ist.

Geschäftsführung

§ 18. (1) Zur Unterstützung der ordnungsgemäßen Geschäftsführung des Bundesverwaltungsgerichtes sind vom Präsidenten ein Präsidialbüro, eine Evidenzstelle, eine Controllingstelle und eine Geschäftsstelle einzurichten.

(2) Das Präsidialbüro hat den Präsidenten und den Vizepräsidenten bei der Besorgung der ihnen nach § 3 zukommenden Aufgaben zu unterstützen.

(3) Die Evidenzstelle hat alle Erkenntnisse und Beschlüsse des Bundesverwaltungsgerichtes sowie im Bedarfsfall auch Entscheidungen anderer Gerichte und Behörden sowie des einschlägigen Schrifttums in übersichtlicher Art und Weise zu dokumentieren. An der Aufbereitung für die Veröffentlichung (§ 20) wirken die Mitglieder des Bundesverwaltungsgerichtes hinsichtlich der von ihnen als Einzelrichter oder Vorsitzender eines Senates getroffenen Entscheidungen mit. Der Präsident hat nach Anhörung des Personalsenates ein Mitglied des Bundesverwaltungsgerichtes zum Leiter der Evidenzstelle und ein anderes Mitglied zum Stellvertreter des Leiters zu bestellen. Ist der Leiter der Evidenzstelle verhindert, so wird er vom Stellvertreter in seinem gesamten Wirkungsbereich vertreten. Der Leiter der Evidenzstelle und der Stellvertreter können vom Präsidenten jederzeit von dieser Funktion aus wichtigen dienstlichen Gründen abberufen werden. Der Leiter der Evidenzstelle hat dem Präsidenten über Erkenntnisse oder Beschlüsse, die von der bisherigen Rechtsprechung abweichen, zu berichten. Ihm obliegen nach Maßgabe der Vorgaben des Präsidenten die Organisation und die Überwachung der Tätigkeit der Evidenzstelle.

(4) Die Geschäftsstelle ist mit der Besorgung der Kanzleigeschäfte des Bundesverwaltungsgerichtes betraut und zur Unterstützung der Mitglieder des Bundesverwaltungsgerichtes berufen; sie wird vom Vorsteher der Geschäftsstelle geleitet. Der Vorsteher der Geschäftsstelle hat nach den Weisungen des Präsidenten den gesamten Dienst in der Geschäftsstelle zu leiten und den Präsidenten in der Aufsicht über deren Bedienstete zu unterstützen. Die Geschäftsstelle umfasst nach Maßgabe der vom Präsidenten zu erlassenden Geschäftseinteilung die Geschäftsabteilungen für die Gerichtsabteilungen und Kammern sowie weitere Abteilungen für Aufgaben, die außerhalb der Gerichtsabteilungen und Kammern für das ganze Gericht gemeinsam besorgt werden. Bei Meinungsverschiedenheiten zwischen dem Leiter einer Gerichtsabteilung oder einem Kammervorsitzenden und dem Vorsteher der Geschäftsstelle entscheidet der Präsident.

(5) Die vom Präsidenten zu erlassende Geschäftseinteilung für die Geschäftsstelle (Abs. 4) ist in die Geschäftsverteilungsübersicht (§ 15 Abs. 8) aufzunehmen.

(6) Der Leiter und die anderen in der Geschäftsabteilung verwendeten Bediensteten haben den dienstlichen Anordnungen des Einzelrichters oder Vorsitzenden des Senates, die zugehörige Gerichtsabteilung leitet, und den dienstlichen Anordnungen des Kammervorsitzenden Folge zu

leisten. Die Leitung der Gerichtsabteilung oder Kammer umfasst auch die Pflicht der Aufsicht über die zugehörigen Geschäftsabteilungen.

(7) Die Bestimmungen über die ordnungsgemäße Geschäftsführung für den Bereich der Außenstellen unter der Verantwortung des Leiters (§ 5) sind in der Geschäftsordnung zu treffen.

Geschäftsordnung

§ 19. „(1)" Die näheren Regelungen über die Geschäftsführung und den Geschäftsgang des Bundesverwaltungsgerichtes sind in der Geschäftsordnung vorzusehen. „ " Die Geschäftsordnung ist von der Vollversammlung auf Vorschlag des Geschäftsverteilungsausschusses zu beschließen und vom Präsidenten zur allgemeinen Einsicht aufzulegen; diese kann auch auf andere Weise öffentlich zugänglich gemacht werden. *(BGBl I 2019/44)*

(2) In der Geschäftsordnung kann insbesondere festgelegt werden, wann (Amtsstunden) und wo (Dienststelle am Sitz, Außenstelle) Schriftsätze beim Bundesverwaltungsgericht eingebracht werden können. Schriftsätze, die im elektronischen Verkehr übermittelt oder im Wege des elektronischen Rechtsverkehrs eingebracht worden sind, gelten mit dem Tag ihrer Einbringung als eingebracht, und zwar auch dann, wenn sie nach dem Ende der Amtsstunden eingebracht wurden; allfällige Pflichten des Bundesverwaltungsgerichtes zur Vornahme bestimmter Handlungen werden diesfalls jedoch frühestens mit dem Wiederbeginn der Amtsstunden ausgelöst. *(BGBl I 2019/44)*

Veröffentlichung

§ 20. Erkenntnisse und Beschlüsse, die nicht bloß verfahrensleitend sind, sind in anonymisierter Form im Rechtsinformationssystem des Bundes (RIS) zu veröffentlichen.

4. Abschnitt

Elektronischer Rechtsverkehr

§ 21. (1) Die Schriftsätze können auch im Wege des nach diesem Abschnitt eingerichteten elektronischen Rechtsverkehrs wirksam eingebracht werden. Anstelle schriftlicher Ausfertigungen der Erledigungen sowie anstelle von Gleichschriften von Eingaben, die elektronisch eingebracht worden sind, kann das Bundesverwaltungsgericht die darin enthaltenen Daten an Einschreiter, die Eingaben im elektronischen Rechtsverkehr nach diesem Abschnitt einbringen, im Wege des elektronischen Rechtsverkehrs übermitteln.

(2) Ist die Zustellung im elektronischen Rechtsverkehr nach den folgenden Bestimmungen nicht möglich, kann sie auch über elektronische

Zustelldienste nach den Bestimmungen des 3. Abschnittes des Zustellgesetzes – ZustG, BGBl. Nr. 200/1982, erfolgen.

(3) Der Bundeskanzler hat nach Maßgabe der technischen und organisatorischen Möglichkeiten sowie unter Bedachtnahme auf eine einfache und sparsame Verwaltung und eine Sicherung vor Missbrauch die nähere Vorgangsweise bei der elektronischen Einbringung von Schriftsätzen und Übermittlung von Ausfertigungen von Erledigungen des Bundesverwaltungsgerichtes durch Verordnung zu regeln. Dazu gehören insbesondere die zulässigen elektronischen Formate und Signaturen, die Regelungen für die Ausgestaltung der automationsunterstützt hergestellten Ausfertigungen einschließlich der technischen Vorgaben für die Amtssignatur und deren Überprüfung sowie Bestimmungen über den Anschriftcode. In der Verordnung kann vorgeschrieben werden, dass sich der Einbringer einer Übermittlungsstelle zu bedienen hat. Diese Verordnung hat nach Maßgabe der technischen und organisatorischen Möglichkeiten den Zeitpunkt zu bestimmen, ab dem Schriftsätze und Ausfertigungen von Erledigungen im Wege des elektronischen Rechtsverkehrs eingebracht bzw. übermittelt werden können.

(4) Soweit dies in der Verordnung gemäß Abs. 3 angeordnet ist,

1. sind die Schriftsätze mit einer geeigneten elektronischen Signatur zu unterschreiben;

2. kann auch ein anderes sicheres Verfahren, das die Authentizität und die Integrität des übermittelten elektronischen Dokuments sicherstellt, angewandt werden;

3. sind Beilagen zu elektronisch eingebrachten Schriftsätzen in Form von elektronischen Urkunden (Urschriften oder elektronischen Abschriften von Papierurkunden) anzuschließen.

(5) Die Ausfertigungen von Erledigungen des Bundesverwaltungsgerichtes, die im elektronischen Rechtsverkehr übermittelt werden sollen, sind mit der Amtssignatur des Bundesverwaltungsgerichtes (§§ 19 und 20 des E-Government-Gesetzes – E-GovG, BGBl. I Nr. 10/2004) zu versehen, soweit dies in der Verordnung nach Abs. 3 vorgesehen ist. Die Bestimmungen des „Signatur- und Vertrauensdienstegesetzes – SVG, BGBl. I Nr. 50/2016", sind sinngemäß anzuwenden. *(BGBl I 2016/50)*

(6) Rechtsanwälte, Steuerberater und Wirtschaftsprüfer sind nach Maßgabe des § 89c Abs. 5 GOG, Sachverständige und Dolmetscher nach Maßgabe des § 89c Abs. 5a GOG zur Teilnahme am elektronischen Rechtsverkehr verpflichtet. Ein Verstoß gegen diese Vorschriften wird wie ein Formmangel behandelt, der zu verbessern ist. *(BGBl I 2019/44)*

(7) Schriftsätze, die im Wege des elektronischen Rechtsverkehrs eingebracht werden, gelten als bei einer Bundesbehörde oder beim Bundes-

verwaltungsgericht eingebracht, wenn ihre Daten zur Gänze bei der Bundesrechenzentrum GmbH eingelangt sind. Ist vorgesehen, dass die Schriftsätze über eine Übermittlungsstelle zu leiten sind (Abs. 3), und sind sie auf diesem Weg bei der Bundesrechenzentrum GmbH tatsächlich zur Gänze eingelangt, so gelten sie als bei der Bundesbehörde oder beim Bundesverwaltungsgericht mit demjenigen Zeitpunkt eingebracht, an dem die Übermittlungsstelle dem Einbringer rückgemeldet hat, dass sie die Daten des Schriftsatzes zur Weiterleitung an die Bundesrechenzentrum GmbH übernommen hat.

(8) Als Zustellzeitpunkt elektronisch übermittelter Ausfertigungen von Erledigungen des Bundesverwaltungsgerichtes und Eingaben (Abs. 1) gilt jeweils der auf das Einlangen in den elektronischen Verfügungsbereich des Empfängers folgende Werktag, wobei Samstage nicht als Werktage gelten.

(9) Im Übrigen sind die „§§ 89a bis 89g und 89o" des Gerichtsorganisationsgesetzes – GOG, RGBl. Nr. 217/1896, sinngemäß anzuwenden. *(BGBl I 2017/24)*

5. Abschnitt

Controlling und Berichtswesen

Controlling

§ 22. (1) Zur Sicherstellung einer zweckmäßigen, wirtschaftlichen, sparsamen und effizienten Besorgung der Aufgaben des Bundesverwaltungsgerichtes sind die Controllingstelle und der Controllingausschuss berufen.

(2) Der Präsident hat unter seiner Verantwortung eine Controllingstelle einzurichten. Der Präsident hat nach Anhörung des Personalsenates ein Mitglied des Bundesverwaltungsgerichtes zum Leiter der Controllingstelle und ein anderes Mitglied zum Stellvertreter des Leiters zu bestellen. Ist der Leiter der Controllingstelle verhindert, so wird er vom Stellvertreter in seinem gesamten Wirkungsbereich vertreten. Der Leiter der Controllingstelle und der Stellvertreter können vom Präsidenten jederzeit von dieser Funktion aus wichtigen dienstlichen Gründen abberufen werden. § 3 Abs. 2 gilt.

BVwGG + V
VwGVG + V
VwGbk-ÜG

(3) Die Controllingstelle unterstützt die Organe des Bundesverwaltungsgerichtes bei voller Wahrung der richterlichen Unabhängigkeit bei ihren Entscheidungen, indem sie insbesondere die Auslastung und Effizienz, das Erscheinungsbild und die Funktionstüchtigkeit des inneren Betriebs des Bundesverwaltungsgerichtes sowie dessen aufbau- und ablauforganisatorischen Gegebenheiten in Form eines begleitenden Controlling untersucht, Abweichungen vom Sollzustand feststellt und ihre Ursachen analysiert.

(4) Der Controllingausschuss besteht aus einem Vorsitzenden, einem Stellvertreter und fünf weiteren Mitgliedern, die von der Vollversammlung aus ihrer Mitte für eine Funktionsperiode von vier Jahren gewählt werden. In der Geschäftsordnung sind die näheren Regelungen über die Vorsitzführung, insbesondere die Wahl des Vorsitzenden und dessen Stellvertreter, zu regeln. Für die weiteren Mitglieder sind von der Vollversammlung aus ihrer Mitte 15 Ersatzmitglieder zu wählen. Im Übrigen sind auf die Wahl und die Geschäftsführung des Controllingausschusses die Bestimmungen des RStDG über die Personalsenate sinngemäß anzuwenden.

(5) Dem Controllingausschuss obliegt die Beratung über die Ergebnisse des Controllings der Controllingstelle, die ihm einmal jährlich gesammelt vom Präsidenten vorzulegen sind, und auf Grund dieser Ergebnisse die Erarbeitung von Empfehlungen an den Präsidenten und die betreffenden Organe des Bundesverwaltungsgerichtes.

(6) Bei der Erstattung von Empfehlungen und Vorschlägen ist darauf zu achten, dass nicht der Anschein einer Einflussnahme auf den Bereich entsteht, der in Gerichtsverfahren der Rechtsprechung vorbehalten ist. Die Geschäftsordnung kann vorsehen, dass die Empfehlungen auch den Mitgliedern zugänglich gemacht werden.

Geschäftsausweise

§ 23. Die Einzelrichter und Vorsitzenden der Senate haben dem Präsidenten vierteljährlich über die Anzahl der in den letzten drei Monaten erledigten Rechtssachen und die Art der in diesen Rechtssachen getroffenen Erledigung zu berichten und nach Ablauf eines jeden Kalenderjahres alle am 1. Jänner anhängigen Rechtssachen auszuweisen (Geschäftsausweis). Im Einzelfall haben sie dem Präsidenten auf begründetes Ersuchen gesondert zu berichten.

Tätigkeitsbericht

§ 24. Das Bundesverwaltungsgericht hat für jedes „Geschäftsverteilungsjahr" einen Bericht über seine Tätigkeit und die dabei gesammelten Erfahrungen zu verfassen. Der Präsident hat den Entwurf eines Tätigkeitsberichts der Vollversammlung zur Beschlussfassung vorzulegen. Der von der Vollversammlung beschlossene Tätigkeitsbericht ist vom Präsidenten dem Bundeskanzler vorzulegen. Aus Anlass der Vorlage des Tätigkeitsberichtes hat der Präsident dem Bundeskanzler auch über den Bereich der Justizverwaltung zu berichten. *(BGBl I 2017/24)*

6. Abschnitt

Datenschutz

(BGBl I 2018/22)

§ 24a. Die §§ 84 und 85 GOG gelten sinngemäß mit der Maßgabe, dass über die Beschwerde wegen behauptete Verletzungen solcher Rechte (Art. 130 Abs. 2a B-VG) ein Senat des Bundesverwaltungsgerichts entscheidet.

2. Hauptstück

Schlussbestimmungen

Verweisungen

§ 25. Soweit in diesem Bundesgesetz auf Bestimmungen anderer Bundesgesetze verwiesen wird, sind diese in ihrer jeweils geltenden Fassung anzuwenden.

Sprachliche Gleichbehandlung

§ 26. Soweit sich die in diesem Bundesgesetz verwendeten Bezeichnungen auf natürliche Personen beziehen, gilt die gewählte Form für beide Geschlechter. Bei der Anwendung dieser Bezeichnungen auf bestimmte natürliche Personen ist die jeweils geschlechtsspezifische Form zu verwenden.

Inkrafttreten

§ 27. (1) Dieses Bundesgesetz tritt mit 1. Jänner 2014 in Kraft. Gleichzeitig tritt das Asylgerichtshofgesetz – AsylGHG, BGBl. I Nr. 4/2008, außer Kraft.

(2) Die Wahl- und Ersatzmitglieder des ersten Geschäftsverteilungsausschusses sind möglichst bis 1. November 2013 von der Vollversammlung aus der Mitte der ernannten Mitglieder sowie der gemäß Art. 151 Abs. 51 Z 7 B-VG überzuleitenden Mitglieder des Asylgerichtshofes zu wählen. Dieser hat bis 20. Dezember 2013 die erste Geschäftsverteilung für den Tätigkeitszeitraum vom 1. Jänner 2014 bis 31. Jänner 2015 zu beschließen.

(3) Mit 1. Jänner 2014 zu Mitgliedern des Bundesverwaltungsgerichtes werdende Mitglieder des Asylgerichtshofes dürfen mit der Wahrnehmung der Aufgaben eines Arbeitsplatzes in einer Außenstelle des Bundesverwaltungsgerichtes nur mit ihrer Zustimmung betraut werden. Für eine Verwendung auf einer Planstelle in der Außenstelle ernannte Mitglieder des Asylgerichtshofes dürfen mit der Wahrnehmung der Aufgaben eines Arbeitsplatzes in der Dienststelle am Sitz oder in einer anderen Außenstelle des Bundesverwaltungsgerichtes nur mit ihrer Zustimmung betraut werden.

(4) § 21 Abs. 5 in der Fassung des Bundesgesetzes BGBl. I Nr. 50/2016 tritt mit 1. Juli 2016 in Kraft. *(BGBl I 2016/50)*

(5) § 2 Abs. 5, § 3 Abs. 1, § 3 Abs. 5, § 12 Abs. 3 dritter Satz, § 21 Abs. 9 und § 24 in der Fassung des Bundesgesetzes BGBl. I Nr. 24/2017 treten mit 1. Jänner 2017 in Kraft. Der Tätigkeitsbericht für das Kalenderjahr 2016 bezieht sich auf den Zeitraum bis 31. Jänner 2017. *(BGBl I 2017/24)*

(6) Das Inhaltsverzeichnis und der 6. Abschnitt samt Überschrift in der Fassung des Bundesgesetzes BGBl. I Nr. 22/2018 treten mit 25. Mai 2018 in Kraft. *(BGBl I 2018/22)*

(7) § 19 und § 21 Abs. 6 in der Fassung des Bundesgesetzes BGBl. I Nr. 44/2019 treten mit 1. Juli 2019 in Kraft. *(BGBl I 2019/44)*

(8) § 3 Abs. 5 in der Fassung des Bundesgesetzes BGBl. I Nr. 87/2021 tritt mit dem der Kundmachung folgenden Tag in Kraft.[1)] *(BGBl I 2021/87)*

[1)] *Die Kundmachung des BG BGBl I 2021/87 im Bundesgesetzblatt erfolgte am 14. Mai 2021.*

Übergangsbestimmungen zur Erstbesetzung des Bundesverwaltungsgerichtes

§ 28. (1) Die Mitglieder des Asylgerichtshofes werden mit Wirksamkeit ab 1. Jänner 2014 zu Mitgliedern des Bundesverwaltungsgerichtes.

(2) Wer am 1. Juli 2012 Vorsitzender, stellvertretender Vorsitzender oder Senatsvorsitzender des Bundesvergabeamtes ist, kann bis zum Ablauf des 31. Dezember 2012 einen Antrag auf Ernennung zum sonstigen Mitglied des Bundesverwaltungsgerichtes stellen. Über die Ernennung solcher Bewerber entscheidet bis zum Ablauf des 28. Februar 2013 die Bundesregierung.

(3) Die Bundesregierung hat mit Bescheid auszusprechen, dass solche Bewerber nicht zum Mitglied des Bundesverwaltungsgerichtes ernannt werden, wenn sie unter Berücksichtigung ihres bisherigen Verwendungserfolges als Mitglied des Bundesvergabeamtes die persönliche und fachliche Eignung für die Erfüllung der Aufgaben, die mit der vorgesehenen Verwendung als Mitglied des Bundesverwaltungsgerichtes verbunden sind, nicht erwarten lassen. Gegen einen solchen Bescheid kann vom Bewerber Beschwerde gemäß Art. 130 Abs. 1 lit. a B-VG beim Verwaltungsgerichtshof und gemäß Art. 144 B-VG beim Verfassungsgerichtshof erhoben werden.

(4) Wird ein Bescheid nach Abs. 3 erlassen, so ist in diesem auch über die weitere Verwendung des Betroffenen im Bundesdienst – unbeschadet seiner besoldungsrechtlichen Stellung – zu entscheiden.

(5) Sind weitere richterliche oder nichtrichterliche Planstellen zu besetzen, so sind diese vom Präsidenten des Bundesverwaltungsgerichtes auf der beim Bundeskanzleramt eingerichteten Website „Karriere Öffentlicher Dienst" und im „Amtsblatt zur Wiener Zeitung" auszuschreiben; § 5 Abs. 3 des Ausschreibungsgesetzes 1989 – AusG, BGBl. Nr. 85/1989, gilt. Bewerbungsgesuche sind beim Präsidenten des Bundesverwaltungsgerichtes einzubringen. Die Ernennung zum Mitglied hat mit Wirksamkeit ab 1. Jänner 2014 zu erfolgen.

Vollziehung

§ 29. Mit der Vollziehung dieses Bundesgesetzes ist, soweit darin nicht anderes bestimmt ist, der Bundeskanzler betraut.

BVwGG + V
VwGVG + V
VwGbk-ÜG

BVwG-elektronischer-Verkehr-Verordnung

BGBl II 2013/515 idF

1 BGBl II 2015/11

2 BGBl II 2016/222

STICHWORTVERZEICHNIS

**Verordnung des Bundeskanzlers über den
elektronischen Verkehr zwischen
Bundesverwaltungsgericht und Beteiligten
(BVwG-elektronischer-Verkehr-Verordnung
– BVwG-EVV)**

Auf Grund des § 21 Abs. 3 des Bundesverwaltungsgerichtsgesetzes – BVwGG, BGBl. I Nr. 10/2013, wird verordnet:

**Elektronische Einbringung von Schriftsätzen
und von Beilagen zu Schriftsätzen**

§ 1. (1) Schriftsätze und Beilagen zu Schriftsätzen können „nach Maßgabe „technischer Möglichkeiten"*"* auf folgende Weise elektronisch eingebracht werden: *(* BGBl II 2015/11; ** BGBl II 2016/222)*

1. im Wege des elektronischen Rechtsverkehrs;

2. über elektronische Zustelldienste nach den Bestimmungen des 3. Abschnittes des Zustellgesetzes – ZustG, BGBl. Nr. 200/1982;

3. im Wege des elektronischen Aktes;

4. im Wege einer standardisierten Schnittstellenfunktion;

5. mit auf der Website www.bvwg.gv.at abrufbaren elektronischen Formblättern „;" *(BGBl II 2015/11)*

6. mit Telefax. *(BGBl II 2015/11)*

„E-Mail ist keine zulässige Form"* der elektronischen Einbringung von Schriftsätzen im Sinne dieser Verordnung. *(* BGBl II 2015/11)*

(2) Sofern Rechtsanwälte, Steuerberater oder Wirtschaftsprüfer Schriftsätze nicht im elektronischen Rechtsverkehr einbringen, haben sie in der Eingabe zu bescheinigen, dass die technischen Möglichkeiten zur Teilnahme am elektronischen Rechtsverkehr nicht vorliegen.

(3) Beilagen zu Schriftsätzen sind als getrennte Anhänge einzubringen.

(4) Schriftsätze von Behörden sind mit einer Amtssignatur (§ 19 des E-Government-Gesetzes – E-GovG, BGBl. I Nr. 10/2004) zu versehen.

(5) Wer Schriftsätze und Beilagen zu Schriftsätzen im Wege des elektronischen Rechtsverkehrs (Abs. 1 Z 1) einbringt, hat sich hiefür einer auf der Website www.edikte.justiz.gv.at bekanntgemachten Übermittlungsstelle zu bedienen.

(6) Hat die Übermittlungsstelle die Daten der Eingabe zur Weiterleitung an die Bundesrechenzentrum GmbH übernommen, so hat sie dies dem Einbringer sofort mitzuteilen sowie das Datum (Tag und Uhrzeit) dieser Rückmeldung zu protokollieren; dieses Datum ist mit den Daten der Eingabe zu übermitteln.

(7) Die Bundesrechenzentrum GmbH hat zu protokollieren, wann die Daten der Eingabe bei ihr eingelangt sind (Tag und Uhrzeit).

(8) Schriftsätze und Beilagen zu Schriftsätzen sind mit dem Dateninhalt eingebracht, der entsprechend der Schnittstellenbeschreibung an die Bundesrechenzentrum GmbH übergeben wurde.

(9) Schriftsätze und Beilagen zu Schriftsätzen, die im Wege des elektronischen Rechtsverkehrs (Abs. 1 Z 1) eingebracht werden, haben den Anschriftcode des Einbringers zu enthalten. § 7 der Verordnung der Bundesministerin für Justiz über den elektronischen Rechtsverkehr – ERV 2006, BGBl. II Nr. 481/2005, ist sinngemäß anzuwenden.

Elektronische Übermittlung von Ausfertigungen von Erledigungen des Bundesverwaltungsgerichtes und von Kopien von Schriftsätzen und Beilagen zu Schriftsätzen

§ 2. (1) „Ausfertigungen von Erledigungen des Bundesverwaltungsgerichtes und Kopien von Schriftsätzen und Beilagen zu Schriftsätzen können unbeschadet sonstiger Möglichkeiten der elektronischen Zustellung nach den Bestimmungen des 3. Abschnittes des „ZustG"** auch durch Anwendung eines Verfahrens im Sinne des § 1 Abs. 1 Z 1 bis 4 und Z 6 elektronisch übermittelt werden."* Unbeschadet der Wirksamkeit der elektronischen Übermittlung können Erledigungen des Bundesverwaltungsgerichtes auf Antrag im Einzelfall auch in Papierform übermittelt werden.

(* BGBl II 2015/11; ** BGBl II 2016/222)

(2) „Bei" Ausfertigungen von Erledigungen des Bundesverwaltungsgerichtes und Kopien von Schriftsätzen und Beilagen zu Schriftsätzen, die im Wege des elektronischen Rechtsverkehrs übermittelt werden, dient der Anschriftcode zur Bezeichnung des Empfängers. Bedient sich ein Teilnehmer am elektronischen Rechtsverkehr mehrerer Übermittlungsstellen, sind Ausfertigungen von Erledigungen und Kopien von Schriftsätzen und von Beilagen zu Schriftsätzen über jene Übermittlungsstelle elektronisch zu übermitteln, die vom Teilnehmer zuletzt beauftragt wurde. Die Übermittlungsstelle hat der Bundesrechenzentrum GmbH den Zeitpunkt der Beauftragung bekanntzugeben. *(BGBl II 2016/222)*

(3) Die Übermittlungsstelle hat das Datum (Tag und Uhrzeit), „an dem" die Daten in den elektronischen Verfügungsbereich des Empfängers gelangt sind, zu protokollieren und der Bundesrechenzentrum GmbH zur Weiterleitung an das Bundesverwaltungsgericht zu übermitteln. Das Datum (Tag und Uhrzeit), „an dem" die Daten vom Empfänger tatsächlich übernommen wurden, „ist" ebenfalls zu protokollieren und auf Anfrage dem Bundesverwaltungsgericht bekanntzugeben; dieses Protokoll ist mindestens drei Jahre lang aufzubewahren. *(BGBl II 2016/222)*

(4) Ausfertigungen von Erledigungen des Bundesverwaltungsgerichtes sind mit der Amtssignatur des Bundesverwaltungsgerichtes (§§ 19 und 20 E-GovG) zu versehen. Jede Verwendung der Amtssignatur des Bundesverwaltungsgerichtes ist automationsunterstützt in einem Protokoll, das den Namen des Anwenders ausweist, festzuhalten. Dieses Protokoll ist mindestens drei Jahre lang aufzubewahren.

Schnittstellenbeschreibung

§ 3. Der Präsident hat für den elektronischen Rechtsverkehr und die standardisierte Schnittstellenfunktion eine Beschreibung der Art der Datenübermittlung, der vollständigen Datenstruktur, der zulässigen Beilagenformate einschließlich der Regeln über die Feldinhalte und den höchstzulässigen Umfang für alle Dokumentarten auf der Website www.bvwg.gv.at bekanntzumachen (Schnittstellenbeschreibung). Dokumente, die im Wege des elektronischen Rechtsverkehrs oder der standardisierten Schnittstellenfunktion eingebracht bzw. übermittelt werden, haben der Schnittstellenbeschreibung zu entsprechen. Die Übermittlungsstelle hat sicherzustellen, dass Schriftsätze und Beilagen zu Schriftsätzen sowie Ausfertigungen von Erledigungen des Bundesverwaltungsgerichtes nur dann übernommen und weiterverarbeitet werden, wenn sie der Schnittstellenbeschreibung entsprechen.

Datensicherheit

§ 4. (1) Die an der elektronischen Einbringung von Schriftsätzen und Beilagen Beteiligten haben durch geeignete technische und organisatorische Maßnahmen zu gewährleisten, dass die Eingabe nur von demjenigen elektronisch eingebracht werden kann, der in der Eingabe als Einbringer bezeichnet wird. Bei der Registrierung einer natürlichen Person als Einbringer bei einer Übermittlungsstelle ist von dieser die Identität des Einbringers zu prüfen.

(2) Ebenso ist sicherzustellen, dass die Daten von Dokumenten im Sinne des § 2 nur aus dem Verfügungsbereich des in der Zustellung bestimmten Empfängers abgerufen werden können und dort vor missbräuchlichen Zugriffen gesichert werden.

(3) Zur Sicherstellung der Datenintegrität hat jede Übertragung im elektronischen Rechtsverkehr (§ 1 Abs. 1 Z 1) verschlüsselt zu erfolgen. „Zur Sicherstellung der Authentizität sind von allen an der Übertragung Beteiligten Zertifikate, die von einem Vertrauensdiensteanbieter gemäß Art. 3 Z 19 der Verordnung (EU) Nr. 910/2014 über elektronische Identifizierung und Vertrauensdienste für elektronische Transaktionen im Binnenmarkt und zur Aufhebung der Richtlinie 1999/93/EG, ABl. Nr. L 257 vom 28.08.2014 S. 73, in der Fassung der Berichtigung ABl. Nr. L 155 vom 14.06.2016 S. 44, ausgestellt sind, zu verwenden." In der Kommunikation zwischen der Übermittlungsstelle und der Bundesrechenzentrum GmbH können auch von der Bundesrechenzentrum GmbH ausgestellte Zertifikate verwendet werden. *(BGBl II 2016/222)*

BVwGG + V
VwGVG + V
VwGbk-ÜG

Sprachliche Gleichbehandlung

§ 5. Soweit in dieser Verordnung Bezeichnungen nur in männlicher Form angeführt sind, beziehen sie sich auf Frauen und Männer in gleicher Weise. Bei der Anwendung der Bezeichnung auf bestimmte natürliche Personen ist die jeweils geschlechtsspezifische Form zu verwenden.

Inkrafttreten

§ 6. „(1)" Diese Verordnung tritt mit 1. Jänner 2014 in Kraft. Ab diesem Zeitpunkt können Schriftsätze und Beilagen zu Schriftsätzen und Ausfertigungen von Erledigungen des Bundesverwaltungsgerichtes gemäß § 1 Abs. 1 elektronisch eingebracht bzw. übermittelt werden. *(BGBl II 2015/11)*

(2) § 1 Abs. 1 und § 2 Abs. 1 erster Satz in der Fassung der Verordnung BGBl. II Nr. 11/2015 treten mit 1. Februar 2015 in Kraft. *(BGBl II 2015/11)*

(3) § 1 Abs. 1, § 2 Abs. 1 bis 3 und § 4 Abs. 3 in der Fassung der Verordnung BGBl. II Nr. 222/2016 treten mit Ablauf des Tages der Kundmachung dieser Verordnung in Kraft.[1] *(BGBl II 2016/222)*

---

[1] *Die Kundmachung der V BGBl II 2016/222 im Bundesgesetzblatt erfolgte am 10. August 2016.*

BVwG-Entschädigungsverordnung

BGBl II 2013/516

Verordnung des Bundeskanzlers über die Höhe der Entschädigung der fachkundigen Laienrichter und Ersatzrichter für die Erfüllung ihrer Aufgaben am Bundesverwaltungsgericht (BVwG-Entschädigungsverordnung – BVwG-EV)

Auf Grund des § 12 Abs. 9 des Bundesverwaltungsgerichtsgesetzes – BVwGG, BGBl. I Nr. 10/2013, wird verordnet:

§ 1. Die Entschädigung des fachkundigen Laienrichters bzw. des Ersatzrichters umfasst den Ersatz der notwendigen Kosten, die durch die Reise an den Ort der (fortgesetzten) Verhandlung oder der Sitzung eines Senates des Bundesverwaltungsgerichtes, durch den Aufenthalt an diesem Ort und durch die Rückreise verursacht werden.

§ 2. Der Ersatz der notwendigen Reisekosten umfasst die Kosten der Beförderung des fachkundigen Laienrichters bzw. des Ersatzrichters mit einem Massenbeförderungsmittel oder mit einem anderen Beförderungsmittel und die Entschädigung für zu Fuß zurückgelegte Wegstrecken (Kilometergeld); er bezieht sich auf die Strecke zwischen dem Ort der (fortgesetzten) Verhandlung oder der Sitzung eines Senates des Bundesverwaltungsgerichtes und der Wohnung oder der Arbeitsstätte, je nachdem, wo der fachkundige Laienrichter bzw. der Ersatzrichter die Reise antreten oder beenden muss.

§ 3. Die §§ 7 bis 15 des Gebührenanspruchsgesetzes – GebAG, BGBl. Nr. 136/1975, sind sinngemäß anzuwenden.

§ 4. Diese Verordnung tritt mit 1. Jänner 2014 in Kraft.

Verwaltungsgerichtsverfahrensgesetz

BGBl I 2013/33 (Art 1) idF

1 BGBl I 2013/122
2 BGBl I 2015/82 (VfGH)
3 BGBl I 2017/2 (VfGH)
4 BGBl I 2017/24

5 BGBl I 2017/138
6 BGBl I 2018/57
7 BGBl I 2020/119 (VfGH)
8 BGBl I 2021/109

STICHWORTVERZEICHNIS

BVwGG + V
VwGVG + V
VwGbk-ÜG

Bundesgesetz über das Verfahren der Verwaltungsgerichte (Verwaltungsgerichtsverfahrensgesetz – VwGVG)

Inhaltsverzeichnis

tungsbehördlicher Befehls- und Zwangsgewalt

3. Hauptstück

Besondere Bestimmungen

1. Abschnitt

Verfahren in Rechtssachen in den Angelegenheiten des eigenen Wirkungsbereiches der Gemeinde

1. Hauptstück

Allgemeine Bestimmungen

Anwendungsbereich

§ 1. Dieses Bundesgesetz regelt das Verfahren der Verwaltungsgerichte mit Ausnahme des Bundesfinanzgerichtes.

Ausübung der Verwaltungsgerichtsbarkeit

§ 2. Soweit die Bundes- oder Landesgesetze nicht die Entscheidung durch den Senat vorsehen, entscheidet das Verwaltungsgericht durch Einzelrichter (Rechtspfleger).

Örtliche Zuständigkeit

§ 3. (1) Sofern die Rechtssache nicht zur Zuständigkeit des Bundesverwaltungsgerichtes gehört, ist in Rechtssachen in den Angelegenheiten, in denen die Vollziehung Landessache ist, das Verwaltungsgericht im Land zuständig.

(2) Im Übrigen richtet sich die örtliche Zuständigkeit in Rechtssachen, die nicht zur Zuständigkeit des Bundesverwaltungsgerichtes gehören,

1. in den Fällen des Art. 130 Abs. 1 Z 1 und 3 des Bundes-Verfassungsgesetzes – B-VG, BGBl. Nr. 1/1930, nach § 3 Z 1, 2 und 3 mit Ausnahme des letzten Halbsatzes des Allgemeinen Verwaltungsverfahrensgesetzes 1991 – AVG, BGBl. Nr. 51/1991, in Verwaltungsstrafsachen jedoch nach dem Sitz der Behörde, die den Bescheid erlassen bzw. nicht erlassen hat;

2. in den Fällen des Art. 130 Abs. 1 Z 2 B-VG nach dem Ort, an dem die Ausübung unmittelbarer verwaltungsbehördlicher Befehls- und Zwangsgewalt begonnen wurde, wenn diese jedoch im Ausland ausgeübt wurde, danach, wo das ausübende Organ die Bundesgrenze überschritten hat;

„3." in den Fällen des Art. 130 Abs. 2 Z 1 B-VG nach dem Ort, an dem das Verhalten gesetzt wurde. *(BGBl I 2017/138)*

(3) Lässt sich die Zuständigkeit nicht gemäß Abs. 1 oder 2 bestimmen, ist das Verwaltungsgericht im Land Wien zuständig.

(BGBl I 2013/122)

Rechtshilfe auf Ersuchen inländischer Gerichte

§ 4. (1) Die Verwaltungsgerichte haben einander Rechtshilfe zu leisten.

(2) Das Ersuchen um Rechtshilfe ist an das Verwaltungsgericht zu stellen, in dessen Sprengel die Amtshandlung vorgenommen werden soll. Es ist abzulehnen, wenn das ersuchte Verwaltungsgericht zu der betreffenden Handlung örtlich unzuständig ist.

BVwGG + V
VwGVG + V
VwGbk-ÜG

(3) Wird ein Rechtshilfeersuchen an ein unzuständiges Verwaltungsgericht gerichtet und ist diesem die Bestimmung des zuständigen Verwaltungsgerichtes möglich, so hat es das Ersuchen an dieses weiterzuleiten.

(4) Auf Rechtshilfeersuchen anderer inländischer Gerichte sind die Abs. 1 bis 3 sinngemäß anzuwenden.

Rechtshilfe auf Ersuchen ausländischer Gerichte und Behörden

§ 5. (1) Ausländischen Gerichten und Behörden ist Rechtshilfe nach den bestehenden Staatsverträgen, mangels solcher unter der Voraussetzung der Gegenseitigkeit zu leisten.

(2) Die Rechtshilfe ist abzulehnen:

1. wenn die von dem ersuchenden Gericht oder der ersuchenden Behörde begehrte Handlung nicht in die Zuständigkeit der Verwaltungsgerichte fällt; sollte die begehrte Handlung in die Zuständigkeit anderer inländischer Behörden oder Gerichte fallen, kann das ersuchte Verwaltungsgericht das Ersuchen an die zuständige Behörde bzw. das zuständige Gericht weiterleiten;

2. wenn sie unzulässig ist.

Über die Ablehnung ist das ersuchende Gericht oder die ersuchende Behörde unter Angabe der Gründe zu unterrichten.

Befangenheit

§ 6. Mitglieder des Verwaltungsgerichtes, fachkundige Laienrichter und Rechtspfleger haben sich unter Anzeige an den Präsidenten der Ausübung ihres Amtes wegen Befangenheit zu enthalten.

2. Hauptstück
Verfahren

1. Abschnitt
Beschwerde

Beschwerderecht und Beschwerdefrist

§ 7. (1) Gegen Verfahrensanordnungen im Verwaltungsverfahren ist eine abgesonderte Beschwerde nicht zulässig. Sie können erst in der Beschwerde gegen den die Sache erledigenden Bescheid angefochten werden.

(2) Eine Beschwerde ist nicht mehr zulässig, wenn die Partei nach der Zustellung oder Verkündung des Bescheides ausdrücklich auf die Beschwerde verzichtet hat.

(3) Ist der Bescheid bereits einer anderen Partei zugestellt oder verkündet worden, kann die Beschwerde bereits ab dem Zeitpunkt erhoben werden, in dem der Beschwerdeführer von dem Bescheid Kenntnis erlangt hat.

(4) Die Frist zur Erhebung einer Beschwerde gegen den Bescheid einer Behörde gemäß Art. 130 Abs. 1 Z 1 B-VG „ " oder wegen Rechtswidrigkeit des Verhaltens einer Behörde in Vollziehung der Gesetze gemäß Art. 130 Abs. 2 Z 1 B-VG beträgt vier Wochen. Die Frist zur Erhebung einer Beschwerde gegen die Ausübung unmittelbarer verwaltungsbehördlicher Befehls- und Zwangsgewalt gemäß Art. 130 Abs. 1 Z 2 B-VG beträgt sechs Wochen. Sie beginnt *(BGBl I 2017/138)*

1. in den Fällen des Art. 132 Abs. 1 Z 1 B-VG dann, wenn der Bescheid dem Beschwerdeführer zugestellt wurde, mit dem Tag der Zustellung, wenn der Bescheid dem Beschwerdeführer nur mündlich verkündet wurde, mit dem Tag der Verkündung,

2. in den Fällen des Art. 132 Abs. 1 Z 2 B-VG dann, wenn der Bescheid dem zuständigen Bundesminister zugestellt wurde, mit dem Tag der Zustellung, sonst mit dem Zeitpunkt, in dem der zuständige Bundesminister von dem Bescheid Kenntnis erlangt hat,

3. in den Fällen des Art. 132 Abs. 2 B-VG mit dem Zeitpunkt, in dem der Betroffene Kenntnis von der Ausübung unmittelbarer verwaltungsbehördlicher Befehls- und Zwangsgewalt erlangt hat, wenn er aber durch diese behindert war, von seinem Beschwerderecht Gebrauch zu machen, mit dem Wegfall dieser Behinderung, „und" *(BGBl I 2017/138)*

„4." in den Fällen des Art. 132 „Abs. 4"** B-VG dann, wenn der Bescheid dem zur Erhebung der Beschwerde befugten Organ zugestellt wurde, mit dem Tag der Zustellung, sonst mit dem Zeitpunkt, in dem dieses Organ von dem Bescheid Kenntnis erlangt hat. *(* BGBl I 2017/138; ** BGBl I 2021/109)*

Frist zur Erhebung der Säumnisbeschwerde

§ 8. (1) Beschwerde wegen Verletzung der Entscheidungspflicht gemäß Art. 130 Abs. 1 Z 3 B-VG (Säumnisbeschwerde) kann erst erhoben werden, wenn die Behörde die Sache nicht innerhalb von sechs Monaten, wenn gesetzlich eine kürzere oder längere Entscheidungsfrist vorgesehen ist, innerhalb dieser entschieden hat. Die Frist beginnt mit dem Zeitpunkt, in dem der Antrag auf Sachentscheidung bei der Stelle eingelangt ist, bei der er einzubringen war. Die Beschwerde ist abzuweisen, wenn die Verzögerung nicht auf ein überwiegendes Verschulden der Behörde zurückzuführen ist.

(2) In die Frist werden nicht eingerechnet:

1. die Zeit, während deren das Verfahren bis zur rechtskräftigen Entscheidung einer Vorfrage ausgesetzt ist;

2. die Zeit eines Verfahrens vor dem Verwaltungsgerichtshof, vor dem Verfassungsgerichtshof

oder vor dem Gerichtshof der Europäischen Union.

Verfahrenshilfe

§ 8a. (1) Soweit durch Bundes- oder Landesgesetz nicht anderes bestimmt ist, ist einer Partei Verfahrenshilfe zu bewilligen, soweit dies auf Grund des Art. 6 Abs. 1 der Konvention zum Schutze der Menschenrechte und Grundfreiheiten, BGBl. Nr. 210/1958, oder des Art. 47 der Charta der Grundrechte der Europäischen Union, ABl. Nr. C 83 vom 30.03.2010 S. 389, geboten ist, die Partei außerstande ist, die Kosten der Führung des Verfahrens ohne Beeinträchtigung des notwendigen Unterhalts zu bestreiten, und die beabsichtigte Rechtsverfolgung oder Rechtsverteidigung nicht als offenbar mutwillig oder aussichtslos erscheint. Juristischen Personen ist Verfahrenshilfe sinngemäß mit der Maßgabe zu bewilligen, dass an die Stelle des Bestreitens der Kosten der Führung des Verfahrens ohne Beeinträchtigung des notwendigen Unterhalts das Aufbringen der zur Führung des Verfahrens erforderlichen Mittel durch die Partei oder die an der Führung des Verfahrens wirtschaftlich Beteiligten tritt.

(2) Soweit in diesem Paragraphen nicht anderes bestimmt ist, sind die Voraussetzungen und die Wirkungen der Bewilligung der Verfahrenshilfe nach den Vorschriften der Zivilprozessordnung – ZPO, RGBl. Nr. 113/1895, zu beurteilen. Die Bewilligung der Verfahrenshilfe schließt das Recht ein, dass der Partei ohne weiteres Begehren zur Abfassung und Einbringung der Beschwerde, des Vorlageantrags, des Antrags auf Wiederaufnahme des Verfahrens oder des Antrags auf Wiedereinsetzung in den vorigen Stand oder zur Vertretung bei der Verhandlung ein Rechtsanwalt beigegeben wird.

(3) Der Antrag auf Bewilligung der Verfahrenshilfe ist schriftlich zu stellen. „Der Antrag ist bis zur Vorlage der Beschwerde bei der Behörde und ab Vorlage der Beschwerde beim Verwaltungsgericht einzubringen; ein ab Vorlage der Beschwerde vor Zustellung der Mitteilung über deren Vorlage an das Verwaltungsgericht bei der Behörde gestellter Antrag gilt als beim Verwaltungsgericht gestellt und ist diesem unverzüglich vorzulegen.“ Für Verfahren über Beschwerden gemäß Art. 130 Abs. 1 Z 2 B-VG ist der Antrag unmittelbar beim Verwaltungsgericht einzubringen. *(BGBl I 2021/109)*

(4) Der Antrag auf Bewilligung der Verfahrenshilfe kann ab Erlassung des Bescheides bzw. ab dem Zeitpunkt, in dem der Betroffene Kenntnis von der Ausübung unmittelbarer verwaltungsbehördlicher Befehls- und Zwangsgewalt erlangt hat, gestellt werden. Wird die Bewilligung der Verfahrenshilfe zur Abfassung und Einbringung einer Säumnisbeschwerde beantragt, kann dieser Antrag erst nach Ablauf der Entscheidungsfrist

gestellt werden. Sobald eine Partei Säumnisbeschwerde erhoben hat, kann der Antrag auf Bewilligung der Verfahrenshilfe auch von den anderen Parteien gestellt werden.

(5) In dem Antrag auf Bewilligung der Verfahrenshilfe ist die Rechtssache bestimmt zu bezeichnen, für die die Bewilligung der Verfahrenshilfe begehrt wird.

(6) Die Behörde hat dem Verwaltungsgericht den Antrag auf Bewilligung der Verfahrenshilfe und die Akten des Verfahrens unverzüglich vorzulegen. Hat das Verwaltungsgericht die Bewilligung der Verfahrenshilfe beschlossen, so hat es den Ausschuss der zuständigen Rechtsanwaltskammer zu benachrichtigen, damit der Ausschuss einen Rechtsanwalt zum Vertreter bestelle. Dabei hat der Ausschuss Wünschen der Partei zur Auswahl der Person des Vertreters im Einvernehmen mit dem namhaft gemachten Rechtsanwalt nach Möglichkeit zu entsprechen.

(7) Hat die Partei innerhalb der Beschwerdefrist die Bewilligung der Verfahrenshilfe beantragt, so beginnt für sie die Beschwerdefrist mit dem Zeitpunkt zu laufen, in dem der Beschluss über die Bestellung des Rechtsanwalts zum Vertreter und der anzufechtende Bescheid diesem zugestellt sind. Wird der rechtzeitig gestellte Antrag abgewiesen, so beginnt die Beschwerdefrist mit der Zustellung des abweisenden Beschlusses an die Partei zu laufen. Entsprechendes gilt für die Fristen, die sich auf die sonstigen in Abs. 2 genannten Anträge beziehen.

(8) Die Bestellung des Rechtsanwalts zum Vertreter erlischt mit dem Einschreiten eines Bevollmächtigten.

(9) In Verfahrenshilfesachen ist die Wiederaufnahme des Verfahrens nicht zulässig.

(10) Der Aufwand ist von jenem Rechtsträger zu tragen, in dessen Namen das Verwaltungsgericht in der Angelegenheit handelt.

(BGBl I 2017/24)

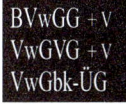

Inhalt der Beschwerde

§ 9. (1) Die Beschwerde hat zu enthalten:

1. die Bezeichnung des angefochtenen Bescheides oder der angefochtenen Ausübung unmittelbarer verwaltungsbehördlicher Befehls- und Zwangsgewalt, *(BGBl I 2017/138)*

2. die Bezeichnung der belangten Behörde,

3. die Gründe, auf die sich die Behauptung der Rechtswidrigkeit stützt,

4. das Begehren und

5. die Angaben, die erforderlich sind, um zu beurteilen, ob die Beschwerde rechtzeitig eingebracht ist.

(2) Belangte Behörde ist

1. in den Fällen des Art. 130 Abs. 1 Z 1 B-VG jene Behörde, die den angefochtenen Bescheid erlassen hat,

2. in den Fällen des Art. 130 Abs. 1 Z 2 B-VG jene Behörde, der die Ausübung unmittelbarer verwaltungsbehördlicher Befehls- und Zwangsgewalt zuzurechnen ist,

3. in den Fällen des Art. 130 Abs. 1 Z 3 B-VG jene Behörde, die den Bescheid nicht erlassen hat, „und“ *(BGBl I 2017/138)*

„4.“ in den Fällen des Art. 130 Abs. 2 Z 1 B-VG jene Behörde, die das Verhalten gesetzt hat. *(BGBl I 2017/138)*

(3) Soweit bei Beschwerden gegen Bescheide gemäß Art. 130 Abs. 1 Z 1 B-VG „ “ eine Verletzung des Beschwerdeführers in Rechten nicht in Betracht kommt, tritt an die Stelle der Gründe, auf die sich die Behauptung der Rechtswidrigkeit stützt, die Erklärung über den Umfang der Anfechtung. *(BGBl I 2017/138)*

(4) Bei Beschwerden gegen die Ausübung unmittelbarer verwaltungsbehördlicher Befehls- und Zwangsgewalt gemäß Art. 130 Abs. 1 Z 2 B-VG tritt an die Stelle der Bezeichnung der belangten Behörde, soweit dies zumutbar ist, eine Angabe darüber, welches Organ die Maßnahme gesetzt hat.

(5) Bei Beschwerden wegen Verletzung der Entscheidungspflicht gemäß Art. 130 Abs. 1 Z 3 B-VG entfallen die Angaben nach Abs. 1 Z 1 bis 3 und 5. Als belangte Behörde ist die Behörde zu bezeichnen, deren Entscheidung in der Rechtssache begehrt wurde. Ferner ist glaubhaft zu machen, dass die Frist zur Erhebung der Säumnisbeschwerde § 8 Abs. 1 abgelaufen ist.

Mitteilung der Beschwerde

§ 10. Werden in einer Beschwerde neue Tatsachen oder Beweise, die der Behörde oder dem Verwaltungsgericht erheblich scheinen, vorgebracht, so hat sie bzw. hat es hievon unverzüglich den sonstigen Parteien Mitteilung zu machen und ihnen Gelegenheit zu geben, binnen angemessener, zwei Wochen nicht übersteigender Frist vom Inhalt der Beschwerde Kenntnis zu nehmen und sich dazu zu äußern.

2. Abschnitt

Vorverfahren

Anzuwendendes Recht

§ 11. Soweit in diesem und im vorangehenden Abschnitt nicht anderes bestimmt ist, sind auf das Verfahren nach diesem Abschnitt jene Verfahrensvorschriften anzuwenden, die die Behörde in einem Verfahren anzuwenden hat, das der Beschwerde beim Verwaltungsgericht vorangeht.

Schriftsätze

§ 12. Bis zur Vorlage der Beschwerde an das Verwaltungsgericht sind die Schriftsätze bei der belangten Behörde einzubringen. Dies gilt nicht in Rechtssachen gemäß Art. 130 Abs. 1 Z 2 B-VG.

Aufschiebende Wirkung

§ 13. (1) Eine rechtzeitig eingebrachte und zulässige Beschwerde gemäß Art. 130 Abs. 1 Z 1 B-VG hat aufschiebende Wirkung.

(2) Die Behörde kann die aufschiebende Wirkung mit Bescheid ausschließen, wenn nach Abwägung der berührten öffentlichen Interessen und Interessen anderer Parteien der vorzeitige Vollzug des angefochtenen Bescheides oder die Ausübung der durch den angefochtenen Bescheid eingeräumten Berechtigung wegen Gefahr im Verzug dringend geboten ist. Ein solcher Ausspruch ist tunlichst schon in den über die Hauptsache ergehenden Bescheid aufzunehmen.

„(3)“** Die Behörde kann Bescheide gemäß „Abs. 2“** „von Amts wegen oder“* auf Antrag einer Partei aufheben oder abändern, wenn sich der maßgebliche Sachverhalt so geändert hat, dass seine neuerliche Beurteilung einen im Hauptinhalt des Spruchs anderslautenden Bescheid zur Folge hätte. *(*BGBl I 2013/122; **BGBl I 2017/138)*

„(4)“* Die Beschwerde gegen einen Bescheid gemäß „Abs. 2“* hat keine aufschiebende Wirkung. Sofern die Beschwerde nicht als verspätet oder unzulässig zurückzuweisen ist, hat die Behörde dem Verwaltungsgericht die Beschwerde unter Anschluss der Akten des Verfahrens unverzüglich vorzulegen. „Gleichzeitig hat die Behörde den Parteien eine Mitteilung über die Vorlage der Beschwerde an das Verwaltungsgericht zuzustellen; diese Mitteilung hat den Hinweis zu enthalten, dass Schriftsätze ab Vorlage der Beschwerde an das Verwaltungsgericht unmittelbar bei diesem einzubringen sind.“** Das Verwaltungsgericht hat über die Beschwerde ohne weiteres Verfahren unverzüglich zu entscheiden und der Behörde, wenn diese nicht von der Erlassung einer Beschwerdevorentscheidung absieht, die Akten des Verfahrens zurückzustellen. *(*BGBl I 2017/138; **BGBl I 2021/109)*

Beschwerdevorentscheidung

§ 14. (1) Im Verfahren über Beschwerden gemäß Art. 130 Abs. 1 Z 1 B-VG steht es der Behörde frei, den angefochtenen Bescheid innerhalb von zwei Monaten aufzuheben, abzuändern oder die Beschwerde zurückzuweisen oder abzuweisen (Beschwerdevorentscheidung). § 27 ist sinngemäß anzuwenden.

(2) Will die Behörde von der Erlassung einer Beschwerdevorentscheidung absehen, hat sie dem

Verwaltungsgericht die Beschwerde unter Anschluss der Akten des Verwaltungsverfahrens vorzulegen. „Gleichzeitig hat die Behörde den Parteien eine Mitteilung über die Vorlage der Beschwerde an das Verwaltungsgericht zuzustellen; diese Mitteilung hat den Hinweis zu enthalten, dass Schriftsätze ab Vorlage der Beschwerde an das Verwaltungsgericht unmittelbar bei diesem einzubringen sind." *(BGBl I 2021/109)*

(3) *(entfällt, BGBl I 2017/138)*

Vorlageantrag

§ 15. (1) Jede Partei kann binnen zwei Wochen nach Zustellung der Beschwerdevorentscheidung bei der Behörde den Antrag stellen, dass die Beschwerde dem Verwaltungsgericht zur Entscheidung vorgelegt wird (Vorlageantrag). Wird der Vorlageantrag von einer anderen Partei als dem Beschwerdeführer gestellt, hat er die Gründe, auf die sich die Behauptung der Rechtswidrigkeit stützt (§ 9 Abs. 1 Z 3), und ein Begehren (§ 9 Abs. 1 Z 4) zu enthalten.

(2) „Ein rechtzeitig eingebrachter und zulässiger Vorlageantrag hat aufschiebende Wirkung, wenn die Beschwerde*

1. von Gesetzes wegen aufschiebende Wirkung hatte und die Behörde diese nicht ausgeschlossen hat;

2. von Gesetzes wegen keine aufschiebende Wirkung hatte, die Behörde diese jedoch zuerkannt hat.

„Die Behörde hat dem Verwaltungsgericht den Vorlageantrag und die Beschwerde unter Anschluss der Akten des Verfahrens vorzulegen. Gleichzeitig hat die Behörde den Parteien eine Mitteilung über die Vorlage der Beschwerde an das Verwaltungsgericht zuzustellen; diese Mitteilung hat den Hinweis zu enthalten, dass Schriftsätze ab Vorlage der Beschwerde an das Verwaltungsgericht unmittelbar bei diesem einzubringen sind."** *(* BGBl I 2013/122; ** BGBl I 2021/109)*

(3) Verspätete und unzulässige Vorlageanträge sind von der Behörde mit Bescheid zurückzuweisen. Wird gegen einen solchen Bescheid Beschwerde erhoben, hat die Behörde dem Verwaltungsgericht unverzüglich die Akten des Verfahrens vorzulegen. „Gleichzeitig hat die Behörde den Parteien eine Mitteilung über die Vorlage der Beschwerde an das Verwaltungsgericht zuzustellen; diese Mitteilung hat den Hinweis zu enthalten, dass Schriftsätze ab Vorlage der Beschwerde an das Verwaltungsgericht unmittelbar bei diesem einzubringen sind." *(BGBl I 2021/109)*

Nachholung des Bescheides

§ 16. (1) Im Verfahren über Beschwerden wegen Verletzung der Entscheidungspflicht gemäß Art. 130 Abs. 1 Z 3 B-VG kann die Behörde innerhalb einer Frist von bis zu drei Monaten den Bescheid erlassen. Wird der Bescheid erlassen oder wurde er vor Einleitung des Verfahrens erlassen, ist das Verfahren einzustellen.

(2) Holt die Behörde den Bescheid nicht nach, hat sie dem Verwaltungsgericht die Beschwerde unter Anschluss der Akten des Verwaltungsverfahrens vorzulegen. „Gleichzeitig hat die Behörde den Parteien eine Mitteilung über die Vorlage der Beschwerde an das Verwaltungsgericht zuzustellen; diese Mitteilung hat den Hinweis zu enthalten, dass Schriftsätze ab Vorlage der Beschwerde an das Verwaltungsgericht unmittelbar bei diesem einzubringen sind." *(BGBl I 2021/109)*

3. Abschnitt
Verfahren vor dem Verwaltungsgericht

Anzuwendendes Recht

§ 17. Soweit in diesem Bundesgesetz nicht anderes bestimmt ist, sind auf das Verfahren über Beschwerden gemäß Art. 130 Abs. 1 B-VG die Bestimmungen des AVG mit Ausnahme der §§ 1 bis 5 sowie des IV. Teiles, die Bestimmungen der Bundesabgabenordnung – BAO, BGBl. Nr. 194/1961, des Agrarverfahrensgesetzes – AgrVG, BGBl. Nr. 173/1950, und des Dienstrechtsverfahrensgesetzes 1984 – DVG, BGBl. Nr. 29/1984, und im Übrigen jene verfahrensrechtlichen Bestimmungen in Bundes- oder Landesgesetzen sinngemäß anzuwenden, die die Behörde in dem dem Verfahren vor dem Verwaltungsgericht vorangegangenen Verfahren angewendet hat oder anzuwenden gehabt hätte.

Parteien

§ 18. Partei ist auch die belangte Behörde.

Eintritt oberster Organe

§ 19. Durch Bundes- oder Landesgesetz kann bestimmt werden, dass in einer Angelegenheit der Bundesverwaltung der zuständige Bundesminister, in einer Angelegenheit der Landesverwaltung die zuständige Landesregierung an Stelle eines anderen beschwerdeführenden staatlichen Organs oder einer anderen belangten Behörde jederzeit in das Verfahren eintreten. Dies ist jedoch unzulässig, wenn

1. in einer Angelegenheit des eigenen Wirkungsbereiches der Gemeinde oder eines sonstigen Selbstverwaltungskörpers ein Organ des Selbstverwaltungskörpers oder

2. ein weisungsfrei gestelltes Organ belangte Behörde ist.

Schriftsätze

§ 20. Die Beschwerden gegen die Ausübung unmittelbarer verwaltungsbehördlicher Befehls-

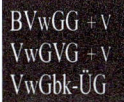

und Zwangsgewalt gemäß Art. 130 Abs. 1 Z 2 B-VG und die sonstigen Schriftsätze im Verfahren über diese sind unmittelbar beim Verwaltungsgericht einzubringen. In allen sonstigen Verfahren sind die Schriftsätze ab Vorlage der Beschwerde beim Verwaltungsgericht unmittelbar bei diesem einzubringen.

Akteneinsicht

§ 21. (1) Entwürfe von Erkenntnissen und Beschlüssen des Verwaltungsgerichtes und Niederschriften über etwaige Beratungen und Abstimmungen sind von der Akteneinsicht ausgenommen.

(2) Die Behörden können bei der Vorlage von Akten an das Verwaltungsgericht verlangen, dass bestimmte Akten oder Aktenbestandteile im öffentlichen Interesse von der Akteneinsicht ausgenommen werden. In Aktenbestandteile, die im Verwaltungsverfahren von der Akteneinsicht ausgenommen waren, darf Akteneinsicht nicht gewährt werden. Die Behörde hat die in Betracht kommenden Aktenbestandteile bei Vorlage der Akten zu bezeichnen.

Aufschiebende Wirkung

§ 22. (1) Beschwerden gemäß Art. 130 Abs. 1 Z 2 B-VG haben keine aufschiebende Wirkung. Das Verwaltungsgericht hat jedoch auf Antrag des Beschwerdeführers die aufschiebende Wirkung mit Beschluss zuzuerkennen, wenn dem nicht zwingende öffentliche Interessen entgegenstehen und nach Abwägung der berührten öffentlichen Interessen mit dem Andauern der Ausübung unmittelbarer verwaltungsbehördlicher Befehls- und Zwangsgewalt für den Beschwerdeführer ein unverhältnismäßiger Nachteil verbunden wäre.

(2) Im Verfahren über Beschwerden gemäß Art. 130 Abs. 1 Z 1 B-VG kann das Verwaltungsgericht die aufschiebende Wirkung durch Beschluss ausschließen, wenn nach Abwägung der berührten öffentlichen Interessen und Interessen anderer Parteien der vorzeitige Vollzug des angefochtenen Bescheides oder die Ausübung der durch den angefochtenen Bescheid eingeräumten Berechtigung wegen Gefahr im Verzug dringend geboten ist.

(3) Das Verwaltungsgericht kann Bescheide gemäß § 13 und Beschlüsse gemäß Abs. 1 und 2 auf Antrag einer Partei aufheben oder abändern, wenn es die Voraussetzungen der Zuerkennung bzw. des Ausschlusses der aufschiebenden Wirkung anders beurteilt oder wenn sich die Voraussetzungen, die für die Entscheidung über den Ausschluss bzw. die Zuerkennung der aufschiebenden Wirkung der Beschwerde maßgebend waren, wesentlich geändert haben.

Ladung

§ 23. Das Verwaltungsgericht ist berechtigt, auch Personen, die ihren Aufenthalt (Sitz) außerhalb des Sprengels des Verwaltungsgerichtes haben und deren Erscheinen nötig ist, vorzuladen.

Verhandlung

§ 24. (1) Das Verwaltungsgericht hat auf Antrag oder, wenn es dies für erforderlich hält, von Amts wegen eine öffentliche mündliche Verhandlung durchzuführen.

(2) Die Verhandlung kann entfallen, wenn

1. der das vorangegangene Verwaltungsverfahren einleitende Antrag der Partei oder die Beschwerde zurückzuweisen ist oder bereits auf Grund der Aktenlage feststeht, dass der mit Beschwerde angefochtene Bescheid aufzuheben oder die angefochtene Ausübung unmittelbarer verwaltungsbehördlicher Befehls- und Zwangsgewalt für rechtswidrig zu erklären ist oder *(BGBl I 2017/138)*

2. die Säumnisbeschwerde zurückzuweisen oder abzuweisen ist „;" *(BGBl I 2017/24)*

3. wenn die Rechtssache durch einen Rechtspfleger erledigt wird. *(BGBl I 2017/24)*

(3) Der Beschwerdeführer hat die Durchführung einer Verhandlung in der Beschwerde oder im Vorlageantrag zu beantragen. Den sonstigen Parteien ist Gelegenheit zu geben, binnen angemessener, zwei Wochen nicht übersteigender Frist einen Antrag auf Durchführung einer Verhandlung zu stellen. Ein Antrag auf Durchführung einer Verhandlung kann nur mit Zustimmung der anderen Parteien zurückgezogen werden.

(4) Soweit durch Bundes- oder Landesgesetz nicht anderes bestimmt ist, kann das Verwaltungsgericht ungeachtet eines Parteiantrags von einer Verhandlung absehen, wenn die Akten erkennen lassen, dass die mündliche Erörterung eine weitere Klärung der Rechtssache nicht erwarten lässt, und einem Entfall der Verhandlung weder Art. 6 Abs. 1 der Konvention zum Schutze der Menschenrechte und Grundfreiheiten „ " noch Art. 47 der Charta der Grundrechte der Europäischen Union „ " entgegenstehen. *(BGBl I 2017/24)*

(5) Das Verwaltungsgericht kann von der Durchführung (Fortsetzung) einer Verhandlung absehen, wenn die Parteien ausdrücklich darauf verzichten. Ein solcher Verzicht kann bis zum Beginn der (fortgesetzten) Verhandlung erklärt werden.

Öffentlichkeit der Verhandlung und Beweisaufnahme

§ 25. (1) Die Öffentlichkeit darf von der Verhandlung nur so weit ausgeschlossen werden, als dies aus Gründen der Sittlichkeit, der öffentlichen Ordnung oder der nationalen Sicherheit, der

Wahrung von Geschäfts- und Betriebsgeheimnissen sowie im Interesse des Schutzes Jugendlicher oder des Privatlebens einer Partei, eines Opfers, eines Zeugen oder eines Dritten geboten ist.

(2) Der Ausschluss der Öffentlichkeit erfolgt durch verfahrensleitenden Beschluss entweder von Amts wegen oder auf Antrag einer Partei oder eines Zeugen.

(3) Unmittelbar nach der Verkündung des Beschlusses gemäß Abs. 2 haben sich alle Zuhörer zu entfernen, doch können die Parteien verlangen, dass je drei Personen ihres Vertrauens die Teilnahme an der Verhandlung gestattet wird.

(4) Wenn die Öffentlichkeit von einer Verhandlung ausgeschlossen wurde, ist es so weit untersagt, daraus Umstände weiterzuverbreiten, als dies aus den in Abs. 1 angeführten Gründen geboten ist.

(5) Der Verhandlungsleiter eröffnet und leitet die Verhandlung und handhabt die Sitzungspolizei. Der Verhandlungsleiter hat von Amts wegen für die vollständige Erörterung der Rechtssache zu sorgen. Ist durch Bundes- oder Landesgesetz bestimmt, dass das Verwaltungsgericht durch den Senat entscheidet, sind auch die sonstigen Mitglieder des Senates befugt, Fragen zu stellen. Über Einwendungen gegen Anordnungen, die das Verfahren betreffen, sowie über Anträge, die im Laufe des Verfahrens gestellt werden, entscheidet das Verwaltungsgericht durch verfahrensleitenden Beschluss.

(6) In der Verhandlung sind die zur Entscheidung der Rechtssache erforderlichen Beweise aufzunehmen.

(6a) Eine Verlesung von Aktenstücken kann unterbleiben, wenn diese Aktenstücke von der Partei, die die Verlesung verlangt, selbst stammen oder wenn es sich um Aktenstücke handelt, die der die Verlesung begehrenden Partei nachweislich zugestellt wurden. *(BGBl I 2018/57)*

„(6b)" Das Verwaltungsgericht kann nach Maßgabe der technischen Möglichkeiten eine „Vernehmung" unter Verwendung technischer Einrichtungen zur Wort- und Bildübertragung durchführen, es sei denn, das persönliche Erscheinen vor dem Gericht ist unter Berücksichtigung der Verfahrensökonomie zweckmäßiger oder aus besonderen Gründen erforderlich. *(BGBl I 2017/24; BGBl I 2018/57)*

(6c) Niederschriften bedürfen nicht der Unterschrift der Zeugen. *(BGBl I 2018/57)*

(7) Das Erkenntnis kann nur von denjenigen Mitgliedern des Verwaltungsgerichtes gefällt werden, die an der Verhandlung teilgenommen haben. Ändert sich die Zusammensetzung des Senates oder wurde die Rechtssache einem anderen Richter zugewiesen, ist die Verhandlung zu wiederholen. Bei Fällung des Erkenntnisses ist

nur auf das Rücksicht zu nehmen, was in dieser Verhandlung vorgekommen ist.

(8) Die Beratung und Abstimmung der Senate ist nicht öffentlich.

Gebühren der Zeugen und Beteiligten

§ 26. (1) Zeugen, die im Verfahren vor dem Verwaltungsgericht zu Beweiszwecken vernommen werden oder deren Vernehmung ohne ihr Verschulden unterbleibt, haben Anspruch auf Gebühren nach § 2 Abs. 3 und den §§ 3 bis 18 des Gebührenanspruchsgesetzes – GebAG, BGBl. Nr. 136/1975. Die Gebühr ist gemäß § 19 GebAG beim Verwaltungsgericht geltend zu machen.

(2) Für die Bestimmung der Gebühr gilt § 20 GebAG mit folgenden Maßgaben:

1. Die Gebühr ist vorläufig zu berechnen. Vor der Gebührenberechnung kann der Zeuge aufgefordert werden, sich über Umstände, die für die Gebührenberechnung bedeutsam sind, zu äußern und, unter Setzung einer bestimmten Frist, noch fehlende Bestätigungen vorzulegen. Die Gebührenbeträge sind auf volle 10 Cent aufzurunden.

2. Die vorläufig berechnete Gebühr ist dem Zeugen schriftlich oder mündlich bekanntzugeben. Dieser kann binnen zwei Wochen nach Bekanntgabe der Gebühr schriftlich oder mündlich die Gebührenbestimmung durch das Verwaltungsgericht beantragen. Wenn der Zeuge keinen Antrag auf Gebührenbestimmung stellt oder diesen zurückzieht, gilt die bekanntgegebene Gebühr als bestimmt. Das Verwaltungsgericht kann die Gebühr jedoch von Amts wegen anders bestimmen. Nach Ablauf von drei Jahren nach Bekanntgabe der Gebühr ist eine amtswegige Gebührenbestimmung nicht mehr zulässig.

3. Der Zeuge kann die Gebührenbestimmung durch das Verwaltungsgericht auch beantragen, wenn ihm innerhalb von acht Wochen nach Geltendmachung keine Gebühr bekanntgegeben wird. Zieht er den Antrag auf Gebührenbestimmung zurück, so erlischt der Gebührenanspruch.

(3) Die Gebühr ist dem Zeugen kostenfrei zu zahlen. Bestimmt das Verwaltungsgericht eine höhere Gebühr, als dem Zeugen gezahlt wurde, so ist der Mehrbetrag dem Zeugen kostenfrei nachzuzahlen. Bestimmt das Verwaltungsgericht eine niedrigere Gebühr oder übersteigt der dem Zeugen gezahlte Vorschuss die von ihm bestimmte Gebühr, so ist der Zeuge zur Rückzahlung des zu viel gezahlten Betrages zu verpflichten.

(4) Die den Zeugen zustehenden Gebühren sind von jenem Rechtsträger zu tragen, in dessen Namen das Verwaltungsgericht in der Angelegenheit gehandelt hat.

(5) Die Abs. 1 bis 4 gelten auch für Beteiligte.

BVwGG + V
VwGVG + V
VwGbk-ÜG

Prüfungsumfang

§ 27. Soweit das Verwaltungsgericht nicht Rechtswidrigkeit wegen Unzuständigkeit der Behörde gegeben findet, hat es „den angefochtenen Bescheid und die angefochtene Ausübung unmittelbarer verwaltungsbehördlicher Befehls- und Zwangsgewalt" auf Grund der Beschwerde (§ 9 Abs. 1 Z 3 und 4) oder auf Grund der Erklärung über den Umfang der Anfechtung (§ 9 Abs. 3) zu überprüfen. *(BGBl I 2017/138)*

4. Abschnitt

Erkenntnisse und Beschlüsse

Erkenntnisse

§ 28. (1) Sofern die Beschwerde nicht zurückzuweisen oder das Verfahren einzustellen ist, hat das Verwaltungsgericht die Rechtssache durch Erkenntnis zu erledigen.

(2) Über Beschwerden gemäß Art. 130 Abs. 1 Z 1 B-VG hat das Verwaltungsgericht dann in der Sache selbst zu entscheiden, wenn

1. der maßgebliche Sachverhalt feststeht oder

2. die Feststellung des maßgeblichen Sachverhalts durch das Verwaltungsgericht selbst im Interesse der Raschheit gelegen oder mit einer erheblichen Kostenersparnis verbunden ist.

(3) Liegen die Voraussetzungen des Abs. 2 nicht vor, hat das Verwaltungsgericht im Verfahren über Beschwerden gemäß Art. 130 Abs. 1 Z 1 B-VG in der Sache selbst zu entscheiden, wenn die Behörde dem nicht bei der Vorlage der Beschwerde unter Bedachtnahme auf die wesentliche Vereinfachung oder Beschleunigung des Verfahrens widerspricht. Hat die Behörde notwendige Ermittlungen des Sachverhalts unterlassen, so kann das Verwaltungsgericht den angefochtenen Bescheid mit Beschluss aufheben und die Angelegenheit zur Erlassung eines neuen Bescheides an die Behörde zurückverweisen. Die Behörde ist hiebei an die rechtliche Beurteilung gebunden, von welcher das Verwaltungsgericht bei seinem Beschluss ausgegangen ist.

(4) Hat die Behörde bei ihrer Entscheidung Ermessen zu üben, hat das Verwaltungsgericht, wenn es nicht gemäß Abs. 2 in der Sache selbst zu entscheiden hat und wenn die Beschwerde nicht zurückzuweisen oder abzuweisen ist, den angefochtenen Bescheid mit Beschluss aufzuheben und die Angelegenheit zur Erlassung eines neuen Bescheides an die Behörde zurückzuverweisen. Die Behörde ist hiebei an die rechtliche Beurteilung gebunden, von welcher das Verwaltungsgericht bei seinem Beschluss ausgegangen ist.

(5) Hebt das Verwaltungsgericht den angefochtenen Bescheid auf, sind die Behörden verpflichtet, in der betreffenden Rechtssache mit den ihnen zu Gebote stehenden rechtlichen Mitteln unverzüglich den der Rechtsanschauung des Verwaltungsgerichtes entsprechenden Rechtszustand herzustellen.

(6) Ist im Verfahren wegen Ausübung unmittelbarer verwaltungsbehördlicher Befehls- und Zwangsgewalt gemäß Art. 130 Abs. 1 Z 2 B-VG eine Beschwerde nicht zurückzuweisen oder abzuweisen, so hat das Verwaltungsgericht die Ausübung unmittelbarer verwaltungsbehördlicher Befehls- und Zwangsgewalt für rechtswidrig zu erklären und gegebenenfalls aufzuheben. Dauert die für rechtswidrig erklärte Ausübung unmittelbarer verwaltungsbehördlicher Befehls- und Zwangsgewalt noch an, so hat die belangte Behörde unverzüglich den der Rechtsanschauung des Verwaltungsgerichtes entsprechenden Zustand herzustellen.

(7) Im Verfahren über Beschwerden wegen Verletzung der Entscheidungspflicht gemäß Art. 130 Abs. 1 Z 3 B-VG kann das Verwaltungsgericht sein Erkenntnis vorerst auf die Entscheidung einzelner maßgeblicher Rechtsfragen beschränken und der Behörde auftragen, den versäumten Bescheid unter Zugrundelegung der hiermit festgelegten Rechtsanschauung binnen bestimmter, acht Wochen nicht übersteigender Frist zu erlassen. Kommt die Behörde dem Auftrag nicht nach, so entscheidet das Verwaltungsgericht über die Beschwerde durch Erkenntnis in der Sache selbst, wobei es auch das sonst der Behörde zustehende Ermessen handhabt.

(8) *(entfällt, BGBl I 2017/138)*

Verkündung und Ausfertigung der Erkenntnisse

§ 29. (1) Die Erkenntnisse sind im Namen der Republik zu verkünden und auszufertigen. Sie sind zu begründen.

(2) Hat eine Verhandlung in Anwesenheit von Parteien stattgefunden, so hat in der Regel das Verwaltungsgericht das Erkenntnis mit den wesentlichen Entscheidungsgründen sogleich zu verkünden.

(2a) Das Verwaltungsgericht hat im Fall einer mündlichen Verkündung die Niederschrift den zur Erhebung einer Revision beim Verwaltungsgerichtshof oder einer Beschwerde beim Verfassungsgerichtshof legitimierten Parteien und Organen auszufolgen oder zuzustellen. Der Niederschrift ist eine Belehrung anzuschließen:

1. über das Recht, binnen zwei Wochen nach Ausfolgung bzw. Zustellung der Niederschrift eine Ausfertigung gemäß Abs. 4 zu verlangen;

2. darüber, dass ein Antrag auf Ausfertigung des Erkenntnisses gemäß Abs. 4 eine Voraussetzung für die Zulässigkeit der Revision beim Verwaltungsgerichtshof und der Beschwerde beim Verfassungsgerichtshof darstellt.

(BGBl I 2017/24)

(2b) Ist das Erkenntnis bereits einer Partei verkündet worden, kann ein Antrag auf Ausfertigung des Erkenntnisses gemäß Abs. 4 bereits ab dem Zeitpunkt gestellt werden, in dem der Antragsteller von dem Erkenntnis Kenntnis erlangt hat. Ein Antrag auf Ausfertigung des Erkenntnisses gemäß Abs. 4 ist den übrigen Antragsberechtigten zuzustellen. *(BGBl I 2017/24)*

(3) Die Verkündung des Erkenntnisses entfällt, wenn

1. eine Verhandlung nicht durchgeführt (fortgesetzt) worden ist oder

2. das Erkenntnis nicht sogleich nach Schluss der mündlichen Verhandlung gefasst werden kann

und jedermann die Einsichtnahme in das Erkenntnis gewährleistet ist.

(4) Den Parteien ist eine schriftliche Ausfertigung des Erkenntnisses zuzustellen. Eine schriftliche Ausfertigung des Erkenntnisses ist in den in Art. 132 Abs. 1 Z 2 B-VG genannten Rechtssachen auch dem zuständigen Bundesminister zuzustellen.

(5) Wird auf die Revision beim Verwaltungsgerichtshof und die Beschwerde beim Verfassungsgerichtshof von den Parteien verzichtet oder nicht binnen zwei Wochen nach Ausfolgung bzw. Zustellung der Niederschrift gemäß Abs. 2a eine Ausfertigung des Erkenntnisses gemäß Abs. 4 von mindestens einem der hiezu Berechtigten beantragt, so kann das Erkenntnis in gekürzter Form ausgefertigt werden. Die gekürzte Ausfertigung hat den Spruch sowie einen Hinweis auf den Verzicht oder darauf, dass eine Ausfertigung des Erkenntnisses gemäß Abs. 4 nicht beantragt wurde, zu enthalten. *(BGBl I 2017/24)*

Belehrung über die Beschwerde beim Verfassungsgerichtshof und die Revision beim Verwaltungsgerichtshof

§ 30. Jedes Erkenntnis hat eine Belehrung über die Möglichkeit der Erhebung einer Beschwerde beim Verfassungsgerichtshof und einer ordentlichen oder außerordentlichen Revision beim Verwaltungsgerichtshof zu enthalten. Das Verwaltungsgericht hat ferner hinzuweisen:

1. auf die bei der Einbringung einer solchen Beschwerde bzw. Revision einzuhaltenden Fristen;

2. auf die gesetzlichen Erfordernisse der Einbringung einer solchen Beschwerde bzw. Revision durch einen bevollmächtigten Rechtsanwalt;

3. auf die für eine solche Beschwerde bzw. Revision zu entrichtenden Eingabengebühren „;" *(BGBl I 2017/24)*

4. auf die Möglichkeit, auf die Revision beim Verwaltungsgerichtshof und die Beschwerde beim

Verfassungsgerichtshof zu verzichten, und die Folgen des Verzichts. *(BGBl I 2017/24)*

Beschlüsse

§ 31. (1) Soweit nicht ein Erkenntnis zu fällen ist, erfolgen die Entscheidungen und Anordnungen durch Beschluss.

(2) An seine Beschlüsse ist das Verwaltungsgericht insoweit gebunden, als sie nicht nur verfahrensleitend sind.

(3) Auf die Beschlüsse des Verwaltungsgerichtes sind § 29 Abs. 1 zweiter Satz, „2a, 2b, 4 und „5"*"*" ", § 30, § 38a Abs. 3 und § 50 Abs. 3"** sinngemäß anzuwenden. Dies gilt nicht für verfahrensleitende Beschlüsse. *(*BGBl I 2017/24; **BGBl I 2018/57)*

Wiederaufnahme des Verfahrens

§ 32. (1) Dem Antrag einer Partei auf Wiederaufnahme eines durch Erkenntnis des Verwaltungsgerichtes abgeschlossenen Verfahrens ist stattzugeben, wenn „ "

1. das Erkenntnis durch Fälschung einer Urkunde, falsches Zeugnis oder eine andere gerichtlich strafbare Handlung herbeigeführt oder sonstwie erschlichen worden ist oder

2. neue Tatsachen oder Beweismittel hervorkommen, die im Verfahren ohne Verschulden der Partei nicht geltend gemacht werden konnten und allein oder in Verbindung mit dem sonstigen Ergebnis des Verfahrens voraussichtlich ein im Hauptinhalt des Spruchs anders lautendes Erkenntnis herbeigeführt hätten, oder

3. das Erkenntnis von Vorfragen (§ 38 AVG) abhängig war und nachträglich über eine solche Vorfrage von der zuständigen Verwaltungsbehörde bzw. vom zuständigen Gericht in wesentlichen Punkten anders entschieden wurde oder

4. nachträglich ein Bescheid oder eine gerichtliche Entscheidung bekannt wird, der bzw. die einer Aufhebung oder Abänderung auf Antrag einer Partei nicht unterliegt und die im Verfahren des Verwaltungsgerichtes die Einwendung der entschiedenen Sache begründet hätte. *(BGBl I 2017/2 (VfGH))*

(2) Der Antrag auf Wiederaufnahme ist binnen zwei Wochen beim Verwaltungsgericht einzubringen. Die Frist beginnt mit dem Zeitpunkt, in dem der Antragsteller von dem Wiederaufnahmegrund Kenntnis erlangt hat, wenn dies jedoch nach der Verkündung der mündlichen Erkenntnisses und vor Zustellung der schriftlichen Ausfertigung geschehen ist, erst mit diesem Zeitpunkt. Nach Ablauf von drei Jahren nach Erlassung des Erkenntnisses kann der Antrag auf Wiederaufnahme nicht mehr gestellt werden. Die Umstände, aus welchen sich die Einhaltung der gesetzlichen Frist

BVwGG + V
VwGVG + V
VwGbk-ÜG

§46 (2) VwGG

ergibt, sind vom Antragsteller glaubhaft zu machen.

(3) Unter den Voraussetzungen des Abs. 1 kann die Wiederaufnahme des Verfahrens auch von Amts wegen verfügt werden. Nach Ablauf von drei Jahren nach Erlassung des Erkenntnisses kann die Wiederaufnahme auch von Amts wegen nur mehr aus den Gründen des Abs. 1 Z 1 stattfinden.

(4) Das Verwaltungsgericht hat die Parteien des abgeschlossenen Verfahrens von der Wiederaufnahme des Verfahrens unverzüglich in Kenntnis zu setzen.

(5) Auf die Beschlüsse des Verwaltungsgerichtes sind die für seine Erkenntnisse geltenden Bestimmungen dieses Paragraphen sinngemäß anzuwenden. Dies gilt nicht für verfahrensleitende Beschlüsse.

Wiedereinsetzung in den vorigen Stand

§ 33. (1) Wenn eine Partei glaubhaft macht, dass sie durch ein unvorhergesehenes oder unabwendbares Ereignis – so dadurch, dass sie von einer Zustellung ohne ihr Verschulden keine Kenntnis erlangt hat – eine Frist oder eine mündliche Verhandlung versäumt und dadurch einen Rechtsnachteil erleidet, so ist dieser Partei auf Antrag die Wiedereinsetzung in den vorigen Stand zu bewilligen. Dass der Partei ein Verschulden an der Versäumung zur Last liegt, hindert die Bewilligung der Wiedereinsetzung nicht, wenn es sich nur um einen minderen Grad des Versehens handelt.

(2) Die Wiedereinsetzung in den vorigen Stand wegen Versäumung der Frist zur Stellung eines Vorlageantrags ist auch dann zu bewilligen, wenn die Frist versäumt wurde, weil die angefochtene Beschwerdevorentscheidung fälschlich ein Rechtsmittel eingeräumt und die Partei das Rechtsmittel ergriffen hat oder die Beschwerdevorentscheidung keine Belehrung zur Stellung eines Vorlageantrags, keine Frist zur Stellung eines Vorlageantrags oder die Angabe enthält, dass kein Rechtsmittel zulässig sei.

(3) „In den Fällen des Abs. 1 ist der Antrag auf Wiedereinsetzung binnen zwei Wochen nach dem Wegfall des Hindernisses zu stellen und zwar bis zur Vorlage der Beschwerde bei der Behörde und ab Vorlage der Beschwerde beim Verwaltungsgericht; ein ab Vorlage der Beschwerde vor Zustellung der Mitteilung über deren Vorlage an das Verwaltungsgericht bei der Behörde gestellter Antrag gilt als beim Verwaltungsgericht gestellt und ist diesem unverzüglich vorzulegen." In den Fällen des Abs. 2 ist der Antrag binnen zwei Wochen *(BGBl I 2021/109)*

1. nach Zustellung eines Bescheides oder einer gerichtlichen Entscheidung, der bzw. die das

Rechtsmittel als unzulässig zurückgewiesen hat, bzw.

2. nach dem Zeitpunkt, in dem die Partei von der Zulässigkeit der Stellung eines Antrags auf Vorlage Kenntnis erlangt hat,

bei der Behörde zu stellen. Die versäumte Handlung ist gleichzeitig nachzuholen.

(4) Bis zur Vorlage der Beschwerde hat über den Antrag die Behörde mit Bescheid zu entscheiden. § 15 Abs. 3 ist sinngemäß anzuwenden. Ab Vorlage der Beschwerde hat über den Antrag das Verwaltungsgericht mit Beschluss zu entscheiden. Die Behörde oder das Verwaltungsgericht kann dem Antrag auf Wiedereinsetzung die aufschiebende Wirkung zuerkennen.

(4a) Die Wiedereinsetzung in den vorigen Stand wegen Versäumung der Frist zur Stellung eines Antrags auf Ausfertigung einer Entscheidung gemäß § 29 Abs. 4 ist auch dann zu bewilligen, wenn die Frist versäumt wurde, weil auf das Erfordernis eines solchen Antrags als Voraussetzung für die Erhebung einer Revision beim Verwaltungsgerichtshof und einer Beschwerde beim Verfassungsgerichtshof nicht hingewiesen wurde oder dabei die zur Verfügung stehende Frist nicht angeführt war. Der Antrag ist binnen zwei Wochen

1. nach Zustellung einer Entscheidung, die einen Antrag auf Ausfertigung der Entscheidung gemäß § 29 Abs. 4, eine Revision beim Verwaltungsgerichtshof oder eine Beschwerde beim Verfassungsgerichtshof als unzulässig zurückgewiesen hat, bzw.

2. nach dem Zeitpunkt, in dem die Partei von der Zulässigkeit eines Antrags auf Ausfertigung der Entscheidung gemäß § 29 Abs. 4 Kenntnis erlangt hat,

beim Verwaltungsgericht zu stellen. Die versäumte Handlung ist gleichzeitig nachzuholen. Über den Antrag entscheidet das Verwaltungsgericht. *(BGBl I 2017/24)*

(5) Durch die Bewilligung der Wiedereinsetzung tritt das Verfahren in die Lage zurück, in der es sich vor dem Eintritt der Versäumung befunden hat.

(6) Gegen die Versäumung der Frist zur Stellung des Wiedereinsetzungsantrags findet keine Wiedereinsetzung statt.

Entscheidungspflicht

§ 34. (1) Soweit durch Bundes- oder Landesgesetz nicht anderes bestimmt ist, ist das Verwaltungsgericht verpflichtet, über verfahrenseinleitende Anträge von Parteien und Beschwerden ohne unnötigen Aufschub, spätestens aber sechs Monate nach deren Einlangen zu entscheiden. Im Verfahren über Beschwerden gemäß Art. 130 Abs. 1 „ * B-VG beginnt die Entscheidungsfrist „mit dem Einlangen der vorgelegten Beschwerde"** und in den Fällen des § 28 Abs. 7 mit Ablauf der vom Verwaltungsgericht gesetzten Frist. Soweit sich in verbundenen Verfahren (§ 39 Abs. 2a AVG) aus den anzuwendenden Rechtsvorschriften unterschiedliche Entscheidungsfristen ergeben, ist die zuletzt ablaufende maßgeblich. *(*BGBl I 2017/24; **BGBl I 2021/109)*

(2) In die Frist werden nicht eingerechnet:

1. die Zeit, während deren das Verfahren bis zur rechtskräftigen Entscheidung einer Vorfrage ausgesetzt ist;

2. die Zeit eines Verfahrens vor dem Verwaltungsgerichtshof, vor dem Verfassungsgerichtshof oder vor dem Gerichtshof der Europäischen Union.

(3) Das Verwaltungsgericht kann ein Verfahren über eine Beschwerde gemäß Art. 130 Abs. 1 Z 1 B-VG mit Beschluss aussetzen, wenn

1. vom Verwaltungsgericht in einer erheblichen Anzahl von anhängigen oder in naher Zukunft zu erwartenden Verfahren eine Rechtsfrage zu lösen ist und gleichzeitig beim Verwaltungsgerichtshof ein Verfahren über eine Revision gegen ein Erkenntnis oder einen Beschluss eines Verwaltungsgerichtes anhängig ist, in welchem dieselbe Rechtsfrage zu lösen ist, und

2. eine Rechtsprechung des Verwaltungsgerichtshofes zur Lösung dieser Rechtsfrage fehlt oder die zu lösende Rechtsfrage in der bisherigen Rechtsprechung des Verwaltungsgerichtshofes nicht einheitlich beantwortet wird.

Gleichzeitig hat das Verwaltungsgericht dem Verwaltungsgerichtshof das Aussetzen des Verfahrens unter Bezeichnung des beim Verwaltungsgerichtshof anhängigen Verfahrens mitzuteilen. Eine solche Mitteilung hat zu entfallen, wenn das Verwaltungsgericht in der Mitteilung ein Verfahren vor dem Verwaltungsgerichtshof zu bezeichnen hätte, das es in einer früheren Mitteilung schon einmal bezeichnet hat. Mit der Zustellung des Erkenntnisses oder des Beschlusses des Verwaltungsgerichtshofes an das Verwaltungsgericht gemäß § 44 Abs. 2 des Verwaltungsgerichtshofgesetzes 1985 – VwGG, BGBl. Nr. 10/1985, ist das Verfahren fortzusetzen. Das Verwaltungsgericht hat den Parteien die Fortsetzung des Verfahrens mitzuteilen.

5. Abschnitt

Kosten

Kosten im Verfahren über Beschwerden wegen Ausübung unmittelbarer verwaltungsbehördlicher Befehls- und Zwangsgewalt

§ 35. (1) Die im Verfahren über Beschwerden wegen Ausübung unmittelbarer verwaltungsbehördlicher Befehls- und Zwangsgewalt (Art. 130 Abs. 1 Z 2 B-VG) obsiegende Partei hat Anspruch auf Ersatz ihrer Aufwendungen durch die unterlegene Partei.

(2) Wenn die angefochtene Ausübung unmittelbarer verwaltungsbehördlicher Befehls- und Zwangsgewalt für rechtswidrig erklärt wird, dann ist der Beschwerdeführer die obsiegende und die Behörde die unterlegene Partei.

(3) Wenn die Beschwerde zurückgewiesen oder abgewiesen wird oder vom Beschwerdeführer vor der Entscheidung durch das Verwaltungsgericht zurückgezogen wird, dann ist die Behörde die obsiegende und der Beschwerdeführer die unterlegene Partei.

(3a) § 47 Abs. 5 VwGG ist sinngemäß anzuwenden. *(BGBl I 2021/109)*

(4) Als Aufwendungen gemäß Abs. 1 gelten:

1. die Kommissionsgebühren sowie die Barauslagen, für die der Beschwerdeführer aufzukommen hat,

2. die Fahrtkosten, die mit der Wahrnehmung seiner Parteirechte in Verhandlungen vor dem Verwaltungsgericht verbunden waren, sowie

3. die durch Verordnung des Bundeskanzlers festzusetzenden Pauschalbeträge für den Schriftsatz-, den Verhandlungs- und den Vorlageaufwand.

(5) Die Höhe des Schriftsatz- und des Verhandlungsaufwands hat an den durchschnittlichen Kosten der Vertretung bzw. der Einbringung des Schriftsatzes durch einen Rechtsanwalt zu entsprechen. Für den Ersatz der den Behörden erwachsenden Kosten ist ein Pauschalbetrag festzusetzen, der dem durchschnittlichen Vorlage-, Schriftsatz- und Verhandlungsaufwand der Behörden entspricht.

(6) Die §§ 52 bis 54 VwGG sind auf den Anspruch auf Aufwandersatz gemäß Abs. 1 sinngemäß anzuwenden.

(7) Aufwandersatz ist auf Antrag der Partei zu leisten. Der Antrag kann bis zum Schluss der mündlichen Verhandlung gestellt werden.

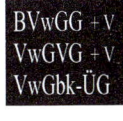

BVwGG + V
VwGVG + V
VwGbk-ÜG

3. Hauptstück

Besondere Bestimmungen

1. Abschnitt

Verfahren in Rechtssachen in den Angelegenheiten des eigenen Wirkungsbereiches der Gemeinde

§ 36. (1) In Rechtssachen in den Angelegenheiten des eigenen Wirkungsbereiches der Gemeinde sind die Bestimmungen dieses Bundesgesetzes über die Behörde auf die Berufungsbehörde sinngemäß anzuwenden.

(2) Behörde im Sinne des § 8 Abs. 1 letzter Satz ist sowohl die Behörde, die den Bescheid als

oberste Behörde, die im Verwaltungsverfahren, sei es im administrativen Instanzenzug, sei es im Weg eines Antrags auf Übergang der Entscheidungspflicht, angerufen werden konnte, nicht erlassen hat, als auch jene Behörde, bei der der das vorangegangene Verwaltungsverfahren einleitende Antrag zu stellen war.

2. Abschnitt

Verfahren in Verwaltungsstrafsachen

Frist zur Erhebung der Säumnisbeschwerde

§ 37. In die Frist zur Erhebung einer Säumnisbeschwerde werden auch nicht eingerechnet:

1. die Zeit, während deren nach einer gesetzlichen Vorschrift die Verfolgung einer Verwaltungsübertretung nicht eingeleitet oder fortgesetzt werden kann;

2. die Zeit, während deren wegen der Tat gegen den Täter ein Strafverfahren bei der Staatsanwaltschaft oder bei einem Gericht geführt wird.

Anzuwendendes Recht

§ 38. Soweit in diesem Bundesgesetz nicht anderes bestimmt ist, sind auf das Verfahren über Beschwerden gemäß Art. 130 Abs. 1 B-VG in Verwaltungsstrafsachen die Bestimmungen des Verwaltungsstrafgesetzes 1991 – VStG, BGBl. Nr. 52/1991, mit Ausnahme des 5. Abschnittes des II. Teiles, und des Finanzstrafgesetzes – FinStrG, BGBl. Nr. 129/1958, und im Übrigen jene verfahrensrechtlichen Bestimmungen in Bundes- oder Landesgesetzen sinngemäß anzuwenden, die die Behörde in dem dem Verfahren vor dem Verwaltungsgericht vorangegangenen Verfahren angewendet hat oder anzuwenden gehabt hätte.

Dolmetscher und Übersetzer

§ 38a. (1) Ist ein Beschuldigter der deutschen Sprache nicht hinreichend kundig, gehörlos oder hochgradig hör- oder sprachbehindert, hat er das Recht auf Beiziehung eines Dolmetschers. Dies gilt insbesondere für Beweisaufnahmen, an denen der Beschuldigte teilnimmt, für Verhandlungen und auf Verlangen auch für den Kontakt des Beschuldigten mit seinem Verteidiger, sofern dies in unmittelbarem Zusammenhang mit einer Verhandlung oder sonstigen Amtshandlung, an der der Beschuldigte teilnimmt, steht und im Interesse einer zweckentsprechenden Verteidigung erforderlich ist.

(2) Können Dolmetschleistungen für die Sprache, die für den Beschuldigten verständlich ist, nicht binnen angemessener Zeit zur Verfügung gestellt werden und ist das persönliche Erscheinen des Dolmetschers für die Gewährleistung eines fairen Verfahrens nicht erforderlich, kann die Dolmetschleistung nach Maßgabe der technischen Möglichkeiten des Verwaltungsgerichtes unter Verwendung technischer Einrichtungen zur Wort- und Bildübertragung erbracht werden.

(3) Soweit dies zur Wahrung der Verteidigungsrechte und eines fairen Verfahrens erforderlich ist, hat ein der deutschen Sprache nicht hinreichend kundiger Beschuldigter das Recht auf schriftliche Übersetzung der wesentlichen Aktenstücke innerhalb einer angemessenen Frist. Als wesentlich gelten insbesondere die zur Beschwerde erstatteten Äußerungen, die schriftliche Ausfertigung des Erkenntnisses und eine gegen das Erkenntnis von einer anderen Partei als dem Beschuldigten erhobene Revision. Auf Antrag des Beschuldigten sind ihm weitere konkret zu bezeichnende Aktenstücke schriftlich zu übersetzen, soweit die Erforderlichkeit einer Übersetzung hinreichend begründet wird oder offenkundig ist. Die schriftliche Übersetzung kann durch auszugsweise Darstellung des wesentlichen Inhalts, durch mündliche Übersetzung oder, wenn der Beschuldigte durch einen Verteidiger vertreten ist, durch mündliche Zusammenfassung ersetzt werden, sofern dies einem fairen Verfahren nicht entgegensteht.

(4) Über sein Recht auf Beiziehung eines Dolmetschers und Übersetzers ist der Beschuldigte in einer für ihn verständlichen Sprache zu belehren. Der Umstand der Belehrung ist schriftlich festzuhalten.

(5) Ein Verzicht des Beschuldigten auf schriftliche Übersetzung ist nur zulässig, wenn er zuvor über sein Recht und die Folgen des Verzichts in einer für ihn verständlichen Sprache belehrt wurde. Belehrung und Verzicht sind schriftlich festzuhalten.

(6) Die Entscheidung über die Beiziehung eines Dolmetschers und Übersetzers erfolgt durch verfahrensleitenden Beschluss.

(BGBl I 2018/57)

Beschwerdeverzicht

§ 39. Der Beschuldigte kann während einer Anhaltung einen Beschwerdeverzicht (§ 7 Abs. 2) nicht wirksam abgeben.

Verfahrenshilfeverteidiger

§ 40. (1) Ist ein Beschuldigter außerstande, die Kosten der Verteidigung ohne Beeinträchtigung des notwendigen Unterhalts zu bestreiten, so hat das Verwaltungsgericht auf Antrag des Beschuldigten zu beschließen, dass diesem ein Verteidiger beigegeben wird, dessen Kosten der Beschuldigte nicht zu tragen hat, soweit dies im Interesse der Rechtspflege, vor allem im Interesse einer zweckentsprechenden Verteidigung, erforderlich und auf Grund des Art. 6 Abs. 1 und Abs. 3 lit. c der Konvention zum Schutze der Menschenrechte und Grundfreiheiten oder des Art. 47 der Charta der Grundrechte der Europäischen Union geboten ist.

(2) § 8a Abs. 3 bis 10 ist sinngemäß anzuwenden, § 8 Abs. 3 mit der Maßgabe, dass der Antrag auch mündlich gestellt werden kann.

(BGBl I 2017/24)

Aufschiebende Wirkung

§ 41. Die aufschiebende Wirkung der Beschwerde kann nicht ausgeschlossen werden.

Verbot der Verhängung einer höheren Strafe

§ 42. Auf Grund einer vom Beschuldigten oder auf Grund einer zu seinen Gunsten erhobenen Beschwerde darf in einem Erkenntnis oder in einer Beschwerdevorentscheidung keine höhere Strafe verhängt werden als im angefochtenen Bescheid.

Verjährung § 31 (2) VStG

§ 43. (1) Sind seit dem Einlangen einer rechtzeitig eingebrachten und zulässigen Beschwerde des Beschuldigten gegen ein Straferkenntnis bei der Behörde 15 Monate vergangen, tritt es von Gesetzes wegen außer Kraft; das Verfahren ist einzustellen.

(2) In die Frist gemäß Abs. 1 werden die Zeiten gemäß § 34 Abs. 2 und § 51 nicht eingerechnet.

Verhandlung

§ 44. (1) Das Verwaltungsgericht hat eine öffentliche mündliche Verhandlung durchzuführen.

(2) Die Verhandlung entfällt, wenn der Antrag der Partei oder die Beschwerde zurückzuweisen ist oder bereits auf Grund der Aktenlage feststeht, dass der mit Beschwerde angefochtene Bescheid aufzuheben ist.

(3) Das Verwaltungsgericht kann von einer Verhandlung absehen, wenn

1. in der Beschwerde nur eine unrichtige rechtliche Beurteilung behauptet wird oder

2. sich die Beschwerde nur gegen die Höhe der Strafe richtet oder

3. im angefochtenen Bescheid eine 500 Euro nicht übersteigende Geldstrafe verhängt wurde oder

4. sich die Beschwerde gegen einen verfahrensrechtlichen Bescheid richtet

und keine Partei die Durchführung einer Verhandlung beantragt hat. Der Beschwerdeführer hat die Durchführung einer Verhandlung in der Beschwerde oder im Vorlageantrag zu beantragen. Den sonstigen Parteien ist Gelegenheit zu geben, einen Antrag auf Durchführung einer Verhandlung zu stellen. Ein Antrag auf Durchführung einer Ver-

handlung kann nur mit Zustimmung der anderen Parteien zurückgezogen werden.

(4) Soweit durch Bundes- oder Landesgesetz nicht anderes bestimmt ist, kann das Verwaltungsgericht ungeachtet eines Parteiantrages von einer Verhandlung absehen, wenn es einen Beschluss zu fassen hat, die Akten erkennen lassen, dass die mündliche Erörterung eine weitere Klärung der „Rechtssache" nicht erwarten lässt, und einem Entfall der Verhandlung weder Art. 6 Abs. 1 der Konvention zum Schutze der Menschenrechte und Grundfreiheiten „ " noch Art. 47 der Charta der Grundrechte der Europäischen Union „ " entgegenstehen. *(BGBl I 2017/24)*

(5) Das Verwaltungsgericht kann von der Durchführung (Fortsetzung) einer Verhandlung absehen, wenn die Parteien ausdrücklich darauf verzichten. Ein solcher Verzicht kann bis zum Beginn der (fortgesetzten) Verhandlung erklärt werden.

(6) Die Parteien sind so rechtzeitig zur Verhandlung zu laden, dass ihnen von der Zustellung der Ladung an mindestens zwei Wochen zur Vorbereitung zur Verfügung stehen.

Durchführung der Verhandlung

§ 45. (1) Die Verhandlung beginnt mit dem Aufruf der „Rechtssache". Zeugen haben daraufhin das Verhandlungszimmer zu verlassen. *(BGBl I 2017/24)*

(2) Wenn eine Partei trotz ordnungsgemäßer Ladung nicht erschienen ist, dann hindert dies weder die Durchführung der Verhandlung noch die Fällung des Erkenntnisses.

(3) Zu Beginn der Verhandlung ist der Gegenstand der Verhandlung zu bezeichnen und der bisherige Gang des Verfahrens zusammenzufassen. Sodann ist den Parteien Gelegenheit zu geben, sich zu äußern.

Beweisaufnahme

§ 46. (1) Das Verwaltungsgericht hat die zur Entscheidung der „Rechtssache" erforderlichen Beweise aufzunehmen. *(BGBl I 2017/24)*

(2) Außer dem Verhandlungsleiter sind die Parteien und ihre Vertreter, insbesondere der Beschuldigte, vor dem Senat auch die sonstigen Mitglieder berechtigt, an jede Person, die vernommen wird, Fragen zu stellen. Der Verhandlungsleiter erteilt ihnen hiezu das Wort. Er kann Fragen, die nicht der Aufklärung des Sachverhaltes dienen, zurückweisen.

(3) Niederschriften über die Vernehmung des Beschuldigten oder von Zeugen sowie die Gutachten der Sachverständigen dürfen nur verlesen werden, wenn

1. die Vernommenen in der Zwischenzeit gestorben sind, ihr Aufenthalt unbekannt ist oder

BVwGG +V
VwGVG +V
VwGbk-ÜG

ihr persönliches Erscheinen wegen ihres Alters, wegen Krankheit oder Behinderung oder wegen entfernten Aufenthaltes oder aus anderen erheblichen Gründen nicht verlangt werden kann oder

2. die in der mündlichen Verhandlung Vernommenen in wesentlichen Punkten von ihren früheren Aussagen abweichen oder

3. Zeugen, ohne dazu berechtigt zu sein, oder Beschuldigte die Aussage verweigern oder

4. alle anwesenden Parteien zustimmen.

(4) Sonstige Beweismittel, wie Augenscheinsaufnahmen, Fotos oder Urkunden, müssen dem Beschuldigten vorgehalten werden. Es ist ihm Gelegenheit zu geben, sich dazu zu äußern.

Schluss der Verhandlung

§ 47. (1) Das Verfahren ist möglichst in einer Verhandlung abzuschließen. Wenn sich die „Vernehmung" des der Verhandlung ferngebliebenen Beschuldigten oder die Aufnahme weiterer Beweise als notwendig erweist, dann ist die Verhandlung zu vertagen. *(BGBl I 2018/57)*

(2) Wenn die „Rechtssache" reif zur Entscheidung ist, dann ist die Beweisaufnahme zu schließen. *(BGBl I 2017/24)*

(3) Nach Schluss der Beweisaufnahme ist den Parteien Gelegenheit zu ihren Schlussausführungen zu geben. Dem Beschuldigten steht das Recht zu, sich als letzter zu äußern. „ " *(BGBl I 2018/57)*

(4) Hierauf ist die Verhandlung zu schließen. Im Verfahren vor dem Senat zieht sich dieser zur Beratung und Abstimmung zurück. Der Spruch des Erkenntnisses und seine wesentliche Begründung sind nach Möglichkeit sofort zu beschließen und zu verkünden.

Unmittelbarkeit des Verfahrens

§ 48. „(1)" Wenn eine Verhandlung durchgeführt wurde, dann ist bei der Fällung des Erkenntnisses nur auf das Rücksicht zu nehmen, was in dieser Verhandlung vorgekommen ist. Auf Aktenstücke ist nur insoweit Rücksicht zu nehmen, als sie bei der Verhandlung verlesen wurden, es sei denn, der Beschuldigte hätte darauf verzichtet, oder als es sich um Beweiserhebungen handelt, deren Erörterung infolge des Verzichts auf eine fortgesetzte Verhandlung gemäß § 44 Abs. 5 entfallen ist. *(BGBl I 2018/57)*

(2) Eine Verlesung von Aktenstücken kann unterbleiben, wenn diese Aktenstücke von der Partei, die die Verlesung verlangt, selbst stammen oder wenn es sich um Aktenstücke handelt, die der die Verlesung begehrenden Partei nachweislich zugestellt wurden. *(BGBl I 2018/57)*

Gebühren der Beteiligten

§ 49. § 26 gilt nicht für Beteiligte.

Erkenntnisse

§ 50. „(1)" Sofern die Beschwerde nicht zurückzuweisen oder das Verfahren einzustellen ist, hat das Verwaltungsgericht über Beschwerden gemäß Art. 130 Abs. 1 Z 1 B-VG in der Sache selbst zu entscheiden. *(BGBl I 2017/24)*

(2) Die gekürzte Ausfertigung des Erkenntnisses hat überdies zu enthalten:

1. im Fall der Verhängung einer Strafe die vom Verwaltungsgericht als erwiesen angenommenen Tatsachen in gedrängter Darstellung sowie die für die Strafbemessung maßgebenden Umstände in Schlagworten;

2. im Fall des § 45 Abs. 1 VStG eine gedrängte Darstellung der dafür maßgebenden Gründe. *(BGBl I 2017/24)*

(3) Jedes Erkenntnis hat einen Hinweis auf die Voraussetzungen für die Bewilligung der Verfahrenshilfe im Verfahren vor dem Verfassungsgerichtshof und im Verfahren vor dem Verwaltungsgerichtshof zu enthalten. *(BGBl I 2018/57)*

Entscheidungspflicht

§ 51. In die Frist gemäß § 34 Abs. 1 werden auch nicht eingerechnet:

1. die Zeit, während deren nach einer gesetzlichen Vorschrift die Verfolgung nicht eingeleitet oder fortgesetzt werden kann;

2. die Zeit, während deren wegen der Tat gegen den Täter ein Strafverfahren bei der Staatsanwaltschaft, bei einem Gericht oder bei einer Verwaltungsbehörde geführt wird.

Kosten

§ 52. (1) In jedem Erkenntnis des Verwaltungsgerichtes, mit dem ein Straferkenntnis bestätigt wird, ist auszusprechen, dass der Bestrafte einen Beitrag zu den Kosten des Strafverfahrens zu leisten hat.

(2) Dieser Beitrag ist für das Beschwerdeverfahren mit 20% der verhängten Strafe, mindestens jedoch mit zehn Euro zu bemessen; bei Freiheitsstrafen ist zur Berechnung der Kosten ein Tag Freiheitsstrafe gleich 100 Euro anzurechnen. Der Kostenbeitrag fließt der Gebietskörperschaft zu, die den Aufwand des Verwaltungsgerichtes zu tragen hat.

(3) Sind im verwaltungsgerichtlichen Verfahren Barauslagen erwachsen (§ 76 AVG), so ist dem Bestraften der Ersatz dieser Auslagen aufzuerlegen, soweit sie nicht durch Verschulden einer anderen Person verursacht sind; der hiernach zu ersetzende Betrag ist, wenn tunlich, im Erkenntnis, sonst durch besonderen Beschluss ziffernmäßig festzusetzen. Dies gilt nicht für Gebühren, die dem „Dolmetscher und Übersetzer" zustehen, der

dem Beschuldigten beigestellt wurde. *(BGBl I 2018/57)*

(4) Einem nach § 40 beigegebenen Verfahrenshilfeverteidiger sind die Kosten eines Dolmetschers, soweit dessen Beiziehung zu den Besprechungen zwischen dem Verteidiger und dem Beschuldigten notwendig war, von jenem Rechtsträger, in dessen Vollziehungsbereich das Verwaltungsgericht in der Angelegenheit gehandelt hat, in der Höhe der für Dolmetscher geltenden Bestimmungen des GebAG, zu vergüten. Die Gebühr ist beim Verwaltungsgericht, das über den Antrag auf Beigebung eines Verteidigers entschieden hat, geltend zu machen.

(5) Von der Eintreibung der Kostenbeiträge (Abs. 1 und § 54d VStG) und der Barauslagen ist abzusehen, wenn mit Grund angenommen werden darf, dass sie erfolglos wäre.

(6) Die §§ 14 und 54b Abs. 1 und 1a VStG sind sinngemäß anzuwenden.

(7) Wird einem Antrag des Bestraften auf Wiederaufnahme des verwaltungsgerichtlichen Strafverfahrens nicht stattgegeben, so gelten hinsichtlich der Verpflichtung zur Tragung der Verfahrenskosten sinngemäß die vorangehenden Bestimmungen.

(8) Die Kosten des Beschwerdeverfahrens sind dem Beschwerdeführer nicht aufzuerlegen, wenn der Beschwerde auch nur teilweise Folge gegeben worden ist.

(9) Wird eine verhängte Strafe infolge Beschwerde aufgehoben, so sind die Kosten des Verfahrens von der Behörde zu tragen, falls sie aber schon gezahlt sind, zurückzuerstatten.

(10) Dem Privatankläger sind in solchen Fällen nur die durch sein Einschreiten tatsächlich verursachten Kosten aufzuerlegen.

3. Abschnitt

Verfahren über Beschwerden wegen Rechtswidrigkeit eines Verhaltens einer Behörde in Vollziehung der Gesetze

§ 53. Soweit durch Bundes- oder Landesgesetz nicht anderes bestimmt ist, sind auf Verfahren über Beschwerden wegen Rechtswidrigkeit eines Verhaltens einer Behörde in Vollziehung der Gesetze gemäß Art. 130 Abs. 2 Z 1 B-VG die Bestimmungen über Beschwerden gegen die Ausübung unmittelbarer verwaltungsbehördlicher Befehls- und Zwangsgewalt sinngemäß anzuwenden.

4. Abschnitt

Vorstellung gegen Erkenntnisse und Beschlüsse des Rechtspflegers

§ 54. (1) Gegen Erkenntnisse und Beschlüsse des Rechtspflegers (§ 2) kann Vorstellung beim zuständigen Mitglied des Verwaltungsgerichtes erhoben werden.

(2) Gegen verfahrensleitende Beschlüsse des Rechtspflegers ist eine abgesonderte Vorstellung nicht zulässig. Sie können erst in der Vorstellung gegen das die Rechtssache erledigende Erkenntnis angefochten werden.

(3) Die Frist zur Erhebung der Vorstellung beträgt zwei Wochen. „§ 7 Abs. 4 Z 1, 2 und 4" ist sinngemäß anzuwenden. *(BGBl I 2017/138)*

(4) Jedes Erkenntnis und jeder Beschluss im Sinne des Abs. 1 hat eine Belehrung über die Möglichkeit der Erhebung einer Vorstellung beim zuständigen Mitglied des Verwaltungsgerichtes zu enthalten. Das Verwaltungsgericht hat auf die bei der Einbringung einer solchen Vorstellung einzuhaltenden Fristen hinzuweisen.

4. Hauptstück

Schlussbestimmungen

Verweisungen

§ 55. Soweit in diesem Bundesgesetz auf Bestimmungen anderer Bundesgesetze verwiesen wird, sind diese in ihrer jeweils geltenden Fassung anzuwenden.

Sprachliche Gleichbehandlung

§ 56. Soweit sich die in diesem Bundesgesetz verwendeten Bezeichnungen auf natürliche Personen beziehen, gilt die gewählte Form für beide Geschlechter. Bei der Anwendung dieser Bezeichnungen auf bestimmte natürliche Personen ist die jeweils geschlechtsspezifische Form zu verwenden.

Umsetzung von Richtlinien der Europäischen Union

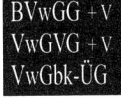

§ 57. (1) § 38a Abs. 1, 2, 3, 5 und 6 und § 52 Abs. 3 in der Fassung des Bundesgesetzes BGBl. I Nr. 57/2018 dienen der Umsetzung der Richtlinie 2010/64 EU über das Recht auf Dolmetschleistungen und Übersetzungen in Strafverfahren, ABl. Nr. L 280 vom 26.10.2010 S. 1.

(2) § 31 Abs. 3, § 38a Abs. 3 und § 50 Abs. 3 in der Fassung des Bundesgesetzes BGBl. I Nr. 57/2018 dienen der Umsetzung der Richtlinie 2012/13 EU über das Recht auf Belehrung und Unterrichtung in Strafverfahren, ABl. Nr. L 142 vom 01.06.2012 S. 1.

(BGBl I 2018/57)

Vollziehung

„§ 58." Mit der Vollziehung dieses Bundesgesetzes ist, soweit darin nicht anderes bestimmt ist, die Bundesregierung betraut. *(BGBl I 2018/57)*

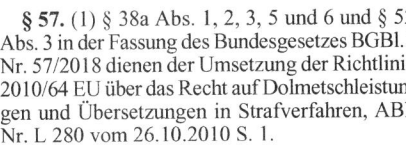

BVwGG + V
VwGVG + V
VwGbk-ÜG

Inkrafttreten

„**§ 59.**" (1) Dieses Bundesgesetz tritt mit 1. Jänner 2014 in Kraft.

(2) Entgegenstehende Bestimmungen in Bundes- oder Landesgesetzen, die zum Zeitpunkt des Inkrafttretens dieses Bundesgesetzes bereits kundgemacht sind, bleiben unberührt.

(3) § 3 samt Überschrift, § 13 Abs. 4 und § 15 Abs. 2 erster Satz in der Fassung des Bundesgesetzes BGBl. I Nr. 122/2013 treten mit 1. Jänner 2014 in Kraft. Entgegenstehende Bestimmungen in Bundes- oder Landesgesetzen, die zum Zeitpunkt des Inkrafttretens dieses Bundesgesetzes bereits kundgemacht sind, bleiben unberührt. *(BGBl I 2013/122)*

(4) Das Inhaltsverzeichnis, § 8a samt Überschrift, § 13 Abs. 3, § 24 Abs. 2 Z 2 und 3 und Abs. 4, § 25 Abs. 6a, § 29 Abs. 2a, 2b und 5, § 30 Z 3 und 4, § 31 Abs. 3, § 33 Abs. 4a, § 34 Abs. 1, § 40 samt Überschrift, § 44 Abs. 4, § 45 Abs. 1, § 46 Abs. 1, § 47 Abs. 2 und § 50 in der Fassung des Bundesgesetzes BGBl. I Nr. 24/2017 treten mit 1. Jänner 2017 in Kraft. *(BGBl I 2017/24)*

(5) § 3 Abs. 2, § 7 Abs. 4, § 9 Abs. 1 bis 3, § 13, § 24 Abs. 2 Z 1, § 27 und § 54 Abs. 3 in der Fassung des Bundesgesetzes BGBl. I Nr. 138/2017 treten mit 1. Jänner 2019 in Kraft; gleichzeitig treten § 14 Abs. 3 und § 28 Abs. 8 außer Kraft. Die mit Ablauf des 31. Dezember 2018 anhängigen Verfahren über Beschwerden gemäß Art. 130 Abs. 1 Z 4 B-VG (Weisungsbeschwerden) in der bis zum Ablauf des 31. Dezember 2018 geltenden Fassung gelten als eingestellt. „§ 7 Abs. 4 Z 4 in der Fassung des Bundesgesetzes BGBl. I Nr. 109/2021 tritt mit 1. Jänner 2019 in Kraft." *(BGBl I 2017/138; BGBl I 2021/109)*

„(6)" Das Inhaltsverzeichnis, § 25 Abs. 6a bis 6c, § 31 Abs. 3, § 38a samt Überschrift, § 47 Abs. 1 und 3, § 48, § 50 Abs. 3, § 52 Abs. 3, § 57 (neu) samt Überschrift und die Paragraphenbezeichnungen der §§ 58 und 59 (neu) in der Fassung des Bundesgesetzes BGBl. I Nr. 57/2018 treten mit Ablauf des Monats der Kundmachung in Kraft.[1] *(BGBl I 2018/57; BGBl I 2021/109)*

(7) § 8a Abs. 3, § 13 Abs. 4, § 14 Abs. 2, § 15 Abs. 2 und 3, § 16 Abs. 2, § 33 Abs. 3, § 34 Abs. 1, § 35 Abs. 3a und § 59 Abs. 6 in der Fassung des Bundesgesetzes BGBl. I Nr. 109/2021 treten mit Ablauf des Tages der Kundmachung des Bundesgesetzes BGBl. I Nr. 109/2021 in Kraft.[2] *(BGBl I 2021/109)*

(BGBl I 2018/57)

---

[1] *Die Kundmachung des BG BGBl I 2018/57 im Bundesgesetzblatt erfolgte am 14. August 2018.*
[2] *Die Kundmachung des BG BGBl I 2021/109 im Bundesgesetzblatt erfolgte am 30. Juni 2021.*

VwG-Aufwandersatzverordnung

BGBl II 2013/517

Verordnung des Bundeskanzlers über die Pauschalierung der Aufwandersätze im Verfahren vor den Verwaltungsgerichten über Beschwerden wegen Ausübung unmittelbarer verwaltungsbehördlicher Befehls- und Zwangsgewalt und Beschwerden wegen Rechtswidrigkeit eines Verhaltens einer Behörde in Vollziehung der Gesetze (VwG-Aufwandersatzverordnung – VwG-AufwErsV)

Auf Grund der §§ 35 Abs. 4 Z 3 und 53 des Verwaltungsgerichtsverfahrensgesetzes – VwGVG, BGBl. I Nr. 33/2013, zuletzt geändert durch das Bundesgesetz BGBl. I Nr. 122/2013, wird verordnet:

§ 1. Die Höhe der im Verfahren vor den Verwaltungsgerichten über Beschwerden wegen Ausübung unmittelbarer verwaltungsbehördlicher Befehls- und Zwangsgewalt gemäß Art. 130 Abs. 1 Z 2 des Bundes-Verfassungsgesetzes – B-VG, BGBl. Nr. 1/1930, und Beschwerden wegen Rechtswidrigkeit eines Verhaltens einer Behörde in Vollziehung der Gesetze gemäß Art. 130 Abs. 2 Z 1 B-VG als Aufwandersatz zu leistenden Pauschalbeträge wird wie folgt festgesetzt:

1. Ersatz des Schriftsatzaufwands des Beschwerdeführers als obsiegende Partei............................ 737,60 Euro

2. Ersatz des Verhandlungsaufwands des Beschwerdeführers als obsiegende Partei............... 922,00 Euro

3. Ersatz des Vorlageaufwands der belangten Behörde als obsiegende Partei.................................. 57,40 Euro

4. Ersatz des Schriftsatzaufwands der belangten Behörde als obsiegende Partei........................... 368,80 Euro

5. Ersatz des Verhandlungsaufwands der belangten Behörde als obsiegende Partei................... 461,00 Euro

6. Ersatz des Aufwands, der für den Beschwerdeführer mit dem Antrag auf Wiederaufnahme des Verfahrens verbunden war (Schriftsatzaufwand)............... 553,20 Euro

7. Ersatz des Aufwands, der für die belangte Behörde mit dem Antrag auf Wiederaufnahme des Verfahrens verbunden war (Schriftsatzaufwand)............... 276,60 Euro

§ 2. Diese Verordnung tritt mit 1. Jänner 2014 in Kraft; gleichzeitig tritt die UVS-Aufwandersatzverordnung 2008, BGBl. II Nr. 456/2008, außer Kraft.

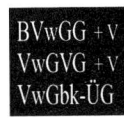

BVwGG + V
VwGVG + V
VwGbk-ÜG

Verwaltungsgerichtsbarkeits-Übergangsgesetz[1]

BGBl I 2013/33 (Art 2) idF

1 BGBl I 2013/122

[1] *Siehe das Rundschreiben des Bundeskanzleramtes-Verfassungsdienst, GZ BKA-602.055/0002-V/1/2013 – abrufbar unter http://www.bka.gv.at.*

STICHWORTVERZEICHNIS

Bundesgesetz betreffend den Übergang zur zweistufigen Verwaltungsgerichtsbarkeit „(Verwaltungsgerichtsbarkeits-Übergangsgesetz – VwGbk-ÜG)"

(BGBl I 2013/122)

Anwendungsbereich

§ 1. Dieses Bundesgesetz regelt den Übergang zur zweistufigen Verwaltungsgerichtsbarkeit mit Ausnahme jener Angelegenheiten, die zur Zuständigkeit des Bundesfinanzgerichtes gehören.

Unabhängige Verwaltungsbehörden, sonstige unabhängige Verwaltungsbehörden, Vorstellungsbehörden und andere Verwaltungsbehörden

§ 2. (1) Ist der Bescheid eines unabhängigen Verwaltungssenates oder des Bundesvergabeamtes (im Folgenden: unabhängige Verwaltungsbehörden), einer in der Anlage zum Bundes-Verfassungsgesetz – B-VG, BGBl. Nr. 1/1930, genannten Verwaltungsbehörde (im Folgenden: sonstige unabhängige Verwaltungsbehörde) oder einer Aufsichtsbehörde in einem bei ihr anhängigen Verfahren über eine Vorstellung gemäß Art. 119a Abs. 5 B-VG in der bis zum Ablauf des 31. Dezember 2013 geltenden Fassung (im Folgenden: Vorstellungsbehörde), dessen Zustellung vor dem Ablauf des 31. Dezember 2013 veranlasst worden ist, bis zum Ablauf dieses Tages nicht gültig zugestellt worden, so gilt dieser Bescheid dennoch gegenüber allen Parteien, denen gegenüber die Zustellung veranlasst worden ist, als zugestellt.

(2) Ist der Bescheid einer anderen als in Abs. 1 genannten Verwaltungsbehörde, die mit Ende des 31. Dezember 2013 zur Erlassung dieses Bescheides zuständig ist, die mit 1. Jänner 2014 zur Erlassung dieses Bescheides jedoch nicht mehr zuständig ist, dessen Zustellung vor dem Ablauf des 31. Dezember 2013 veranlasst worden ist, bis zum Ablauf dieses Tages nicht gültig zugestellt worden, so gilt dieser Bescheid dennoch gegenüber allen Parteien, denen gegenüber die Zustellung veranlasst worden ist, als zugestellt.

(3) Wird durch die Zustellung der Lauf einer Frist bestimmt, so beginnt diese Frist mit jenem Zeitpunkt zu laufen, in dem der Bescheid gemäß den Bestimmungen des Zustellgesetzes – ZustG, BGBl. Nr. 200/1982, als zugestellt gelten würde. Der Vollzug des Bescheides ist bis zu diesem Zeitpunkt gehemmt. Tritt der im ersten Satz genannte Fall nicht bis zum Ablauf des 30. Juni 2014 ein, tritt der Bescheid von Gesetzes wegen außer Kraft.

(4) Ist der Bescheid einer unabhängigen Verwaltungsbehörde, einer sonstigen unabhängigen Verwaltungsbehörde oder einer Vorstellungsbehörde vor Ablauf des 31. Dezember 2013 mündlich verkündet worden, die Zustellung einer den Beginn der Rechtsmittelfrist auslösenden schriftlichen Ausfertigung des Bescheides jedoch bis zum Ablauf dieses Tages nicht veranlasst worden, so tritt der Bescheid mit Ablauf dieses Tages außer Kraft.

Verwaltungsgerichte

§ 3. (1) Ist ein Bescheid, gegen den eine Berufung zulässig ist, vor Ablauf des 31. Dezember 2013 erlassen worden, läuft die Berufungsfrist mit Ende des 31. Dezember 2013 noch und wurde gegen diesen Bescheid nicht bereits bis zum Ablauf des 31. Dezember 2013 Berufung erhoben, so kann gegen ihn vom 1. Jänner bis zum Ablauf des 29. Jänner 2014 Beschwerde gemäß Art. 130 Abs. 1 Z 1 B-VG beim Verwaltungsgericht erhoben werden. Eine gegen einen solchen Bescheid bis zum Ablauf des 31. Dezember 2013 erhobene Berufung gilt als rechtzeitig erhobene Beschwerde gemäß Art. 130 Abs. 1 Z 1 B-VG.

(2) Ist jedoch in einem Mehrparteienverfahren ein Bescheid, gegen den eine Berufung zulässig ist, bis zum Ablauf des 31. Dezember 2013 zwar gegenüber mindestens einer Partei, aber nicht gegenüber allen Parteien, denen gegenüber er zu erlassen war, erlassen worden, so kann von den Parteien, denen gegenüber dieser Bescheid nach Ablauf des 31. Dezember 2013 erlassen wird, innerhalb von vier Wochen Beschwerde gemäß Art. 130 Abs. 1 Z 1 B-VG beim Verwaltungsgericht erhoben werden. Gegen einen solchen Bescheid bis zum Ablauf des 31. Dezember 2013 erhobene Berufungen gelten als rechtzeitig erhobene Beschwerden gemäß Art. 130 Abs. 1 Z 1 B-VG.

(3) Jeder Bescheid, der nach Ablauf des 30. September 2013 genehmigt wird, hat einen Hinweis auf die Rechtsfolge des Abs. 1 bzw. des Abs. 2 zu enthalten.

(4) In Sachen in Angelegenheiten des eigenen Wirkungsbereiches der Gemeinde, in denen auch nach Ablauf des 31. Dezember 2013 ein zweistufiger Instanzenzug besteht, sind die Abs. 1 bis 3 auf Bescheide der Berufungsbehörde mit der Maßgabe sinngemäß anzuwenden, dass „Berufung" im Sinne der Abs. 1 bis 3 die Vorstellung ist. Ist jedoch durch Bundes- oder Landesgesetz angeordnet, dass in der betreffenden Sache die Vorstellung gemäß Art. 119a Abs. 5 B-VG in der bis zum Ablauf des 31. Dezember 2013 geltenden Fassung an die Aufsichtsbehörde nicht stattfindet, so sind die Abs. 1 bis 3 mit der Maßgabe anzuwenden, dass Beschwerde beim Verwaltungsgericht erst nach Erschöpfung eines allfälligen Instanzenzuges erhoben werden kann.

(5) Auf die Ausübung unmittelbarer verwaltungsbehördlicher Befehls- und Zwangsgewalt und Weisungen gemäß Art. 81a Abs. 4 B-VG ist Abs. 1 mit der Maßgabe sinngemäß anzuwenden, dass im Sinne dieser Bestimmung

1. „Berufung" die Beschwerde gemäß Art. 129a Abs. 1 Z 2 B-VG in der bis zum Ablauf des 31. Dezember 2013 geltenden Fassung beim unabhängigen Verwaltungssenat bzw. die Beschwerde gemäß Art. 130 Abs. 1 zweiter Satz B-VG in der bis zum Ablauf des 31. Dezember 2013 geltenden Fassung und

2. „Beschwerde gemäß Art. 130 Abs. 1 Z 1 B-VG beim Verwaltungsgericht" die Beschwerde gemäß Art. 130 Abs. 1 Z 2 bzw. Z 4 B-VG beim Verwaltungsgericht

ist. Die Beschwerde gemäß Art. 130 Abs. 1 Z 2 B-VG kann bis zum Ablauf des 12. Februar 2014, die Beschwerde gemäß Art. 130 Abs. 1 Z 4 B-VG bis zum Ablauf des 29. Jänner 2014 erhoben werden.

(6) Die Verwaltungsgerichte entscheiden ab 1. Jänner 2014 über die Wiederaufnahme von und die Wiedereinsetzung in den vorigen Stand in Verfahren, die entweder in diesem Zeitpunkt gemäß Art. 151 Abs. 51 Z 8 B-VG auf die Verwaltungsgerichte übergegangen sind, oder, wären sie in diesem Zeitpunkt noch anhängig, übergehen würden. Die §§ 32 und 33 des Verwaltungsgerichtsverfahrensgesetzes – VwGVG, BGBl. I Nr. 33/2013, sind sinngemäß anzuwenden.

(7) Mit Ablauf des 31. Dezember 2013 bei den unabhängigen Verwaltungsbehörden anhängige Verfahren können von den Verwaltungsgerichten weitergeführt werden, wenn die Rechtssache in diesem Zeitpunkt

1. zur Zuständigkeit eines Senates der unabhängigen Verwaltungsbehörde gehört hat, danach zur Zuständigkeit des Senates oder des Einzelrichters eines Verwaltungsgerichtes gehört und alle Mitglieder dieses Senates bzw. der Einzelrichter dem Senat der unabhängigen Verwaltungsbehörde angehört haben bzw. hat;

2. zur Zuständigkeit eines einzelnen Mitglieds der unabhängigen Verwaltungsbehörde gehört hat, danach zur Zuständigkeit des Einzelrichters eines Verwaltungsgerichtes gehört und es sich um denselben Organwalter handelt.

(8) Mit Ablauf des 31. Dezember 2013 beim Asylgerichtshof anhängige Verfahren können vom Bundesverwaltungsgericht weitergeführt werden, wenn die Rechtssache in diesem Zeitpunkt

1. zur Zuständigkeit eines Senates des Asylgerichtshofes gehört hat, danach zur Zuständigkeit des Senates oder des Einzelrichters des Bundesverwaltungsgerichtes gehört und alle Mitglieder dieses Senates bzw. der Einzelrichter dem Senat des Asylgerichtshofes angehört haben bzw. hat;

2. zur Zuständigkeit eines einzelnen Mitglieds des Asylgerichtshofes gehört hat, danach zur Zuständigkeit des Einzelrichters des Bundesverwaltungsgerichtes gehört und es sich um denselben Organwalter handelt.

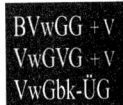

BVwGG + V
VwGVG + V
VwGbk-ÜG

Verwaltungsgerichtshof

§ 4. (1) Ist ein Bescheid, gegen den eine Beschwerde gemäß Art. 130 Abs. 1 lit. a B-VG in der bis zum Ablauf des 31. Dezember 2013 geltenden Fassung beim Verwaltungsgerichtshof zulässig ist, vor Ablauf des 31. Dezember 2013 erlassen worden, läuft die Beschwerdefrist mit Ende des 31. Dezember 2013 noch und wurde gegen diesen Bescheid nicht bereits bis zum Ablauf des 31. Dezember 2013 Beschwerde beim Verwaltungsgerichtshof erhoben, so kann gegen ihn vom 1. Jänner bis zum Ablauf des 12. Februar 2014 in sinngemäßer Anwendung des Art. 133 Abs. 1 Z 1 B-VG Revision beim Verwaltungsgerichtshof erhoben werden. Wurde gegen einen solchen Bescheid vor Ablauf des 31. Dezember 2013 Beschwerde beim Verwaltungsgerichtshof erhoben und läuft die Beschwerdefrist mit Ende des 31. Dezember 2013 noch, gilt die Beschwerde als rechtzeitig erhobene Revision gemäß Art. 133 Abs. 1 Z 1 B-VG.

(2) Abs. 1 gilt in den Fällen des § 2 Abs. 1 mit der Maßgabe, dass die Revision innerhalb von sechs Wochen ab dem in „§ 2 Abs. 3" genannten Zeitpunkt erhoben werden kann. *(BGBl I 2013/122)*

(3) Ist jedoch in einem Mehrparteienverfahren ein Bescheid, gegen den eine Beschwerde beim Verwaltungsgerichtshof zulässig ist, bis zum Ablauf des 31. Dezember 2013 zwar gegenüber mindestens einer Partei, aber nicht gegenüber allen Parteien, denen gegenüber er zu erlassen war, erlassen worden, so kann von den Parteien, denen gegenüber dieser Bescheid nach Ablauf des 31. Dezember 2013 erlassen wird, innerhalb von sechs Wochen in sinngemäßer Anwendung des Art. 133 Abs. 1 Z 1 B-VG Revision beim Verwaltungsgerichtshof erhoben werden. Gegen einen solchen Bescheid bis zum Ablauf des 31. Dezember 2013 erhobene Beschwerden gelten als rechtzeitig erhobene Revisionen gemäß Art. 133 Abs. 1 Z 1 B-VG.

(4) Jeder Bescheid, der nach Ablauf des 30. September 2013 genehmigt wird, hat einen Hinweis auf die Rechtsfolge der Abs. 1 bis 3 zu enthalten.

(5) Die Revision gemäß den Abs. 1 bis 3 ist unmittelbar beim Verwaltungsgerichtshof einzubringen. Die Revision gegen den Bescheid einer unabhängigen Verwaltungsbehörde oder einer Behörde gemäß Art. 20 Abs. 2 Z 2 oder 3 B-VG in der bis zum Ablauf des 31. Dezember 2013 geltenden Fassung ist unzulässig, wenn die Voraussetzungen des Art. 133 Abs. 4 B-VG nicht vorliegen. Eine solche Revision hat gesondert die Gründe zu enthalten, warum die Voraussetzungen des Art. 133 Abs. 4 B-VG vorliegen. Ob eine solche Revision gemäß Art. 133 Abs. 4 B-VG zulässig ist, ist vom Verwaltungsgerichtshof zu beurteilen. Für die Behandlung der Revision gelten die Bestimmungen des Verwaltungsgerichtshofgesetzes 1985 – VwGG, BGBl. Nr. 10/1985, in der bis zum Ablauf des 31. Dezember 2013

geltenden Fassung sinngemäß mit der Maßgabe, dass statt der Ablehnung der Beschwerde gemäß § 33a VwGG in der bis zum Ablauf des 31. Dezember 2013 geltenden Fassung die Revision als unzulässig zurückgewiesen werden kann. Für Revisionen gegen Bescheide anderer als der im zweiten Satz genannten Verwaltungsbehörden gelten die Voraussetzungen des Art. 133 Abs. 4 B-VG nicht.

(6) Gegen eine Entscheidung des Asylgerichtshofes, die gegenüber den Parteien erst nach Ablauf des 31. Dezember 2013 erlassen wird, deren Zustellung jedoch vor Ablauf dieses Tages veranlasst wurde, ist eine Revision beim Verwaltungsgerichtshof nicht zulässig.

Beim Verwaltungsgerichtshof anhängige Verfahren über Beschwerden wegen Verletzung der Entscheidungspflicht

§ 5. (1) Die beim Verwaltungsgerichtshof mit Ablauf des 31. Dezember 2013 anhängigen Verfahren über Beschwerden wegen Verletzung der Entscheidungspflicht durch eine unabhängige Verwaltungsbehörde gelten als Verfahren über einen Fristsetzungsantrag.

(2) Der Verwaltungsgerichtshof hat die Beschwerden in sonstigen bei ihm mit Ablauf des 31. Dezember 2013 anhängigen Verfahren über Beschwerden wegen Verletzung der Entscheidungspflicht an das zuständige Verwaltungsgericht unter Anschluss der Akten des Verfahrens abzutreten. Die Entscheidungsfrist für das Verwaltungsgericht beginnt mit dem Einlangen der Akten beim Verwaltungsgericht neu zu laufen.

(3) Im Fall der Abtretung gemäß Abs. 2 ist eine bereits entrichtete Eingabengebühr rückzuerstatten.

Verfassungsgerichtshof

§ 6. (1) Ist ein Bescheid, gegen den eine Beschwerde gemäß Art. 144 Abs. 1 B-VG in der bis zum Ablauf des 31. Dezember 2013 geltenden Fassung beim Verfassungsgerichtshof zulässig ist, vor Ablauf des 31. Dezember 2013 erlassen worden, läuft die Beschwerdefrist mit Ende des 31. Dezember 2013 noch und wurde gegen diesen Bescheid nicht bereits bis zum Ablauf des 31. Dezember 2013 Beschwerde beim Verfassungsgerichtshof erhoben, so kann gegen ihn vom 1. Jänner bis zum Ablauf des 12. Februar 2014 Beschwerde gemäß Art. 144 Abs. 1 B-VG beim Verfassungsgerichtshof erhoben werden. Wurde gegen einen solchen Bescheid vor Ablauf des 31. Dezember 2013 Beschwerde beim Verfassungsgerichtshof erhoben und läuft die Beschwerdefrist mit Ende des 31. Dezember 2013 noch, gilt die Beschwerde als rechtzeitig erhobene Beschwerde gemäß Art. 144 Abs. 1 B-VG.

(2) Abs. 1 gilt in den Fällen des § 2 Abs. 1 mit der Maßgabe, dass die Beschwerde innerhalb von sechs Wochen ab dem in „§ 2 Abs. 3" genannten Zeitpunkt erhoben werden kann. *(BGBl I 2013/122)*

(3) Ist jedoch in einem Mehrparteienverfahren ein Bescheid, gegen den eine Beschwerde beim Verfassungsgerichtshof zulässig ist, bis zum Ablauf des 31. Dezember 2013 zwar gegenüber mindestens einer Partei, aber nicht gegenüber allen Parteien, denen gegenüber er zu erlassen war, erlassen worden, so kann von den Parteien, denen gegenüber dieser Bescheid nach Ablauf des 31. Dezember 2013 erlassen wird, innerhalb von sechs Wochen Beschwerde gemäß Art. 144 Abs. 1 B-VG beim Verfassungsgerichtshof erhoben werden. Gegen einen solchen Bescheid bis zum Ablauf des 31. Dezember 2013 erhobene Beschwerden gelten als rechtzeitig erhobene Beschwerden gemäß Art. 144 Abs. 1 B-VG.

(4) Die Abtretung einer Beschwerde an den Verwaltungsgerichtshof ist unzulässig, wenn es sich um einen Fall handelt, der gemäß der bis zum Ablauf des 31. Dezember 2013 geltenden Rechtslage von der Zuständigkeit des Verwaltungsgerichtshofes ausgeschlossen ist.

(5) Jeder Bescheid, der nach Ablauf des 30. September 2013 genehmigt wird, hat einen Hinweis auf die Rechtsfolge der Abs. 1 bis 3 zu enthalten.

Beschwerden gegen Entscheidungen des Asylgerichtshofes

§ 7. (1) Ist eine Entscheidung des Asylgerichtshofes, gegen die eine Beschwerde gemäß Art. 144a Abs. 1 B-VG in der bis zum Ablauf des 31. Dezember 2013 geltenden Fassung beim Verfassungsgerichtshof zulässig ist, vor Ablauf des 31. Dezember 2013 erlassen worden, läuft die Beschwerdefrist mit Ende des 31. Dezember 2013 noch und wurde gegen diese Entscheidung nicht bereits bis zum Ablauf des 31. Dezember 2013 Beschwerde beim Verfassungsgerichtshof erhoben, so kann gegen sie vom 1. Jänner bis zum Ablauf des 12. Februar 2014 Beschwerde gemäß Art. 144 Abs. 1 B-VG beim Verfassungsgerichtshof erhoben werden. Eine gegen eine solche Entscheidung bis zum Ablauf des 31. Dezember 2013 erhobene Beschwerde gilt als rechtzeitig erhobene Beschwerde gemäß Art. 144 Abs. 1 B-VG.

(2) Ist jedoch eine Entscheidung des Asylgerichtshofes, gegen die eine Beschwerde beim Verfassungsgerichtshof zulässig ist, bis zum Ablauf des 31. Dezember 2013 zwar gegenüber mindestens einer Partei, aber nicht gegenüber allen Parteien, denen gegenüber sie zu erlassen war, erlassen worden, so kann von den Parteien, denen gegenüber diese Entscheidung nach Ablauf des 31. Dezember 2013 erlassen wird, innerhalb von sechs Wochen Beschwerde gemäß Art. 144 Abs. 1 B-VG beim Verfassungsgerichtshof erhoben werden. Gegen eine solche Entscheidung bis zum Ablauf des 31. Dezember 2013 erhobene Beschwerden gelten als rechtzeitig erhobene Beschwerden gemäß Art. 144 Abs. 1 B-VG.

Beschwerden, die vom Verfassungsgerichtshof dem Verwaltungsgerichtshof zur Entscheidung abgetreten werden

§ 8. Hat der Verfassungsgerichtshof in einem Verfahren gemäß Art. 144 Abs. 1 B-VG in der bis zum Ablauf des 31. Dezember 2013 geltenden Fassung bis zum Ablauf des 31. Dezember 2013 eine Beschwerde gemäß Art. 144 Abs. 3 B-VG in der bis zum Ablauf des 31. Dezember 2013 geltenden Fassung dem Verwaltungsgerichtshof abgetreten, hat der Verwaltungsgerichtshof in einem solchen Verfahren die Bestimmungen des B-VG in der bis zum Ablauf des 31. Dezember 2013 geltenden Fassung und des VwGG in der bis zum Ablauf des 31. Dezember 2013 geltenden Fassung weiterhin anzuwenden.

Belangte Behörde bzw. Revisionsgegner

§ 9. (1) In den Verfahren gemäß den §§ 3 bis 8 ist Art. 151 Abs. 51 Z 7 und 9 B-VG sinngemäß anzuwenden.

(2) Wer in den Verfahren gemäß den §§ 3 bis 8 und gemäß Art. 151 Abs. 51 Z 7 und 9 B-VG belangte Behörde bzw. Revisionsgegner ist, ist in sinngemäßer Anwendung der maßgeblichen Bestimmungen des VwGVG, des VwGG und des Verfassungsgerichtshofgesetzes 1953 – VfGG, BGBl. Nr. 85/1953, zu beurteilen.

Verweisungen

§ 10. Soweit nicht ausdrücklich anderes bestimmt ist, gelten Verweisungen in diesem Bundesgesetz auf Bestimmungen des B-VG als Verweisungen auf diese Bestimmungen in der mit 1. Jänner 2014 geltenden Fassung.

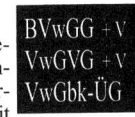

Inkrafttreten

§ 11. (1) Dieses Bundesgesetz tritt mit Ablauf des Monats seiner Kundmachung in Kraft.[1]

(2) Entgegenstehende Bestimmungen in Bundesgesetzen, die zum Zeitpunkt des Inkrafttretens dieses Bundesgesetzes bereits kundgemacht sind, bleiben unberührt.

(3) Der Gesetzestitel, § 4 Abs. 2 und § 6 Abs. 2 in der Fassung des Bundesgesetzes BGBl. I Nr. 122/2013 treten mit Ablauf des Monats der Kundmachung in Kraft.[2] Entgegenstehende Bestimmungen in Bundesgesetzen, die zum Zeitpunkt des Inkrafttretens dieses Bundesgesetzes

bereits kundgemacht sind, bleiben unberührt.
(BGBl I 2013/122)

---

[1] *Die Kundmachung des Verwaltungsgerichtsbarkeits-Ausführungsgesetzes 2013, BGBl I 2013/33, im Bundesgesetzblatt erfolgte am 13. Februar 2013.*
[2] *Die Kundmachung des BG BGBl I 2013/122 im Bundesgesetzblatt erfolgte am 11. Juli 2013.*

Verwaltungsgerichtshofgesetz 1985

BGBl 1985/10 (WV) idF

1 BGBl 1985/197 (VfGH)
2 BGBl 1985/564
3 BGBl 1990/330
4 BGBl 1995/470
5 BGBl I 1997/88
6 BGBl I 1998/158
7 BGBl I 1999/60
8 BGBl I 1999/191 (BG)
9 BGBl I 1999/194 (DFB)
10 BGBl I 2000/31 (VfGH)
11 BGBl I 2001/136
12 BGBl I 2002/124
13 BGBl I 2004/89
14 BGBl I 2006/113
15 BGBl I 2008/4
16 BGBl I 2010/98
17 BGBl I 2010/111

18 BGBl I 2012/51
19 BGBl I 2013/33
20 BGBl I 2013/122
21 BGBl I 2016/50
22 BGBl I 2017/24
23 BGBl I 2017/138
24 BGBl I 2018/22
25 BGBl I 2018/58
26 BGBl I 2019/33
27 BGBl I 2019/104
28 BGBl I 2020/16
29 BGBl I 2020/24
30 BGBl I 2021/2
31 BGBl I 2021/72
32 BGBl I 2021/87
33 BGBl I 2021/109

STICHWORTVERZEICHNIS

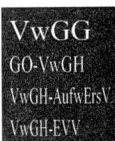

VwGG
GO-VwGH
VwGH-AufwErsV
VwGH-EVV

Stichwortverzeichnis

Verwaltungsgerichtshofgesetz 1985 – VwGG

Inhaltsverzeichnis

(BGBl I 2021/109)

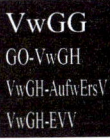

VwGG
GO-VwGH
VwGH-AufwErsV
VwGH-EVV

I. ABSCHNITT
Einrichtung des Verwaltungsgerichtshofes

Mitglieder

§ 1. (1) Der Verwaltungsgerichtshof besteht aus einem Präsidenten, einem Vizepräsidenten und der erforderlichen Zahl von sonstigen Mitgliedern (Senatspräsidenten und Räten).

(2) Die zu besetzenden Planstellen des Präsidenten und des Vizepräsidenten sind vom Bundeskanzler auszuschreiben, die Planstellen der sonstigen Mitglieder vom Präsidenten. Die Ausschreibung hat möglichst „sechs" Monate vor, spätestens jedoch „drei Monate" nach Freiwerden der Planstelle zu erfolgen. Soweit sie vom selben Organ auszuschreiben sind, können mehrere Planstellen gemeinsam ausgeschrieben werden und kann mit der Ausschreibung einer Planstelle die Ausschreibung der durch die Ernennung auf diese Planstelle allenfalls freiwerdenden Planstelle (Folgeposten) verbunden werden. *(BGBl I 2008/4; BGBl I 2019/33)*

(3) Die Planstelle ist im „Amtsblatt zur Wiener Zeitung" und in den für amtliche Kundmachungen bestimmten Landeszeitungen auszuschreiben; die Ausschreibung kann daneben auch auf andere geeignete Weise verlautbart werden. *(BGBl I 2008/4)*

(4) Für die Planstellen der Mitglieder des Verwaltungsgerichtshofes mit Ausnahme des Präsidenten und des Vizepräsidenten sind von der Vollversammlung Dreiervorschläge zu erstatten und vom Präsidenten dem Bundeskanzler vorzulegen. *(BGBl I 2008/4)*

§ 2. (1) Die Mitglieder des Verwaltungsgerichtshofes sind Berufsrichter/Berufsrichterinnen und in Ausübung ihres richterlichen Amtes unabhängig.

(2) Die Mitglieder des Verwaltungsgerichtshofes geloben vor Antritt ihres Amtes die unverbrüchliche Beobachtung der Gesetze der Republik Österreich und die gewissenhafte Erfüllung ihrer Amtspflichten. Der Präsident/Die Präsidentin und der Vizepräsident/die Vizepräsidentin leisten die Angelobung vor dem Bundespräsidenten/der Bundespräsidentin, die sonstigen Mitglieder vor der Vollversammlung. Wenn die Vollversammlung im Fall außergewöhnlicher Verhältnisse nicht innerhalb angemessener Frist zusammentreten kann, leisten die sonstigen Mitglieder die Angelobung vor dem Präsidenten/der Präsidentin.

(BGBl I 2021/2)

§ 2a. *(entfällt, BGBl I 2020/24)*

§ 3. (1) Mitglieder des Verwaltungsgerichtshofes, bei denen ein Ausschließungsgrund nach Art. 134 „Abs. 5" B-VG eintritt, sind für die Dauer dieser Ausschließung außer Dienst gestellt. „Die Zeit der Außerdienststellung bleibt für die Vorrückung in höhere Bezüge und für die Bemessung des Ruhegenusses anrechenbar." *(BGBl I 2013/33)*

(2) „Im Übrigen" dürfen Mitglieder des Verwaltungsgerichtshofes nur in den für Richter sonst vom Gesetz vorgeschriebenen Fällen und auf Grund eines gerichtlichen Erkenntnisses ihres Amtes entsetzt oder wider ihren Willen an eine andere Stelle oder in den Ruhestand versetzt werden. *(BGBl I 2013/33)*

§ 4. Die Richter des Verwaltungsgerichtshofes sind wie folgt zu reihen:

1. der Präsident,

2. der Vizepräsident,

3. die Senatspräsidenten entsprechend dem Zeitpunkt ihrer Ernennung,

4. die Räte entsprechend dem Zeitpunkt ihrer Ernennung.

Insoweit sich nicht schon hieraus eine bestimmte Reihung ergibt, sind für deren Beurteilung nacheinander folgende Umstände maßgebend:

1. für die Senatspräsidenten die Reihung als Rat,

2. das Lebensalter.

(BGBl I 2013/33)

§ 5. *(entfällt, BGBl I 2021/2)*

§ 6. Die Mitglieder des Verwaltungsgerichtshofes tragen bei den Verhandlungen und bei den Erkenntnis- und Beschlussverkündungen das für die entsprechenden Mitglieder des Obersten Gerichtshofes festgesetzte Amtskleid mit dem Unterschied, dass statt der violetten die purpurrote Farbe zu verwenden ist. *(BGBl I 2013/33)*

§ 7. (1) Die Vorschriften über das Dienstverhältnis der Richter des Obersten Gerichtshofes gelten, soweit nicht anderes bestimmt ist, auch für das Dienstverhältnis der Mitglieder des Verwaltungsgerichtshofes.

(2) Für die Disziplinarbehandlung von Mitgliedern des Verwaltungsgerichtshofes und für deren unfreiwillige Versetzung in den Ruhestand gelten entsprechend die für Richter sonst geltenden Vorschriften. Disziplinargericht ist die Vollversammlung des Gerichtshofes. Der Generalprokurator hat dieselben Aufgaben wie im Disziplinarverfahren gegen Richter des Obersten Gerichtshofes. Die Disziplinarstrafe der Dienstentlassung darf nur dann verhängt werden, wenn wenigstens zwei Drittel der Mitglieder des Disziplinargerichtes dafür stimmen.

Leitung

§ 8. Der Präsident leitet den Verwaltungsgerichtshof. Er wird im Verhinderungsfall vom Vizepräsidenten und, wenn auch dieser verhindert ist, vom rangältesten sonstigen in Wien anwesenden Mitglied des Gerichtshofes vertreten. Dies gilt auch, wenn die Stelle des Präsidenten oder des Vizepräsidenten unbesetzt ist.

§ 9. (1) Zu den Leitungsgeschäften gehören neben den im vorliegenden Bundesgesetz dem Präsidenten übertragenen Aufgaben die nähere Regelung des Dienstbetriebes nach den hiefür geltenden Vorschriften und die Dienstaufsicht über das gesamte Personal. Der Präsident hat insbesondere unter Bedachtnahme auf einen ordnungsgemäßen Geschäftsgang die Tage festzusetzen, an denen die Senate zur Beratung und Verhandlung zusammenzutreten haben.

(2) Dem Präsidenten obliegt es auch, bei voller Wahrung der richterlichen Unabhängigkeit der Mitglieder auf eine möglichst einheitliche Rechtsprechung Bedacht zu nehmen.

(3) *(entfällt, BGBl I 2013/33)*

Sicherheit im Amtsgebäude

§ 9a. Die §§ 1 bis 14 und „15a bis“ 16 des Gerichtsorganisationsgesetzes – GOG, RGBl. Nr. 217/1896, gelten sinngemäß mit der Maßgabe, dass die darin vorgesehenen Befugnisse der Gerichtspräsidenten bzw. der Dienststellenleitung dem Präsidenten zukommen, und dass die Hausordnung durch Auflage zur öffentlichen Einsicht im Amtsgebäude und Bereitstellung im Internet kundzumachen ist. *(BGBl I 2021/87)*

(BGBl I 2017/24)

Vollversammlung

§ 10. (1) Der Präsident, der Vizepräsident und die sonstigen Mitglieder des Gerichtshofes bilden die Vollversammlung. Zur Beschlussfähigkeit ist die Anwesenheit von wenigstens zwei Dritteln der Mitglieder erforderlich. „Zur Beschlussfähigkeit in den Fällen des § 15 Abs. 7 müssen sich mehr als zwei Drittel der Mitglieder der Vollversammlung an der Beschlussfassung mit Mitteln der Telekommunikation oder im Umlaufweg beteiligen.“* *(BGBl I 2013/33; * BGBl I 2021/2)*

(1a) bis (1d) *(entfallen, BGBl I 2021/2)*

(2) Der Vollversammlung obliegt, abgesehen von ihrer Tätigkeit als Disziplinargericht (§ 7 Abs. 2), die Beschlussfassung über

1. die Dreiervorschläge für die Ernennung von Mitgliedern (Art. 134 „Abs. 4“ B-VG); *(BGBl I 2013/33)*

2. die Geschäftsverteilung (§ 11);

3. die Geschäftsordnung (§ 19);

4. den Tätigkeitsbericht (§ 20).
(BGBl I 2013/33)

Senate

§ 11. (1) Die Senate bestehen in der Regel aus fünf Mitgliedern (Fünfersenat), in Verwaltungsstrafsachen aus drei Mitgliedern (Strafsenat), von denen eines den Vorsitz führt und ein anderes Bericht erstattet. Sie entscheiden in den einzelnen Rechtssachen, die ihnen nach der Geschäftsverteilung zufallen. Ein Schriftführer hat mitzuwirken. *(BGBl I 2013/33)*

„(2)“ Vor Ablauf jedes Jahres hat die Vollversammlung für die Dauer des nächsten Jahres die Vorsitzenden und die „sonstigen“ Mitglieder der Senate gemäß Abs. 1, die zur Verstärkung eines Senates heranzuziehenden Mitglieder und die Ersatzmitglieder sowie die Reihenfolge, in der diese einzutreten haben, zu bestimmen und die Geschäfte unter die Senate „im Voraus“ zu verteilen. Hiebei ist auch auf § 31 Abs. 2 Bedacht zu nehmen. Jedes Mitglied kann auch mehreren Senaten angehören. *(BGBl I 2013/33)*

„(3)“ Ist ein Mitglied eines nach diesem Bundesgesetz gebildeten Senates verhindert, so verfügt der Präsident, insoweit dies für den ordnungsgemäßen Geschäftsgang notwendig ist, den Eintritt des in der Geschäftsverteilung vorgesehenen Ersatzmitgliedes. „ “ *(BGBl I 2013/33)*

„(4)“ Die Vollversammlung kann für den Rest des Jahres, soweit dies für den ordnungsgemäßen Geschäftsgang notwendig ist, die Geschäftsverteilung ändern, wenn Veränderungen im Personalstand eingetreten sind oder dies wegen Überlastung eines Senates oder einzelner Mitglieder notwendig ist. *(BGBl I 2013/33)*

§ 12. (1) Senate, die nur aus dem Vorsitzenden, dem Berichter und „einem in der Geschäftsverteilung zu bestimmenden Mitglied“ des Fünfersenates bestehen (Dreiersenate), haben zu entscheiden *(BGBl I 2013/33)*

1. a) über die Zurückweisung von „Revisionen und“ Anträgen, die nicht durch den Berichter zu erledigen sind (§ 14 Abs. 2); *(BGBl I 2013/33)*

b) über die Einstellung des Verfahrens;

c) über Fristsetzungsanträge; *(BGBl I 2013/33)*

d) über einen Antrag auf Wiederaufnahme des Verfahrens, wenn er ein Verfahren betrifft, das durch den Dreiersenat abgeschlossen wurde;

e) über den Antrag auf Wiedereinsetzung in den vorigen Stand, wenn noch kein Verfahren anhängig war oder er ein Verfahren betrifft, das durch den Dreiersenat abgeschlossen wurde;

f) über den Antrag auf Aufwandersatz, der erst nach Abschluss des Verfahrens gestellt wird; *(BGBl I 2013/33)*

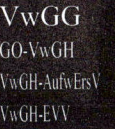

VwGG
GO-VwGH
VwGH-AufwErsV
VwGH-EVV

g) über Einwendungen gegen den Anspruch aus einem Erkenntnis oder Beschluss des Verwaltungsgerichtshofes, soweit sie auf den Anspruch aufhebenden oder hemmenden Tatsachen beruhen, die erst nach Entstehen des Exekutionstitels eingetreten sind; *(BGBl I 2013/33)*

2. auf Antrag des Vorsitzenden/der Vorsitzenden oder des Berichters/der Berichterin über Revisionen und Anträge, in denen die Rechtsfrage besonders einfach oder durch die bisherige Rechtsprechung klargestellt ist. *(BGBl I 2021/2)*

„(2)" Das Verfahren ist im Fünfersenat fortzusetzen, wenn es der Dreiersenat oder der Strafsenat beschließt. *(BGBl 1995/470; BGBl I 2013/33)*

„(3)" Wurde über die „Revision" oder über den Antrag bereits im Fünfersenat beraten, so bleibt dieser zur Entscheidung auch in den Fällen des Abs. 1 und in Verwaltungsstrafsachen zuständig. *(BGBl 1995/470; BGBl I 2013/33)*

(BGBl I 2013/33)

§ 13. (1) Der Fünfersenat ist durch vier „ "* weitere Mitglieder (§ 11 „Abs. 2"**) zu verstärken (verstärkter Senat), wenn er mit Beschluss ausspricht,

1. dass die Entscheidung ein Abgehen von der bisherigen Rechtsprechung des Verwaltungsgerichtshofes bedeuten würde; *(BGBl I 2013/33)*

2. dass die zu lösende Rechtsfrage in der bisherigen Rechtsprechung des Verwaltungsgerichtshofes nicht einheitlich beantwortet wird. *(BGBl I 2013/33)*
(BGBl 1995/470; ** BGBl I 2013/33)*

(2) Eine Beschlussfassung auf Verstärkung des Senates im Sinne des Abs. 1 ist für Entscheidungen über den Aufwandersatz nicht zulässig. *(BGBl I 2013/33)*

(BGBl I 2013/33)

Berichter

§ 14. (1) Der Präsident weist jede anfallende Rechtssache dem nach der Geschäftsverteilung zuständigen Senat zu und bestellt ein Mitglied desselben zum Berichter. Für die Beratungen der verstärkten Senate (§ 13) ist ein zweites, nötigenfalls ein drittes Mitglied als Mitberichter zu bestellen.

(2) Verfahrensleitende Anordnungen im Vorverfahren, verfahrensleitende Anordnungen, die nur zur Vorbereitung der Entscheidung dienen, sowie verfahrensleitende Anordnungen und Entscheidungen betreffend die Zuerkennung der aufschiebenden Wirkung und die Verfahrenshilfe (§ 61) trifft der Berichter ohne Senatsbeschluss. *(BGBl I 2013/33)*

(3) Der Berichter kann sich der Mithilfe eines rechtskundigen Bediensteten bedienen. *(BGBl I 2013/33)*

(4) Dem Berichter (Mitberichter) darf eine Rechtssache nur im Fall seiner Verhinderung oder dann abgenommen werden, wenn er wegen des Umfangs seiner Aufgaben an deren Erledigung innerhalb einer angemessenen Frist gehindert ist. *(BGBl I 2012/51)*

(5) Die näheren Regelungen über die Genehmigung der Anordnungen und Entscheidungen des Berichters/der Berichterin und über die Ausfertigung von schriftlichen Anordnungen und Entscheidungen des Berichters/der Berichterin werden in der Geschäftsordnung (§ 19) getroffen. *(BGBl I 2021/2)*

Beratung und Abstimmung

§ 15. (1) Die Beratungen und Abstimmungen der Vollversammlung und der Senate sind nicht öffentlich.

(2) Der Vorsitzende leitet die Beratung und die Abstimmung. Der Berichter gibt seine Stimme zuerst ab, die Mitberichter unmittelbar danach in der Reihenfolge, in der sie Bericht erstattet haben, der Vorsitzende, der sich an der Abstimmung gleich jedem anderen Mitglied zu beteiligen hat, zuletzt. Außerdem stimmen die dem Dienstrang nach älteren Mitglieder vor den jüngeren. Kein Mitglied darf die Abstimmung über die zur Beschlussfassung gestellte Frage verweigern, und zwar auch dann nicht, wenn es bei der Abstimmung über eine Vorfrage in der Minderheit geblieben ist. *(BGBl I 2013/33)*

(3) Hat ein Antrag im Senat oder in der Vollversammlung mehr als die Hälfte der Stimmen auf sich vereinigt, so gilt er, soweit das Gesetz nicht anderes vorschreibt, als beschlossen. Hat sich für keine Meinung die erforderliche Mehrheit ergeben, so ist die Umfrage zu wiederholen. Ergibt sich auch hiebei nicht die erforderliche Stimmenanzahl, so ist eine neuerliche Abstimmung vorzunehmen, bei der die Anträge nötigenfalls in mehrere Fragepunkte zu zerlegen sind. In der Vollversammlung gibt bei Stimmengleichheit die Stimme des Vorsitzenden den Ausschlag.

(4) In Rechtssachen, in denen ein Strafsenat (§ 11 Abs. 1) oder ein Dreiersenat (§ 12 Abs. 1) entscheidet, kann der Vorsitzende/die Vorsitzende verfügen, dass die Beratung und Abstimmung nach Maßgabe der technischen Möglichkeiten mit Mitteln der Telekommunikation durchgeführt wird oder dass die Beratung und Abstimmung abweichend von Abs. 2 durch Einholung der Zustimmung der anderen Mitglieder des Strafsenates bzw. des Dreiersenates im Umlaufweg ersetzt wird, wenn keines der Mitglieder des Strafsenates bzw. des Dreiersenates widerspricht. *(BGBl I 2021/109)*

(5) Wenn ein Fünfersenat (§ 11 Abs. 1 bzw. § 12 Abs. 2) im Fall außergewöhnlicher Verhältnisse nicht innerhalb angemessener Frist zusammen-

treten kann, kann der Vorsitzende/die Vorsitzende in Rechtssachen, in denen der Fünfersenat entscheidet, verfügen, dass die Beratung und Abstimmung nach Maßgabe der technischen Möglichkeiten mit Mitteln der Telekommunikation durchgeführt wird, wenn nicht wenigstens drei Mitglieder des Fünfersenates widersprechen, oder dass die Beratung und Abstimmung abweichend von Abs. 2 durch Einholung der Zustimmung der anderen Mitglieder des Fünfersenates im Umlaufweg ersetzt wird, wenn keines der Mitglieder des Fünfersenates widerspricht. *(BGBl I 2021/109)*

(6) Wenn ein verstärkter Senat (§ 13 Abs. 1) im Fall außergewöhnlicher Verhältnisse nicht innerhalb angemessener Frist zusammentreten kann, kann der Vorsitzende/die Vorsitzende in Rechtssachen, in denen der verstärkte Senat entscheidet, verfügen, dass die Beratung und Abstimmung nach Maßgabe der technischen Möglichkeiten mit Mitteln der Telekommunikation durchgeführt wird, wenn nicht wenigstens fünf Mitglieder des verstärkten Senates widersprechen, oder dass die Beratung und Abstimmung abweichend von Abs. 2 durch Einholung der Zustimmung der anderen Mitglieder des verstärkten Senates im Umlaufweg ersetzt wird, wenn keines der Mitglieder des verstärkten Senates widerspricht. *(BGBl I 2021/109)*

(7) Wenn die Vollversammlung (§ 10 Abs. 1) im Fall außergewöhnlicher Verhältnisse nicht innerhalb angemessener Frist zusammentreten kann, kann der Vorsitzende/die Vorsitzende in den Angelegenheiten gemäß § 10 Abs. 2 Z 1 bis 4 verfügen, dass die Beratung und Abstimmung nach Maßgabe der technischen Möglichkeiten mit Mitteln der Telekommunikation durchgeführt wird oder dass die Beratung und Abstimmung abweichend von Abs. 2 durch Einholung der Zustimmung der anderen Mitglieder der Vollversammlung im Umlaufweg ersetzt wird, wenn nicht wenigstens ein Drittel der Mitglieder der Vollversammlung widerspricht. *(BGBl I 2021/109)*

(8) Die näheren Regelungen werden in der Geschäftsordnung (§ 19) getroffen. *(BGBl I 2021/109)*

„ “ *(BGBl I 2013/122)*

Evidenzbüro

§ 17. (1) Beim Verwaltungsgerichtshof ist ein Evidenzbüro einzurichten.

(2) Der Präsident hat ein Mitglied des Verwaltungsgerichtshofes zum Leiter des Evidenzbüros zu bestellen. Der Leiter des Evidenzbüros hat dem Präsidenten über Erkenntnisse und Beschlüsse, die von der bisherigen Rechtsprechung abweichen, zu berichten.

(3) Dem Evidenzbüro obliegt insbesondere die Registrierung der Erkenntnisse des Verwaltungs-

gerichtshofes, im Bedarfsfall auch der Entscheidungen anderer oberster Gerichte und des einschlägigen Schrifttums. *(BGBl I 2013/33)*

§ 18. *(entfällt, BGBl I 2000/31 (VfGH))*

Geschäftsordnung

§ 19. Das Nähere über die Führung der Geschäfte enthält die Geschäftsordnung, die der Verwaltungsgerichtshof in der Vollversammlung selbst beschließt. Sie ist vom Bundeskanzler im Bundesgesetzblatt kundzumachen.

Tätigkeitsbericht

§ 20. Der Verwaltungsgerichtshof verfasst nach Schluss jedes Jahres einen Bericht über seine Tätigkeit und die hiebei gesammelten Erfahrungen und teilt diesen Bericht dem Bundeskanzler mit. *(BGBl I 2013/33)*

II. ABSCHNITT
Verfahren des Verwaltungsgerichtshofes

1. Unterabschnitt
Allgemeine Bestimmungen „ “
(BGBl I 2013/33)

Parteien

§ 21. (1) Parteien im Verfahren über eine Revision gegen das Erkenntnis oder den Beschluss eines Verwaltungsgerichtes wegen Rechtswidrigkeit gemäß Art. 133 Abs. 1 Z 1 bzw. Abs. 9 B-VG (Revision) sind

1. der Revisionswerber;

2. die belangte Behörde des Verfahrens vor dem Verwaltungsgericht, wenn gegen dessen Erkenntnis oder Beschluss nicht von ihr selbst Revision erhoben wird; §9(2) VwGVG

3. in den Fällen des § 22 zweiter Satz auch der zuständige Bundesminister oder die Landesregierung;

4. die Personen, die durch eine Aufhebung des angefochtenen Erkenntnisses oder Beschlusses oder einer Entscheidung in der Sache selbst in ihren rechtlichen Interessen berührt werden (Mitbeteiligte).
(BGBl I 2013/33)

(2) Auch wenn in der „Revision" Mitbeteiligte nicht bezeichnet sind, ist von Amts wegen darauf Bedacht zu nehmen, dass alle Mitbeteiligten gehört werden und Gelegenheit zur Wahrung ihrer Rechte erhalten. *(BGBl I 2013/33)*

(3) Partei im Verfahren über einen Antrag auf Fristsetzung wegen Verletzung der Entscheidungspflicht durch ein Verwaltungsgericht gemäß

VwGG
GO-VwGH
VwGH-AufwErsV
VwGH-EVV

Art. 133 Abs. 1 Z 2 B-VG (Fristsetzungsantrag) ist der Antragsteller. *(BGBl I 2013/33)*

§ 22. Wird die Revision von einem staatlichen Organ erhoben oder ist eine andere Behörde Partei im Sinne des § 21 Abs. 1 Z 2, so kann in einer Rechtssache in den Angelegenheiten der Bundesverwaltung der zuständige Bundesminister und in den Angelegenheiten der Landesverwaltung die Landesregierung an Stelle dieses Organs bzw. dieser Behörde jederzeit in das Verfahren eintreten. Dies gilt nicht, wenn

1. in einer Angelegenheit des eigenen Wirkungsbereiches der Gemeinde oder eines sonstigen Selbstverwaltungskörpers ein Organ des Selbstverwaltungskörpers oder

2. ein weisungsfrei gestelltes Organ

Partei im Sinne des § 21 Abs. 1 Z 2 ist.

(BGBl I 2013/33)

§ 23. (1) Die Parteien können, soweit dieses Bundesgesetz nicht anderes bestimmt, ihre „Rechtssache"*** vor dem Verwaltungsgerichtshof selbst führen oder sich durch einen Rechtsanwalt vertreten lassen. „In Abgaben- und Abgabenstrafsachen können sie sich auch durch einen „Steuerberater oder Wirtschaftsprüfer"*** vertreten lassen."* *(BGBl I 1999/60; *BGBl I 2004/89; **BGBl I 2008/4; ***BGBl I 2013/33)*

(2) Der Bund, die Länder, die Gemeinden und die Gemeindeverbände, die Stiftungen, Fonds und Anstalten, die von Organen dieser Körperschaften oder von Personen (Personengemeinschaften) verwaltet werden, die hiezu von diesen Körperschaften bestellt sind, und die sonstigen Selbstverwaltungskörperschaften sowie deren Behörden werden durch ihre vertretungsbefugten oder bevollmächtigten Organe vertreten. *(BGBl I 2004/89)*

(3) Mit der Vertretung des Bundes, der Länder und der Stiftungen, Fonds und Anstalten, die von Organen des Bundes oder der Länder oder von Personen (Personengemeinschaften) verwaltet werden, die hiezu von Organen dieser Körperschaften bestellt sind, sowie deren Behörden kann auch die Finanzprokuratur, mit der Vertretung der Länder, der Gemeinden und Gemeindeverbände und der Stiftungen, Fonds und Anstalten, die von Organen dieser Körperschaften oder von Personen (Personengemeinschaften) verwaltet werden, die hiezu von Organen dieser Körperschaften bestellt sind, sowie deren Behörden können auch Organe der sachlich in Betracht kommenden Bundesministerien betraut werden. Die Finanzprokuratur und die Organe der Bundesministerien dürfen jedoch die Vertretung eines anderen Rechtsträgers als des Bundes nur übernehmen, wenn weder eine Bundesbehörde noch der Bund selbst am Verfahren beteiligt ist und

bei der Vertretung von Behörden der sachlich in Betracht kommende Bundesminister, sonst der Bundesminister für Finanzen zustimmt. *(BGBl I 2004/89)*

(4) Die Vertretung durch einen Rechtsanwalt „(Steuerberater oder Wirtschaftsprüfer)"* oder durch die Finanzprokuratur schließt nicht aus, dass auch die Parteien selbst erscheinen und im eigenen Namen Erklärungen abgeben. (*BGBl I 2008/4; BGBl I 2013/33)*

(5) Die einem Rechtsanwalt „(Steuerberater oder Wirtschaftsprüfer)" für das Verfahren vor dem Verwaltungsgerichtshof erteilte Vollmacht ermächtigt ihn, wenn die Partei während des Verfahrens stirbt, deren Rechtsnachfolger zu vertreten. *(BGBl I 2008/4)*

Schriftsätze

§ 24. (1) Soweit in diesem Bundesgesetz nicht anderes bestimmt ist, sind die Schriftsätze beim Verwaltungsgericht einzubringen. Unmittelbar beim Verwaltungsgerichtshof sind insbesondere einzubringen:

1. Schriftsätze im Revisionsverfahren ab Vorlage der Revision an den Verwaltungsgerichtshof;

2. Anträge auf Bewilligung der Verfahrenshilfe zur Abfassung und Einbringung einer Revision gegen ein Erkenntnis oder einen Beschluss des Verwaltungsgerichtes, in dem es ausgesprochen hat, dass die Revision nicht gemäß Art. 133 Abs. 4 B-VG zulässig ist „;" *(BGBl I 2021/109)*

3. Schriftsätze im Verfahren über einen Fristsetzungsantrag, die an den Verwaltungsgerichtshof gerichtet sind. *(BGBl I 2021/109)*

(2) Die Revisionen, Fristsetzungsanträge und Anträge auf Wiederaufnahme des Verfahrens und auf Wiedereinsetzung in den vorigen Stand sind durch einen bevollmächtigten Rechtsanwalt (Steuerberater oder Wirtschaftsprüfer) abzufassen und einzubringen (Anwaltspflicht). Dies gilt nicht für

1. Revisionen und Anträge, die vom Bund, von einem Land, von einer Stadt mit eigenem Statut oder von einer Stiftung, einem Fonds oder einer Anstalt, die von Organen dieser Gebietskörperschaften oder von Personen (Personengemeinschaften) verwaltet werden, die hiezu von Organen dieser Gebietskörperschaften bestellt sind, oder von deren Behörden oder Organen eingebracht werden;

2. Revisionen und Anträge in Dienstrechtssachen von dem Dienst- oder Ruhestand angehörenden rechtskundigen Bediensteten des Bundes, eines Landes, einer Gemeinde oder eines Gemeindeverbandes.

(3) Von jedem Schriftsatz samt Beilagen sind so viele gleichlautende Ausfertigungen beizubringen, dass jeder vom Verwaltungsgericht oder vom

Verwaltungsgerichtshof zu verständigenden Partei oder Behörde eine Ausfertigung zugestellt und überdies eine für die Akten des Verwaltungsgerichtshofes zurückbehalten werden kann. Sind die Beilagen sehr umfangreich, kann die Beigabe von Ausfertigungen unterbleiben. Beilagen gemäß § 28 Abs. 4 und 5 sind nur in einfacher Ausfertigung beizubringen. Gleichschriften bedürfen keiner Unterschrift.

(4) Für Schriftsätze, die elektronisch eingebracht werden, genügt eine einfache Einbringung. Soweit mehrere Ausfertigungen von im elektronischen Rechtsverkehr eingebrachten Schriftsätzen benötigt werden, hat der Verwaltungsgerichtshof die entsprechenden Ausdrucke herzustellen. In Fällen, in denen Ausfertigungen von im elektronischen Rechtsverkehr eingebrachten Schriftsätzen mit außergewöhnlichem Umfang oder in außergewöhnlicher Anzahl benötigt werden, kann der Berichter der Partei unter Setzung einer angemessenen Frist die Beibringung der Ausfertigungen auftragen.

(BGBl I 2013/33)

§ 24a. Für Revisionen, Fristsetzungsanträge und Anträge auf Wiederaufnahme des Verfahrens und auf Wiedereinsetzung in den vorigen Stand einschließlich der Beilagen ist nach Maßgabe der folgenden Bestimmungen eine Eingabengebühr zu entrichten:

1. Die Gebühr beträgt 240 Euro. Der Bundeskanzler und der Bundesminister für Finanzen sind ermächtigt, die Eingabengebühr durch Verordnung neu festzusetzen, sobald und soweit sich der von der Bundesanstalt „Statistik Österreich" verlautbarte Verbraucherpreisindex 2010 oder ein an dessen Stelle tretender Index gegenüber der für Jänner 2013 verlautbarten und in der Folge gegenüber der der letzten Festsetzung zugrunde gelegten Indexzahl um mehr als 10% geändert hat. Der neue Betrag ist aus dem im ersten Satz genannten Betrag im Verhältnis der Veränderung der für Jänner 2013 verlautbarten Indexzahl zu der für die Neufestsetzung maßgebenden Indexzahl zu berechnen, jedoch auf ganze zehn Euro kaufmännisch auf- oder abzurunden.

2. Gebietskörperschaften „und, in Angelegenheiten des Art. 130 Abs. 1a B-VG, Untersuchungsausschüsse des Nationalrates bzw. deren Vorsitzende" sind von der Entrichtung der Gebühr befreit. *(BGBl I 2021/72, ab 15. April 2021)*

3. Die Gebührenschuld entsteht im Zeitpunkt der Überreichung der Eingabe oder, wenn diese im Weg des elektronischen Rechtsverkehrs eingebracht wird, mit dem Zeitpunkt der Einbringung beim Verwaltungsgerichtshof gemäß § 75 Abs. 1. Die Gebühr wird mit diesem Zeitpunkt fällig.

4. Die Gebühr ist unter Angabe des Verwendungszwecks durch Überweisung auf ein entsprechendes Konto des Finanzamtes „Österreich" zu entrichten. Die Entrichtung der Gebühr ist durch einen von einer Post-Geschäftsstelle oder einem Kreditinstitut bestätigten Zahlungsbeleg in Urschrift nachzuweisen. Dieser Beleg ist der Eingabe anzuschließen. Die Einlaufstelle des Verwaltungsgerichtes oder des Verwaltungsgerichtshofes hat den Beleg dem Revisionswerber (Antragsteller) auf Verlangen zurückzustellen, zuvor darauf einen deutlichen Sichtvermerk anzubringen und auf der im Akt verbleibenden Ausfertigung der Eingabe zu bestätigen, dass die Gebührenentrichtung durch Vorlage des Zahlungsbeleges nachgewiesen wurde. Für jede Eingabe ist die Vorlage eines gesonderten Beleges erforderlich. Rechtsanwälte (Steuerberater oder Wirtschaftsprüfer) können die Entrichtung der Gebühr auch durch einen schriftlichen Beleg des spätestens zugleich mit der Eingabe weiterzuleitenden Überweisungsauftrages nachweisen, wenn sie darauf mit Datum und Unterschrift bestätigen, dass der Überweisungsauftrag unter einem unwiderruflich erteilt wird. *(BGBl I 2019/104)*

5. Wird eine Eingabe im Weg des elektronischen Rechtsverkehrs eingebracht, so ist die Gebühr durch Abbuchung und Einziehung zu entrichten. In der Eingabe ist das Konto, von dem die Gebühr einzuziehen ist, oder der Anschriftcode (§ 73), unter dem ein Konto gespeichert ist, von dem die Gebühr eingezogen werden soll, anzugeben. Der Präsident hat nach Anhörung der Vollversammlung durch Verordnung unter Bedachtnahme auf die Grundsätze einer einfachen und sparsamen Verwaltung und eine Sicherung vor Missbrauch das Verfahren bei der Abbuchung und Einziehung der Gebühr im Weg automationsunterstützter Datenverarbeitung und nach Maßgabe der technischen und organisatorischen Voraussetzungen den Zeitpunkt zu bestimmen, ab dem die Gebühr durch Abbuchung und Einziehung entrichtet werden kann.

6. Für die Erhebung der Gebühr (Z 4 und 5) ist das Finanzamt „Österreich" zuständig. *(BGBl I 2019/104)*

7. Im Übrigen sind auf die Gebühr die Bestimmungen des Gebührengesetzes 1957, BGBl. Nr. 267/1957, über Eingaben mit Ausnahme der §§ 11 Z 1 und 14 anzuwenden.

(BGBl I 2013/33)

Akteneinsicht

§ 25. (1) Die Parteien können beim Verwaltungsgerichtshof in die ihre Rechtssache betreffenden Akten Einsicht nehmen und sich von Akten oder Aktenbestandteilen an Ort und Stelle Abschriften selbst anfertigen oder auf ihre Kosten Kopien oder Ausdrucke erstellen lassen. Soweit der Verwaltungsgerichtshof die die Rechtssache betreffenden Akten elektronisch führt, kann der Partei auf Verlangen die Akteneinsicht in jeder

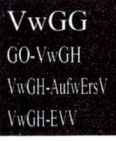

VwGG
GO-VwGH
VwGH-AufwErsV
VwGH-EVV

technisch möglichen Form gewährt werden. Entwürfe von Erkenntnissen und Beschlüssen des Verwaltungsgerichtshofes und Niederschriften über seine Beratungen und Abstimmungen sind von der Akteneinsicht ausgenommen.

(2) Soweit sie dies nicht bereits bei Vorlage von Akten an das Verwaltungsgericht getan haben, können die Behörden anlässlich der Vorlage von Akten durch das Verwaltungsgericht an den Verwaltungsgerichtshof verlangen, dass bestimmte Akten oder Aktenbestandteile im öffentlichen Interesse von der Akteneinsicht ausgenommen werden. Hält der Berichter das Verlangen für zu weitgehend, hat er die Behörde über seine Bedenken zu hören und allenfalls einen Beschluss des Senates einzuholen. In Aktenbestandteile, die im Verwaltungsverfahren von der Akteneinsicht ausgenommen waren, darf Akteneinsicht jedoch nicht gewährt werden. Die Behörde hat die in Betracht kommenden Aktenbestandteile anlässlich der Vorlage der Akten zu bezeichnen.

(BGBl I 2013/33)

Revision

§ 25a. (1) Das Verwaltungsgericht hat im Spruch seines Erkenntnisses oder Beschlusses auszusprechen, ob die Revision gemäß Art. 133 Abs. 4 B-VG zulässig ist. Der Ausspruch ist kurz zu begründen.

(2) Eine Revision ist nicht zulässig gegen:

1. Beschlüsse gemäß § 30a Abs. 1, 3, 8 und 9;

2. Beschlüsse gemäß § 30b Abs. 3;

3. Beschlüsse gemäß § 61 Abs. 2.

(3) Gegen verfahrensleitende Beschlüsse ist eine abgesonderte Revision nicht zulässig. Sie können erst in der Revision gegen das die Rechtssache erledigende Erkenntnis angefochten werden.

(4) Wenn in einer Verwaltungsstrafsache oder in einer Finanzstrafsache

1. eine Geldstrafe von bis zu 750 Euro und keine Freiheitsstrafe verhängt werden durfte und

2. im Erkenntnis eine Geldstrafe von bis zu 400 Euro verhängt wurde,

ist eine Revision wegen Verletzung in Rechten (Art. 133 Abs. 6 Z 1 B-VG) nicht zulässig.

(4a) Die Revision ist nicht mehr zulässig, wenn nach Verkündung oder Zustellung des Erkenntnisses oder Beschlusses ausdrücklich auf die Revision verzichtet wurde. Der Verzicht ist dem Verwaltungsgericht schriftlich bekanntzugeben oder zu Protokoll zu erklären. Wurde der Verzicht nicht von einem berufsmäßigen Parteienvertreter oder im Beisein eines solchen abgegeben, so kann er binnen drei Tagen schriftlich oder zur Niederschrift widerrufen werden. Ein Verzicht ist nur zulässig, wenn die Partei zuvor über die Folgen

des Verzichts belehrt wurde. Wurde das Erkenntnis des Verwaltungsgerichts mündlich verkündet (§ 29 Abs. 2 VwGVG), ist eine Revision nur nach einem Antrag auf Ausfertigung des Erkenntnisses gemäß § 29 Abs. 4 VwGVG durch mindestens einen der hiezu Berechtigten zulässig. *(BGBl I 2017/24)*

(5) Die Revision ist beim Verwaltungsgericht einzubringen.

(BGBl I 2013/33)

Revisionsfrist

§§ 32, 33 AVG

§ 26. (1) Die Frist zur Erhebung einer Revision gegen ein Erkenntnis eines Verwaltungsgerichtes (Revisionsfrist) beträgt sechs Wochen. Sie beginnt

1. in den Fällen des Art. 133 Abs. 6 Z 1 B-VG dann, wenn das Erkenntnis dem Revisionswerber zugestellt wurde, mit dem Tag der Zustellung, wenn das Erkenntnis dem Revisionswerber nur mündlich verkündet wurde, jedoch mit dem Tag der Verkündung;

2. in den Fällen des Art. 133 Abs. 6 Z 2 B-VG dann, wenn das Erkenntnis der belangten Behörde des Verfahrens vor dem Verwaltungsgericht zugestellt wurde, mit dem Tag der Zustellung;

3. in den Fällen des Art. 133 Abs. 6 Z 3 B-VG dann, wenn das Erkenntnis dem zuständigen Bundesminister zugestellt wurde, mit dem Tag der Zustellung, sonst mit dem Zeitpunkt, in dem er von dem Erkenntnis Kenntnis erlangt hat;

4. *(entfällt, BGBl I 2021/2)*

5. in den Fällen des Art. 133 Abs. 8 B-VG dann, wenn das Erkenntnis dem auf Grund des Bundes- oder Landesgesetzes zur Erhebung der Revision befugten Organ zugestellt wurde, mit dem Tag der Zustellung, sonst mit dem Zeitpunkt, in dem es von dem Erkenntnis Kenntnis erlangt hat.

(2) Ist das Erkenntnis bereits einer anderen Partei zugestellt „ " worden, kann die Revision bereits ab dem Zeitpunkt erhoben werden, in dem der Revisionswerber von dem Erkenntnis Kenntnis erlangt hat. *(BGBl I 2017/24)*

(3) Hat die Partei innerhalb der Revisionsfrist die Bewilligung der Verfahrenshilfe beantragt (§ 61), so beginnt für sie die Revisionsfrist mit der Zustellung des Bescheides über die Bestellung des Rechtsanwaltes an diesen. Wird der rechtzeitig gestellte Antrag auf Bewilligung der Verfahrenshilfe abgewiesen, so beginnt die Revisionsfrist mit der Zustellung des abweisenden Beschlusses an die Partei.

(4) Hat der Verfassungsgerichtshof eine Beschwerde gemäß Art. 144 Abs. 3 B-VG dem Verwaltungsgerichtshof abgetreten, so beginnt die Revisionsfrist mit der Zustellung des Erkenntnisses oder Beschlusses des Verfassungsgerichtshofes oder, wenn der Antrag auf Abtretung der

Beschwerde erst nach dessen Zustellung gestellt wurde, mit der Zustellung des Beschlusses gemäß § 87 Abs. 3 VfGG.

(5) Auf die Beschlüsse der Verwaltungsgerichte sind die für ihre Erkenntnisse geltenden Bestimmungen dieses Paragraphen sinngemäß anzuwenden.

(BGBl I 2013/33)

§ 26a. *(entfällt, BGBl I 2004/89)*

§ 27. *(entfällt, BGBl I 2013/33)*

Inhalt der Revision

§ 28. (1) Die Revision hat zu enthalten

1. die Bezeichnung des angefochtenen Erkenntnisses oder des angefochtenen Beschlusses,

2. die Bezeichnung des Verwaltungsgerichtes, das das Erkenntnis bzw. den Beschluss erlassen hat,

3. den Sachverhalt,

4. die Bezeichnung der Rechte, in denen der Revisionswerber verletzt zu sein behauptet (Revisionspunkte),

5. die Gründe, auf die sich die Behauptung der Rechtswidrigkeit stützt,

6. ein bestimmtes Begehren, §42

7. die Angaben, die erforderlich sind, um zu beurteilen, ob die Revision rechtzeitig eingebracht ist.

(2) Bei Revisionen gegen Erkenntnisse, die nicht wegen Verletzung in Rechten erhoben werden, „ " tritt an die Stelle der Revisionspunkte die Erklärung über den Umfang der Anfechtung. *(BGBl I 2017/138)*

(3) Hat das Verwaltungsgericht im Erkenntnis ausgesprochen, dass die Revision nicht gemäß Art. 133 Abs. 4 B-VG zulässig ist, hat die Revision auch gesondert die Gründe zu enthalten, aus denen entgegen dem Ausspruch des Verwaltungsgerichtes die Revision für zulässig erachtet wird (außerordentliche Revision). §34(1)

(4) Der Revision ist eine Ausfertigung, Abschrift oder Kopie des angefochtenen Erkenntnisses anzuschließen, wenn es dem Revisionswerber zugestellt worden ist. „Andernfalls ist das Vorliegen der Voraussetzungen des § 25a Abs. 4a letzter Satz oder des § 26 Abs. 2 nachzuweisen." *(BGBl I 2017/24)*

(5) Auf die Beschlüsse der Verwaltungsgerichte sind die für ihre Erkenntnisse geltenden Bestimmungen dieses Paragraphen sinngemäß anzuwenden.

(BGBl I 2013/33)

§ 29. Ist Partei im Sinne des § 21 Abs. 1 Z 2 in einer Rechtssache in den Angelegenheiten der Bundesverwaltung nicht der zuständige Bundesminister oder in den Angelegenheiten der Landesverwaltung nicht die Landesregierung, ist außer den sonst erforderlichen Ausfertigungen der Revision samt Beilagen noch eine weitere Ausfertigung für den Bundesminister bzw. die Landesregierung anzuschließen.

(BGBl I 2013/33)

Aufschiebende Wirkung

§ 30. (1) Die Revision hat keine aufschiebende Wirkung. Dasselbe gilt für den Antrag auf Wiedereinsetzung in den vorigen Stand wegen Versäumung der Revisionsfrist.

(2) Bis zur Vorlage der Revision hat das Verwaltungsgericht, ab Vorlage der Revision hat der Verwaltungsgerichtshof jedoch auf Antrag des Revisionswerbers die aufschiebende Wirkung mit Beschluss zuzuerkennen, wenn dem nicht zwingende öffentliche Interessen entgegenstehen und nach Abwägung der berührten öffentlichen Interessen und Interessen anderer Parteien mit dem Vollzug des angefochtenen Erkenntnisses oder mit der Ausübung der durch das angefochtene Erkenntnis eingeräumten Berechtigung für den Revisionswerber ein unverhältnismäßiger Nachteil verbunden wäre. Die Zuerkennung der aufschiebenden Wirkung bedarf nur dann einer Begründung, wenn durch sie Interessen anderer Parteien berührt werden. Wenn sich die Voraussetzungen, die für die Entscheidung über die aufschiebende Wirkung der Revision maßgebend waren, wesentlich geändert haben, ist „von Amts wegen oder" auf Antrag einer Partei neu zu entscheiden. *(BGBl I 2013/122)*

(3) Der Verwaltungsgerichtshof kann ab Vorlage der Revision Beschlüsse gemäß Abs. 2 von Amts wegen oder auf Antrag einer Partei aufheben oder abändern, wenn er die Voraussetzungen der Zuerkennung der aufschiebenden Wirkung anders beurteilt oder wenn sich die Voraussetzungen, die für die Entscheidung über die aufschiebende Wirkung der Revision maßgebend waren, wesentlich geändert haben.

(4) Beschlüsse gemäß Abs. 2 und 3 sind den Parteien zuzustellen. Wird die aufschiebende Wirkung zuerkannt, ist der Vollzug des angefochtenen Erkenntnisses aufzuschieben und sind die hiezu erforderlichen Anordnungen zu treffen; der Inhaber der durch das angefochtene Erkenntnis eingeräumten Berechtigung darf diese nicht ausüben.

(5) Auf die Beschlüsse der Verwaltungsgerichte sind die für ihre Erkenntnisse geltenden Bestimmungen dieses Paragraphen sinngemäß anzuwenden.

(BGBl I 2013/33)

VwGG
GO-VwGH
VwGH-AufwErsV
VwGH-EVV

Vorentscheidung durch das Verwaltungsgericht

§ 30a. (1) Revisionen, die sich wegen Versäumung der Einbringungsfrist oder wegen Unzuständigkeit des Verwaltungsgerichtshofes nicht zur Behandlung eignen oder denen die Einwendung der entschiedenen Sache oder der Mangel der Berechtigung zu ihrer Erhebung entgegensteht, sind ohne weiteres Verfahren mit Beschluss zurückzuweisen. §30b

(2) Revisionen, denen keiner der im Abs. 1 bezeichneten Umstände entgegensteht, bei denen jedoch die Vorschriften über die Form und den Inhalt (§§ 23, 24, 28, 29) nicht eingehalten wurden, sind zur Behebung der Mängel unter Setzung einer kurzen Frist zurückzustellen; die Versäumung dieser Frist gilt als Zurückziehung. Dem Revisionswerber steht es frei, einen neuen, dem Mängelbehebungsauftrag voll Rechnung tragenden Schriftsatz unter Wiedervorlage der zurückgestellten unverbesserten Revision einzubringen.

(3) Das Verwaltungsgericht hat über den Antrag auf Zuerkennung der aufschiebenden Wirkung unverzüglich mit Beschluss zu entscheiden.

(4) Das Verwaltungsgericht hat den anderen Parteien Ausfertigungen der Revision samt Beilagen mit der Aufforderung zuzustellen, binnen einer mit höchstens acht Wochen festzusetzenden Frist eine Revisionsbeantwortung einzubringen.

(5) Im Fall des § 29 hat das Verwaltungsgericht eine Ausfertigung der Revision samt Beilagen auch dem zuständigen Bundesminister bzw. der Landesregierung mit der Mitteilung zuzustellen, dass es ihm bzw. ihr freisteht, binnen einer mit höchstens acht Wochen festzusetzenden Frist eine Revisionsbeantwortung einzubringen.

(6) Nach Ablauf der Fristen gemäß Abs. 4 und 5 hat das Verwaltungsgericht den anderen Parteien Ausfertigungen der eingelangten Revisionsbeantwortungen samt Beilagen zuzustellen und dem Verwaltungsgerichtshof die Revision und die Revisionsbeantwortungen samt Beilagen unter Anschluss der Akten des Verfahrens vorzulegen. „Gleichzeitig hat das Verwaltungsgericht den Parteien eine Mitteilung über die Vorlage der Revision an den Verwaltungsgerichtshof zuzustellen; diese Mitteilung hat den Hinweis zu enthalten, dass Schriftsätze ab Vorlage der Revision an den Verwaltungsgerichtshof unmittelbar bei diesem einzubringen sind.“ *(BGBl I 2021/109)*

(7) Hat das Verwaltungsgericht in seinem Erkenntnis oder Beschluss ausgesprochen, dass die Revision nicht gemäß Art. 133 Abs. 4 B-VG zulässig ist, sind die Abs. 1 bis 6 nicht anzuwenden. Das Verwaltungsgericht hat den anderen Parteien sowie im Fall des § 29 dem zuständigen Bundesminister bzw. der Landesregierung eine Ausfertigung der außerordentlichen Revision samt Beilagen zuzustellen und dem Verwaltungsgerichtshof §36

die außerordentliche Revision samt Beilagen unter Anschluss der Akten des Verfahrens vorzulegen. „Gleichzeitig hat das Verwaltungsgericht den Parteien eine Mitteilung über die Vorlage der Revision an den Verwaltungsgerichtshof zuzustellen; diese Mitteilung hat den Hinweis zu enthalten, dass Schriftsätze ab Vorlage der außerordentlichen Revision an den Verwaltungsgerichtshof unmittelbar bei diesem einzubringen sind.“ *(BGBl I 2021/109)*

(8) Auf Fristsetzungsanträge sind die Abs. 1 und 2 sinngemäß anzuwenden. Das Verwaltungsgericht hat dem Verwaltungsgerichtshof den Fristsetzungsantrag unter Anschluss der Akten des Verfahrens vorzulegen. „Gleichzeitig hat das Verwaltungsgericht den Parteien eine Mitteilung über die Vorlage der Revision an den Verwaltungsgerichtshof zuzustellen; diese Mitteilung hat den Hinweis zu enthalten, dass Schriftsätze ab Vorlage des Fristsetzungsantrages an den Verwaltungsgerichtshof unmittelbar bei diesem einzubringen sind.“ *(BGBl I 2021/109)*

(9) Auf Anträge auf Wiederaufnahme des Verfahrens und auf Wiedereinsetzung in den vorigen Stand sind die Abs. 1 und 2 sinngemäß anzuwenden.

(10) Hat das Verwaltungsgericht Verfahrensschritte gemäß den Abs. 2 und 4 bis 7 nicht oder nicht vollständig vorgenommen, kann der Verwaltungsgerichtshof dem Verwaltungsgericht die Revision samt Beilagen unter Anschluss der Akten des Verfahrens mit dem Auftrag zurückstellen, diese Verfahrensschritte binnen einer ihm zu setzenden kurzen Frist nachzuholen. Der Verwaltungsgerichtshof kann diese Verfahrensschritte auch selbst vornehmen, wenn dies im Interesse der Zweckmäßigkeit, Raschheit, Einfachheit und Kostenersparnis gelegen ist.

(BGBl I 2013/33)

Vorlageantrag §30a (1)

§ 30b. (1) Soweit das Verwaltungsgericht die Revision bzw. den Fristsetzungsantrag als unzulässig zurückweist, kann jede Partei binnen zwei Wochen nach Zustellung des Beschlusses beim Verwaltungsgericht den Antrag stellen, dass die Revision bzw. der Fristsetzungsantrag dem Verwaltungsgerichtshof zur Entscheidung vorgelegt wird (Vorlageantrag).

(2) Das Verwaltungsgericht hat dem Verwaltungsgerichtshof den Vorlageantrag und die Revision bzw. den Fristsetzungsantrag unter Anschluss der Akten des Verfahrens vorzulegen. „Gleichzeitig hat das Verwaltungsgericht den Parteien eine Mitteilung über die Vorlage der Revision an den Verwaltungsgerichtshof zuzustellen; diese Mitteilung hat den Hinweis zu enthalten, dass Schriftsätze ab Vorlage der Revision bzw. des Fristsetzungsantrages an den Verwaltungsgerichtshof

unmittelbar bei diesem einzubringen sind." *(BGBl I 2021/109)*

(3) Verspätete und unzulässige Vorlageanträge sind vom Verwaltungsgericht mit Beschluss zurückzuweisen.

(BGBl I 2013/33)

Aktenvorlage

§ 30c. Das Verwaltungsgericht kann Vorlageanträge, Revisionen und Revisionsbeantwortungen samt Beilagen, Fristsetzungsanträge und Akten des Verfahrens im Original, als Ausdruck von elektronischen Dokumenten oder als Kopie vorlegen. Der Verwaltungsgerichtshof kann auch die Vorlage im Original oder eine Einsicht ins Original anordnen. Die Vorlage kann auch im elektronischen Weg erfolgen.

(BGBl I 2021/2)

Befangenheit

§ 31. (1) Mitglieder des Gerichtshofes und Schriftführer haben sich unter Anzeige an den Präsidenten der Ausübung ihres Amtes wegen Befangenheit zu enthalten

1. in „Rechtssachen"*, an denen sie selbst, einer ihrer Angehörigen (§ 36a AVG) oder „eine von ihnen vertretene schutzberechtigte Person"*** beteiligt sind; *(BGBl I 2008/4; * BGBl I 2013/33; ** BGBl I 2018/58)*

„2." in „Rechtssachen", in denen sie als Bevollmächtigte einer Partei bestellt waren oder bestellt sind; *(BGBl I 2013/33)*

„3." wenn sie „in einem" dem Verfahren vor dem Verwaltungsgerichtshof „vorangegangenen" Verfahren mitgewirkt haben; *(BGBl I 2013/33)*

„4." wenn sonstige wichtige Gründe vorliegen, die geeignet sind, in ihre volle Unbefangenheit Zweifel zu setzen. *(BGBl I 2013/33)*

(2) Aus den im Abs. 1 angeführten Gründen können Mitglieder des Gerichtshofes und Schriftführer auch von den Parteien, und zwar spätestens zu Beginn der Verhandlung, abgelehnt werden. Stützt sich die Ablehnung auf Abs. 1 „Z 4", so hat die Partei die hiefür maßgebenden Gründe glaubhaft zu machen. Über die Ablehnung entscheidet in Abwesenheit des Abgelehnten der für die Rechtssache zuständige Senat durch Beschluss; bei Stimmengleichheit gibt die Stimme des Vorsitzenden den Ausschlag. Werden der Vorsitzende oder so viele Mitglieder des Senates abgelehnt, dass nicht wenigstens drei verbleiben, so hat der Präsident die Beschlussfassung über den Ablehnungsantrag nach dem nach der Geschäftsverteilung vorgesehenen Senat zuzuweisen. Beschließt der hiezu berufene Senat, dass die Ablehnung begründet ist, so hat der Präsident den Eintritt des Ersatzmitgliedes (§ 11 „Abs. 3") zu verfügen. *(BGBl I 2013/33)*

Wahrnehmung der Zuständigkeit

§ 32. Der Verwaltungsgerichtshof nimmt seine Zuständigkeit in jeder Lage des Verfahrens von Amts wegen wahr.

„Einstellung"

(BGBl I 2013/33)

§ 33. (1) Wenn in irgendeiner Lage des Verfahrens offenbar wird, dass der „Revisionswerber"* klaglos gestellt wurde, ist „die Revision nach Anhörung des Revisionswerbers"* „ "** mit Beschluss als gegenstandslos geworden zu erklären und das Verfahren einzustellen. Dasselbe gilt, wenn die „Revision"* zurückgezogen wurde. *(* BGBl I 2013/33; ** BGBl I 2021/2)*

(2) Beruht die „Revision"** auf einer Rechtsansicht, die der bisherigen Rechtsprechung des Verwaltungsgerichtshofes widerspricht, so kann der Berichter den „Revisionswerber"*** mit Zustimmung des Vorsitzenden unter Hinweis auf die einschlägigen Erkenntnisse oder Beschlüsse des Verwaltungsgerichtshofes und unter „Setzung"* einer angemessenen Frist auffordern, die „Revision"** durch Angabe der Gründe zu ergänzen, aus denen er die der bisherigen Rechtsprechung zugrunde liegende Rechtsansicht für unrichtig hält; die Versäumung dieser Frist gilt als Zurückziehung. *(* BGBl I 2008/4; ** BGBl I 2013/33)*

§ 33a. *(entfällt samt Überschrift, BGBl I 2013/33)*

Zurückweisung

§ 34. (1) Revisionen, die sich wegen Versäumung der Einbringungsfrist, Unzuständigkeit des Verwaltungsgerichtshofes oder Nichtvorliegen der Voraussetzungen des Art. 133 Abs. 4 B-VG nicht zur Behandlung eignen oder denen die Einwendung der entschiedenen Sache oder der Mangel der Berechtigung zu ihrer Erhebung entgegensteht, sind ohne weiteres Verfahren „ " mit Beschluss zurückzuweisen. *(BGBl I 2013/33; BGBl I 2021/2)*

(1a) Bei der Beurteilung der Zulässigkeit der Revision gemäß Art. 133 Abs. 4 B-VG ist der Verwaltungsgerichtshof an den Ausspruch des Verwaltungsgerichtes gemäß § 25a Abs. 1 nicht gebunden. Die Zulässigkeit einer außerordentlichen Revision gemäß Art. 133 Abs. 4 B-VG hat der Verwaltungsgerichtshof im Rahmen der dafür in der Revision vorgebrachten Gründe (§ 28 Abs. 3) zu überprüfen. *(BGBl I 2013/33)*

VwGG
GO-VwGH
VwGH-AufwErsV
VwGH-EVV

(2) „Revisionen"***, denen keiner der im Abs. 1 bezeichneten Umstände entgegensteht, bei denen jedoch die Vorschriften über die Form und den Inhalt (§§ 23, 24, 28, 29) nicht eingehalten wurden, sind zur Behebung der Mängel unter „Setzung"*** einer kurzen Frist zurückzustellen; die Versäumung dieser Frist gilt als Zurückziehung. „Dem „Revisionswerber"*** steht es frei, einen neuen, dem Mängelbehebungsauftrag voll Rechnung tragenden Schriftsatz unter Wiedervorlage der zurückgestellten „Revision"*** einzubringen."* (*BGBl I 1997/88; **BGBl I 2008/4; ***BGBl I 2013/33)

(3) Ein Beschluss nach Abs. 1 ist in jeder Lage des Verfahrens zu fassen. (BGBl I 2013/33)

(4) Auf Anträge auf Wiederaufnahme des Verfahrens und auf Wiedereinsetzung in den vorigen Stand sind die „Abs. 1, 2 und 3" sinngemäß anzuwenden. (BGBl I 2008/4; BGBl I 2013/33)

„Abweisung und Aufhebung ohne weiteres Verfahren"

(BGBl I 2021/2)

§ 35. (1) Revisionen, deren Inhalt erkennen lässt, dass die vom Revisionswerber behaupteten Rechtsverletzungen nicht vorliegen, sind ohne weiteres Verfahren „ " als unbegründet abzuweisen. (BGBl I 2021/2)

(2) Das angefochtene Erkenntnis oder der angefochtene Beschluss ist ohne weiteres Verfahren „ " aufzuheben, wenn

1. dem Verfahren keine Mitbeteiligten beizuziehen sind,

2. sich schon aus dem Erkenntnis oder dem Beschluss ergibt, dass eine der in der Revision behaupteten Rechtsverletzungen vorliegt, und

3. die Partei im Sinne des § 21 Abs. 1 Z 2 in einer Revisionsbeantwortung oder innerhalb einer ihr zu setzenden angemessenen Frist nicht vorgebracht hat, was geeignet ist, das Vorliegen dieser Rechtsverletzung als nicht gegeben erkennen zu lassen.

(BGBl I 2021/2)

(BGBl I 2013/33)

Vorverfahren

§ 36. (1) In jenen Fällen, in denen sich eine außerordentliche Revision zur weiteren Behandlung als geeignet erweist, hat der Verwaltungsgerichtshof die anderen Parteien aufzufordern, binnen einer mit höchstens acht Wochen festzusetzenden Frist eine Revisionsbeantwortung einzubringen.

(2) Im Fall des § 29 hat der Verwaltungsgerichtshof eine Ausfertigung der außerordentlichen Revision samt Beilagen auch dem zuständigen Bundesminister bzw. der Landesregierung mit

der Mitteilung zuzustellen, dass es ihm bzw. ihr freisteht, binnen einer mit höchstens acht Wochen festzusetzenden Frist eine Revisionsbeantwortung einzubringen.

(3) Nach Ablauf der Fristen gemäß Abs. 1 und 2 hat der Verwaltungsgerichtshof den anderen Parteien Ausfertigungen der eingelangten Revisionsbeantwortungen samt Beilagen zuzustellen.

(BGBl I 2013/33)

§ 37. Der Verwaltungsgerichtshof kann die Parteien auffordern, binnen angemessener Frist weitere Schriftsätze einzubringen oder sich zu Schriftsätzen der anderen Parteien zu äußern. Die Parteien können solche Schriftsätze auch unaufgefordert einbringen.

(BGBl I 2013/33)

§ 37a. Das Verfahren ist auch dann fortzuführen, wenn Revisionsbeantwortungen oder die im § 37 genannten Schriftsätze nicht eingebracht wurden.

(BGBl I 2013/33)

Fristsetzungsantrag

§ 38. (1) Ein Fristsetzungsantrag kann erst gestellt werden, wenn das Verwaltungsgericht die Rechtssache nicht binnen sechs Monaten, wenn aber durch Bundes- oder Landesgesetz eine kürzere oder längere Frist bestimmt ist, nicht binnen dieser entschieden hat.

(2) In die Frist werden nicht eingerechnet:

1. die Zeit, während deren das Verfahren bis zur rechtskräftigen Entscheidung einer Vorfrage ausgesetzt ist;

2. die Zeit eines Verfahrens vor dem Verwaltungsgerichtshof, vor dem Verfassungsgerichtshof oder vor dem Gerichtshof der Europäischen Union;

3. in Verwaltungsstrafsachen und Finanzstrafsachen

a) die Zeit, während deren nach einer gesetzlichen Vorschrift die Verfolgung nicht eingeleitet oder fortgesetzt werden kann;

b) die Zeit, während deren wegen der Tat gegen den Täter ein Strafverfahren bei der Staatsanwaltschaft, beim Gericht oder bei einer Behörde geführt wird.

(3) Der Fristsetzungsantrag hat zu enthalten:

1. die Bezeichnung des Verwaltungsgerichtes, dessen Entscheidung in der Rechtssache begehrt wird,

2. den Sachverhalt,

3. das Begehren, dem Verwaltungsgericht für die Entscheidung eine Frist zu setzen,

4. die Angaben, die erforderlich sind, um glaubhaft zu machen, dass die Antragsfrist gemäß Abs. 1 abgelaufen ist.

(4) Auf Fristsetzungsanträge sind die §§ 33 Abs. 1 und 34 Abs. 1, 2 und 3 sinngemäß anzuwenden. In allen sonstigen Fällen ist dem Verwaltungsgericht aufzutragen, innerhalb einer Frist von bis zu drei Monaten „, in Verfahren gemäß Art. 130 Abs. 1a B-VG jedoch innerhalb einer Frist von bis zu vier Wochen," das Erkenntnis oder den Beschluss zu erlassen und eine Ausfertigung, Abschrift oder Kopie desselben dem Verwaltungsgerichtshof vorzulegen oder anzugeben, warum eine Verletzung der Entscheidungspflicht nicht vorliegt. Die Frist kann einmal verlängert werden, wenn das Verwaltungsgericht das Vorliegen von in der Sache gelegenen Gründen nachzuweisen vermag, die eine fristgerechte Erlassung des Erkenntnisses oder Beschlusses unmöglich machen. Wird das Erkenntnis oder der Beschluss erlassen, so ist das Verfahren über den Fristsetzungsantrag einzustellen. *(BGBl I 2021/72, ab 15. April 2021)*

(BGBl I 2013/33)

Gleichartige Rechtsfragen in einer erheblichen Anzahl von Verfahren

§ 38a. (1) Ist beim Verwaltungsgerichtshof eine erhebliche Anzahl von Verfahren über „Revisionen" „" anhängig, in denen gleichartige Rechtsfragen zu lösen sind, oder besteht Grund zur Annahme, dass eine erhebliche Anzahl solcher „Revisionen" eingebracht werden wird, so kann der Verwaltungsgerichtshof dies mit Beschluss aussprechen. Ein solcher Beschluss hat zu enthalten:

1. die in diesen Verfahren anzuwendenden Rechtsvorschriften;

2. die auf Grund dieser Rechtsvorschriften zu lösenden Rechtsfragen;

3. die Angabe, welche der „Revisionen" der Verwaltungsgerichtshof behandeln wird. *(BGBl I 2013/33)*

Die Beschlüsse werden von dem nach der Geschäftsverteilung zuständigen Senat gefasst. *(BGBl I 2013/33)*

(2) Beschlüsse gemäß Abs. 1 verpflichten, soweit es sich bei den darin genannten Rechtsvorschriften zumindest auch um „Gesetze, politische, gesetzändernde oder gesetzesergänzende Staatsverträge oder Staatsverträge, durch die die vertraglichen Grundlagen der Europäischen Union geändert werden," handelt, den Bundeskanzler oder den zuständigen Landeshauptmann, ansonsten die zuständige oberste Behörde des Bundes oder des Landes zu ihrer unverzüglichen Kundmachung. *(BGBl I 2012/51)*

(3) Mit Ablauf des Tages der Kundmachung des Beschlusses gemäß Abs. 1 treten folgende Wirkungen ein:

1. in Rechtssachen, in denen ein Verwaltungsgericht die im Beschluss genannten Rechtsvorschriften anzuwenden und eine darin genannte Rechtsfrage zu beurteilen hat:

a) Es dürfen nur solche Handlungen vorgenommen oder Anordnungen und Entscheidungen getroffen werden, die durch das Erkenntnis des Verwaltungsgerichtshofes nicht beeinflusst werden können oder die die Frage nicht abschließend regeln und keinen Aufschub gestatten.

b) Die Revisionsfrist beginnt nicht zu laufen; eine laufende Revisionsfrist wird unterbrochen.

c) Die Frist zur Stellung eines Fristsetzungsantrages sowie in den Bundes- oder Landesgesetzen vorgesehene Entscheidungsfristen werden gehemmt. *(BGBl I 2013/33)*

2. in allen beim Verwaltungsgerichtshof anhängigen Verfahren gemäß Abs. 1, die im Beschluss gemäß Abs. 1 nicht genannt sind:

Es dürfen nur solche Handlungen vorgenommen oder „Anordnungen und Entscheidungen" getroffen werden, die durch das Erkenntnis des Verwaltungsgerichtshofes nicht beeinflusst werden können oder die die Frage nicht abschließend regeln und keinen Aufschub gestatten. *(BGBl I 2013/33)*

(4) In seinem Erkenntnis fasst der Verwaltungsgerichtshof seine Rechtsanschauung in einem oder mehreren Rechtssätzen zusammen, die nach Maßgabe des Abs. 2 unverzüglich kundzumachen sind. Mit Ablauf des Tages der Kundmachung beginnt eine unterbrochene „Revisionsfrist" neu zu laufen und enden die sonstigen Wirkungen des Abs. 3. *(BGBl I 2013/33)*

(BGBl I 2004/89)

Einholung einer Vorabentscheidung des Gerichtshofes der „Europäischen Union"

(BGBl I 2012/51)

§ 38b. (1) „Beschlüsse des Verwaltungsgerichtshofes, dem Gerichtshof der Europäischen Union eine Frage zur Vorabentscheidung nach Art. 267 des Vertrags über die Arbeitsweise der Europäischen Union vorzulegen, sind den Parteien zuzustellen."* Hat der Verwaltungsgerichtshof einen solchen Beschluss gefasst, so darf er bis zum Einlangen der Vorabentscheidung nur solche Handlungen vornehmen und nur solche „Anordnungen und Entscheidungen"** treffen, die durch die Vorabentscheidung nicht beeinflusst werden können oder die die Frage nicht abschließend regeln und keinen Aufschub gestatten. *(*BGBl I 2012/51; **BGBl I 2013/33)*

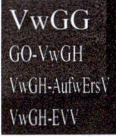

VwGG
GO-VwGH
VwGH-AufwErsV
VwGH-EVV

(2) Ist die beantragte Vorabentscheidung noch nicht ergangen und hat der Verwaltungsgerichtshof die Bestimmung, die Gegenstand seines Vorabentscheidungsantrages war, nicht mehr anzuwenden, so hat er diesen unverzüglich zurückzuziehen.

(BGBl I 2004/89)

Verhandlungen

§ 39. (1) Über die „Revision" ist nach Abschluss des Vorverfahrens eine Verhandlung vor dem Verwaltungsgerichtshof durchzuführen, wenn

1. der Revisionswerber innerhalb der Revisionsfrist oder eine andere Partei innerhalb der Frist zur Erstattung der Revisionsbeantwortung die Durchführung der Verhandlung beantragt hat. Ein solcher Antrag kann nur mit Zustimmung der anderen Parteien zurückgezogen werden; *(BGBl I 2013/33)*

2. der Berichter oder der Vorsitzende die Durchführung der Verhandlung für zweckmäßig erachtet oder der Senat sie beschließt. *(BGBl I 2013/33)*

(2) Der Verwaltungsgerichtshof kann ungeachtet eines Parteiantrages nach Abs. 1 Z 1 von einer Verhandlung absehen, wenn

1. das Verfahren einzustellen (§ 33) oder die Revision zurückzuweisen ist (§ 34);

1a. die Revision ohne weiteres Verfahren als unbegründet abzuweisen (§ 35 Abs. 1) oder das angefochtene Erkenntnis oder der angefochtene Beschluss ohne weiteres Verfahren aufzuheben ist (§ 35 Abs. 2); *(BGBl I 2021/2)*

2. das angefochtene Erkenntnis oder der angefochtene Beschluss wegen Rechtswidrigkeit infolge Unzuständigkeit des Verwaltungsgerichtes aufzuheben ist (§ 42 Abs. 2 Z 2);

3. das angefochtene Erkenntnis oder der angefochtene Beschluss wegen Rechtswidrigkeit infolge Verletzung von Verfahrensvorschriften aufzuheben ist (§ 42 Abs. 2 Z 3);

4. das angefochtene Erkenntnis oder der angefochtene Beschluss nach der ständigen Rechtsprechung des Verwaltungsgerichtshofes wegen Rechtswidrigkeit seines Inhalts aufzuheben ist;

5. keine andere Partei eine Revisionsbeantwortung eingebracht hat und das angefochtene Erkenntnis oder der angefochtene Beschluss aufzuheben ist;

6. die Schriftsätze der Parteien und die Akten des Verfahrens vor dem Verwaltungsgericht erkennen lassen, dass die mündliche Erörterung eine weitere Klärung der Rechtssache nicht erwarten lässt und einem Entfall der Verhandlung weder Art. 6 Abs. 1 der Konvention zum Schutze der Menschenrechte und Grundfreiheiten, BGBl. Nr. 210/1958, noch Art. 47 der Charta der Grundrechte der Europäischen Union, ABl. Nr. C 83 vom 30.03.2010 S. 389 entgegenstehen. *(BGBl I 2013/33)*

(3) Hat eine Verhandlung vor dem Fünfersenat stattgefunden, so ist sie vor dem verstärkten Senat (§ 13) nur dann zu wiederholen, wenn der verstärkte Senat dies beschließt.

§ 40. (1) Die Verhandlung ordnet der Vorsitzende an.

(2) Zur Verhandlung sind alle Parteien zu laden. Das Ausbleiben von Parteien steht jedoch der Verhandlung und Entscheidung nicht entgegen.

(3) Die Verhandlung findet vor dem Senat statt.

(4) Die Verhandlung ist öffentlich. Die Öffentlichkeit darf von der Verhandlung nur so weit ausgeschlossen werden, als dies aus Gründen der Sittlichkeit, der öffentlichen Ordnung oder der nationalen Sicherheit, der Wahrung von Geschäfts- und Betriebsgeheimnissen sowie im Interesse des Schutzes Jugendlicher oder des Privatlebens einer Partei, eines Opfers, eines Zeugen oder eines Dritten geboten ist. *(BGBl I 2013/33)*

(4a) Der Ausschluss der Öffentlichkeit erfolgt durch Beschluss des Senates entweder von Amts wegen oder auf Antrag einer Partei oder eines Zeugen. *(BGBl I 2013/33)*

(4b) Unmittelbar nach der Verkündung des Beschlusses über den Ausschluss der Öffentlichkeit haben sich alle Zuhörer zu entfernen, doch können die Parteien verlangen, dass je drei Personen ihres Vertrauens die Teilnahme an der Verhandlung gestattet wird. *(BGBl I 2013/33)*

(4c) Wenn die Öffentlichkeit von einer Verhandlung ausgeschlossen wurde, ist es so weit untersagt, daraus Umstände weiterzuverbreiten, als dies aus den in Abs. 4 angeführten Gründen geboten ist. *(BGBl I 2013/33)*

(5) Der Vorsitzende eröffnet, leitet und schließt die Verhandlung und handhabt die Sitzungspolizei. Die Verhandlung beginnt mit dem Vortrag des Berichters. Der Vorsitzende hat von Amts wegen für die vollständige Erörterung der Rechtssache zu sorgen. Auch die sonstigen Mitglieder des Senates sind befugt, Fragen zu stellen.

(6) Über Einwendungen gegen Anordnungen, die das Verfahren betreffen, sowie über Anträge, die im Laufe des Verfahrens gestellt werden, ist durch Beschluss zu entscheiden. *(BGBl I 2013/33)*

(6a) Die Verhandlung kann mit Einverständnis der Parteien nach Maßgabe der technischen Möglichkeiten unter Verwendung technischer Einrichtungen zur Wort- und Bildübertragung durchgeführt werden, es sei denn, das persönliche Erscheinen vor dem Verwaltungsgerichtshof ist unter Berücksichtigung der Verfahrensökonomie zweckmäßiger oder aus besonderen Gründen erforderlich. Die näheren Regelungen werden in der Geschäftsordnung (§ 19) getroffen. Das Einverständnis gilt als erteilt, soweit die Parteien nicht innerhalb einer vom Verwaltungsgerichtshof festgesetzten angemessenen Frist widersprechen. *(BGBl I 2021/2)*

(7) Über jede Verhandlung ist eine Niederschrift anzufertigen. Diese hat die Namen der Mitglieder des Senates, des Schriftführers, der Parteien und ihrer Vertreter sowie die wesentlichen Vorkommnisse der Verhandlung, insbesondere Anträge der Parteien, zu enthalten und ist vom Vorsitzenden und vom Schriftführer zu unterfertigen.

(8) Eine Verhandlung darf nur aus erheblichen Gründen vertagt werden; im Zuge einer Verhandlung beschließt die Vertagung der Senat, sonst verfügt sie der Vorsitzende.

Prüfung des angefochtenen Erkenntnisses oder Beschlusses

§ 41. Soweit nicht Rechtswidrigkeit infolge Unzuständigkeit des Verwaltungsgerichtes oder infolge Verletzung von Verfahrensvorschriften vorliegt (§ 42 Abs. 2 Z 2 und 3), hat der Verwaltungsgerichtshof das angefochtene Erkenntnis oder den angefochtenen Beschluss auf Grund des vom Verwaltungsgericht angenommenen Sachverhalts im Rahmen der geltend gemachten Revisionspunkte (§ 28 Abs. 1 Z 4) bzw. der Erklärung über den Umfang der Anfechtung (§ 28 Abs. 2) zu überprüfen. Ist er der Ansicht, dass für die Entscheidung über die Rechtswidrigkeit des Erkenntnisses oder Beschlusses in einem der Revisionspunkte oder im Rahmen der Erklärung über den Umfang der Anfechtung Gründe maßgebend sein könnten, die einer Partei bisher nicht bekannt gegeben wurden, so hat er die Parteien darüber zu hören und erforderlichenfalls eine Vertagung anzuordnen.

(BGBl I 2013/33)

Erkenntnisse

§ 42. (1) Der Verwaltungsgerichtshof hat alle Rechtssachen, soweit in diesem Bundesgesetz nicht anderes bestimmt ist, mit Erkenntnis zu erledigen. Mit dem Erkenntnis ist entweder die Revision als unbegründet abzuweisen, das angefochtene Erkenntnis oder der angefochtene Beschluss aufzuheben oder in der Sache selbst zu entscheiden.

(2) Das angefochtene Erkenntnis oder der angefochtene Beschluss ist aufzuheben

1. wegen Rechtswidrigkeit seines Inhaltes,

2. wegen Rechtswidrigkeit infolge Unzuständigkeit des Verwaltungsgerichtes,

3. wegen Rechtswidrigkeit infolge Verletzung von Verfahrensvorschriften, und zwar weil

a) der Sachverhalt vom Verwaltungsgericht in einem wesentlichen Punkt aktenwidrig angenommen wurde oder

b) der Sachverhalt in einem wesentlichen Punkt einer Ergänzung bedarf oder

c) das Verwaltungsgericht bei Einhaltung der verletzten Verfahrensvorschriften zu einem anderen Erkenntnis oder Beschluss hätte kommen können.

(3) Durch die Aufhebung des angefochtenen Erkenntnisses oder Beschlusses gemäß Abs. 2 tritt die Rechtssache in die Lage zurück, in der sie sich vor Erlassung des angefochtenen Erkenntnisses bzw. Beschlusses befunden hat.

(4) Der Verwaltungsgerichtshof kann in der Sache selbst entscheiden, wenn sie entscheidungsreif ist und die Entscheidung in der Sache selbst im Interesse der Einfachheit, Zweckmäßigkeit und Kostenersparnis liegt. In diesem Fall hat er den maßgeblichen Sachverhalt festzustellen und kann zu diesem Zweck auch das Verwaltungsgericht mit der Ergänzung des Ermittlungsverfahrens beauftragen.

(BGBl I 2013/33)

§ 42a. Ist das Verwaltungsgericht seiner Entscheidungspflicht nicht nachgekommen, so hat ihm der Verwaltungsgerichtshof aufzutragen, das Erkenntnis oder den Beschluss innerhalb einer von ihm festzusetzenden angemessenen Frist nachzuholen.

(BGBl I 2013/33)

§ 43. (1) Die Erkenntnisse sind im Namen der Republik zu verkünden und auszufertigen.

(2) Jedes Erkenntnis ist zu begründen. Soweit die Rechtsfrage durch die bisherige Rechtsprechung klargestellt ist, genügt es, diese anzuführen. *(BGBl I 2013/33)*

(3) Das Erkenntnis ist vom Vorsitzenden/von der Vorsitzenden des Senates und vom Schriftführer/von der Schriftführerin durch ihre Unterschriften zu beurkunden; wurde das Erkenntnis elektronisch erstellt, kann an die Stelle dieser Unterschriften ein Verfahren zum Nachweis der Identität (§ 2 Z 1 E-GovG) des Vorsitzenden/der Vorsitzenden des Senates und des Schriftführers/der Schriftführerin sowie der Authentizität (§ 2 Z 5 E-GovG) des Erkenntnisses treten. Die näheren Regelungen werden in der Geschäftsordnung (§ 19) getroffen. *(BGBl I 2021/2)*

(3a) Die schriftlichen Ausfertigungen der Erkenntnisse beglaubigt die Kanzlei unter Wiedergabe des Namens des Vorsitzenden/der Vorsitzenden und des Schriftführers/der Schriftführerin mit dem Vermerk „Für die Richtigkeit der Ausfertigung". Ausfertigungen in Form von elektronischen Dokumenten müssen mit einer Amtssignatur (§ 19 E-GovG) versehen sein; Ausfertigungen

VwGG
GO-VwGH
VwGH-AufwErsV
VwGH-EVV

in Form von Ausdrucken von mit einer Amtssignatur versehenen elektronischen Dokumenten oder von Kopien solcher Ausdrucke brauchen keine weiteren Voraussetzungen zu erfüllen. *(BGBl I 2021/2)*

(4) Hat eine Verhandlung „ " stattgefunden, so hat in der Regel der Vorsitzende das Erkenntnis mit den wesentlichen Entscheidungsgründen sogleich zu verkünden. *(BGBl I 2021/2)*

(5) „Die Verkündung des Erkenntnisses entfällt, wenn sich die Parteien vorzeitig entfernt haben bzw. wenn sie sich an einer unter Verwendung technischer Einrichtungen zur Wort- und Bildübertragung durchgeführten Verhandlung nicht mehr beteiligen oder wenn die Beratung vertagt werden muss." In diesen Fällen wird das Erkenntnis den Parteien nur in schriftlicher Ausfertigung zugestellt. *(BGBl I 2013/33; BGBl I 2021/2)*

(6) Eine schriftliche Ausfertigung des Erkenntnisses ist auch den Parteien zuzustellen, denen es verkündet wurde.

(7) Schreib- oder „Rechenfehler" oder andere offenbar auf einem Versehen beruhende Unrichtigkeiten im Erkenntnis können jederzeit von Amts wegen berichtigt werden. *(BGBl I 2012/51)*

(8) Zur Herstellung der für die Kenntnis durch jedermann bestimmten Ausdrucke (Speicherungen auf Datenträgern) sind personenbezogene Daten „im Erkenntnis" nur so weit unkenntlich zu machen, als es die berechtigten Interessen der Parteien an der Geheimhaltung dieser Daten gebieten (wie etwa Umstände des Privat- und Familienlebens, Steuergeheimnis), ohne hiedurch die Verständlichkeit „des Erkenntnisses" zu beeinträchtigen. Die Anordnungen hiefür hat der erkennende Senat, in Fällen des § 14 Abs. 2 der Berichter zu beschließen. *(BGBl I 1997/88; BGBl I 2004/89)*

(9) Die Abs. 2 bis 8 sind auf Beschlüsse sinngemäß anzuwenden. *(BGBl I 2021/2)*

§ 44. (1) Im Fall des § 29 ist eine schriftliche Ausfertigung des Erkenntnisses oder Beschlusses auch dem zuständigen Bundesminister bzw. der Landesregierung zuzustellen.

(2) Hat ein Verwaltungsgericht dem Verwaltungsgerichtshof gemäß § 34 Abs. 3 des Verwaltungsgerichtsverfahrensgesetzes – VwGVG, BGBl. I Nr. 33/2013, die Aussetzung eines Verfahrens mitgeteilt, ist eine Ausfertigung des Erkenntnisses oder Beschlusses in der vom Verwaltungsgericht bezeichneten Rechtssache auch dem Verwaltungsgericht zuzustellen.

(BGBl I 2013/33)

Wiederaufnahme des Verfahrens

§ 45. (1) Die Wiederaufnahme eines durch Erkenntnis oder Beschluss abgeschlossenen Verfahrens ist auf Antrag einer Partei zu bewilligen, wenn

1. das Erkenntnis oder der Beschluss durch eine gerichtlich strafbare Handlung herbeigeführt oder sonstwie erschlichen worden ist oder *(BGBl I 2013/33)*

2. das Erkenntnis oder der Beschluss auf einer nicht von der Partei verschuldeten irrigen Annahme der Versäumung einer in diesem Bundesgesetz vorgesehenen Frist beruht oder *(BGBl I 2013/33)*

3. nachträglich eine rechtskräftige gerichtliche Entscheidung bekannt wird, die in dem Verfahren vor dem Verwaltungsgerichtshof die Einwendung der entschiedenen Sache begründet hätte, oder

4. im Verfahren vor dem Gerichtshof den Vorschriften über das Parteiengehör nicht entsprochen wurde und anzunehmen ist, dass sonst das Erkenntnis oder der Beschluss anders gelautet hätte oder *(BGBl I 2013/33)*

5. das Verfahren vor dem Gerichtshof wegen Klaglosstellung oder wegen einer durch Klaglosstellung veranlassten Zurückziehung der Revision eingestellt wurde und der Grund für die Klaglosstellung nachträglich weggefallen ist. *(BGBl I 2013/33)*

(BGBl I 2013/33)

(2) Der Antrag ist beim Verwaltungsgerichtshof binnen zwei Wochen von dem Tag, an dem der Antragsteller von dem Wiederaufnahmegrund Kenntnis erlangt hat, jedoch spätestens binnen drei Jahren nach der Zustellung des Erkenntnisses oder des Beschlusses zu stellen.

(3) Über den Antrag ist „ " mit Beschluss zu entscheiden. *(BGBl I 2013/33; BGBl I 2021/2)*

(4) Wenn der Verwaltungsgerichtshof „ " in der Sache selbst entschieden hatte, gilt für die Wiederaufnahme § 69 AVG sinngemäß. *(BGBl I 2012/51)*

(5) Auf Beschlüsse der Verwaltungsgerichte gemäß den §§ 30a Abs. 1 und 30b Abs. 3 sind die Abs. 1 bis 4 mit der Maßgabe sinngemäß anzuwenden, dass der Antrag beim Verwaltungsgericht zu stellen und über ihn vom Verwaltungsgericht zu entscheiden ist. *(BGBl I 2013/33)*

(6) In Verfahrenshilfesachen (§ 61) ist die Wiederaufnahme des Verfahrens nicht zulässig. *(BGBl I 2013/33)*

Wiedereinsetzung in den vorigen Stand

§ 46. (1) Wenn eine Partei durch ein unvorhergesehenes oder unabwendbares Ereignis – so dadurch, dass sie von einer Zustellung ohne ihr Verschulden keine Kenntnis erlangt hat – eine Frist versäumt und dadurch einen Rechtsnachteil erleidet, so ist dieser Partei auf Antrag die Wiedereinsetzung in den vorigen Stand zu bewilligen. Dass der Partei ein Verschulden an der Versäumung zur Last liegt, hindert die Bewilligung der

Wiedereinsetzung nicht, wenn es sich nur um einen minderen Grad des Versehens handelt. *(BGBl 1985/564; BGBl I 2013/33)*

(2) Die Wiedereinsetzung in den vorigen Stand wegen Versäumung der Revisionsfrist und der Frist zur Stellung eines Vorlageantrages ist auch dann zu bewilligen, wenn die Frist versäumt wurde, weil das anzufechtende Erkenntnis, der anzufechtende Beschluss oder die anzufechtende Revisionsvorentscheidung fälschlich einen Rechtsbehelf eingeräumt und die Partei den Rechtsbehelf ergriffen hat oder keine Belehrung zur Erhebung einer Revision oder zur Stellung eines Vorlageantrages, keine Frist zur Erhebung einer Revision oder zur Stellung eines Vorlageantrages oder die Angabe enthält, dass kein Rechtsbehelf zulässig sei. *(BGBl I 2013/33)*

(3) „In den Fällen des Abs. 1 ist der Antrag auf Wiedereinsetzung binnen zwei Wochen nach dem Wegfall des Hindernisses zu stellen und zwar bis zur Vorlage der Revision beim Verwaltungsgericht und ab Vorlage der Revision beim Verwaltungsgerichtshof; ein ab Vorlage der Revision vor Zustellung der Mitteilung über deren Vorlage an den Verwaltungsgerichtshof beim Verwaltungsgericht gestellter Antrag gilt als beim Verwaltungsgerichtshof gestellt und ist diesem unverzüglich vorzulegen." In den Fällen des Abs. 2 ist der Antrag binnen zwei Wochen

1. nach Zustellung eines Bescheides oder einer gerichtlichen Entscheidung, der bzw. die den Rechtsbehelf als unzulässig zurückgewiesen hat, bzw.

2. nach dem Zeitpunkt, in dem die Partei von der Zulässigkeit der Erhebung der Revision bzw. der Stellung eines Antrages auf Vorlage Kenntnis erlangt hat,

beim Verwaltungsgericht zu stellen. Die versäumte Handlung ist gleichzeitig nachzuholen. *(BGBl I 2013/33; BGBl I 2021/109)*

(4) Bis zur Vorlage der Revision hat über den Antrag das Verwaltungsgericht zu entscheiden. Ab Vorlage der Revision hat über den Antrag der Verwaltungsgerichtshof „ " durch Beschluss zu entscheiden. Das Verwaltungsgericht oder der Verwaltungsgerichtshof können dem Antrag auf Wiedereinsetzung die aufschiebende Wirkung zuerkennen. *(BGBl I 2013/33; BGBl I 2021/2)*

(5) Durch die Bewilligung der Wiedereinsetzung tritt das Verfahren in die Lage zurück, in der es sich vor dem Eintritt der Versäumung befunden hat.

(6) Gegen die Versäumung der Frist zur Stellung des Wiedereinsetzungsantrages findet keine Wiedereinsetzung statt.

Aufwandersatz

§ 47. (1) Die Parteien im Verfahren vor dem Verwaltungsgerichtshof haben einen Anspruch auf Aufwandersatz nach Maßgabe der §§ 47 bis 59.

(2) Unbeschadet der folgenden Bestimmungen hat einen Anspruch auf Aufwandersatz

1. der Revisionswerber im Fall der Aufhebung des angefochtenen Erkenntnisses oder Beschlusses oder der Entscheidung in der Sache selbst;

2. der Rechtsträger im Sinne des Abs. 5 im Fall der Abweisung der Revision.

(3) Mitbeteiligte haben einen Anspruch auf Aufwandersatz im Fall der Abweisung der Revision.

(4) In den Fällen des Art. 133 Abs. 6 Z 2 bis 4 und Abs. 8 B-VG haben der Revisionswerber und der Rechtsträger im Sinne des Abs. 5 keinen Anspruch auf Aufwandersatz.

(5) Der dem Revisionswerber zu leistende Aufwandersatz ist von jenem Rechtsträger zu tragen, in dessen Namen die Behörde in dem dem Verfahren vor dem Verwaltungsgericht vorangegangenen Verwaltungsverfahren gehandelt hat. Diesem Rechtsträger fließt auch der Aufwandersatz zu, der auf Grund dieses Bundesgesetzes vom Revisionswerber zu leisten ist.

(BGBl I 2013/33)

§ 48. (1) Der Revisionswerber hat Anspruch auf Ersatz

1. der Kommissionsgebühren und der Eingabengebühr gemäß § 24a, die er im Verfahren vor dem Verwaltungsgerichtshof zu entrichten hat, sowie der Barauslagen des Verwaltungsgerichtshofes, für die er aufzukommen hat;

2. des Aufwandes, der für ihn mit der Einbringung der Revision durch einen Rechtsanwalt (Steuerberater oder Wirtschaftsprüfer) verbunden war (Schriftsatzaufwand);

3. der Reisekosten (Fahrt- und Aufenthaltskosten), die für ihn mit der Wahrnehmung ihrer Parteirechte in Verhandlungen vor dem Verwaltungsgerichtshof verbunden waren;

4. des sonstigen Aufwandes, der für ihn mit der Vertretung durch einen Rechtsanwalt (Steuerberater oder Wirtschaftsprüfer) in Verhandlungen vor dem Verwaltungsgerichtshof verbunden war (Verhandlungsaufwand).

(2) Die Partei im Sinne des § 21 Abs. 1 Z 2 hat Anspruch auf Ersatz

1. des Aufwandes, der für sie mit der Einbringung der Revisionsbeantwortung verbunden war (Schriftsatzaufwand);

2. der Reisekosten (Fahrt- und Aufenthaltskosten), die für sie mit der Wahrnehmung ihrer Parteirechte in Verhandlungen vor dem Verwaltungsgerichtshof verbunden waren;

3. des sonstigen Aufwandes, der für sie mit der Wahrnehmung seiner Parteirechte in Verhandlun-

VwGG
GO-VwGH
VwGH-AufwErsV
VwGH-EVV

gen vor dem Verwaltungsgerichtshof verbunden war (Verhandlungsaufwand).

(3) Ein Mitbeteiligter hat Anspruch auf Ersatz

1. der Kommissionsgebühren und der Eingabengebühr gemäß § 24a, die er im Verfahren vor dem Verwaltungsgerichtshof zu entrichten hat, sowie der Barauslagen des Verwaltungsgerichtshofes, für die er aufzukommen hat;

2. des Aufwandes, der für ihn mit der Einbringung einer Revisionsbeantwortung durch einen Rechtsanwalt (Steuerberater oder Wirtschaftsprüfer) verbunden war (Schriftsatzaufwand);

3. der Reisekosten (Fahrt- und Aufenthaltskosten), die für ihn mit der Wahrnehmung seiner Parteirechte in Verhandlungen vor dem Verwaltungsgerichtshof verbunden waren;

4. des sonstigen Aufwandes, der für ihn mit der Vertretung durch einen Rechtsanwalt (Steuerberater oder Wirtschaftsprüfer) in Verhandlungen vor dem Verwaltungsgerichtshof verbunden war (Verhandlungsaufwand).

(BGBl I 2013/33)

§ 49. (1) Als Ersatz für den Schriftsatz- und den Verhandlungsaufwand gemäß § 48 Abs. 1 Z 2 und 4 sowie Abs. 3 Z 2 und 4 sind Pauschalbeträge zu zahlen, deren Höhe vom Bundeskanzler „ “ durch Verordnung in einem Ausmaß festzustellen ist, das den durchschnittlichen Kosten der Einbringung eines der im § 48 Abs. 1 Z 2 sowie Abs. 3 Z 2 genannten Schriftsätze bzw. der Vertretung durch einen Rechtsanwalt entspricht. *(BGBl I 2008/4; BGBl I 2013/33)*

(2) Als Ersatz für den Vorlage-, den Schriftsatz- und den Verhandlungsaufwand gemäß § 48 Abs. 2 „Z 1 und 3“** sind „Pauschalbeträge“* zu zahlen, deren Ausmaß vom Bundeskanzler „ “** durch Verordnung in einem Ausmaß festzustellen ist, das dem durchschnittlichen Aufwand der Behörden für diese Parteihandlungen entspricht. „Die Höhe der Pauschalbeträge für den Schriftsatz- und für den Verhandlungsaufwand darf jedoch die Hälfte der Pauschalbeträge nicht übersteigen, die auf Grund des Abs. 1 als Ersatz für den Schriftsatzaufwand gemäß § 48 Abs. 1 Z 2 bzw. für den Verhandlungsaufwand gemäß § 48 Abs. 1 Z 4 festgestellt werden.“* *(*BGBl I 2008/4; **BGBl I 2013/33)*

(3) Fahrtkosten im Inland (§ 48) sind in dem bei Inanspruchnahme der öffentlichen Verkehrsmittel notwendigen Ausmaß zu ersetzen. Bei Eisenbahnen ist die 1., ansonsten die 2. Tarifklasse maßgebend. Der Fahrpreis ist nach den für das betreffende öffentliche Verkehrsmittel jeweils geltenden Tarifen zu vergüten, wobei bestehende allgemeine Tarifermäßigungen zu berücksichtigen sind. *(BGBl I 2013/33)*

(4) Aufenthaltskosten im Sinne des § 48 sind die mit dem Aufenthalt am Sitz des Verwaltungs-

gerichtshofes notwendig verbundenen zusätzlichen Kosten für Verpflegung und Unterkunft. Als Ersatz dieser Kosten sind „Pauschalbeträge“* zu zahlen, deren Höhe vom Bundeskanzler „ “*** durch Verordnung für alle Fälle des § 48 einheitlich in einem Ausmaß festzustellen ist, das der durchschnittlichen Höhe der in Betracht kommenden Kosten entspricht. *(*BGBl I 2008/4; **BGBl I 2013/33)*

(5) Hat an einer mündlichen Verhandlung in den Fällen der Abs. 1 und 3 des § 48 im Auftrag der Partei ein Rechtsanwalt „(Steuerberater oder Wirtschaftsprüfer)“* teilgenommen, so sind für die Berechnung der Reisekosten dessen Verhältnisse, ansonsten die Verhältnisse der Partei maßgebend. Neben den Reisekosten eines Rechtsanwaltes „(Steuerberaters oder Wirtschaftsprüfers)“* sind die Reisekosten der von ihm vertretenen Partei nur zu ersetzen, wenn die Partei an der mündlichen Verhandlung auf Grund einer Ladung des Verwaltungsgerichtshofes teilzunehmen hatte. In den Fällen des § 48 Abs. 2 sind für die Berechnung der Reisekosten die Verhältnisse „der Partei im Sinne des § 21 Abs. 1 Z 2“***, im „Fall“** einer Vertretung gemäß § 23 Abs. 3 jedoch die Verhältnisse des mit der Vertretung betrauten Organs (Bundesministerium, Finanzprokuratur) maßgebend. *(*BGBl I 2008/4; **BGBl I 2013/33)*

(6) Sind mehrere Mitbeteiligte vorhanden, so sind jene unter ihnen, denen ein Schriftsatz- oder ein Verhandlungsaufwand, Fahrt- oder Aufenthaltskosten erwachsen sind, hinsichtlich des Ersatzes jeder dieser Arten von Aufwendungen als eine Partei anzusehen. Der dieser Partei zustehende Ersatz für Schriftsatz- und für Verhandlungsaufwand ist an die die Partei bildenden Mitbeteiligten zu gleichen Teilen zu leisten. Der Berechnung der Reisekosten sind die Verhältnisse jenes Mitbeteiligten zugrunde zu legen, der die größte Entfernung zurückzulegen hatte. Der so errechnete Betrag für Reisekostenersatz ist an diesen Mitbeteiligten zu zahlen. Die Zahlung hat gegenüber allen Mitbeteiligten, die auf Reisekostenersatz Anspruch haben, schuldbefreiende Wirkung. „Welche Ansprüche diese Mitbeteiligten untereinander haben, richtet sich nach dem Verhältnis jener Beträge zueinander, auf die jeder Mitbeteiligte gemäß Abs. 3 im Fall der Abweisung der Revision Anspruch hätte.“ *(BGBl I 2013/33)*

§ 50. In Fällen, in denen ein Erkenntnis oder ein Beschluss vom Verwaltungsgerichtshof teilweise aufgehoben wurde, ist die Frage des Anspruches auf Aufwandersatz (§ 47) so zu beurteilen, wie wenn das Erkenntnis bzw. der Beschluss zur Gänze aufgehoben worden wäre.

(BGBl I 2013/33)

§ 51. In Fällen, in denen die Revision nach der Vorlage an den Verwaltungsgerichtshof oder die außerordentliche Revision nach der Einleitung des Vorverfahrens zurückgewiesen oder zurückgezogen wurde, ist die Frage des Anspruches auf Aufwandersatz (§ 47) so zu beurteilen, wie wenn die Revision abgewiesen worden wäre.

(BGBl I 2013/33)

§ 52. (1) Haben ein oder mehrere Revisionswerber in einer Revision mehrere Erkenntnisse oder Beschlüsse angefochten, ist die Frage des Anspruches auf Aufwandersatz (§ 47) so zu beurteilen, wie wenn jedes der Erkenntnisse bzw. jeder der Beschlüsse in einer gesonderten Revision angefochten worden wäre.

(2) Für Verhandlungen, die im Fall des Abs. 1 am selben Tag oder an unmittelbar aufeinander folgenden Tagen stattgefunden haben, sind einer Partei Fahrtkosten so zu ersetzen, wie wenn nur eine Verhandlung stattgefunden hätte. Aufenthaltskosten sind einer Partei für denselben Zeitraum nur einmal, der Verhandlungsaufwand ist einer Partei für jede mündliche Verhandlung zu ersetzen. Kommissionsgebühren, die Eingabengebühr gemäß § 24a und Barauslagen sind einer Partei in dem Ausmaß zu ersetzen, in dem sie von ihr tatsächlich entrichtet worden sind.

(3) Haben in den Fällen des Abs. 2 erster Satz für die Fahrtkosten einer Partei gemäß § 47 Abs. 5 mehrere Rechtsträger aufzukommen, sind sie von diesen Rechtsträgern zu gleichen Teilen zu tragen.

(BGBl I 2013/33)

§ 53. (1) Haben mehrere Revisionswerber ein Erkenntnis oder einen Beschluss gemeinsam in einer Revision angefochten, ist die Frage des Anspruches auf Aufwandersatz (§ 47) so zu beurteilen, wie wenn die Revision nur von dem in der Revision erstangeführten Revisionswerber eingebracht worden wäre. Der Aufwandersatz ist an diesen Revisionswerber zu zahlen. Die Zahlung hat gegenüber allen Revisionswerbern, die auf Aufwandersatz Anspruch haben, schuldbefreiende Wirkung. Welche Ansprüche diese Revisionswerber untereinander haben, ist nach den Bestimmungen des bürgerlichen Rechts zu beurteilen. Aufwandersatz haben die Revisionswerber zu gleichen Teilen zu leisten.

(2) Haben mehrere Revisionswerber ein Erkenntnis oder einen Beschluss in getrennten Revisionen angefochten und sind diese Revisionen durch denselben Rechtsanwalt (Steuerberater oder Wirtschaftsprüfer) eingebracht worden, ist Abs. 1 sinngemäß anzuwenden. An die Stelle des erstangeführten Revisionswerbers tritt in diesem Fall der Revisionswerber, dessen Revision die niedrigste Geschäftszahl des Verwaltungsgerichtshofes trägt.

(BGBl I 2013/33)

§ 54. (1) Wird die Wiederaufnahme eines Verfahrens gemäß § 45 Abs. 1 Z 1 oder gemäß § 45 Abs. 4 dieses Bundesgesetzes in Verbindung mit „§ 69 Abs. 1 Z 1 AVG"* bewilligt, so hat die Partei, die die Wiederaufnahme beantragt hat, gegen jene Partei, die das Erkenntnis beziehungsweise den Beschluss durch eine gerichtlich strafbare Handlung herbeigeführt oder sonstwie erschlichen hat, einen Anspruch

1. auf Ersatz des Aufwandes, der für sie mit dem Antrag auf Wiederaufnahme des Verfahrens verbunden war (Schriftsatzaufwand);

2. auf Ersatz der Geldleistungen, die sie auf Grund der §§ 47 bis 59 dieses Bundesgesetzes im anhängigen Verfahren vor dessen Wiederaufnahme zu erbringen hatte.

(* BGBl I 2004/89; BGBl I 2013/33)

(2) Auf den Schriftsatzaufwand gemäß Abs. 1 Z 1 sind die Bestimmungen des § 49 Abs. 1 und 2 über den Schriftsatzaufwand mit der Maßgabe sinngemäß anzuwenden, dass der Pauschalbetrag für den Ersatz des Schriftsatzaufwandes in der Verordnung gemäß § 49 Abs. 1 um die Hälfte niedriger festzusetzen ist als der sonst auf Grund dieser Bestimmung für den Ersatz des Schriftsatzaufwandes festzustellende Pauschalbetrag. *(BGBl I 2013/33)*

(3) Wurde die Wiederaufnahme des Verfahrens von mehreren Parteien beantragt, so hat jede von ihnen einen Anspruch auf Aufwandersatz gemäß den Abs. 1 und 2. „Wurde jedoch von mehreren Parteien ein gemeinsamer Wiederaufnahmeantrag gestellt oder wurden getrennte Wiederaufnahmeanträge von mehreren Parteien durch denselben Rechtsanwalt (Steuerberater oder Wirtschaftsprüfer) eingebracht, so gilt § 53 Abs. 1 und 2 sinngemäß." *(BGBl I 2012/51)*

(4) Soweit die Abs. 1 und 2 nicht anderes bestimmen, gelten die allgemeinen Bestimmungen über den Aufwandersatz auch für das wiederaufgenommene Verfahren.

§ 55. Wurde der Revisionswerber hinsichtlich einzelner oder aller Revisionspunkte (§ 28 Abs. 1 Z 4) klaglos gestellt (§ 33), ist die Frage des Anspruches auf Aufwandersatz (§ 47) so zu beurteilen, wie im Fall des § 47 Abs. 2 Z 1. Für jene Fälle, in denen die Klaglosstellung hinsichtlich aller Revisionspunkte (§ 28 Abs. 1 Z 4) innerhalb der gemäß § 30a Abs. 4 oder § 36 Abs. 1 gesetzten Frist erfolgte, ist jedoch der Pauschalbetrag für den Ersatz des Schriftsatzaufwandes in der Verordnung gemäß § 49 Abs. 1 um ein Viertel niedriger festzusetzen als der allein auf Grund dieser Bestimmung für den Ersatz des Schriftsatzaufwandes festzustellende Pauschalbetrag.

(BGBl I 2013/33)

VwGG
GO-VwGH
VwGH-AufwErsV
VwGH-EVV

§ 56. (1) Im Fall eines Fristsetzungsantrages, in dem der Verwaltungsgerichtshof gemäß § 42a vorgeht, ist die Frage des Anspruches auf Aufwandersatz (§ 47) so zu beurteilen, wie im Fall des § 47 Abs. 2 Z 1. Im Fall eines Fristsetzungsantrages, in dem das Verfahren wegen Nachholung des versäumten Erkenntnisses oder Beschlusses eingestellt wurde, ist der Pauschalbetrag für den Ersatz des Schriftsatzaufwandes in der Verordnung gemäß § 49 Abs. 1 um die Hälfte niedriger festzusetzen als der sonst auf Grund dieser Bestimmung für den Ersatz des Schriftsatzaufwandes festzustellende Pauschalbetrag.

(2) Abs. 1 ist nicht anzuwenden, wenn

1. das Verwaltungsgericht Gründe nachzuweisen vermag, die eine fristgerechte Erlassung des Erkenntnisses oder Beschlusses unmöglich gemacht haben, und diese Gründe dem Antragsteller vor Einbringung des Fristsetzungsantrages bekannt gegeben hat,

2. die Verzögerung der verwaltungsgerichtlichen Entscheidung ausschließlich auf das Verschulden des Antragstellers zurückzuführen war oder

3. die dem Fristsetzungsantrag zugrunde liegende Rechtssache mutwillig betrieben wird.

(BGBl I 2013/33)

§ 57. Durch die §§ 47 bis 56 wird der Entlohnungsanspruch der Rechtsanwälte „(Steuerberater oder Wirtschaftsprüfer)" gegenüber den von ihnen vertretenen Parteien nicht berührt. *(BGBl I 2008/4)*

§ 58. „(1)" Soweit die §§ 47 bis 56 nicht anderes bestimmen, hat jede Partei den ihr im Verfahren vor dem Verwaltungsgerichtshof erwachsenden Aufwand selbst zu tragen. *(BGBl I 1997/88)*

(2) Fällt bei einer „Revision oder einem Fristsetzungsantrag" das Rechtsschutzinteresse nachträglich weg, so ist dies bei der Entscheidung über die Kosten „ " nicht zu berücksichtigen; würde hiebei die Entscheidung über die Kosten einen unverhältnismäßigen Aufwand erfordern, so ist darüber nach freier Überzeugung zu entscheiden. *(BGBl I 1997/88; BGBl I 2013/33)*

§ 59. (1) Aufwandersatz ist vom Verwaltungsgerichtshof auf Antrag zuzuerkennen.

(2) Der Antrag auf Zuerkennung von Aufwandersatz ist einzubringen

1. für Schriftsatzaufwand im Schriftsatz;

„2." für Reisekosten und Verhandlungsaufwand am Schluss der mündlichen Verhandlung; *(BGBl I 2013/33)*

„3." für Leistungen betreffend Kommissionsgebühren und Barauslagen binnen einer Woche nach dem Entstehen der Leistungspflicht. *(BGBl I 2008/4; BGBl I 2013/33)*

Alle Anträge sind schriftlich zu stellen und zu begründen.

(3) Über rechtzeitig gestellte Anträge auf Zuerkennung von Aufwandersatz hat der Verwaltungsgerichtshof in dem das Verfahren abschließenden Erkenntnis bzw. Beschluss, wenn dies jedoch nicht möglich ist, mit abgesondertem Beschluss zu entscheiden. Nicht rechtzeitig gestellte Anträge sind zurückzuweisen. Wurde jedoch bis zur Entscheidung zumindest ein allgemeiner Antrag auf Zuerkennung von Aufwandersatz gestellt, sind die Pauschalbeträge für Schriftsatzaufwand und Verhandlungsaufwand sowie die tatsächlich entrichteten Kommissionsgebühren und die Eingabengebühr gemäß § 24a im gebührenden Ausmaß jedenfalls zuzusprechen. *(BGBl I 2013/33)*

(4) In der Entscheidung über den Antrag auf Zuerkennung von Aufwandersatz hat der Verwaltungsgerichtshof eine Leistungsfrist von zwei Wochen festzusetzen. Die Exekution dieser Entscheidungen wird von den ordentlichen Gerichten durchgeführt. Der Verwaltungsgerichtshof hat durch seine Geschäftsstelle auf einer Ausfertigung der Entscheidung über den Aufwandersatz der anspruchsberechtigten Partei die Vollstreckbarkeit dieser Entscheidung zu bestätigen. *(BGBl I 2013/33)*

§ 60. *(entfällt, BGBl I 2008/4)*

Verfahrenshilfe

§ 61. (1) Soweit im Folgenden nicht anderes bestimmt ist, sind die Voraussetzungen und die Wirkungen der Bewilligung der Verfahrenshilfe nach den Vorschriften der Zivilprozessordnung – ZPO, RGBl. Nr. 113/1895, zu beurteilen. Die Bewilligung der Verfahrenshilfe schließt das Recht ein, dass der Partei ohne weiteres Begehren zur Abfassung und Einbringung der Revision, des Fristsetzungsantrages, des Antrages auf Wiederaufnahme des Verfahrens oder auf Wiedereinsetzung in den vorigen Stand oder des Antrages auf Entscheidung eines Kompetenzkonfliktes und zur Vertretung bei der Verhandlung (§ 40) ein Rechtsanwalt beigegeben wird.

(1a) Wurde das Erkenntnis des Verwaltungsgerichts mündlich verkündet (§ 29 Abs. 2 VwGVG), ist ein Antrag auf Verfahrenshilfe nur nach einem Antrag auf Ausfertigung des Erkenntnisses gemäß § 29 Abs. 4 VwGVG durch mindestens einen der hiezu Berechtigten zulässig. Ein Nachweis über einen rechtzeitigen Antrag auf Ausfertigung des Erkenntnisses gemäß § 29 Abs. 4 VwGVG ist anzuschließen. *(BGBl I 2017/24)*

(2) Hat das Verwaltungsgericht in seinem Erkenntnis oder Beschluss ausgesprochen, dass die Revision gemäß Art. 133 Abs. 4 B-VG zulässig

ist, entscheidet über den Antrag auf Verfahrenshilfe das Verwaltungsgericht mit Beschluss. Die Erfolgsaussichten der Rechtsverfolgung (§ 63 Abs. 1 ZPO) sind für seine Entscheidung nicht maßgeblich.

(3) Hat das Verwaltungsgericht in seinem Erkenntnis oder Beschluss ausgesprochen, dass die Revision gemäß Art. 133 Abs. 4 B-VG nicht zulässig ist, entscheidet über den Antrag auf Verfahrenshilfe der Verwaltungsgerichtshof. Im Antrag ist, soweit dies dem Antragsteller zumutbar ist, kurz zu begründen, warum entgegen dem Ausspruch des Verwaltungsgerichtes die Revision für zulässig erachtet wird.

(4) Über Anträge auf Verfahrenshilfe für die Abfassung und Einbringung eines Fristsetzungsantrages oder eines Antrages auf Entscheidung eines Kompetenzkonfliktes entscheidet der Verwaltungsgerichtshof.

(5) Hat das Verwaltungsgericht bzw. der Verwaltungsgerichtshof die Verfahrenshilfe bewilligt, hat es bzw. hat er den Ausschuss der nach dem gewöhnlichen Aufenthalt der Partei zuständigen Rechtsanwaltskammer zu benachrichtigen, damit der Ausschuss einen Rechtsanwalt zum Vertreter bestelle. Wünschen der Partei über die Auswahl dieses Rechtsanwalts ist im Einvernehmen mit dem namhaft gemachten Rechtsanwalt nach Möglichkeit zu entsprechen.

(6) Wird gemäß § 45 Abs. 4 der Rechtsanwaltsordnung – RAO, RGBl. Nr. 96/1868, anstelle des bisher beigegebenen Rechtsanwaltes ein anderer Rechtsanwalt zur Verfahrenshilfe bestellt, hat die Rechtsanwaltskammer den Verwaltungsgerichtshof hievon unverzüglich unter Beischluss eines Zustellnachweises in Kenntnis zu setzen.

(7) Hat der Verfassungsgerichtshof eine Beschwerde gemäß Art. 144 Abs. 3 B-VG dem Verwaltungsgerichtshof abgetreten, gilt eine von ihm bewilligte Verfahrenshilfe und die Bestellung eines Rechtsanwaltes auch für das Revisionsverfahren.

(BGBl I 2013/33)

Anzuwendendes Recht

§ 62. (1) Soweit in diesem Bundesgesetz nicht anderes bestimmt ist, ist auf das Verfahren vor dem Verwaltungsgerichtshof das AVG anzuwenden.

(2) Entscheidet der Verwaltungsgerichtshof in der Sache selbst, so hat er, soweit in diesem Bundesgesetz nicht anderes bestimmt ist, jene Vorschriften anzuwenden, die das Verwaltungsgericht anzuwenden hätte.

(BGBl I 2013/33)

Vollstreckung

§ 63. (1) Wenn der Verwaltungsgerichtshof einer Revision stattgegeben hat, sind die Verwaltungsgerichte und die Verwaltungsbehörden verpflichtet, in der betreffenden Rechtssache mit den ihnen zu Gebote stehenden rechtlichen Mitteln unverzüglich den der Rechtsanschauung des Verwaltungsgerichtshofes entsprechenden Rechtszustand herzustellen.

(2) In einem Erkenntnis, mit dem der Verwaltungsgerichtshof in der Sache selbst entscheidet, hat er auch das Gericht oder die Verwaltungsbehörde zu bestimmen, das bzw. die das Erkenntnis zu vollstrecken hat. Das Vollstreckungsverfahren richtet sich nach den für dieses Gericht bzw. diese Verwaltungsbehörde sonst geltenden Vorschriften.

(BGBl I 2013/33)

2. Unterabschnitt

„Besondere Bestimmungen über Feststellungsanträge in Amts- und Organhaftungssachen, in Rechtssachen betreffend die Verpflichtungen des Fernsehveranstalters nach dem Fernseh-Exklusivrechtegesetz und in Rechtssachen in den Angelegenheiten der Nachprüfung im Rahmen der Vergabe von Aufträgen"
(BGBl I 2013/122)

Parteien

§ 64. Parteien im Verfahren nach diesem Unterabschnitt sind das antragstellende Gericht, die Behörde, die den Bescheid bzw. das Verwaltungsgericht, das das Erkenntnis oder den Beschluss erlassen hat, und die Parteien des Rechtsstreites vor dem antragstellenden Gericht (§ 11 des Amtshaftungsgesetzes – AHG, BGBl. Nr. 20/1949; § 9 des Organhaftpflichtgesetzes – OrgHG, BGBl. Nr. 181/1967; § 3 Abs. 9 des Fernseh-Exklusivrechtegesetzes – FERG, BGBl. Nr. 85/2001; „§ 373 Abs. 5 des Bundesvergabegesetzes 2018 – BVergG 2018, BGBl. I Nr. 65/2018; § 142 Abs. 4 des Bundesvergabegesetzes Verteidigung und Sicherheit 2012 – BVergGVS 2012, BGBl. I Nr. 10/2012; § 116 Abs. 5 des Bundesvergabegesetzes Konzessionen 2018 – BVergGKonz. 2018, BGBl. I Nr. 65/2018"). *(BGBl I 2020/16)*

(BGBl I 2013/33)

Einleitung des Verfahrens

§ 65. (1) „Sobald der Beschluss auf Unterbrechung des Verfahrens (§ 11 des Amtshaftungsgesetzes – AHG, BGBl. Nr. 20/1949; § 9 des Organ-

VwGG
GO-VwGH
VwGH-AufwErsV
VwGH-EVV

haftpflichtgesetzes – OrgHG, BGBl. Nr. 181/1967; § 3 Abs. 9 des Fernseh-Exklusivrechtegesetzes – FERG, BGBl. I Nr. 85/2001; „§ 373 Abs. 5 des Bundesvergabegesetzes 2018 – BVergG 2018, BGBl. I Nr. 65/2018; § 142 Abs. 4 des Bundesvergabegesetzes Verteidigung und Sicherheit 2012 – BVergGVS 2012, BGBl. I Nr. 10/2012; § 116 Abs. 5 des Bundesvergabegesetzes Konzessionen 2018 – BVergGKonz 2018, BGBl. I Nr. 65/2018“**) rechtskräftig geworden ist, hat das Gericht beim Verwaltungsgerichtshof den Antrag auf Überprüfung des Bescheides bzw. des Erkenntnisses oder des Beschlusses zu stellen.“* Den übrigen Parteien steht es frei, binnen zwei Wochen nach Rechtskraft des Unterbrechungsbeschlusses ergänzende Ausführungen zur Frage der Rechtswidrigkeit des Bescheides „bzw. des Erkenntnisses oder des Beschlusses“* zu machen. (*BGBl I 2013/33; **BGBl I 2020/16)

(2) Der Antrag (Abs. 1) hat den Bescheid „bzw. das Erkenntnis oder den Beschluss“ und allenfalls die Punkte zu bezeichnen, deren Überprüfung das Gericht verlangt. Dem Antrag sind die Akten des Rechtsstreites anzuschließen. (BGBl I 2013/33)

(3) Der Verwaltungsgerichtshof hat „die Behörde, die den Bescheid bzw. das Verwaltungsgericht, das das Erkenntnis oder den Beschluss erlassen hat, aufzufordern, die Akten des Verwaltungsverfahrens bzw. des Gerichtsverfahrens“, soweit sie nicht bereits dem Akt des antragstellenden Gerichtes beiliegen, binnen zwei Wochen vorzulegen. Kommt die Behörde dieser Aufforderung nicht nach, kann der Verwaltungsgerichtshof seinen Beschluss

1. wenn es sich um ein gemäß § 11 „AHG“ eingeleitetes Verfahren handelt, auf Grund der ihm vorliegenden Akten und der Behauptungen des Klägers, (BGBl I 2013/122)

2. wenn es sich um ein gemäß § 9 „OrgHG“ eingeleitetes Verfahren handelt, auf Grund der ihm vorliegenden Akten und der Behauptungen des Beklagten, (BGBl I 2013/122)

3. wenn es sich um ein gemäß „§ 3 Abs. 9 FERG, „§ 373 Abs. 5 BVergG 2018, § 142 Abs. 4 BVergGVS 2012 oder § 116 Abs. 5 BVergKonz 2018“**** eingeleitetes Verfahren handelt, auf Grund der ihm vorliegenden Akten und der Behauptungen der Parteien des Rechtsstreites vor dem antragstellenden Gericht (*BGBl I 2013/33; **BGBl I 2020/16)

fassen. (BGBl I 2008/4; BGBl I 2013/33)

Verhandlung

§ 66. Die Durchführung einer Verhandlung bleibt dem Gerichtshof überlassen.

Erkenntnis

§ 67. Das Erkenntnis des Verwaltungsgerichtshofes über die Rechtswidrigkeit eines Bescheides „bzw. eines Erkenntnisses oder eines Beschlusses“ hat lediglich feststellende Bedeutung. Je eine Ausfertigung des Erkenntnisses ist den Parteien zuzustellen. (BGBl I 2013/33)

Kosten

§ 68. Die in diesem Verfahren erwachsenden Kosten sind Kosten des Rechtsstreites vor dem antragstellenden Gericht.

Verfahrenshilfe

§ 69. Die Bewilligung der Verfahrenshilfe für den Rechtsstreit vor dem antragstellenden Gericht gilt auch für das Verfahren nach diesem Unterabschnitt.

(BGBl I 2013/33)

Ergänzende Bestimmungen

§ 70. Soweit sich aus den §§ 64 bis 69 nicht anderes ergibt, sind die §§ 22 bis 25, § 29 „, § 30c“, § 31, § 32, § 33 Abs. 2, § 34, § 36, § 37, § 38b, § 40, § 41, § 43 Abs. 1 bis 5 und 7 bis 9 sowie die §§ 45, 46 und 62 Abs. 1 sinngemäß anzuwenden. (BGBl I 2021/2)

(BGBl I 2013/33)

3. Unterabschnitt

Besondere Bestimmungen im Verfahren zur Entscheidung von Kompetenzkonflikten zwischen Verwaltungsgerichten oder zwischen einem Verwaltungsgericht und dem Verwaltungsgerichtshof

(BGBl I 2013/33)

§ 71. Im Verfahren zur Entscheidung von Kompetenzkonflikten zwischen Verwaltungsgerichten oder zwischen einem Verwaltungsgericht und dem Verwaltungsgerichtshof gemäß Art. 133 Abs. 1 Z 3 B-VG sind die §§ 43 bis 46, 48, 49, 51 und 52 des Verfassungsgerichtshofgesetzes 1953 – VfGG, BGBl. Nr. 85/1953, sinngemäß anzuwenden.

4. Unterabschnitt

Elektronischer Rechtsverkehr

(BGBl I 2013/33)

§ 72. (1) Die Schriftsätze können auch im Weg des nach diesem Unterabschnitt eingerichteten elektronischen Rechtsverkehrs wirksam eingebracht werden. Anstelle schriftlicher Ausfertigungen der Erledigungen sowie anstelle von Gleichschriften von Eingaben, die elektronisch eingebracht worden sind, kann der Verwaltungsgerichtshof die darin enthaltenen Daten „ “ im Weg des elektronischen Rechtsverkehrs übermitteln. *(BGBl I 2017/24)*

(2) Ist die Zustellung im elektronischen Rechtsverkehr nach den folgenden Bestimmungen nicht möglich, kann sie auch über elektronische Zustelldienste nach den Bestimmungen des 3. Abschnittes des Zustellgesetzes – ZustG, BGBl. Nr. 200/1982, erfolgen.

§ 73. Der Präsident hat nach Anhörung der Vollversammlung nach Maßgabe der technischen und organisatorischen Möglichkeiten sowie unter Bedachtnahme auf eine einfache und sparsame Verwaltung und eine Sicherung vor Missbrauch die nähere Vorgangsweise bei der elektronischen Einbringung von Schriftsätzen und Übermittlung von Ausfertigungen von Erledigungen des Verwaltungsgerichtshofes durch Verordnung zu regeln. Dazu gehören insbesondere die zulässigen elektronischen Formate und Signaturen, die Regelungen für die Ausgestaltung der automationsunterstützt hergestellten Ausfertigungen einschließlich der technischen Vorgaben für die Amtssignatur und deren Überprüfung sowie Bestimmungen über den Anschriftcode. In der Verordnung kann vorgeschrieben werden, dass sich der Einbringer einer Übermittlungsstelle zu bedienen hat. Diese Verordnung hat nach Maßgabe der technischen und organisatorischen Möglichkeiten den Zeitpunkt zu bestimmen, ab dem Schriftsätze und Ausfertigungen von Erledigungen im Weg des elektronischen Rechtsverkehrs eingebracht bzw. übermittelt werden können.

§ 74. (1) Soweit dies in der Verordnung gemäß § 73 angeordnet ist,

1. sind die Schriftsätze mit einer geeigneten elektronischen Signatur zu unterschreiben;

2. kann auch ein anderes sicheres Verfahren, das die Authentizität und die Integrität des übermittelten elektronischen Dokuments sicherstellt, angewandt werden;

3. sind Beilagen zu elektronisch eingebrachten Schriftsätzen in Form von elektronischen Urkunden (Urschriften oder elektronischen Abschriften von Papierurkunden) anzuschließen.

(2) Die Ausfertigungen von Erledigungen des Verwaltungsgerichtshofes, die im elektronischen Rechtsverkehr übermittelt werden sollen, sind mit der Amtssignatur des Verwaltungsgerichtshofes (§§ 19 und 20 des E-Government-Gesetzes – E-GovG, BGBl. I Nr. 10/2004), zu versehen, soweit dies in der Verordnung nach § 73 vorgesehen

ist. Die Bestimmungen des „Signatur- und Vertrauensdienstegesetzes – SVG, BGBl. I Nr. 50/2016, und der Verordnung (EU) Nr. 910/2014 über elektronische Identifizierung und Vertrauensdienste für elektronische Transaktionen im Binnenmarkt und zur Aufhebung der Richtlinie 1999/93/EG, ABl. Nr. L 257 vom 28.08.2014 S. 73, in der Fassung der Berichtigung „ABl. Nr. L 155 vom 14.06.2016 S. 44“*“**“, sind sinngemäß anzuwenden. *(*BGBl I 2016/50; **BGBl I 2017/24)*

(3) Nach Maßgabe der technischen Möglichkeiten sind Rechtsanwälte sowie Steuerberater und Wirtschaftsprüfer zur Teilnahme am elektronischen Rechtsverkehr verpflichtet. Ein Verstoß gegen diese Vorschrift wird wie ein Formmangel behandelt, der zu verbessern ist.

§ 75. (1) Schriftsätze, die im Weg des elektronischen Rechtsverkehrs eingebracht werden, gelten als beim Verwaltungsgerichtshof eingebracht, wenn ihre Daten zur Gänze bei der Bundesrechenzentrum GmbH eingelangt sind. Ist vorgesehen, dass die Schriftsätze über eine Übermittlungsstelle zu leiten sind (§ 73), und sind sie auf diesem Weg bei der Bundesrechenzentrum GmbH tatsächlich zur Gänze eingelangt, so gelten sie als beim Verwaltungsgerichtshof mit demjenigen Zeitpunkt eingebracht, an dem die Übermittlungsstelle dem Einbringer rückgemeldet hat, dass sie die Daten des Schriftsatzes zur Weiterleitung an die Bundesrechenzentrum GmbH übernommen hat.

(2) Als Zustellungszeitpunkt elektronisch übermittelter Ausfertigungen von Erledigungen des Verwaltungsgerichtshofes und Eingaben (§ 72 Abs. 1) gilt jeweils der auf das Einlangen in den elektronischen Verfügungsbereich des Empfängers folgende Werktag, wobei Samstage nicht als Werktage gelten.

§ 76. Im Übrigen sind die §§ 89a bis 89g „GOG“ sinngemäß anzuwenden. *(BGBl I 2017/24)*

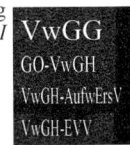

VwGG
GO-VwGH
VwGH-AufwErsV
VwGH-EVV

5. Unterabschnitt

Datenschutz

(BGBl I 2018/22)

§ 76a. Die §§ 84 und 85 GOG gelten sinngemäß mit der Maßgabe, dass über behauptete Verletzungen solcher Rechte (Art. 133 Abs. 2a B-VG) ein Senat des Verwaltungsgerichtshofes nach den Bestimmungen dieses Bundesgesetzes entscheidet.

III. ABSCHNITT

Schlussbestimmungen

Sprachliche Gleichbehandlung

„**§ 77.**" Soweit in diesem Bundesgesetz auf natürliche Personen bezogene Bezeichnungen nur in männlicher Form angeführt sind, beziehen sie sich auf Frauen und Männer in gleicher Weise. Bei der Anwendung der Bezeichnung auf bestimmte natürliche Personen ist die jeweils geschlechtsspezifische Form zu verwenden. *(BGBl I 2013/33)*

(BGBl I 2008/4)

Vollziehung

„**§ 78.**"* Mit der Vollziehung des „§ 24a"** ist, soweit darin nicht anderes bestimmt ist, der Bundesminister für Finanzen betraut, mit der Vollziehung der sonstigen Bestimmungen dieses Bundesgesetzes, soweit in den §§ 49 und 54 bis 56 nicht anderes bestimmt ist, die Bundesregierung. *(*BGBl I 2013/33; **BGBl I 2013/122)*

(BGBl I 2012/51)

„Inkrafttreten"

(BGBl I 1998/158)

„**§ 79.**" „(1)" § 24 Abs. 1 und Abs. 2 bis 4, § 34 Abs. 2 und 4, § 36 Abs. 2 dritter Satz, § 39 Abs. 2 Z 6, § 43 Abs. 8 sowie die Absatzbezeichnung des Abs. 9, § 48 Abs. 1 Z 1, § 49 Abs. 1, die Änderung in § 55 Abs. 1, § 55 Abs. 4, die Absatzänderung in § 58 und § 58 Abs. 2 und § 72 in der Fassung des Bundesgesetzes BGBl. I Nr. 88/1997 treten mit 1. September 1997 in Kraft. § 33a samt Überschrift in der Fassung des genannten Bundesgesetzes tritt mit 1. Jänner 1998 in Kraft. *(BGBl I 1998/158)*

(2) § 27 Abs. 1 erster Satz und § 48 Abs. 2 Z 1 in der Fassung des Bundesgesetzes BGBl. I Nr. 158/1998 treten mit 1. Jänner 1999 in Kraft. *(BGBl I 1998/158)*

(3) § 23 Abs. 1 und § 24 Abs. 2 zweiter Satz treten gleichzeitig mit dem Inkrafttreten des Wirtschaftstreuhandberufsgesetzes, BGBl. I Nr. 58/1999, in Kraft.[1)] *(BGBl I 1999/60)*

(4) Die §§ 24 Abs. 3 und 4, 33a und 74 samt Überschrift in der Fassung des Bundesgesetzes BGBl. I Nr. 136/2001 treten mit 1. Jänner 2002 in Kraft. *(BGBl I 2001/136)*

(5) § 26a in der Fassung des Bundesgesetzes BGBl. I Nr. 124/2002 tritt mit 1. Oktober 2002 in Kraft. *(BGBl I 2002/124)*

(6) § 21 Abs. 1, § 23, § 24 Abs. 2 und 3, § 28 Abs. 1 Z 1, § 30 Abs. 3, § 33a, § 34 Abs. 1, § 36 Abs. 2 letzter Satz und Abs. 6, § 38a samt Überschrift, § 38b samt Überschrift, § 43 Abs. 3, 8 und 9, § 44, § 47 Abs. 2 Z 1, § 49 Abs. 1 und 5,

§ 50, § 52 Abs. 1, § 53, § 54 Abs. 1 und 3 und § 57 in der Fassung des Bundesgesetzes BGBl. I Nr. 89/2004 treten mit Ablauf des Monats der Kundmachung dieses Bundesgesetzes in Kraft; zugleich treten § 24 Abs. 4 und § 26a außer Kraft.[2)] *(BGBl I 2004/89)*

(7) Mit Ablauf des Monats der Kundmachung des Bundesgesetzes BGBl. I Nr. 89/2004 treten, soweit sie noch in Geltung stehen, in ihrer zu diesem Zeitpunkt geltenden Fassung außer Kraft:

1. das Übergangsrecht anläßlich von Novellen zum Verwaltungsgerichtshofgesetz 1965, Anlage 2 zur Kundmachung des Bundeskanzlers vom 20. Dezember 1984, mit der das Verwaltungsgerichtshofgesetz 1965 wiederverlautbart wird, BGBl. Nr. 10/1985;[2)]

2. das Bundesgesetz, mit dem das Verwaltungsgerichtshofgesetz 1985 geändert wird, BGBl. Nr. 564/1985;[2)]

3. das Bundesgesetz, mit dem das Verwaltungsgerichtshofgesetz und das Richterdienstgesetz geändert werden, BGBl. Nr. 330/1990.[2)]

Durch die aufgehobenen Bundesgesetze geänderte gesetzliche Bestimmungen bleiben unberührt; durch diese aufgehobene gesetzliche Bestimmungen treten nicht wieder in Kraft. *(BGBl I 2004/89)*

(8) § 1 Abs. 2 bis 4, § 11 Abs. 2, § 21 Abs. 1, § 22 zweiter Satz, § 23 Abs. 1 zweiter Satz, Abs. 4 und Abs. 5, § 24 Abs. 2 erster Satz, Abs. 2a und Abs. 3 Z 2 und 5, § 25 Abs. 1, § 27, § 28 Abs. 1 Z 2, Abs. 3 und 5, § 31 Abs. 1 Z 1, § 33 Abs. 2, § 34 Abs. 2 und 4, § 36 Abs. 2 zweiter Satz, Abs. 5, Abs. 6 und Abs. 7 letzter Satz, § 38 Abs. 2, § 38a Abs. 3 Z 1 lit. c, § 42 Abs. 4 erster Satz, § 43 Abs. 3, § 47 Abs. 2 Z 1 und Abs. 5, § 48 Abs. 1, Abs. 2 Z 1 und Abs. 3, § 49 Abs. 1, 2, 4 und 5, § 50, § 52 Abs. 2 dritter Satz, § 53 Abs. 2, § 54 Abs. 2 und 3, die §§ 55 bis 57, § 59 Abs. 2 Z 4 und Abs. 3 dritter Satz, § 61 Abs. 2, § 62 Abs. 2, die Überschrift zum 2. Unterabschnitt des II. Abschnittes, § 64, § 65 Abs. 1 und 3, § 70 samt Überschrift, der dritte Unterabschnitt des II. Abschnittes, der bisherige § 71 (§ 79 samt Überschrift neu) und die Paragraphenbezeichnungen der bisherigen §§ 72 bis 74 (§§ 80 bis 82 neu) in der Fassung des Bundesgesetzes BGBl. I Nr. 4/2008 treten mit 1. Juli 2008 in Kraft; gleichzeitig treten § 31 Abs. 1 Z 2, § 36 Abs. 4 und § 60 außer Kraft. *(BGBl I 2008/4)*

(9) § 24 Abs. 3 Z 5 und 6 in der Fassung des Art. 2 des Budgetbegleitgesetzes 2011, BGBl. I Nr. 111/2010, tritt mit 1. Jänner 2011 in Kraft. *(BGBl I 2010/111)*

(10) § 14 Abs. 4, § 15 Abs. 3, § 24 Abs. 1, § 25 Abs. 2, § 27 Abs. 2 erster Satz, § 33a, § 37 Abs. 1, § 38a Abs. 2, die Überschrift zu § 38b, § 38b Abs. 1 erster Satz, § 41 Abs. 2, § 42 Abs. 1 und 3a, § 43 Abs. 7, § 45 Abs. 4, § 47 Abs. 1 und Abs. 2 Z 1, § 53 Abs. 2 erster Satz, § 54 Abs. 3 zweiter Satz, § 55 Abs. 2 Z 2, § 62 Abs. 2, § 76

Abs. 3 und 5 und § 80 samt Überschrift in der Fassung des Bundesgesetzes BGBl. I Nr. 51/2012 treten mit Ablauf des Monats der Kundmachung dieses Bundesgesetzes in Kraft.[3)] *(BGBl I 2012/51)*

(11) In der Fassung des Art. 3 des Bundesgesetzes BGBl. I Nr. 33/2013 treten in Kraft:

1. die neue Absatzbezeichnung des § 15 Abs. 3 mit 1. Juli 2012;

2. § 3 Abs. 1 in der Fassung der Z 2, § 10 Abs. 2 Z 1 in der Fassung der Z 5, § 12 Abs. 1 Z 1 lit. a in der Fassung der Z 11, § 12 Abs. 1 Z 1 lit. c in der Fassung der Z 12, § 12 Abs. 1 Z 2 in der Fassung der Z 13, § 12 Abs. 3 in der Fassung der Z 15, § 14 Abs. 2 in der Fassung der Z 17, § 15 Abs. 4 in der Fassung der Z 20, die Überschrift zum 1. Unterabschnitt des II. Abschnittes in der Fassung der Z 21, § 21 in der Fassung der Z 22 bis 24, § 22 in der Fassung der Z 25, § 23 Abs. 1 in der Fassung der Z 26, die §§ 24 und § 24a in der Fassung der Z 28, § 25 in der Fassung der Z 29, § 25a samt Überschrift in der Fassung der Z 30, § 26 samt Überschrift in der Fassung der Z 31, § 28 samt Überschrift in der Fassung der Z 33, § 29 in der Fassung der Z 34, § 30 in der Fassung der Z 35, diese in der Fassung des Art. 1 Z 1 des Bundesgesetzes BGBl. I Nr. 122/2013, die §§ 30a und 30b samt Überschriften in der Fassung der Z 36, § 31 Abs. 1 in der Fassung der Z 37 bis 40, § 31 Abs. 2 in der Fassung der Z 42, die Überschrift vor § 33 in der Fassung der Z 43, § 33 in der Fassung der Z 44 und 45, § 34 Abs. 1 und 1a in der Fassung der Z 47, § 34 Abs. 2 in der Fassung der Z 48, § 34 Abs. 4 in der Fassung der Z 49, § 35 samt Überschrift in der Fassung der Z 50, die §§ 36 bis 37a samt Überschrift in der Fassung der Z 51, § 38 samt Überschrift in der Fassung der Z 52, § 38a Abs. 1, 3 und 4 in der Fassung der Z 53 bis 57, § 38b Abs. 1 in der Fassung der Z 56, § 39 Abs. 1 und 2 in der Fassung der Z 58 bis 60, § 40 Abs. 4 bis 4c in der Fassung der Z 61, § 41 samt Überschrift in der Fassung der Z 62, § 42 in der Fassung der Z 63, § 42a in der Fassung der Z 64, § 44 in der Fassung der Z 65, § 45 Abs. 1 Z 5 in der Fassung der Z 66, § 45 Abs. 5 und 6 in der Fassung der Z 67, § 46 Abs. 2 bis 4 in der Fassung der Z 68, die §§ 47 und 48 samt Überschrift in der Fassung der Z 69, § 49 Abs. 2 in der Fassung der Z 72, § 49 Abs. 5 in der Fassung der Z 73, § 49 Abs. 6 letzter Satz in der Fassung der Z 74, § 50 in der Fassung der Z 75, § 51 in der Fassung der Z 76, § 52 in der Fassung der Z 77, § 53 in der Fassung der Z 78, § 54 Abs. 2 in der Fassung der Z 79, die §§ 55 und 56 in der Fassung der Z 80, § 58 Abs. 2 in der Fassung der Z 81, § 59 Abs. 2 bis 4 in der Fassung der Z 82 bis 84, § 61 in der Fassung der Z 85, § 62 in der Fassung der Z 86, § 63 in der Fassung der Z 87, die Überschrift zum 2. Unterabschnitt des II. Abschnittes in der Fassung der Z 88, § 64 in der Fassung der

Z 90, § 65 Abs. 1 in der Fassung der Z 92, § 65 Abs. 2 in der Fassung der Z 93, diese in der Fassung des Art. 1 Z 2 des Bundesgesetzes BGBl. I Nr. 122/2013, § 65 Abs. 3 Einleitung in der Fassung der Z 94, § 67 in der Fassung der Z 96, § 70 in der Fassung der Z 97, der 3. Unterabschnitt des II. Abschnittes samt Überschrift in der Fassung der Z 98, der 4. Unterabschnitt des II. Abschnittes samt Überschrift in der Fassung der Z 99 und die Paragraphenbezeichnungen der §§ 77 bis 80 neu in der Fassung der Z 100 mit 1. Jänner 2014; gleichzeitig treten § 27 und § 33a samt Überschrift außer Kraft;

3. die sonstigen Bestimmungen und Änderungen, insbesondere auch die in Z 101 in der Fassung des Art. 1 Z 3 des Bundesgesetzes BGBl. I Nr. 122/2013, § 65 Abs. 3 Einleitung in der Fassung der Z 94 vorgesehene Anpassung von in Z 1 dieses Absatzes genannten Bestimmungen an die neue Rechtschreibung, mit Ablauf des Februars 2013; gleichzeitig treten § 9 Abs. 3 und § 15 Abs. 4 letzter Satz außer Kraft.

Soweit durch das Verwaltungsgerichtsbarkeits-Übergangsgesetz – VwGbk-ÜG, BGBl. I Nr. 33/2013, nicht anderes bestimmt ist, sind in den mit Ablauf des 31. Dezember 2013 beim Verwaltungsgerichtshof anhängigen Beschwerdeverfahren die bis zum Ablauf des 31. Dezember 2013 geltenden Bestimmungen weiter anzuwenden. *(BGBl I 2013/122)*

(12) In der Fassung des Art. 4 des Bundesgesetzes BGBl. I Nr. 122/2013 treten in Kraft:

1. die Überschrift zum 2. Unterabschnitt des II. Abschnittes und § 65 Abs. 3 Z 1 und 2 mit Ablauf des 28. Februar 2013; gleichzeitig entfällt der Ausdruck „§ 16. *(Entfällt samt Überschrift; BGBl. Nr. 192/1973)*";

2. § 80 (§ 78 neu) mit 1. Jänner 2014;

3. die sonstigen Bestimmungen mit Ablauf des Monats der Kundmachung dieses Bundesgesetzes.[4)] *(BGBl I 2013/122)*

(13) § 74 Abs. 2 in der Fassung des Bundesgesetzes BGBl. I Nr. 50/2016 tritt mit 1. Juli 2016 in Kraft. *(BGBl I 2016/50)*

(14) § 9a samt Überschrift, § 15 Abs. 4, § 25a Abs. 4a, § 26 Abs. 2, § 28 Abs. 4 letzter Satz, § 61 Abs. 1a, § 72 Abs. 1 zweiter Satz, § 74 Abs. 2 und § 76 in der Fassung des Bundesgesetzes BGBl. I Nr. 24/2017 treten mit 1. Jänner 2017 in Kraft. *(BGBl I 2017/24)*

(15) § 28 Abs. 2 in der Fassung des Bundesgesetzes BGBl. I Nr. 138/2017 tritt mit 1. Jänner 2019 in Kraft. *(BGBl I 2017/138)*

(16) Der 5. Unterabschnitt samt Überschrift in der Fassung des Bundesgesetzes BGBl. I Nr. 22/2018 tritt mit 25. Mai 2018 in Kraft. *(BGBl I 2018/22)*

VwGG
GO-VwGH
VwGH-AufwErsV
VwGH-EVV

(17) § 31 Abs. 1 Z 1 in der Fassung des Bundesgesetzes BGBl. I Nr. 58/2018, tritt mit 1. August 2018 in Kraft. *(BGBl I 2018/58)*

(18) § 1 Abs. 2 zweiter Satz in der Fassung des Bundesgesetzes BGBl. I Nr. 33/2019, tritt mit Ablauf des Monats der Kundmachung des genannten Bundesgesetzes in Kraft.[5] *(BGBl I 2019/33)*

(19) § 24a Z 4 und 6, jeweils in der Fassung des Bundesgesetzes BGBl. I Nr. 104/2019, treten mit 1. Juli 2020 in Kraft. *(BGBl I 2019/104)*

(20) § 10 Abs. 1a bis 1d und § 15 Abs. 5 in der Fassung des Bundesgesetzes BGBl. I Nr. 16/2020 treten mit Ablauf des Tages der Kundmachung des genannten Bundesgesetzes in Kraft,, ".[6] § 64 und § 65 Abs. 1 erster Satz und Abs. 3 Z 3 in der Fassung des Bundesgesetzes BGBl. I Nr. 16/2020 treten mit Ablauf des Tages der Kundmachung des genannten Bundesgesetzes in Kraft.[6] „§ 10 Abs. 1a bis 1d in der Fassung des Bundesgesetzes BGBl. I Nr. 16/2020 tritt mit Ablauf des 30. Juni 2021 außer Kraft." *(BGBl I 2020/16; BGBl I 2021/2)*

(21) § 2a in der Fassung des Bundesgesetzes BGBl. I Nr. 24/2020, tritt mit Ablauf des Tages der Kundmachung des genannten Bundesgesetzes in Kraft und mit Ablauf des „30. Juni 2021" außer Kraft.[7] *(BGBl I 2020/24; BGBl I 2021/2)*

(22) In der Fassung des Bundesgesetzes BGBl. I Nr. 2/2021 treten in bzw. außer Kraft:

1. § 5 und § 26 Abs. 1 Z „ „ 4 mit Ablauf des Tages der Kundmachung des Bundesgesetzes BGBl. I Nr. 2/2021;[8] *(BGBl I 2021/109)*

2. § 2, § 10 Abs. 1, § 12 Abs. 1 Z 2, § 14 Abs. 5, „ " § 30c samt Überschrift, § 33 Abs. 1, § 34 Abs. 1, die Überschrift zu § 35, § 35 Abs. 1 und 2, § 39 Abs. 2 Z 1a, § 40 Abs. 6a, § 43 Abs. 3, 3a, 4, 5 und 9, § 45 Abs. 3, § 46 Abs. 4 und § 70 mit 1. Juli 2021. Die in der Geschäftsordnung (§ 19) zu treffenden näheren Regelungen zu den Bestimmungen dieses Bundesgesetzes in der Fassung des Bundesgesetzes BGBl. I Nr. 2/2021 können bereits ab dem auf die Kundmachung des Bundesgesetzes BGBl. I Nr. 2/2021 folgenden Tag erlassen werden; sie dürfen jedoch frühestens mit 1. Juli 2021 in Kraft gesetzt werden. *(BGBl I 2021/109)*

(BGBl I 2021/2)

(23) § 9a in der Fassung des Bundesgesetzes BGBl. I Nr. 87/2021 tritt mit dem der Kundmachung folgenden Tag in Kraft.[9] *(BGBl I 2021/87)*

(24) In der Fassung des Bundesgesetzes BGBl. I Nr. 109/2021 treten in Kraft:

1. § 79 Abs. 22 Z 1 und 2 mit 6. Jänner 2021;

2. das Inhaltsverzeichnis und § 15 Abs. 4 bis 8 mit 1. Juli 2021 (§ 15 Abs. 4 bis 8 in der Fassung des Bundesgesetzes BGBl. I Nr. 2/2021 tritt nicht in Kraft);

3. § 24 Abs. 1 zweiter Satz, § 30a Abs. 6 bis 8, § 30b Abs. 2 und § 46 Abs. 3 erster Satz mit Ablauf des Tages der Kundmachung des Bundesgesetzes BGBl. I Nr. 109/2021.[10] *(BGBl I 2021/109)*

(BGBLI 1997/88; BGBl I 2013/33)

---

[1] Dieses ist gemäß seinem § 227 mit 1. Juli 1999 in Kraft getreten.

[2] Die Kundmachung des BG BGBl I 2004/89 im Bundesgesetzblatt erfolgte am 30. Juli 2004.

[3] Die Kundmachung der Verwaltungsgerichtsbarkeits-Novelle 2012, BGBl I 2012/51, im Bundesgesetzblatt erfolgte am 5. Juni 2012.

[4] Die Kundmachung des BG BGBl I 2013/122 im Bundesgesetzblatt erfolgte am 11. Juli 2013.

[5] Die Kundmachung des BG BGBl I 2019/33 im Bundesgesetzblatt erfolgte am 24. April 2019.

[6] Die Kundmachung des 2. COVID-19-Gesetzes, BGBl I 2020/16, im Bundesgesetzblatt erfolgte am 21. März 2020.

[7] Die Kundmachung des 4. COVID-19-Gesetzes, BGBl I 2020/24, im Bundesgesetzblatt erfolgte am 4. April 2020.

[8] Die Kundmachung des BG BGBl I 2021/2 im Bundesgesetzblatt erfolgte am 5. Jänner 2021.

[9] Die Kundmachung des BG BGBl I 2021/87 im Bundesgesetzblatt erfolgte am 14. Mai 2021.

[10] Die Kundmachung des BG BGBl I 2021/109 im Bundesgesetzblatt erfolgte am 30. Juni 2021.

Verweisungen

„§ 80." Soweit in diesem Bundesgesetz auf Bestimmungen anderer Bundesgesetze verwiesen wird, sind diese in ihrer jeweils geltenden Fassung anzuwenden. *(BGBl I 2013/33)*

(BGBl I 2001/136)

Geschäftsordnung des Verwaltungsgerichtshofes 2021

BGBl II 2021/254

STICHWORTVERZEICHNIS

Geschäftsordnung des Verwaltungsgerichtshofes 2021

Die Vollversammlung des Verwaltungsgerichtshofes hat am 8. Juni 2021 auf Grund des Artikels 136 des Bundes-Verfassungsgesetzes und des § 19 des Verwaltungsgerichtshofgesetzes 1985 beschlossen:

Artikel 1
Leitung
(Zu §§ 8 und 9 VwGG 1985)

(1) Der Präsident/Die Präsidentin kann zu seiner/ihrer Unterstützung in der Besorgung der Leitungsgeschäfte ein Mitglied des Gerichtshofes zum Präsidialvorstand/zur Präsidialvorständin bestellen. Er/Sie kann die Bestellung jederzeit widerrufen.

(2) Der Präsident/Die Präsidentin hat zu bestimmen, wem die Abwicklung des Parteienverkehrs obliegt.

(3) Den Dienstbetrieb in der Geschäftsstelle regelt der Präsident/die Präsidentin.

Artikel 2
Vollversammlung
(Zu §§ 10 und 15 VwGG 1985)

(1) Wird die Vollversammlung zur Beschlussfassung über die Geschäftsverteilung, die Geschäftsordnung oder den Tätigkeitsbericht einberufen, so hat ihr der Präsident/die Präsidentin als Grundlage für die Beratung einen Beschlussentwurf vorzulegen.

(2) Zur Vorbereitung der Beschlussfassung über Dreiervorschläge für die Ernennung von Mitgliedern hat der Präsident/die Präsidentin einen Berichter/eine Berichterin und einen/eine oder mehrere Mitberichter/Mitberichterinnen zu bestellen. Finden die Anträge des Berichters/der Berichterin und der Mitberichter/Mitberichterinnen, die je einen Dreiervorschlag für jeden zu besetzenden Posten zu enthalten haben, und allfällige Gegenanträge anderer Mitglieder keine Mehrheit (§ 15 Abs. 3 VwGG 1985), so ist wie folgt zu verfahren: Die Mitglieder haben zunächst in der Reihenfolge ihres Ranges, zuletzt aber der/die Vorsitzende, jene Person zu benennen, die sie für die erste Stelle des Dreiervorschlages als den geeigneten Bewerber/die geeignete Bewerberin halten. Die Ermittlung des/der in den Vorschlag aufzunehmenden Bewerbers/Bewerberin hat in der Weise zu erfolgen, dass zunächst über die Person, die bei der stattgefundenen Umfrage die meisten Stimmen auf sich vereinigt hat, abgestimmt wird. Wird hiebei keine Mehrheit erzielt, so ist über die Person abzustimmen, die bei der Umfrage die zweithöchste Stimmenzahl erreicht hat. Dieses Verfahren ist fortzusetzen, bis ein Bewerber/eine Bewerberin die erforderliche Mehrheit erhält. Für die zweite und dritte Stelle jedes Vorschlages ist in gleicher Weise zu verfahren.

(3) Der Beschlussentwurf, der Bericht und die Mitberichte sollen spätestens zwei Wochen vor dem Sitzungstag an alle Mitglieder des Gerichtshofes verteilt werden. Auch diese können schriftliche Berichte und Anträge verfassen und verteilen lassen.

VwGG
GO-VwGH
VwGH-AufwErsV
VwGH-EVV

(4) Für die Beratung und Abstimmung gilt im Übrigen Art. 5 sinngemäß.

Artikel 3
Beratung und Abstimmung mit Mitteln der Telekommunikation und Beschlussfassung im Umlaufweg in der Vollversammlung
(Zu §§ 10 und 15 VwGG 1985)

(1) Soll unter den Voraussetzungen des § 15 Abs. 7 VwGG 1985 die Beratung und Abstimmung nach Maßgabe der technischen Möglichkeiten mit Mitteln der Telekommunikation durchgeführt oder durch Einholung der Zustimmung der anderen Mitglieder der Vollversammlung im Umlaufweg ersetzt werden, verteilt der Präsident/die Präsidentin den Beschlussentwurf, den Bericht und die Mitberichte an alle Mitglieder des Gerichtshofes mit der Frage, ob sie einer solchen Form widersprechen. Die Frist für einen solchen Widerspruch soll mindestens zwei Wochen betragen.

(2) Verfügt der Präsident/die Präsidentin die Beratung und Abstimmung mit Mitteln der Telekommunikation, gelten Art. 2 Abs. 2 und 3 und Art. 5 sinngemäß.

(3) Verfügt der Präsident/die Präsidentin die Beschlussfassung im Umlaufweg, bestimmt er/sie eine Frist für die Stimmabgabe. Diese kann schriftlich oder elektronisch an eine vom Präsidenten/von der Präsidentin bestimmte Adresse erfolgen. Art. 2 Abs. 2 Satz 1 und Abs. 3 und Art. 5 Abs. 9 gelten sinngemäß. Die Reihenfolge, in der über Anträge und allfällige Gegenanträge anderer Mitglieder abgestimmt wird, bestimmt der Präsident/die Präsidentin, wobei bei der Beschlussfassung über Dreiervorschläge für die Ernennung von Mitgliedern zuerst über die Anträge des Berichters/der Berichterin und der Mitberichter/Mitberichterinnen abzustimmen ist. Jeder Stimmführer/Jede Stimmführerin kann seiner/ihrer Stimmabgabe schriftliche Ausführungen für den Akt anschließen.

Artikel 4
Berichter/Berichterin
(Zu § 14 VwGG 1985)

(1) Der Berichter/Die Berichterin hat über jede entscheidungsreife Rechtssache einen begründeten Beschlussantrag auszuarbeiten und dem/der Vorsitzenden vorzulegen, der/die ihn bei den übrigen Senatsmitgliedern in Umlauf setzt. Sind Mitberichter/Mitberichterinnen bestellt, so ist der Erledigungsentwurf des Berichters/der Berichterin vorerst nur diesen zuzuleiten und von ihnen unter Anschluss ihres Mitberichtes an den Berichter/die Berichterin zurückzuleiten. Bericht und Mitbericht sind sodann samt den Akten dem/der Vorsit-

zenden vorzulegen, der/die für den Umlauf bei den übrigen Senatsmitgliedern Sorge trägt.

(2) Bis zur Beratung steht es jedem Senatsmitglied frei, dem Bericht oder Mitbericht eine schriftliche Äußerung beizulegen.

(3) Der Zeitpunkt der Verhandlung oder Sitzung ist in der Regel so anzuberaumen, dass für den Umlauf des Berichtes und allenfalls der Mitberichte bei den übrigen Senatsmitgliedern mindestens eine Woche zur Verfügung steht.

(4) Einfache oder dringende Rechtssachen, die ohne Verhandlung erledigt werden können, kann der/die Vorsitzende auf Antrag des Berichters/der Berichterin auch ohne Einhaltung der Vorschriften der Abs. 1 bis 3 im Senat beraten lassen, doch ist die Beratung in diesen Fällen zu vertagen, wenn es ein Senatsmitglied verlangt.

(5) Der Berichter/die Berichterin kann die nach § 14 Abs. 2 VwGG 1985 ohne Beschluss des Senates getroffenen Anordnungen und Entscheidungen vor Abfertigung dem/der Vorsitzenden zur Einsicht vorschreiben.

(6) Schriftliche Anordnungen und Entscheidungen des Berichters/der Berichterin sind von diesem/dieser mit seiner/ihrer Unterschrift zu genehmigen; wurde die Erledigung elektronisch erstellt, kann an die Stelle dieser Unterschrift ein Verfahren zum Nachweis der Identität des/der Genehmigenden und der Authentizität dieser Erledigungen treten.

(7) Die Ausfertigung von schriftlichen Anordnungen und Entscheidungen des Berichters/der Berichterin ist von der Kanzlei unter Wiedergabe des Namens des Berichters/der Berichterin mit dem Vermerk „Für die Richtigkeit der Ausfertigung" zu beglaubigen. Ausfertigungen in Form von elektronischen Dokumenten müssen mit einer Amtssignatur (§ 19 E-GovG) versehen sein; Ausfertigungen in Form von Ausdrucken mit einer Amtssignatur versehenen elektronischen Dokumenten oder von Kopien solcher Ausdrucke brauchen keine weiteren Voraussetzungen zu erfüllen.

Artikel 5
Beratung und Abstimmung im Senat
(Zu § 15 VwGG 1985)

(1) Jede Beratung eines Senates beginnt mit dem Vortrag des Berichters/der Berichterin. Nach ihm erhalten die Mitberichter/Mitberichterinnen das Wort. Berichter/Berichterin und Mitberichter/Mitberichterinnen sind für die Richtigkeit und Vollständigkeit ihrer Sachverhaltsdarstellung verantwortlich und haben ihre Vorträge mit je einem begründeten Antrag abzuschließen.

(2) Nach dem Berichter/der Berichterin und allfälligen Mitberichtern/Mitberichterinnen erhalten die anderen Senatsmitglieder das Wort, und zwar im Allgemeinen in der Reihenfolge, in

der sie sich hiezu gemeldet haben, doch sind Bemerkungen und Anträge zur formellen Geschäftsbehandlung außer der Reihe zuzulassen. Der/Die Vorsitzende kann jederzeit in die Beratung eingreifen.

(3) Das Schlusswort gebührt dem Berichter/der Berichterin, nach ihm/ihr etwa bestellten Mitberichtern/Mitberichterinnen.

(4) Jeder Stimmführer/Jede Stimmführerin kann verlangen, dass seine/ihre Ausführungen im wesentlichen Teil wörtlich in die Niederschrift aufgenommen werden. Er/Sie kann auch eine schriftliche Darstellung seiner/ihrer Ausführungen der Niederschrift anschließen.

(5) Der Senat kann, sofern das Gesetz nicht anderes bestimmt (§ 39 Abs. 3 VwGG 1985), nur dann Beschlüsse fassen, wenn seine Mitglieder an der ganzen Beratung, einschließlich einer damit verbundenen Verhandlung, teilgenommen haben.

(6) Die Fragen, über die abgestimmt werden soll, und deren Reihenfolge bestimmt der/die Vorsitzende, doch ist hierüber ein Beschluss des Senates einzuholen, wenn ein Mitglied es verlangt.

(7) Über alle Fragen, die nicht lediglich die Geschäftsbehandlung betreffen, ist die Abstimmung namentlich durchzuführen, wenn nicht Stimmeneinhelligkeit offenkundig ist.

(8) Der über eine Frage gefasste Beschluss bindet bei der weiteren Beratung und Abstimmung alle Mitglieder.

(9) Kein Senatsmitglied ist berechtigt, die abgegebene Stimme zu widerrufen, doch kann der Senat, solange das Erkenntnis oder der Beschluss nicht abgefertigt ist, die Wiederholung der Abstimmung beschließen. Kommt es zu einer Wiederholung der Abstimmung, kann jeder Stimmführer/jede Stimmführerin seine/ihre Stimme auch in anderem Sinn als bei der ersten Abstimmung abgeben.

(10) Bei Erkenntnissen und Beschlüssen ist sowohl über den Spruch als auch über die Begründung abzustimmen.

(11) Der/Die Vorsitzende kann die Beratung und Beschlussfassung im Senat in Fällen, in denen die Abfassung einer in ihren Grundzügen bereits beschlossenen Begründung näher festgelegt werden soll, durch Einholung der Zustimmung der anderen Stimmführer/Stimmführerinnen im Umlaufweg ersetzen.

Artikel 6
Beratung und Abstimmung mit Mitteln der Telekommunikation und Beschlussfassung im Umlaufweg im Senat
(Zu § 15 VwGG 1985)

(1) Der/Die Vorsitzende kann die Verfügung über die Beratung und Abstimmung mit Mitteln der Telekommunikation oder die Beschlussfassung im Umlaufweg, sofern dieser Form nicht die gesetzlich festgelegte Anzahl von Senatsmitgliedern widerspricht (§ 15 Abs. 4 bis 6 VwGG 1985), gemeinsam mit dem Bericht und allfälligen Mitberichten in Umlauf setzen.

(2) Ein Widerspruch gegen die Beratung und Abstimmung mit Mitteln der Telekommunikation oder gegen die Beschlussfassung im Umlaufweg ist gegenüber dem/der Vorsitzenden zu erklären und von diesem/dieser im Akt zu dokumentieren.

(3) Für die Beratung und Abstimmung mit Mitteln der Telekommunikation gilt im Übrigen Art. 5 sinngemäß.

(4) Für die Beschlussfassung im Umlaufweg gilt im Übrigen Art. 5 Abs. 9 und 10 sinngemäß. Jeder Stimmführer/jede Stimmführerin kann seiner/ihrer Stimmabgabe schriftliche Ausführungen für den Akt anschließen.

Artikel 7
Schriftführung
(Zu §§ 11, 15 und 40 Abs. 7 VwGG 1985)

(1) Der Präsident/Die Präsidentin hat für die Vollversammlung und für jeden Senat einen Schriftführer/eine Schriftführerin zu bestimmen und im Fall einer Verhinderung für Ersatz zu sorgen.

(2) Der Schriftführer/Die Schriftführerin hat die Namen und Funktionen der anwesenden Personen sowie den Gang und wesentlichen Inhalt der Verhandlung oder Beratung in einer Niederschrift festzuhalten, in der insbesondere alle bis zum Schluss der Verhandlung oder Beratung aufrechterhaltenen Anträge und alle gefassten Beschlüsse zu verzeichnen sind. Die Niederschrift über Beratungen hat überdies die zur Abstimmung gebrachten Fragen in der Reihenfolge, in der sie gestellt wurden, und das Ergebnis der Abstimmung aufzuweisen. Die Niederschrift ist nach Unterschrift durch den Schriftführer/die Schriftführerin vom/von der Vorsitzenden zu prüfen - nötigenfalls zu verbessern - und mitzufertigen. Wurde die Niederschrift elektronisch erstellt, kann an die Stelle dieser Unterschriften ein Verfahren zum Nachweis der Identität des/der Vorsitzenden und des Schriftführers/der Schriftführerin und der Authentizität der Niederschrift treten.

(3) Für Verhandlungen, die unter Verwendung elektronischer Einrichtungen zur Wort- und Bildübertragung und für Beratungen, die mit

VwGG
GO-VwGH
VwGH-AufwErsV
VwGH-EVV

Mitteln der Telekommunikation durchgeführt werden, gilt Abs. 2 sinngemäß.

Artikel 8
Evidenzbüro
(Zu § 17 VwGG 1985)

(1) Das Evidenzbüro besteht aus seinem Leiter/seiner Leiterin, juristischen Mitarbeitern/Mitarbeiterinnen (Sachbearbeitern/Sachbearbeiterinnen) sowie vom Präsidenten/von der Präsidentin zugewiesenem Kanzleipersonal.

(2) Das Evidenzbüro hat

a) die bisher ergangenen und künftig ergehenden Erkenntnisse und Beschlüsse des Verwaltungsgerichtshofes zu erfassen, hinsichtlich der darin enthaltenen Rechtsanschauungen auszuwerten und das Ergebnis in übersichtlicher Weise in einer entsprechenden Dokumentation festzuhalten;

b) erforderlichenfalls in gleicher Weise auch für die Erfassung und Auswertung der einschlägigen Erkenntnisse und Beschlüsse des Verfassungsgerichtshofes, des Obersten Gerichtshofes, des Gerichtshofes der Europäischen Union und des Europäischen Gerichtshofes für Menschenrechte sowie des in Betracht kommenden Schrifttums vorzusorgen;

c) die Unterlagen für die vom Leiter/von der Leiterin des Evidenzbüros gemäß § 17 Abs. 2 VwGG 1985 zu erstattenden Berichte vorzubereiten;

d) alle in seinen Geschäftsbereich fallenden Anfragen von Mitgliedern des Gerichtshofes umgehend zu beantworten und

e) ab einem vom Präsidenten/von der Präsidentin zu bestimmenden Zeitpunkt und auf eine in der für das Evidenzbüro zu erlassenden Dienstanweisung (Abs. 5) zu regelnde Art für eine Unterrichtung der Mitglieder des Gerichtshofes über die in Betracht kommende Rechtsprechung und das einschlägige Schrifttum von Amts wegen zu sorgen.

(3) Es sind Einrichtungen zu treffen, die die Mitwirkung der Mitglieder des Gerichtshofes, insbesondere der an der Beschlussfassung beteiligten Mitglieder des jeweiligen Senates, bei der Evidenthaltung der laufend ergehenden Erkenntnisse und Beschlüsse ermöglichen.

(4) Zur Unterstützung des Leiters/der Leiterin des Evidenzbüros bei der Kontrolle der Erfassungsarbeiten können Mitglieder des Gerichtshofes bestellt werden.

(5) Das Nähere darüber, wie die Geschäfte zwischen den einzelnen mit Aufgaben des Evidenzbüros betrauten Personen und dessen Geschäftsstelle zu schaffen sind, und welchen Anforderungen die einzelnen Geschäftsvorgänge in formeller Hinsicht zu entsprechen haben, hat der Präsident/die Präsidentin auf Vorschlag des Leiters/der Leiterin des Evidenzbüros zu verfügen.

Artikel 9
Tätigkeitsbericht
(Zu § 20 VwGG 1985)

Die Vorsitzenden haben dem Präsidialvorstand/der Präsidialvorständin laufend entsprechende Wahrnehmungen bekanntzugeben, die für den Tätigkeitsbericht in Betracht kommen; auch den übrigen Mitgliedern des Gerichtshofes stehen entsprechende Mitteilungen frei. Über die Mitteilungen hat der Präsidialvorstand/die Präsidialvorständin einen Vormerk zu führen.

Artikel 10
Parteien
(Zu §§ 21 bis 24 VwGG 1985)

(1) Die Vollmacht zur Vertretung einer Partei bei einer Verhandlung ist spätestens bei Beginn der Verhandlung auszuweisen, soweit die Berufung auf eine erteilte Vollmacht nicht ausreicht.

(2) Bei der Verhandlung unter Verwendung technischer Einrichtungen zur Wort- und Bildübertragung kann der Ausweis der Vollmacht zur Vertretung einer Partei in einer für diese Form der Verhandlung geeigneten Weise erfolgen.

Artikel 11
Akteneinsicht
(Zu §§ 25 und 30c VwGG 1985)

(1) Soweit die Akten nicht elektronisch geführt werden, steht die Akteneinsicht den Parteien in der Regel nur bis zum achten Tag vor der Verhandlung offen.

(2) In berücksichtigungswürdigen Fällen kann der Berichter/die Berichterin die Akten auf Antrag einer Partei zur Erleichterung der Einsicht einer Behörde des Bundes oder eines Landes oder dem Magistrat einer Stadt mit eigenem Statut unter Setzung einer Frist zur Rückstellung übersenden. Von der Übersendung hat er/sie auch die anderen Parteien zu verständigen. Die von der Einsicht ausgeschlossenen Aktenteile sind zurückzubehalten.

(3) Wird ein Akt oder ein Aktenteil elektronisch geführt und Akteneinsicht auf elektronischem Weg verlangt, muss die Partei ihre Identität in geeigneter Weise nachweisen.

Artikel 12
Verhandlungen
(Zu §§ 39 und 40 VwGG 1985)

(1) Die Verhandlungen sind in der Regel mindestens vier Wochen vor dem Verhandlungstag anzuberaumen und kundzumachen.

(2) Der Vortrag des Berichters/der Berichterin hat den aus den Akten des Verwaltungsverfahrens oder des Verwaltungsgerichtes ersichtlichen Sachverhalt, soweit er für die Entscheidung von Belang sein kann, die Anträge der Partei und das Ergebnis etwa gepflogener Erhebungen wiederzugeben. Rechtsausführungen, die in den Schriftsätzen des Verfahrens vor dem Verwaltungsgerichtshof enthalten sind, sind nur zu verlesen, wenn sie von einer abwesenden Partei stammen oder es eine anwesende Partei verlangt.

(3) Nach dem Vortrag des Berichters/der Berichterin werden der Revisionswerber/die Revisionswerberin bzw. der Antragsteller/die Antragstellerin oder sein/ihr Vertreter bzw. seine/ihre Vertreterin, dann die sonstigen Parteien oder ihre Vertreter/Vertreterinnen gehört. Befinden sich auf einer Seite mehrere, nicht gemeinsam vertretene Parteien, so bestimmt der/die Vorsitzende die Reihenfolge, in der sie zu Worte kommen. Nach Erfordernis sind die Parteien oder ihre Vertreter/Vertreterinnen in der gleichen Ordnung zu weiteren Äußerungen zuzulassen.

(4) Wenn eine Partei es zur Wahrung ihrer Rechte verlangt, sind in der Niederschrift über die Verhandlung bestimmte Vorgänge im Einzelnen festzuhalten und abgegebene Äußerungen wörtlich aufzunehmen.

(5) Zeigt sich bei der Beratung, dass für das Erkenntnis oder den Beschluss Umstände von Bedeutung sind, die bei der Verhandlung nicht erwähnt wurden, so ist die Verhandlung zur Vornahme der entsprechenden Feststellungen wieder aufzunehmen.

Artikel 13
Verhandlungen unter Verwendung geeigneter technischer Einrichtungen zur Wort- und Bildübertragung
(Zu § 40 VwGG 1985)

(1) Die Verhandlung kann mit Einverständnis aller Parteien nach Maßgabe der technischen Möglichkeiten unter Verwendung geeigneter technischer Einrichtungen zur Wort- und Bildübertragung durchgeführt werden. Es können auch nur einzelne Personen in dieser Form an der Verhandlung teilnehmen.

(2) Die Öffentlichkeit der Verhandlung (§ 40 VwGG) ist in geeigneter Form sicherzustellen, etwa durch die Übertragung der Verhandlung in einen Verhandlungssaal.

(3) Im Übrigen gilt Art. 12 sinngemäß.

Artikel 14
Prüfung des angefochtenen Erkenntnisses/Beschlusses
(Zu § 41 VwGG 1985)

Der Beschluss über die bei Zutreffen der Voraussetzungen des § 41 zweiter Satz VwGG 1985 an die Parteien zu richtende Aufforderung, sich zu den neuen Gründen zu äußern, die für die Entscheidung maßgebend sein könnten, kann in jeder Lage des Verfahrens gefasst werden; wird er nach Schluss der Verhandlung gefasst, so ist die Verhandlung wieder aufzunehmen, wenn die Parteien nicht auf die Wiederaufnahme verzichten.

Artikel 15
Erkenntnisse und sonstige Erledigungen
(Zu §§ 14, 42 bis 44 VwGG 1985)

(1) Die Urschrift des Erkenntnisses ist mit dem Tag zu beurkunden, an dem es beschlossen wurde. Bei Umlaufbeschlüssen (§ 15 Abs. 4 bis 6 VwGG 1985) ist der Tag der Beurkundung durch den Vorsitzenden/die Vorsitzende maßgeblich. Im Erkenntnis sind die Namen der Senatsmitglieder und des Schriftführers/der Schriftführerin, der Parteien, ferner auch Name und Anschrift der bevollmächtigten Vertreter/Vertreterinnen der Revisionswerber/Revisionswerberinnen bzw. Antragsteller/Antragstellerinnen und der mitbeteiligten Parteien anzuführen.

(2) Die Ausarbeitung des Erkenntnisses obliegt, wenn es dem Antrag des Berichters/der Berichterin entspricht, diesem/dieser, sonst dem Senatsmitglied, dessen Antrag zum Beschluss erhoben wurde, es sei denn, dass sie auch in diesem Fall der Berichter/die Berichterin oder mit Zustimmung des/der Vorsitzenden ein anderes Senatsmitglied übernimmt.

(3) In der Begründung des Erkenntnisses ist auch der für die Beurteilung des Falles maßgebende Sachverhalt darzustellen.

(4) Verweist ein Erkenntnis in seinen Entscheidungsgründen auf die Begründung eines früheren, nicht veröffentlichten Erkenntnisses, so ist den Parteien eine schriftliche Ausfertigung des bezogenen Vorerkenntnisses zuzustellen, wenn sie dies binnen zwei Wochen nach Zustellung des Erkenntnisses in ihrer eigenen Rechtssache verlangen.

(5) Der/Die Vorsitzende hat die Übereinstimmung der Erkenntnisse mit den Ergebnissen der Beratung und Abstimmung zu überprüfen und auf die größtmögliche Gleichmäßigkeit von Form und Ausdruck in den Erkenntnissen des Gerichtshofes hinzuwirken. Wesentliche Änderungen in der Begründung der Erkenntnisse, die der/die Vorsitzende des Senates vornimmt, bedürfen der Zustimmung des Senates.

(6) Kommt nach Absendung der Ausfertigung eines Erkenntnisses an eine Partei eine Abweichung der Erkenntnisausfertigung vom Ergebnis der Beratung und Abstimmung des Senates oder der Urschrift des Erkenntnisses hervor, so be-

VwGG
GO-VwGH
VwGH-AufwErsV
VwGH-EVV

schließt der Senat auf Antrag eines Mitgliedes die Berichtigung der Erkenntnisausfertigung. Die Berichtigung von Schreibfehlern und von solchen Rechenfehlern, die das Erkenntnis dem Grunde nach nicht berühren, kann auch der/die Vorsitzende mit Zustimmung des Berichters/der Berichterin verfügen. Zur Durchführung der Berichtigung sind den Parteien Ausfertigungen mit einem Hinweis auf die Berichtigung zuzustellen.

(7) Die Grundsätze des Abs. 1 Satz 1 und 2 sowie der Abs. 2 bis 6 sind auch auf Beschlüsse anzuwenden.

(8) Ist der/die Vorsitzende verhindert, das Erkenntnis oder den Beschluss zu unterfertigen, so verfügt der Präsident/die Präsidentin, insoweit dies für den ordnungsgemäßen Geschäftsgang notwendig ist, die Unterfertigung durch das rangälteste Mitglied des erkennenden Senates.

(9) Ist der Berichter/die Berichterin oder ein anderes Mitglied des erkennenden Senates an der ihm/ihr obliegenden schriftlichen Abfassung eines bereits beschlossenen Erkenntnisses oder Beschlusses verhindert, so verfügt der Präsident/die Präsidentin, insoweit dies für den ordnungsgemä-ßen Geschäftsgang notwendig ist, die Abfassung des Erkenntnisses oder Beschlusses durch ein anderes Mitglied des erkennenden Senates.

(10) Ist der Schriftführer/die Schriftführerin verhindert, so bestellt der Präsident/die Präsidentin einen anderen Schriftführer/eine andere Schriftführerin.

(11) Alle Erledigungen sind als solche des Gerichtshofes auszufertigen.

(12) Dem Entwurf der Erledigung hat bei Erkenntnissen und Beschlüssen der Senate der Schriftführer/die Schriftführerin, sonst der Berichter/die Berichterin, eine Zustellverfügung beizusetzen.

Artikel 16
Inkrafttreten

Diese Geschäftsordnung tritt mit 1. Juli 2021 in Kraft. Gleichzeitig tritt die Geschäftsordnung des Verwaltungsgerichtshofes, BGBl. II Nr. 1/2014 in der Fassung BGBl. II Nr. 43/2018, außer Kraft.

VwGH-Aufwandersatzverordnung 2014

BGBl II 2013/518 idF

1 BGBl II 2014/8

Verordnung des Bundeskanzlers über die Pauschalierung der Aufwandersätze im Verfahren vor dem Verwaltungsgerichtshof (VwGH-Aufwandersatzverordnung 2014 – VwGH-AufwErsV)

Auf Grund des § 49 Abs. 1, 2 und 4, des § 54 Abs. 2, des § 55 und des § 56 Abs. 1 des Verwaltungsgerichtshofgesetzes 1985 – VwGG, BGBl. Nr. 10/1985, zuletzt geändert durch das Bundesgesetz BGBl. I Nr. 122/2013, wird verordnet:

§ 1. Die Höhe der nach § 48 Abs. 1 bis 3, § 54 Abs. 1 Z 1, § 55 und § 56 Abs. 1 VwGG als Aufwandersatz zu leistenden Pauschalbeträge wird wie folgt festgestellt:

1. Zu § 48 Abs. 1 Z 2 und 4, § 55 und § 56 Abs. 1 VwGG:

a) Ersatz des Aufwandes, der für den Revisionswerber als obsiegende Partei mit der Einbringung der Revision durch einen Rechtsanwalt (Steuerberater oder Wirtschaftsprüfer) verbunden war (Schriftsatzaufwand) .... 1106,40 Euro

In Fällen eines Fristsetzungsantrages, sofern die Voraussetzungen nach § 56 Abs. 1 zweiter Satz VwGG zutreffen, jedoch nur .... 553,20 Euro

b) Ersatz des sonstigen Aufwandes, der für den Revisionswerber als obsiegende Partei mit der Vertretung durch einen Rechtsanwalt (Steuerberater oder Wirtschaftsprüfer) in Verhandlungen vor dem Verwaltungsgerichtshof verbunden war (Verhandlungsaufwand) .... 1383,00 Euro

c) Ersatz des Schriftsatzaufwandes in Fällen der Klaglosstellung, sofern die Voraussetzungen nach § 55 zweiter Satz VwGG zutreffen .... 829,80 Euro

2. Zu § 48 Abs. 2 Z 1und 3 VwGG:

a) Ersatz des Aufwandes, der für die Partei im Sinne des § 21 Abs. 1 Z 2 VwGG als obsiegende Partei mit der Einbringung der Revisionsbeantwortung verbunden war (Schriftsatzaufwand) .... 553,20 Euro

b) Ersatz des sonstigen Aufwandes, der für die Partei im Sinne des § 21 Abs. 1 Z 2 VwGG als obsiegende Partei mit der Wahrnehmung ihrer Parteirechte in Verhandlungen vor dem Verwaltungsgerichtshof verbunden war (Verhandlungsaufwand) .... 691,50 Euro

3. Zu § 48 Abs. 3 Z 2 und 4 VwGG:

a) Ersatz des Aufwandes, der für einen Mitbeteiligten als obsiegende Partei mit der Einbringung einer Revisionsbeantwortung durch einen Rechtsanwalt (Steuerberater oder Wirtschaftsprüfer) verbunden war (Schriftsatzaufwand) .... 1106,40 Euro

b) Ersatz des sonstigen Aufwandes, der für einen Mitbeteiligten als obsiegende Partei mit der Vertretung durch einen Rechtsanwalt (Steuerberater oder Wirtschaftsprüfer) in Verhandlungen vor dem Verwaltungsgerichtshof verbunden war (Verhandlungsaufwand) .... 1383,00 Euro

4. Zu § 54 Abs. 1 Z 1 VwGG:

a) Ersatz des Aufwandes, der für die Partei mit Ausnahme der lit. b in den Fällen des § 54 Abs. 1 Z 1 VwGG mit dem Antrag auf Wiederaufnahme des Verfahrens verbunden war (Schriftsatzaufwand) .... 553,20 Euro

b) Ersatz des Aufwandes, der für die Partei im Sinne des § 21 Abs. 1 Z 2 VwGG in den Fällen des § 54 Abs. 1 Z 1 VwGG mit dem Antrag auf Wiederaufnahme des Verfahrens verbunden war (Schriftsatzaufwand) .... 276,60 Euro

§ 2. Die Höhe der nach § 49 Abs. 4 VwGG als Aufenthaltskosten zu ersetzenden Pauschalbeträge wird wie folgt festgestellt:

VwGG
GO-VwGH
VwGH-AufwErsV
VwGH-EVV

Der Revisionswerber, die Partei im Sinne des § 21 Abs. 1 Z 2 VwGG und ein Mitbeteiligter haben als obsiegende Parteien zur Deckung der mit dem Aufenthalt am Sitz des Verwaltungsgerichtshofes notwendig verbundenen zusätzlichen Kosten für Verpflegung und Unterkunft (Aufenthaltskosten) Anspruch auf ein Verpflegskostenpauschale, dessen Höhe für je 24 Stunden einheitlich mit 29,50 Euro und auf ein Nächtigungspauschale, dessen Höhe einheitlich mit 50 Euro festgestellt wird. Übersteigt die Dauer des Aufenthaltes am Sitz des Verwaltungsgerichtshofes einschließlich der Dauer der Reise acht Stunden nicht, besteht der Anspruch auf Verpflegskostenpauschale nur in halber Höhe; unterschreitet sie fünf Stunden, besteht kein Anspruch auf ein Verpflegskostenpauschale.

§ 3. Für die mit Ablauf des 31. Dezember 2013 beim Verwaltungsgerichtshof anhängigen Beschwerdeverfahren gilt:

1. Auf die nach den – gemäß § 79 Abs. 11 letzter Satz VwGG weiter anzuwendenden – §§ 48 Abs. 1 bis 3, 54 Abs. 1 Z 1, 55 Abs. 1 und 56 VwGG in der bis zum Ablauf des 31. Dezember 2013 geltenden Fassung als Aufwandersatz zu leistenden Pauschalbeträge ist § 1 der VwGH-Aufwandersatzverordnung 2008, BGBl. II Nr. 455/2008, anzuwenden.

2. Die Höhe der nach dem – gemäß § 79 Abs. 11 letzter Satz VwGG weiter anzuwendenden – § 49 Abs. 4 VwGG in der bis zum Ablauf des 31. Dezember 2013 geltenden Fassung als Aufenthaltskosten zu ersetzenden Pauschalbeträge wird wie folgt festgestellt:

Der Beschwerdeführer, die belangte Behörde und ein Mitbeteiligter haben als obsiegende Parteien zur Deckung der mit dem Aufenthalt am Sitz des Verwaltungsgerichtshofes notwendig verbundenen zusätzlichen Kosten für Verpflegung und Unterkunft (Aufenthaltskosten) Anspruch auf ein Verpflegskostenpauschale, dessen Höhe für je 24 Stunden einheitlich mit 29,50 Euro und auf ein Nächtigungspauschale, dessen Höhe einheitlich mit 50 Euro festgestellt wird. Übersteigt die Dauer des Aufenthaltes am Sitz des Verwaltungsgerichtshofes einschließlich der Dauer der Reise acht Stunden nicht, besteht der Anspruch auf Verpflegskostenpauschale nur in halber Höhe; unterschreitet sie fünf Stunden, besteht kein Anspruch auf ein Verpflegskostenpauschale.

(BGBl II 2014/8)

§ 4. Auf die im Verfahren über Revisionen gemäß § 4 Abs. 1 bis 3 des Verwaltungsgerichtsbarkeits-Übergangsgesetzes – VwGbk-ÜG, BGBl. I Nr. 33/2013, in der Fassung des Bundesgesetzes BGBl. I Nr. 122/2013, als Aufwandersatz zu leistenden und als Aufenthaltskosten zu ersetzenden Pauschalbeträge ist § 3 sinngemäß anzuwenden.

(BGBl II 2014/8)

„§ 5." (1) Diese Verordnung tritt mit 1. Jänner 2014 in Kraft; gleichzeitig tritt die VwGH-Aufwandersatzverordnung 2008, BGBl. II Nr. 455/2008, außer Kraft.

(2) Die §§ 3 und 4 und die neue Paragraphenbezeichnung des bisherigen § 3 in der Fassung der Verordnung BGBl. II Nr. 8/2014 treten mit Ablauf des Tages der Kundmachung dieser Verordnung in Kraft.[1] *(BGBl II 2014/8)*

(BGBl II 2014/8)

---

[1] *Die Kundmachung der V BGBl II 2014/8 im Bundesgesetzblatt erfolgte am 17. Jänner 2014.*

14/1/3. VwGH-elektronischer-Verkehr-Verordnung

BGBl II 2014/360 idF

1 BGBl II 2016/188
2 BGBl II 2016/421

3 BGBl II 2020/12

Verordnung des Präsidenten des Verwaltungsgerichtshofes über die elektronische Einbringung von Schriftsätzen und Übermittlung von Ausfertigungen von Erledigungen des Verwaltungsgerichtshofes (VwGH-elektronischer-Verkehr-Verordnung – VwGH-EVV)

Auf Grund der §§ 24a und 73 Verwaltungsgerichtshofgesetz 1985 – VwGG, BGBl. Nr. 10/1985 in der Fassung BGBl. I Nr. 122/2013 wird nach Anhörung der Vollversammlung des Verwaltungsgerichtshofes verordnet:

Elektronische Einbringung von Schriftsätzen und von Beilagen zu Schriftsätzen

§ 1. (1) Schriftsätze und Beilagen zu Schriftsätzen können beim Verwaltungsgerichtshof nach Maßgabe technischer Möglichkeiten auf folgende Weise elektronisch eingebracht werden:

1. im Wege des elektronischen Rechtsverkehrs;

2. über elektronische Zustelldienste nach den Bestimmungen des 3. Abschnittes des Zustellgesetzes – ZustG, BGBl. Nr. 200/1982 in der Fassung „BGBl. I Nr. 104/2018"; *(BGBl II 2020/12, ab 17. Jänner 2020)*

3. mit auf der Website www.vwgh.gv.at abrufbaren elektronischen Formblättern;

4. mittels Telefax.

E-Mail ist keine zulässige Form der elektronischen Einbringung von Schriftsätzen im Sinne dieser Verordnung.

(2) Sofern Rechtsanwältinnen oder Rechtsanwälte, Steuerberaterinnen oder Steuerberater oder Wirtschaftsprüferinnen oder Wirtschaftsprüfer Schriftsätze nicht im elektronischen Rechtsverkehr einbringen, haben sie in der Eingabe zu bescheinigen, dass die technischen Möglichkeiten zur Teilnahme am elektronischen Rechtsverkehr nicht vorliegen.

(3) Beilagen zu Schriftsätzen sind als getrennte Anhänge einzubringen.

(4) Schriftsätze von Behörden sind mit einer Amtssignatur (§ 19 des E-Government-Gesetzes – E-GovG, BGBl. I Nr. 10/2004 in der Fassung „BGBl. I Nr. 104/2018") zu versehen. *(BGBl II 2020/12, ab 17. Jänner 2020)*

(5) Wer Schriftsätze und Beilagen zu Schriftsätzen im Wege des elektronischen Rechtsverkehrs (Abs. 1 Z 1) einbringt, hat sich hiefür einer auf der Website www.edikte.justiz.gv.at bekanntgemachten Übermittlungsstelle zu bedienen.

(6) Hat die Übermittlungsstelle die Daten der Eingabe zur Weiterleitung an die Bundesrechenzentrum GmbH übernommen, so hat sie dies der Einbringerin oder dem Einbringer sofort mitzuteilen sowie das Datum (Tag und Uhrzeit) dieser Rückmeldung zu protokollieren; dieses Datum ist mit den Daten der Eingabe zu übermitteln.

(7) Die Bundesrechenzentrum GmbH hat zu protokollieren, wann die Daten der Eingabe bei ihr eingelangt sind (Tag und Uhrzeit).

(8) Schriftsätze und Beilagen zu Schriftsätzen sind mit dem Dateninhalt eingebracht, der entsprechend der Schnittstellenbeschreibung an die Bundesrechenzentrum GmbH übergeben wurde.

(9) Schriftsätze und Beilagen zu Schriftsätzen, die im Wege des elektronischen Rechtsverkehrs (Abs. 1 Z 1) eingebracht werden, haben den Anschriftcode der Einbringerin oder des Einbringers zu enthalten. § 7 der Verordnung der Bundesministerin für Justiz über den elektronischen Rechtsverkehr – ERV 2006, BGBl. II Nr. 481/2005 in der Fassung BGBl. II Nr. 503/2012, ist sinngemäß anzuwenden.

Elektronische Übermittlung von Ausfertigungen von Erledigungen des Verwaltungsgerichtshofes und von Kopien von Schriftsätzen und Beilagen zu Schriftsätzen

§ 2. (1) Ausfertigungen von Erledigungen des Verwaltungsgerichtshofes und Kopien von Schriftsätzen und Beilagen zu Schriftsätzen können nach Maßgabe technischer Möglichkeiten unbeschadet sonstiger Möglichkeiten der elektronischen Zustellung nach den Bestimmungen des 3. Abschnittes des ZustG auch durch Anwendung eines Verfahrens im Sinne des § 1 Abs. 1 Z 1 bis 2 elektronisch übermittelt werden.

(2) Ausfertigungen von Erledigungen des Verwaltungsgerichtshofes und Kopien von Schriftsätzen und Beilagen zu Schriftsätzen, die im Wege des elektronischen Rechtsverkehrs übermittelt werden, dient der Anschriftcode zur Bezeichnung der Empfängerin oder des Empfängers. Bedient sich eine Teilnehmerin oder ein

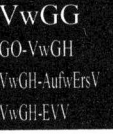
VwGG
GO-VwGH
VwGH-AufwErsV
VwGH-EVV

Teilnehmer am elektronischen Rechtsverkehr mehrerer Übermittlungsstellen, sind Ausfertigungen von Erledigungen und Kopien von Schriftsätzen und von Beilagen zu Schriftsätzen über jene Übermittlungsstelle elektronisch zu übermitteln, die von der Teilnehmerin oder vom Teilnehmer zuletzt beauftragt wurde. Die Übermittlungsstelle hat der Bundesrechenzentrum GmbH den Zeitpunkt der Beauftragung bekanntzugeben.

(3) Die Übermittlungsstelle hat das Datum (Tag und Uhrzeit), an dem die Daten in den elektronischen Verfügungsbereich der Empfängerin oder des Empfängers gelangt sind, zu protokollieren und der Bundesrechenzentrum GmbH zur Weiterleitung an den Verwaltungsgerichtshof zu übermitteln. Das Datum (Tag und Uhrzeit), an dem die Daten von der Empfängerin oder vom Empfänger tatsächlich übernommen wurden, ist ebenfalls zu protokollieren und auf Anfrage dem Verwaltungsgerichtshof bekanntzugeben; dieses Protokoll ist mindestens drei Jahre lang aufzubewahren.

(4) Ausfertigungen von Erledigungen des Verwaltungsgerichtshofes sind mit der Amtssignatur des Verwaltungsgerichtshofes (§§ 19 und 20 E-GovG) zu versehen. Jede Verwendung der Amtssignatur des Verwaltungsgerichtshofes ist automationsunterstützt in einem Protokoll, das den Namen der Anwenderin oder des Anwenders ausweist, festzuhalten. Dieses Protokoll ist mindestens drei Jahre lang aufzubewahren.

Schnittstellenbeschreibung

§ 3. Die Präsidentin oder der Präsident hat für den elektronischen Rechtsverkehr eine Beschreibung der Art der Datenübermittlung, der vollständigen Datenstruktur, der zulässigen Beilagenformate einschließlich der Regeln über die Feldinhalte und den höchstzulässigen Umfang für alle Dokumentarten auf der Website www.vwgh.gv.at bekanntzumachen (Schnittstellenbeschreibung). Dokumente, die im Wege des elektronischen Rechtsverkehrs eingebracht bzw. übermittelt werden, haben der Schnittstellenbeschreibung zu entsprechen. Die Übermittlungsstelle hat sicherzustellen, dass Schriftsätze und Beilagen zu Schriftsätzen sowie Ausfertigungen von Erledigungen des Verwaltungsgerichtshofes nur dann übernommen und weiterverarbeitet werden, wenn sie der Schnittstellenbeschreibung entsprechen.

Datensicherheit

§ 4. (1) Die an der elektronischen Einbringung von Schriftsätzen und Beilagen Beteiligten haben durch geeignete technische und organisatorische Maßnahmen zu gewährleisten, dass die Eingabe nur von derjenigen oder demjenigen elektronisch eingebracht werden kann, die oder der in der Eingabe als Einbringerin oder Einbringer bezeich-

net wird. Bei der Registrierung einer natürlichen Person als Einbringerin oder Einbringer bei einer Übermittlungsstelle ist von dieser die Identität der Einbringerin oder des Einbringers zu prüfen.

(2) Ebenso ist sicherzustellen, dass die Daten von Dokumenten im Sinne des § 2 nur aus dem Verfügungsbereich der in der Zustellung bestimmten Empfängerin oder des in der Zustellung bestimmten Empfängers abgerufen werden können und dort vor missbräuchlichen Zugriffen gesichert werden.

(3) Zur Sicherstellung der Datenintegrität hat jede Übertragung im elektronischen Rechtsverkehr (§ 1 Abs. 1 Z 1) verschlüsselt zu erfolgen. Zur Sicherstellung der Authentizität sind von allen an der Übertragung Beteiligten Zertifikate, die von einem Vertrauensdiensteanbieter gemäß Artikel 3 Z 19 der Verordnung (EU) Nr. 910/2014 über elektronische Identifizierung und Vertrauensdienste für elektronische Transaktionen im Binnenmarkt und zur Aufhebung der Richtlinie 1999/93/EG, ABl. Nr. L 257 vom 28.08.2014 S. 73, in der Fassung der Berichtigung „ABl. Nr. L 155 vom 14.06.2016 S. 44", ausgestellt sind, zu verwenden. In der Kommunikation zwischen der Übermittlungsstelle und der Bundesrechenzentrum GmbH können auch von der Bundesrechenzentrum GmbH ausgestellte Zertifikate verwendet werden. *(BGBl II 2016/188, ab 15. Juli 2016; BGBl II 2016/421, ab 23. Dezember 2016)*

Abbuchung und Einziehung der Gebühr

§ 5. Wird der Schriftsatz beim Verwaltungsgerichtshof im Weg des elektronischen Rechtsverkehrs eingebracht, so hat die Gebührenentrichterin oder der Gebührenentrichter das Konto, von dem die Eingabengebühr einzuziehen ist, oder einen Anschriftcode, unter dem ein Konto zur Einziehung der Eingabengebühr gespeichert ist, anzugeben. Gibt die Gebührenentrichterin oder der Gebührenentrichter sowohl einen Anschriftcode, unter dem ein Konto zur Einziehung der Eingabengebühr gespeichert ist, als auch ein Konto zur Einziehung der Eingabengebühr an, so ist die Eingabengebühr von diesem Konto einzuziehen. Die Abbuchung und die Einziehung der Eingabengebühr sind im Weg der automationsunterstützten Datenverarbeitung durchzuführen.

Elektronischer Rechtsverkehr mit dem Gerichtshof der Europäischen Union im Vorabentscheidungsverfahren

§ 5a. In Vorabentscheidungsverfahren können Ausfertigungen des Verwaltungsgerichtshofes gemäß Beschluss des Europäischen Gerichtshofes vom 16. Oktober 2018 über die Einreichung und die Zustellung von Verfahrensschriftstücken im Wege der Anwendung e-Curia, ABl. Nr. L 293 vom 20.11.2018, S. 36, im Wege der Informatikanwendung mit der Bezeichnung „e-Curia" beim Gerichtshof der Europäischen Union auf elektronischem Weg eingereicht und von diesem dem Verwaltungsgerichtshof zugestellt werden.

(BGBl II 2020/12, ab 17. Jänner 2020)

Inkrafttreten

§ 6. (1) Diese Verordnung tritt mit 1. Jänner 2015 in Kraft. Ab diesem Zeitpunkt können Schriftsätze und Beilagen zu Schriftsätzen und Ausfertigungen von Erledigungen des Verwaltungsgerichtshofes gemäß dieser Verordnung elektronisch eingebracht bzw. übermittelt werden.

Weiters ist ab diesem Zeitpunkt die Gebühr für Eingaben, die im Weg des elektronischen Rechtsverkehrs eingebracht werden, durch Abbuchung und Einziehung im Weg automationsunterstützter Datenverarbeitung zu entrichten.

(2) Diese Verordnung gilt nicht für Verfahren, für die nach Übergangsbestimmungen (§ 79 Abs. 11 VwGG, BGBl. Nr. 10/1985 in der Fassung BGBl. I Nr. 122/2013, § 4 Abs. 5 und § 8 Verwaltungsgerichtsbarkeits-Übergangsgesetz – VwGbk-ÜG, BGBl. I Nr. 33/2013 in der Fassung BGBl. I Nr. 122/2013) das VwGG in der bis zum Ablauf des 31. Dezember 2013 geltenden Fassung weiter anzuwenden ist.

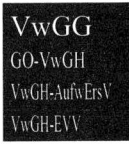

KODEX
DES ÖSTERREICHISCHEN RECHTS
HERAUSGEBER: UNIV.-PROF. DR. WERNER DORALT

VERFASSUNGS-RECHT

LexisNexis

1	B-VG
1a	ÜG, B-VGNov
2a	StGG
2b	EMRK
2c	ReligionsR, ZDG, VerfG, VolksG, ORF-G, RGG, PrR-G, AMD-G, FERG, KOG, PresseFG, MinderheitenR
3a	BVG
3b	VfBest in BG
4	UnabhEtbl, R-ÜG, StV Wien
5	BVG Neutralität, KMG, SanktG, KSE-BVG, TrAufG, Staatl Symbole
6	StbG
7	PartG, VerbotG, PartFörG, KlubFG, PubFG
8	Wahlen, Direkt Demokratie
9	GOG-NR, EU-ParlG, InfOG
10	BezR, Unv-TrG
11	BGBlG, Rechtsbereinigung
12	BMG, BVG ÄmterR.Reg, BGemAuföG
13a	F-VG, FAG 2008
13b	KonsMech, ÖStP 2012
14	RHG
15	BVwGG, VwGVG, VwGbk-ÜG
16	VwGG
17	VfGG
18	VolksanwG
19	AHG, OrgHG
20	AuskPfl
21	EUV, AEUV, EU-GRC
Anh.	IA 1295/A, BlgNR 25. GP

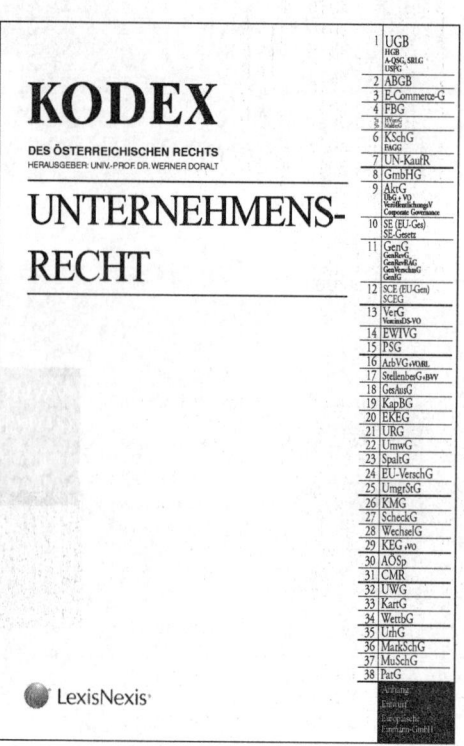

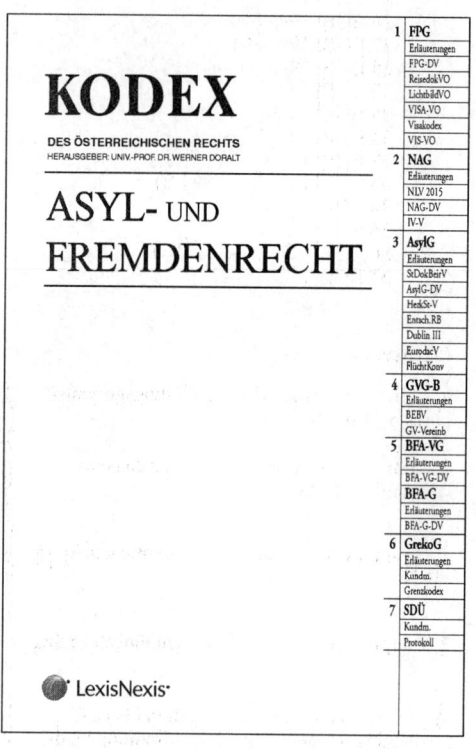

Verfassungsgerichtshofgesetz 1953

BGBl 1953/85 (WV) idF

Gliederung

VfGG
GO-VfGH
VfGH-EVV
VfGH-EVGO

STICHWORTVERZEICHNIS

VfGG
GO-VfGH
VfGH-EVV
VfGH-EVGO

Stichwortverzeichnis

VfGG
GO-VfGH
VfGH-EVV
VfGH-EVGO

„**Verfassungsgerichtshofgesetz 1953 – VfGG**"

(BGBl I 2001/136)

„1. Teil
Organisation des Verfassungsgerichtshofes"

(BGBl I 2003/100)

§ 1. „(1)" Der Verfassungsgerichtshof besteht aus einem Präsidenten, einem Vizepräsidenten, zwölf weiteren Mitgliedern und sechs Ersatzmitgliedern. *(BGBl 1995/469)*

(2) Wird die Stelle eines Mitgliedes oder Ersatzmitgliedes des Verfassungsgerichtshofes voraussichtlich innerhalb der nächsten drei Monate frei oder ist ein solches Amt erledigt, so hat der Präsident dies dem Vorsitzenden jenes Organs mitzuteilen, das gemäß Art. 147 Abs. 2 „des Bundes-Verfassungsgesetzes – B-VG, BGBl. Nr. 1/1930," den Ernennungsvorschlag zu erstatten hat. *(BGBl I 2008/4; BGBl I 2013/33)*

(3) Der Vorsitzende „(Abs. 2)" hat die Stelle unverzüglich, spätestens jedoch einen Monat nach ihrem Freiwerden zur allgemeinen Bewerbung auszuschreiben. Soweit sie vom selben Vorsitzenden „(Abs. 2)" auszuschreiben sind, können mehrere Stellen gemeinsam ausgeschrieben werden und kann mit der Ausschreibung einer Stelle die Ausschreibung der durch die Ernennung allenfalls freiwerdenden Stelle verbunden werden. *(BGBl I 2008/4; BGBl I 2012/51)*

(4) Die Ausschreibung ist im „Amtsblatt zur Wiener Zeitung" und in den für amtliche Kundmachungen bestimmten Landeszeitungen zu veröffentlichen. *(BGBl I 2008/4)*

§ 2. (1) Der Verfassungsgerichtshof wählt aus seiner Mitte auf die Dauer von drei Jahren ständige Referenten. Der Vizepräsident kann auch mit der Funktion eines ständigen Referenten betraut werden. Solange keine Wahl vorgenommen werden kann, bestellt die fehlenden ständigen Referenten der Präsident „ ". *(BGBl I 2008/4)*

(2) Der Präsident oder der Vizepräsident, wenigstens zwei der ständigen Referenten und wenigstens zwei Ersatzmitglieder müssen ihren Wohnsitz in Wien haben.

§ 3. (1) Die Leitung des Verfassungsgerichtshofes steht dem Präsidenten zu; er führt den Vorsitz bei den Verhandlungen und Beratungen.

(2) Im „Fall" seiner Verhinderung hat ihn der Vizepräsident zu vertreten. *(BGBl I 2013/33)*

(3) Ist auch dieser verhindert, so übernimmt die Leitung das in Wien anwesende an Jahren älteste Mitglied des Verfassungsgerichtshofes.

(4) Die Bestimmungen der Abs. 2 und 3 gelten auch, wenn die Stelle des Präsidenten unbesetzt ist.

(5) Der Präsident kann dem Vizepräsidenten auch, abgesehen vom „Fall" des Abs. 2, den Vorsitz bei Verhandlungen und Beratungen übertragen. Der Vizepräsident ist berechtigt, an den Verhandlungen, in denen er nicht den Vorsitz führt, als Stimmführer teilzunehmen. *(BGBl I 2013/33)*

§ 3a. Die §§ 1 bis 4 und 16 des Gerichtsorganisationsgesetzes – GOG, RGBl. Nr. 217/1896, gelten sinngemäß mit der Maßgabe, dass die Hausordnung durch Bereitstellung im Internet kundzumachen ist.

(BGBl I 2017/24)

§ 4. (1) Die Mitglieder des Verfassungsgerichtshofes erhalten ab dem ersten Tag des ihrer Bestellung nachfolgenden Monats eine Geldentschädigung, in einem Prozentsatz bezogen auf den Ausgangsbetrag des § 1 des Bundesverfassungsgesetzes über die Begrenzung von Bezügen öffentlicher Funktionäre, BGBl. I Nr. 64/1997, in folgender Höhe:

1. der Präsident im Ausmaß von 180 vH,

2. der Vizepräsident und die ständigen Referenten im Ausmaß von 160 vH,

3. die übrigen Mitglieder im Ausmaß von 90 vH. *(BGBl I 1997/64)*

(2) Bekleidet der Vizepräsident auch die Funktion eines ständigen Referenten, so erhält er für diese Funktion keine Entschädigung.

(3) Ersatzmitglieder des Verfassungsgerichtshofes erhalten für jede Sitzung, an der sie teilgenommen haben, eine Entschädigung, die für jeden Sitzungstag ein Zehntel der für einen Monat entfallenden Entschädigung der in Abs. 1 Z 3 genannten Mitglieder beträgt. *(BGBl I 1997/64)*

(4) Außer den Entschädigungen erhalten die Mitglieder des Verfassungsgerichtshofes Sonderzahlungen in sinngemäßer Anwendung der Bestimmungen der §§ 3 Abs. 3 und 7 Abs. 2 des Gehaltsgesetzes 1956, „BGBl. Nr. 54/1956". *(BGBl I 2013/33)*

(5) Dem Präsidenten „ " gebührt ein Dienstwagen, der mit seinem Einverständnis auch dem Vizepräsidenten und den übrigen Mitgliedern des Verfassungsgerichtshofes für Dienstfahrten zur Verfügung zu stellen ist. § 9 Abs. 2 „des Bundesbezügegesetzes – BBezG, BGBl. I Nr. 64/1997," gilt. *(BGBl I 1997/64; BGBl I 2013/33)*

(6) Außer den Bezügen ist der Präsident „ " einem Bundesminister, der Vizepräsident einem Staatssekretär, der mit der Besorgung bestimmter Aufgaben betraut ist, gleichgestellt. *(BGBl I 1997/64; BGBl I 2013/33)*

(BGBl 1972/275)

§ 5. *(entfällt, BGBl I 1997/64)*

§ 5a. (1) Den nicht in Wien wohnenden Mitgliedern und Ersatzmitgliedern wird außer den im § 4 bestimmten Entschädigungen für jede Sitzung eine Vergütung der Reisekosten und überdies eine Vergütung der durch den Aufenthalt in Wien verursachten besonderen Kosten gewährt. Das Ausmaß der Reisekosten und der durch den Aufenthalt in Wien verursachten besonderen Kosten wird von der Bundesregierung besonders geregelt.

(2) Die Geldentschädigungen „nach § 4 und Abs. 1"** sind exekutionsfrei. „ "* *(BGBl 1972/275; * BGBl 1980/545; ** BGBl I 2003/100)*

(BGBl I 2003/100)

§ 5b. (1) Den Mitgliedern des Verfassungsgerichtshofes ist auf ihren Antrag nach Beendigung ihrer Amtstätigkeit ein monatlicher Ruhebezug zuzuerkennen. Der Ruhebezug gebührt von dem auf den Antrag folgenden Monatsersten an, frühestens jedoch nach Ablauf der Zeit, für die nach § 5 Abs. 1 die Geldentschädigung weiterbezogen wird.

(2) Für den Ruhebezug gelten die pensionsrechtlichen Bestimmungen für öffentlich-rechtliche Bundesbedienstete mit den Maßgaben sinngemäß, dass kein Anspruch auf Ruhebezug besteht, wenn die Amtstätigkeit infolge eines der im § 10 Abs. 1 lit. b und c genannten Gründe endet, dass die Ruhegenussbemessungsgrundlage 80 vH der im § 4 Abs. 1 Z 3 festgesetzten Geldentschädigung beträgt, dass nach Vollendung von acht Jahren der Amtstätigkeit 40 vH der Ruhegenussbemessungsgrundlage gebühren und dass sich der Ruhebezug für jedes weitere volle Jahr der Amtstätigkeit um 5 vH und für jeden restlichen vollen Monat der Amtstätigkeit um 0,417 vH der Ruhegenussbemessungsgrundlage erhöht. § 5 Abs. 2 des Pensionsgesetzes 1965, „BGBl. Nr. 340/1965", ist mit den Maßgaben anzuwenden, dass

1. anstelle der Versetzung in den Ruhestand die Amtsenthebung vor dem vollendeten 65. Lebensjahr nach § 10 Abs. 1 lit. a oder d dieses Bundesgesetzes zu treten hat und

2. die Ruhegenussbemessungsgrundlage von 80% für jeden Monat, der zwischen dem Zeitpunkt der Amtsenthebung und dem Ablauf des Monats liegt, in dem das Mitglied sein 65. Lebensjahr vollendet haben wird, um 0,28 Prozentpunkte zu kürzen ist.

Der Ruhebezug darf 40% der Ruhegenussbemessungsgrundlage nicht unterschreiten. Auf das nach Z 1 und 2 jeweils in Betracht kommende Lebensjahr ist § 236c Abs. 1 des Beamten-Dienstrechtsgesetzes 1979, „BGBl. Nr. 333/1979", anzuwenden. Die bis 31. Dezember 2003 nach der bis zu diesem Tag geltenden Rechtslage erworbenen Anwartschaften bleiben unberührt. *(BGBl I 2003/71; BGBl I 2013/33)*

(3) Abschnitt XIII des Pensionsgesetzes 1965 ist mit den Maßgaben anzuwenden, dass

1. an die Stelle der ruhegenussfähigen Gesamtdienstzeit nach § 99 die Dauer der Amtstätigkeit tritt und

2. der Pensionsbemessung und dem Pensionskonto nach dem Allgemeinen Pensionsgesetz (APG), BGBl. I Nr. 142/2004, nur die Zeit der Amtstätigkeit zugrunde zu legen ist. *(BGBl I 2004/142)*

(4) Auf den nach § 5e zu entrichtenden Beitrag ist § 12 Abs. 4 und 5 des Bezügegesetzes, BGBl. Nr. 273/1972, anzuwenden. *(BGBl I 2004/142)*

(5) Auf Mitglieder, deren Amtstätigkeit nach dem 31. Dezember 2004 beginnt, sind die pensionsrechtlichen Vorschriften dieses Bundesgesetzes nicht anzuwenden. An deren Stelle treten die pensionsrechtlichen Bestimmungen des Allgemeinen Sozialversicherungsgesetzes, BGBl. Nr. 189/1955, und des APG. *(BGBl I 2004/142)*

(BGBl I 2003/100)

§ 5c. (1) Jenen Mitgliedern, die die Funktion des Präsidenten, des Vizepräsidenten oder eines ständigen Referenten ausgeübt haben, gebühren zu dem Ruhebezug Zulagen. Die Zulage beträgt für jedes volle Jahr, in dem eine dieser Funktionen ausgeübt wurde, 8 „vH"*** des Differenzbetrages zwischen der Geldentschädigung nach „§ 4 Abs. 1 Z 1 und 2"** und der Geldentschädigung nach „§ 4 Abs. 1 Z 3"**, höchstens jedoch 80 „vH"*** des der höchsten innegehabten Funktion entsprechenden Differenzbetrages. Für die höhere Funktion nicht zur Auswirkung gelangte Zeiten sind dabei der Dauer der nächst niedrigeren innegehabten Funktion zuzurechnen. „Im „Fall"*** einer Kürzung der Ruhegenussbemessungsgrundlage nach § 5b Abs. 2 letzter Satz ist das im „zweiten Satz"*** festgelegte Höchstausmaß der Zulage entsprechend zu kürzen."* *(* BGBl 1996/201; ** BGBl I 1997/64; *** BGBl I 2013/33)*

(2) Hat das Mitglied noch keinen Anspruch auf Ruhebezug im Sinne des § 5b erworben, jedoch zumindest drei Jahre Funktionen nach Abs. 1 innegehabt, so ist ihm auf Antrag ein monatlicher Ruhebezug in Höhe der Zulage zuzuerkennen. *(BGBl I 2003/100)*

(BGBl I 2003/100)

§ 5d. *(entfällt, BGBl I 2001/86)*

§ 5e. „Das Mitglied kann auf die Anwartschaft auf Ruhebezug nach § 5b, auf die Anwartschaft auf Zulage nach § 5c oder auf beide Anwartschaften verzichten."** Soweit ein solcher Verzicht ausgesprochen wurde, hat das Mitglied „22,79%"* der jeweils gebührenden Geldentschädigung oder im „Fall"*** des Teilverzichtes von dem entsprechenden Teil der Geldentschädigung sowie von den Sonderzahlungen im „Abzugsweg"*** zu entrichten. Ein Widerruf des Verzichts ist unzulässig. *(*BGBl I 2000/142; **BGBl I 2005/165, ab 31. Dezember 2005; ***BGBl I 2013/33)*

(BGBl I 1997/64)

§ 5f. Stirbt ein Mitglied des Verfassungsgerichtshofes während der Amtstätigkeit oder stirbt der Empfänger eines Ruhebezuges gemäß § 5b, erhalten seine Hinterbliebenen eine Versorgung. Auf die Versorgung sind die für Bundesbeamte und ihre Hinterbliebenen geltenden gleichartigen Bestimmungen anzuwenden. Der Bemessung der Versorgungsleistungen sind der Ruhebezug nach § 5b und die Zulage nach § 5c zugrunde zu legen. Den Hinterbliebenen eines verstorbenen „Mitglieds oder" Empfängers eines Ruhebezuges nach § 5b kann ein Sterbekostenbeitrag unter Anwendung der für Bundesbeamte und ihre Hinterbliebenen geltenden gleichartigen Bestimmungen gewährt werden. *(BGBl I 2005/165, ab 31. Dezember 2005)*

(BGBl I 2005/80)

§ 5g. Die §§ 5b bis 5f sind auch auf ehemalige Mitglieder des Verfassungsgerichtshofes und auf deren Hinterbliebene anzuwenden.

(BGBl I 2005/80)

§ 5h. Die Bestimmungen über den Beitrag gemäß § 13a des Pensionsgesetzes 1965, BGBl. Nr. 340/1965, sind mit folgenden Maßgaben anzuwenden:

„1."* An die Stelle des Ausdrucks „monatlich wiederkehrende Geldleistungen nach diesem Bundesgesetz" tritt der Ausdruck „Ruhe(Versorgungs)bezüge nach den §§ 5b bis 5g dieses Bundesgesetzes". *(*BGBl I 2000/142)*

2. Für jene Teile der Ansprüche nach Z 1, die bis 150% der jeweils geltenden monatlichen Höchstbeitragsgrundlage des § 45 ASVG betragen, sowie für die diesen Teilen entsprechenden Teile der Sonderzahlungen ist ein um 5,7 Prozentpunkte erhöhter Beitrag zu entrichten. *(BGBl I 2014/46)*

(BGBl 1996/201)

§ 5i. (Verfassungsbestimmung) (1) Die Geldentschädigung nach § 4 und die sonstigen Bezüge, Ruhebezüge und Entgelte, die ein Mitglied des Verfassungsgerichtshofes von einem Rechtsträger, der Kontrolle des Rechnungshofes unterliegt, erhält, darf insgesamt den Bezug eines Bundesministers nicht übersteigen. *(BGBl I 1997/64)*

(2) Für ehemalige Mitglieder des Verfassungsgerichtshofes ist Abs. 1 mit der Maßgabe anzuwenden, daß an die Stelle der Geldentschädigung

nach § 4 der Ruhebezug (Zulage) nach den §§ 5b und 5c zu treten hat. *(BGBl I 1997/64)*

(3) Übersteigt die Summe der Ansprüche nach Abs. 1 oder 2 die dort genannten Grenzen, so ist der Bezug nach § 4 entsprechend zu kürzen. *(BGBl I 1997/64)*

(4) Hat ein Mitglied oder ehemaliges Mitglied des Verfassungsgerichtshofes einen Anspruch auf Geldleistungen auf Grund einer Tätigkeit oder früheren Tätigkeit in einem Organ der Europäischen Gemeinschaften (Art. 23c Abs. 1 B-VG), sind abweichend von Abs. 3 die Ansprüche nach den Abs. 1 oder 2 nur in dem Ausmaß auszuzahlen, um das die Summe der Ansprüche auf Geldleistungen (ausgenommen jene, die ausdrücklich als Abgeltung für durch den Wohnsitz am Dienstort entstehende Aufwendungen gewährt werden) von diesen Organen der Europäischen Gemeinschaft hinter der in den Abs. 1 oder 2 angeführten Höchstgrenze zurückbleibt.

(5) Das Mitglied oder ehemalige Mitglied des Verfassungsgerichtshofes hat sämtliche der in den Abs. 1 bis 4 angeführten Ansprüche auf Geldleistungen sowie Änderungen derselben allen auszahlenden Stellen unverzüglich zu melden.

(6) Die Abs. 1 bis 5 sind auch auf die Versorgungsbezüge der Hinterbliebenen von ehemaligen Mitgliedern des Verfassungsgerichtshofes anzuwenden. *(BGBl I 1997/64)*

(BGBl 1996/392)

§ 6. (1) Zu jeder Verhandlung des Verfassungsgerichtshofes sind der Vizepräsident und sämtliche übrigen Mitglieder einzuladen.

(2) Im „Fall" der Verhinderung eines Mitgliedes ist ein Ersatzmitglied zu laden. Dabei ist tunlichst darauf Rücksicht zu nehmen, ob das verhinderte Mitglied auf Vorschlag der Bundesregierung, auf Vorschlag des Nationalrates oder auf Vorschlag des Bundesrates ernannt worden ist. Das „Gleiche" gilt, falls die Stelle eines Mitgliedes frei geworden ist, bis zu ihrer Besetzung. *(BGBl 1976/311; BGBl I 2013/33)*

§ 7. (1) Der Verfassungsgerichtshof ist beschlussfähig, wenn der Vorsitzende und wenigstens acht Stimmführer anwesend sind. *(BGBl I 2013/33)*

(2) Zur Beschlussfähigkeit genügt die Anwesenheit des Vorsitzenden und von vier Stimmführern:

1. bei der Beratung von Rechtssachen, in denen die Rechtsfrage durch die bisherige Rechtsprechung des Verfassungsgerichtshofes bereits genügend klargestellt ist;

2. bei der Beratung von Anträgen gemäß Abschnitt E des 2. Teiles betreffend die Einsetzung und die Tätigkeit von Untersuchungsausschüssen des Nationalrates und bei Anfechtung von Ent-

scheidungen des Präsidenten des Nationalrates und des Vorsitzenden des Bundesrates betreffend die Klassifizierung von Informationen, die dem Nationalrat bzw. dem Bundesrat zur Verfügung stehen.

Auf Verlangen jedes Mitgliedes hat die (weitere) Beratung nur in Anwesenheit wenigstens der in Abs. 1 genannten Anzahl von Stimmführern stattzufinden. *(BGBl I 2014/101)*

(3) Sofern der Verfassungsgerichtshof im Fall außergewöhnlicher Verhältnisse nicht in angemessener Frist zusammentreten kann, kann der Vorsitzende die Beratung und Beschlussfassung im Umlaufweg oder mit Mitteln der Telekommunikation durchführen. Die Durchführung der Beratung und Beschlussfassung im Umlaufweg oder mit Mitteln der Telekommunikation bedarf der Zustimmung von neun Stimmführern, in den Fällen des Abs. 2 der Zustimmung von vier Stimmführern. Der Vorsitzende hat die Durchführung des Verfahrens der Beratung und Beschlussfassung im Umlaufweg spätestens eine Woche vor ihrem Beginn unter Angabe der zu beratenden Rechtssachen allen Mitgliedern mitzuteilen. Die näheren Bestimmungen sind in der Geschäftsordnung (§ 14) zu treffen. *(BGBl I 2020/16)*

§ 8. (1) Die Mitglieder des Verfassungsgerichtshofes geloben vor dem Antritt ihres Amtes die unverbrüchliche Beobachtung der Verfassung und aller anderen Gesetze der Republik sowie die gewissenhafte Erfüllung ihrer Pflichten.

(2) Der Präsident und der Vizepräsident legen das Gelöbnis in die Hand des Bundespräsidenten, die Mitglieder und Ersatzmitglieder in die Hand des Präsidenten „ “ ab. *(BGBl I 2008/4)*

(3) Die Beifügung einer religiösen Beteuerung zu den nach den Abs. 1 und 2 abzulegenden Gelöbnissen ist zulässig.

§ 9. Die Erteilung eines Urlaubes an den Präsidenten oder Vizepräsidenten ist dem Bundespräsidenten vorbehalten. Den Mitgliedern und Ersatzmitgliedern des Verfassungsgerichtshofes wird der Urlaub vom Präsidenten des Gerichtshofes erteilt.

§ 10. (1) Ein Mitglied oder Ersatzmitglied ist durch Erkenntnis des Verfassungsgerichtshofes vom Amt zu entheben:

a) wenn ein Umstand eintritt, der nach Art. 147 Abs. 4 „B-VG" ausschließt, dass das Mitglied (Ersatzmitglied) dem Verfassungsgerichtshof weiter angehöre, *(BGBl I 2013/33)*

b) wenn die Voraussetzungen des Art. 147 Abs. 7 „B-VG" gegeben sind, *(BGBl I 2013/33)*

c) wenn sich das Mitglied (Ersatzmitglied) durch sein Verhalten „im Amt oder außerhalb des Amtes" der Achtung und des Vertrauens, die sein Amt erfordert, unwürdig gezeigt oder die Ver-

pflichtung zur Amtsverschwiegenheit gröblich verletzt hat, oder *(BGBl I 2013/33)*

d) wenn das Mitglied (Ersatzmitglied) durch körperliche oder geistige Gebrechen zur Erfüllung seiner Amtspflicht untauglich wird.

(2) Das Verfahren zur Enthebung eines Mitgliedes (Ersatzmitgliedes) vom „Amt"* kann in den im Abs. 1 unter lit. a bis c angeführten Fällen nur auf Grund eines nach Vernehmung dieses Mitgliedes (Ersatzmitgliedes) durch den Präsidenten oder das vom Präsidenten damit betraute Mitglied des Verfassungsgerichtshofes gefassten Beschlusses des Verfassungsgerichtshofes eingeleitet werden. Der Beschluss wird in nichtöffentlicher Sitzung nach Anhörung des Generalprokurators gefasst und hat die Anschuldigungspunkte bestimmt zu bezeichnen. Der Verfassungsgerichtshof kann auch in nichtöffentlicher Sitzung die vorläufige Enthebung eines Mitgliedes, gegen das das Verfahren eingeleitet wird, vom „Amt"* verfügen. Auf das weitere Verfahren finden die Vorschriften der §§ 15, 16, 18 bis 23 des Richterdisziplinargesetzes vom 21. Mai 1868, RGBl. Nr. 46,[1] sinngemäß Anwendung. Stellt eine Pflichtverletzung eine gerichtlich strafbare Handlung dar, gelten sinngemäß die Vorschriften der §§ 33 und 34 des letztbezogenen Gesetzes[1]. *(BGBl I 2013/33; *BGBl I 2013/122)*

(3) Auf das Verfahren im „Fall" des Abs. 1 lit. d finden die Bestimmungen des § 52 Abs. 2 und des § 53 des erwähnten Richterdisziplinargesetzes[1] sinngemäß Anwendung. *(BGBl I 2013/33)*

(4) Ein Erkenntnis des Verfassungsgerichtshofes nach Abs. 1 kann nur mit einer Mehrheit von wenigstens zwei Dritteln der Mitglieder beschlossen werden und hat auf Enthebung des Mitgliedes (Ersatzmitgliedes) vom „Amt" zu lauten. Im „Fall" des Abs. 1 lit. b hat sich der Verfassungsgerichtshof auf die Feststellung zu beschränken, dass das Mitglied (Ersatzmitglied) drei aufeinanderfolgenden Einladungen zu einer Verhandlung des Verfassungsgerichtshofes ohne genügende Entschuldigung keine Folge geleistet hat; diese Feststellung steht einem Erkenntnis auf Enthebung vom „Amt" gleich. *(BGBl I 2013/33)*

---

[1] Nunmehr gemäß § 172 RStDG die „entsprechenden Vorschriften" dieses BG.

§ 11. (1) Die Mitglieder (Ersatzmitglieder) haben dem Präsidenten innerhalb eines Monats nach ihrer Bestellung folgende Tätigkeiten zu melden:

1. die Ausübung eines Berufes;

2. jede leitende Stellung in einer Aktiengesellschaft, Gesellschaft mit beschränkter Haftung, Genossenschaft, Stiftung oder Sparkasse, insbesondere als Mitglied des Vorstandes oder Aufsichtsrates einer Aktiengesellschaft, als Geschäftsführer oder Mitglied des Aufsichtsrates einer Gesellschaft mit beschränkter Haftung oder einer

VfGG
GO-VfGH
VfGH-EVV
VfGH-EVGO

Genossenschaft, als Stiftungsvorstand oder Mitglied des Aufsichtsrates einer Stiftung oder als Mitglied des Vorstandes oder Sparkassenrates einer Sparkasse.

Wird eine der in den Z 1 und 2 genannten Tätigkeiten nach erfolgter Bestellung zum Mitglied (Ersatzmitglied) aufgenommen oder beendet, so ist auch dies dem Präsidenten innerhalb eines Monats zu melden.

(2) Der Präsident hat die gemäß Abs. 1 gemeldeten Tätigkeiten bei den auf der Website www.vfgh.gv.at veröffentlichten Lebensläufen der Mitglieder (Ersatzmitglieder) zu veröffentlichen.

(3) Die Veröffentlichungen gemäß Abs. 2 sind für die Dauer von drei Jahren nach Beendigung der jeweiligen Tätigkeit gemäß Abs. 1 aufrechtzuerhalten.

(BGBl I 2014/92)

§ 12. (1) Die Ablehnung eines Mitgliedes „(Ersatzmitgliedes)" in einer vor dem Verfassungsgerichtshof zur Verhandlung gelangenden Angelegenheit ist nicht zulässig. *(BGBl I 2003/100)*

(2) Mitglieder (Ersatzmitglieder) des Verfassungsgerichtshofes sind von der Ausübung ihres Amtes ausgeschlossen:

1. in den Fällen, in denen ein Richter gemäß § 20 der Jurisdiktionsnorm – JN, RGBl. Nr. 111/1895, oder nach den in diesem Gesetz verwiesenen Prozessgesetzen ausgeschlossen wäre;

2. wenn sie in einem dem Verfahren vor dem Verfassungsgerichtshof vorangegangenen Gerichts- oder Verwaltungsverfahren mitgewirkt haben „;" *(BGBl I 2014/92)*

3. wenn sonstige wichtige Gründe vorliegen, die geeignet sind, in ihre volle Unbefangenheit Zweifel zu setzen. *(BGBl I 2014/92)* *(BGBl I 2013/33)*

(3) Von der Verhandlung und Entscheidung über eine Wahlanfechtung sind die Mitglieder „(Ersatzmitglieder)" ausgeschlossen, die in der Sache an der Entscheidung einer Wahlbehörde teilgenommen haben. *(BGBl I 2003/100)*

(4) Bei Prüfung der Gesetzmäßigkeit von Verordnungen oder Kundmachungen über die Wiederverlautbarung eines Gesetzes (Staatsvertrages) sind die Mitglieder (Ersatzmitglieder) ausgeschlossen, die im Zeitpunkt der Erlassung der Verordnung oder Kundmachung der Bundesregierung oder der jeweiligen Landesregierung angehört haben. Bei Prüfung der Verfassungsmäßigkeit von Gesetzen sind die Mitglieder (Ersatzmitglieder) ausgeschlossen, die der gesetzgebenden Körperschaft, die das Gesetz beschlossen hat, im Zeitpunkt des Gesetzesbeschlusses angehört haben. Ebenso sind bei Prüfung der Verfassungsmäßigkeit von Bundesgesetzen auch die Mitglieder (Ersatzmitglieder) ausgeschlossen, die dem Bundesrat im Zeitpunkt der Abstimmung über den Gesetzesbeschluss des Nationalrates angehört haben. „Bei Prüfung der Rechtmäßigkeit von Staatsverträgen sind die Bestimmungen des ersten Satzes, und, soweit es sich um politische, gesetzändernde oder gesetzesergänzende Staatsverträge oder Staatsverträge, durch die die vertraglichen Grundlagen der Europäischen Union geändert werden, handelt, auch die Bestimmungen des zweiten und dritten Satzes sinngemäß anzuwenden." *(BGBl I 2003/100; BGBl I 2012/51)*

(5) Bei Prüfung der Gesetzmäßigkeit von Verordnungen, der Gesetzmäßigkeit von Kundmachungen über die Wiederverlautbarung eines Gesetzes (Staatsvertrages), der Verfassungsmäßigkeit von Gesetzen oder der Rechtmäßigkeit von Staatsverträgen sind ausgeschlossen:

1. wenn die Prüfung auf Antrag eines Gerichtes durchzuführen ist, die Mitglieder (Ersatzmitglieder), die dem antragstellenden Gericht angehören;

2. wenn die Prüfung auf Antrag einer Person durchzuführen ist, die als Partei einer von einem ordentlichen Gericht in erster Instanz entschiedenen Rechtssache in ihren Rechten verletzt zu sein behauptet, die Mitglieder (Ersatzmitglieder), die dem ordentlichen Gericht angehören, das die Rechtssache in erster Instanz entschieden hat oder das über das gegen die Entscheidung erhobene Rechtsmittel zu entscheiden hat. *(BGBl I 2014/92)*

(6) Ob ein Ausschließungsgrund vorliegt, entscheidet der Verfassungsgerichtshof selbst, und zwar in nichtöffentlicher Sitzung.

§ 13. (1) Unbeschadet des Art. 65 Abs. 2 lit. a B-VG werden die Angelegenheiten, die das dem Verfassungsgerichtshof angehörende Verwaltungspersonal und die sachlichen Erfordernisse betreffen, vom Präsidenten geführt.

(2) Vor wichtigen Personalmaßnahmen, insbesondere vor Aufnahmen in den Personalstand und vor der Betrauung von Angehörigen des Verwaltungspersonals mit leitenden Funktionen, ist der aus dem Präsidenten, dem Vizepräsidenten und den ständigen Referenten des Verfassungsgerichtshofes bestehende Personalsenat zu hören.

(BGBl I 2002/123)

§ 13a. (1) Beim Verfassungsgerichtshof ist ein Evidenzbüro einzurichten. Betraut der Präsident ein Mitglied des Verfassungsgerichtshofes mit der Leitung des Evidenzbüros, so ist jenes hinsichtlich der geldentschädigungs- und pensionsrechtlichen Ansprüche einem ständigen Referenten gleichgestellt.

(2) Dem Evidenzbüro obliegt insbesondere die übersichtliche Erfassung der Erkenntnisse des Verfassungsgerichtshofes, im Bedarfsfall auch der Entscheidungen anderer oberster Gerichte

und des einschlägigen Schrifttums. *(BGBl I 2008/4)*

(BGBl I 2003/100)

§ 14. (1) Der Verfassungsgerichtshof beschließt seine Geschäftsordnung selbst. Sie ist durch den Bundeskanzler kundzumachen.

(2) In der Geschäftsordnung wird auch geregelt, welche Mittel – abgesehen von der Verhängung von Mutwillens- und Ordnungsstrafen nach § 28 – dem Präsidenten bei der Handhabung der Geschäftsordnung und zur Aufrechterhaltung der Ruhe und Ordnung bei den Verhandlungen und Beratungen des Verfassungsgerichtshofes zur Verfügung stehen.

(3) Der Verfassungsgerichtshof verfasst nach Abschluss eines jeden Jahres einen Bericht über seine Tätigkeit und die hiebei gesammelten Erfahrungen und teilt diesen Bericht dem Bundeskanzler mit. *(BGBl I 2013/33)*

§ 14a. (1) Schriftsätze und Beilagen zu Schriftsätzen, Ausfertigungen von Erledigungen des Verfassungsgerichtshofes sowie Kopien von Schriftsätzen und Beilagen können nach Maßgabe der technischen Möglichkeiten auf folgende Weise wirksam elektronisch eingebracht bzw. übermittelt werden:

1. im Weg des elektronischen Rechtsverkehrs oder

2. über elektronische Zustelldienste nach den Bestimmungen des 3. Abschnittes des Zustellgesetzes – ZustG, BGBl. Nr. 200/1982.

(2) Der Präsident kann nach Anhörung der sonstigen Mitglieder durch Verordnung nach Maßgabe der technischen Möglichkeiten die Einbringung bzw. Übermittlung von Dokumenten im Sinne des Abs. 1 durch Anwendung eines anderen sicheren Verfahrens, das die Authentizität und die Integrität des übermittelten elektronischen Dokuments sicherstellt, insbesondere durch elektronische Vorschreibung im elektronischen Akt oder mit auf der Website www.vfgh.gv.at abrufbaren elektronischen Formblättern, für zulässig erklären.

(3) Auf den elektronischen Rechtsverkehr (Abs. 1 Z 1) sind die §§ 89a Abs. 2, 89c Abs. 1 und 89d des Gerichtsorganisationsgesetzes – GOG, RGBl. Nr. 217/1896, sinngemäß anzuwenden. Der Präsident hat nach Anhörung der sonstigen Mitglieder durch Verordnung die nähere Vorgangsweise bei der Einbringung bzw. Übermittlung von Schriftsätzen und von Beilagen zu Schriftsätzen, von Ausfertigungen von Erledigungen des Verfassungsgerichtshofes sowie von Kopien von Schriftsätzen und Beilagen im Weg des elektronischen Rechtsverkehrs (Abs. 1 Z 1) festzulegen; dazu gehören insbesondere Regelungen über die zulässigen elektronischen Formate und Signaturen sowie über die Ausgestaltung der automationsunterstützt hergestellten Ausfertigungen einschließlich der technischen Vorgaben für die elektronische Signatur des Verfassungsgerichtshofes und deren Überprüfung. In der Verordnung kann vorgesehen werden, dass sich die Einbringer einer Übermittlungsstelle zu bedienen haben.

(4) Soweit eine elektronische Einbringung von Schriftsätzen und von Beilagen zu Schriftsätzen für zulässig erklärt ist, sind Rechtsanwälte (§ 17 Abs. 2) zu dieser Form der Einbringung verpflichtet. Soweit Behörden über die technischen Möglichkeiten verfügen, sind auch sie zu dieser Form der Einbringung verpflichtet. Ein Verstoß gegen diese Verpflichtung ist wie ein Mangel im Sinne des § 18 zu behandeln, der zu verbessern ist.

(5) Für die durch den Einsatz der Informations- und Kommunikationstechnik verursachten Schäden aus Fehlern bei der Führung der Geschäfte des Verfassungsgerichtshofes einschließlich der Angelegenheiten der Justizverwaltung haftet der Bund. Die Haftung ist ausgeschlossen, wenn der Schaden durch ein unabwendbares Ereignis verursacht wird, das weder auf einem Fehler in der Beschaffenheit noch auf einem Versagen der Mittel der automationsunterstützten Datenverarbeitung beruht. Im Übrigen ist das Amtshaftungsgesetz – AHG, BGBl. Nr. 20/1949, anzuwenden. Bei Daten, die an den Verfassungsgerichtshof übermittelt worden sind, haftet der Bund im Fall des Abs. 1 Z 1 ab ihrem Einlangen bei der Bundesrechenzentrum GmbH, sonst ab ihrem Einlangen in den elektronischen Verfügungsbereich des Verfassungsgerichtshofes; bei Daten, die vom Verfassungsgerichtshof zu übermitteln sind, haftet der Bund bis zu ihrem Einlangen in den elektronischen Verfügungsbereich des Empfängers.

(6) Der Bundesrechenzentrum GmbH und der ARGE ELAK GmbH & Co OG obliegt nach Maßgabe ihrer maschinellen und personellen Ausstattung die Mitwirkung an der automationsunterstützten Abwicklung von gesetzlichen Aufgaben des Verfassungsgerichtshofes als „Auftragsverarbeiter (Art. 4 Z 8 der Verordnung [EU] 2016/679 zum Schutz natürlicher Personen bei der Verarbeitung personenbezogener Daten, zum freien Datenverkehr und zur Aufhebung der Richtlinie 95/46/EG [Datenschutz-Grundverordnung] – DSGVO, ABl. Nr. L 119 vom 4. 5. 2016, S. 1)", soweit dies im Interesse der Zweckmäßigkeit, Einfachheit und Kostenersparnis gelegen ist.

(BGBl I 2018/22)

(BGBl I 2013/33)

„2. Teil
Verfahren vor dem Verfassungsgerichtshof"
(BGBl I 2003/100)

„1. Hauptstück
Allgemeine Bestimmungen"
(BGBl I 2003/100)

§ 15. (1) Die an den Verfassungsgerichtshof gemäß den Art. 126a, „127c Z 1", 137 bis 145, 148f und 148i B-VG gerichteten Anträge sind schriftlich zu stellen. *(BGBl I 2004/89; BGBl I 2010/98)*

(2) Der Antrag hat zu enthalten die Bezugnahme auf den Artikel des „B-VG", auf Grund dessen der Verfassungsgerichtshof angerufen wird, die Darstellung des Sachverhaltes, aus dem der Antrag hergeleitet wird, und ein bestimmtes Begehren. *(BGBl I 2013/33)*

§ 16. Der Präsident weist jede anfallende Rechtssache einem ständigen Referenten zu. Er kann aber ausnahmsweise auch ein anderes Mitglied des Verfassungsgerichtshofes mit einem Referat betrauen.

§ 17. (1) Alle Schriftsätze und Beilagen können einfach eingebracht werden. Der Referent kann der Partei unter Setzung einer angemessenen Frist die Beibringung so vieler Ausfertigungen in Papierform auftragen, dass jeder nach dem Gesetz zu ladenden Partei (Behörde) ein Exemplar zugestellt werden kann. *(BGBl I 2014/92)*

(2) Klagen gemäß § 37, Anträge gemäß den §§ 46, 48, 50, 57, 57a, 62, 62a und 66 und Beschwerden gemäß den §§ 56i und 82 sind durch einen bevollmächtigten Rechtsanwalt abzufassen und einzubringen (Anwaltspflicht). *(BGBl I 2014/101)*

(3) Der Anwaltspflicht unterliegen nicht

1. Anträge der in § 24 Abs. 2 genannten Körperschaften sowie „von" deren Behörden; *(BGBl I 2017/24)*

2. Anträge gemäß § 62, die von Mitgliedern des Nationalrates, des Bundesrates oder eines Landtages gestellt werden. *(BGBl I 2014/101)*

(4) Die „Schriftsätze" können auch Rechtsausführungen enthalten. *(BGBl I 2013/33)*

(BGBl 1976/311)

§ 17a. Für Anträge gemäß § 15 Abs. 1 einschließlich der Beilagen ist nach Maßgabe der folgenden Bestimmungen eine Eingabengebühr zu entrichten:

1. Die Gebühr beträgt 240 Euro. Der Bundeskanzler und der Bundesminister für Finanzen sind ermächtigt, die Eingabengebühr durch Verordnung neu festzusetzen, sobald und soweit sich der von der Bundesanstalt „Statistik Österreich" verlautbarte Verbraucherpreisindex 2010 oder ein an dessen Stelle tretender Index gegenüber der für Jänner 2013 verlautbarten und in der Folge gegenüber der der letzten Festsetzung zugrunde gelegten Indexzahl um mehr als 10% geändert hat. Der neue Betrag ist aus dem im ersten Satz genannten Betrag im Verhältnis der Veränderung der für Jänner 2013 verlautbarten Indexzahl zu der für die Neufestsetzung maßgebenden Indexzahl zu berechnen, jedoch auf ganze zehn Euro kaufmännisch auf- oder abzurunden. *(BGBl I 2013/33)*

2. Gebietskörperschaften und Mitglieder des Nationalrates in den Angelegenheiten des Art. 138b Abs. 1 Z 1 bis 6 B-VG sind von der Entrichtung der Gebühr befreit. *(BGBl I 2014/101)*

3. Die Gebührenschuld entsteht im Zeitpunkt der Überreichung der Eingabe; die Gebühr wird mit diesem Zeitpunkt fällig. „Bei elektronisch eingebrachten Schriftsätzen ist in den Fällen des § 14a Abs. 1 jener Zeitpunkt maßgeblich, der sich aus den für die jeweilige Form der Einbringung maßgeblichen Bestimmungen des GOG bzw. des ZustG ergibt; soweit eine andere Form der Einbringung für zulässig erklärt ist (§ 14a Abs. 2), ist der Zeitpunkt des Einlangens in den elektronischen Verfügungsbereich des Verfassungsgerichtshofes maßgeblich." *(BGBl I 2013/33)*

4. Die Gebühr ist unter Angabe des Verwendungszwecks durch Überweisung auf ein entsprechendes Konto des „Finanzamtes „Österreich"***** zu entrichten. Die Entrichtung der Gebühr ist durch einen von „einer Post-Geschäftsstelle"* oder einem Kreditinstitut bestätigten Zahlungsbeleg in Urschrift nachzuweisen. Dieser Beleg ist der Eingabe anzuschließen. Die Einlaufstelle hat den Beleg dem Beschwerdeführer (Antragsteller) auf Verlangen zurückzustellen, zuvor darauf einen deutlichen Sichtvermerk anzubringen und auf der im Akt verbleibenden Ausfertigung der Eingabe zu bestätigen, dass die Gebührenentrichtung durch Vorlage des Zahlungsbeleges nachgewiesen wurde. Für jede Eingabe ist die Vorlage eines gesonderten Beleges erforderlich. Rechtsanwälte können die Entrichtung der Gebühr auch durch einen schriftlichen Beleg des spätestens zugleich mit der Eingabe weiterzuleitenden Überweisungsauftrages nachweisen, wenn sie darauf mit Datum und Unterschrift bestätigen, dass der Überweisungsauftrag unter einem unwiderruflich erteilt wird. *(*BGBl I 2008/4; **BGBl I 2010/111; ***BGBl I 2019/104)*

5. Wird der Antrag im Weg des elektronischen Rechtsverkehrs (§ 14a Abs. 1 Z 1) eingebracht, so hat der Gebührenentrichter das Konto, von dem die Eingabengebühr einzuziehen ist, oder einen Anschriftcode, unter dem ein Konto zur Einziehung der Eingabengebühr gespeichert ist,

anzugeben. Gibt der Gebührenentrichter sowohl einen Anschriftcode, unter dem ein Konto zur Einziehung der Eingabengebühr gespeichert ist, als auch ein Konto zur Einziehung der Eingabengebühr an, so ist die Eingabengebühr von diesem Konto einzuziehen. Die Abbuchung und die Einziehung der Eingabengebühr sind im Weg der automationsunterstützten Datenverarbeitung durchzuführen. *(BGBl I 2013/33)*

„6."** Für die Erhebung der Gebühr „(Z 4 und 5)"*** ist das „Finanzamt „Österreich"****" „** zuständig. *(*BGBl I 2010/111; **BGBl I 2013/33; ***BGBl I 2019/104)*

7. Im Übrigen sind auf die Gebühr die Bestimmungen des Gebührengesetzes 1957, BGBl. Nr. 267/1957, über Eingaben mit Ausnahme der §§ 11 Z 1 und 14 anzuwenden. *(BGBl I 2013/33)*

(BGBl I 2004/89)

§ 18. „Schriftsätze"*, die den Anforderungen der „§§ 15, 17, 57 Abs. 2 letzter Satz, „*** 57a Abs. 3 und 4, „**** „62 Abs. 2 letzter Satz"*** und „ „**** 62a Abs. 3 und 4"*** oder anderen durch dieses Gesetz aufgestellten Formerfordernissen nicht entsprechen, sind, sofern die Mängel voraussichtlich zu beheben sind, vom Referenten dem Einbringer zur Verbesserung innerhalb einer Frist zurückzustellen. *(*BGBl I 2013/33; **BGBl I 2014/92; ***BGBl I 2017/24)*

§ 19. (1) Die Erkenntnisse des Verfassungsgerichtshofes werden mit Ausnahme der Erkenntnisse nach „§ 10, § 36d, § 92 und § 93 in Verbindung mit § 92"** nach einer öffentlichen mündlichen Verhandlung geschöpft, zu der der Antragsteller, die Gegenpartei und die etwa sonst Beteiligten zu laden sind. „ „* *(BGBl 1958/18; *BGBl 1984/297; **BGBl I 2003/100)*

(2) Die Erkenntnisse werden im Namen der Republik verkündet und ausgefertigt.

(3) Ohne weiteres Verfahren und ohne vorangegangene Verhandlung können in nichtöffentlicher Sitzung auf Antrag des Referenten beschlossen werden:

1. die Ablehnung der Behandlung eines Antrages bzw. einer Beschwerde gemäß Art. 139 Abs. 1b B-VG, Art. 140 Abs. 1b B-VG und Art. 144 Abs. 2 B-VG;

2. die Zurückweisung eines Antrages bzw. einer Beschwerde wegen

a) offenbarer Nichtzuständigkeit des Verfassungsgerichtshofes,

b) Versäumung einer gesetzlichen Frist,

c) nicht behobenen Mangels der formellen Erfordernisse,

d) rechtskräftig entschiedener Sache und

e) Mangels der Legitimation;

3. die Einstellung des Verfahrens wegen Zurücknahme des Antrages oder wegen Klaglosstellung (§ 86);

4. die Entscheidung in „Rechtssachen", in denen die Rechtsfrage durch die bisherige Rechtsprechung des Verfassungsgerichtshofes bereits genügend klargestellt ist. *(BGBl I 2017/24)* *(BGBl I 2014/92)*

(4) Der Verfassungsgerichtshof kann von einer mündlichen Verhandlung absehen, wenn die Schriftsätze der Parteien des verfassungsgerichtlichen Verfahrens und die dem Verfassungsgerichtshof vorgelegten Akten erkennen lassen, dass die mündliche Erörterung eine weitere Klärung der Rechtssache nicht erwarten lässt. „Dies gilt nicht bei Anträgen auf Mandatsverlust gemäß Art. 141 Abs. 1 lit. c B-VG." *(BGBl I 2014/92; BGBl I 2016/41)*

(5) *(entfällt, BGBl I 2014/92)*

„ „
(BGBl I 2012/51)

§ 19a. (1) „Beschlüsse des Verfassungsgerichtshofes, dem Gerichtshof der Europäischen Union eine Frage zur Vorabentscheidung nach Art. 267 des Vertrags über die Arbeitsweise der Europäischen Union vorzulegen, sind den Parteien zuzustellen."* Hat der Verfassungsgerichtshof einen solchen Beschluss gefasst, so darf er bis zum Einlangen der Vorabentscheidung nur solche Handlungen vornehmen und nur solche „Anordnungen und Entscheidungen"** treffen, die durch die Vorabentscheidung nicht beeinflusst werden können oder die die Frage nicht abschließend regeln und keinen Aufschub gestatten. *(*BGBl I 2012/51; **BGBl I 2013/33)*

(2) Ist die beantragte Vorabentscheidung noch nicht ergangen und hat der Verfassungsgerichtshof die Bestimmung, die Gegenstand seines Vorabentscheidungsantrages war, nicht mehr anzuwenden, so hat er diesen unverzüglich zurückzuziehen.

(BGBl I 2008/4)

§ 20. (1) Verfahrensleitende Anordnungen im Vorverfahren und verfahrensleitende Anordnungen, die nur zur Vorbereitung der Entscheidung dienen, trifft der Referent ohne Gerichtsbeschluss. *(BGBl I 2013/33)*

„(2)" Entscheidungen über die Gewährung von Verfahrenshilfe einschließlich jener über den Ersatz von Barauslagen trifft der Referent, solche über die Ab- oder die Zurückweisung eines Antrages auf Verfahrenshilfe im Falle, dass der Verfassungsgerichtshof nicht versammelt ist, der Präsident auf Antrag des Referenten. *(BGBl I 2014/92; BGBl I 2017/24)*

„(3)" Insbesondere kann der Referent zur Vorbereitung der Verhandlung die Vernehmung

VfGG
GO-VfGH
VfGH-EVV
VfGH-EVGO

von Beteiligten, Zeugen, Sachverständigen und Auskunftspersonen, die Vornahme eines Augenscheines, die Herbeischaffung von Urkunden sowie Amts- und Gerichtsakten anordnen sowie Auskünfte von Verwaltungsbehörden und Gerichten einholen. *(BGBl I 2014/92; BGBl I 2017/24)*

„(4)" Die Verwaltungsbehörden und Gerichte können anlässlich der Vorlage von Akten an den Verfassungsgerichtshof verlangen, dass bestimmte Akten oder Aktenbestandteile im öffentlichen Interesse von der Akteneinsicht ausgenommen werden. Hält der Referent das Verlangen für zu weitgehend, hat er die Verwaltungsbehörde bzw. das Gericht über seine Bedenken zu hören und allenfalls einen in nichtöffentlicher Sitzung zu fassenden Beschluss des Gerichtshofes einzuholen. In Aktenbestandteile, die im Verwaltungsverfahren oder im Verfahren vor dem Gericht von der Akteneinsicht ausgenommen waren, darf Akteneinsicht jedoch nicht gewährt werden. Die Verwaltungsbehörde bzw. das Gericht hat die in Betracht kommenden Aktenbestandteile anlässlich der Vorlage der Akten zu bezeichnen. *(BGBl I 2014/92; BGBl I 2017/24)*

„(5)" Der Referent kann die vorbereitenden Erhebungen selbst durchführen oder die zuständige Verwaltungsbehörde oder das zuständige Gericht darum ersuchen. *(BGBl I 2014/92; BGBl I 2017/24)*

(6) Die schriftlichen Ausfertigungen der Erkenntnisse, Beschlüsse und sonstigen Erledigungen des Verfassungsgerichtshofes werden unter Wiedergabe der auf der Urschrift beigesetzten Fertigungen von der Kanzlei mit dem Vermerk „Für die Richtigkeit der Ausfertigung" beglaubigt.

§ 20a. Unbeschadet des § 85 kann der Verfassungsgerichtshof in bei ihm anhängigen Rechtssachen durch Beschluss einstweiligen Rechtsschutz zuerkennen, wenn dies nach den Vorschriften des Unionsrechts erforderlich ist.

(BGBl I 2014/92)

§ 21. (1) Eine Verhandlung, die anberaumt ist, kann nur aus erheblichen Gründen verlegt werden. Für einen darauf gerichteten Antrag ist die Zustimmung der Gegenpartei weder erforderlich noch ausreichend.

(2) Die Verlegung wird durch den Gerichtshof beschlossen, wenn dieser versammelt ist, sonst von dem Präsidenten verfügt.

§ 22. Der Präsident ordnet die Verhandlung an. „Die Verhandlung ist an der Amtstafel und im „„ "Amtsblatt zur Wiener Zeitung„ """** vorher kundzumachen. Darüber hinaus kann sie im Internet auf der Website www.vfgh.gv.at bekannt gemacht werden."* *(*BGBl I 2013/33; **BGBl I 2017/24)*

§ 23. Das Ausbleiben der Geladenen steht der Verhandlung und Entscheidung nicht entgegen.

§ 24. (1) Die Parteien können unbeschadet des § 17 Abs. 2 ihre Sache vor dem Verfassungsgerichtshof selbst führen oder sich durch einen Rechtsanwalt vertreten lassen. *(BGBl I 2003/100)*

(2) Der Bund, die Länder, die Gemeinden und die Gemeindeverbände, die Stiftungen, Fonds und Anstalten, die von Organen dieser Körperschaften oder von Personen (Personengemeinschaften) verwaltet werden, die hiezu von diesen Körperschaften bestellt sind, und die sonstigen Selbstverwaltungskörperschaften sowie deren Behörden werden durch ihre vertretungsbefugten oder bevollmächtigten Organe vertreten. *(BGBl I 2003/100)*

(3) Mit der Vertretung „des Bundes, der Länder und der Stiftungen", Fonds und Anstalten, die von Organen des Bundes oder der Länder oder von Personen (Personengemeinschaften) verwaltet werden, die hiezu von Organen dieser Körperschaften bestellt sind, sowie deren Behörden kann auch die Finanzprokuratur, mit der Vertretung der Länder, der Gemeinden und Gemeindeverbände und der Stiftungen, Fonds und Anstalten, die von Organen dieser Körperschaften oder von Personen (Personengemeinschaften) verwaltet werden, die hiezu von Organen dieser Körperschaften bestellt sind, sowie deren Behörden können auch Organe der sachlich in Betracht kommenden Bundesministerien betraut werden. Die Finanzprokuratur und die Organe der Bundesministerien dürfen jedoch die Vertretung eines anderen Rechtsträgers als des Bundes nur übernehmen, wenn weder eine Bundesbehörde noch der Bund selbst am Verfahren beteiligt ist und bei der Vertretung von Behörden der sachlich in Betracht kommende Bundesminister, sonst der Bundesminister für Finanzen zustimmt. *(BGBl I 2003/100; BGBl I 2004/89)*

(4) In Anträgen gemäß den §§ 56c bis 56h und in Anträgen gemäß § 62 „und § 71", die von Mitgliedern des Nationalrates, des Bundesrates oder eines Landtages gestellt und nicht von einem bevollmächtigten Rechtsanwalt eingebracht werden, haben die Antragsteller einen oder mehrere Bevollmächtigte namhaft zu machen. Wird ein solcher nicht ausdrücklich namhaft gemacht, so gilt der erstangeführte Antragsteller als Bevollmächtigter. *(BGBl I 2014/101; BGBl I 2016/41)*

„(5)" Die Vertretung durch einen Rechtsanwalt oder durch die Finanzprokuratur schließt nicht aus, dass auch die Parteien selbst erscheinen und im eigenen Namen Erklärungen abgeben. *(BGBl I 2013/33; BGBl I 2014/101)*

„(6)" Die für die Parteien auftretenden Organe und Vertreter haben ihre Bevollmächtigung nachzuweisen. *(BGBl I 2014/101)*

„(7)" Durch Verordnung der Bundesregierung wird bestimmt, ob und für welche in den Abs. 1 und 3 bezeichneten Vertreter das Tragen von Amtskleidern bei den Verhandlungen des Verfassungsgerichtshofes vorgeschrieben oder für zulässig erklärt wird. *(BGBl I 2014/101)*

§ 25. Die Verhandlung beginnt mit dem Vortrag des Referenten. Sein Bericht hat den aus den Akten sich ergebenden Sachverhalt, den Wortlaut der von den Parteien gestellten Anträge und das Ergebnis der etwa gepflogenen Erhebungen zu enthalten. „In Schriftsätzen enthaltene" Rechtsausführungen sind nur dann vorzulesen, wenn „der Schriftsatz" von einer Partei herrührt, die zur Verhandlung nicht erschienen ist, oder wenn eine der erschienenen Parteien die Verlesung verlangt. *(BGBl I 2013/33)*

§ 26. (1) Das Erkenntnis ist, wenn möglich, sogleich nach Schluss der mündlichen Verhandlung zu fällen und mit den wesentlichen Entscheidungsgründen sofort mündlich zu verkünden. Die Verkündung des Erkenntnisses ist von der Anwesenheit der Parteien nicht abhängig. *(BGBl I 2013/33)*

(2) Wenn das Erkenntnis nicht sofort nach Schluss der mündlichen Verhandlung gefällt werden kann, so wird es entweder mündlich in einer besonderen, den Beteiligten nach Schluss der Verhandlung sofort bekanntzugebenden öffentlichen Tagsatzung verkündet oder nach Ermessen des Gerichtshofes auf schriftlichem Wege durch Zustellung einer Ausfertigung bekanntgemacht. *(BGBl I 2013/33)*

§ 27. Der Ersatz der Kosten des Verfahrens findet nur statt, wenn er in diesem Gesetz ausdrücklich vorgesehen ist. „Wird der Zuspruch von Kosten beantragt, so brauchen regelmäßig anfallende Kosten, insbesondere für den Antrag (die Beschwerde) und für die Teilnahme an Verhandlungen, nicht ziffernmäßig verzeichnet werden." *(BGBl 1984/297)*

§ 28. (1) Über Personen, die die Amtshandlung des Verfassungsgerichtshofes stören oder durch ungeziemendes Benehmen den Anstand verletzen, kann der Vorsitzende, wenn Ermahnung erfolglos geblieben ist, eine Ordnungsstrafe bis zur Höhe von „109 Euro"* und, falls diese uneinbringlich ist, Haft bis zu drei Tagen verhängen. Bei erschwerenden Umständen ist die „selbstständige"** oder gleichzeitige Verhängung einer Haftstrafe bis zur angegebenen Dauer zulässig. Die gleichen Ordnungsstrafen kann der Verfassungsgerichtshof über Personen verhängen, die sich in „Schriftsätzen"** einer beleidigenden Schreibweise bedienen. Die Verhängung einer Ordnungsstrafe schließt die strafgerichtliche Verfolgung wegen derselben Handlung nicht aus. *(BGBl 1958/18; *BGBl I 2008/4; **BGBl I 2013/33)*

(2) Gegen Personen, die die Tätigkeit des Verfassungsgerichtshofes offenbar mutwillig in Anspruch nehmen oder in der Absicht einer Verschleppung der Angelegenheit unrichtige Angaben machen, kann der Verfassungsgerichtshof eine Mutwillensstrafe bis „109 Euro"* und im „Fall"*** der Uneinbringlichkeit Haft bis zu „drei Tagen"** verhängen. *(BGBl 1958/18; *BGBl I 2001/136; **BGBl I 2008/4; ***BGBl I 2013/33)*

(3) Die Ordnungs- und Mutwillensstrafen fließen dem „Bund" zu. *(BGBl I 2013/33)*

(4) Zur Exekution der Beschlüsse des Vorsitzenden gemäß Abs. 1 oder des Verfassungsgerichtshofes gemäß Abs. 1 oder 2 sind die ordentlichen Gerichte berufen. *(BGBl I 2013/33)*

§ 29. (1) Über die Verhandlung ist ein Protokoll zu führen; es hat den Namen des Vorsitzenden, der anwesenden Stimmführer des Verfassungsgerichtshofes, die erschienenen Parteien und deren Vertreter sowie die wesentlichen Vorkommnisse der Verhandlung, insbesondere die von den Parteien gestellten Anträge, zu enthalten.

(2) Über die nichtöffentliche Beratung und Abstimmung ist ein besonderes Protokoll zu führen. Jedes Protokoll ist von dem Vorsitzenden und dem Schriftführer zu unterschreiben.

§ 30. (1) Die Beratung und Abstimmung sind nicht öffentlich.

(2) Die Beratung beginnt mit der Antragstellung des Referenten, worauf die Wechselrede eingeleitet wird. Nach Abschluss der Wechselrede erfolgt die Abstimmung. *(BGBl I 2013/33)*

(3) Der Vorsitzende stellt fest, in welcher Ordnung über die gestellten Anträge abgestimmt werden soll. Auf Antrag eines Stimmführers ist hierüber vom Gerichtshof ein Beschluss einzuholen. Die Stimmführer haben ihre Stimmen nach dem Lebensalter vom ältesten angefangen, abzugeben. *(BGBl I 2013/33)*

§ 31. Die Beschlüsse werden mit unbedingter Stimmenmehrheit gefasst. Der Vorsitzende stimmt mit. Hat aber von mehreren Meinungen wenigstens eine die Hälfte aller Stimmen auf sich vereinigt, ist auch der Vorsitzende verpflichtet, seine Stimme abzugeben. Tritt er in diesem Fall einer Meinung bei, die die Hälfte der Stimmen auf sich vereinigt hat, ist sie zum Beschluss erhoben. Besteht zwischen zwei gleichgeteilten Meinungen der Unterschied nur über Summen, kann der Vorsitzende auch eine mittlere Summe bestimmen. „Beschlüsse gemäß § 19 Abs. 3 Z 1 bedürfen der Einstimmigkeit." *(BGBl I 2014/92)*

(BGBl I 2013/33)

VfGG
GO-VfGH
VfGH-EVV
VfGH-EVGO

§ 32. (1) Hat sich für keine Meinung die zu einem Beschluss erforderliche Stimmenmehrheit ergeben, ist die Umfrage zu wiederholen. *(BGBl I 2013/33)*

(2) Ergibt sich auch hiebei nicht die erforderliche Stimmenmehrheit, ist eine neue Abstimmung vorzunehmen, bei der die gestellten Anträge nötigenfalls in mehrere Fragepunkte zu zerlegen sind.

(3) Der über einen Punkt gefasste Beschluss ist der Beratung und Beschlussfassung über alle folgenden Punkte in der Art zugrunde zu legen, dass ihn auch die Stimmführer, die dem früheren Beschluss nicht zugestimmt haben, als Grundlage anzunehmen und danach weiter abzustimmen haben. *(BGBl I 2013/33)*

§ 33. *(entfällt, BGBl I 2016/110 (VfGH))*

§ 34. Eine Wiederaufnahme des Verfahrens kann nur in den Fällen „der Art. 137, 143 „und 144"** B-VG"* stattfinden. Über ihre Zulässigkeit entscheidet der Verfassungsgerichtshof in nichtöffentlicher Sitzung. *(*BGBl I 2008/4; **BGBl I 2013/33)*

§ 35. (1) Soweit in diesem Gesetz nicht anderes bestimmt ist, ist auf das Verfahren vor dem Verfassungsgerichtshof die Zivilprozessordnung – ZPO, RGBl. Nr. 113/1895, sinngemäß anzuwenden. *(BGBl I 2014/92)*

(2) Insbesondere finden die Bestimmungen „dieses Gesetzes" auch auf die Berechnung von Fristen Anwendung; die Tage des „Postlaufs" werden in die Fristen nicht eingerechnet. *(BGBl I 2013/33)*

§ 36. Für Exekutionen, die auf Grund des Art. 126a, des „Art. 127c Z 1" oder des Art. 137 B-VG durchzuführen sind, bildet das Erkenntnis des Verfassungsgerichtshofes den Exekutionstitel. *(BGBl I 2010/98)*

(BGBl I 2003/100)

„2. Hauptstück
Besondere Bestimmungen"
(BGBl I 2003/100)

„A. Bei Meinungsverschiedenheiten über die Auslegung der gesetzlichen Bestimmungen, die die Zuständigkeit des Rechnungshofes oder „eines Landesrechnungshofes"**** regeln (Art. 126a und „Art. 127c Z 1"** „B-VG"***)"*
*(*BGBl I 2003/100; **BGBl I 2010/98; ***BGBl I 2013/33; ****BGBl I 2013/122)*

§ 36a. (1) Bei Meinungsverschiedenheiten zwischen dem Rechnungshof und einem Rechtsträger (Art. 121 Abs. 1 B-VG) über die Auslegung der gesetzlichen Bestimmungen, die die Zuständigkeit des Rechnungshofes regeln, können der Rechnungshof sowie in Angelegenheiten der Bundesgebarung die Bundesregierung und in Angelegenheiten der Länder-, Gemeindeverbände- und Gemeindegebarung die Landesregierung den Antrag auf Entscheidung durch den Verfassungsgerichtshof stellen. Eine Meinungsverschiedenheit liegt vor, wenn ein Rechtsträger die Zuständigkeit des Rechnungshofes zur Gebarungsüberprüfung ausdrücklich bestreitet oder die Gebarungsüberprüfung tatsächlich nicht zulässt, oder aber der Rechnungshof sich weigert, besondere Akte der Gebarungsüberprüfung durchzuführen. *(BGBl I 2013/33)*

(2) Ein Antrag ist nicht mehr zulässig, wenn seit dem Auftreten der Meinungsverschiedenheit ein Jahr vergangen ist.

(BGBl I 2003/100)

§ 36b. Wird der Verfassungsgerichtshof angerufen, so hat dies den Aufschub oder die Unterbrechung der betreffenden Amtshandlung des Rechnungshofes bis zur Entscheidung durch den Verfassungsgerichtshof zur Folge.

(BGBl I 2003/100)

§ 36c. (1) Parteien sind der Antragsteller, der Rechtsträger, mit dem eine Meinungsverschiedenheit über die Zuständigkeit des Rechnungshofes entstanden ist, und der Rechnungshof. *(BGBl I 2008/4)*

(2) Hat sich die Meinungsverschiedenheit mit einem Rechtsträger ergeben, der nicht eine Gebietskörperschaft ist, so sind im „Fall"** einer Unternehmung jene Gebietskörperschaften, die an dieser beteiligt sind, wenn es sich jedoch um einen anderen Rechtsträger handelt, jene Gebietskörperschaften, in deren Gebarungsbereich der betreffende Rechtsträger fällt, vom Verfassungsgerichtshof zu einer „Äußerung"* aufzufordern und als mitbeteiligte Parteien dem Verfahren beizuziehen. *(*BGBl I 2003/100; **BGBl I 2013/33)*

(BGBl I 2003/100)

§ 36d. In einem Erkenntnis, mit dem festgestellt wird, dass der Rechnungshof zur Überprüfung der Gebarung eines Rechtsträgers zuständig ist, ist auch auszusprechen, dass der Rechtsträger schuldig ist, die Gebarungsüberprüfung bei sonstiger Exekution zu ermöglichen.

(BGBl I 2003/100)

§ 36e. Das Erkenntnis des Verfassungsgerichtshofes ist tunlichst binnen sechs Monaten nach Einlangen des Antrages zu fällen und den Parteien des Verfahrens zuzustellen.

(BGBl I 2003/100)

§ 36f. (1) In Verfahren über eine Meinungsverschiedenheit zwischen einer Gebietskörperschaft und dem Rechnungshof werden Kosten nicht zugesprochen.

(2) In Verfahren über eine Meinungsverschiedenheit zwischen anderen Rechtsträgern und dem Rechnungshof kann der unterlegenen Partei sowie einer Partei, die ihren Antrag vor der mündlichen Verhandlung zurückgezogen hat, auf Antrag der Ersatz der Prozesskosten auferlegt werden. *(BGBl I 2013/33)*

(BGBl I 2003/100)

§ 36g. *(entfällt, BGBl I 2003/100)*

„B. Bei vermögensrechtlichen Ansprüchen gegen den Bund, die Länder, die Gemeinden und die Gemeindeverbände, die weder im ordentlichen Rechtsweg auszutragen noch durch Bescheid einer Verwaltungsbehörde zu erledigen sind (Art. 137 „B-VG"***)"***
(*BGBl I 2003/100; **BGBl I 2013/33)

§ 37. Das Begehren ist in einer Klage zu stellen, die gegen den Bund, gegen ein Land, gegen eine Gemeinde oder gegen einen Gemeindeverband als beklagte Partei gerichtet wird.

(BGBl I 2003/100)

§ 38. Die Klage kann auch auf Feststellung des Bestehens oder Nichtbestehens eines Rechtes oder Rechtsverhältnisses gerichtet werden, wenn die klagende Partei ein rechtliches Interesse daran hat, dass das Recht oder das Rechtsverhältnis alsbald festgestellt werde. *(BGBl I 2013/33)*

§ 39. (1) Eine Ausfertigung der Klage samt deren Beilagen ist der beklagten Partei mit dem Auftrage zuzustellen, innerhalb einer bestimmten Frist eine Gegenschrift einzubringen. Die Frist ist mit mindestens zwei Wochen zu bemessen.

(2) Zur Vorbereitung der Verhandlung kann den Parteien auch die Erstattung weiterer Äußerungen und Gegenäußerungen innerhalb zu bestimmender Fristen freigestellt werden.

(3) Eine Verlängerung dieser Fristen kann nur aus erheblichen Gründen bewilligt werden; die Zustimmung der Gegenpartei ist hiezu weder erforderlich noch ausreichend.

§ 40. Nach Einlangen der Gegenschrift und weiterer etwa verlangter Äußerungen oder nach Ablauf der Fristen beraumt der Präsident die Verhandlung an.

§ 41. Dem unterliegenden Teil kann auf Antrag der Ersatz der Prozesskosten auferlegt werden. Der Ersatz von Kosten kann auf Antrag auch der klagenden Partei auferlegt werden, wenn sie die von ihr eingebrachte Klage vor Beginn der öffentlichen mündlichen Verhandlung zurückzieht und der beklagten Partei bereits Kosten erwachsen sind. *(BGBl I 2013/33)*

(BGBl 1958/18)

„C"*. Bei Entscheidungen in Kompetenzfragen (Art. 138 „B-VG"**)
(*BGBl 1958/18; BGBl I 2003/100; **BGBl I 2013/33)

a) In den Fällen des Art. 138 Abs. 1 „B-VG" (Kompetenzkonflikte)
(BGBl I 2003/100; BGBl I 2013/33)

§ 42. (1) Der Antrag auf Entscheidung eines Kompetenzkonfliktes, der dadurch entstand, dass ein Gericht und eine Verwaltungsbehörde „(Art. 138 Abs. 1 Z 1 B-VG)"* die Entscheidung derselben Sache in Anspruch genommen oder in der Sache selbst entschieden haben (bejahender Kompetenzkonflikt), kann nur so lange gestellt werden, als nicht in der Hauptsache ein rechtskräftiger Spruch gefällt ist. *(*BGBl I 2008/4; BGBl I 2013/33)*

(2) Der Antrag ist von der zuständigen obersten Verwaltungsbehörde des Bundes oder eines Landes binnen der Frist von vier Wochen nach Ablauf des Tages zu stellen, an dem diese Behörde von dem Kompetenzkonflikt amtlich Kenntnis erlangt hat.

(3) Die Versäumung dieser Frist hat die Zuständigkeit des Gerichtes zur Entscheidung der Rechtssache zur Folge.

(4) Die antragstellende Behörde hat sofort dem betreffenden Gerichte mitzuteilen, dass sie den Antrag gestellt hat. *(BGBl I 2013/33)*

(5) Das Einlangen dieser Mitteilung unterbricht das anhängige Verfahren bis zur Entscheidung des Verfassungsgerichtshofes.

§ 43. (1) Ist ein Kompetenzkonflikt dadurch entstanden, dass ein ordentliches Gericht und ein Verwaltungsgericht, ein ordentliches Gericht und der Verwaltungsgerichtshof oder der Verfassungsgerichtshof selbst und ein anderes Gericht (Art. 138 Abs. 1 Z 2 B-VG) die Entscheidung derselben Sache in Anspruch genommen haben (bejahender Kompetenzkonflikt), so hat der Verfassungsgerichtshof nur dann im Erkenntnis zu fällen, wenn von einem der genannten Gerichte ein rechtskräftiger Spruch in der Hauptsache noch nicht gefällt ist. *(BGBl I 2013/33)*

(2) Hat ein Gericht bereits einen rechtskräftigen Spruch in der Hauptsache gefällt, so bleibt die alleinige Zuständigkeit dieses Gerichtes aufrecht.

(3) Lag ein rechtskräftiger Spruch in der Hauptsache noch nicht vor, so ist das Verfahren zur Entscheidung des Kompetenzkonfliktes einzuleiten, sobald der Verfassungsgerichtshof von

VfGG
GO-VfGH
VfGH-EVV
VfGH-EVGO

dem Entstehen des Konfliktes, sei es durch Anzeige eines im Abs. 1 bezeichneten Gerichtes oder der an der Sache beteiligten Behörden oder Parteien, sei es durch den Inhalt seiner eigenen Akten, Kenntnis erlangt.

(4) Die im Abs. 3 genannten Behörden sind zu dieser Anzeige verpflichtet.

(5) Die Einleitung des Verfahrens beim Verfassungsgerichtshof unterbricht das bei dem betreffenden Gericht anhängige Verfahren bis zur Entscheidung des Kompetenzkonfliktes.

§ 44. Während der Unterbrechung kann die Aufschiebung einer bewilligten Exekution, die Exekution zur Sicherstellung, eine einstweilige Verfügung oder deren Aufschiebung von dem zuständigen Gerichte nach Maßgabe der Bestimmungen der „Exekutionsordnung – EO, RGBl. Nr. 79/1896," bewilligt werden. *(BGBl I 2013/33)*

§ 45. Zur Verhandlung sind die beteiligten Parteien zu laden. Den beteiligten Behörden, einschließlich der Gerichte, ist das Erscheinen freizustellen.

§ 46. (1) Der Antrag auf Entscheidung eines Kompetenzkonfliktes, der dadurch entstanden ist, dass in derselben Sache

1. ein Gericht und eine Verwaltungsbehörde (Art. 138 Abs. 1 Z 1 B-VG) oder

2. ein ordentliches Gericht und ein Verwaltungsgericht, ein ordentliches Gericht und der Verwaltungsgerichtshof oder der Verfassungsgerichtshof selbst und ein anderes Gericht (Art. 138 Abs. 1 Z 2 B-VG)

die Zuständigkeit abgelehnt haben (verneinender Kompetenzkonflikt), kann nur von der beteiligten Partei gestellt werden. *(BGBl I 2013/33)*

(2) Zur Verhandlung ist die beteiligte Partei zu laden. Den beteiligten Behörden, einschließlich der Gerichte, ist das Erscheinen freizustellen.

§ 47. (1) Entsteht ein Kompetenzkonflikt zwischen zwei Ländern oder zwischen einem Land und dem Bund „(Art. 138 Abs. 1 Z 3 B-VG)"* dadurch, dass jedes der Länder oder das Land und der Bund das Verfügungs- oder Entscheidungsrecht in derselben Verwaltungsangelegenheit beansprucht haben (bejahender Kompetenzkonflikt), so kann jede der beteiligten Regierungen den Antrag auf Entscheidung stellen. *(*BGBl I 2008/4; BGBl I 2013/33)*

(2) Der Antrag ist binnen der Frist von vier Wochen nach Ablauf des Tages zu stellen, dem die antragstellende Regierung von dem Kompetenzkonflikt amtlich Kenntnis erlangt hat.

(3) Die antragstellende Regierung hat sofort der beteiligten Regierung den Antrag mitzuteilen.

(4) Die Anrufung des Verfassungsgerichtshofes hat die Unterbrechung des bei den Verwaltungsbehörden anhängigen Verfahrens zur Folge.

§ 48. Die am Verfahren beteiligten Personen sind berechtigt, im Fall eines Kompetenzkonfliktes gemäß den §§ 42, 43 und 47 an die zur Antragstellung berufene Verwaltungs- oder Gerichtsbehörde das Begehren zu richten, den Antrag auf Entscheidung des Kompetenzkonfliktes im Sinne des Gesetzes zu stellen. Wird diesem Antrag binnen einer Frist von vier Wochen nicht entsprochen, so ist die Partei selbst berechtigt, den Antrag auf Entscheidung des Kompetenzkonfliktes binnen weiterer vier Wochen beim Verfassungsgerichtshof zu stellen.

§ 49. Zur Verhandlung sind die beteiligten Regierungen und die an der Sache beteiligten Parteien zu laden.

§ 50. (1) Entsteht ein Kompetenzkonflikt „(Art. 138 Abs. 1 Z 3 B-VG)"* dadurch, dass zwei Länder oder ein Land und der Bund das Verfügungs- oder Entscheidungsrecht in derselben Verwaltungsangelegenheit abgelehnt haben (verneinender Kompetenzkonflikt), so kann die abgewiesene Partei den Antrag auf Entscheidung stellen. *(*BGBl I 2008/4; BGBl I 2013/33)*

(2) Zur Verhandlung sind der Antragsteller und die beteiligten Regierungen zu laden.

§ 51. Das Erkenntnis des Verfassungsgerichtshofes über die Kompetenz hat auch die Aufhebung der diesem Erkenntnis entgegenstehenden behördlichen Akte auszusprechen.

§ 52. Im Fall eines im Sinne der §§ 46, 48 und 50 durch die Partei anhängig gemachten Kompetenzkonfliktes kann die Verfassungsgerichtshof der Gebietskörperschaft, deren Behörde die Kompetenz mit Unrecht abgelehnt oder mit Unrecht in Anspruch genommen hat, den Ersatz der der Partei erwachsenen Prozesskosten auferlegen. Der Ersatz von Kosten kann der Partei auch dann auferlegt werden, wenn sie ihren Antrag vor Beginn der mündlichen öffentlichen Verhandlung zurückzieht und anderen Beteiligten bereits Kosten erwachsen sind. *(BGBl I 2013/33)*

(BGBl 1958/18)

b) In den Fällen des Art. 138 Abs. 2 „B-VG"

(BGBl I 2003/100; BGBl I 2013/33)

§ 53. Der Antrag im Sinne des Art. 138 Abs. 2 „B-VG" hat die Feststellung zu begehren, ob eine Angelegenheit nach Gesetzgebung oder Vollziehung in die Zuständigkeit des Bundes oder der Länder fällt. *(BGBl I 2013/33)*

§ 54. Handelt es sich um die Zuständigkeit der Gesetzgebung, dann hat der Antrag einen Gesetzentwurf zu enthalten, der den Gegenstand der Beschlussfassung in einer gesetzgebenden Körperschaft bilden soll. *(BGBl I 2013/33)*

§ 55. Handelt es sich um die Zuständigkeit der Vollziehung, dann hat der Antrag zu enthalten:

a) bei Verordnungen: den Entwurf der in Aussicht genommenen Verordnung und die Bezeichnung der Behörde, von der die Verordnung erlassen werden soll;

b) bei sonstigen Akten der Vollziehung: den gegebenen Tatbestand, der einer Regelung unterzogen werden soll, und die Angabe der Behörde, von der der Bescheid ergehen soll.

§ 56. (1) Das Erkenntnis des Verfassungsgerichtshofes über einen Antrag nach § 53 wird nach öffentlicher mündlicher Verhandlung gefällt.

(2) Zur Verhandlung sind außer der antragstellenden Regierung die Bundesregierung und sämtliche Landesregierungen mit dem Beifügen zu laden, dass es ihnen freisteht, an der Verhandlung teilzunehmen. *(BGBl I 2013/33)*

(3) Zugleich mit der Anberaumung der Verhandlung werden die nichtantragstellenden Regierungen aufgefordert, eine schriftliche Äußerung über den Gegenstand dem „Verfassungsgerichtshof"** so rechtzeitig vorzulegen, dass diese Äußerung spätestens eine Woche vor der Verhandlung dem „Gerichtshof"* vorliegt. *(*BGBl I 2008/4; **BGBl I 2013/33)*

(4) Der Verfassungsgerichtshof fasst seine Feststellung in einem Rechtssatz zusammen. Der Rechtssatz ist vom Bundeskanzler unverzüglich im „Bundesgesetzblatt" kundzumachen. *(BGBl I 2013/33)*

D. Bei einem Antrag auf Feststellung des Vorliegens und der Erfüllung von Vereinbarungen zwischen Bund und Ländern oder der Länder untereinander (Art. 138a „B-VG"*)
(BGBl 1976/311; BGBl I 2003/100; *BGBl I 2013/33)

§ 56a. (1) Der Antrag im Sinne des Art. 138a Abs. 1 „B-VG" hat die Feststellung zu begehren, dass

1. eine Vereinbarung zwischen dem Bund und einem oder mehreren Ländern vorliegt oder nicht vorliegt oder

2. eine aus einer Vereinbarung zwischen dem Bund und einem oder mehreren Ländern folgende Verpflichtung erfüllt oder nicht erfüllt worden ist.
(BGBl I 2013/33)

(2) Der Abs. 1 gilt für Vereinbarungen der Länder untereinander sinngemäß.

(3) Der Antrag ist „im Einzelnen" zu begründen. *(BGBl I 2013/33)*

(BGBl I 2003/100)

§ 56b. (1) Der Präsident ordnet ohne Verzug die öffentliche mündliche Verhandlung an. Zu dieser sind die an der Vereinbarung beteiligten Regierungen zu laden. Der Bundesregierung obliegt die Vertretung des Bundes, der jeweiligen Landesregierung die Vertretung des Landes.

(2) Zugleich mit der Anberaumung der Verhandlung werden die an der Sache beteiligten Regierungen aufgefordert, eine schriftliche Äußerung dem Verfassungsgerichtshof so rechtzeitig vorzulegen, dass sie spätestens eine Woche vor der Verhandlung dem Gerichtshof vorliegt. Der Verfassungsgerichtshof kann auch die anderen an der Vereinbarung beteiligten Regierungen zur Abgabe von Äußerungen auffordern. *(BGBl I 2013/33)*

(BGBl I 2003/100)

E. Bei Anträgen betreffend die Einsetzung und die Tätigkeit von Untersuchungsausschüssen des Nationalrates und bei Anfechtung von Entscheidungen des Präsidenten des Nationalrates und des Vorsitzenden des Bundesrates betreffend die Klassifizierung von Informationen, die dem Nationalrat bzw. dem Bundesrat zur Verfügung stehen „(Art. 138b B-VG)"
(BGBl I 2014/101; BGBl I 2017/24)

a) Bei Anfechtung von Beschlüssen des Geschäftsordnungsausschusses des Nationalrates, mit denen ein Verlangen auf Einsetzung eines Untersuchungsausschusses des Nationalrates für ganz oder teilweise unzulässig erklärt wird

§ 56c. (1) Die Frist zur Anfechtung eines Beschlusses des Geschäftsordnungsausschusses des Nationalrates, mit dem ein Verlangen auf Einsetzung eines Untersuchungsausschusses des Nationalrates für ganz oder teilweise unzulässig erklärt wird, beträgt zwei Wochen. Sie beginnt mit dem Zeitpunkt, den der Präsident des Nationalrates gemäß § 4 Abs. 2 der Anlage 1 zum Bundesgesetz über die Geschäftsordnung des Nationalrates: „Verfahrensordnung für parlamentarische Untersuchungsausschüsse" festgestellt hat. Wurde ein Verlangen für gänzlich unzulässig erklärt, beginnt die Frist mit Beginn der Behandlung des Berichts des Geschäftsordnungsausschusses im Nationalrat.

(2) Die Anfechtung hat zu enthalten:

VfGG
GO-VfGH
VfGH-EVV
VfGH-EVGO

1. die Bezeichnung des Beschlusses bzw. Berichts des Geschäftsordnungsausschusses;

2. den Sachverhalt;

3. die Gründe, auf die sich die Behauptung der Rechtswidrigkeit stützt;

4. die erforderlichen Beweise;

5. die Angaben und Unterlagen, die erforderlich sind, um zu beurteilen, ob der Beschluss rechtzeitig angefochten wurde.

(3) Der Anfechtung ist eine Ausfertigung, Abschrift oder Kopie des Verlangens der Anfechtungswerber sowie des Beschlusses bzw. Berichts des Geschäftsordnungsausschusses anzuschließen.

(4) Parteien des Verfahrens sind die Anfechtungswerber, die beschlussfassende Mehrheit im Geschäftsordnungsausschuss und die Bundesregierung.

(5) Eine Ausfertigung der Anfechtung samt Beilagen ist der Bundesregierung mit der Mitteilung zuzustellen, dass es ihr freisteht, innerhalb einer Frist von zwei Wochen eine Äußerung zu erstatten.

(6) Der Verfassungsgerichtshof entscheidet auf Grund der Aktenlage ohne unnötigen Aufschub, tunlichst aber binnen vier Wochen.

(7) Der Beschluss des Geschäftsordnungsausschusses ist für rechtswidrig zu erklären, wenn die Anfechtung nicht zurückzuweisen oder als unbegründet abzuweisen ist. Der Untersuchungsausschuss gilt in dem Umfang, in dem der Verfassungsgerichtshof den Beschluss für rechtswidrig erklärt hat, als eingesetzt.

b) Bei einem Antrag auf Feststellung des hinreichenden Umfangs von grundsätzlichen Beweisbeschlüssen des Geschäftsordnungsausschusses des Nationalrates

§ 56d. (1) Der Antrag im Sinne des Art. 138b Abs. 1 Z 2 B-VG hat die Feststellung zu begehren, dass der Umfang des grundsätzlichen Beweisbeschlusses des Geschäftsordnungsausschusses des Nationalrates nicht hinreichend ist, oder in welchem Umfang die gemäß § 24 Abs. 5 der Anlage 1 zum Bundesgesetz über die Geschäftsordnung des Nationalrates: „Verfahrensordnung für parlamentarische Untersuchungsausschüsse" beschlossene Ergänzung des grundsätzlichen Beweisbeschlusses zu erweitern ist.

(2) Der Antrag hat zu enthalten:

1. die Bezeichnung des Beschlusses bzw. Berichts des Geschäftsordnungsausschusses;

2. den Sachverhalt;

3. die Gründe, auf die sich die Behauptung des nicht hinreichenden Umfangs des grundsätzlichen Beweisbeschlusses oder seiner Ergänzung stützt;

4. die erforderlichen Beweise;

5. die Angaben und Unterlagen, die erforderlich sind, um zu beurteilen, ob der Antrag rechtzeitig gestellt wurde.

(3) Dem Antrag ist eine Ausfertigung, Abschrift oder Kopie des Beschlusses bzw. Berichts des Geschäftsordnungsausschusses anzuschließen.

(4) Ein Antrag betreffend den grundsätzlichen Beweisbeschluss ist nicht mehr zulässig, wenn seit dem Zeitpunkt, den der Präsident des Nationalrates gemäß § 4 Abs. 2 der Anlage 1 zum Bundesgesetz über die Geschäftsordnung des Nationalrates festgestellt hat, zwei Wochen vergangen sind. Ein Antrag betreffend die Ergänzung des grundsätzlichen Beweisbeschlusses ist nicht mehr zulässig, wenn seit dem Zeitpunkt der Veröffentlichung des grundsätzlichen Beweisbeschlusses samt Ergänzung gemäß § 24 Abs. 5 der Anlage 1 zum Bundesgesetz über die Geschäftsordnung des Nationalrates zwei Wochen vergangen sind.

(5) Parteien des Verfahrens sind die Antragsteller, die beschlussfassende Mehrheit im Geschäftsordnungsausschuss und die Organe des Bundes, der Länder, der Gemeinden und der Gemeindeverbände sowie der sonstigen Selbstverwaltungskörper, die zur Vorlage der Beweismittel verpflichtet werden.

(6) Der Verfassungsgerichtshof entscheidet auf Grund der Aktenlage ohne unnötigen Aufschub, tunlichst aber binnen vier Wochen, nachdem der Antrag vollständig eingebracht wurde.

(7) Mit der Entscheidung über einen Antrag betreffend die Ergänzung des grundsätzlichen Beweisbeschlusses wird diese in dem vom Verfassungsgerichtshof festgestellten erweiterten Umfang wirksam.

c) Bei einem Antrag auf Feststellung der Rechtmäßigkeit eines Beschlusses, mit dem das Bestehen eines sachlichen Zusammenhanges eines Verlangens eines Viertels der Mitglieder eines Untersuchungsausschusses des Nationalrates betreffend die Erhebung weiterer Beweise mit dem Untersuchungsgegenstand bestritten wird

§ 56e. (1) Der Antrag im Sinne des Art. 138b Abs. 1 Z 3 B-VG hat die Feststellung zu begehren, dass der Beschluss eines Untersuchungsausschusses des Nationalrates, mit dem das Bestehen eines sachlichen Zusammenhanges eines Verlangens eines Viertels seiner Mitglieder betreffend die Erhebung weiterer Beweise mit dem Untersuchungsgegenstand bestritten wird, rechtswidrig ist.

(2) Der Antrag hat zu enthalten:

1. die Bezeichnung des Verlangens;

2. die Bezeichnung des Beschlusses;

3. den Sachverhalt;

4. die Gründe, auf die sich die Behauptung der Rechtswidrigkeit stützt;

5. die erforderlichen Beweise;

6. die Angaben und Unterlagen, die erforderlich sind, um zu beurteilen, ob der Antrag rechtzeitig gestellt wurde.

(3) Dem Antrag ist eine Ausfertigung, Abschrift oder Kopie des Verlangens der Antragsteller, der gegenständlichen Teile des Protokolls der Ausschusssitzung sowie des Beschlusses des Untersuchungsausschusses anzuschließen.

(4) Ein Antrag ist nicht mehr zulässig, wenn seit dem Beschluss des Untersuchungsausschusses zwei Wochen vergangen sind.

(5) Bis zur Verkündung bzw. Zustellung des Erkenntnisses des Verfassungsgerichtshofes dürfen nur solche Handlungen vorgenommen oder Anordnungen und Entscheidungen getroffen werden, die durch das Erkenntnis des Verfassungsgerichtshofes nicht beeinflusst werden können oder die die Frage nicht abschließend regeln und keinen Aufschub gestatten.

(6) Der Verfassungsgerichtshof entscheidet auf Grund der Aktenlage ohne unnötigen Aufschub, tunlichst aber binnen vier Wochen, nachdem der Antrag vollständig eingebracht wurde.

(7) Mit der Feststellung des Verfassungsgerichtshofes über die Rechtswidrigkeit des Beschlusses wird das Verlangen auf Erhebung weiterer Beweise wirksam.

d) Bei Meinungsverschiedenheiten zwischen einem Untersuchungsausschuss des Nationalrates, einem Viertel seiner Mitglieder und informationspflichtigen Organen über die Verpflichtung, dem Untersuchungsausschuss Informationen zur Verfügung zu stellen

§ 56f. (1) Ein Antrag auf Entscheidung einer Meinungsverschiedenheit zwischen einem Untersuchungsausschuss des Nationalrates, einem Viertel der Mitglieder dieses Untersuchungsausschusses und informationspflichtigen Organen über die Verpflichtung, dem Untersuchungsausschuss Informationen zur Verfügung zu stellen, ist nicht mehr zulässig, wenn seit dem Ablauf der Frist gemäß § 27 Abs. 4 der Anlage 1 zum Bundesgesetz über die Geschäftsordnung des Nationalrates: „Verfahrensordnung für parlamentarische Untersuchungsausschüsse" zwei Wochen vergangen sind.

(2) Bis zur Verkündung bzw. Zustellung des Erkenntnisses des Verfassungsgerichtshofes dürfen nur solche Handlungen vorgenommen oder Anordnungen und Entscheidungen getroffen werden, die durch das Erkenntnis des Verfassungsgerichtshofes nicht beeinflusst werden können oder die die Frage nicht abschließend regeln und keinen Aufschub gestatten.

(3) Der Verfassungsgerichtshof entscheidet auf Grund der Aktenlage ohne unnötigen Aufschub, tunlichst aber binnen vier Wochen, nachdem der Antrag vollständig eingebracht wurde.

e) Bei einem Antrag auf Feststellung der Rechtmäßigkeit eines Beschlusses, mit dem das Bestehen eines sachlichen Zusammenhanges eines Verlangens eines Viertels der Mitglieder eines Untersuchungsausschusses des Nationalrates betreffend die Ladung einer Auskunftsperson mit dem Untersuchungsgegenstand bestritten wird

§ 56g. (1) Der Antrag im Sinne des Art. 138b Abs. 1 Z 5 B-VG hat die Feststellung zu begehren, dass der Beschluss eines Untersuchungsausschusses des Nationalrates, mit dem das Bestehen eines sachlichen Zusammenhanges eines Verlangens eines Viertels seiner Mitglieder betreffend die Ladung einer Auskunftsperson mit dem Untersuchungsgegenstand bestritten wird, rechtswidrig ist.

(2) Der Antrag hat zu enthalten:

1. die Bezeichnung des Verlangens;

2. die Bezeichnung des Beschlusses;

3. den Sachverhalt;

4. die Gründe, auf die sich die Behauptung der Rechtswidrigkeit stützt;

5. die erforderlichen Beweise;

6. die Angaben und Unterlagen, die erforderlich sind, um zu beurteilen, ob der Antrag rechtzeitig gestellt wurde.

(3) Dem Antrag ist eine Ausfertigung, Abschrift oder Kopie des Verlangens der Antragsteller, der gegenständlichen Teile des Protokolls der Ausschusssitzung sowie des Beschlusses des Untersuchungsausschusses anzuschließen.

(4) Ein Antrag ist nicht mehr zulässig, wenn seit dem Beschluss des Untersuchungsausschusses zwei Wochen vergangen sind.

(5) Bis zur Verkündung bzw. Zustellung des Erkenntnisses des Verfassungsgerichtshofes dürfen nur solche Handlungen vorgenommen oder Anordnungen und Entscheidungen getroffen werden, die durch das Erkenntnis des Verfassungsgerichtshofes nicht beeinflusst werden können oder die die Frage nicht abschließend regeln und keinen Aufschub gestatten.

(6) Der Verfassungsgerichtshof entscheidet auf Grund der Aktenlage ohne unnötigen Aufschub, tunlichst aber binnen vier Wochen, nachdem der Antrag vollständig eingebracht wurde.

(7) Mit der Feststellung des Verfassungsgerichtshofes über die Rechtswidrigkeit des Beschlusses wird das Verlangen auf Ladung einer Auskunftsperson wirksam.

VfGG
GO-VfGH
VfGH-EVV
VfGH-EVGO

f) Bei Meinungsverschiedenheiten zwischen einem Untersuchungsausschuss des Nationalrates und dem Bundesminister für Justiz über das Erfordernis und die Auslegung einer Vereinbarung über die Rücksichtnahme auf die Tätigkeit der Strafverfolgungsbehörden

§ 56h. (1) Ein Antrag auf Entscheidung einer Meinungsverschiedenheit zwischen einem Untersuchungsausschuss des Nationalrates und dem Bundesminister für Justiz über das Erfordernis und die Auslegung einer Vereinbarung über die Rücksichtnahme auf die Tätigkeit der Strafverfolgungsbehörden ist nicht mehr zulässig, wenn seit dem Ablauf der Frist gemäß § 58 Abs. 5 der Anlage 1 zum Bundesgesetz über die Geschäftsordnung des Nationalrates: „Verfahrensordnung für parlamentarische Untersuchungsausschüsse" zwei Wochen vergangen sind.

(2) Bis zur Verkündung bzw. Zustellung des Erkenntnisses des Verfassungsgerichtshofes dürfen nur solche Handlungen vorgenommen oder Anordnungen und Entscheidungen getroffen werden, die durch das Erkenntnis des Verfassungsgerichtshofes nicht beeinflusst werden können oder die die Frage nicht abschließend regeln und keinen Aufschub gestatten.

g) Bei Beschwerden wegen Verletzung in Persönlichkeitsrechten im Zusammenhang mit der Tätigkeit eines Untersuchungsausschusses

§ 56i. (1) Personen, wegen deren Verhaltens in Ausübung ihrer Funktionen im Verfahren vor dem Untersuchungsausschuss Beschwerde erhoben werden kann (im Folgenden Funktionäre genannt), sind:

1. der Verfahrensrichter und sein Stellvertreter;

2. der Verfahrensanwalt und sein Stellvertreter;

3. der Ermittlungsbeauftragte;

4. der Vorsitzende und seine Stellvertreter.

(2) Die Frist zur Erhebung der Beschwerde wegen eines Verhaltens

1. eines Untersuchungsausschusses des Nationalrates,

2. eines Mitgliedes eines solchen Ausschusses in Ausübung seines Berufes als Mitglied des Nationalrates oder

3. eines Funktionärs eines Untersuchungsausschusses

beträgt sechs Wochen. Sie beginnt mit dem Zeitpunkt, in dem der Betroffene Kenntnis von dem Verhalten erlangt hat, wenn er aber durch dieses Verhalten behindert war, von seinem Beschwerderecht Gebrauch zu machen, mit dem Wegfall dieser Behinderung.

(3) Die Beschwerde hat zu enthalten:

1. die Bezeichnung des angefochtenen Verhaltens und, soweit dies zumutbar ist, die Angabe, wer es gesetzt hat;

2. den Sachverhalt;

3. die Bezeichnung der Persönlichkeitsrechte, in denen der Beschwerdeführer verletzt zu sein behauptet;

4. die erforderlichen Beweise;

5. die Angaben, die erforderlich sind, um zu beurteilen, ob das Verhalten rechtzeitig angefochten wurde.

(4) Parteien des Verfahrens sind der Beschwerdeführer und der Präsident des Nationalrates.

(5) Eine Ausfertigung der Beschwerde ist dem Präsidenten des Nationalrates mit der Aufforderung zuzustellen, dass es ihm freisteht, eine Äußerung zu erstatten. Er hat gegebenenfalls jene Mitglieder oder Funktionäre, wegen deren Verhaltens Beschwerde erhoben worden ist, unter Setzung einer angemessenen Frist aufzufordern, ihm gegenüber zu dieser schriftlich Stellung zu nehmen. Die zur Erstattung der Äußerung gesetzte Frist hat mindestens vier Wochen, wenn sich die Beschwerde jedoch auch gegen ein Verhalten von Mitgliedern des Untersuchungsausschusses oder Funktionären richtet, mindestens sechs Wochen zu betragen.

(6) Die Äußerung hat zu enthalten:

1. den Sachverhalt;

2. die erforderlichen Beweise;

3. die Stellungnahmen gemäß Abs. 5.

(7) Der Verfassungsgerichtshof entscheidet ohne unnötigen Aufschub.

(8) Das angefochtene Verhalten ist für rechtswidrig zu erklären, wenn die Beschwerde nicht zurückzuweisen oder als unbegründet abzuweisen ist.

h) Bei Anfechtung von Entscheidungen des Präsidenten des Nationalrates und des Vorsitzenden des Bundesrates betreffend die Klassifizierung von Informationen, die dem Nationalrat bzw. dem Bundesrat zur Verfügung stehen

§ 56j. (1) Die Frist zur Anfechtung einer Entscheidung des Präsidenten des Nationalrates oder des Vorsitzenden des Bundesrates betreffend die Klassifizierung von Informationen, die dem Nationalrat bzw. dem Bundesrat zur Verfügung stehen, beträgt zwei Wochen. Sie beginnt mit dem Zeitpunkt, in dem das informationspflichtige Organ von der Entscheidung Kenntnis erlangt hat.

(2) Die Anfechtung hat zu enthalten:

1. die Bezeichnung der Entscheidung;

2. den Sachverhalt;

3. die Gründe, auf die sich die Behauptung der Rechtswidrigkeit stützt;

4. die erforderlichen Beweise;

5. die Angaben, die erforderlich sind, um zu beurteilen, ob die Entscheidung rechtzeitig angefochten wurde.

(3) Der Anfechtung ist eine Ausfertigung, Abschrift oder Kopie der Entscheidung des Präsidenten des Nationalrates oder Vorsitzenden des Bundesrates anzuschließen.

(4) Parteien des Verfahrens sind der Präsident des Nationalrates bzw. der Vorsitzende des Bundesrates und das informationspflichtige Organ.

(5) Der Verfassungsgerichtshof entscheidet auf Grund der Aktenlage ohne unnötigen Aufschub, tunlichst aber binnen vier Wochen, nachdem die Anfechtung vollständig eingebracht wurde.

(6) Die Anfechtung hat aufschiebende Wirkung.

(7) Die Entscheidung des Präsidenten des Nationalrates bzw. des Vorsitzenden des Bundesrates ist für rechtswidrig zu erklären, wenn die Anfechtung nicht zurückzuweisen oder als unbegründet abzuweisen ist.

i) Ausfertigungen in den Verfahren gemäß diesem Abschnitt

§ 56k. In den Verfahren gemäß den §§ 56c bis 56j sind alle Schriftsätze der Parteien des Verfahrens und Entscheidungen des Verfassungsgerichtshofes auch dem Präsidenten des Nationalrates zuzustellen.

„ „F."**** Bei Prüfung der Gesetzmäßigkeit von Verordnungen (Art. 139 „B-VG"**)"*

(BGBl I 2003/100; ** BGBl I 2013/33; *** BGBl I 2014/101)*

§ 57. (1) Der Antrag, eine Verordnung als gesetzwidrig aufzuheben, muss begehren, dass entweder die Verordnung ihrem ganzen „Inhalt"*** nach oder dass bestimmte Stellen der Verordnung als gesetzwidrig aufgehoben werden. Der Antrag hat die gegen die Gesetzmäßigkeit der Verordnung sprechenden Bedenken „im Einzelnen"* darzulegen. Wird ein solcher Antrag von einer Person gestellt, die unmittelbar durch die Gesetzwidrigkeit der Verordnung in ihren Rechten verletzt zu sein behauptet „(Art. 139 Abs. 1 Z 3 B-VG)"*, so ist auch darzutun, inwieweit die Verordnung ohne Fällung einer gerichtlichen Entscheidung oder ohne Erlassung eines Bescheides für sie wirksam geworden ist. *(* BGBl I 2013/33; ** BGBl I 2013/122)*

(2) Von einem Gericht und einer Person gemäß § 57a kann der Antrag auf Aufhebung einer Verordnung oder von bestimmten Stellen einer solchen nur dann gestellt werden, wenn die Verordnung vom Gericht in der anhängigen Rechtssache unmittelbar anzuwenden bzw. wenn die Gesetzmäßigkeit der Verordnung eine Vorfrage für die Entscheidung der beim Gericht anhängigen Rechtssache ist oder nach Ansicht der Antragsteller wäre. Der Antrag hat darzulegen, inwiefern das Gericht die Verordnung anzuwenden und welche Auswirkungen die Entscheidung des Verfassungsgerichtshofes auf die beim Gericht anhängige Rechtssache hätte. *(BGBl I 2014/92)*

„(3)"** Hat ein Gericht „(Art. 139 Abs. 1 Z 1 B-VG)"* einen Antrag auf Aufhebung einer Verordnung oder von bestimmten Stellen einer solchen gestellt, so dürfen „in dem bei ihm anhängigen Verfahren"* bis zur Verkündung bzw. Zustellung des Erkenntnisses des Verfassungsgerichtshofes nur solche Handlungen vorgenommen oder „Anordnungen und Entscheidungen"* getroffen werden, die durch das Erkenntnis des Verfassungsgerichtshofes nicht beeinflusst werden können oder die die Frage nicht abschließend regeln und keinen Aufschub gestatten. *(BGBl I 2003/100; * BGBl I 2013/33; ** BGBl I 2014/92)*

„(4)"** Hat das Gericht „(Art. 139 Abs. 1 Z 1 B-VG)"* die Verordnung, deren „Aufhebung"* beantragt wurde, nicht mehr anzuwenden, so ist der Antrag unverzüglich zurückzuziehen. *(BGBl I 2003/100; * BGBl I 2013/33; ** BGBl I 2014/92)*

(BGBl 1976/311)

§ 57a. (1) Eine Person, die als Partei einer von einem ordentlichen Gericht in erster Instanz entschiedenen Rechtssache „ " wegen Anwendung einer gesetzwidrigen Verordnung in ihren Rechten verletzt zu sein behauptet, kann „ " einen Antrag stellen, die Verordnung als gesetzwidrig aufzuheben (Art. 139 Abs. 1 Z 4 B-VG). Die Stellung eines solchen Antrages ist unzulässig:

1. im Verfahren zur Anordnung oder Durchsetzung der Rückstellung widerrechtlich verbrachter oder zurückgehaltener Kinder (§ 111a AußStrG);

2. im Besitzstörungsverfahren (§§ 454 bis 459 ZPO);

3. im Beweissicherungsverfahren (§§ 384 bis 389 ZPO);

4. im Verfahren gemäß „ " § 52 Abs. 1 des Wohnungseigentumsgesetzes 2002 – WEG 2002, BGBl. I Nr. 70/2002, und § 22 Abs. 1 des Wohnungsgemeinnützigkeitsgesetzes – WGG, BGBl. Nr. 13/1979; *(BGBl I 2016/89 (VfGH))*

5. im Verfahren über die Kündigung von Mietverträgen und über die Räumung von Mietgegenständen;

6. im Verfahren betreffend mittlerweilige Vorkehrungen gemäß § 180 der Notariatsordnung – NO, RGBl. Nr. 75/1871;

7. im Verfahren gemäß den Bestimmungen des Unterhaltsvorschußgesetzes 1985 – UVG, BGBl. Nr. 451/1985;

8. im Insolvenzverfahren;

9. im Exekutionsverfahren und im Verfahren betreffend einstweilige Verfügungen gemäß den

VfGG
GO-VfGH
VfGH-EVV
VfGH-EVGO

Bestimmungen der Exekutionsordnung – EO, RGBl. Nr. 79/1896, einschließlich des Verfahrens über die Vollstreckbarerklärung;

10. im Verfahren der justiziellen Zusammenarbeit in Strafsachen, insbesondere Auslieferung, Übergabe, Rechtshilfe, gegenseitige Anerkennung und Vollstreckung. *(BGBl I 2016/90 (VfGH))*

(2) Der gesetzliche Vertreter eines jugendlichen Beschuldigten (§ 38 des Jugendgerichtsgesetzes 1988 – JGG, BGBl. Nr. 599/1988) hat das Recht, auch gegen den Willen des Beschuldigten zu dessen Gunsten einen Antrag zu stellen, die Verordnung als gesetzwidrig aufzuheben.

(3) Der Antrag hat über die Erfordernisse des § 57 hinaus zu enthalten:

1. die Bezeichnung der Entscheidung „ “ und des ordentlichen Gerichtes, das sie erlassen hat; *(BGBl I 2016/90 (VfGH))*

2. die Angaben, die erforderlich sind, um zu beurteilen, ob der Antrag rechtzeitig eingebracht ist.

(4) Dem Antrag sind eine Ausfertigung, Abschrift oder Kopie der Entscheidung „ “ sowie eine Abschrift oder Kopie dieses Rechtsmittels anzuschließen. *(BGBl I 2016/90 (VfGH))*

(5) Der Verfassungsgerichtshof hat das ordentliche Gericht erster Instanz von der Stellung eines Antrages gemäß Abs. 1 unverzüglich zu verständigen. Dieses hat dem Verfassungsgerichtshof seine Entscheidung über die Rechtzeitigkeit und Zulässigkeit des Rechtsmittels mitzuteilen.

(6) In dem beim Rechtsmittelgericht anhängigen Verfahren dürfen bis zur Verkündung bzw. Zustellung des Erkenntnisses des Verfassungsgerichtshofes nur solche Handlungen vorgenommen oder Anordnungen und Entscheidungen getroffen werden, die durch das Erkenntnis des Verfassungsgerichtshofes nicht beeinflusst werden können oder die die Frage nicht abschließend regeln und keinen Aufschub gestatten.

(BGBl I 2014/92)

§ 58. (1) Der Präsident ordnet ohne Verzug die Verhandlung an. Zu dieser sind der Antragsteller, die Verwaltungsbehörde, die die Verordnung erlassen hat, und die zuständige oberste Verwaltungsbehörde des Bundes oder des Landes, die zur Vertretung der angefochtenen Verordnung berufen ist, zu laden. „In den Fällen des Art. 139 Abs. 1 Z 1 und 4 B-VG sind auch die an der Rechtssache beteiligten Parteien zu laden.“ *(BGBl I 2003/100; BGBl I 2014/92)*

(2) Die Verwaltungsbehörde, die die Verordnung erlassen hat, und die „zuständige oberste Verwaltungsbehörde des Bundes oder des Landes" haben binnen zwei Wochen nach Empfang der Ladung eine schriftliche Äußerung über den Gegenstand zu erstatten. *(BGBl I 2013/33)*

(BGBl 1958/18)

§ 59. (1) Das Erkenntnis des Verfassungsgerichtshofes hat auszusprechen, ob der ganze Inhalt der Verordnung oder bestimmte Stellen derselben als gesetzwidrig aufgehoben werden.

(2) Das Erkenntnis ist auch der Verwaltungsbehörde, die die Verordnung erlassen hat, und der zuständigen obersten Verwaltungsbehörde des Bundes oder des Landes zuzustellen. Lautet es auf Aufhebung, so muss in der gemäß Art. 139 Abs. 5 B-VG zu erlassenden Kundmachung zum Ausdruck gebracht werden, dass die Verordnung oder bestimmte Stellen derselben durch das genau zu bezeichnende Erkenntnis des Verfassungsgerichtshofes aufgehoben worden ist bzw. sind.

(BGBl I 2013/33)

§ 60. Im Fall außergewöhnlicher Verhältnisse kann der Verfassungsgerichtshof auf Antrag der zuständigen obersten Verwaltungsbehörde des Bundes oder des Landes die in einem aufhebenden Erkenntnis für das Außerkrafttreten bestimmte Frist gemäß Art. 139 Abs. 5 B-VG erstrecken, wenn die erforderlichen rechtlichen Vorkehrungen aus rechtlichen oder tatsächlichen Gründen nicht innerhalb dieser Frist getroffen werden können. Die Höchstdauer der Fristen gemäß Art. 139 Abs. 5 B-VG darf dadurch nicht überschritten werden. Der Verfassungsgerichtshof entscheidet in nichtöffentlicher Sitzung durch Beschluss. Ein Beschluss des Verfassungsgerichtshofes, mit dem die im aufhebenden Erkenntnis bestimmte Frist gemäß Art. 139 Abs. 5 B-VG erstreckt wird, verpflichtet die zuständige oberste Behörde des Bundes oder des Landes zur unverzüglichen Kundmachung dieses Ausspruches.

(BGBl I 2020/24)

§ 61. Die vorstehenden Bestimmungen dieses Abschnittes sind sinngemäß anzuwenden:

1. auf Anträge eines Gerichtes (Art. 139 Abs. 1 Z 1 B-VG), die die Entscheidung begehren, dass die angefochtene Verordnung oder bestimmte Stellen einer solchen gesetzwidrig waren (Art. 89 Abs. 3 B-VG);

2. wenn der Verfassungsgerichtshof über die Gesetzwidrigkeit einer Verordnung oder von bestimmten Stellen einer solchen von Amts wegen zu erkennen hat (Art. 139 Abs. 1 Z 2 B-VG).

(BGBl I 2013/33)

§ 61a. Wurde das Verordnungsprüfungsverfahren auf Antrag einer Person, die unmittelbar durch die Gesetzwidrigkeit der Verordnung in ihren Rechten verletzt zu sein behauptet „(Art. 139 Abs. 1 Z 3 B-VG)", eingeleitet, so sind ihr im

„Fall" des Obsiegens die erwachsenen Prozesskosten von dem Rechtsträger zu ersetzen, für den die Behörde bei Erlassung der Verordnung gehandelt hat. *(BGBl I 2013/33)*

(BGBl I 2003/100)

„G."** Bei Prüfung der Gesetzmäßigkeit von Kundmachungen über die Wiederverlautbarung eines Gesetzes (Staatsvertrages) (Art. 139a „B-VG"*)

*(BGBl I 2003/100; *BGBl I 2013/33; **BGBl I 2014/101)*

§ 61b. Bei Prüfung der Gesetzmäßigkeit von Kundmachungen über die Wiederverlautbarung eines Gesetzes (Staatsvertrages) sind die Bestimmungen des „Abschnittes F" sinngemäß anzuwenden. *(BGBl I 2014/101)*

„H."*** Bei Prüfung der Verfassungsmäßigkeit von Gesetzen (Art. 140 „B-VG"**)"*

*(*BGBl I 2003/100; **BGBl I 2013/33; ***BGBl I 2014/101)*

§ 62. (1) Der Antrag, ein Gesetz als verfassungswidrig aufzuheben, muss begehren, dass entweder das Gesetz seinem ganzen „Inhalt"** nach oder dass bestimmte Stellen des Gesetzes als verfassungswidrig aufgehoben werden. Der Antrag hat die gegen die Verfassungsmäßigkeit des Gesetzes sprechenden Bedenken „im Einzelnen"* darzulegen. Wird ein solcher Antrag von einer Person gestellt, die unmittelbar durch die Verfassungswidrigkeit des Gesetzes in ihren Rechten verletzt zu sein behauptet „(Art. 140 Abs. 1 Z 1 lit. c B-VG)"*, so ist auch darzutun, inwieweit das Gesetz ohne Fällung einer gerichtlichen Entscheidung oder ohne Erlassung eines Bescheides für sie wirksam geworden ist. *(*BGBl I 2013/33; **BGBl I 2013/122)*

(2) Von einem Gericht oder einer Person gemäß § 62a kann der Antrag auf Aufhebung eines Gesetzes oder von bestimmten Stellen eines solchen nur dann gestellt werden, wenn das Gesetz vom Gericht in der anhängigen Rechtssache unmittelbar anzuwenden bzw. wenn die Verfassungsmäßigkeit des Gesetzes eine Vorfrage für die Entscheidung der beim Gericht anhängigen Rechtssache ist oder nach Ansicht der Antragsteller wäre. Der Antrag hat darzulegen, inwiefern das Gericht das Gesetz anzuwenden und welche Auswirkungen die Entscheidung des Verfassungsgerichtshofes auf die beim Gericht anhängige Rechtssache hätte. *(BGBl I 2014/101)*

(3) Hat ein Gericht „(Art. 140 Abs. 1 Z 1 lit. a B-VG)" einen Antrag auf Aufhebung eines Gesetzes oder von bestimmten Stellen eines solchen gestellt, so dürfen „in dem bei ihm anhängigen Verfahren" bis zur Verkündung bzw. Zustellung

des Erkenntnisses des Verfassungsgerichtshofes nur solche Handlungen vorgenommen oder „Anordnungen und Entscheidungen" getroffen werden, die durch das Erkenntnis des Verfassungsgerichtshofes nicht beeinflusst werden können oder die die Frage nicht abschließend regeln und keinen Aufschub gestatten. *(BGBl I 2003/100; BGBl I 2013/33)*

(4) Hat das Gericht „(Art. 140 Abs. 1 Z 1 lit. a B-VG)" das Gesetz, dessen „Aufhebung" beantragt wurde, nicht mehr anzuwenden, so ist der Antrag unverzüglich zurückzuziehen. *(BGBl I 2003/100; BGBl I 2013/33)*

(BGBl 1976/311)

§ 62a. (1) Eine Person, die als Partei einer von einem ordentlichen Gericht in erster Instanz entschiedenen Rechtssache „ " wegen Anwendung eines verfassungswidrigen Gesetzes in ihren Rechten verletzt zu sein behauptet, kann „ " einen Antrag stellen, das Gesetz als verfassungswidrig aufzuheben (Art. 140 Abs. 1 Z 1 lit. d B-VG). Die Stellung eines solchen Antrages ist unzulässig:

1. im Verfahren zur Anordnung oder Durchsetzung der Rückstellung widerrechtlich verbrachter oder zurückgehaltener Kinder (§ 111a AußStrG);

2. im Besitzstörungsverfahren (§§ 454 bis 459 ZPO);

3. im Beweissicherungsverfahren (§§ 384 bis 389 ZPO);

4. *(entfällt, BGBl I 2016/107 (VfGH))*

5. *(entfällt, BGBl I 2016/15 (VfGH))*

6. im Verfahren betreffend mittlerweilige Vorkehrungen gemäß § 180 NO;

7. im Verfahren gemäß den Bestimmungen des UVG;

8. im Insolvenzverfahren;

9. im Exekutionsverfahren und im Verfahren betreffend einstweilige Verfügungen gemäß den Bestimmungen der EO, einschließlich des Verfahrens über die Vollstreckbarerklärung;

10. *(entfällt, BGBl I 2016/58 (VfGH))*
(BGBl I 2016/78 (VfGH))

(2) Der gesetzliche Vertreter eines jugendlichen Beschuldigten (§ 38 JGG) hat das Recht, auch gegen den Willen des Beschuldigten zu dessen Gunsten einen Antrag zu stellen, das Gesetz als verfassungswidrig aufzuheben.

(3) Der Antrag hat über die Erfordernisse des § 62 hinaus zu enthalten:

1. die Bezeichnung der Entscheidung „ " und des ordentlichen Gerichtes, das sie erlassen hat; *(BGBl I 2016/78 (VfGH))*

2. die Angaben, die erforderlich sind, um zu beurteilen, ob der Antrag rechtzeitig eingebracht ist.

VfGG
GO-VfGH
VfGH-EVV
VfGH-EVGO

(4) Dem Antrag sind eine Ausfertigung, Abschrift oder Kopie der Entscheidung „ " sowie eine Abschrift oder Kopie dieses Rechtsmittels anzuschließen. *(BGBl I 2016/78 (VfGH))*

(5) Der Verfassungsgerichtshof hat das ordentliche Gericht erster Instanz von der Stellung eines Antrages gemäß Abs. 1 unverzüglich zu verständigen. Dieses hat dem Verfassungsgerichtshof seine Entscheidung über die Rechtzeitigkeit und Zulässigkeit des Rechtsmittels mitzuteilen.

(6) In dem beim Rechtsmittelgericht anhängigen Verfahren dürfen bis zur Verkündung bzw. Zustellung des Erkenntnisses des Verfassungsgerichtshofes nur solche Handlungen vorgenommen oder Anordnungen und Entscheidungen getroffen werden, die durch das Erkenntnis des Verfassungsgerichtshofes nicht beeinflusst werden können oder die die Frage nicht abschließend regeln und keinen Aufschub gestatten.

(BGBl I 2014/92)

§ 63. (1) Der Präsident ordnet ohne Verzug die Verhandlung an. Zu dieser sind der Antragsteller und die zur Vertretung des angefochtenen Gesetzes berufene Regierung zu laden. Zur Vertretung eines angefochtenen Bundesgesetzes ist die Bundesregierung, eines angefochtenen Landesgesetzes die Landesregierung berufen. „In den Fällen des Art. 140 Abs. 1 Z 1 lit. a und d B-VG sind auch die an der Rechtssache beteiligten Parteien zu laden." *(BGBl I 2003/100; BGBl I 2014/92)*

(2) Zugleich mit der Anberaumung der Verhandlung wird die berufene Regierung aufgefordert, eine schriftliche Äußerung über den Gegenstand dem „Verfassungsgerichtshof" so rechtzeitig vorzulegen, dass die Äußerung spätestens eine Woche vor der Verhandlung dem „Gerichtshof" vorliegt. *(BGBl I 2013/33)*

(3) *(entfällt, BGBl I 2013/33)*

§ 64. (1) Das Erkenntnis des Verfassungsgerichtshofes hat auszusprechen, ob der ganze Inhalt des Gesetzes oder bestimmte Stellen desselben als verfassungswidrig aufgehoben werden.

(2) Das Erkenntnis ist auch dem Bundeskanzler oder dem zuständigen Landeshauptmann zuzustellen. Lautet es auf Aufhebung, so muss in der gemäß Art. 140 Abs. 5 B-VG zu erlassenden Kundmachung zum Ausdruck gebracht werden, dass das Gesetz oder bestimmte Stellen desselben durch das genau zu bezeichnende Erkenntnis des Verfassungsgerichtshofes aufgehoben worden ist bzw. sind.

(BGBl I 2013/33)

§ 64a. Im Fall außergewöhnlicher Verhältnisse kann der Verfassungsgerichtshof auf Antrag der Bundesregierung oder der Landesregierung die in einem aufhebenden Erkenntnis für das Außerkrafttreten bestimmte Frist gemäß Art. 140 Abs.

5 B-VG erstrecken, wenn die erforderlichen gesetzlichen Vorkehrungen aus rechtlichen oder tatsächlichen Gründen nicht innerhalb dieser Frist getroffen werden können. Die Höchstdauer der Frist gemäß Art. 140 Abs. 5 B-VG darf dadurch nicht überschritten werden. Der Verfassungsgerichtshof entscheidet in nichtöffentlicher Sitzung durch Beschluss. Ein Beschluss des Verfassungsgerichtshofes, mit dem die im aufhebenden Erkenntnis für das Außerkrafttreten bestimmte Frist gemäß Art. 140 Abs. 5 B-VG erstreckt wird, verpflichtet den Bundeskanzler oder den zuständigen Landeshauptmann zur unverzüglichen Kundmachung dieses Ausspruches.

(BGBl I 2020/24)

§ 65. Die vorstehenden Bestimmungen dieses Abschnittes sind sinngemäß anzuwenden:

1. auf Anträge eines Gerichtes (Art. 140 Abs. 1 Z 1 lit. a B-VG), die die Entscheidung begehren, dass das angefochtene Gesetz oder bestimmte Stellen eines solchen verfassungswidrig waren (Art. 89 Abs. 3 B-VG);

2. wenn der Verfassungsgerichtshof über die Verfassungswidrigkeit eines Gesetzes oder von bestimmten Stellen eines solchen von Amts wegen zu erkennen hat (Art. 140 Abs. 1 Z 1 lit. b B-VG).

(BGBl I 2013/33)

§ 65a. Wurde das Gesetzesprüfungsverfahren auf Antrag einer Person, die unmittelbar durch die Verfassungswidrigkeit des Gesetzes in ihren Rechten verletzt zu sein behauptet „(Art. 140 Abs. 1 Z 1 lit. c B-VG)", eingeleitet, so sind ihr im „Fall" des Obsiegens die erwachsenen Prozesskosten im „Fall" eines Bundesgesetzes vom Bund, im „Fall" eines Landesgesetzes vom betreffenden Land zu ersetzen. *(BGBl I 2013/33)*

(BGBl I 2003/100)

„ „I."* **Bei Prüfung der Rechtmäßigkeit von Staatsverträgen (Art. 140a „B-VG"**)"**
(BGBl I 2003/100; ** BGBl I 2013/33; *** BGBl I 2014/101)*

§ 66. „Bei Prüfung der Rechtmäßigkeit von Staatsverträgen sind auf die politischen, gesetzändernden und gesetzesergänzenden Staatsverträge und auf die Staatsverträge, durch die die vertraglichen Grundlagen der Europäischen Union geändert werden, die Bestimmungen des „Abschnittes H"***, auf alle anderen Staatsverträge die Bestimmungen des „Abschnittes F"*** sinngemäß mit folgenden Maßgaben anzuwenden:"*

1. Zur Verhandlung sind der Antragsteller und die Verwaltungsbehörde, die den Staatsvertrag abgeschlossen hat, zu laden. Zur Vertretung eines vom Bundespräsidenten abgeschlossenen Staatsvertrages ist die Bundesregierung, handelt es sich

jedoch um einen Staatsvertrag gemäß Art. 16 Abs. 1 B-VG, die Landesregierung berufen. „ " *(BGBl I 2003/100; BGBl I 2014/92)*

2. Das Erkenntnis hat auszusprechen, ob der ganze Inhalt des Staatsvertrages oder bestimmte Stellen wegen Rechtswidrigkeit von den zu seiner Vollziehung berufenen Organen nicht anzuwenden sind.

3. Das Erkenntnis des Verfassungsgerichtshofes ist auch jener Verwaltungsbehörde zuzustellen, die den Staatsvertrag abgeschlossen hat. Hat der Bundespräsident den Staatsvertrag abgeschlossen, so ist das Erkenntnis der Bundesregierung, handelt es sich jedoch um einen Staatsvertrag gemäß Art. 16 Abs. 1 „B-VG", der Landesregierung zuzustellen. Betrifft das Erkenntnis einen Staatsvertrag, der mit Genehmigung des Nationalrates abgeschlossen wurde, so ist es überdies dem Bundeskanzler zuzustellen, betrifft das Erkenntnis einen Staatsvertrag, der mit Genehmigung eines Landtages abgeschlossen wurde, so ist es überdies dem Landeshauptmann zuzustellen. *(BGBl I 2013/33)*

4. Wird in dem Erkenntnis des Verfassungsgerichtshofes die Rechtswidrigkeit festgestellt, so muss in der nach Art. 140a „B-VG"** im Zusammenhang mit Art. 139 Abs. 5 oder Art. 140 Abs. 5 „B-VG"** zu erlassenden Kundmachung zum Ausdruck gebracht werden, dass der Staatsvertrag nach dem genau zu „bezeichnenden"* Erkenntnis des Verfassungsgerichtshofes von den zu seiner Vollziehung berufenen Organen nicht anzuwenden und die Wirksamkeit eines allfälligen, diesen Staatsvertrag betreffenden Genehmigungsbeschlusses oder einer allfälligen Anordnung, den Staatsvertrag durch Verordnung zu erfüllen, erloschen ist. *(*BGBl I 1999/194 (DFB); **BGBl I 2013/33)*

(BGBl 1988/732; *BGBl I 2012/51; **BGBl I 2014/101)

„J."*** Bei Anfechtungen von Wahlen, bei Anträgen auf Mandatsverlust, bei Anfechtungen des Ergebnisses von Volksbegehren, Volksabstimmungen, Volksbefragungen und Europäischen Bürgerinitiativen, bei der Aufnahme von Personen in Wählerevidenzen und der Streichung von Personen aus Wählerevidenzen und bei der Anfechtung von selbstständig anfechtbaren Bescheiden und Entscheidungen der Verwaltungsbehörden „und Erkenntnissen und Beschlüssen der Verwaltungsgerichte"** in allen diesen Fällen (Art. 141 B-VG)*

(*BGBl I 2013/33; **BGBl I 2014/92; ***BGBl I 2014/101)

§ 67. (1) Die Wahl des Bundespräsidenten, die Wahlen zu den allgemeinen Vertretungskörpern, zum Europäischen Parlament und zu den satzungsgebenden Organen (Vertretungskörpern) der gesetzlichen beruflichen Vertretungen, die Wahlen in die Landesregierung und in die mit der Vollziehung betrauten Organe einer Gemeinde (im Folgenden Gemeindevorstand genannt) und die Ergebnisse von Volksbegehren, Volksabstimmungen, Volksbefragungen und Europäischen Bürgerinitiativen können wegen jeder behaupteten Rechtswidrigkeit des Verfahrens (im Folgenden Wahlverfahren genannt) angefochten werden. Eine solche Anfechtung (im Folgenden Wahlanfechtung genannt) hat den begründeten Antrag auf Nichtigerklärung des Wahlverfahrens oder eines bestimmten Teiles desselben zu enthalten. *(BGBl I 2013/33)*

(2) „Die Anfechtung der Wahl in die Landesregierung bedarf eines Antrages eines Zehntels der Mitglieder des Landtages, mindestens aber von zwei Mitgliedern, die Anfechtung der Wahl in den Gemeindevorstand des Antrages eines Zehntels der Mitglieder des Gemeinderates, mindestens aber von zwei Mitgliedern." Zur Anfechtung der übrigen im Abs. 1 genannten Wahlen sind Wählergruppen (Parteien) berechtigt, die bei einer durch die Wahlordnung vorgeschriebenen Wahlbehörde Wahlvorschläge für die angefochtene Wahl rechtzeitig vorgelegt haben, und zwar durch ihren zustellungsbevollmächtigten Vertreter. Sieht die Wahlordnung keine derartige Anmeldung von Wahlvorschlägen vor, so richtet sich die Berechtigung zur Anfechtung von Wahlen vor dem Verfassungsgerichtshof nach den besonderen Bestimmungen solcher Wahlordnungen. Eine Wahlanfechtung kann auch der Wahlwerber einbringen, der behauptet, dass ihm die Wählbarkeit im Wahlverfahren rechtswidrig aberkannt wurde. *(BGBl I 2013/33)*

(3) Der Verfassungsgerichtshof hat einer auf die Rechtswidrigkeit eines Bescheides „oder einer Entscheidung einer Verwaltungsbehörde oder eines Erkenntnisses oder Beschlusses eines Verwaltungsgerichtes" gegründeten Wahlanfechtung auf Antrag der angefochtenen Partei in sinngemäßer Anwendung des § 85 Abs. 2 erster Satz die aufschiebende Wirkung zuzuerkennen. § 85 Abs. 2 zweiter Satz, Abs. 3 und Abs. 4 ist sinngemäß anzuwenden. *(BGBl I 2013/33; BGBl I 2014/92)*

(4) Auf das Verfahren über die Aufnahme von Personen in Wählerevidenzen und die Streichung von Personen aus Wählerevidenzen sind die Bestimmungen dieses Abschnittes über Wahlanfechtungen, die auf die Rechtswidrigkeit eines Bescheides „oder einer Entscheidung einer Verwaltungsbehörde oder eines Erkenntnisses oder Beschlusses eines Verwaltungsgerichtes" gegründet werden, sinngemäß anzuwenden. *(BGBl I 2013/33; BGBl I 2014/92)*

(BGBl 1958/18)

§ 68. (1) Soweit das in Betracht kommende Gesetz (im Folgenden Wahlordnung genannt) nicht anderes bestimmt, ist die Wahlanfechtung binnen vier Wochen nach Beendigung des Wahlverfahrens oder, wenn sie auf die Rechtswidrigkeit eines Bescheides „oder einer Entscheidung einer Verwaltungsbehörde oder eines Erkenntnisses oder Beschlusses eines Verwaltungsgerichtes" gegründet wird, binnen vier Wochen nach „seiner bzw. ihrer Zustellung" einzubringen. In den Angelegenheiten des eigenen Wirkungsbereiches der Gemeinde kann die Wahlanfechtung erst nach Erschöpfung des Instanzenzuges eingebracht werden. Wird in der Wahlanfechtung zum Zweck der Beweisführung auf Urkunden Bezug genommen, so sind ihr Ausfertigungen, Abschriften oder Kopien dieser Urkunden anzuschließen. *(BGBl I 2013/33; BGBl I 2014/92)*

(2) Der Verfassungsgerichtshof hat eine Ausfertigung der eingebrachten Wahlanfechtung der nach der in Betracht kommenden Wahlordnung höchsten Wahlbehörde mit dem Auftrag zu übermitteln, die Wahlakten binnen einer bestimmten Frist vorzulegen. Dieser Wahlbehörde steht es frei, eine Gegenschrift spätestens bei Vorlage der Wahlakten zu erstatten.

§ 69. (1) Zur öffentlichen mündlichen Verhandlung vor dem „Verfassungsgerichtshof" sind außer der anfechtenden Partei alle Wählergruppen (Parteien) zu laden, die an der Bewerbung zu der angefochtenen Wahl teilgenommen haben, oder die sonst nach der betreffenden Wahlordnung zur Anfechtung der Wahl berechtigten Parteien. Der im § 68 Abs. 2 bezeichneten Wahlbehörde ist die Entsendung eines Vertreters freizustellen. *(BGBl I 2013/33)*

(2) Besteht die in der Wahlanfechtung behauptete Rechtswidrigkeit des Wahlverfahrens darin, dass eine nicht wählbare Person für gewählt erklärt oder einer wählbaren Person die Wählbarkeit zu Unrecht aberkannt worden ist, ist auch diese Person zu laden. *(BGBl I 2013/33)*

§ 70. (1) Einer gemäß § 67 eingebrachten Wahlanfechtung hat der Verfassungsgerichtshof stattzugeben, wenn die behauptete Rechtswidrigkeit des Wahlverfahrens erwiesen wurde und auf das Wahlergebnis von Einfluss war. In dem der Anfechtung stattgebenden Erkenntnis hat der Verfassungsgerichtshof entweder das ganze Wahlverfahren oder von ihm genau zu bezeichnende Teile des Wahlverfahrens aufzuheben. *(BGBl I 2013/33)*

(2) Gibt der Verfassungsgerichtshof einer Wahlanfechtung statt, weil eine nicht wählbare Person für gewählt erklärt worden ist, so hat er die Wahl dieser Person für nichtig zu erklären. In diesem „Fall" finden die Bestimmungen der betreffenden Wahlordnung Anwendung, die sich auf das Freiwerden eines Mandats beziehen. *(BGBl I 2013/33)*

(3) Gibt der Verfassungsgerichtshof einer Wahlanfechtung statt, weil einer wählbaren Person die Wählbarkeit zu Unrecht aberkannt worden ist, so hat das Erkenntnis auszusprechen, ob hiedurch die Wahl anderer Personen nichtig geworden ist, und in diesem „Fall" die Wahl dieser Personen aufzuheben. Hat die angefochtene Wahl auf Grund von angemeldeten Parteilisten stattgefunden, so hat die zuständige Wahlbehörde ihre Verlautbarung des Wahlergebnisses richtigzustellen. *(BGBl I 2013/33)*

(4) Die Wahlbehörden, die nach Stattgebung der Wahlanfechtung in der Sache die weiteren Verfügungen zu treffen haben, sind an die tatsächlichen Feststellungen und an die Rechtsanschauung gebunden, von denen der Verfassungsgerichtshof bei seinem Erkenntnis ausgegangen ist.

(5) In den Fällen der Abs. 1 bis 3 ist das Erkenntnis des Verfassungsgerichtshofes dem Vorsitzenden des betreffenden Vertretungskörpers (der gesetzlichen beruflichen Vertretung selbst) unverzüglich zuzustellen. Jene Personen, deren Wahl durch das Erkenntnis als aufgehoben oder als nichtig erklärt anzusehen ist, haben von dem dieser Zustellung folgenden Tag an den Beratungen des betreffenden Vertretungskörpers fernzubleiben und sich der Führung der Geschäfte in der Landesregierung (im Gemeindevorstand, in der gesetzlichen beruflichen Vertretung) zu enthalten. „Ist jedoch auf Grund des aufhebenden Erkenntnisses des Verfassungsgerichtshofes die teilweise oder gänzliche Wiederholung der Wahl zu einem allgemeinen Vertretungskörper, zum Europäischen Parlament oder zu einem satzungsgebenden Organ (Vertretungskörper) einer gesetzlichen beruflichen Vertretung erforderlich, so verlieren die betroffenen Mitglieder dieses Vertretungskörpers ihr Mandat erst im Zeitpunkt der Übernahme desselben durch die in der Wiederholungswahl gewählten Mitglieder." *(BGBl 1976/311; BGBl I 2003/100)*

§ 71. (1) „Die allgemeinen Vertretungskörper oder – sofern in den das Verfahren des jeweiligen Vertretungskörpers regelnden Rechtsvorschriften vorgesehen – der Vorsitzende oder ein Drittel der Mitglieder des Vertretungskörpers können beim Verfassungsgerichtshof den Antrag stellen, ein Mitglied des Vertretungskörpers aus einem gesetzlich vorgesehenen Grund seines Mandates für verlustig zu erklären."** Dies gilt entsprechend für die „Gemeinderäte"* gegenüber den Mitgliedern des Gemeindevorstandes hinsichtlich dieser Funktion und für die in den Wahlordnungen der gesetzlichen beruflichen Vertretungen hiezu bestimmten Organe gegenüber den satzungsgebenden Organen (Vertretungskörpern) einer gesetzlichen beruflichen Vertretung. Wird ein solcher Beschluss von einem dieser Vertretungskörper gefasst, so hat dessen Vorsitzender, wenn es sich aber um ihn selbst handelt, sein Stellvertreter den Antrag namens des Vertretungskörpers beim Verfassungsgerichtshof einzubringen. *(BGBl 1958/18; * BGBl I 2013/33; ** BGBl I 2016/41)*

(2) Tritt der Verlust der Wählbarkeit infolge strafgerichtlicher Verurteilung ein, ist der Verfassungsgerichtshof an das rechtskräftige Strafurteil gebunden.

(3) Auf das Verfahren finden die Bestimmungen über Wahlanfechtungen sinngemäß Anwendung. Zur öffentlichen mündlichen Verhandlung ist auch diejenige Person, die ihres Mandates verlustig erklärt werden soll, zu laden. *(BGBl 1958/18)*

(4) Die Abs. 1 bis 3 sind sinngemäß anzuwenden, wenn der Antrag auf Mandatsverlust gemäß den §§ 9 und 10 des „Unvereinbarkeits- und Transparenz-Gesetzes – Unv-Transparenz-G, BGBl. Nr. 330/1983," gestellt wird. *(BGBl I 2002/123; BGBl I 2013/33)*

(5) Stellt der Vorsitzende eines Vertretungskörpers einen Antrag auf Mandatsverlust, ist dieser vom Vorsitzenden zu unterzeichnen. *(BGBl I 2016/41)*

(6) Die Abs. 1 bis 3 sind auf Anträge auf Amtsverlust gemäß Art. 141 Abs. 1 lit. d, e und f B-VG sinngemäß anzuwenden. *(BGBl I 2016/41)*

§ 71a. (1) Die Anfechtung „eines Bescheides oder einer Entscheidung einer Verwaltungsbehörde oder eines Erkenntnisses oder Beschlusses eines Verwaltungsgerichtes, mit dem bzw. mit der" der Verlust des Mandates in einem allgemeinen Vertretungskörper, der Funktion in einem Gemeindevorstand oder in einem satzungsgebenden Organ (Vertretungskörper) einer gesetzlichen beruflichen Vertretung ausgesprochen wird, ist binnen sechs Wochen nach „seiner bzw. ihrer Zustellung" einzubringen. *(BGBl I 2013/33; BGBl I 2014/92)*

(2) In dem Verfahren vor dem Verfassungsgerichtshof hat auch der Vertretungskörper (die gesetzliche berufliche Vertretung) Parteistellung.

(3) Die Anfechtung hat aufschiebende Wirkung.

(4) Der Verfassungsgerichtshof hat der Anfechtung stattzugeben und den angefochtenen Bescheid „, die angefochtene Entscheidung, das angefochtene Erkenntnis bzw. den angefochtenen Beschluss" aufzuheben, wenn die behauptete Rechtswidrigkeit stattgefunden hat. *(BGBl I 2014/92)*

(5) Auf das Verfahren sind „im Übrigen"** die „§§ 82 „Abs. 2 bis 3b"***,** 83, 84 Abs. 1, 86 und 88 sinngemäß anzuwenden. Zur öffentlichen mündlichen Verhandlung sind der Anfechtungswerber sowie die Behörde zu laden. *(* BGBl I*

2002/123; ** BGBl I 2013/33; *** BGBl I 2017/24)*

(BGBl I 2003/100)

„K"**. Bei Anklagen, mit denen die verfassungsmäßige Verantwortlichkeit der obersten Bundes- und Landesorgane für die durch ihre Amtstätigkeit erfolgten schuldhaften Rechtsverletzungen geltend gemacht wird (Art. 142 und 143 „B-VG")
*(BGBl I 2003/100; * BGBl I 2013/33; ** BGBl I 2014/101)*

§ 72. (1) Die von der Bundesversammlung, von dem Nationalrat oder von einem Landtag beschlossenen Anklagen werden beim „Verfassungsgerichtshof" durch Übermittlung einer beglaubigten Abschrift des Protokolls über die Sitzung erhoben, in der der Anklagebeschluss gefasst worden ist. *(BGBl I 2013/33)*

(2) Der betreffende Vertretungskörper hat zugleich die Mitglieder zu bezeichnen, die mit der Vertretung der Anklage vor dem „Verfassungsgerichtshof" beauftragt sind. *(BGBl I 2013/33)*

(3) Die von der Bundesregierung beschlossenen Anklagen sind vom Bundeskanzler einzubringen. Der Anklage muss die beglaubigte Abschrift der Stellen des Ministerratsprotokolls beigelegt werden, aus denen der Beschluss der Bundesregierung auf Erhebung der Anklage hervorgeht. Dies gilt sinngemäß auch für den Fall der nachträglichen Ausdehnung der Anklage auf ein nach Art. 103 Abs. 2 B-VG mit Angelegenheiten der mittelbaren Bundesverwaltung befasstes Mitglied der Landesregierung. *(BGBl I 2008/4)*

§ 73. Wird eine Anklage auch gemäß Art. 143 „B-VG" erhoben, so sind in der Anklageschrift die dem Beschuldigten zur Last gelegten strafbaren Handlungen nach allen ihren gesetzlichen, die Anwendung eines bestimmten Strafsatzes bedingenden Merkmalen, die gesetzliche Benennung und die Stellen des Strafgesetzes, deren Anwendung beantragt wird, anzuführen. *(BGBl I 2013/33)*

§ 74. (1) Der Anordnung der öffentlichen mündlichen Verhandlung hat eine Voruntersuchung voranzugehen.

(2) Diese Voruntersuchung führt ein vom Präsidenten aus den Mitgliedern des Verfassungsgerichtshofes bestellter Untersuchungsrichter.

(3) „Öffentlich Bedienstete" sind bei ihrer Vernehmung durch den Untersuchungsrichter und in der öffentlichen mündlichen Verhandlung der Pflicht zur Amtsverschwiegenheit entbunden. *(BGBl I 2008/4)*

(4) Die Untersuchung ist mit tunlichster Beschleunigung durchzuführen.

VfGG
GO-VfGH
VfGH-EVV
VfGH-EVGO

(5) „Die Voruntersuchung ist einzustellen, wenn der Vertretungskörper (die Vertretungskörper) oder die Bundesregierung ihre Anklage zurückziehen." Hierüber entscheidet der Verfassungsgerichtshof in nichtöffentlicher Sitzung. *(BGBl 1990/329; BGBl I 2008/4)*

§ 75. (1) Nach geschlossener Voruntersuchung legt der Untersuchungsrichter die Akten dem Präsidenten „ " vor, der die öffentliche mündliche Verhandlung anzuordnen hat. *(BGBl I 2008/4)*

(2) Der Tag der öffentlichen mündlichen Verhandlung ist derart zu bestimmen, dass dem Angeklagten insoweit er nicht selbst eine Abkürzung begehrt, zur Vorbereitung seiner Verteidigung eine Frist von wenigstens zwei Wochen bleibt. *(BGBl I 2013/33)*

(3) Zur öffentlichen mündlichen Verhandlung sind sowohl der Angeklagte als auch dessen Verteidiger sowie die mit der Vertretung der Anklage Beauftragten zu laden. *(BGBl 1990/329)*

§ 76. Der Untersuchungsrichter ist von der Mitwirkung bei der öffentlichen mündlichen Verhandlung ausgeschlossen.

§ 77. Die Öffentlichkeit der mündlichen Verhandlung darf nur wegen Gefährdung der Sicherheit des Staates ausgeschlossen werden.

§ 78. Die öffentliche mündliche Verhandlung beginnt mit der Verlesung der Anklage durch den Schriftführer.

§ 79. (1) Wenn der Angeklagte verurteilt wird, hat der Verfassungsgerichtshof in der Regel auch über „geltend gemachte" Ersatzansprüche zu erkennen. *(BGBl I 2013/33)*

(2) Das Urteil kann sich darauf beschränken, die Verpflichtung zur Ersatzleistung auszusprechen und die Feststellung des Betrages dem ordentlichen Rechtsweg vorzubehalten.

§ 80. (1) Die Anklage muss beim „Verfassungsgerichtshof" binnen einem Jahr nach dem Tag erhoben werden, an dem die beschuldigte Person aus der Amtstätigkeit geschieden ist, auf die sich die zu erhebende Anklage beziehen würde. *(BGBl I 2013/33)*

(2) In die einjährige Frist gemäß Abs. 1 ist der Zeitraum von dem Tag, an dem der Antrag auf Erhebung der Anklage im Vertretungskörper (im jeweiligen Vertretungskörper) gestellt worden ist, bis zur endgültigen Beschlussfassung über diesen Antrag – jedoch höchstens in der Dauer von sechs Monaten – nicht einzurechnen. *(BGBl I 2008/4)*

(3) Durch den Ablauf der Gesetzgebungsperiode des Vertretungskörpers (eines der Vertretungskörper) oder durch das Ausscheiden der Bundesregierung aus dem Amt wird das Verfahren über eine beschlossene Anklage nicht gehindert. *(BGBl I 2008/4)*

§ 81. Auf das Verfahren über die gemäß den Art. 142 und 143 B-VG erhobenen Anklagen ist, soweit in diesem Gesetz nicht anderes bestimmt ist, die Strafprozeßordnung 1975 – StPO, BGBl. Nr. 631/1975, sinngemäß anzuwenden.

(BGBl I 2013/33)

„ „L."* Bei Beschwerden wegen Verletzung in verfassungsgesetzlich gewährleisteten Rechten oder Verletzung in Rechten wegen Anwendung einer gesetzwidrigen Verordnung, einer gesetzwidrigen Kundmachung über die Wiederverlautbarung eines Gesetzes (Staatsvertrages), eines verfassungswidrigen Gesetzes oder eines rechtswidrigen Staatsvertrages „(Art. 144 B-VG)"***"**
(BGBl I 2003/100; ** BGBl I 2013/33; *** BGBl I 2014/101)*

§ 82. (1) Die Frist zur Erhebung einer Beschwerde gegen ein Erkenntnis eines Verwaltungsgerichtes gemäß Art. 144 B-VG beträgt sechs Wochen. „Sie beginnt mit dem Tag der Zustellung des Erkenntnisses." *(BGBl I 2014/92)*

(2) Ist das Erkenntnis bereits einer anderen Partei zugestellt „ " worden, kann die Beschwerde bereits ab dem Zeitpunkt erhoben werden, in dem der Beschwerdeführer von dem Erkenntnis Kenntnis erlangt hat. *(BGBl I 2017/24)*

(3) Hat die Partei innerhalb der Beschwerdefrist die Bewilligung der Verfahrenshilfe beantragt (§ 64 ZPO), so beginnt für sie die Beschwerdefrist mit der Zustellung des Bescheides über die Bestellung des Rechtsanwaltes an diesen. Der Bescheid ist durch den Verfassungsgerichtshof zuzustellen. Wird der rechtzeitig gestellte Antrag auf Bewilligung der Verfahrenshilfe abgewiesen, so beginnt die Beschwerdefrist mit der Zustellung des abweisenden Beschlusses an die Partei.

(3a) Wurde das Erkenntnis des Verwaltungsgerichts mündlich verkündet (§ 29 Abs. 2 des Verwaltungsgerichtsverfahrensgesetzes – VwGVG, BGBl. I Nr. 33/2013), ist ein Antrag auf Verfahrenshilfe nur nach einem Antrag auf Ausfertigung des Erkenntnisses gemäß § 29 Abs. 4 VwGVG durch mindestens einen der hiezu Berechtigten zulässig. Ein Nachweis über einen rechtzeitigen Antrag auf Ausfertigung des Erkenntnisses gemäß § 29 Abs. 4 VwGVG ist anzuschließen. *(BGBl I 2017/24)*

(3b) Die Beschwerde ist nicht mehr zulässig, wenn nach Verkündung oder Zustellung des Erkenntnisses oder Beschlusses ausdrücklich auf die Beschwerde verzichtet wurde. Der Verzicht ist bis zur Zustellung der Ausfertigung des Erkenntnisses oder Beschlusses dem Verwaltungsgericht, nach Zustellung der Ausfertigung des Erkenntnisses oder Beschlusses dem Verfassungsgerichtshof schriftlich bekanntzugeben oder zu Protokoll zu erklären. Wurde der Verzicht nicht von einem berufsmäßigen Parteienvertreter oder im Beisein eines solchen abgegeben, so kann er binnen drei Tagen schriftlich oder zur Niederschrift widerrufen werden. Ein Verzicht ist nur zulässig, wenn die Partei zuvor über die Folgen des Verzichts belehrt wurde. Wurde das Erkenntnis des Verwaltungsgerichts mündlich verkündet (§ 29 Abs. 2 VwGVG), ist eine Beschwerde nur nach einem Antrag auf Ausfertigung des Erkenntnisses gemäß § 29 Abs. 4 VwGVG durch mindestens einen der hiezu Berechtigten zulässig. *(BGBl I 2017/24)*

(4) Die Beschwerde hat zu enthalten:

1. die Bezeichnung des angefochtenen Erkenntnisses und des Verwaltungsgerichtes, das es erlassen hat;

2. den Sachverhalt;

3. die Angabe, ob der Beschwerdeführer durch das angefochtene Erkenntnis in verfassungsgesetzlich gewährleisteten Rechten oder wegen Anwendung einer gesetzwidrigen Verordnung, einer gesetzwidrigen Kundmachung über die Wiederverlautbarung eines Gesetzes (Staatsvertrages), eines verfassungswidrigen Gesetzes oder eines rechtswidrigen Staatsvertrages in seinen Rechten verletzt zu sein behauptet, im letzteren Fall auch die Bezeichnung der für rechtswidrig erachteten Rechtsvorschrift;

4. ein bestimmtes Begehren;

5. die Angaben, die erforderlich sind, um zu beurteilen, ob die Beschwerde rechtzeitig eingebracht ist.

(5) Der Beschwerde ist eine Ausfertigung, Abschrift oder Kopie des angefochtenen Erkenntnisses anzuschließen, wenn es dem Beschwerdeführer zugestellt worden ist. „Andernfalls ist das Vorliegen der Voraussetzungen des Abs. 1 letzter Satz oder des Abs. 2 nachzuweisen." *(BGBl I 2017/24)*

(BGBl I 2013/33)

§ 83. (1) *(entfällt, BGBl I 2015/23 (VfGH))*

(2) Der Verfassungsgerichtshof kann die Parteien auffordern, binnen angemessener Frist weitere schriftliche Äußerungen und Gegenäußerungen zu erstatten. Die Parteien können auch unaufgefordert schriftliche Äußerungen und Gegenäußerungen erstatten.

(3) § 20 „Abs. 4" ist sinngemäß mit der Maßgabe anzuwenden, dass die belangte Behörde, soweit sie dies nicht bereits bei Vorlage von Akten an das Verwaltungsgericht getan hat, anlässlich der Vorlage von Akten durch das Verwaltungsgericht an den Verfassungsgerichtshof ver-

langen kann, dass bestimmte Akten oder Aktenbestandteile im öffentlichen Interesse von der Akteneinsicht ausgenommen werden. *(BGBl I 2014/92; BGBl I 2017/24)*

(BGBl I 2013/33)

§ 84. (1) Nach Einlangen der Gegenschrift und „allfälliger Äußerungen und Gegenäußerungen"** oder nach Ablauf der Fristen und wenn die Behandlung der Beschwerde nicht gemäß § 19 Abs. 3 Z 1 mit Beschluss, der durch eine kurze Angabe der dafür wesentlichen rechtlichen Gesichtspunkte zu begründen und „den Parteien"** zuzustellen ist, abgelehnt wurde, beraumt der Präsident „ "* die Verhandlung an. *(BGBl 1981/353; *BGBl I 2008/4; **BGBl I 2013/33)*

(2) Zu dieser Verhandlung sind „die Parteien" zu laden. *(BGBl I 2013/33)*

§ 85. (1) Die Beschwerde hat keine aufschiebende Wirkung.

(2) Der Verfassungsgerichtshof hat der Beschwerde auf Antrag des Beschwerdeführers die aufschiebende Wirkung mit Beschluss zuzuerkennen, wenn dem nicht zwingende öffentliche Interessen entgegenstehen und nach Abwägung der berührten öffentlichen Interessen und Interessen anderer Parteien mit dem Vollzug des angefochtenen Erkenntnisses oder mit der Ausübung der durch das angefochtene Erkenntnis eingeräumten Berechtigung für den Beschwerdeführer ein unverhältnismäßiger Nachteil verbunden wäre. Die Zuerkennung der aufschiebenden Wirkung bedarf nur dann einer Begründung, wenn durch sie Interessen anderer Parteien berührt werden. Wenn sich die Voraussetzungen, die für die Entscheidung über die aufschiebende Wirkung der Beschwerde maßgebend waren, wesentlich geändert haben, ist von Amts wegen oder auf Antrag einer Partei neu zu entscheiden. *(BGBl I 2013/122)*

(3) Beschlüsse gemäß Abs. 2 sind den Parteien zuzustellen. Wird die aufschiebende Wirkung zuerkannt, ist der Vollzug des angefochtenen Erkenntnisses aufzuschieben und sind die hiezu erforderlichen Anordnungen zu treffen; der durch das angefochtene Erkenntnis Berechtigte darf diese Berechtigung nicht ausüben. *(BGBl I 2013/33)*

(4) Wenn der Verfassungsgerichtshof nicht versammelt ist, so sind Beschlüsse gemäß Abs. 2 auf Antrag des Referenten vom Präsidenten „ " zu fassen. *(BGBl I 2008/4)*

(BGBl 1981/353)

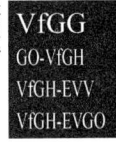

VfGG
GO-VfGH
VfGH-EVV
VfGH-EVGO

§ 86. Wird vor Schluss der Verhandlung über die Beschwerde der Nachweis erbracht, dass der Beschwerdeführer klaglos gestellt erscheint, so hat der Verfassungsgerichtshof nach Einvernehmung des Beschwerdeführers die Beschwerde als gegenstandslos geworden zu erklären und das Verfahren einzustellen. *(BGBl I 2013/33)*

§ 86a. (1) Ist beim Verfassungsgerichtshof eine erhebliche Anzahl von Verfahren über Beschwerden anhängig, in denen gleichartige Rechtsfragen zu lösen sind, oder besteht Grund zur Annahme, dass eine erhebliche Anzahl solcher Beschwerden eingebracht werden wird, so kann der Verfassungsgerichtshof dies mit Beschluss aussprechen. Ein solcher Beschluss hat zu enthalten:

1. die in diesen Verfahren anzuwendenden Rechtsvorschriften;

2. die auf Grund dieser Rechtsvorschriften zu lösenden Rechtsfragen;

3. die Angabe, welche der Beschwerden der Verfassungsgerichtshof behandeln wird.

(2) Beschlüsse gemäß Abs. 1 verpflichten, soweit es sich bei den darin genannten Rechtsvorschriften zumindest auch um „Gesetze, politische, gesetzändernde oder gesetzesergänzende Staatsverträge oder Staatsverträge, durch die die vertraglichen Grundlagen der Europäischen Union geändert werden," handelt, den Bundeskanzler oder den zuständigen Landeshauptmann, ansonsten die zuständige oberste Behörde des Bundes oder des Landes zu ihrer unverzüglichen Kundmachung.[1] *(BGBl I 2012/51)*

(3) Mit Ablauf des Tages der Kundmachung des Beschlusses gemäß Abs. 1 treten folgende Wirkungen ein:

1. in Rechtssachen, in denen ein Verwaltungsgericht die im Beschluss genannten Rechtsvorschriften anzuwenden und eine darin genannte Rechtsfrage zu beurteilen hat:

a) Es dürfen nur solche Handlungen vorgenommen oder Anordnungen und Entscheidungen getroffen werden, die durch das Erkenntnis des Verfassungsgerichtshofes nicht beeinflusst werden können oder die die Frage nicht abschließend regeln und keinen Aufschub gestatten.

b) Die Beschwerdefrist beginnt nicht zu laufen; eine laufende Beschwerdefrist wird unterbrochen. *(BGBl I 2013/33)*

2. in allen beim Verfassungsgerichtshof anhängigen Verfahren gemäß Abs. 1, die im Beschluss gemäß Abs. 1 nicht genannt sind:
Es dürfen nur solche Handlungen vorgenommen oder „Anordnungen und Entscheidungen" getroffen werden, die durch das Erkenntnis des Verfassungsgerichtshofes nicht beeinflusst werden können oder die die Frage nicht abschließend regeln und keinen Aufschub gestatten. *(BGBl I 2013/33)*

(4) In seinem Erkenntnis fasst der Verfassungsgerichtshof seine Rechtsanschauung in einem oder mehreren Rechtssätzen zusammen, die nach Maßgabe des Abs. 2 unverzüglich kundzumachen sind.[2] Mit Ablauf des Tages der Kundmachung

beginnt eine unterbrochene Beschwerdefrist neu zu laufen und enden die sonstigen Wirkungen des Abs. 3.

(BGBl I 2008/4)

[1] *Siehe die K BGBl I 2016/57.*
[2] *Siehe die K BGBl I 2016/91.*

§ 87. (1) Das Erkenntnis hat auszusprechen, ob der Beschwerdeführer durch „das angefochtene Erkenntnis" in einem verfassungsgesetzlich gewährleisteten Recht oder wegen Anwendung einer gesetzwidrigen Verordnung, einer gesetzwidrigen Kundmachung über die Wiederverlautbarung eines Gesetzes (Staatsvertrages), eines verfassungswidrigen Gesetzes oder eines rechtswidrigen Staatsvertrages in seinen Rechten verletzt worden ist, und bejahendenfalls „das angefochtene Erkenntnis" aufzuheben. *(BGBl I 2003/100; BGBl I 2013/122)*

(2) Wenn der Verfassungsgerichtshof einer Beschwerde stattgegeben hat, sind die Verwaltungsgerichte und die Verwaltungsbehörden verpflichtet, in der betreffenden Rechtssache mit den ihnen zu Gebote stehenden rechtlichen Mitteln unverzüglich den der Rechtsanschauung des Verfassungsgerichtshofes entsprechenden Rechtszustand herzustellen. *(BGBl I 2013/33)*

(3) Lehnt der Verfassungsgerichtshof die Behandlung einer Beschwerde ab oder weist er die Beschwerde ab, so hat, wenn bis dahin ein darauf abzielender Antrag des Beschwerdeführers gestellt worden ist, der Verfassungsgerichtshof, wenn dieser Antrag innerhalb von zwei Wochen nach Zustellung der Entscheidung des Verfassungsgerichtshofes gestellt wird, der Referent, auszusprechen, dass die Beschwerde gemäß Art. 144 Abs. 3 B-VG dem Verwaltungsgerichtshof abgetreten wird. „ " *(BGBl 1984/297; BGBl I 2013/33)*

§ 88. Der Partei, die unterliegt oder die den Beschwerdeführer klaglos stellt, kann auf Antrag der Ersatz der Prozesskosten auferlegt werden. Das „Gleiche" gilt sinngemäß für den Fall, dass der Beschwerdeführer die Beschwerde vor der mündlichen Verhandlung zurückzieht, ohne klaglos gestellt worden zu sein. *(BGBl I 2013/33)*

§ 88a. (1) Auf die Beschlüsse der Verwaltungsgerichte sind die für deren Erkenntnisse geltenden Bestimmungen dieses Abschnittes sinngemäß anzuwenden.

(2) Eine Beschwerde ist nicht zulässig gegen:

1. Aussprüche gemäß § 25a Abs. 1 des Verwaltungsgerichtshofgesetzes 1985 – VwGG, BGBl. Nr. 10/1985;

2. Beschlüsse gemäß § 30a Abs. 1, 3, 8 und 9 VwGG;

3. Beschlüsse gemäß § 30b Abs. 3 VwGG;

4. Beschlüsse gemäß § 61 Abs. 2 VwGG.

(3) Gegen verfahrensleitende Beschlüsse ist eine abgesonderte Beschwerde nicht zulässig. Sie können erst in der Beschwerde gegen das die Rechtssache erledigende Erkenntnis angefochten werden.

(BGBl I 2013/33)

M. Bei Beschwerden wegen Verletzung in Rechten gemäß der DSGVO durch den Verfassungsgerichtshof

(BGBl I 2018/22)

§ 88b. Die §§ 84 und 85 GOG gelten sinngemäß mit der Maßgabe, dass über behauptete Verletzungen solcher Rechte durch den Verfassungsgerichtshof der Gerichtshof in nichtöffentlicher Sitzung durch Beschluss nach den Bestimmungen dieses Bundesgesetzes entscheidet.

„ „„N.“******„*** Bei Meinungsverschiedenheiten über die Auslegung der gesetzlichen Bestimmungen, die die Zuständigkeit der Volksanwaltschaft oder eines Landesvolksanwalts regeln (Art. 148f und „Art. 148i Abs. 1 und 2“** „B-VG“***)“*

(* BGBl I 2003/100; ** BGBl I 2008/4; *** BGBl I 2013/33; **** BGBl I 2014/101; ***** BGBl I 2018/22)

§ 89. (1) Bei Meinungsverschiedenheiten zwischen der Volksanwaltschaft und der Bundesregierung oder einem Bundesminister über die Auslegung der gesetzlichen Bestimmungen, die die Zuständigkeit der Volksanwaltschaft regeln, kann die Bundesregierung oder die Volksanwaltschaft den Antrag auf Entscheidung durch den Verfassungsgerichtshof stellen.

(2) Der Antrag ist binnen der Frist von vier Wochen zu stellen. Diese Frist beginnt für die Bundesregierung mit Ablauf des Tages, an dem sie amtlich Kenntnis davon erhält, dass die Volksanwaltschaft ihre Zuständigkeit zu einer in Angriff genommenen oder von ihr beabsichtigten Amtshandlung entgegen dem Einspruch der Bundesregierung oder des zuständigen Bundesministers für sich in Anspruch nimmt und auf der Fortsetzung der begonnenen oder auf dem Vollzug der beabsichtigten Amtshandlung besteht; für die Volksanwaltschaft beginnt die Frist mit Ablauf des Tages, an dem sie amtlich Kenntnis von der endgültigen ablehnenden Stellungnahme der Bundesregierung erhält oder an dem sie am Vollzug der strittigen Amtshandlung mit Kenntnis der Bundesregierung behindert wird.

(3) Die antragstellende Bundesregierung hat den Antrag sofort der Volksanwaltschaft mitzuteilen, die antragstellende Volksanwaltschaft der Bundesregierung.

§ 90. Die Anrufung des Verfassungsgerichtshofes hat den Aufschub oder die Unterbrechung der Amtshandlung der Volksanwaltschaft bis zur Entscheidung durch den Verfassungsgerichtshof zur Folge.

§ 91. Parteien des Verfahrens sind die Bundesregierung und die Volksanwaltschaft.

§ 92. Das Erkenntnis des Verfassungsgerichtshofes ist tunlichst binnen sechs Monaten nach Einlangen des Antrages zu fällen und sowohl der Bundesregierung als auch der Volksanwaltschaft zuzustellen.

§ 93. Die vorstehenden Bestimmungen sind sinngemäß anzuwenden auf Verfahren bei Meinungsverschiedenheiten

1. zwischen der Volksanwaltschaft und einer Landesregierung oder einem Mitglied der Landesregierung über die Auslegung der gesetzlichen Bestimmungen, die die Zuständigkeit der Volksanwaltschaft regeln „(Art. 148i Abs. 1 B-VG)“; *(BGBl I 2008/4)*

2. zwischen einem Landesvolksanwalt und der Landesregierung oder einem Mitglied der Landesregierung über die Auslegung der gesetzlichen Bestimmungen, die die Zuständigkeit des Landesvolksanwalts regeln (Art. 148i Abs. 2 B-VG).

„3. Teil Schlussbestimmungen“

(BGBl I 2003/100)

„§ 94.“** „(1)“* § 5h in der Fassung des Bundesgesetzes BGBl. Nr. 334/1993 tritt mit 1. Juli 1993 in Kraft. *(BGBl 1993/334; * BGBl I 1995/43; ** BGBl I 2003/100)*

(2) § 5e und § 5h in der Fassung des Bundesgesetzes BGBl. Nr. 43/1995 treten mit 1. Jänner 1995 in Kraft. *(BGBl 1995/43)*

(3) § 5e in der Fassung des Bundesgesetzes BGBl. Nr. 297/1995 tritt mit 1. Mai 1995 in Kraft. *(BGBl 1995/297)*

(4) § 5e Abs. 2 und § 5h Abs. 2 in der Fassung des Bundesgesetzes BGBl. Nr. 820/1995 treten mit 1. Jänner 1996 in Kraft. *(BGBl 1995/820)*

(5) In der Fassung des Bundesgesetzes BGBl. Nr. 201/1996 treten in Kraft:

1. § 5b Abs. 2 und § 5c Abs. 1 mit 1. Mai 1996,

2. § 5h mit 1. Juni 1996.

(BGBl 1996/201)

(6) Auf Mitglieder des Verfassungsgerichtshofes, deren Amtsenthebung vor dem 16. Februar 1996 eingeleitet wurde, ist § 5b Abs. 2 in der bis zum Ablauf des 30. April 1996 geltenden Fassung anzuwenden. *(BGBl 1996/201)*

(7) *(als nicht mehr geltend festgestellt, BGBl I 2008/2)*

VfGG
GO-VfGH
VfGH-EVV
VfGH-EVGO

(8) § 5e Abs. 2 und § 5h Z 2 in der Fassung des Bundesgesetzes BGBl. I Nr. 3/1997 treten mit 1. Jänner 1997 in Kraft. *(BGBl I 1997/3)*

(9) § 4 Abs. 1, 3, 5 und 6, § 5b Abs. 2, § 5c Abs. 1, § 5d, § 5e und § 5h in der Fassung des Bundesgesetzes BGBl. I Nr. 64/1997 und die Aufhebung des § 5 durch das Bundesgesetz BGBl. I Nr. 64/1997 treten mit 1. August 1997 in Kraft. Soweit Personen mit 1. August 1997 die zeitlichen Voraussetzungen für eine Geldentschädigung nach § 5 erfüllen, ist § 5 weiter anzuwenden. *(BGBl I 1997/64)*

(10) *(als nicht mehr geltend festgestellt, BGBl I 2008/2)*

„(11)" § 17a und § 90 in der Fassung des Bundesgesetzes BGBl. I Nr. 88/1997 treten mit 1. August 1997 in Kraft. *(BGBl I 1997/88; BGBl I 1999/194 (DFB))*

(12) § 5b Abs. 2 und § 5f in der Fassung des Bundesgesetzes BGBl. I Nr. 86/2001 und die Aufhebung des § 5d durch das Bundesgesetz BGBl. I Nr. 86/2001 treten mit 1. Oktober 2000 in Kraft. *(BGBl I 2001/86)*

(13) Es treten in Kraft:

1. § 5h in der Fassung des Art. 65 Z 4 lit. a des Bundesgesetzes BGBl. I Nr. 142/2000 mit 1. Oktober 2000,

2. § 5e, § 5f erster Satz und § 5g in der Fassung des Bundesgesetzes BGBl. I Nr. 142/2000 und § 5h in der Fassung des Art. 65 Z 4 lit. b des Bundesgesetzes BGBl. I Nr. 142/2000 mit 1. Jänner 2001. *(BGBl I 2000/142)*

(14) Der Titel und die §§ 17a, 28 Abs. 1 und 2 und 91 in der Fassung des Bundesgesetzes BGBl. I Nr. 136/2001 treten mit 1. Jänner 2002 in Kraft. *(BGBl I 2001/136)*

(15) § 7 Abs. 2 lit. a, § 13, die Überschrift zu den §§ 37 bis 41, § 71 Abs. 4, § 71a Abs. 5, § 72 Abs. 3, § 74 Abs. 5, § 80 Abs. 2 und 3, § 82 Abs. 3 und § 90 in der Fassung des Bundesgesetzes BGBl. I Nr. 123/2002 treten mit 1. Oktober 2002 in Kraft. *(BGBl I 2002/123)*

(16) § 5b Abs. 2 und § 5h Z 2 in der Fassung des Bundesgesetzes BGBl. I Nr. 71/2003 treten mit 1. Jänner 2004 in Kraft. *(BGBl I 2003/71)*

(17) Die Überschrift zum 1. Teil (zum bisherigen Ersten Abschnitt), § 5a Abs. 2, § 7 Abs. 2 lit. a, § 12, die Überschrift zum 2. Teil (zum bisherigen Zweiten Abschnitt) und zu dessen 1. Hauptstück (zu den §§ 15 bis 36), § 17 Abs. 2, § 19 Abs. 1 und Abs. 4 Z 3, § 22, § 24 Abs. 1 bis 3, § 28 Abs. 4, § 36, die Überschriften zum 2. Hauptstück (zu den §§ 36a bis 88) und zu dessen Abschnitt A, § 36c Abs. 2, § 36d, die Überschrift zu Abschnitt B, § 37, die Überschrift zu Abschnitt E, § 57 Abs. 2 bis 4, § 58 Abs. 1, § 60 Abs. 1, der neu eingefügte Abschnitt F samt Überschrift, die Überschrift zu Abschnitt G (zum bisherigen Abschnitt F), § 62 Abs. 3 und 4, § 63 Abs. 1, die Überschrift zu Abschnitt H (zum bisherigen Abschnitt G), § 66 Einleitung und Z 1, die Überschriften zu den Abschnitten I und J (zu den bisherigen Abschnitten H und I), § 67 Abs. 1 erster Satz, § 70 Abs. 5 letzter Satz, § 71a Abs. 1, die Überschrift zu Abschnitt K (zum bisherigen Abschnitt J), § 82 Abs. 1 und 2, § 85 Abs. 3, § 87 Abs. 1, der neu eingefügte Abschnitt L samt Überschrift, die Überschrift zum 3. Teil (zum bisherigen Dritten Abschnitt), die Paragraphenbezeichnungen der §§ 94 bis 96 (der bisherigen §§ 89 bis 91) sowie die sonstigen Überschriften und Bestimmungen in der Fassung des Bundesgesetzes BGBl. I Nr. 100/2003 treten mit 1. Jänner 2004 in Kraft. Zugleich tritt § 36g außer Kraft. *(BGBl I 2003/100)*

(18) § 15 Abs. 1, § 17a und § 24 Abs. 3 in der Fassung des Bundesgesetzes BGBl. I Nr. 89/2004 treten mit Ablauf des Monats der Kundmachung dieses Bundesgesetzes in Kraft. *(BGBl I 2004/89)*

(19) Soweit das Bundesgesetz, mit dem das Verfassungsgerichtshofgesetz geändert wird, BGBl. Nr. 329/1990, noch in Geltung steht, tritt es mit Ablauf des Monats der Kundmachung des Bundesgesetzes BGBl. I Nr. 89/2004 außer Kraft. Durch dieses Bundesgesetz geänderte gesetzliche Bestimmungen bleiben unberührt; durch dieses aufgehobene gesetzliche Bestimmungen treten nicht wieder in Kraft. *(BGBl I 2004/89)*

(20) § 5b Abs. 3 bis 5 in der Fassung des Bundesgesetzes BGBl. I Nr. 142/2004 tritt am 1. Jänner 2005 in Kraft. *(BGBl I 2004/142)*

(21) Die §§ 5f und 5g in der Fassung des Bundesgesetzes BGBl. I Nr. 80/2005 treten mit 1. Juli 2005 in Kraft. *(BGBl I 2005/80)*

(22) § 1 Abs. 2 bis 4, § 2 Abs. 1 letzter Satz, § 7 Abs. 2 lit. b, § 8 Abs. 2, § 13a Abs. 2, § 17a Z 1 und 4, § 19 Abs. 3 Z 1, § 19a samt Überschrift, § 28 Abs. 1 erster Satz und Abs. 2, § 33, § 34, § 36c Abs. 1, § 42 Abs. 1, § 43 Abs. 1, § 46 Abs. 1, § 47 Abs. 1, § 50 Abs. 1, § 56 Abs. 3, § 68 Abs. 1 letzter Satz, § 72 Abs. 3, § 74 Abs. 3 und Abs. 5 erster Satz, § 75 Abs. 1, § 80 Abs. 2 und 3, die Überschrift zu Abschnitt K, § 82 Abs. 1a, Abs. 2 Z 2 und Abs. 3, § 83 Abs. 1, § 84, § 85 Abs. 2 bis 4, § 86a, § 88a, die Überschrift zu Abschnitt L, § 93 Z 1 und § 94a samt Überschrift in der Fassung des Bundesgesetzes BGBl. I Nr. 4/2008 treten mit 1. Juli 2008 in Kraft; gleichzeitig tritt § 11 außer Kraft. *(BGBl I 2008/4)*

(23) § 15 Abs. 1, § 22, § 36 und die Überschrift zu Abschnitt A des 2. Hauptstückes in der Fassung des Bundesgesetzes BGBl. I Nr. 98/2010 treten mit 1. Jänner 2011 in Kraft. *(BGBl I 2010/98)*

(24) § 17a Z 4 und 5 in der Fassung des Art. 1 des Budgetbegleitgesetzes 2011, BGBl. I Nr. 111/2010, tritt mit 1. Jänner 2011 in Kraft. *(BGBl I 2010/111)*

(25) § 1 Abs. 3, § 12 Abs. 4 letzter Satz, § 19a Abs. 1 erster Satz, § 66 Einleitung und § 86a Abs. 2 in der Fassung des Bundesgesetzes BGBl. I Nr. 51/2012 treten mit Ablauf des Monats der Kundmachung dieses Bundesgesetzes in Kraft; gleichzeitig treten die Überschriften zu § 19a und § 94a außer Kraft.[1]) *(BGBl I 2012/51)*

(26) In der Fassung des Art. 4 des Bundesgesetzes BGBl. I Nr. 33/2013 treten in Kraft:

1. § 17 Abs. 3 in der Fassung der Z 19, § 17a Z 6 in der Fassung der Z 25, § 19 Abs. 3 Z 1 in der Fassung der Z 29, § 19a Abs. 1 in der Fassung der Z 31, § 20 Abs. 1 in der Fassung der Z 32, § 20 Abs. 2 in der Fassung der Z 33, § 28 Abs. 4 in der Fassung der Z 38, § 33 in der Fassung der Z 39, § 34 in der Fassung der Z 40, § 43 Abs. 1 in der Fassung der Z 43, § 46 Abs. 1 in der Fassung der Z 45, § 57 Abs. 1 in der Fassung der Z 49, § 57 Abs. 3 (Abs. 2 neu) in der Fassung der Z 31, 50 und 51 „ “, § 57 Abs. 4 (Abs. 3 neu) in der Fassung der Z 50 und 52 „ “, § 58 in der Fassung der Z 53 und 54, § 59 in der Fassung der Z 55, § 61 in der Fassung der Z 56, § 61a in der Fassung der Z 49, § 62 Abs. 1 in der Fassung der Z 57, § 62 Abs. 2 in der Fassung der Z 58, § 62 Abs. 3 in der Fassung der Z 31 und 59, § 62 Abs. 4 in der Fassung der Z 60, § 63 Abs. 1 in der Fassung der Z 61, die §§ 64 und 65 in der Fassung der Z 64, § 65a in der Fassung der Z 57, die Überschrift zu Abschnitt I des 2. Hauptstückes in der Fassung der Z 65, § 67 in der Fassung der Z 66 bis 69, § 68 Abs. 1 in der Fassung der Z 70, § 71 Abs. 1 in der Fassung der Z 71, § 71a Abs. 1 in der Fassung der Z 73, die Überschrift zu Abschnitt K des 2. Hauptstückes in der Fassung der Z 77, § 82 in der Fassung der Z 78, § 83 in der Fassung der Z 79, § 84 in der Fassung der Z 80 und 81, § 85 Abs. 2 in der Fassung der Z 82, diese in der Fassung des Art. 1 Z 5 des Bundesgesetzes BGBl. I Nr. 122/2013, § 85 Abs. 3 in der Fassung der Z 83, § 86a Abs. 3 in der Fassung der Z 31 und 84, § 87 Abs. 2 in der Fassung der Z 85 und § 88a in der Fassung der Z 87 mit 1. Jänner 2014; gleichzeitig treten § 57 Abs. 2, § 63 Abs. 3 und § 87 Abs. 3 letzter Satz außer Kraft; *(BGBl I 2017/24, ab 18. Jänner 2017)*

2. die sonstigen Bestimmungen und Änderungen, insbesondere auch Z 11 in der Fassung des Art. 1 Z 4 des Bundesgesetzes BGBl. I Nr. 122/2013 sowie die in Z 88 vorgesehene Anpassung von in Z 1 dieses Absatzes genannte Bestimmungen an die neue Rechtschreibung, mit Ablauf des Februars 2013. *(BGBl I 2013/122)*

(27) In der Fassung des Art. 5 des Bundesgesetzes BGBl. I Nr. 122/2013 treten in Kraft:

1. § 12 Abs. 5, § 66 Z 1 und § 87 Abs. 1 mit 1. Jänner 2014;

2. die sonstigen Bestimmungen mit Ablauf des Monats der Kundmachung dieses Bundesgesetzes.[2]) *(BGBl I 2013/122)*

(28) § 5h Z 2 in der Fassung des Bundesgesetzes BGBl. I Nr. 46/2014 tritt am 1. Jänner 2015 in Kraft und ist auch auf Personen anzuwenden, die im Zeitpunkt des Inkrafttretens dieses Bundesgesetzes bereits Ruhe(Versorgungs)bezüge nach den §§ 5b bis 5g dieses Gesetzes bezogen haben. *(BGBl I 2014/46)*

(29) In der Fassung des Bundesgesetzes BGBl. I Nr. 92/2014 treten in bzw. außer Kraft:

1. „ “ die Überschrift zu Abschnitt I des 2. Hauptstückes des 2. Teiles, § 67 Abs. 3 und 4, § 68 Abs. 1, § 71a Abs. 1 und 4, § 82 Abs. 1 zweiter Satz und § 83 Abs. 3 mit Ablauf des Tages der Kundmachung dieses Bundesgesetzes;[3]) *(BGBl I 2017/24)*

2. § 11, § 12 Abs. 2 und 5, § 17 Abs. 1, § 18, § 19 Abs. 3 bis 5, § 20 Abs. 1a bis 5, § 20a, § 31, § 35 Abs. 1, § 57 Abs. 2 bis 4, § 57a, § 58 Abs. 1 letzter Satz, § 62a, § 63 Abs. 1 letzter Satz und § 66 Z 1 letzter Satz mit 1. Jänner 2015. *(BGBl I 2014/101)*

„Art. 1 Z 1, Z 1e und Z 4a dieses Bundesgesetzes entfallen, § 7 Abs. 2, § 17 Abs. 2 und § 62 Abs. 3 bis 5 treten also nicht in Kraft." *(BGBl I 2014/92; BGBl I 2014/101)*

(30) § 7 Abs. 2, § 17 Abs. 2 und 3, § 17a Z 2, § 24 Abs. 4 bis 7, Abschnitt E samt Überschrift, die Abschnittsbezeichnungen der Abschnitte F bis M des 2. Hauptstückes des 2. Teils, § 61b, § 62 Abs. 2 und § 66 in der Fassung des Bundesgesetzes BGBl. I Nr. 101/2014 treten mit 1. Jänner 2015 in Kraft. *(BGBl I 2014/101)*

(31) § 19 Abs. 4, § 24 Abs. 4 und § 71 Abs. 1, 5 und 6 in der Fassung des Bundesgesetzes BGBl. I Nr. 41/2016 treten mit 1. Jänner 2017 in Kraft. *(BGBl I 2016/41)*

(32) In der Fassung des Bundesgesetzes BGBl. I Nr. 24/2017 treten in Kraft:

1. § 94 Abs. 29 Z 1 mit 17. Dezember 2014;

2. § 17 Abs. 3 Z 1, § 18, § 19 Abs. 3 Z 4, § 20, § 22, die Überschrift zu Abschnitt E des 2. Hauptstückes, § 83 Abs. 3 und § 94 Abs. 26 Z 1 mit Ablauf des Monats der Kundmachung dieses Bundesgesetzes;[4]

3. § 3a, § 71a Abs. 5 und § 82 Abs. 2, 3a, 3b und 5 letzter Satz mit 1. Jänner 2017. *(BGBl I 2017/24)*

(33) § 14a Abs. 6, der Abschnitt M samt Überschrift und die Abschnittsbezeichnung des Abschnitts N in der Fassung des Bundesgesetzes BGBl. I Nr. 22/2018 treten mit 25. Mai 2018 in Kraft. *(BGBl I 2018/22)*

VfGG
GO-VfGH
VfGH-EVV
VfGH-EVGO

(34) § 17a Z 4 und 6, jeweils in der Fassung des Bundesgesetzes BGBl. I Nr. 104/2019, treten mit 1. Juli 2020 in Kraft. *(BGBl I 2019/104)*

(35) § 7 Abs. 3, § 60 und § 64a in der Fassung des Bundesgesetzes BGBl. I Nr. 16/2020 treten mit Ablauf des Tages der Kundmachung des genannten Bundesgesetzes in Kraft.[5] *(BGBl I 2020/16)*

(36) Die §§ 60 und 64a in der Fassung des Bundesgesetzes BGBl. I Nr. 24/2020 treten mit Ablauf des Tages der Kundmachung des genannten Bundesgesetzes in Kraft.[6] *(BGBl I 2020/24)*

(BGBl I 2003/100)

---

[1] *Die Kundmachung der Verwaltungsgerichtsbarkeits-Novelle 2012, BGBl I 2012/51, im Bundesgesetzblatt erfolgte am 5. Juni 2012.*
[2] *Die Kundmachung des BG BGBl I 2013/122 im Bundesgesetzblatt erfolgte am 11. Juli 2013.*
[3] *Die Kundmachung des BG BGBl I 2014/92 im Bundesgesetzblatt erfolgte am 16. Dezember 2014.*
[4] *Die Kundmachung des BG BGBl I 2017/24 im Bundesgesetzblatt erfolgte am 17. Jänner 2017.*
[5] *Die Kundmachung des 2. COVID-19-Gesetzes, BGBl I 2020/16, im Bundesgesetzblatt erfolgte am 21. März 2020.*
[6] *Die Kundmachung des 4. COVID-19-Gesetzes, BGBl I 2020/24, im Bundesgesetzblatt erfolgte am 4. April 2020.*

„ "

(BGBl I 2012/51)

§ 94a. Soweit in diesem Bundesgesetz auf natürliche Personen bezogene Bezeichnungen nur in männlicher Form angeführt sind, beziehen sie sich auf Frauen und Männer in gleicher Weise. Bei der Anwendung der Bezeichnung auf bestimmte natürliche Personen ist die jeweils geschlechtsspezifische Form zu verwenden.

(BGBl I 2008/4)

„**§ 95.**"* Soweit in den vorstehenden Bestimmungen nichts anderes „vorgesehen"** ist, ist mit der Vollziehung dieses Bundesgesetzes der Präsident des Verfassungsgerichtshofes betraut. *(*BGBl I 2003/100; **BGBl I 2005/19 (VFB))*

(BGBl I 2002/123)

„**§ 96.**" Soweit in diesem Bundesgesetz auf Bestimmungen anderer Bundesgesetze verwiesen wird, sind diese in ihrer jeweils geltenden Fassung anzuwenden. *(BGBl I 2003/100)*

(BGBl I 2001/136)

Geschäftsordnung des Verfassungsgerichtshofes

BGBl 1946/202 idF

1 BGBl 1994/504　　　　　**2** BGBl II 2020/333

STICHWORTVERZEICHNIS

VfGG
GO-VfGH
VfGH-EVV
VfGH-EVGO

Kundmachung des Bundeskanzleramtes vom 12. Oktober 1946, betreffend die Geschäftsordnung des Verfassungsgerichtshofes.

Der Verfassungsgerichtshof hat auf Grund des § 14, Abs. (1), des Verfassungsgerichtshofgesetzes (Verf. G. G.) 1930, B. G. Bl. Nr. 127/1930,[1] in seiner konstituierenden Sitzung am 3. Oktober 1946 die aus der Anlage ersichtliche Geschäftsordnung beschlossen.

[1] *Von den im (gegenstandslosen) § 19 Abs 2 GO-VfGH genannten §§ 7 Abs 2 lit c und 19 Abs 3 und 4 VfGG 1930 abgesehen, entsprechen die in der GO-VfGH genannten Bestimmungen des VfGG 1930 jenen des VfGG 1953.*

Anlage.

Geschäftsordnung des Verfassungsgerichtshofes.

I. Leitung.

§ 1. Die Leitung des Gerichtshofes sowie die Überwachung seiner Geschäftsführung liegt dem Präsidenten ob [§ 3, Abs. (1) bis (4), des Verf. G. G. 1930].

§ 2. Tritt für voraussichtlich längere Dauer der Fall des § 3, Abs. (3), des Verf. G. G. 1930 ein, so ist dies dem Bundeskanzler anzuzeigen.

§ 3. (1) Der Präsident kann dem Vizepräsidenten den Vorsitz bei Verhandlungen und Beratungen übertragen [§ 3, Abs. (5), des Verf. G. G. 1930].

(2) Der Vizepräsident kann sich in fortlaufender Kenntnis der gesamten Geschäftsführung des Gerichtshofes erhalten und zu diesem Behuf in alle Akten, Register und Vormerkungen Einsicht nehmen.

§ 4. (1) Der Präsident bestimmt die Verwendung des dem Verfassungsgerichtshof beigegebenen Personals.

(2) Er kann dem Personal alljährlich Urlaub bis zur Gesamtdauer von zwei Monaten erteilen.

§ 5. Der Präsident kann den Vizepräsidenten sowie die ständigen Referenten zur Erörterung von Angelegenheiten des Dienstes jederzeit einberufen.

II. Referenten (Untersuchungsrichter).

§ 6. (1) Der Präsident weist jede anfallende Rechtssache einem ständigen Referenten, ausnahmsweise einem anderen Mitglied des Gerichtshofes zu.

(2) Er kann auch einen Korreferenten bestellen.

(3) In den Fällen der Artikel 142 und 143 des Bundes-Verfassungsgesetzes bestellt der Präsident einen Untersuchungsrichter [§ 74, Abs. (2), des Verf. G. G. 1930].

(4) Die einem Referenten (Untersuchungsrichter) oder Korreferenten zugewiesene Rechtssache darf ihm, abgesehen von dem Fall einer längeren Verhinderung, nur mit seiner Zustimmung wieder abgenommen werden.

§ 7. (1) Die Zahl der ständigen Referenten wird nach Maßgabe des Bedarfes durch den Gerichtshof in einer nach § 6 des Verf. G. G. 1930 einberufenen Sitzung festgesetzt.

(2) Eine Vermehrung ihrer Zahl kann in der Regel nur mit Wirksamkeit vom Beginn des nächsten Finanzjahres beschlossen werden.

§ 8. (1) Zu ständigen Referenten können nur der Vizepräsident oder andere Mitglieder des Gerichtshofes gewählt werden.

(2) An der Wahl nehmen auch der Präsident und der Vizepräsident teil.

(3) Die Wahl kann nur stattfinden, wenn die nach § 6 des Verf. G. G. 1930 Geladenen vorher benachrichtigt wurden, daß dieser Gegenstand auf der Tagesordnung steht.

(4) Die Wahl erfolgt mit Stimmzetteln, und zwar für die jeweils freien Stellen gemeinsam.

(5) Leere Stimmzettel sind ungültig.

(6) Gewählt ist, wer die unbedingte Mehrheit der abgegebenen Stimmen erhält. Ergibt sich keine solche Mehrheit, so findet eine engere Wahl zwischen jenen statt, für die die relativ größte Anzahl von Stimmen lautet.

(7) Die abtretenden ständigen Referenten sind wieder wählbar.

III. Der Personalsenat.

§ 9. (1) Der gemäß § 13, Abs. (2), des Verf. G. G. 1930 gebildeten[1] Personalsenat tritt auf jedesmalige besondere Einladung des Präsidenten zusammen.

(2) Der Präsident weist die Berichterstattung über die Besetzungsvorschläge von Fall zu Fall einem ständigen Referenten zu.

(3) Der Präsident stimmt mit.

(4) Der Personalsenat gibt auch im Fall von Versetzungsgesuchen des dem Gerichtshof beigegebenen Personals sowie auf Ersuchen des Bundeskanzlers Gutachten über die Qualifikation dieses Personals ab.

---

[1] *Richtig: gebildete.*

IV. Sitzungen des Gerichtshofes.

§ 10. Der Präsident ordnet nach Bedarf die Sitzungen des Gerichtshofes an.

V. Vorverfahren.

§ 11. Die antragstellende Partei ist von der über die Einleitung des Vorverfahrens getroffenen Verfügung zu verständigen.

§ 12. Als Parteienvertreter vor dem Verfassungsgerichtshof sind außer den von den Behörden hiezu bevollmächtigten Organen nur die in der Liste einer österreichischen Rechtsanwaltskammer eingetragenen Rechtsanwälte zuzulassen [§§ 17, Abs. (2), und 24, Abs. (1) bis (3), des Verf. G. G. 1930].

§ 13. Eine nach Artikel 137 des Bundes-Verfassungsgesetzes erhobene Klage (§§ 37 bis 41 des Verf. G. G. 1930) ist, je nachdem sie gegen den Bund, gegen ein Land, gegen einen Bezirk oder gegen eine Gemeinde gerichtet ist, an die höchste Verwaltungsbehörde des Bundes, in deren Wirkungskreis die Angelegenheit fällt, an die Landesregierung zuhanden des Landeshauptmannes, an den Bezirk zuhanden des Bezirksobmannes, an die Gemeinde zuhanden des Gemeindevorstehers (Bürgermeisters) zuzustellen.

§ 14. Alle Erledigungen des Referenten sind im Namen des Verfassungsgerichtshofes auszufertigen.

§ 15. (1) Erscheint dem Referenten eine Verhandlung hinlänglich vorbereitet, so hat er dies dem Präsidenten unter Vorlage der Akten anzuzeigen und zugleich anzugeben, welche Parteien und zu wessen Handen sie zu der Verhandlung zu laden sind.

(2) Nach Anberaumung der Verhandlung werden die Akten an den Referenten zurückgeleitet, der sie mit dem von ihm vorbereiteten schriftlichen Vortrag dem Präsidenten mindestens drei Tage vor dem Verhandlungstermin wieder vorlegt.

VI. Ladung der Mitglieder zu den Verhandlungen und Sitzungen.

§ 16. (1) Die Mitglieder sind zu den Verhandlungen und Sitzungen, wenn tunlich, mindestens zehn Tage vorher zu laden. Ein von einer Verhandlung nach § 12 des Verf. G. G. 1930 ausgeschlossenes Mitglied ist nicht zu laden; an seiner Statt wird ein Ersatzmitglied unter Beachtung des § 6, Abs. (2), des Verf. G. G. 1930 geladen.

(2) Sollte ein ausgeschlossenes Mitglied dennoch geladen worden sein, so hat es seine Ausschließung dem Präsidenten sofort anzuzeigen.

(3) Ersatzmitglieder müssen zur Zeit der Sitzungen stets bereit sein, einer Einberufung Folge zu leisten.

(4) Die Ersatzmitglieder können in dringenden Fällen auch telegraphisch oder mittels Fernsprechers geladen werden.

§ 17. (1) Dem Geladenen ist, wenn möglich, zugleich mit der Ladung, jedenfalls vor der Verhandlung, eine aus den Akten geschöpfte kurze schriftliche Darstellung des Falles zuzustellen. Sie hat den wesentlichen Inhalt der gewechselten Schriften, das von den Parteien gestellte Begehren, die nötigen Feststellungen aus den vorliegenden Akten, nach Lage des Falles auch die Anführung von maßgebenden Stellen aus Gesetzen und Verordnungen, Hinweise auf frühere Erkenntnisse und auf das fachwissenschaftliche Schrifttum zu enthalten.

(2) Diese Darstellung ist regelmäßig vom Präsidialbureau zu verfassen, bedarf aber vor der Versendung der Genehmigung des Referenten.

§ 18. (1) Wenn ein zu einer Verhandlung (Hauptverhandlung) geladenes Mitglied oder Ersatzmitglied am Erscheinen verhindert ist, so hat es dies unter Angabe der Gründe dem Präsidenten so bald als möglich anzuzeigen, damit das an seine Stelle tretende Ersatzmitglied rechtzeitig geladen werden kann.

(2) Hat ein Mitglied oder Ersatzmitglied drei aufeinanderfolgenden Einladungen ohne genügende Entschuldigung keine Folge geleistet, so hat dies der Präsident dem Gerichtshof in der nächsten nichtöffentlichen Sitzung zur Einleitung des im Artikel 147, Abs. (7), des Bundes-Verfassungsgesetzes und im § 10 des Verf. G. G. 1930 vorgesehenen Verfahrens zur Kenntnis zu bringen.

§ 19. (1) Sofern nach § 7, Abs. (2), des Verf. G. G. 1930 zur Beschlußfähigkeit die Anwesenheit des Vorsitzenden und von vier Stimmführern genügt, kann, wenn nicht mindestens acht Stimmführer anwesend sind und wenn es sich um Rechtsfragen von größerer Bedeutung handelt, der Gerichtshof oder der Vorsitzende die Verhandlung unterbrechen, damit die Angelegenheit in einer dem Anwesenheitserfordernis des § 7, Abs. (1), des Verf. G. G. 1930 entsprechenden Sitzung behandelt werde. Der Vorsitzende muß dies tun, wenn die Meinung der Mehrheit im Widerspruch mit der Rechtsanschauung steht, die der Gerichtshof in früheren Entscheidungen zum Ausdruck gebracht hat, oder wenn mindestens zwei Mitglieder es verlangen.

VfGG
GO-VfGH
VfGH-EVV
VfGH-EVGO

(2)[1] Zu den nach § 7, Abs. (2), lit. c, des Verf. G. G. 1930 in nichtöffentlicher Sitzung zu erledigenden Angelegenheiten gehören insbesondere die in den §§ 12, Abs. (6), 19, Abs. (3) und (4), 33, 34, 74, Abs. (5) des Verf. G. G. 1930 angeführten Fälle.

_____

[1] *Infolge Neufassung des § 7 Abs 2 VfGG gegenstandslos.*

§ 19a. (1) Sofern der Gerichtshof im Fall außergewöhnlicher Verhältnisse nicht in angemessener Frist zusammentreten kann, ist eine Beratung und Beschlussfassung im Umlaufweg oder mit Mitteln der Telekommunikation zulässig (§ 7 Abs. 3 VfGG).

(2) Die Beratung und Beschlussfassung im Umlaufweg erfolgt in der Weise, dass der Vorsitzende die schriftliche Darstellung des Falles (§ 17) sowie den Antrag des Referenten an alle Mitglieder des Gerichtshofes mit dem Ersuchen übermittelt, innerhalb einer Woche bekannt zu geben, ob einer Erledigung im Umlaufweg zugestimmt wird. Haben neun Stimmführer, in den Fällen des § 7 Abs. 2 VfGG vier Stimmführer, einer derartigen Erledigung zugestimmt, so übermittelt der Vorsitzende die schriftliche Darstellung des Falles (§ 17) sowie den Antrag des Referenten an alle Mitglieder des Gerichtshofes mit dem Ersuchen, zum Antrag eine Erklärung abzugeben. Die Abgabe der Erklärung hat an die vom Vorsitzenden bestimmte E-Mail-Adresse bis zu dem vom Vorsitzenden bestimmten Zeitpunkt zu erfolgen; die Erklärung ist gültig, wenn sie bis zu diesem Zeitpunkt einlangt.

(3) Ein Antrag gilt im Umlaufweg als beschlossen, wenn sich bis zu dem vom Vorsitzenden bestimmten Zeitpunkt (Abs. 2) wenigstens acht Stimmführer, in den Fällen des § 7 Abs. 2 VfGG wenigstens vier Stimmführer, an der Beschlussfassung im Umlaufweg beteiligt haben und der Antrag die nach § 31 VfGG erforderliche Zahl der Stimmen auf sich vereinigt.

(4) Die Beratung und Beschlussfassung mit Mitteln der Telekommunikation erfolgt in der Weise, dass der Vorsitzende die schriftliche Darstellung des Falles (§ 17) sowie den Antrag des Referenten an alle Mitglieder des Gerichtshofes mit dem Ersuchen übermittelt, innerhalb einer Woche bekannt zu geben, ob einer Erledigung mit Mitteln der Telekommunikation zugestimmt wird. Haben neun Stimmführer, in den Fällen des § 7 Abs. 2 VfGG vier Stimmführer, einer derartigen Erledigung zugestimmt, so setzt der Vorsitzende einen Termin fest, zu dem die Rechtssache in einer Videokonferenz beraten wird.

(5) Zu einem mit Mitteln der Telekommunikation gefassten Beschluss ist es erforderlich, dass wenigstens acht Stimmführer, in den Fällen des § 7 Abs. 2 VfGG wenigstens vier Stimmführer, an der Videokonferenz (Abs. 4) teilnehmen und der Antrag die nach § 31 VfGG erforderliche Zahl der Stimmen auf sich vereinigt.

(BGBl II 2020/333, ab 24. Juli 2020)

VII. Urlaube.

§ 20. Gemäß § 9 des Verf. G. G. 1930 haben die Mitglieder und Ersatzmitglieder für die Zeit der Abwesenheit während einer Sitzungsperiode um Urlaub anzusuchen; die Abwesenheit außerhalb der Sitzungsperioden ist, wenn die voraussichtliche Dauer der Abwesenheit vom „Hauptwohnsitz" über vier Wochen beträgt, dem Präsidenten anzuzeigen. *(BGBl 1994/504)*

VIII. Ladung der Parteien zur Verhandlung.

§ 21. (1) Hat eine Partei einen Rechtsanwalt mit ihrer Vertretung betraut, so ist die Ladung dem Rechtsanwalt zuzustellen.

(2) Bund, Länder, Bezirke und Gemeinden sind auf die im § 13 bezeichnete Art zu laden.

(3) Ist mit der Vertretung der beklagten Partei die Finanzprokuratur betraut, so ist diese zu laden.

§ 22. Wählergruppen (Parteien) im Sinne des § 69, Abs. (1), des Verf. G. G. 1930 sind zuhanden ihrer zustellungsbevollmächtigten Vertreter oder, wenn solche nicht ausdrücklich namhaft gemacht wurden, zuhanden des im Wahlvorschlag Erstunterzeichneten zu laden.

IX. Verhandlungen und Sitzungen.

§ 23. (1) Bei den Verhandlungen des Verfassungsgerichtshofes erscheinen die Mitglieder in Amtstracht. Diese besteht aus Talar und Barett und ist von der gleichen Art wie die Mitglieder des Verwaltungsgerichtshofes. Die Amtstracht des Präsidenten ist die gleiche wie die des Präsidenten des Verwaltungsgerichtshofes, die des Vizepräsidenten die gleiche wie die eines Senatspräsidenten des Verwaltungsgerichtshofes.

(2) Bei den Verhandlungen und Sitzungen sitzen der Vizepräsident zur Rechten, die ständigen Referenten zur Linken des Präsidenten; im übrigen nehmen die Mitglieder und die an ihre Stelle tretenden Ersatzmitglieder ihre Sitze nach dem Lebensalter ein.

§ 24. An einer Entscheidung des Gerichtshofes über eine mündliche Verhandlung (Hauptverhandlung) dürfen nur die Stimmführer teilnehmen, die bei der Verhandlung ununterbrochen anwesend waren.

§ 25. Rechtsanwälte, die als Vertreter der Parteien auftreten, sowie die von Behörden als Vertreter entsendeten Organe haben bei Beginn der Verhandlung ihre Bevollmächtigung nachzuweisen, soweit diese nicht schon aus den Akten erhellt.

§ 26. (1) Der Vortrag des Referenten ist nicht an die den Mitgliedern zugesendete schriftliche Darstellung gebunden (§ 17). Nach dem Vortrag des Referenten wird der antragstellenden Partei, sodann der Gegenpartei und nach dieser den etwa sonst Beteiligten das Wort erteilt. Befinden sich auf einer Seite mehrere selbständige, nicht gemeinsam vertretene Parteien, so bestimmt der Vorsitzende die Reihenfolge, in der sie zum Wort kommen.

(2) In der gleichen Reihenfolge werden die Erschienenen zu weiteren Äußerungen zugelassen.

§ 27. (1) Der Vorsitzende handhabt die Sitzungspolizei in der mündlichen Verhandlung (Hauptverhandlung) nach den Vorschriften der Zivilprozeßordnung (Strafprozeßordnung) und des § 28 des Verf. G. G. 1930.

(2) Der Vorsitzende kann in den nichtöffentlichen Sitzungen einen Stimmführer zur Sache oder zur Ordnung rufen.

§ 28. (1) Jeder in den §§ 6 und 7 des Verf. G. G. 1930 vorgesehenen Verhandlung oder Sitzung ist ein beeideter Schriftführer zuzuziehen.

(2) Das Verhandlungsprotokoll wird vom Vorsitzenden und vom Schriftführer gefertigt.

X. Beratung und Abstimmung.

§ 29. Der Vorsitzende leitet die Beratung.

§ 30. (1) Die Beratung beginnt mit dem Antrag des Referenten, dieser hat den Antrag zu begründen und auch über den Stand der Rechtsprechung zu berichten.

(2) Der etwa bestellte Korreferent erhält nach dem Referenten das Wort.

§ 31. Zeigt sich bei der Beratung, daß auf Tatsachen Bezug genommen werden soll, die bei der Verhandlung weder im Vortrag des Referenten (§ 25 des Verf. G. G. 1930) vorgekommen sind noch den Gegenstand einer Feststellung aus den Akten gebildet haben, so ist die Verhandlung zur Vornahme der erforderlichen Feststellungen wieder zu eröffnen.

§ 32. Hat der Gerichtshof beschlossen, über die Gesetzmäßigkeit einer Verordnung oder über die Verfassungsmäßigkeit eines Gesetzes im Sinne der §§ 61 und 65 des Verf. G. G. 1930 von Amts wegen zu entscheiden, so wird das Verfah-

ren in der Hauptsache unterbrochen. Es ist nach Fällung des Erkenntnisses über die Vorfrage fortzusetzen.

§ 33. Wird in einer der im § 7, Abs (2), des Verf. G. G. 1930 genannten Angelegenheiten, ohne daß der Gerichtshof aus mindestens acht Stimmführern und dem Vorsitzenden besteht, die Frage der Gesetzmäßigkeit einer Verordnung oder der Verfassungsmäßigkeit eines Gesetzes aufgeworfen, so ist auf Verlangen auch nur eines Stimmführers das Verfahren abzubrechen und kann nur fortgesetzt werden, wenn der Gerichtshof die Beschlußfähigkeit nach § 7, Abs. (1), des Verf. G. G. 1930 aufweist.

§ 34. (1) Nach vorausgegangener Beratung wird abgestimmt. Die Fragen, über welche, und die Ordnung, in welcher darüber abgestimmt werden soll, stellt der Vorsitzende fest. Doch kann auch hierüber auf Antrag jedes Stimmführers der Gerichtshof beraten und Beschluß fassen. Entsteht über die Art der Stimmenzählung eine Meinungsverschiedenheit, so entscheidet darüber der Gerichtshof.

(2) Über die Entscheidungsgründe ist nach Fassung des Beschlusses über den Antrag gesondert abzustimmen.

§ 35. (1) Wird ein Beschluß oder ein wesentlicher Teil seiner Begründung gegen den Antrag des Referenten gefaßt, so ist seine Niederschrift von dem Stimmführer zu entwerfen, dessen Antrag zum Beschluß erhoben wurde; doch kann auch in diesem Fall die schriftliche Ausfertigung dem Referenten mit dessen Zustimmung übertragen werden.

(2) Der Vorsitzende hat die Übereinstimmung der Ausfertigung mit dem gefaßten Beschluß zu prüfen.

§ 36. (1) Der Schriftführer hat das Abstimmungsergebnis in einem besonderen Beratungsprotokoll zu verzeichnen.

(2) Dieses Protokoll hat nebst der Anführung der Anwesenden alle gestellten Anträge mit ihrer wesentlichen Begründung sowie eine Darstellung des Vorganges bei der Beratung zu enthalten und die Stimmführer namentlich aufzuzählen, die für und die gegen einen Antrag gestimmt haben.

(3) Jeder Stimmführer kann eine ausführliche schriftliche Darstellung der Gründe seines Antrages dem Protokoll anschließen.

(4) Der Vorsitzende hat die Richtigkeit der Aufzeichnungen des Schriftführers zu prüfen.

VfGG
GO-VfGH
VfGH-EVV
VfGH-EVGO

XI. Erkenntnisse und Beschlüsse.

§ 37. (1) Die Ausfertigung der nach durchgeführter Verhandlung gefällten Erkenntnisse hat neben dem Spruch und von ihm gesondert die Entscheidungsgründe zu enthalten, in die auch der Tatbestand aufzunehmen ist. Wenn es der Referent für zweckmäßiger hält, kann der Tatbestand auch abgesondert von den Entscheidungsgründen angeführt werden.

(2) Der Tatbestand hat eine gedrängte Darstellung des aus den Schriftsätzen, den Verwaltungsakten und der mündlichen Verhandlung sich ergebenden Sachverhaltes, insbesondere die von den Parteien gestellten Anträge zu enthalten.

(3) Im Fall des § 56 des Verf. G. G. 1930 hat der Spruch die Feststellung nach § 53 des Verf. G. G. 1930 in einen Rechtssatz zusammenzufassen.

§ 38. (1) Wird ein Erkenntnis gemäß Artikel 139, Abs. (2), und 140, Abs. (3) und (4), des Bundes-Verfassungsgesetzes[1] gefällt, so hat es die Verpflichtung der zuständigen Behörde zur unverzüglichen Kundmachung der Aufhebung oder des Wiederinkrafttretens gesetzlicher Bestimmungen in seinem Spruch zum Ausdruck zu bringen.

(2) Im Fall des Artikels 138, Abs. (2), des Bundes-Verfassungsgesetzes ist im Spruch die Verpflichtung zur unverzüglichen Kundmachung des Rechtssatzes auszudrücken.

_____

[1] *Nunmehr Art 139 Abs 5 und Art 140 Abs 5 und 6 B-VG.*

§ 39. Der Referent hat dem Entwurf des Erkenntnisses (Beschlusses) die Anweisung beizufügen, welchen Personen und Behörden Ausfertigungen zuzustellen und welche sonst erforderlichen Verfügungen zu treffen sind.

§ 40. (1) Erfolgt die Verkündung des Erkenntnisses sofort nach der Verhandlung, so ist dies im Verhandlungsprotokoll festzustellen.

(2) Erfolgt die Verkündung in einer späteren Tagsatzung, so ist dies durch eine vom Vorsitzenden und vom Schriftführer zu unterfertigende Anmerkung auf dem Entwurf des Erkenntnisses ersichtlich zu machen. Die spätere Verkündung kann der Präsident in Anwesenheit eines beeideten Schriftführers ohne Beiziehung der übrigen Mitglieder vornehmen.

§ 41. Beschlüsse, die ohne vorausgegangene Verhandlung gefaßt worden sind, sind den Parteien schriftlich zuzustellen.

XII. Berichtigungen.

§ 42. (1) Weist eine Ausfertigung Schreibfehler, Rechnungsfehler oder ähnliche offenbare Unrichtigkeiten auf, so sind auf Antrag oder von Amts wegen den Parteien die ihnen zugestellten Ausfertigungen abzufordern und durch einen besonderen Zusatz zu berichtigen.

(2) Werden die abgeforderten Ausfertigungen nicht herbeigeschafft, so hat die Berichtigung auf einer neuen Ausfertigung zu erfolgen, die der Partei an Stelle der früheren zuzustellen ist.

XIII. Wiederaufnahme.

§ 43. (1) Auf eine Wiederaufnahme des Verfahrens in den Fällen der Artikel 137 und 144 des Bundes-Verfassungsgesetzes finden die Bestimmungen der Zivilprozeßordnung sinngemäß Anwendung.

(2) Eine Wiederaufnahme im Fall des Artikels 143 des Bundes-Verfassungsgesetzes ist nach den Vorschriften des XX. Hauptstückes[1] der Strafprozeßordnung zu behandeln. Es wird daher in diesem Fall in nichtöffentlicher Sitzung durch Beschluß entschieden.

_____

[1] *Nunmehr 16. Hauptstück.*

XIV. Übersicht über die Rechtsprechung.

§ 44. (1) Zur Sicherung der Einheitlichkeit der Rechtsprechung sind die Entscheidungen des Gerichtshofes derart in Übersicht zu halten, daß jedes Mitglied des Gerichtshofes sich über die darin enthaltenen Rechtsanschauungen sofort Aufschluß verschaffen kann.

(2) Zu diesem Behuf sind im Präsidialbureau ein systematisch und ein nach Schlagworten alphabetisch geordnetes Register zu führen.

(3) Die näheren Verfügungen darüber sowie über die Veröffentlichung der Erkenntnisse in einer fortlaufenden Sammlung trifft der Präsident.

XV. Jährlicher Bericht über die Tätigkeit des Gerichtshofes.

§ 45. Die Ausarbeitung des im § 14, Abs. (3), des Verf. G. G. 1930 vorgesehenen Berichtes überträgt der Präsident einem Mitglied des Verfassungsgerichtshofes. Der demnach auszuarbeitende Entwurf bildet den Gegenstand der Beratung und Beschlußfassung des Verfassungsgerichtshofes in nichtöffentlicher Sitzung.

XVI. Schlußbestimmungen.

§ 46. (1) Hinsichtlich des Verkehres des Gerichtshofes mit in- und ausländischen Behörden und mit den Parteien, der Ladung von Zeugen und Sachverständigen und deren Gebühren, der

Behandlung der Akten, der Einrichtung der Hilfsämter wie überhaupt der inneren Geschäftsbehandlung finden die für die ordentlichen Gerichte geltenden Vorschriften sinngemäß Anwendung, insoweit nicht in der besonders zu erlassenden Kanzleiordnung etwas anderes festgesetzt wird.

(2) Die besondere Kanzleiordnung wird vom Präsidenten nach Anhörung des Vizepräsidenten und der ständigen Referenten erlassen.

(3) Zu den im § 13, Abs. (1), des Verf. G. G. 1930 angeführten sachlichen Erfordernissen gehören insbesondere auch die Beträge, die zur Bestreitung der Gebühren und Auslagen für arme Parteien[1], ferner die Zeugen-, Sachverständigen- und Dolmetschgebühren, die im Falle der §§ 72 bis 81 des Verf. G. G. 1930 im Sinne der §§ 383 bis 386 St. P. O.[2] vorläufig vom Bund geleistet werden müssen und aus dem Amtspauschale zu entnehmen sind.

---

[1] *Nunmehr gem Art VII Abs 2 Verfahrenshilfegesetz, BGBl 1973/569, „Verfahrenshilfe genießende Parteien".*
[2] *Siehe nunmehr das Gebührenanspruchsgesetz BGBl 1975/136 idgF.*

VfGG
GO-VfGH
VfGH-EVV
VfGH-EVGO

Verordnung des Präsidenten des Verfassungsgerichtshofes über die elektronische Einbringung bzw Übermittlung von Schriftsätzen, von Beilagen zu Schriftsätzen, von Ausfertigungen von Erledigungen des Verfassungsgerichtshofes und von Kopien von Schriftsätzen und Beilagen

BGBl II 2013/82 idF

1 BGBl II 2016/221

STICHWORTVERZEICHNIS

Verordnung des Präsidenten des Verfassungsgerichtshofes über die elektronische Einbringung bzw. Übermittlung von Schriftsätzen, von Beilagen zu Schriftsätzen, von Ausfertigungen von Erledigungen des Verfassungsgerichtshofes und von Kopien von Schriftsätzen und Beilagen

Inhaltsverzeichnis

(nichtamtlich)

Auf Grund des § 14a Abs. 2 und 3 des Verfassungsgerichtshofgesetzes 1953 – VfGG, BGBl. Nr. 85/1953, zuletzt geändert durch das Verwaltungsgerichtsbarkeits-Ausführungsgesetz 2013, BGBl. I Nr. 33/2013, wird verordnet:

Elektronische Einbringung von Schriftsätzen und von Beilagen zu Schriftsätzen

§ 1. (1) Schriftsätze und Beilagen zu Schriftsätzen können nach Maßgabe der technischen Möglichkeiten beim Verfassungsgerichtshof auf folgende Weise wirksam elektronisch eingebracht werden:

1. im Wege des elektronischen Rechtsverkehrs,

2. über elektronische Zustelldienste nach den Bestimmungen des 3. Abschnitts des Zustellgesetzes – ZustG, BGBl. Nr. 200/1982,

3. im Wege des elektronischen Aktes oder

4. mit auf der Website www.vfgh.gv.at abrufbaren elektronischen Formblättern.

(2) Werden mit einem Schriftsatz mehrere Beilagen vorgelegt, so sind diese als getrennte Anhänge zu übermitteln. Schriftsätze von Behörden sind mit Amtssignatur „(§ 19 des E-Government-Gesetzes, BGBl. I Nr. 10/2004, in der Fassung BGBl. I Nr. 50/2016)" zu versehen. *(BGBl II 2016/221, ab 10. August 2016)*

(3) Wer Schriftsätze oder Beilagen zu Schriftsätzen im Wege des elektronischen Rechtsverkehrs (Abs. 1 Z 1) einbringt, hat sich hiefür einer

VfGG
GO-VfGH
VfGH-EVV
VfGH-EVGO

von der Bundesministerin für Justiz auf der Website www.edikte.justiz.gv.at bekannt gemachten Übermittlungsstelle zu bedienen. Die Übermittlungsstelle hat sicherzustellen, dass Schriftsätze und Beilagen zu Schriftsätzen nur dann übernommen und weiterverarbeitet werden, wenn sie der Schnittstellenbeschreibung (§ 3) entsprechen.

(4) Hat die Übermittlungsstelle (Abs. 3) die Daten der Eingabe zur Weiterleitung an die Bundesrechenzentrum GmbH übernommen, so hat sie dies dem Einbringer sofort mitzuteilen und den Zeitpunkt (Tag und Uhrzeit) dieser Rückmeldung zu protokollieren; dieses Datum ist mit den Daten der Eingabe zu übermitteln. Die Bundesrechenzentrum GmbH hat zu protokollieren, wann die Daten der Eingabe bei ihr eingelangt sind.

(5) Schriftsätze und Beilagen zu Schriftsätzen, die im Wege des elektronischen Rechtsverkehrs (Abs. 1 Z 1) eingebracht werden, haben den Anschriftcode des Einbringers zu enthalten. § 7 der Verordnung der Bundesministerin für Justiz über den elektronischen Rechtsverkehr (ERV 2006), BGBl. II Nr. 481/2005, findet sinngemäß Anwendung.

**Elektronische Übermittlung von
Ausfertigungen von Erledigungen des
Verfassungsgerichtshofes und von Kopien von
Schriftsätzen und Beilagen**

§ 2. (1) Ausfertigungen von Erledigungen des Verfassungsgerichtshofes und Kopien von Schriftsätzen und Beilagen zu Schriftsätzen können nach Maßgabe der technischen Möglichkeiten durch Anwendung eines Verfahrens im Sinne des § 1 Abs. 1 Z 1 bis 3 elektronisch übermittelt werden. Unbeschadet der Wirksamkeit der elektronischen Übermittlung sind Erledigungen auf Antrag im Einzelfall auch in Papierform auszufertigen.

(2) Bei Ausfertigungen von Erledigungen des Verfassungsgerichtshofes und Kopien von Schriftsätzen und Beilagen zu Schriftsätzen, die im Wege des elektronischen Rechtsverkehrs (§ 1 Abs. 1 Z 1) übermittelt werden, dient der Anschriftcode (§ 1 Abs. 5) zur Bezeichnung des Empfängers. Bedient sich ein Teilnehmer am elektronischen Rechtsverkehr (§ 1 Abs. 1 Z 1) mehrerer Übermittlungsstellen (§ 1 Abs. 3), so sind Ausfertigungen von Erledigungen und Kopien von Schriftsätzen und von Beilagen über jene Übermittlungsstelle elektronisch zu übermitteln, die vom Teilnehmer zuletzt beauftragt wurde. Die Übermittlungsstelle hat der Bundesrechenzentrum GmbH den Zeitpunkt der Beauftragung bekannt zu geben.

(3) Die Übermittlungsstelle hat das Datum (Tag und Uhrzeit), an dem die Daten von Ausfertigungen von Erledigungen und von Kopien von Schriftsätzen und Beilagen in den elektronischen Verfügungsbereich des Empfängers gelangt sind, zu protokollieren und der Bundesrechenzentrum GmbH zur Weiterleitung an den Verfassungsgerichtshof zu übermitteln. Das Datum (Tag und Uhrzeit), an dem die Daten vom Empfänger tatsächlich übernommen wurden, ist ebenfalls zu protokollieren und auf Anfrage dem Verfassungsgerichtshof bekannt zu geben; dieses Protokoll ist mindestens drei Jahre lang aufzubewahren.

(4) Ausfertigungen von Erledigungen des Verfassungsgerichtshofes sind mit einer elektronischen Signatur zu versehen, die „§ 19 des E-Government-Gesetzes, BGBl. I Nr. 10/2004, in der Fassung BGBl. I Nr. 50/2016," zu entsprechen hat. Jede Verwendung der elektronischen Signatur des Verfassungsgerichtshofes ist automationsunterstützt in einem Protokoll, das den Namen des Anwenders ausweist, festzuhalten. Dieses Protokoll ist mindestens drei Jahre lang aufzubewahren.
(BGBl II 2016/221, ab 10. August 2016)

Schnittstellenbeschreibung

§ 3. Hinsichtlich des elektronischen Rechtsverkehrs (§ 1 Abs. 1 Z 1) hat der Präsident eine Beschreibung der Art der Datenübermittlung, der vollständigen Datenstruktur, der zulässigen Beilagenformate einschließlich der Regeln über die Feldinhalte und den höchstzulässigen Umfang für alle Dokumentarten (Schnittstellenbeschreibung) auf der Website www.vfgh.gv.at bekannt zu machen. Dokumente, die im Wege des elektronischen Rechtsverkehrs (§ 1 Abs. 1 Z 1) eingebracht bzw. übermittelt werden, haben der Schnittstellenbeschreibung zu entsprechen.

Datensicherheit

§ 4. (1) Zur Sicherung vor Missbräuchen ist von den an der elektronischen Einbringung von Schriftsätzen und Beilagen (§ 1) Beteiligten durch geeignete technische und organisatorische Maßnahmen zu gewährleisten, dass die Eingabe nur von demjenigen elektronisch eingebracht werden kann, der in der Eingabe als Einbringer bezeichnet wird. Bei der Registrierung einer natürlichen Person als Einbringer bei einer Übermittlungsstelle ist von dieser die Identität des Einbringers zu prüfen.

(2) Ebenso ist sicherzustellen, dass die Daten von Dokumenten im Sinne des § 2 nur aus dem Verfügungsbereich des in der Zustellung bestimmten Empfängers abgerufen werden können und dort vor missbräuchlichen Zugriffen gesichert werden.

(3) Zur Sicherstellung der Datenintegrität hat jede Übertragung im elektronischen Rechtsverkehr (§ 1 Abs. 1 Z 1) verschlüsselt zu erfolgen. Zur Sicherstellung der Authentizität soll von allen an der Übertragung Beteiligten Zertifikate, die von einem „Vertrauensdiensteanbieter gemäß

Art. 3 Z 19 der Verordnung (EU) Nr. 910/2014 über elektronische Identifizierung und Vertrauensdienste für elektronische Transaktionen im Binnenmarkt und zur Aufhebung der Richtlinie 1999/93/EG, ABl. Nr. L 257 vom 28.8.2014 S. 73, in der Fassung der Berichtigung ABl. Nr. L 257 vom 29.1.2015 S. 19," ausgestellt sind, zu verwenden. In der Kommunikation zwischen der Übermittlungsstelle und der Bundesrechenzentrum GmbH können auch von der Bundesrechenzentrum GmbH ausgestellte Zertifikate verwendet werden. *(BGBl II 2016/221, ab 10. August 2016)*

Inkrafttreten

§ 5. Diese Verordnung tritt mit 8. April 2013 in Kraft. Ab diesem Tag können Dokumente im Sinne des § 14a Abs. 1 VfGG durch Anwendung eines Verfahrens im Sinne des § 1 Abs. 1 elektronisch eingebracht bzw. übermittelt werden.

Sprachliche Gleichbehandlung

§ 6. Soweit in dieser Verordnung auf natürliche Personen bezogene Bezeichnungen nur in männlicher Form angeführt sind, beziehen sie sich auf Frauen und Männer in gleicher Weise. Bei der Anwendung der Bezeichnung auf bestimmte natürliche Personen ist die jeweils geschlechtsspezifische Form zu verwenden.

VfGG
GO-VfGH
VfGH-EVV
VfGH-EVGO

Geschäftsordnung des Verfassungsgerichtshofs über die elektronische Durchführung von Verfahren

BGBl II 2013/218 idF

1 BGBl II 2016/235

STICHWORTVERZEICHNIS

Kundmachung des Bundeskanzlers betreffend die Geschäftsordnung des Verfassungsgerichtshofs über die elektronische Durchführung von Verfahren

Inhaltsverzeichnis

(nichtamtlich)

Der Verfassungsgerichtshof hat am 28. Juni 2013 die aus der Anlage ersichtliche „Geschäftsordnung des Verfassungsgerichtshofs über die elektronische Durchführung von Verfahren" (§ 14 Abs. 1 des Verfassungsgerichtshofgesetzes 1953, BGBl. Nr. 85, zuletzt geändert durch das Bundesgesetz BGBl. I Nr. 122/2013) beschlossen.

Anlage

Geschäftsordnung des Verfassungsgerichtshofs über die elektronische Durchführung von Verfahren

Elektronische Durchführung von Verfahren

§ 1. (1) Verfahren vor dem Verfassungsgerichtshof können elektronisch durchgeführt werden. Dies betrifft die Elektronische Aktenführung (ELAK) sowie die Einbringung von Schriftsätzen an den Verfassungsgerichtshof einschließlich der Beilagen, die Vorlage von Akten und die Übermittlung von Erledigungen (sowohl im Vorverfahren als auch Ladungen, Erkenntnisse und Beschlüsse).

(2) Soweit diese Geschäftsordnung keine besonderen Bestimmungen enthält, sind die Geschäftsordnung des Verfassungsgerichtshofs, BGBl. Nr. 202/1946 idF BGBl. Nr. 504/1994 (Geo VfGH) und die für die ordentlichen Gerichte

VfGG
GO-VfGH
VfGH-EVV
VfGH-EVGO

geltenden Vorschriften (§ 46 Geo VfGH) – sinngemäß – anzuwenden.

(3) Soweit sich die folgenden Bestimmungen auf die elektronische Form von Schriftstücken beziehen, gelten sie für jegliche elektronische Datei, die zum Akteninhalt wird und die Funktion eines Dokumentes erfüllt, wie zB auch Tondokumente, Bilddateien uä.

Elektronische Aktenführung

§ 2. (1) Bei elektronisch geführten Akten (Aktenteilen) des Verfassungsgerichtshofs ist die elektronische Form das Original.

(2) Ein elektronischer Akt ist im Rahmen der Geschäftsordnung nach den Anordnungen des Mitglieds zu führen, dem die Rechtssache gemäß § 6 Geo VfGH zugewiesen worden ist (Referent). Der Referent bestimmt, inwieweit seine Mitarbeiter zur Führung von Akten der Geschäftsstelle Anordnungen erteilen können.

(3) Die elektronische Aktenführung hat so zu erfolgen, dass die für die schriftliche Aktenführung geltenden Vorschriften im Sinne des § 1 Abs. 2 ihrem Zweck entsprechend in elektronischer Form nachgebildet und elektronisch vorliegende Daten möglichst automatisiert übernommen werden.

(4) Nach dieser Geschäftsordnung und den in § 1 Abs. 2 genannten Vorschriften von der Geschäftsstelle vorzunehmende Arbeitsschritte können durch automatisierte Vorgänge ersetzt werden, unabhängig davon, von welcher an der Erledigung beteiligten Person sie ausgelöst werden.

(5) Für die Elektronische Aktenführung sind solche technische Komponenten und Verfahren einzusetzen, die jede Veränderung von im Elektronischen Akt erfassten Daten einschließlich des Zeitpunktes ihrer Veränderung sowie die Fälschung und die Verfälschung erfasster Daten zuverlässig erkennbar machen und die unbefugte Verwendung von Daten verlässlich verhindern.

(6) Abs. 5 gilt hinsichtlich der Veränderung von Daten nicht für interne Entwürfe und sonstige Arbeitsbehelfe des Referenten und seiner Mitarbeiter (Referat). Dokumente sind solange referatsintern, bis sie der Geschäftsstelle zur weiteren Veranlassung übergeben oder für die Beratung des Verfassungsgerichtshofs an die Mitglieder versandt werden.

(7) Daten im Sinne des Abs. 6 sowie Entwürfe, Protokolle und sonstige interne Dokumente des Verfassungsgerichtshofs sind einem Dienstleister ausschließlich in verschlüsselter Form zu übergeben.

Handakten

§ 3. (1) Von einer elektronisch eingebrachten Eingabe ist erforderlichenfalls ein Ausdruck herzustellen. Für die weitere Erledigung ist, soweit die Genehmigung nicht elektronisch erfolgt, dieser Ausdruck zu verwenden. (Handakt)

(2) Handakten sind, soweit sie nicht in laufender Bearbeitung stehen, geordnet in der Geschäftsstelle zu verwahren.

Aktenbildung und Verzeichnisse

§ 4. (1) Die Geschäftsstelle hat über elektronisch eingebrachte Eingaben elektronische Akten anzulegen, erforderliche Beilagenverzeichnisse zu erstellen und in sinngemäßer Anwendung der in § 1 Abs. 2 genannten Vorschriften Aktenzeichen zu vergeben. Geschäftsstücke sind mit Ordnungsnummern zu versehen, Schriftsätze, Erledigungen und sonstige Aktenstücke sind in einem Aktenspiegel in ihrer zeitlichen Reihenfolge geordnet zu verzeichnen.

(2) Nicht elektronisch eingebrachte Schriftsätze und sonstige, für die Beratung des Verfassungsgerichtshofs benötigte, nicht elektronisch vorliegende Aktenstücke sind, wenn vom Referenten nicht anders vorgesehen, von der Geschäftsstelle einzuscannen. Solche Aktenstücke sind mit dem Handakt zu verwahren.

(3) An die Stelle der nach den in § 1 Abs. 2 genannten Vorschriften erforderlichen Verzeichnisse (Aktenverzeichnisse, Namenverzeichnis, Normenverzeichnis, Verzeichnis der auf Frist liegenden Akten (Kalender)) können elektronische Verfahren treten, die den Verzeichnissen vergleichbare eindeutige und vollständige Suchergebnisse liefern. Die Geschäftsstelle hat die dafür erforderlichen Eintragungen vorzunehmen, soweit sie nicht automatisiert (§ 1 Abs. 2) erstellt werden.

Unterfertigung

§ 5. (1) An die Stelle der handschriftlichen Unterfertigung (§ 62 Geo) tritt die Signierung mittels qualifizierter elektronischer Signatur „(Art. 3 Z 12 der Verordnung (EU) Nr. 910/2014 über elektronische Identifizierung und Vertrauensdienste für elektronische Transaktionen im Binnenmarkt und zur Aufhebung der Richtlinie 1999/93/EG, ABl. Nr. L 257 vom 28.8.2014 S. 73, in der Fassung der Berichtigung ABl. L 257 vom 29.1.2015 S. 19)“. *(BGBl II 2016/235, ab 23. August 2016)*

(2) Wird nicht im Sinne des Abs. 1 elektronisch signiert, so erfolgt die Genehmigung durch handschriftliche Unterfertigung eines Ausdrucks. Der unterfertigte Ausdruck bildet solange das Original und ist im Handakt zu verwahren, bis eine authentische elektronische Form im Akt angelegt worden ist. Diese wird dadurch erzeugt,

dass der unterfertigte Ausdruck zur Gänze eingescannt und signiert wird (Abs. 1).

(3) Der Referent bestimmt, inwieweit seine Mitarbeiter Verfügungen im Vorverfahren unterfertigen oder im Einzelfall die von ihm erteilte Genehmigung durch eine Unterfertigung mit Hinweis auf diese Genehmigung ersichtlich machen, wobei für solche Unterfertigungen Abs. 1 und 2 gilt.

Aktenzugriff

§ 6. (1) Außer der Geschäftsstelle haben alle Mitglieder des Verfassungsgerichtshofs und deren Mitarbeiter Zugriff auf die Akten und die von der Geschäftsstelle angelegten Verzeichnisse (Lesezugriff), soweit nicht der Referent den Zugriff ausschließt.

(2) Abs. 1 gilt nicht für referatsinterne Dokumente (§ 2 Abs. 5). Diese werden erst mit der Übergabe an die Geschäftsstelle oder Versendung an die Mitglieder Bestandteil des Aktes. Bis dahin hat in les- und bearbeitbarer Form ausschließlich das Referat Zugriff.

(3) Es sind technische Vorkehrungen dafür zu treffen, dass außer vom Präsidenten und seinen Mitarbeitern bzw. der Vizepräsidentin und ihren Mitarbeitern und der Geschäftsstelle Akten jeweils nur von jenen Referenten und deren Mitarbeitern verändert werden können, denen sie zugeteilt sind.

(4) Es sind technische Vorkehrungen dafür zu treffen, dass Verzeichnisse (§ 4), soweit sie nicht automatisiert (§ 1 Abs. 3) verändert werden, nur von der Geschäftsstelle verändert werden können, der gegenüber die erforderlichen Anordnungen zu treffen sind.

(5) Der Präsident bestimmt im Einvernehmen mit den ständigen Referenten, welche Statistiken über die Arbeit des Verfassungsgerichtshofs erstellt werden. Statistiken über die Arbeitsabläufe im Referat werden nicht erstellt.

Einbringung von Schriftsätzen

§ 7. (1) Schriftsätze und Beilagen zu Schriftsätzen können nach Maßgabe der technischen Möglichkeiten beim Verfassungsgerichtshof auf folgende Weise wirksam elektronisch eingebracht werden:

1. im Wege des elektronischen Rechtsverkehrs,

2. über elektronische Zustelldienste nach den Bestimmungen des 3. Abschnitts des Zustellgesetzes – ZustG, BGBl. Nr. 200/1982, „in der Fassung BGBl. I Nr. 33/2013". *(BGBl II 2016/235, ab 23. August 2016)*

3. im Wege des elektronischen Aktes oder

4. mit auf der Website www.vfgh.gv.at abrufbaren elektronischen Formblättern.

(2) Für Eingaben an den Verfassungsgerichtshof (Abs. 1) sind die auf der Website www.vfgh.gv.at kundgemachten Formblätter zu verwenden, die auch für die Einbringung gem. Abs. 1 Z 1 iVm Abs. 4 zur Verfügung stehen. Die Schriftsätze dürfen auch ohne Verwendung der Formblätter eingebracht werden, wenn sie den in den Formblättern vorgedruckten Text sowie dieselben Überschriften zu den Schreibfeldern und Feldgruppen mit demselben Aufbau, derselben Nummerierung und derselben Abfolge enthalten; diese Bestandteile des Schriftsatzes müssen in Druckform erstellt sein.

(3) Werden mit einem Schriftsatz mehrere Beilagen vorgelegt, so sind diese als getrennte Anhänge zu übermitteln. Schriftsätze von Behörden sind mit Amtssignatur (§ 19 des E-Government-Gesetzes, BGBl. I Nr. 10/2004, in der Fassung BGBl. I Nr. 50/2016) zu versehen. Gemäß Abs. 1 Z 4 eingebrachte Schriftsätze sind mit einer Signatur gemäß Art. 3 Z 12 der Verordnung (EU) Nr. 910/2014 über elektronische Identifizierung und Vertrauensdienste für elektronische Transaktionen im Binnenmarkt und zur Aufhebung der Richtlinie 1999/93/EG, ABl. Nr. L 257 vom 28.8.2014 S. 73, in der Fassung der Berichtigung ABl. Nr. L 257 vom 29.1.2015 S. 19, zu versehen. *(BGBl II 2016/235, ab 23. August 2016)*

(4) Wer Schriftsätze oder Beilagen zu Schriftsätzen im Wege des elektronischen Rechtsverkehrs (Abs. 1 Z 1) einbringt, hat sich hiefür einer von der Bundesministerin für Justiz auf der Website www.edikte.justiz.gv.at bekannt gemachten Übermittlungsstelle zu bedienen. Die Übermittlungsstelle hat sicherzustellen, dass Schriftsätze und Beilagen zu Schriftsätzen nur dann übernommen und weiterverarbeitet werden, wenn sie der Schnittstellenbeschreibung (Abs. 5) entsprechen.

(5) Hinsichtlich des elektronischen Rechtsverkehrs (§ 1 Abs. 1 Z 1) hat der Präsident eine Beschreibung der Art der Datenübermittlung, der vollständigen Datenstruktur, der zulässigen Beilagenformate einschließlich der Regeln über die Feldinhalte und den höchstzulässigen Umfang für alle Dokumentarten (Schnittstellenbeschreibung) auf der Website www.vfgh.gv.at bekannt zu machen. Dokumente, die im Wege des elektronischen Rechtsverkehrs (§ 1 Abs. 1 Z 1) eingebracht bzw. übermittelt werden, haben der Schnittstellenbeschreibung zu entsprechen.

(6) Hat die Übermittlungsstelle (Abs. 4) die Daten der Eingabe zur Weiterleitung an die Bundesrechenzentrum GmbH übernommen, so hat sie dies dem Einbringer sofort mitzuteilen und den Zeitpunkt (Tag und Uhrzeit) dieser Rückmeldung zu protokollieren; diese Datum ist mit den Daten der Eingabe zu übermitteln. Die Bundesrechenzentrum GmbH hat zu protokollieren, wann die Daten der Eingabe bei ihr eingelangt sind.

VfGG
GO-VfGH
VfGH-EVV
VfGH-EVGO

(7) Schriftsätze und Beilagen zu Schriftsätzen, die im Wege des elektronischen Rechtsverkehrs (Abs. 1 Z 1) eingebracht werden, haben den Anschriftcode des Einbringers zu enthalten. § 7 der Verordnung der Bundesministerin für Justiz über den elektronischen Rechtsverkehr (ERV 2006), BGBl. II Nr. 481/2005, zuletzt geändert durch BGBl. II Nr. 503/2012, findet sinngemäß Anwendung.

(8) Angaben über gestellte Anträge im Rahmen der Formblätter gemäß Abs. 2 ersetzen nicht die Ausführung von Anträgen im Rahmen der Schriftsätze. Bei Widersprüchen zwischen Schriftsätzen und Angaben in den Formblättern ist der Inhalt des Schriftsatzes maßgeblich.

(9) Die Geschäftsstelle hat die Richtigkeit der automatisch aus den Formblättern und Schriftsätzen gewonnenen Daten, die für Verzeichnisse oder der automatisierten Weiterverwendung dienen (Metadaten), anhand der ihr zur Verfügung stehenden Unterlagen zu überprüfen und erforderlichenfalls richtigzustellen bzw. zu ergänzen.

Ausfertigungen

§ 8. (1) Ausfertigungen von Erledigungen des Verfassungsgerichtshofes und Kopien von Schriftsätzen und Beilagen zu Schriftsätzen können nach Maßgabe der technischen Möglichkeiten durch Anwendung eines Verfahrens im Sinne des § 7 Abs. 1 Z 1 bis 4 elektronisch übermittelt werden. Unbeschadet der Wirksamkeit der elektronischen Übermittlung sind Erledigungen auf Antrag im Einzelfall auch in Papierform auszufertigen.

(2) Bei Ausfertigungen von Erledigungen des Verfassungsgerichtshofes und Kopien von Schriftsätzen und Beilagen zu Schriftsätzen, die im Wege des elektronischen Rechtsverkehrs übermittelt werden, dient der Anschriftcode zur Bezeichnung des Empfängers. Bedient sich ein Teilnehmer am elektronischen Rechtsverkehr mehrerer Übermittlungsstellen, so sind Ausfertigungen von Erledigungen und Kopien von Schriftsätzen und von Beilagen über jene Übermittlungsstelle elektronisch zu übermitteln, die vom Teilnehmer zuletzt beauftragt wurde. Die Übermittlungsstelle hat der Bundesrechenzentrum GmbH den Zeitpunkt der Beauftragung bekannt zu geben.

(3) Die Übermittlungsstelle hat das Datum (Tag und Uhrzeit), an dem die Daten von Ausfertigungen von Erledigungen und von Kopien von Schriftsätzen und Beilagen in den elektronischen Verfügungsbereich des Empfängers gelangt sind, zu protokollieren und der Bundesrechenzentrum GmbH zur Weiterleitung an den Verfassungsgerichtshof zu übermitteln. Das Datum (Tag und Uhrzeit), an dem die Daten vom Empfänger tatsächlich übernommen wurden, ist ebenfalls zu protokollieren und auf Anfrage dem Verfassungsgerichtshof bekannt zu geben; dieses Protokoll ist mindestens drei Jahre lang aufzubewahren.

(4) Ausfertigungen von Erledigungen des Verfassungsgerichtshofs sind mit einer elektronischen Signatur zu versehen, die § 19 des E-Government-Gesetzes, BGBl. I Nr. 10/2004, „in der Fassung BGBl. I Nr. 50/2016", zu entsprechen hat. Sie hat einen Zusatz auf die Gerichtsfunktion zu enthalten und ist auf der Website www.vfgh.gv.at mit den Angaben entsprechend dem vorhergehenden Satz zu veröffentlichen. Diese Gerichtssignatur ist ausschließlich für gerichtliche Erledigungen des Verfassungsgerichtshofs zu verwenden. *(BGBl II 2016/235, ab 23. August 2016)*

(5) Jede Verwendung der elektronischen Signatur des Verfassungsgerichtshofs ist automationsunterstützt in einem Protokoll, das den Namen des Anwenders ausweist, festzuhalten. Dieses Protokoll ist aufzubewahren (§ 11).

Vorlage elektronischer Akten

§ 9. (1) Soweit von einer Behörde Akten vorzulegen sind und diese elektronisch erzeugt und elektronisch genehmigt wurden, sind diese dem Verfassungsgerichtshof elektronisch vorzulegen. „§ 21 des E-Government-Gesetzes, BGBl. I Nr. 10/2004, in der Fassung BGBl. I Nr. 50/2016, gilt." *(BGBl II 2016/235, ab 23. August 2016)*

(2) Für Zwecke des elektronischen Aktenverkehrs des Verfassungsgerichtshofs mit Ausnahme der Justizverwaltung mit anderen Behörden im Wege des Elektronischen Aktes ist ausschließlich die Geschäftsstelle des Verfassungsgerichtshofs als Ansprechpartner vorzusehen. Der Präsident bestimmt jeweils im Einvernehmen mit der Vizepräsidentin oder sonstigen mit Aufgaben der Justizverwaltung oder der Leitung des Evidenzbüros betrauten Mitgliedern, inwieweit diese für diese Zwecke im Bereich der elektronischen Aktenführung als Ansprechpartner aufscheinen.

(3) Werden Akten von einer Behörde teilweise elektronisch entsprechend Abs. 1, teilweise in schriftlicher Form vorgelegt, so ist sowohl der elektronischen als auch der schriftlichen Aktenvorlage ein Verzeichnis anzuschließen, aus dem die Art der Vorlage und die Ordnung der Akten hervorgeht.

Akteneinsicht

§ 10. (1) Der Partei oder ihrem Vertreter ist Einsicht in elektronische Akten mit Terminals zu gewähren, die in den Räumlichkeiten der Geschäftsstelle oder besonders dafür bestimmten Räumlichkeiten des Verfassungsgerichtshofs zur Verfügung gestellt werden. Die Geschäftsstelle hat die erforderliche Unterstützung bei der technischen Bedienung zu leisten. Die Ermöglichung der Akteneinsicht kann auch durch die Aushändigung von Ausdrucken gem. Abs. 2 erfolgen.

(2) Auf Verlangen ist von der Geschäftsstelle ein Ausdruck vom Akteninhalt herzustellen, aus dem der Zeitpunkt der Erstellung hervorgeht und der mit einer Signatur zu versehen ist, die einer fortgeschrittenen elektronischen Signatur „gemäß Art. 3 Z 11 der Verordnung (EU) Nr. 910/2014 über elektronische Identifizierung und Vertrauensdienste für elektronische Transaktionen im Binnenmarkt und zur Aufhebung der Richtlinie 1999/93/EG, ABl. Nr. L 257 vom 28.8.2014 S. 73, in der Fassung der Berichtigung ABl. Nr. L 257 vom 29.1.2015 S. 19," entspricht. Der Ausdruck erfolgt auf Kosten des Verfassungsgerichtshofs, soweit es sich nicht um Akten anderer Behörden (außer im Falle des Abs. 1 letzter Satz) handelt. *(BGBl II 2016/235, ab 23. August 2016)*

(3) Interne Aktenstücke und von anderen Behörden von der Akteneinsicht ausgenommene Aktenstücke sind im elektronischen Akt so zu führen, dass diese bei einer Einsicht gem. Abs. 1 oder in einem Ausdruck gem. Abs. 2 nicht eingesehen werden können. Interne Aktenstücke sind im Aktenspiegel in einer der Einsicht zugänglichen Weise erst mit der Erledigung zu verzeichnen.

Aufbewahrung

§ 11. Für die Aufbewahrung elektronisch geführter Akten und der dafür angelegten Verzeichnisse sowie der für deren Lesbarkeit einschließlich der Suche gem. § 4 Abs. 3 erforderlichen Daten und Programme gelten die Vorschriften des Bundesarchivgesetzes, BGBl. I Nr. 162/1999.

Inkrafttreten

§ 12. (1) Diese Geschäftsordnung tritt mit 8. April 2013 in Kraft.

(2) Soweit für die elektronische Durchführung von Verfahren nach den Vorschriften dieser Geschäftsordnung technische Vorkehrungen erforderlich sind, haben diese bis spätestens 31. Dezember 2013 zu erfolgen.

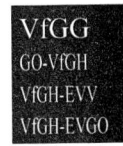

VfGG
GO-VfGH
VfGH-EVV
VfGH-EVGO

KODEX
DES ÖSTERREICHISCHEN RECHTS
SAMMLUNG DER ÖSTERREICHISCHEN BUNDESGESETZE

SOZIAL-VERSICHERUNG

L° LINDE VERLAG

1	ASVG
2	AlVG
3	KGG/KBGG
4	SUG
5	NSchG
6	BPGG
7	NeuFÖG
8	IVF-Fonds-G
9	AMPFG
10	GSVG
11	BSVG
12	FSVG
13	K-SVFG
14	NVG
15	B-KUVG
16	EU-BSVG
17	ARÜG
18	SV-EG
19	Int. Abk.

KODEX
DES ÖSTERREICHISCHEN RECHTS
SAMMLUNG DER ÖSTERREICHISCHEN BUNDESGESETZE

VERGABE-GESETZE

L LINDE

1	BVergG / Begl. Best. / ABVV / ÖNORM / ErstreckVO / FormVO / BeschVO / Schw.Werte
2	Bgld VergG
3	Krnt VergG DurchfVO
4	NÖ VergG VergO
5	OÖ VergG
6	Sbg VergG VergO
7	Stmk VergG
8	Tirol VergG
9	Vlbg VergG Vergform
10	Wien VergG

KODEX
DES ÖSTERREICHISCHEN RECHTS
SAMMLUNG DER ÖSTERREICHISCHEN BUNDESGESETZE

WIRTSCHAFTS-GESETZE

TEIL I

L° LINDE VERLAG

1	GewO / ÖffnungsZG / Sonn-, FBZG / NahVG / ReisebR / MaklerR / VerbrKV / ProduktSG / GefVG / KraftFLG / GüterbefG
2	BVergG / BB-GmbHG / EU-Recht / DienstL-RL / LieferK-RL / BauA-RL / RechtsM-RL / Sek-RL / SekRM-RL / SrandF-RL
3	ElWOG / ERegBG / EigentEG / ÖkostromG / GWG / PreisTG / RohrLG / EU-Recht / ElektrBM-RL / ErdgasBM-RL / EnergieT-RL
4	DSG / EU-Recht / DatenS-RL / DatenB-RL
5	PreisG / PreisAG / Preis-BÜG / EU-Recht / PreisA-RL
6	VersG / EnLG / Erdöl-BMG / LMBG

KODEX
DES ÖSTERREICHISCHEN RECHTS
SAMMLUNG DER ÖSTERREICHISCHEN BUNDESGESETZE

WIRTSCHAFTS-GESETZE

TEIL II

L° LINDE VERLAG

1	WettbG / KartellG / EU-Recht / EGV / VO Nr. 17 / AnhörVO / BagatBek / WettbR-VO / GrufrVO / FusKon-VO
2	PatentG / SchuZG / GebrMG / HalbLSG / MarkenSG / MusterSG / ProdPirG / UrhebRG / VerwertG / EU-Recht / MarkenR-RL / Gem-Mark-VO / GemGM-VO / HalbL-RL / CompPr-RL / Verm-Verl-RL / SchutzD-RL / UrhebR-RL / Sat-RL / Biotech-E-RL / FolgeR-RL / ProdPir-VO
3	UWG / EU-Recht / IrrWerb-RL

KODEX

DES ÖSTERREICHISCHEN RECHTS
SAMMLUNG DER ÖSTERREICHISCHEN BUNDESGESETZE

ARBEITS-RECHT

L LINDE VERLAG

KODEX

DES ÖSTERREICHISCHEN RECHTS
SAMMLUNG DER ÖSTERREICHISCHEN BUNDESGESETZE

AUSHANGPFLICHTIGE GESETZE

L LINDE VERLAG

KODEX

DES ÖSTERREICHISCHEN RECHTS
SAMMLUNG DER ÖSTERREICHISCHEN BUNDESGESETZE

PFLEGEGELD-GESETZE

L LINDE VERLAG

KODEX

DES ÖSTERREICHISCHEN RECHTS
SAMMLUNG DER ÖSTERREICHISCHEN BUNDESGESETZE

STEUER-GESETZE

L LINDE VERLAG

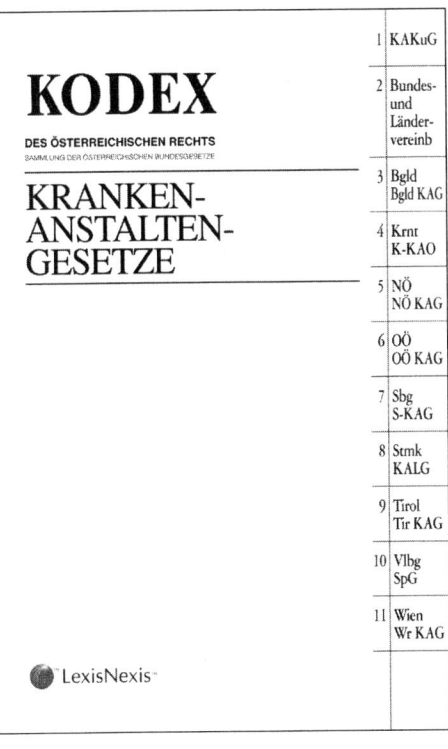

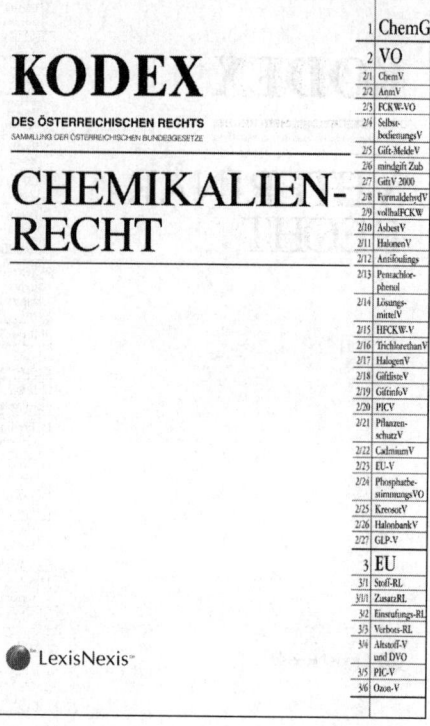

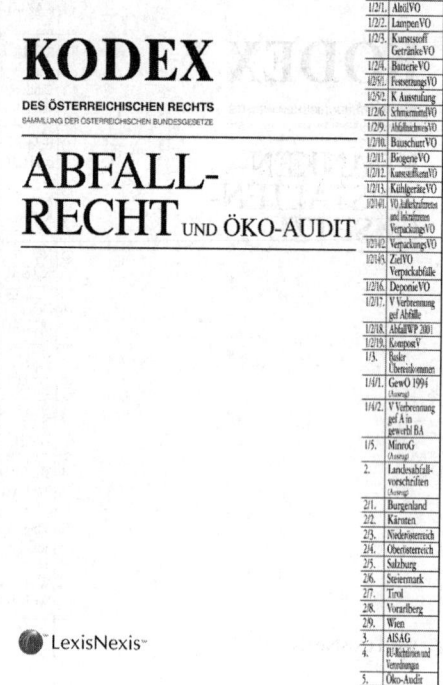

KODEX 1

KODEX

DES ÖSTERREICHISCHEN RECHTS
SAMMLUNG DER ÖSTERREICHISCHEN BUNDESGESETZE

SCHUL-
GESETZE

 LexisNexis

---

KODEX 2

KODEX

DES ÖSTERREICHISCHEN RECHTS
SAMMLUNG DER ÖSTERREICHISCHEN BUNDESGESETZE

WOHNUNGS-
GESETZE

 LexisNexis

KODEX 3

KODEX

DES ÖSTERREICHISCHEN RECHTS
SAMMLUNG DER ÖSTERREICHISCHEN BUNDESGESETZE

UNIVERSITÄTS-
RECHT

LexisNexis

KODEX 4

KODEX

DES ÖSTERREICHISCHEN RECHTS
SAMMLUNG DER ÖSTERREICHISCHEN BUNDESGESETZE

INNERE
VERWALTUNG

LexisNexis

KODEX
DES ÖSTERREICHISCHEN RECHTS
HERAUSGEBER: UNIV.-PROF. DR. WERNER DORALT

LEBENSMITTEL-RECHT

LexisNexis

1	LMSVG
2	Kennzeichnung
3	Lebensmittel
4	LM für spez. Gruppen
5	Wasser
6	Zusatzstoffe
7	Hygiene
8	Gebrauchsgegenstände
9	Kosmetika
10	Amtl Kontrolle
11	EG-Basis-Verordnung
12	EG-Hygiene-Verordnungen
13	EG-KontrollV
14	EG-ClaimsV
15	EG-Anreicherungs V
16	EU-Novel FoodV
17	EU-QuaDG

KODEX
DES ÖSTERREICHISCHEN RECHTS
HERAUSGEBER: UNIV.-PROF. DR. WERNER DORALT

GESUNDHEITS-BERUFE

LexisNexis

1	GuKG · GuK-AV · GuK-TAV · FH-GuK-AV · GuK-SV · GuK-LFV · PA-PFA-AV · GuK-WV · GuK-BAV · GuK-AusweisV · GBR-BAV · GuK-EWRV · Art 15a-B-VG-V · SozbetrB
2	HebG · Heb-AV · FH-Heb-AV · HebAV · Heb-EWRV 2008 · HebGSV · Heb-GWO
3	KTG · KT-AV
4	MABG · MAB-AV · TT-AV · TT-AkkV
5	MMHmG · MMHm-AV · MMHm-ZV · Hm-BerufsausweisV
6	MTD-G · FH-MTD-AV · V-RFS-MTD · MTD-AusweisV
7	MTF-SHD-G
8	MuthG
9	PsychologenG · EWR-PsychologG · EWR-PsychologenV · PsychotherapieG · EWR-Psycho-therapieG · EWR-Psycho-therapieV
10	SanG · San-AV · SanAFV
11	ZÄG · ZASS-VO · BAG · Lehre ZfAO
12	GBRG

KODEX
DES ÖSTERREICHISCHEN RECHTS
HERAUSGEBER: UNIV.-PROF. DR. WERNER DORALT

POLIZEI-RECHT

LexisNexis

1	SPG + Ven
2	PStSG
3	WaffGebrG
4	BKA-G
5	BAK-G
6	PolKG · EU-PolKG
7	Sonstige
8	StGB · VbVG
9	NebenG
10	StPO · JGG
11	StRegG · TilgG
12	Sonstige
13	EGVG + Sonstige
14	AVG
15	VStG · VVG + VwGVG
16	ZustellG
17	MeldeG + DV
18	PassG + DV
19	BFA-G + DV · BFA-VG + DV
20	FPG + DV
21	NAG + DV
22	AsylG + DV
23	GrekoG
24	SDÜ + Sonstige
25	AuslBG
26	WaffG + Ven
27	KriegsmttG + V
28	PyroTG + DV
29	SprG + Ven
30	MedienG
31	VersammlG
32	StVO + Ven
33	FSG + DV
34	KFG + Ven
35	Sonstige
36	B-VG
37	EMRK + ZP · StGG · HausRG · PersFrG
38	Sonstige
39	ABGB
40	AHG, OrgHG · PolBEG
41	ASVG
42	BDG + Ven

KODEX
DES ÖSTERREICHISCHEN RECHTS
HERAUSGEBER: UNIV.-PROF. DR. WERNER DORALT

BESONDERES VERWALTUNGS-RECHT

LexisNexis

1	BVergG 2006
2	DSG
3	UG 2002
4	DMSG
5	KAKuG
6	GTG
7	SPG + BG KampfPriv + PStSG
8	MeldeG
9	PassG
10	FPG
11	NAG
12	AsylG 2005
13	GVG-B 2005
14	WaffG
15	BFA-G
16	BFA-VG
17	PStG 2013
18	ForstG
19	WRG
20	AWG
21	IG-L
22	EG-K
23	UVP-G
24	StVO
25	KFG
26	FSG
27	GewO

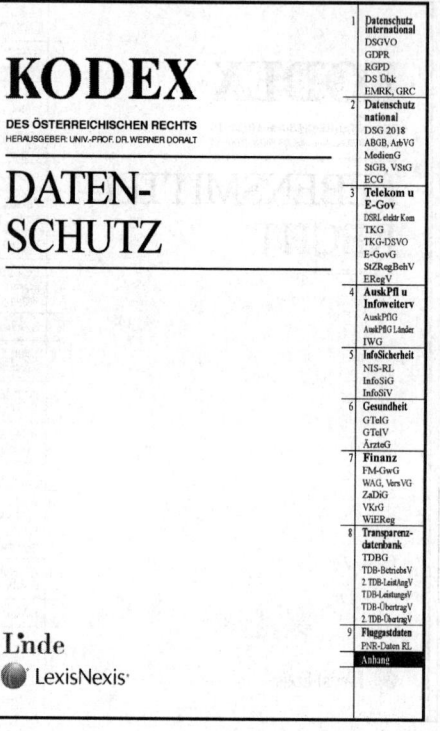

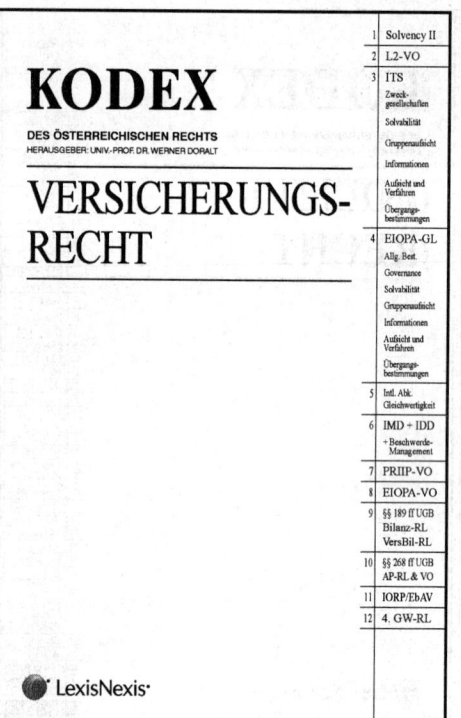

KODEX

DES ÖSTERREICHISCHEN RECHTS
HERAUSGEBER: UNIV.-PROF. DR. WERNER DORALT

VERFASSUNGS-RECHT

LexisNexis

1	B-VG
1a	ÜG, B-VGNov
2a	StGG
2b	EMRK
2c	RelgcnntR, ZDG, VerG, VdgG, ORF-G, RGG, PrR-G, AMD-G, FERG, KOG, PresseFG, MinderheitenR
3a	BVG
3b	VfBest in BG
4	UnabhErkl, B-DG, StV Wien, BVG Neutralität, KMG, SanktG, KSE-BVG, TrAufG, Staatl Symbole
6	StbG
7	ParteiG, VerbotsG, ParteiförG, KlubFG, PubFG
8	Wahlen, Direkte Demokratie
9	GOG-NR, EU-InfoG, InfOG
10	BezR, Umw-To-G
11	BGBlG, Rechtsbereinigung
12	BMG, BVG ÄmterU.Reg, BGemAufchG
13a	F-VG, FAG 2008
13b	KonsMech, ÖStP 2012
14	RHG
15	BVwGG, VwGVG, VwGbk-DG
16	VwGG
17	VfGG
18	VolksanwG
19	AHG, OrgHG
20	AuskPfl
21	EUV, AEUV, EU-GRC
Anh	IA 1295/A, BlgNR 25. GP

KODEX

DES ÖSTERREICHISCHEN RECHTS
HERAUSGEBER: UNIV.-PROF. DR. WERNER DORALT

VÖLKER-RECHT

LexisNexis

1	UN, UN-Charta, IGH-Statut, Völkerbund, Amtssitzabk.
2	WVK, WVK I, II
3	Österreich, B-VG Auszug, Staatsvertrag 1955, Neutralität-G
4	Immunität, UN-Übk, Basler Übk, Immunität UN, Immunität Spezialorg, IO ImmunitätenG
5	Dipl. Verkehr, WDK, WKK, Spezialmissionen, Strafsachen
6	Streitbeileg, I. Haager Übk, Manila-Erkl.
7	Gewaltverbot, Uniting for Peace, Definit. Aggression, Friendl. Relations Decl, Weltgipfel 2005 Auszug, UNSR-Resolutionen
8	Humanitäres VR, Haager LKO, GK + Protokoll I, II, Kulturgut
9	Seerecht, UNCLOS
10	Polarrecht, Antarktis
11	LuftfahrtR, Zivilluftfahrt
12	WeltraumR, Weltraum, Rettung, Haftung, Registrierung, Mond, WeltraumG
13	WirtschaftsR, WTO-Abk, GATT, GATS, TRIPS, DSU, NY Übk, ICSID
14	UmweltR, Rio-Dekl.
15	Menschenrechte, UDHR, ICCPR + Fak.prot, ICESCR, CAT, EMRK, EU-Charta, GFK
16	Strafrecht, Röm. Statut, IStGH-G, StGB Auszug
17	Verantwortlk., ASR, ARIO

KODEX

DES ÖSTERREICHISCHEN RECHTS
HERAUSGEBER: UNIV.-PROF. DR. WERNER DORALT

UNTERNEHMENS-RECHT

LexisNexis

1	UGB, HGB, A-QSG, SRLG, USPG
2	ABGB
3	E-Commerce-G
4	FBG
5	WpzrG, Status
6	KSchG, FAGG
7	UN-KaufR
8	GmbHG
9	AktG, ÜbG, VerbindlichkeitsgesuchungsV, Corporate Governance, GenHG
10	SE (EU-Ges), SE-Gesetz
11	GenG, GenRevG, GenVerschmG, GenRL
12	SCE (EU-Gen), SCEG
13	VcrG, VereineDS-VO
14	EWIVG
15	PSG
16	ArbVG + VOBL
17	StellenbesG + BVV
18	GesAusG
19	KapBG
20	EKEG
21	URG
22	UmwG
23	SpaltG
24	EU-VerschG
25	UmgrStG
26	KMG
27	ScheckG
28	WechselG
29	KEG +VO
30	AÖSp
31	CMR
32	UWG
33	KartG
34	WettbG
35	UrhG
36	MarkSchG
37	MuSchG
38	PatG

KODEX

DES ÖSTERREICHISCHEN RECHTS
HERAUSGEBER: UNIV.-PROF. DR. WERNER DORALT

ASYL- UND FREMDENRECHT

LexisNexis

1	FPG, Erläuterungen, FPG-DV, ReisedokVO, LichtbildVO, VISA-VO, Visakodex, VIS-VO
2	NAG, Erläuterungen, NLV 2015, NAG-DV, IV-V
3	AsylG, Erläuterungen, StDokBerV, AsylG-DV, Her&St-V, Entach.RB, Dublin III, EurodacV, FlüchtKonv
4	GVG-B, Erläuterungen, BEBV, GV-Vereinb
5	BFA-VG, Erläuterungen, BFA-VG-DV, BFA-G, Erläuterungen, BFA-G-DV
6	GrekoG, Erläuterungen, Kundm., Grenzkodex
7	SDÜ, Kundm., Protokoll

KODEX
DES ÖSTERREICHISCHEN RECHTS
SAMMLUNG DER ÖSTERREICHISCHEN BUNDESGESETZE

SOZIAL-VERSICHERUNG

LINDE VERLAG

1	ASVG
2	AlVG
3	KGG/KBGG
4	SUG
5	NSchG
6	BPGG
7	NeuFÖG
8	IVF-Fonds-G
9	AMPFG
10	GSVG
11	BSVG
12	FSVG
13	K-SVFG
14	NVG
15	B-KUVG
16	EU-BSVG
17	ARÜG
18	SV-EG
19	Int. Abk.

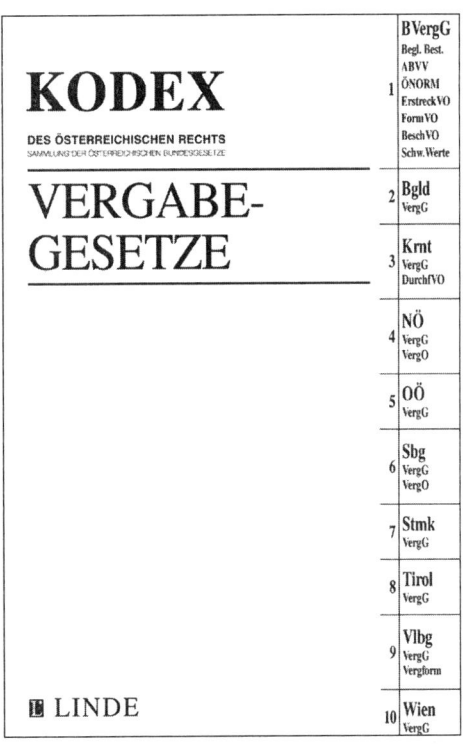

KODEX
DES ÖSTERREICHISCHEN RECHTS
SAMMLUNG DER ÖSTERREICHISCHEN BUNDESGESETZE

VERGABE-GESETZE

LINDE

1	BVergG, Begl. Best., ABVV, ÖNORM, Erstreck VO, Form VO, Besch VO, Schw. Werte
2	Bgld VergG
3	Krnt VergG, DurchfVO
4	NÖ VergG, VergO
5	OÖ VergG
6	Sbg VergG, VergO
7	Stmk VergG
8	Tirol VergG
9	Vlbg VergG, Vergform
10	Wien VergG

KODEX
DES ÖSTERREICHISCHEN RECHTS
SAMMLUNG DER ÖSTERREICHISCHEN BUNDESGESETZE

WIRTSCHAFTS-GESETZE

TEIL I

LINDE VERLAG

1	GewO, Öffnungs ZG, Sonn-, FBZG, NahVG, ReisebR, MaklerR, VerbrKV, ProduktSG, GcIVG, KraftFLG, GüterbefG
2	BVergG, BB-GmbH G, EU-Recht, Dienstl-RL, LieferK-RL, BauA-RL, RechtsM-RL, Sek-RL, SekRM-RL, StandT-RL
3	ElWOG, E-RegBG, EigentEG, ÖkostromG, GWG, PreisTrG, RohrLG, EU-Recht, ElektrBM-RL, ErdgasBM-RL, EnergieT-RL
4	DSG, EU-Recht, DatenS-RL, DatenB-RL
5	PreisG, PreisAG, Preis-BÜG, EU-Recht, PreisA-RL
6	VersG, EnLG, Erdöl-BMG, LMBG

KODEX
DES ÖSTERREICHISCHEN RECHTS
SAMMLUNG DER ÖSTERREICHISCHEN BUNDESGESETZE

WIRTSCHAFTS-GESETZE

TEIL II

LINDE VERLAG

1	WettbG, KartellG, EU-Recht, EGV, VO Nr. 17, Anhör-VO, Bagatr-Bek, WettbR-VO, GruFr-VO, FusKon-VO
2	PatentG, SchuZG, GebrMG, HalbLSG, MarkenSG, MusterSG, ProdPirG, UrhebRG, VerwertG, EU-Recht, MarkenR-RL, Gem-Mark-VO, GemGM-VO, HalbL-RL, CompPr-RL, Verm-Verl-RL, SchutzD-RL, UrhebR-RL, Sat-RL, Biotech-E-RL, FolgeR-RL, ProdPir-VO
3	UWG, EU-Recht, IrrWerb-RL

KODEX
DES ÖSTERREICHISCHEN RECHTS
SAMMLUNG DER ÖSTERREICHISCHEN BUNDESGESETZE

ARBEITS-RECHT

L LINDE VERLAG

1	AngG
2	GewO
3	ABGB
4	ArbVG
5	ArbAbfG
6	APSG
7	AVRAG
8	AuslBG
9	BEinstG
10	BPG
11	DNHG
12	EFZG
13	GleichbG
14	IESG
15	KautSchG
16	KJBG
17	KualitG/AntiterrG
18	MSchG/EKUG
19	PatG
20	UrlG
21	BAG
22	BauArb
23	GAngG
24	HausbG
25	HausgG
26	HeimAG
27	JournG
28	SchauspG
29	ASchG
30	AZG/ARG
31	BäckAG
32	FrNachtAG
33	NSchG
34	ArbIG
35	AMFG
36	AÜG
37	VBG/StBG
38	ASGG
39	EO, AO, KO
40	EU-Recht

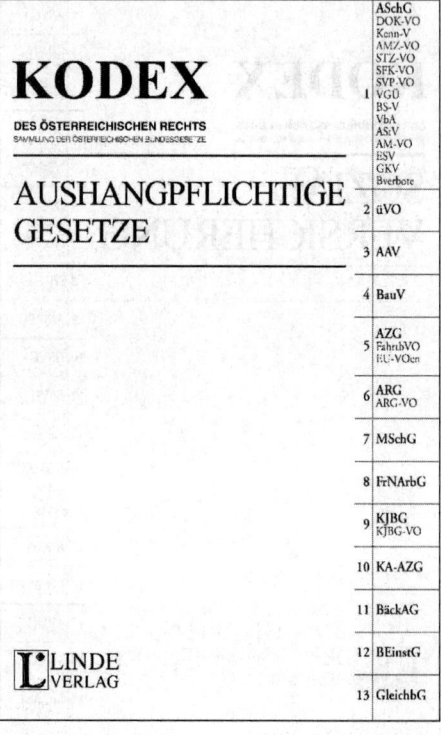

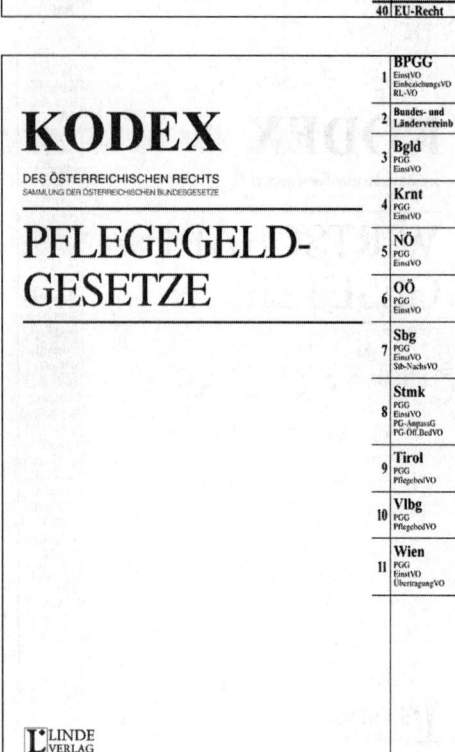

KODEX

DES ÖSTERREICHISCHEN RECHTS
SAMMLUNG DER ÖSTERREICHISCHEN BUNDESGESETZE

DOPPEL-BESTEUERUNGS-ABKOMMEN

L·LINDE VERLAG

KODEX

DES ÖSTERREICHISCHEN RECHTS
SAMMLUNG DER ÖSTERREICHISCHEN BUNDESGESETZE

VERKEHRS-RECHT

 LexisNexis

KODEX

DES ÖSTERREICHISCHEN RECHTS
SAMMLUNG DER ÖSTERREICHISCHEN BUNDESGESETZE

WEHR-RECHT

LexisNexis

KODEX

DES ÖSTERREICHISCHEN RECHTS
SAMMLUNG DER ÖSTERREICHISCHEN BUNDESGESETZE

ZOLLRECHT UND VERBRAUCHSTEUERN

LexisNexis

Titel	Preis im Abo EUR	Einzelpreis EUR
Verfassungsrecht 2021, inkl. App	32,-	40,-
Europarecht (EU-Verfassungsrecht) 2021, inkl. App	30,-	37,50
Völkerrecht 2020, inkl. App	27,60	34,50
Einführungsgesetze ABGB und B-VG 2020/21, inkl. App		15,-
Bürgerliches Recht 2021, inkl. App	28,80	36,-
Taschen-Kodex ABGB 2021, inkl. App		19,-
Familienrecht 2020, inkl. App	44,-	55,-
Unternehmensrecht 2021, inkl. App	30,-	37,50
Zivilgerichtliches Verfahren 2021, inkl. App	32,-	40,-
Internationales Privatrecht 2021, inkl. App	27,20	34,-
Taschen-Kodex Strafgesetzbuch 2021 inkl. App		15,-
Strafrecht 2021, inkl. App	28,80	36,-
Gerichtsorganisation 2020, inkl. App	60,80	76,-
Anwalts- und Gerichtstarife 5/2020, inkl. App	23,60	29,50
Justizgesetze 2021, inkl. App	23,20	29,-
Wohnungsgesetze 2020, inkl. App	44,80	56,-
Finanzmarktrecht Band Ia+Ib (Bankenaufsicht), inkl. App	64,80	81,-
Finanzmarktrecht Band II (Zahlungsverkehr), inkl. App	64,80	81,-
Finanzmarktrecht Band III (Wertpapierrecht, Börse), inkl. App	64,80	81,-
Finanzmarktrecht Band IV (Kapitalmarkt, Prospektrecht), inkl. App	64,80	81,-
Finanzmarktrecht Band V (Geldwäsche), inkl. App	48,-	60,-
Versicherungsrecht Band I 2020/21, inkl. App	60,-	75,-
Versicherungsrecht Band II 2020/21, inkl. App	47,20	59,-
Compliance für Unternehmen 2020/21, inkl. App	58,40	73,-
IP-/IT-Recht 2020, inkl. App	52,-	65,-
Mediation 2021/21, inkl. App	25,60	32,-
Schiedsverfahren 2020, inkl. App	36,-	45,-
Legal Tech, inkl. App	49,60	62,-
Wirtschaftsprivatrecht 2020/21, inkl. App	23,80	29,80
WirtschaftsG I (Öffentliches Wirtschaftsrecht) 2018/19, inkl. App	46,40	58,-
WirtschaftsG II (Wettbewerb, Gew. Rechtsschutz) 2019, inkl. App	52,-	65,-
WirtschaftsG III (UWG) 2019/20, inkl. App	31,20	39,-
WirtschaftsG IV (Telekommunikation) 2019/20	65,60	82,-
WirtschaftsG V (Wettbewerbs- und Kartellrecht) 2019, inkl. App	52,-	65,-
WirtschaftsG VI (Datenschutz) 2020, inkl. App	52,-	65,-
WirtschaftsG VII (Energierecht) 2021, inkl. App	48,-	60,-
Vergabegesetze 2019, inkl App	42,40	53,-
Arbeitsrecht 2021, inkl. App	32,80	41,-
EU-Arbeitsrecht 2020, inkl. App	54,40	68,-
Arbeitnehmerschutz 2020, inkl App	28,-	35,-
Sozialversicherung (Bd. I) 2021, inkl. App	32,80	41,-
Sozialversicherung (Bd. II) 2021, inkl. App	31,20	39,-
Sozialversicherung (Bd. III) 2020/21 inkl. App	26,40	33,-
Personalverrechnung 2021	32,-	40,-
Steuergesetze 2020/21, inkl. App	31,20	39,-
Steuer-Erlässe (Bd. I) 2021, inkl. App	48,-	60,-
Steuer-Erlässe (Bd. II) 2021, inkl. App	27,20	34,-
Steuer-Erlässe (Bd. III) 2020, inkl. App	47,20	59,-
Steuer-Erlässe (Bd. IV) 2020, inkl. App	48,80	61,-
EStG - Richtlinienkommentar 2019, inkl. App	54,40	68,-
LStG - Richtlinienkommentar 2021	47,20	59,-
KStG - Richtlinienkommentar 2020	39,20	49,-
UmgrStG - Richtlinienkommentar 2018/19	46,40	58,-
UStG - Richtlinienkommentar 2021	42,40	53,-
Doppelbesteuerungsabkommen 2020, inkl. App	52,-	65,-
Zollrecht 2021, inkl. App	92,80	116,-
Finanzpolizei 2020, inkl. App	39,20	49,-
Rechnungslegung- und Prüfung 2020/21, inkl. App	44,-	55,-
Internationale Rechnungslegung IAS/IFRS 2021, inkl. App	22,40	28,-
Verkehrsrecht 2021, inkl. App	73,60	92,-
Wehrrecht 2020, inkl. App	44,80	56,-
Ärzterecht 2021, inkl. App	76,-	95,-
Krankenanstaltengesetze 2020	56,80	71,-
Gesundheitsberufe 2019, inkl. App	44,80	56,-
Veterinärrecht 2019/20	76,80	96,-
Umweltrecht 2021, inkl. App	84,-	105,-
EU-Umweltrecht 2020, inkl. App	82,40	103,-
Wasserrecht 2020/21, inkl. App	77,60	97,-
Abfallrecht mit ÖKO-Audit 2019/20, inkl. App	83,20	104,-
Chemikalienrecht 2020, inkl. App	34,40	43,-
EU-Chemikalienrecht 2020, inkl. App	76,-	95,-
Lebensmittelrecht 2020, inkl. App	69,60	87,-
Schulgesetze 2020/21	56,80	71,-
Universitätsrecht 2019, inkl. App	47,20	59,-
Besonderes Verwaltungsrecht 2021, inkl. App	55,20	69,-
Innere Verwaltung 2021, inkl. App	79,20	99,-
Asyl- und Fremdenrecht 2021, inkl. App	38,30	48,-
Polizeirecht 2021/22, inkl. App	46,40	58,-
Verwaltungsverfahrensgesetze (AVG) 2021/22, inkl. App	19,20	24,-
Landesrecht Vorarlberg 2021	92,-	115,-
Landesrecht Tirol 2020	102,40	128,-

Für Ihre Bestellung einfach Seite kopieren, gewünschte Anzahl eintragen, Bestellabschnitt ausfüllen und an Ihren Buchhändler oder an den Verlag LexisNexis ARD Orac **faxen: (01) 534 52-141** oder Tel.: (01) 534 52-5555.

Firma: .... Kundennr.: ....

Name: ....

Straße: ....

PLZ/Ort: .... Datum/Unterschrift: ....